མཚོ་ལྷོའི་ལོ་དེབ།

黄南年鉴

HUANGNAN NIANJIAN **2023**

黄南藏族自治州年鉴编纂委员会 编

方志出版社
Publishing House of Local Records

图书在版编目（CIP）数据

黄南年鉴．2023 / 黄南藏族自治州年鉴编纂委员会编．—北京：方志出版社，2023.11
ISBN 978-7-5144-5788-9

Ⅰ．①黄… Ⅱ．①黄… Ⅲ．①黄南藏族自治州－2023－年鉴 Ⅳ．①Z524.42

中国国家版本馆CIP数据核字（2023）第256442号

责任编辑：王娜
责任校对：张玉霞
责任印制：梅中英
出 版 者：方志出版社
地　　址：北京市朝阳区潘家园东里9号（国家方志馆4层）
邮　　编：100021
网　　址：http://www.zgfzcb.cn
发　　行：方志出版社图书营销中心（010-67110500）
印　　刷：成都市兴雅致印务有限责任公司
开　　本：889毫米×1194毫米　1/16
印　　张：28.75
字　　数：869千字
版　　次：2023年11月第1版
印　　次：2023年11月第1次印刷
定　　价：368.00元

《黄南年鉴》编纂委员会

主　　任	扎西才让			
副 主 任	才让索南	彭作为		
委　　员	汪　智	敏通宫	张春生	樊景恒
	拉龙当周	张　浩	万玛尖措	郑立新
	彭毛才让	李海波	芦光辉	华　志
	阚广宏	拉却加	昂　智	史冬芸
	申丽玲	丁永红	李桂珍	朱宇莹
	党　飞			

《黄南年鉴（2023）》编辑部

主　　编	丁永红			
副 主 编	旦正才让			
编　　辑	旦正才让			
工作人员	毛　婕	马建明	海晨梅	周燕萍
	李加先	闫明月	王海荣	

编辑说明

一、《黄南年鉴》是在中共黄南藏族自治州委、黄南藏族自治州人民政府的领导下，由黄南藏族自治州地方志编纂委员会主持，黄南藏族自治州年鉴编纂委员会编纂的年度资料性文献。《黄南年鉴》作为权威的地情信息载体，全面、系统、准确地记述全州自然、政治、经济、文化、社会、生态文明建设等方面的综合情况，为社会各界广大读者了解和研究黄南提供基本资料。

二、《黄南年鉴（2023）》以马克思列宁主义、毛泽东思想、邓小平理论、“三个代表”重要思想、科学发展观、习近平新时代中国特色社会主义思想为指导，坚持辩证唯物主义和历史唯物主义的立场、观点和方法，全面客观地反映黄南藏族自治州经济社会及各项事业发展取得的重大成就。力求做到观点正确、框架科学、资料翔实、记述准确、编写规范、特色鲜明，突出时效性，讲求实用性。

三、《黄南年鉴（2023）》主要收录2022年1月1日至12月31日发生在黄南行政区域内的大事要闻，突出反映黄南州优势、特点和深化改革、扩大开放的新举措、新进展。在正文主体前，设置数字黄南及数说三年黄南发展、喜迎中共二十大、非凡十年看黄南、年度发展快照4个图照专辑。为增加信息量、增强实用性，各栏目尽可能多地使用相关数据资料；结合部分版块实际，个别资料、照片相应上溯，个别照片适当下延。内文多数栏目插入具有重要现实意义和存史价值的随文图片。

四、《黄南年鉴（2023）》设卷首彩页、特载、大事记、州情概览、中共黄南州委、黄南州人民代表大会、黄南州人民政府、政协黄南州委员会、纪检监察、群众团体、法治、军事、经济管理、农业、工业 建筑业、信息产业、商贸服务业、旅游业、金融业、城乡建设、交通 邮政、生态建设、环境保护、科学技术、教育 体育、文化、卫生健康、安全应急管理、社会生活、市（县）概览。年鉴总体结构按类目、分目、条目3个层次编排，各层次标题所用字体、字号均有所区别。条目标题统一用黑体字加“【 】”表示。

五、《黄南年鉴（2023）》中“黄南州”“河南县”分别为“黄南藏族自治州”“河南蒙古族自治县”的简称；文中“省”“州”分别指“青海省”“黄南州”，“省委”“州委”分别指“中共青海省委”“中共黄南州委”；一般情况下，领导人在首次出现时冠以职务，后直呼其名。

六、《黄南年鉴（2023）》行文中数字用法、标点符号用法分别采用国家标准《出版物上数字用法》（GB/T 15835—2011）、《标点符号用法》（GB/T 15834—2011），计量单位采用国家技术监督局1993年12月发布的《量和单位》系列国家标准。

七、《黄南年鉴（2023）》所用稿件均由州直各部门、一市三县政府及有关单位提供，综合性数据由州统计局提供；图片除州直各部门、一市三县政府及有关单位提供外，部分还由州摄影家协会及会员提供。

『数字黄南』

SHUZI HUANGNAN

2022

★全州面积　1.82 万平方千米

耕地面积　2.12 万公顷

林地面积　45.17 万公顷

草原面积　122.91 万公顷

湿地面积　6.01 万公顷

自然保护区面积　29.33 万公顷

★总人口　28.1 万人

城镇常住人口　12.12 万人

少数民族人口　26.21 万人

人口自然增长率　9.08‰

★民族自治州　1 个

市　1 个

县　3 个

乡　21 个

镇　12 个

社区居委会　30 个

村（牧）民委员会　262 个

★年平均气温　4.6℃

★年平均降水量　427.4 毫米

★地区生产总值　110.89 亿元

第一产业增加值　32.17 亿元

第二产业增加值　27.52 亿元

其中规模以上工业增加值　13.02 亿元

第三产业增加值　51.2 亿元

★三次产业比重　29.01 ： 24.32 ： 46.17

★地方财政公共预算收入　5.28 亿元

★地方财政公共预算支出　99.34 亿元

★社会消费品零售总额　15.98 亿元

★居民消费价格涨幅　2.4%

★全体常住居民人均可支配收入　21119 元

城镇常住居民人均可支配收入　37997 元

农村常住居民人均可支配收入　12408 元

★全体常住居民人均生活消费支出　12736 元

★全州公路通车里程　5876 千米

★邮电业务总量　2.66 亿元

★接待国内外游客　389.27 万人次

★旅游总收入　13 亿元

★金融机构人民币各项存款余额　179.05 亿元

★金融机构人民币各项贷款余额　84.58 亿元

★医疗机构床位　2267 张

数说三年黄南发展

2020—2022年，黄南州始终按照党中央、国务院，省委、省政府和州委、州政府统一部署，践行人民至上、生命至上，坚持科学精准防控，因时因势优化完善防控措施，不断健全指挥体系，规范处置流程，完善保障机制，做实物资储备，最大限度保护人民群众身体健康，最大限度减轻疫情对经济社会发展的影响，多项主要经济指标持续保持正增长，交出逆境中顽强拼搏的满意答卷，总体上全州经济社会高质量发展取得新成效。

2020—2022年黄南州地区生产总值情况 （亿元）

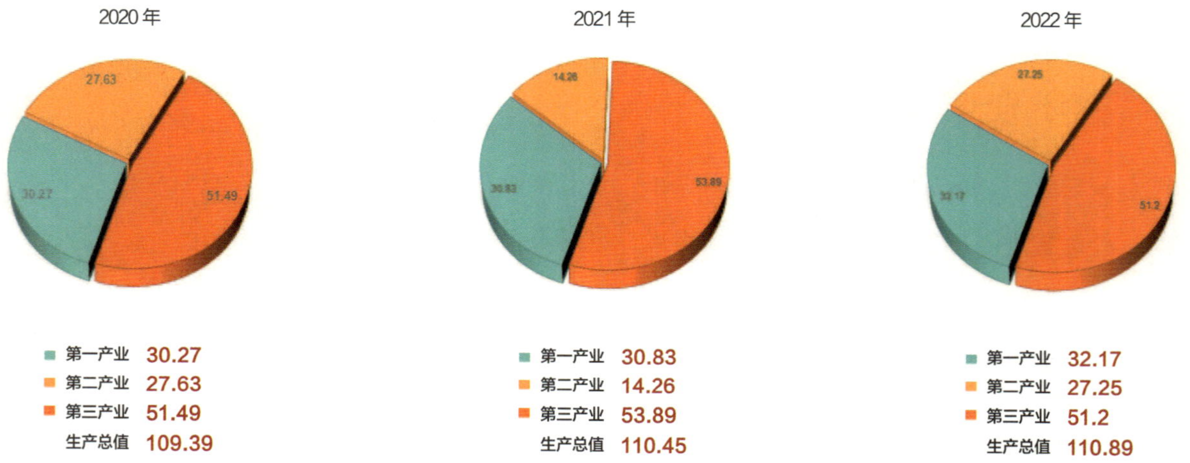

2020—2022年黄南州人均可支配收入变化情况 （元）

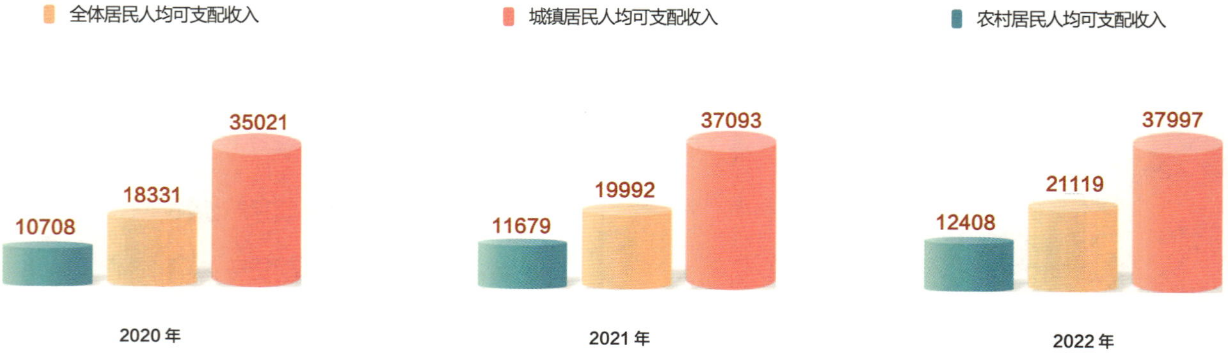

2020—2022 年黄南州地方财政一般公共预算收支情况 （亿元）

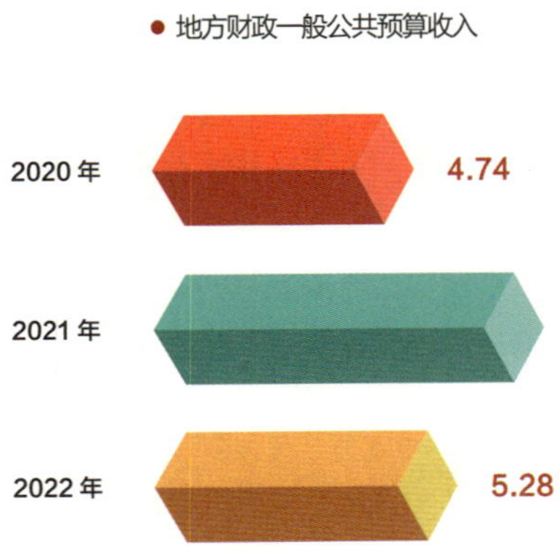

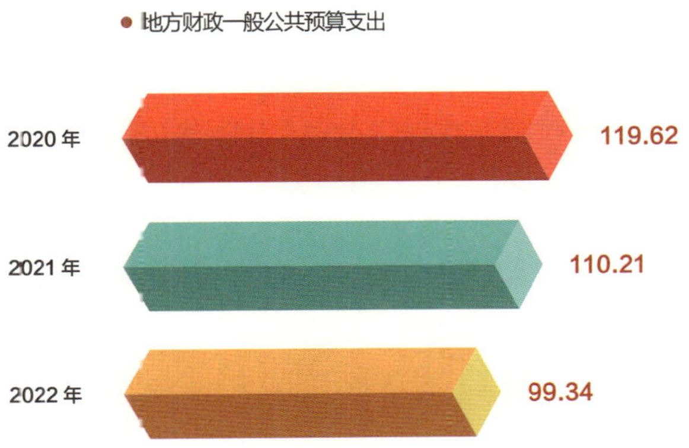

2020—2022 年黄南州社会消费品零售总额 （亿元）

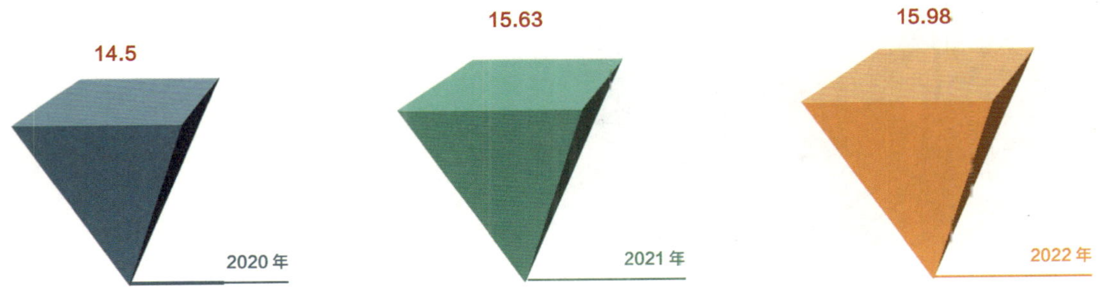

2020—2022 年黄南州金融机构各项存款余额 （亿元）

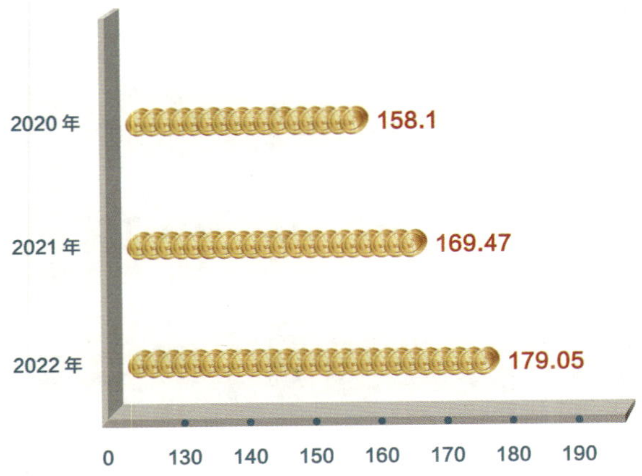

2020—2022 年黄南州金融机构各项贷款余额 （亿元）

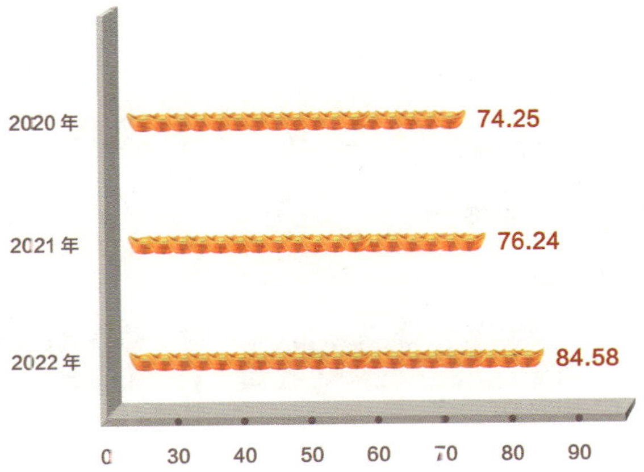

喜迎中共二十大

举世瞩目的中共二十大于2022年10月16日在北京召开，在此之前，黄南州及各市（县）党政机关、群众自发组织各种形式的活动，喜迎中共二十大的到来。中共二十大胜利召开后，黄南州认真落实党中央《关于认真学习宣传贯彻中共二十大精神的决定》，采取多种方式迅速传达学习、安排部署、组织培训、开展宣讲、推进落实，引导各级党组织和广大党员干部自觉用中共二十大精神武装头脑、指导实践、推动工作，确保中共二十大精神在黄南落地生根。

2022年6月8日，黄南州“喜迎二十大　档案颂辉煌”第十五个国际档案日红色档案宣讲活动在中国工农红军青海尖扎习仲勋民族团结小学举办　（州档案局供图）

2022年6月9日，天津援青干部人才与黄南组工干部在尖扎县来玉村开展“喜迎二十大、援青结硕果、奋进新征程”主题党日活动　（尖扎县供图）

2022 年 7 月 1 日，黄南州举办“崇德向善　文润黄南”——“庆祝七一　喜迎二十大”主题活动暨第二届黄南州道德模范颁奖仪式　　（州委宣传部供图）

2022 年 8 月 2 日，泽库县召开“转作风，树新风，喜迎二十大　基层百日行”专项活动动员部署会　（泽库县供图）

2022 年 3 月 8 日，河南蒙古族自治县举办“喜迎二十大”全民健身活动之第十二届“蒙旗杯”足球比赛活动　（河南蒙古族自治县供图）

2022 年 10 月 12 日，黄南州“喜迎二十大　唱响新时代”农牧民歌手大赛在黄南州圣雪莲藏戏传习中心举行　（张海麟　摄）

2022 年 10 月 14 日，同仁市举办"喜迎二十大·礼赞新时代·文明耀同仁"主题文艺比赛 （同仁市供图）

2022 年 9 月 22 日，州妇联在同仁市多哇镇以"巾帼心向党·喜迎二十大"为主题，广泛开展宣传教育活动 （州妇联供图）

2022 年 10 月 13 日，同仁市新华书店制作的"喜迎二十大·奋进新征程"宣传海报 （同仁市新华书店供图）

2022 年 10 月 22 日，同仁市委红旗宣讲团以“理论 + 文艺”的形式向基层群众宣讲中共二十大精神　　（同仁市供图）

2022 年 10 月 23 日，中共二十大召开以来，黄南州与一市三县第一时间传达学习中共二十大报告精神。图为尖扎县以“理论 + 文艺 + 群众”的形式开展学习宣传贯彻中共二十大精神活动　　（尖扎县供图）

非凡十年看黄南

2022年6月23日，青海省举行“青海这十年”黄南专场新闻发布会，在全网发布近十年来黄南州经济社会发展取得的成效。十年间，黄南州坚定不移保护生态环境，生态文明树起新样板；夯实发展基础，经济发展取得新成效；培育优势产业，发展质量实现新提升；扩大项目投资，城乡面貌发生新变化；集中力量增进民生福祉，人民生活达到新水平；维护社会稳定，社会治理开创新局面。经过十年努力，一个经济重振、生态重建、形象重塑，富有实力、充满活力、独具魅力的新黄南展现在世人面前，黄南走出一条具有时代特征、高原特色、黄南特点的高质量发展之路，谱写出现代化新青海建设黄南篇章。

2013年4月17日，州委召开全州“全省大发展、黄南怎么办”解放思想大讨论动员大会，州委书记巨克中作题为《认清形势 解放思想 开拓创新 真抓实干 奋力推动我州实现跨越式发展和长治久安》的讲话。

2013年9月6日，黄南藏族自治州建政60周年庆祝大会在州体育场举行
（州党史研究室供图）

2015年5月4日，州委印发《关于深入学习贯彻“四个全面”战略布局的通知》，以“四个全面”战略布局为指引，推动黄南各项事业再上新台阶。

2016年10月29日至31日，中国共产党黄南藏族自治州第十二次代表大会在隆务召开。此次大会是黄南州进入全面建成小康社会决胜阶段的一次重要会议，提出“继续前进，为全面建成小康社会努力奋斗”的口号。

2017年2月11日，黄南州创建全省涉藏社会治理示范区现场观摩会召开
（州党史研究室供图）

2018 年 6 月 20 日，州委、州政府印发《关于黄南州创建藏区社会治理示范区的指导意见》，探索新时代新形势下涉藏地区社会治理新途径，打造“枫桥经验”黄南社会治理模式。到 2020 年，把黄南州创建为藏区社会治理示范区。

2020 年 7 月 1 日，同仁撤县设市，标志着建设“平安同仁、和谐同仁、美丽同仁、幸福同仁”新局面的开启 （州委办供图）

2021 年 2 月 1 日，在省十三届人大六次会议黄南代表团审议会上，省委书记、省人大常委会主任王建军提出“打造共同富裕的黄南样板”口号。

2021 年 8 月 5 日至 7 日，中国共产党黄南藏族自治州第十三次代表大会召开，作出《贯彻新发展理念，推动高质量发展，为打造共同富裕的黄南样板而努力奋斗》的报告 （州委办供图）

2022 年 6 月 23 日，青海省“青海这十年”黄南专场新闻发布会召开，全面介绍黄南州近十年来经济社会发展取得的创新变革和非凡成就。

2022 年 7 月 27 日，中共黄南州委十三届六次全体会议召开，传达学习省第十四次党代会精神 （州委办供图）

十年回眸——经济发展

十年间，黄南州在全省率先创建绿色有机农畜产品示范州，培育泽库县国家现代农业产业园、牦牛全产业发展典型县、全国草原畜牧业转型升级试点县及河南县国家现代化农业发展示范区及产业强镇，主要农畜产品加工转化率达到62.5%。“四个万亩”示范种植基地和“四个万头”规模养殖基地效益显著，成为农牧区经济快速发展、农牧民增收的重要产业之一。欧拉羊、雪多牦牛、泽库羊入选国家畜禽遗传资源目录，畜禽良种化率达到90%。加快工业结构调整步伐，做大做强饮料制造业、农畜产品加工业、电力生产业等优势产业，工业经济持续快速发展，成为支撑全州经济快速增长的重要力量。围绕全省新能源开发布局，编制完成清洁能源发展规划，引进落实总投资57.6亿元的光伏发电项目6项，加快建设“光牧储”综合一体化发电、屋顶分布式光伏等一大批项目，清洁能源发电总装机容量达到236万千瓦，清洁能源产业成为助推新旧动能转换的强大引擎。

2019年，同仁县黄乃亥乡阿吾乎村藏族药材喜获丰收　（同仁市供图）

◆2014年8月起，此后3年，每年创建一批州县级合作示范社，以“以奖代补”的形式给予补助。

◆2017年6月，泽库县被农业部确定为农村集体产权制度改革国家级试点县之一。到2018年，形成在全省影响深远的泽库县“拉格日”模式。

◆2018年3月16日，州委、州政府印发《黄南州农牧区集体产权制度改革实施方案》，保护和发展农牧民作为集体经济组织成员的合法权益。到2020年10月底，全面完成农牧区集体产权制度改革。

◆2020年8月31日，黄南州被授牌为“国家绿色有机农畜产品共建示范州”。

◆2020年9月22日，黄南州绿色有机农牧业发展联盟组建，助力实施乡村振兴战略，实现示范州建设的“四大模块”和“五大体系”。

2020年8月6日，尖扎县德吉村光伏发电一角　　（州工信局供图）

2021年6月，总投资5.4亿元、装机40万千瓦的李家峡扩能建设5号机组项目开工　（州工信局供图）

2021年，尖扎工业园区一角　　（州工信局供图）

十年回眸——生态文明

十年间，黄南州委、州政府坚决贯彻习近平生态文明思想，坚持生态保护优先，加快绿色发展，探索实践发展与保护、保护与民生良性互动互促、生态生产生活“三生”共赢的发展路径。严守生态保护红线，推进三江源生态保护和建设工程，青海泽曲国家湿地公园、和日国家沙漠公园、洮河源国家湿地公园获批建设，天空蓝、河湖清、草原绿成为黄南最形象的代言。十年间，全州累计完成国土绿化 22.35 万公顷、重点草原建设 11.3 万公顷，落实生态保护公益性岗位 1.02 万个。河南蒙古族自治县入选第五批“绿水青山就是金山银山”实践创新基地名单，黄南州、泽库县先后被评为国家级生态文明建设示范区。

2021 年 4 月 13 日，州直及同仁市干部职工在同仁市曲库乎乡多哇村开展植树造林活动 （同仁市供图）

◆ 2013 年 12 月 23 日，河南县申报的《青海洮河源国家湿地公园项目》，在国家林业局组织的全国湿地项目评审会上全票通过。

◆ 2020 年，洮河源湿地公园被批复为国家湿地建设项目。

◆ 2020 年 12 月 25 日，泽库县的泽曲国家湿地公园入选国家林业和草原局发布的“2020 年通过验收的国家湿地公园名单”。

◆ 2021 年 10 月 14 日，生态环境部授予黄南州第五批国家生态文明建设示范区称号，授予河南县第五批“绿水青山就是金山银山”实践创新基地称号。

◆ 2022 年 6 月，青海坎布拉地质公园成功入选世界地质公园候选地。

2013 年 7 月 11 日，河南蒙古族自治县纯净草原　　（河南蒙古族自治县供图）

2019 年 12 月，热贡文化生态保护实验区获批国家级文化生态保护区
（州热贡文化生态区管委会供图）

2022 年 6 月 18 日，九曲黄河尖扎段　　（尖扎县供图）

十年回眸——城建交通

十年间，黄南州加快城镇化步伐，完成同仁撤县设市，同仁、尖扎两个城北新区初具规模，泽库、河南美丽生态草原新城稳步推进，美丽城镇、特色小镇、高原美丽乡村推动城乡一体化建设。常住人口城镇化率从“十二五”末的28.8%提高到41.57%，以城带乡的城镇化发展格局基本形成。打造形成以“两纵五横”为路网主骨架、以农村公路网络为支脉的交通运输网络，马康、大瓜、河鄂公路先后建成，牙同高速公路全线贯通，全州342名路长实现州、县、乡、村四级领导担任“一路一长”100%全覆盖。

2021年，城北新区建设　（同仁市供图）

◆2016年6月30日，青海省“十二五”重点建设项目之一的牙什尕至同仁高速公路通车运营。

◆2018年10月，黄南州确立“一带两区一中心”新型城镇化空间布局，规划总面积638.77公顷的城北新区开工建设。

◆2020年9月28日，西宁至成都高速铁路开工建设，途径黄南州，设尖扎、同仁2个站点。

2019年7月17日，亮化完成后的同仁隆务老街夜景

（张旭英 摄）

2020年5月1日，同仁市加吾乡

（杨金花 摄）

2017年9月5日，海黄大桥正式通车。该桥全长1743.5米，被誉为“青海第一桥” （州摄影家协会供图）

2021年6月30日，尖扎县坎布拉镇古日羊玛村村民庆祝马康公路通车（尖扎县供图）

2020年9月，西成铁路开工仪式在西宁举行。西成铁路在黄南设尖扎、同仁站 （州发展改革委供图）

十年回眸——文化旅游

十年间，黄南州依托热贡文化产业基地、乡村旅游项目、文化旅游品牌和青海·热贡文化旅游节庆活动，大力发展文旅产业，其间被批准为国家藏羌彝文化产业走廊核心区和国家级热贡文化生态保护区，同仁市被命名为国家历史文化名城。到2022年，尖扎县、泽库县成功创建省级全域旅游示范县，云边漫步帐篷、芊桑别院等一批民宿成为网红打卡地，天津市“坐着地铁游黄南”等宣传推介活动成效明显，黄南文化探秘成为全省精品生态旅游线路。文化旅游业成为富民强州的新兴朝阳产业。

2022年6月3日，位于尖扎县的坎布拉国家地质公园　　（赵佐权　摄）

◆ 2014年9月，黄南州荣登“2014旅游业最美中国榜”。

◆ 2015年2月9日，由文化部、北京市东城区人民政府、黄南州人民政府主导的“欢乐春节——地坛文化庙会全球行·曼谷之旅”在泰国曼谷开幕。

◆ 2016年9月，历时1个月的第五届全国少数民族文艺会演在北京落下帷幕，由青海省藏剧团和黄南州民族歌舞团联合演出的大型历史藏戏《松赞干布》获本届最佳编剧奖和最高奖项——戏剧类剧目金奖。

◆ 2017年12月2日，黄南州荣获“中国最具影响力文化旅游目的地”称号。

◆ 2019年12月16日，2019《魅力中国城》十大年度魅力榜单发布，黄南州摘取“年度魅力文化景区”（唐卡艺术小镇）、“年度魅力主题线路”（山水黄南非遗之旅）、“年度魅力文旅扶贫城市”（同仁县）三项桂冠。

2016 年 4 月 28 日，《松赞干布》获第五届全国少数民族文艺会演“剧目金奖”（州文体广电旅游局供图）

2019 年 5 月 13 日，青海省黄南州文化旅游资源推介暨活动发布会（州文体广电旅游局供图）

2020 年 8 月 3 日，同仁市首届民俗文化旅游节（同仁市供图）

2021 年 6 月 23 日，“青海人游黄南”旅游专班发车仪式（州文体广电旅游局供图）

2022 年 6 月 14 日，尖扎县乡村旅游助力乡村振兴来玉开园仪式（尖扎县供图）

2018 年 7 月 27 日，同仁扎毛乡乡村旅游接待点（同仁市供图）

十年回眸——民生保障

2016 年起，以“绣花”功夫推进脱贫攻坚，累计投入近 306 亿元，全州 4 个贫困市（县）整体脱贫摘帽、105 个贫困村全部退出、累计减贫 5.01 万人。在全省率先完成 7374 户易地扶贫搬迁和建制村“双通”（道路通畅、通客车）、4G 网络宽带、村级标准化卫生室三个全覆盖，构建以光伏扶贫、文化产业、民族手工业和生态有机农牧业为基础的扶贫特色产业群，以“拉格日”模式为代表的合作经济组织助推群众增收致富。教育扶贫、精神脱贫成为斩断贫困代际传递的治本之策，得到群众发自内心的点赞喝彩。

2016 年 10 月 17 日，泽库县东科日举行的农牧民基层就业培训（州摄影家协会供图）

2018 年 3 月，文化产业助力扶贫。图为唐卡绘画大师教授学员绘画技艺（州摄影家协会供图）

2019 年 6 月 1 日，尖扎县易地搬迁的德吉新村竖立的搬迁纪念石（州摄影家协会供图）

2019 年 11 月 8 日，黄南州举行适龄残疾儿童“送教上门”教师培训班开班仪式（州教育局供图）

2020 年 4 月 16 日，建设完成的泽库县人民医院（州卫健委供图）

2020 年 11 月 4 日，黄南州脱贫攻坚表彰大会召开。至此，黄南州实现现行标准下绝对贫困人口全部清零，105 个贫困村退出，一市三县全部脱贫“摘帽”（州政府办供图）

2021 年 7 月 31 日，尖扎县易地搬迁后的德吉村通过发展光伏扶贫产业，每户每年实现 5000 余元的稳定收入（州摄影家协会供图）

2019 年 9 月 21 日，民族手工业助力扶贫。图为手工缝纫女工
（州摄影家协会供图）

2020 年 6 月 22 日，民族手工业助力扶贫。图为手工纺线的女工
（州摄影家协会供图）

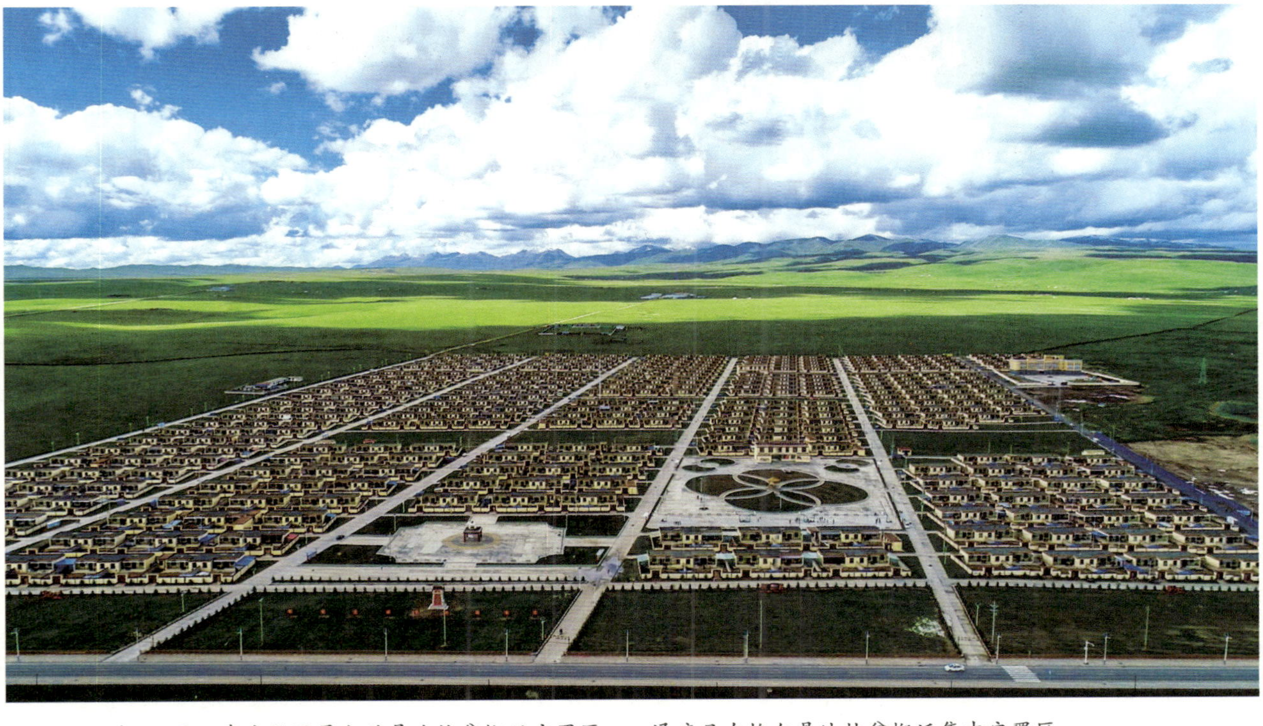

2020 年 12 月，青南牧区最大的易地扶贫搬迁安置区——泽库县东格尔易地扶贫搬迁集中安置区
（州摄影家协会供图）

2022 年 3 月 14 日，泽库县省级精准扶贫产业园。该产业园于 2016 年 8 月动工建设，2017 年开始运行，占地面积 3.33 公顷　　（州摄影家协会供图）

2022 年 3 月 20 日，泽库县泽曲镇东科日社区牦牛合作社内，工人在采集牦牛奶　　（州摄影家协会供图）

2022 年 10 月 25 日，尖扎县助力群众实现定向外出就业。图为尖扎群众在海西州采摘枸杞　　（尖扎县供图）

十年回眸 ——民族团结

十年间，黄南州纵深推进民族团结进步“十一进”活动，广泛开展中国特色社会主义和中国梦教育，推动党的民族宗教政策深入人心，“百寺千讲”、联谊交友、绿色寺庙、国旗进寺庙形成常态。持续举办富有民族特色的同仁“六月会”、河南“那达慕”、尖扎箭舞等民俗活动，铸牢中华民族共同体意识。2019年，黄南州成功创建全国民族团结进步示范州。国家民委这样评价：“黄南州的生动实践，探索出一条富有藏区特色的创建之路，为青海省建设‘民族团结进步先进区’作出了贡献，为全国民族团结进步事业创新发展提供了宝贵经验。”

泽库县社会主义核心价值观一条街　　（泽库县供图）

2019 年 12 月 9 日，黄南州被命名为“全国民族团结进步示范州”。图为各族代表合影留念　（州政府办供图）

2022 年 6 月 27 日，新打造的黄南民族团结文化长廊　（州政府办供图）

年度发展快照

2022年8月11日，以“融合、创新、发展、团结、和谐”为主题的青藏川滇甘交界地区州（市）长第七次联席会议在黄南州同仁市召开 （州政府办供图）

2022年7月10日，黄南州党政代表团在天津市滨海新区同区委、区政府主要领导及相关部门负责人座谈对接对口支援工作 （州工信局供图）

2022年3月23日，同仁市城北新区防洪综合治理工程开工　（州发展改革委供图）

2022年6月，浪加水库蓄水　（州发展改革委供图）

2022年6月28日，同仁充电站建成投运　（同仁市供图）

2022 年 7 月 23 日，第 23 届中国·青海绿色发展投资贸易洽谈会黄南州专场签约仪式　　（州工信局供图）

2022 年 7 月 23 日，第 23 届中国·青海绿色发展投资贸易洽谈会上参展的黄南商品　　（州工信局供图）

2022 年 9 月 22 日，泽库县召开东西部协作工作推进会　　（泽库县供图）

2022 年 8 月 10—16 日，州乡村振兴局组织州内企业到江苏省南京市参加江苏对口支援协作合作地区特色商品展　　（州乡村振兴局供图）

2022年3月，“推动中藏医药传承创新工作，提升中藏医药服务能力”为主题的首届玛洛中藏药大讲堂在黄南州成功举办　　（州卫健委供图）

2022年3月15日，同仁市科技特派员工作站挂牌　　（州科技局供图）

2022年，高原荷兰豆在同仁试种成功　（同仁市供图）

2022年，高原小米在同仁试种成功　（同仁市供图）

2022年8月22日，河南蒙古族自治县牛羊活畜交易集散中心建成投入使用　（河南蒙古族自治县供图）

2022 年 4 月 3 日，泽库县在县烈士陵园开展缅怀先烈、清明节扫墓活动　（泽库县供图）

2022 年 11 月 16 日，异地办班师生在天津市第一百中学参加大规模运动会展示黄南学子风貌　（同仁市供图）

2022 年 4 月 28 日，河南蒙古族自治县在成吉思汗广场开展以“守护蓝天精灵，共享美好家园”为主题的爱鸟宣传活动

（河南蒙古族自治县供图）

2022 年，州医保局进村入户“常态化”开展医疗保障政策宣传（州医保局供图）

同仁市热贡路社区儿童之家辅导室

（同仁市供图）

2022年10月16日，同仁市扎毛乡芊桑别院
（同仁市供图）

2022年10月，泽库县巴滩草原秋景　　（泽库县供图）

《黄南年鉴（2023）》撰稿人员名单

中共黄南州委办公室（黄南州档案局）

王莉琳　冶　功

黄南州人大常委会办公室

周毛才让

黄南州人民政府办公室（黄南州信访局、黄南行政审批制度改革办公室、黄南外事办公室）

石　虹　仁青多杰　桑杰吉　梁勇先　马国庆　钱秀芬　桑　杰　高　凤　海永隆　羊　鹏　丹珍措姆

政协黄南州委员会办公室

梁　虹

中共黄南州纪律检查委员会、黄南州监察委员会

马峥嵘

中共黄南州委组织部（黄南州公务员局、黄南州非公经济组织和社会组织工作委员会）

李光杰　多杰才让

中共黄南州委宣传部（黄南州政府新闻办公室、黄南州精神文明建设指导委员会办公室）

赵赛杰

中共黄南州委统战部（黄南州民族宗教事务委员会）

郭晓敏

中共黄南州委政法委员会

薛　剑

中共黄南州直属机关工作委员会

马智亮

中共黄南州委机构编制委员会

陈　璐

中共黄南州委政策研究室

尕藏智华

中共黄南州委老干部局

马　莉

中共黄南州委机要和保密局

崔　峰

中共黄南州委党校

范　静

黄南报社

郝青宁

黄南州党史研究室（黄南州地方志办公室）

毛　婕

中共黄南州委巡察工作领导小组办公室

习　超

黄南州发展和改革委员会（黄南州粮食局）

陈昊星

黄南州教育局

扎西东智

黄南州科技局（黄南州科学技术协会）

李　军

黄南州工业商务和信息化局（黄南州招商局、黄南数字经济发展局）

赵延入　马　燕　周　毛

黄南州国有资产监督管理委员会

周　毛

黄南州公安局

赵文广

黄南州民政局

王　胜

黄南州司法局

韩　伟

黄南州财政局（黄南州金融工作办公室）

马仙梅

黄南州人力资源和社会保障局

何玉珍

黄南州自然资源局（黄南州移民安置局）

祁淑玲

黄南州生态环境局

周亚男

黄南州住房和城乡建设局

张晓阳

黄南州交通运输局

李艳风

黄南州水利局（黄南州河湖长制办公室）

旺秀措　辛　虎　雷延炜　莫金蓉

拉措加　才旦多杰　朋毛扎西

黄南州农牧局

薛永峰

黄南州文体旅游广电局（黄南州热贡艺术传承保护管理局）

杨壮加　金毛措　杨　红　马海明

关却加措　更藏卓玛　索太加　马　彪

周改才让　索南措　华卡才让　央琴梅朵

黄南州卫生健康委员会

斗拉加

黄南州退役军人事务局

多杰才让

黄南州应急管理局

才旦多杰

黄南州审计局

斗毛吉

黄南州林业和草原局（三江源自然保护地黄南州管理局）

刘成邦

黄南州市场监督管理局（黄南州知识产权局）

周胡才尼

黄南州统计局

周　靖

黄南州乡村振兴局

阿源兴

黄南州医疗保障局

李　峰

黄南州州直机关事务管理局

柴晖栋

黄南州政务服务监督管理局

孟良得

黄南州坎布拉景区管理委员会

敏超宫

黄南州民族语文工作中心

多杰加

黄南州住房公积金管理中心

白　洁

黄南州防震减灾局

张　斌

黄南州总工会

吴美伶

共青团黄南州委员会

周加才让

黄南州妇女联合会

关却才让

黄南州残疾人联合会

王海萍

黄南州文学艺术界联合会

王建军

黄南州红十字会

辛　丽

黄南州工商业联合会

仁青加

黄南州中级人民法院

多莉娜

黄南州人民检察院

马维忠

黄南州森林警察支队

赵文广

国家税务总局黄南州税务局

刘涿宁

黄南州热贡文化生态区管理委员会

殷廷华

国家统计局黄南调查队

祁文忠

中国人民银行黄南州中心支行
宋明元
黄南州气象局
缐得娟
黄南州烟草专卖局、青海省烟草公司黄南州公司
洛　焱
青海银保监局黄南银保监分局
辛连兄
青海省无线电管理办公室黄南管理处
窦宗强
黄南州水电开发有限责任公司
赵青斌
黄南州信息通信发展办公室
周　毛
黄南州邮政管理局
唐孜田
中国邮政集团公司黄南州分公司
吉慧香
中国电信股份有限公司黄南分公司
任得婷
中国移动通信集团青海有限公司黄南分公司
马倩文
中国联合通信集团青海有限公司黄南分公司
田占伟
中国铁塔股份有限公司青海省分公司黄南州办事处
刘梦蝶
青海同仁农村商业银行股份有限公司
旦智项杰
中国农业银行股份有限公司黄南分行
康学蓓
中国邮政储蓄银行黄南州支行
张玉梅
中国建设银行黄南州分行
王　杰
中国农业发展银行黄南州分行
马彦平
中国人民财产保险股份有限公司黄南州分公司
周学斌
中国人寿保险股份有限公司同仁支公司
彭丽媛
国家电网黄化供电公司
严绍国　陈　媛
中国石油青海黄南销售分公司
樊有霞
青海省黄南公路段
苏　霞
黄南州供销合作社联合社
周毛才让
青海省新华发行（集团）黄南州有限公司
杨吉卓玛
同仁市
才让卓玛
尖扎县
任喜元
泽库县
刘晓甲
河南蒙古族自治县
杨太多杰参

目录

特载

专记

大事记

州情概览

中共黄南州委

黄南州人民代表大会

黄南州人民政府

政协黄南州委员会

纪检监察

群众团体

法　治

军 事

经济管理

农 业

工业 建筑业

信息产业

商贸服务业

旅游业

金融业

城乡建设

交通　邮政

生态建设

环境保护

科学技术

教育 体育

文 化

卫生健康

安全应急管理

社会生活

市（县）概览

附　录

特　载

担当作为　狠抓落实
以优良作风贯彻省第十四次党代会精神

——在州委十三届六次全会上的讲话（摘要）

州委书记　朱战民

（2022年7月27日）

这次全会的主要任务是，以习近平新时代中国特色社会主义思想为指导，深入学习贯彻习近平总书记关于青海工作重要讲话、重要指示批示精神，总结成绩，安排工作，动员各级干部担当作为，狠抓落实，以优良作风贯彻省第十四次党代会精神，以优异成绩迎接党的二十大胜利召开。

今年是习近平总书记考察青海发表重要讲话一周年，一年来的实践充分证明，习近平总书记关于青海工作的重要讲话具有极强的思想性、指导性、针对性，展现出强大的真理力量和实践伟力。习近平总书记聚焦“两个大局”宽广视野，对青海高质量发展作出系统部署，对青海走好新时代长征路把关定向，是着眼新时代西部大开发形成新格局的战略考量，所蕴含的战略思维和发展定位，必将长期指引我们始终沿着正确方向不断前进。省第十四次党代会，全面回顾了党的十八大以来习近平总书记对青海工作的殷殷嘱托，客观总结了过去五年全省上下感恩奋进取得的重大成就和经验启示，科学描绘了“六个现代化”新青海建设的战略目标，为我们奋力谱写全面建设社会主义现代化国家青海篇章提供了行动纲领。前不久，中央政治局常委、全国政协主席汪洋视察青海，亲临黄南，从推动高质量发展、做好援青工作、加强政协提案办理、保护传承历史文化、依法管理宗教事务、维护民族团结进步和社会和谐稳定等方面提出了明确要求，对黄南今后发展具有重大意义。省党代会前夕，长星书记、晓军省长来黄南调研提出了今后乃至“十四五”时期黄南追赶发展的方向和路径，是省委治青理政思路在黄南的集中体现。近期，黄南党政代表团赴天津拜访，也取得了丰硕成果。对这些重要指示批示、重大会议精神，我们要一体学习、认真领会，保持定力、久久为功，奋力走好具有时代特征、高原特色、黄南特点的高质量发展之路。

今年以来，面对复杂严峻的发展环境和超出预期的风险挑战，特别是新冠疫情叠加的严重冲击，州委常委会始终坚持以习近平新时代中国特色社会主义思想为指导，深学细悟习近平总书记在青海考察时的重要讲话精神，全面贯彻落实省委、省政府各项决策部署，统筹推进疫情防控和经济社会发展，团结带领广大党员、各族群众勠力同心，砥砺奋进，进一步巩固了全州上下政通人和、经济发展稳中有进、生态环境持续向好、社会大局和谐稳定的良好态势，在打造共同富裕黄南样板的生动实践中迈出了坚实步伐。

政治引领更加突出，严格执行“第一议题”制度，抓实政治要件办理，坚决做到总书记有号令、省委有部署、黄南见行动，各级党组织坚定捍卫“两个确立”、自觉做到“两个维护”。州各大班子紧跟省委，精诚团结、和谐一致。各级党组织坚强有力，全州党员干部同舟共济、和谐共事。高质量发展更加稳健，坚持稳字当头、稳中求进工作总基调，认真贯彻新发展理念，推动改革创新，全州经济社会发展各项指标保持了合理增长。高质量编制实施“十四五”生态环境保护规划体系，统筹推进山水林田湖草沙冰系统治理，山水黄南建设取得了新进展。巩固拓展脱贫攻坚成果同乡村振兴有效衔接，大力提升基础条件，民生福祉持续改善。坚持“外防输入、内防反弹”总策略和“动态清零”总方针，全州动员、全民参与、联防联控，科学有效应对泽库疫情，迅速阻断疫情传播，疫情防控取得了阶段性重大胜利，空前凝聚了全州上下团结一心、众志成城、全民战“疫”的共识和力量。共同体意识更加牢固，深入学习贯彻习近平总书记关于民族宗教工作的重要论述，更加注重“管脑子”工作，“民族团结进步+”和民族团结进步“十二进”活动纵深推进，率先在全省建设铸牢中华民族共同体意识体验馆，打造中华民族视觉形象工程，中华民族共同体意识深入人心。创新开展“四史”“五观”宣传教育，扎实做好校园思想政治建设，各族群众在交往交流交融中更加坚定了听党话、感党恩、跟党走的信心和决心。党的领导更加有力，支持人大、政协依法依章履职尽责，高质量推进重点领域立法工作，切实增强“一府一委两院”监督质效，积极打造政协“一委一品”“一委一题”，常态开展协商视察、建言资政，不断扩大人民有序政治参与，全过程人民民主得到生动实践。扎实推进群团协同化建设，工会、共青团、妇联等群团组织的政治性、先进性、群众性实现了新的提升。管党治党更加深入，全面加强换届后各级领导班子建设，实施“党支部书记两个能力提升”“党员进党校集中轮训”工程，认真开展不合格党员处置，落实“双帮”机制，抓细“支部进网、党员联户”，基层基础更加牢固。深入推进党风廉政建设，用好监督执纪“四种形态”，持之以恒纠治“四风”，严肃财经纪律，“过紧日子”成为常态。

以上成绩的取得，根本在于习近平新时代中国特色社会主义思想的科学指引，关键在于省委的坚强领导，动力在于全州上下唯实唯先、锐意进取，在极其艰难的局面下，用拼搏奋斗和超常付出，稳住了经济基本盘，换来了各项事业的追赶发展，确保了社会大局的和谐稳定。实践证明，州委常委会各项决策部署是正确有力的，各级各部门工作是扎实有效的，全州各级干部是能打硬仗的，各族群众是一心向党的。在此，我谨代表州委常委会，向奋战在各条战线上的各级党组织、广大党员和各级干部，向给予鼎力支持的老干部、各级领导、各界人士和28万各族群众，表示衷心的感谢和崇高的敬意！

省第十四次党代会胜利闭幕后，新一届省委及时印发了《关于进一步加强省委领导班子政治建设的若干措施》《关于进一步弘扬优良作风加快建设现代化新青海的若干措施》，释放了刀刃向内、改进作风的强烈信号，为各级党组织作出了示范表率。我们紧跟省委步伐，认真部署开展了全州作风建设工作。刚才，全会审议通过的《中共黄南州委全体会议工作规则》《关于进一步加强州委领导班子政治建设的若干措施》《黄南州贯彻省第十四次党代会精神“喜迎二十大、基层百日行”活动实施方案》，是州委立足黄南实际，审时度势、认真谋划作出的重要安排，也是持续深化作风建设、狠抓工作落实的动员令，各级党组织务必高度重视，认真贯彻执行。关于下半年经济社会发展工作，扎西才让同志已经代表州委常委会，作了具体安排，很实在、很明确，请大家认真学习、抓好落实。这里，我重点围绕党的建设特别是干部作风问题，讲几点意见。

一、担当作为、狠抓落实，必须更加自觉坚定政治方向

坚定政治方向抓落实，一靠学习，二靠实践，关键要做到善学、善谋、善作、善成。

练好“善学”的本领。现在有些同志，一提学习，或者自我感觉良好、以为都懂；又或以工作太忙为借口、不注重学习；有些学习了，也是浅尝辄止，不深入思考。我们处在前所未有的变革时代，更要发扬“挤”和“钻”的精神，多读书、读好书，尤其要持续学思践悟习近平新时代中国特色社会主义思想，真正做到学深悟透、学懂弄通，指导实践。在黄南工作，我们更要静下心来认真学习研究党和国家的一系列方针政策，深刻理解、全面掌握。同时，还要掌握天文地理、历史文化、民族宗教等各方面的知识，丰富知识存量、调整知识结构，成为工作的行家里手。

练好“善谋”的本领。善谋才能善为。领导干部要提高统筹谋划能力，把握好战略的坚定性和策略的灵活性，既要善于观大势、把方向、谋大局，站在战略和全局高度想问题、办事情，做到谋定而后动；又要善于察实情、谋实策、见实效，坚持一切从实际出发，从具体抓起。比如，努力完成今年各项目标任务，这是当下必须做的大事。同时，认真研究国家和省上大的政策走向，提前对接汇报，力争更多好项目落地黄南，在推动高质量发展中抢得先机、赢得主动，这是着眼长远发展的关键所在。所以，我们要准确把握战略和策略的辩证统一关系，着眼长远制定战略愿景和战略规划，着眼解决当下矛盾问题，增强策略安排的针对性和可操作性，不断提高科学决策、民主决策、依法决策能力水平。

练好“善作”的本领。抓落实要用好辩证法和方法论，善于抓主要矛盾和矛盾的主要方面，“眉毛胡子一把抓”，是做不好工作的。在实际工作中，我们既要坚持系统思维、通盘考虑，把主要精力放在事关全局的重要方面，以重点突破带动整体提升，又要善于“弹钢琴”，分清轻重缓急和主次矛盾，把握好工作节奏，做到忙而不乱、有条不紊。当前我们所有的工作，都要围绕坚决守住稳定底线、全力以赴抓好发展这个大局，时刻保持清醒头脑和战略定力，不断增强工作的原则性、系统性、预见性、创造性，集中精力办好自己的事。

练好“善成”的本领。工作做得怎么样，最终要看结果。要从大处着眼、小处着手，工作中要敢于攻坚克难，跳起来“摘桃子”，在务实的基础上大胆创新，寻找解决问题的新思路、新方法、新举措。当前，要围绕生态保护、乡村振兴、产业培育、民生改善、社会治理等中心工作，巩固提升“组织体系建设三年行动”成果，深入推进抓党建各项工作，加强乡村班子能力建设，常态化开展软弱涣散基层党组织排查整顿。特别是要抓好“三会一课”制度的落实，重点放到抓支部、活支部、强支部上，这是基础。要严格落实基层党建工作责任制，统筹推进城市、农村、机关、学校、企事业单位、“两新”组织等各领域基层党建工作，推动基层组织全面进步、全面过硬，着力提高各级干部思想政治素质和推进发展、服务基层、管理社会、维护稳定的能力。

二、担当作为、狠抓落实，必须更加自觉坚持基层导向

美好蓝图不是喊出来、等出来的，而是实打实干出来、拼出来的，必须切实增强转变作风的自觉性，心无旁骛干事业、聚精会神抓落实。我们开展“喜迎二十大、基层百日行”活动，主要目的就是解决干部浮在面上、沉不下去，工作浮在面上、落不下去的问题；明确州级领导干部联县、联乡镇、联村、联寺庙、联重大项目、联困难群众等十四联任务，就是要转变作风、狠抓落实，进一步密切党群干群关系，首先从领导干部带头做起，大力倡导“一线工作法”，做到主要领导重要工作亲自部署、重大事项亲自推动、重点环节亲自协调、落实情况亲自督查。

问题要在一线发现。把基层一线作为主战场，聚焦中心工作和重点项目，经常扑下身子、沉到一线，深入开展调查研究，近的远的都要去，好的差的都要看，及时了解平时难以听到、不易看到和意想不到的新情况。有的地方出问题，一个重要原因，就是领导干部工作不深入、作风不扎实。州委常委和副州级以上领导干部每年在基层调研不少于 2 个月，提倡不发通知、不打招呼、不听汇报、不用陪同接待、直奔基层、直插现场的“四不两直”做法，掌握第一手情况和资料。各级都要改进调查研究，切忌走过场、搞形式主义。

政策要在一线实施。党的各项惠民政策要靠各级党组织落实，我们要从州委常委做起，州人大、政府、政协的领导同志都要以上率下、蹲点“解剖麻雀”，带头到包联项目现场协调解决存在的问题，带头到矛盾困难多的地方解决实际问题，带头到基层联系点察实情、办实事，带头落实“领导包案”“公开接访”信访制度，带头抓重点工作跟踪问效，打通政策落地的“最后一公里”。州直各单位都要建立基层联系点，“点对点”联系乡村、社区、企业、工程项目等，现场模拟评估，完善政策或提出修改建议。今后出台政策性文件，一律逐条明确工作责任和部门责任，逐条明确干什么、怎么干、干到什么程度。

*工作要在一线推进。*领导干部要用“身影”指挥，不能用“声音”指挥。如果抓项目的不到现场，管工程的不进工地，抓流通的不去市场，管宗教的不去宗教场所，就如同“农民种地不下田”，必定导致误工误时。要推广“专班推进法”“点对点工作法”“一线工作法”，既要“身入”更要“心入”，各级干部要主动到任务重、困难多、压力大的地方去，真情实意解难题、真抓实干促发展，及时有效解决各种问题和矛盾。州市县两级部门，凡是有项目审批、资源管理、民生服务、社会治理等职能的，每月要有一定时间在一线，强化过程指导和服务。

*责任要在一线落实。*崇尚实干、狠抓落实，是我们党的优良传统。各级干部要提升能力抓落实，通过不断化解难题克服“本领恐慌”，成为工作中的多面手。要依靠群众抓落实，不仅要与老百姓坐在一条板凳上谈心交心，更要重视解决老百姓反映的意见和问题，真情实意了解老百姓忧在哪里、难在何处。这一点，习近平总书记给我们做出了很好的榜样。要改进作风抓落实，力戒形式主义、官僚主义，发扬斗争精神，把既定部署要求抓细抓实抓具体。当前，我们要抢抓中央稳住经济大盘的利好时期，系统谋划、综合施策，狠抓市场主体帮扶、消费促进、招商引资等工作，全力实现“疫情要防住、经济要稳住、发展要安全”的目标。

*干部要在一线发现。*党的事业尤其是基层一线，是各级干部施展才干、锻炼成长的广阔舞台。越是困难大、矛盾多的地方，越是形势严峻、情况复杂的时候，越能体现一个人的能力、定力。组织上安排我们去艰苦边远地区工作，是信任更是培养锻炼，应该以此为荣、争先恐后，而不是挑肥拣瘦、讨价还价。我们考察识别干部，也要重视基层导向，注重选拔使用在基层一线中敢于负责、勇于担当、善于作为、实绩突出的干部，真正把忠诚党和人民事业、堂堂正正做人、干干净净干事的干部选拔出来，真正树立能者上、优者奖、庸者下、劣者汰的选人用人风向标。要充分用好容错纠错机制，把“三个区分开来”要求具体化，切实做到为担当者担当、为负责者负责，不让老实人吃亏，不让投机者得利，更好激励广大干部担当实干。

三、担当作为、狠抓落实，必须更加自觉完成目标任务

年初州委全会、州“两会”提出了全年经济社会发展主要预期目标，在这些目标引领下，上半年全州经济运行总体平稳，但受疫情等多种因素交织影响，部分指标不及预期。即将进入8月，时间很紧、任务很重，必须自我加压、奋起直追，努力完成全年发展目标。

*抓好指标调度。*经济指标是反映发展质效的“晴雨表”，抓指标就是抓发展。要继续落实好经济分析调度、监测预警机制，尤其对排名靠后、较为薄弱的指标，要认真分析原因，挂图作战、倒排工期，针对经济运行中的难点堵点问题，分类施策协调解决，以月促季、以季保年，严防大起大落，确保各项指标迎头赶上、全面达标。

*拓展生态路径。*当前，生态优先已经成为了全州干群共识，绿色发展理念越来越深入人心。要一以贯之扛起生态责任，全力实施好黄河流域尖扎至同仁段生态修复综合治理项目，把科学、生态、节俭绿化贯穿选种、养育、管护全过程，以点带面统筹推进山水林田湖草沙冰综合治理，推动实现生态效益、经济效益和社会效益互促共赢。

*融入开放格局。*区域竞争日趋激烈，不进则退、慢进亦退。要坚持思想解放与思路突破并举，积极融入国家和全省发展战略，集中有限的资源、资金、要素，把抓项目、促投资作为稳增长、谋发展、促转型的关键一招，坚持用创新思维和改革办法破解瓶颈制约、激发发展活力，在量的合理增长中实现质的稳步提升。

*培育绿色动能。*坚定不移走产业生态化和生态产业化道路，牢牢把握“四地”建设历史机遇，统筹抓好绿色有机农牧、文化旅游等传统优势产业提档升级，加快推动清洁能源、碳汇交易等新兴潜力产业扶持培育，用好市场、政府“两只手”，聚焦建链延链、补链强链，抓好“青洽会”招商引资项目落地，着力构建绿色低碳循环产业体系。

*推动共同富裕。*改善民生、实现共同富裕是社会主义的本质要求。要持续落实防返贫动态监

测帮扶机制，守住不发生规模性返贫底线。全力实施好乡村振兴“八大行动”，组织带动农牧民积极参与乡村建设，扎实推进历史文化名城和传统村落保护，抓好普惠性、基础性、兜底性民生工作，统筹城乡融合发展。用好对口支援平台，在输血造血良性互动中增强各族群众发展信心。

提升治理能力。以城乡基层社会治理为重心，加快市域社会治理现代化。全面实施“八五”普法，倡导全民守法，做好常态化扫黑除恶，重拳整治养老诈骗，建设更高水平的平安黄南、法治黄南，不断提升全面依法治州能力。坚持和发展新时代“枫桥经验”，完善领导干部下访接访制度，把矛盾解决在萌芽、化解在基层。实施好平安与振兴工程，打造“雪亮工程”升级版，完善社会治安防控体系，统筹开展夏季治安打击整治“百日行动”、“鹰隼行动”等专项行动，让各族群众的安全感更加充实、更有保障、更可持续。

构建精神家园。深入学习领会全国政协主席汪洋关于黄南工作指示要求，以铸牢中华民族共同体意识为主线，持续深化“民族团结进步+”实践，依法管好宗教事务，高标准推进铸牢中华民族共同体意识体验馆展陈设置，整改修缮昂拉千户府，力争今年泽库建成全国民族团结进步示范县，实现市县创建全覆盖目标，推动各族群众在守望相助中共创美好未来。

答好政治考卷。坚持总体国家安全观，全力做好各项应急准备工作，确保党的二十大前后社会和谐稳定。要坚持人民至上、生命至上，落实安全生产责任制，加强防灾减灾和应急管理体系能力建设，强化安全生产监管执法，坚决遏制各领域事故发生。健全公共卫生体系，毫不放松抓好常态化疫情防控。严格压实意识形态工作责任制，实施网络综合治理网长负责制，统筹抓好新闻媒体、文化市场、各级学校、民族宗教等领域阵地监管。认真开展“喜迎二十大、基层百日行”活动，强化正面宣传引导，凝聚人心，感恩奋进。

四、担当作为、狠抓落实，必须更加自觉创新体制机制

抓落实不是简单的上级压着下级干、干部逼着群众干，而是干部和群众双向互动的过程，是上级和下级合力推进的过程，也是政策在实践中不断完善的过程。

创新“责任管理”机制。责任的落实是工作成败的关键。每一项工作都要建立横向到边、纵向到底的责任制。比如，重点工作都要建立责任清单，定目标、定任务、定人员、定时间、定奖惩，做到一切工作具体化、具体工作项目化、项目管理责任化、责任落实高效化。落实责任要按照“权责一致”的原则，厘清责任边界，不能把任务和责任全部压给乡镇，而有执法权的部门只负责督导和问责。谁行使执法权，谁就要承担责任；需要基层协同落实的，也要分清主次责任，乡镇发现问题及时汇报，有执法权的部门必须随时到位、联合行动。

创新“效率管理”机制。俗话说，“一早三分利”。对任何一项工作来说，没有效率就谈不上质量。现在项目审批服务有了改进，但部门之间还存在互为前置条件、影响项目进度等问题，这甚至还是部门利益、部门保护主义在作怪。各市县和州直部门要下决心优化项目流程，以目标倒逼责任、以时限倒逼进度。要探索建立各级部门和企业之间“政策直通车”，谁负责制定执行政策，谁就要提供配套办理流程图，让企业和群众知道怎么办、找谁办、在哪儿办，努力实现“政策”和“落地”之间的“零距离”。

创新“精准督查”机制。督查要重实地、察实情、见实况，不能只是看照片、看资料、看台账，更不能以“留痕”多少来评价工作好坏。像督查招商引资工作，不能只看签了多少协议或合同，要看到位资金、看项目开工率、看落地项目进度和实物工作量。要从严控制督查，坚决克服督查表象化、无序化、多头化。未经批准，部门不得以党委、政府名义开展督查，给基层增加负担，违者发现一起、通报一起、问责一起。

创新“务实考核”机制。考核重在看发展、看变化，以实绩论英雄。要科学设置考核指标，讲究差异化，不搞“一刀切”。州上对各市县考核，要突出党建引领、乡村振兴、创新驱动、“三大攻坚战”、改革开放等重点内容，并设置创新加分项；对党风廉政、安全生产、生态环境、综合治理、保密工作考核不合格的，一律实行“一票否决”。要更加注重群众获得感，把评判权更多地交给服务对象和群众，像评价经济主管部门，要组织企业和市场主体打分；评价社会管理部门，要组织社区和群众代表打分。

五、担当作为、狠抓落实，必须更加自觉涵养政治生态

各级党组织要坚决扛起从严管党治党政治责任，“一把手”要切实履行好第一责任人职责，把“严”和“实”的要求贯穿担当作为、狠抓落实的全过程。

*要严明政治纪律。*政治纪律是最重要、最根本、最关键的纪律。现在社会上，有些人“表态好、调门高”，背后却妄议中央；有的口口声声服从组织，一涉及个人利益就满腹牢骚；有的表面遵守纪律，暗中拉帮结派、搞小圈子等，对这类政治上有问题的人，必须坚决斗争。讲政治纪律不是抽象的，而是具体的。对落实习近平总书记重要讲话、重要指示批示不力的，对落实习近平经济思想、习近平生态文明思想以及管党治党、意识形态、民族宗教工作重要论述、新时代党的组织路线等不力的，对落实党中央、省委决策部署不力的，都要追查政治责任。面对黄南特殊州情，各级党员干部要在大是大非面前旗帜鲜明，在严峻考验面前无所畏惧，在各种诱惑面前立场坚定，做到关键时刻靠得住、信得过、能放心。对那些当面一套背后一套、说一套做一套、与党离心离德的“两面人”“骑墙派”，组织要坚决清理，绝不姑息迁就。

*要严明组织纪律。*我们每个党员都是组织的人，任何情况下都要服从组织纪律，这是不容置疑、不容挑战的，也是不能“松口”、不能“变通”的，更不能心存侥幸、搞下不为例。要正确对待组织决定，用实际行动确保政令畅通，决不能搞表态式服从、选择性执行、应付型落实。要正确处理个人与组织的关系、正确对待组织交给的任务，有没有完成、完成了多少、有什么困难问题，都要及时请示报告，不允许隐瞒不报。对各级领导干部在分管领域内，因落实不力造成严重失误、重大事故的，要严肃追责问责；对涉及民生安全，对各类风险隐患不敏感，没有做到第一时间处置的，要依纪依规严肃问责。问责不是目的，我们历来对事不对人，只有对失职失责的少数人严肃追究，才是对更多干部关心和爱护、警示和保护。

要严明廉洁纪律。“干净”和“干事”是完全可以统一的，能干事不是贪腐的理由，干成事也不是能腐的借口。当前我们已进入实施“十四五”规划的关键时期，明年将举办建政七十周年大庆，各类工程项目加快建设，要确保每一个项目都是廉洁项目、每一个工程都是干净工程。要继续加大重点领域专项治理力度，针对不担当不作为“庸懒散”问题、民生领域侵害群众利益问题、营商环境中存在的突出问题等开展专项整治，营造风清气正的社会环境。要精准运用监督执纪“四种形态”，突出抓早抓小、防微杜渐，关口前移，加强日常监督教育管理，让各级干部不出事、少出事。坚持用制度管权、管事、管人，推动领导干部特别是“一把手”管好班子、带好队伍，一体推进不敢腐、不能腐、不想腐。

同志们，肩负职责使命，必须担当作为，让我们更加紧密地团结在以习近平同志为核心的党中央周围，不忘初心、牢记使命，真抓实干、埋头苦干，以优良作风贯彻省党代会精神，以优异成绩迎接党的二十大胜利召开！

政府工作报告

——在黄南藏族自治州第十六届人民代表大会第二次会议上

州　长　扎西才让

（2022 年 2 月 22 日）

一、2021 年工作回顾

2021 年是黄南发展史上具有里程碑意义的一年，也是黄南发展进程中极不平凡的一年。面对复杂严峻的发展环境和艰巨繁重的工作任务，我们坚持以习近平新时代中国特色社会主义思想为指导，深入学习贯彻习近平总书记在青海考察时的重要讲话精神，在省委、省政府和州委的坚强领导下，以党史学习教育鼓舞斗志、凝聚力量，接续奋斗、砥砺前行，统筹推进疫情防控和经济社会发展，守住了防疫硬底线，稳住了经济基本盘，积蓄了发展新动能，全州地区生产总值增长 1.2%，固定资产投资增长 7.2%，社会消费品零售总额增长 7.8%，地方财政公共预算收入增长 2.4%，全体居民人均可支配收入增长 9.1%，居民消费价格累计上涨 1.3%，尤为可喜的是，地区生产总值、地方财政公共预算支出双双突破 110 亿元大关，居民收入增速远远高于经济增速，教育经费支出占地区生产总值的 12%以上，实现了“十四五”良好开局，如期交出了与全国全省一道全面建成小康社会的满意答卷，在谱写全面建成社会主义现代化国家黄南篇章新征程上迈出坚实步伐。

*（一）坚定不移保护生态环境，“山水黄南”底色更靓。*生态建设扎实推进。深入践行习近平生态文明思想，建立州、市（县）国家机关生态环境保护责任清单，以更大决心、更实举措推进生态文明建设。积极融入国家公园示范省建设，“七大国家自然公园”和“两个省级自然公园”保护建设有序推进，坎布拉世界地质公园申报取得阶段性成效。编制实施黄河黄南流域生态保护和高质量发展规划，扎实推进三江源生态保护等重点生态工程建设，治理水土流失 134.9 平方千米、中小河流 54.4 千米、退化草原 70.4 万亩，完成国土绿化 49.9 万亩。污染防治有力有效。深入打好污染防治攻坚战，两轮次中央生态环保督察问题整改全面清零，集中供热清洁能源改造项目加快实施，河湖“清四乱”行动扎实开展，历史遗留废弃矿山生态环境修复治理有序推进，河南县生活垃圾资源化利用及无害化处理项目投产运营，城乡环境卫生综合整治成效明显，隆务地区空气质量优良天数比例达到 99.6%，黄河出境断面水质持续保持在Ⅱ类，集中式饮用水水源地水质优良率达 100%，城镇污水、生活垃圾无害化处理率分别达到 86.3%和 97.2%。生态保护力度加大。制定《黄南州水资源保护条例》，修订《黄南州林木管护条例》，“河湖长制”持续巩固，“林草长制”全面推行，生态环境损害赔偿制度和综合行政执法改革深入推进，生态资源监管水平明显提升。麦秀林区生物多样性本底调查成果丰硕，碧水黄河迎来天鹅栖息越冬，羚牛、雪豹等国家一级保护野生动物频繁现身，生物多样性保护成效显现。创建省级生态文明示范乡镇 7 个、村 35 个，河南县入选国家“绿水青山就是金山银山”实践创新基地，我州被命名为国家级生态文明建设示范区，成为全省首个获此殊荣的自治州，生态文明成为

黄南最丰厚的底蕴。

（二）*聚焦聚力培育优势产业，发展质量明显提升。*绿色农牧提质增效。扎实推进绿色有机农畜产品示范州建设，在全省率先实现天然草场、牲畜有机认证和牦牛藏羊原产地质量追溯全覆盖，“泽库羊”入列国家畜禽遗传资源名录和全国十大优异畜禽遗传资源，泽库县入选全国牦牛全产业链典型县，河南县入选国家农业现代化示范区。启动黄南州绿色有机农畜产品输出地示范园规划建设，泽库县国家现代农业（牦牛）产业园冷链物流等配套设施进一步完善，河南县绿色有机畜产品研究院建成投用，新培育绿色有机农畜产品生产企业4家，新增绿色食品认证产品42个，有机产品和绿色食品“双认证”产品达到35个，绿色有机农畜产品标准化生产、品牌化经营体系加快建立。圆满承办全省绿色有机农畜产品示范省创建暨牦牛产业发展现场观摩会，黄南正在朝着打造质量高、效益好、竞争力强的绿色有机农畜产品输出地阔步前行。文旅融合相得益彰。深层次推进文化旅游融合发展，稳步推进热贡文化生态保护区建设，新建非遗传习中心16个、非遗宣传展示点20个，新增州级非遗代表性传承人118名，大型藏戏《意卓拉姆》荣获第六届全国少数民族文艺会演优秀剧目奖，同仁市被评为“中国民间文化艺术之乡”。新增国家AAA级旅游景区7个，完成文化和旅游投资9.3亿元，重点景区服务功能进一步完善，坎布拉景区恢复经营。高质量承办全省乡村旅游现场观摩会，打造省级乡村旅游重点村5个，扎毛村被评为全国乡村旅游重点村，德吉村入选全国乡村旅游扶贫示范案例。成功举办第三届青海·热贡文化旅游节，先后在天津、上海等地举办文化旅游资源宣传推介活动，黄南文化旅游品牌影响力进一步提升。新兴产业加快发展。精心谋划水电、光伏、风能等互为补充的清洁能源产业布局，屋顶分布式光伏示范县项目和一批牧光互补发电等新能源项目加快实施，完成投资11.2亿元，全州清洁能源发电总装机容量达到239万千瓦，清洁能源产业成为助推新旧动能转换、加快绿色发展的强大引擎。电子商务持续壮大，电商村级覆盖率达到70%，网络零售额、交易额均增长9%以上。绿色经济新业态不断涌现，高质量发展的分量更重、成色更足。

（三）*全力以赴加强项目投资，城乡面貌日新月异。*重点项目建设提速加力。启动实施“十四五”规划纲要，加快推进行业专项规划编制实施，“十四五”经济社会发展“1+2+24+4”规划体系基本构建。主动跟进国家投资导向，精心谋划储备打基础、管当前、利长远的重大项目772项，总投资2041亿元，同仁地质灾害综合防治、洮河源头湿地生态保护修复等项目纳入国家重点支持项目盘子，为可持续发展增添了后劲、奠定了基础。深入开展项目攻坚年活动，全年共实施建设项目656项，完成固定资产投资74.7亿元，黄南机场选址、航行服务及空域使用通过审查，西成铁路黄南段、张汶高速同仁至赛尔龙段、310国道尖扎至贵德段、330千伏输变电、天然气入州、扎毛水库灌渠、浪加水库等项目快速实施，郭么日大桥、同仁城北新区地下管廊二期等项目开工建设，瓜什则至六角满公路、马康公路竣工投用，在全省率先完成第六批电信普遍服务试点建设任务，全州基础设施短板加快补齐。城镇建设品质明显提升。深入推进高原美丽城镇建设，全年实施城镇基础设施项目112项，完成投资22.1亿元，同仁、尖扎城北新区功能进一步完善，唐卡艺术小镇、坎布拉运动休闲小镇稳步推进，和日镇美丽城镇开工建设，王家乡荣获全省美丽城镇建设优秀奖，城镇风貌改造加快实施，完成老旧小区整治69个，一大批高标准城镇公厕建成投用，城镇基础设施、公共服务日臻完善，全州城乡面貌正在发生质的改变。

（四）*接续用力推进乡村振兴，美丽乡村活力焕发。*脱贫成果更加稳固。坚持巩固拓展脱贫攻坚成果同乡村振兴有效衔接，脱贫攻坚期内所有扶贫项目资产实现确权管理，易地搬迁安置住房不动产登记发证工作全面完成。健全完善防止返贫动态监测、防贫保险、挂钩帮扶、分层分类精准帮扶四项机制，消除返贫致贫风险366户1366人，风险消除率达到72.5%。争取落实衔接资金7.34亿元，集中用于支持脱贫地区产业发展、易地搬迁后续扶持等，集体经济年收益超10万元以上村占比达到62.6%，有力支撑了脱贫成果的巩固拓展。乡村建设全面加强。启动乡村振兴示范试点建设行动，打造省级产业融合发展示范园和产业基地8个、乡村振兴和乡村旅游试点村23个，新建高原美丽乡村22个。扎实推进国家级传统村落集中连片保护利用示范州建设，在全省率先完成30个国家级传统村落挂牌工作并建立州级名录。实施农牧民居住条件改善工程4293户，新改建农村公路200千米，开通交邮融合线路8条，169个行政村通公交车，农牧区基础设施条件进一步改善。新建高标准农田1万亩，耕地“非农化”“非粮化”治理和乱占耕地清查整治扎实有效，粮食种植面积、产量保持稳定。乡村活力不断激发。农牧区集体产权制度改革圆满完成，州县乡村四级供销社机构体系全面建立，“百企兴百村”行动深入开展，乡村振兴发展内生动力明显增强。大力弘扬和践行社会主义核心价值观，深入开展群众性精神文明创建活动，县级以上文明乡镇、文明村创建率分别达到69.4%和62.7%，美丽乡村更加充满热度、富有朝气。

（五）持之以恒深化改革开放，发展动力有效激发。重点领域改革纵深推进。全年完成改革任务175项，乡镇管理体制改革正式启动，全国农村公路管理养护体制改革试点、重点行业财政事权和支出责任划分改革、物业标准化、成品油市场综合监管改革等工作扎实开展，“互联网+区块链+代理记账”模式扩面推广，国有粮食企业公司制改革任务全面完成。政府债务化解工作有序推进，银行不良贷款实现“量率双降”，守住了财政金融安全底线。营商环境持续优化。深入推进“放管服”改革，取消调整行政审批事项11项，政务服务“五级联动”试点稳步推进，58项高频政务服务事项实现跨省通办，“12345”政务服务便民热线归并整合工作全面完成。大力推进社会信用体系建设，完善市场主体退出制度，简易注销市场主体1854户。认真落实非公经济发展扶持政策，培育规上企业3户，新增市场主体3209户，总量保持在2.3万户。对外开放不断扩大。积极参加“青洽会”、生态博览会等大型经贸活动，签约招商引资项目22项，签约金额突破100亿元，到位资金14.7亿元。不断深化东西部协作，与天津市新签订合作协议4项，落实对口援建项目21个、援助资金1.37亿元，与江苏省南通市建立结对帮扶关系，为全州发展增添了强劲动力、提供了有力支撑。

（六）集中力量扩大民生投入，人民生活持续改善。坚持把大部分财政支出用于民生事业，持续加强基础性、普惠性、兜底性民生建设，全年公共财政民生支出达到90亿元，占财政支出的81.6%。就业形势稳中向好。全面落实就业创业政策，实现农牧区劳动力转移就业2.17万人次，城镇新增就业1636人，城镇登记失业率1.6%，高校毕业生就业率达到92%，就业目标超过预期。教育质量稳步提升。高规格召开全州教育发展大会，出台《关于加快推进新时代教育高质量发展的实施意见》及5个配套文件。教育布局调整工作圆满收官，州职校新校区全面完工，新改扩建幼儿园14所。全州99所中小学校规范使用统编“三科”教材，182所幼儿园如期实现通用语言保教全覆盖。探索试行“托管式”教育援青新模式，义务教育“双减”政策全面落实，教育发展质量明显提升。深入开展全民科学素质行动，建立科普教育基地3个，科技宣传普及工作不断加强。健康黄南加快建设。“五医”联动改革纵深推进，县域紧密型医共体建设实现全覆盖，职工医疗互助保障行动深入开展，异地就医直接结算体系进一步完善。民族医药传承创新发展，自主研发藏药制剂种类达到857种，产量突破80吨，乡镇卫生院、村级卫生室民族医药服务普及率分别达到95%和80%，医疗卫生保障水平不断提高。慎终如始做好常态化疫情防控工作，全面落实联防联控机制，尤其是面对省内输入性疫情再次来袭，全州各级党委政府、基层组织闻令而动、团结奋战，广大医务人员逆行而上、无私奉献，各族人民群众守望相助、共克时艰，坚决守住“零输入、零感染”的底线，生动诠释了伟大抗疫精神，充分展示了黄南儿女不畏艰险、披荆斩棘、奋勇前进的豪迈情怀。文体事业繁荣发展。“四馆一院一中心”加快建设，文化进村入户工程持续推进，举办黄河国际铁人三项、那达慕等文化体育活动268场次，广播电视、新闻出版、档案史志、智库建设等工作取得新成效，进一步丰富了群众精神文化生活。社会保障持续完善。聚焦弱势群体加大帮扶力度，启动环卫工人暖心早餐工程，进一步改善环卫工人工作生活条件。按时足额发放各项社会保险待遇，城乡低保人均标准分别提高5%和8%。妇女儿童、残疾人、老龄、慈善、红十字等事业取得新进步，国防教育、国防动员、拥军优抚安置、退役军人服务、人防工程管理等工作实现新提升。去年年初承诺的10个大类28项民生实事工程全部兑现，民生账本越记越厚，人民生活越过越好，幸福味道越来越浓。

（七）坚决有力维护社会稳定，发展环境更加安全。社会治理水平明显提高。扎实开展铸牢中华民族共同体意识宣传教育，启动州级铸牢中华民族共同体意识体验馆建设，实施中华民族视觉形象工程，创建省级民族团结进步教育基地、示范单位8个，同仁市成功创建全国民族团结进步示范市。“八五”普法全面启动，《黄南藏族自治州自治条例》修订实施，《黄南州犬只管理办法》印发施行，《黄南州城乡社区治理促进条例》立法进程加快，基层社会治理法治化水平明显提升，泽库县和日村被评为全国民主法治示范村。藏传佛教寺庙财税监管改革和寺庙“智慧消防”稳步推进，我州被评为全省藏传佛教寺庙社会管理工作优秀地区。安全发展基础更加牢固。政法队伍教育整顿成效显著，扫黑除恶斗争进入常态化，“盗抢骗”“黄赌毒”和电信诈骗等群众关注度高的违法犯罪行为得到严厉打击，社会治安群众满意度达到96.4%。成功打造全省首家“一站式多元解纷中心”，矛盾纠纷化解率达97.5%，国家和省上交办的重复信访事项、信访积案全部化解。编制完成“1+41”应急预案体系，安全生产风险隐患大排查大整治扎实推进，食品药品安全监管全面加强，一些市场乱象得到有效遏制，全州大局更安定、社会更安稳、人民更安心。

（八）驰而不息加强自身建设，政府效能不断提升。始终把思想政治建设摆在首位，扎实开展党史学习教育，取得了学史明理、学史增信、学史崇德、学史力行的良好成效。坚决把党中央的政治标准和省委、州委要求贯穿于政府工作的方方面面，严格实行科学决策、民主决策、依法决策，及时修订完善政府工作规则和相关工作制度，进一步规范政府运行。自觉接受州人大及其常委会法律监督、工作监督和州政协民主监督及社会各方面监督，高度重视人大代表建议、政协委员提案办理答复工作，高质量办理代表建议128件、委员提案135件，办结率、答复率、满意率均为100%，一大批办理成果有效转化为推动高质量发展的务实举措。提请州人大常委会审议地方性法规4件，制定修改废止州政府规章8件，制发规范性文件6件，法治政府建设成效明显。进一步严肃财经纪律，常态化开展经济“体检”，审计监督效能不断提升。坚持过“紧日子”，压减一般性支出15%、“三公”经费3%。认真落实中央八项规定及其实施细则精神，集中整治形式主义、官僚主义，大力弘扬真抓实干、攻坚克难的工作作风，严格执行“710”工作制度，风清气正的政治生态和干事创业的良好氛围加快形成。积极支持工会、共青团、妇联、工商联、文联、科协等群团组织服务大局、建功立业，各项事业欣欣向荣、蓬勃发展。

各位代表，2021年是中国共产党成立100周年，全州上下共庆党的百年华诞、共享和谐发展成果，围绕“党的盛典·人民的节日”主题，扎实开展“两优一先”评选表彰、颁授“光荣在党50年”纪念章、“迎党百年华诞”主题党日、走访慰问等系列活动，广泛开展群众性主题宣教活动，集中宣传展示党的百年奋斗取得的辉煌成就和党领导下的黄南发展变化，极大地激发了各族干部群众爱党爱国爱领袖爱家乡的热情，凝聚起了奋进新征程、建设新黄南的磅礴力量。同时，我们立足疫情防控、抗震救灾大局，紧急调拨物资、抽调工作人员，支援天津、西宁等地疫情防控，驰援玛多抗震救灾，充分展现了黄南人民识大体、顾大局、敢担当的深厚家国情怀和无私奉献精神。

各位代表，过去的一年大事要事多，困难比预料的大，挑战比预想的多，既要应对疫情带来的共性影响，又要化解黄南长期积淀的特殊难题。面对前所未有的困难和挑战，全州上下按照目标不降、计划不变、力度不减的要求，沉着应对、精准施策、守牢底线、稳住大局，通过艰苦卓绝的努力，进一步打开了各方面工作的新局面，成绩来之不易。这是以习近平同志为核心的党中央坚强领导的结果，是党中央、国务院和省委、省政府特殊关怀的结果，是州委团结带领全州各族干部群众艰苦奋斗的结果，是州人大、州政协和社会各界有效监督、大力支持的结果，是天津市和国家有关部委、中央企业真情帮扶的结果。在此，我代表州人民政府，向全州各族人民，向人大代表、政协委员和离退休老同志，向工商联、人民团体和社会各界人士，向省驻州单位、解放军、武警官兵、公安干警和应急救援队伍，向对口支援黄南的天津市和国家有关部委、中央企业，向关心支持黄南发展的社会各界朋友，表示衷心感谢，致以崇高敬意！

在肯定成绩的同时，我们也清醒地看到，全州经济社会发展仍然存在一些困难和问题，主要表现在：受宏观环境和疫情影响，经济发展形势更加严峻复杂，不可预见的风险提高、挑战加剧；产业转型升级步伐缓慢，生态有机畜牧业、文化旅游业、清洁能源产业处在成长期，新的增长点尚未形成；绿色发展破局困难，推动“绿水青山”向“金山银山”转化方面探索不够、能力不强；财源培植不足，财政收入总量较小，对上依赖程度较高；公共服务体系仍有短板弱项，各族群众生活品质有待进一步提高，等等。这些问题中，有些是长期积累的，也有一些是随着形势发展显现的，二者相互交织叠加。在今后的工作中，我们将以更大的决心、更实的举措、更严的作风，认真加以解决，努力把政府工作做得更好、更实，绝不辜负全州各族群众的期望。

二、2022 年主要目标和重点工作

今年是实施“十四五”规划的关键一年，也是进一步完善发展思路、夯实发展基础、提升发展质效的一年，做好今年经济社会发展工作意义重大。根据州委部署，我们将以习近平新时代中国特色社会主义思想为指导，全面贯彻中共十九届六中全会和中央经济工作会议、民族工作会议精神，深入贯彻落实习近平总书记对青海工作重要讲话和指示批示精神，按照省委十三届十一次全会和州委十三届二次全会安排部署，坚持稳字当头、稳中求进工作总基调，完整、准确、全面贯彻新发展理念，以维护安全为底线，以从严治党为根本，以改善民生为核心，以乡村振兴为引领，以民族团结为抓手，统筹推进稳增长、促改革、调结构、惠民生、防风险工作，扎实做好“六稳”“六保”，推进生态保护和高质量发展取得新成绩，保持社会大局稳定，以优异成绩迎接党的二十大和省第十四次党代会胜利召开。

今年的主要预期目标是：一是经济增长目标。地区生产总值力争增长 6%。其中，第一产业增加值增长 4.6%，第二产业增加值增长 7%，第三产业增加值增长 6.3%。二是发展支撑指标。地方公共财政预算收入增长 5%，固定资产投资增长 7.5%，社会消费品零售总额增长 7%，文化和旅游产业营业收入增长 8%，旅游总收入增长 10%。三是民生保障指标。全体居民人均可支配收入增长 6%，城镇新增就业 1400 人以上，农牧区劳动力转移就业 2 万人次以上，城镇调查失业率、登记失业率和居民消费价格涨幅控制在省定目标以内。四是生态环保指标。全州空气质量优良天数比例 95%以上，黄河出境断面水质稳定保持在Ⅱ类以上，集中式饮用水水源地水质优良率达到 100%，节能减排指标控制在省定目标以内。

实现上述目标，我们必须坚持稳字当头、稳中求进，紧盯目标不动摇，全力以赴抓落实，着力抓好以下八个方面的工作。

*（一）聚焦“六区”创建，着力打造生态文明新样板。*牢记“国之大者”，聚焦打造全国乃至国际生态文明高地，全面加强生态环境保护，努力打造青南地区生态文明建设样板。

全力打造国家公园示范省融合区。积极融入国家公园示范省建设，深入实施自然保护地体系示范州建设三年行动，加快推进坎布拉世界地质公园申报工作，进一步抓好“七大国家自然公园”和“两个省级自然公园”保护建设，积极推动条件成熟的自然资源保护地申报国家和省级自然公园试点。统筹推进自然保护地调查评估和整合优化工作，健全完善自然保护地管理体制，着力提高管护能力和水平，努力实现科学、系统、精准管理，为打造国家公园示范省提供黄南经验。

全力打造黄河上游清洁水源

涵养功能区。坚决承担起保护“中华水塔”的重大使命，强化“源头责任”和“干流担当”，深入实施黄河黄南流域生态保护和高质量发展规划，扎实开展“守护母亲河、推进大治理”专项行动，有序实行河湖休养生息制度。全方位贯彻“四水四定”原则，精打细算用好水资源，从严从细管好水资源。打好环境问题整治、深度节水控水、生态保护修复“三个攻坚战”，实施源头治沙、小流域水土流失综合治理等工程，治理水土流失面积60平方千米、中小河流40千米，稳固提升水源涵养能力，为确保黄河安澜作出黄南贡献。

全力打造全省林草覆盖度最高的绿色支撑区。高标准实施好重点区域生态保护修复项目和隆务河流域山水林田湖草生态保护修复工程，持续抓好国土绿化巩固提升，精心实施中央财政支持国土绿化试点示范项目，加快建设坎布拉至东果林场、麦秀林场至隆务峡两条绿色长廊，完成国土绿化25.2万亩。继续做好交通沿线、河道两岸、街道庭院等绿化工作，着力打造一批省级森林城镇和森林乡村。稳步开展光伏治沙、黑土滩综合治理，治理退化草原67万亩，进一步提高草原植被综合覆盖度。

全力打造青海牧区全域无废样板区。高标准推进蓝天、碧水、净土保卫战，推动实施煤改电、煤改气等工程，深入开展河湖“清四乱”行动，继续抓好剩余废弃矿山生态环境修复治理，确保环境质量持续提升。积极推行全域“禁塑”，启动《黄南州不可降解塑料制品管理条例》立法工作。扎实开展城乡生活垃圾治理行动，大力推广垃圾无害化处理技术，实施好垃圾焚烧发电项目，力争将河南县打造成为全省第一个无废示范县。加快推进黄河沿线污水及农村生活污水集中处理设施建设，着力将尖扎县打造成为全省污水处理示范县，努力建设青海最干净、最整洁、最美丽的自治州。

全力打造“两山”转化先行区。稳步开展碳达峰行动，科学有序推进建筑、交通等重点领域节能降碳，试点实施林草碳汇交易项目，广泛开展绿色机关、绿色社区、绿色家庭等创建行动，大力倡导简约舒适、绿色低碳的生活方式。深化生态保护补偿制度改革，落实第三轮草原生态保护奖补政策，完善生态环境损害赔偿制度，主动参与排污权、用能权、用水权市场交易，积极探索生态产品价值实现机制，努力把生态优势转化为发展优势。

全力打造人与自然和谐共生示范区。完成国土空间规划编制工作，用好第三次国土调查成果，加快推动“三线一单”成果落地应用，严守生态保护红线。全面开展全民所有自然资源资产清查统计，扎实推进统一确权登记。巩固提升“河湖长制”“林草长制”，强化生态环保和绿色价值观教育，严格落实禁捕、禁猎、禁采等措施，实施珍稀野生动物栖息地保护工程。持续开展生态文明创建行动，力争创建国家级生态文明示范县1个，努力让保护生态环境成为全社会的普遍共识和自觉行动。

（二）聚焦“四地”建设，着力谋求产业发展新突破。围绕产业“四地”建设，加快构建具有黄南特色的现代产业体系，努力提高发展质量效益。

推动农牧业提质增效。聚焦打造绿色有机农畜产品输出地，以提质、稳量、补链、扩输为路径，推进绿色有机农畜产品示范州建设，高质量建成“四个万头”规模养殖项目和“四个万亩”特色种植基地，积极发展设施农业，推动农牧业生产经营方式向规模化、集约化转变。深入实施种业振兴行动，加强牦牛藏羊原产地畜种保护繁育基地建设，打造一批千头牦牛、藏羊标准化养殖示范场。加快农畜产品质量安全追溯信息平台和检测中心建设，严格落实食用农产品电子合格证制度。稳步推进黄南州绿色有机农畜产品输出地示范园、泽库县国家现代农业（牦牛）产业园建设，引进一批农畜产品生产加工企业，实施一批补链、强链、延链项目，努力提高农畜产品规模化、标准化生产水平。积极创建农畜产品优势区，充分运用全域草场、牲畜有机认证成果，着力打造一批全国绿色食品原料标准化生产基地，认证一批地标产品和绿色食品，培育1~2个农畜产品区域公用品牌，积极参加农产品交易会、绿色有机农畜产品博览会等展会，拓宽对外销售渠道，努力扩大绿色有机农畜产品输出能力。

推动文化旅游强基固本。聚

焦打造国际生态旅游目的地，高规格召开文化旅游融合发展大会，推动文旅产业特色化、优质化发展。稳步推进热贡文化生态保护区建设，启动热贡文化产业园规划建设，积极推进河南县省级蒙藏融合文化生态保护试验区创建工作，加强文物古籍保护，推动非遗项目传承发展，新建一批非遗传习中心和展示点。深入实施全域旅游发展规划，抓好同仁市国家级全域旅游示范区创建，打造省级全域旅游示范县2个。积极发展民宿产业，努力将尖扎县打造成为全省民宿第一县。大力发展草原生态游，着力将泽库、河南两县打造成为黄河上游最美草原风景区。推进热贡历史文化名城AAAAA级旅游景区创建工作，完成坎布拉景区AAAA级复牌，理顺坎布拉景区管理体制，努力将其打造成为省级生态旅游度假区。深化与周边地区协作联动，精心谋划一批集观光体验娱乐休闲于一体的文化旅游精品线路，努力打造大环线、大旅游。进一步提高旅游服务中心、游客集散中心、旅游公厕等基础设施建管水平，支持发展旅行社、旅游协会等，加快"吃住行游购娱"要素升级，积极发展"互联网+旅游"，努力提升旅游服务品质。办好第四届青海·热贡文化旅游节系列活动，举办2~3场文化旅游资源推介活动，进一步提升"西域胜境·神韵黄南"品牌影响力。

推动清洁能源做大做强。聚焦打造国家清洁能源产业高地，进一步发展壮大光伏、风电等清洁能源产业，重启宁木特水电站项目前期工作，加快推进李家峡水电站扩容改造，积极推进光伏产业园区建设，同步开展落实项目建设用地、争取消纳指标等前期工作，开工建设一批"牧光储"综合一体化光伏发电、分散式风电、水光互补和储能项目，启动一市三县"牧光储"园区规划建设，力争清洁能源发电总装机容量400万千瓦以上。同时，加快培育数字经济，积极发展云计算、大数据、区块链、人工智能等新一代信息技术产业，启动民族医药、林草等大数据平台建设，积蓄经济发展新动能。推动信息、健康、养老等服务业扩容提质，开展绿色智能家电下乡和以旧换新等活动，加快构建县乡村电子商务体系和快递物流配送体系，更好满足人民群众品质化、多样化消费需求。

*（三）聚焦乡村振兴，着力激发乡村发展新活力。*坚持农业农村优先发展，全面实施乡村振兴战略规划，着力补齐"三农"短板，确保农牧业稳产保供、农牧民稳步增收、农牧区稳定和谐。

巩固拓展脱贫攻坚成果。加强对脱贫不稳定户、边缘易致贫户、突发严重困难户的动态监测和精准帮扶，牢牢守住不发生规模性返贫的底线。强化易地搬迁后续扶持，加强集中安置区帮扶车间、帮扶产业基地建设，突出抓好产业和就业帮扶，引导群众依靠劳动和技能就地就业增收，确保搬迁群众稳得住、有就业、能致富。全面落实乡村振兴重点帮扶县帮扶措施，充分利用好东西部结对帮扶资源，不断增强脱贫地区发展内生动力，努力使脱贫基础更加稳固、成效更可持续。

全面推进乡村振兴。坚持规划先行、循序渐进，统筹推进产业振兴、人才振兴、文化振兴、生态振兴、组织振兴。深入推进农村一、二、三产业融合，大力发展县域富民产业，开展乡村特色产业培育提升和"百企兴百村"行动，巩固壮大村集体经济，增强特色产业带动能力，让农牧民更多分享产业增值收益。培育创业创新带头人和乡村实用人才，支持退役军人投身乡村振兴，加强科技特派员队伍建设。大力推进乡村振兴试点村建设，整合农牧区人居环境整治提升行动、国家级传统村落集中连片保护利用示范州、高原美丽乡村建设等各方面项目资金，集中力量办大事，建设高品质省级乡村振兴试点村17个，打造示范乡镇1个。扎实有序推进农村厕所革命，推动"四好农村路"高质量发展，加快农村电网改造和饮水安全提质升级，实施好农牧民居住条件改善工程，推动农村具备基本现代生活条件。围绕乡村治理，健全自治、法治、德治相结合的基层治理体系，加大乡村文脉保护传承力度，深化移风易俗，培育文明乡风，努力建设美丽宜人、业兴人和的社会主义新乡村。

保障粮食和重要农产品供给。落实"藏粮于地、藏粮于技"战略，坚持耕地数量、质量、生态"三位一体"保护，规范耕地占补平衡，推进撂荒地全部实现复耕复垦，稳妥有序开展农村乱占耕地建房专项整治，坚决遏制耕地“非农化”、防止耕地“非粮化”，完成城乡建设用地增减挂项目，确保粮食种植面积达到12万亩。严格落实粮食安全党政同责，全力抓好粮食生产，强化农技推广服务体系建设，努力提高农业生产机械化水平，确保粮食总产量达到3万吨，牢牢守住粮食安全的底线。严格落实“菜篮子”市（县）长负责制，提高牛羊出栏率，改造提升旧温棚，加强粮油储备，全力做好保供稳价，确保群众粮袋子、“菜篮子”丰盈充足。深入开展粮食全链条节约行动，让节约粮食、反对浪费在全社会蔚然成风。

*（四）聚焦补齐短板，着力开创项目建设新局面。*紧盯基础设施建设短板，强化项目谋划储备，着力促进项目生成，推动形成项目滚动接续、梯次推进的良好局面。

实施交通设施提标工程。悉心做好西成铁路黄南段、乌玛高速河南至玛沁段、310国道尖扎至贵德段、316国道夏河至同仁段等项目建设协调服务，及时跟进黄南机场前期工作，争取落实213国道同仁过境段改线工程，开工建设麦什扎黄河大桥、州综合客运枢纽站，加快推进张汶高速同仁至赛尔龙段、郭么日大桥等项目建设，实施一批市政道路联通工程，着力构建外畅内联的综合立体交通运输网络。

实施水利设施完善工程。加快推进隆务河水生态治理二期、李家峡水库南干渠二期、黄河干流防洪二期等项目前期工作，开工建设同仁城北新区防洪综合治理、浪加水库灌渠供水等项目，稳步推进扎毛水库灌渠、纳让寺水库干渠维修改造等工程建设，进一步提高民生水利保障水平。

实施能源基础保障工程。稳步推进330千伏输变电工程建设，开工建设一批110千伏和35千伏输电线路，积极推进农村电网升级改造和光伏系统、微电网建设，高质量解决偏远、散居农牧民用电问题。有序实施清洁能源替代工程，合理布局建设新能源汽车充电桩、换电站等配套设施，加快推进天然气入州项目建设，实施好城镇输气管网和集中供热燃煤锅炉改造工程，力争今年同仁、尖扎用上天然气。

实施民生设施改善工程。开工建设黄南州第四民族高级中学，加快推进“四馆一院一中心”建设，完成州职校、州藏医院和尖扎、河南两县人民医院整体搬迁项目，全面开工建设州体育场升级改造等州庆基础设施项目，加大5G网络和千兆光网建设力度，不断补齐民生基础设施短板。

*（五）聚焦城镇建设，着力塑造美丽黄南新形象。*坚持以人为本、建管并重，努力提高新型城镇化建设质量，让全州人民生活更方便、更舒心、更幸福。

优化城镇发展布局。加快融入兰西城市群建设，协调落实好“1+3+10”合作协议。深入实施《黄南州推进新型城镇化指导意见》，全面开展城镇建设规划“体检”工作，建立规划执行审查长效机制，全面提升城乡规划工作法治化水平。积极推进河南县赛尔龙乡、尖扎县昂拉乡等5个条件成熟的乡撤乡建镇，做好同仁市隆务镇撤镇设街道工作。加快推进同仁、尖扎两个城北新区建设，实现新区水、电、暖等基础设施互联互通。扎实推进高原美丽城镇同仁试点建设，加快唐卡艺术小镇、坎布拉运动休闲小镇和泽库县和日镇、王家乡美丽城镇建设步伐，不断提高城镇发展的协调性和整体性，推动城乡融合发展。

提升城镇建设品质。深入实施城市更新行动，启动实施同仁市城市功能提标升级工程，积极争取同仁市系统化全域海绵城市建设项目，开工建设一批城镇市政道路、老化管网改造、排水防涝、污水垃圾处理、公厕、停车场等市政设施提升项目。加快推进城镇风貌和老旧小区改造，加强城镇绿化、亮化工作，持续提升城镇颜值。健全完善城镇建设监管机制，加强城镇建设底线管控，坚决防止破坏性建设问题的发生。

加强城镇精细管理。建立健全城镇基础设施、公共服务设施运营管理和社会管理长效机制。加大对城镇市容卫生的执法检查力度，进一步解决城镇“脏、乱、差”问题。抓好物业标准化改革试点工作，积极引进优质物业企业入驻我州，提升物业服务管理质量。扎实开展“创城”行动，统筹推进国家优秀旅游城市、无障碍城市等创建工作，重点推进国家卫生城市、文明城市、双拥模范城市、森林城市创建工作，推动城镇品位进一步提升。

（六）聚焦改革开放，着力提升加快发展新动力。坚持问题导向，努力在改革开放中破解影响黄南发展的瓶颈制约，不断增强发展内生动力。

全面深化重点领域改革。深入推进乡镇机构改革，着力构建简约高效基层管理体制。坚持“两个毫不动摇”，完成国企改革工作任务，健全完善国资监管机制，扶持发展非公经济。加快分领域财政事权和支出责任划分改革，深化预算改革、强化绩效管理，严格政府债务限额管理，坚决遏制隐性债务增量，稳妥化解存量。推进农村商业银行改革，加强金融风险监测预警，完善防范化解各类企业金融债务风险机制。统筹抓好农村公路管理养护体制、市场主体强制退出等改革试点工作，加快农业水价和供销社综合改革步伐，让各族群众享受更多改革红利。

持续激发市场主体活力。深化“放管服”改革，启动优化营商环境三年行动计划，全面实行行政许可事项清单管理，依法依规开展企业信用风险分类管理，全面落实公平竞争政策，营造诚实守信、公平竞争市场环境。优化政务服务平台和移动端功能，推动更多政务服务网上办、掌上办、就近办、跨省通办，不断提升行政服务效能。制定出台支持中小微企业和民营经济高质量发展的若干措施，实施企业创新主体培育行动，落实激励创新普惠性政策，积极培育一批专精特新中小企业，做好企业入规培育工作，力争培育规上企业7家。研究出台支持本土建筑企业发展壮大的具体措施，提升企业竞争优势，带动建筑业快速发展，增强经济发展后劲。

深入实施创新驱动发展战略。落实好厅州科技工作会商机制，全力推进黄南州国家农业科技园区建设，强化科技成果转化，助推特色产业创新发展。实施科技体制改革三年行动和基础研究十年行动，深化科技成果使用权、处置权、收益权改革，推进事业单位科技成果转化收益等薪酬制度改革。深入开展全民科学素质行动，加强科普设施建设，建立科普人才激励机制，推动形成崇尚科学、追求知识、科技致富、文明生活的良好社会风尚。加大本土人才培养力度，创新引才方式，探索人才共享模式，构建以创新价值、能力、贡献为导向的人才评价体系，用好用活各类人才，更好激发创新活力、创造动力。

不断扩大高水平对外开放。主动融入“一带一路”合作交流和西部陆海新通道建设，积极参与五省涉藏地区交往交流，办好青藏川滇甘交界地区州（市）长第七次联席会议，启动建州70周年庆祝活动筹备工作，进一步深化区域协作。加大招商引资力度，积极参加“青洽会”等重大经贸活动，适时赴国内发达地区开展精准招商，抓好签约项目跟踪落地。深化与天津市及对口援建单位的交流合作，主动做好与江苏省南通市的结对帮扶对接工作，落实好援助项目和资金，进一步丰富拓展援助形式及内容，推动援建工作全方位、多层次、宽领域升级加力。

（七）聚焦共同富裕，着力迈出改善民生新步伐。坚持以人民为中心的发展思想，做到经济发展每前进一步民生改善就跟进一步，朝着共同富裕目标不断迈进。

狠抓就业增收工作。落实好就业优先政策，支持企业减负稳岗和技能培训，促进高校毕业生等青年就业创业，抓好农民工、城镇困难人员、残疾人就业服务和帮扶，加强州市（县）实训基地建设，落实灵活就业劳动用工和社会保障政策，维护新就业形态劳动者劳动保障权益，加强劳动关系协调和劳动保障监察。认真落实城镇居民多元化增收政策，合理调整最低工资标准，大力发展劳务经济，多渠道促进城乡居民增收。

办好人民满意教育。坚持德智体美劳五育并举，深化教育评价和育人方式改革。深入落实《关于加快推进新时代教育高质量发展的实施意见》及相关政策措施，加强教育信息化、异地办学办班和统编“三科”教材推广使用等工作，巩固“双减”成果，推动城乡义务教育优质均衡发展。推进高中教育特色多样发展，办好特殊教育、继续教育。完善学前教育公共服务网络，保障适龄儿童就近入学。实施好校园安全工程，统筹抓好学校维稳、食品安全、消防等工作，不断提高校园安全保障水平。

提升全民健康水平。科学精准做好常态化疫情防控工作，坚决守住“零输入、零感染”底线。持续推进“健康黄南”建设，拓展“五医”联动改革，不断深化公立医院综合改革，完善医疗服务价格动态调整机制，稳步推进医保支付方式改革，继续扩大药品医用耗材集中采购范围和品种，进一步降低患者医药负担。加强公共卫生服务体系建设，抓好疾病预防控制体系改革，开展新一轮包虫病和重点地方病、传染病防治行动。全面推进民族医药传承创新发展，高规格召开民族医药事业发展大会，加快藏药联盟建设，积极推动国家级民族医药实验室落地黄南，力争在藏药国药准字号申报注册上取得新突破。

繁荣文化体育事业。强化社会主义核心价值观引领，深入开展群众性精神文明创建活动和公民道德建设工程。创新实施文化惠民工程，支持文艺工作者多创新、出精品。继续做好新闻出版、广播电视、档案史志等工作。启动省第八届民运会筹备工作，组织参加省第十八届全运会，举办好“五彩神箭”国际民族传统射箭邀请赛、黄河国际铁人三项、那达慕、草原盛会等赛事活动，大力开展群众性文体活动，不断丰富人民群众精神文化生活。

兜牢民生保障底线。深入实施全民参保计划，扩大社会保险覆盖面，做到应保尽保。统筹推进城乡低保、特困供养等群体基本生活兜底保障。积极发展居家和社区养老、机构养老、医养结合等多样化服务，进一步规范已建成养老服务设施运行，发挥好功能效益。推动新的生育政策落地见效，依托社区发展托育和婴幼儿照护服务，给予“一老一小”更多关爱和温暖。加大困难群众住房保障力度，推进保障性住房建设，发展长租房市场。继续做好城乡无供养老人、孤儿、残疾人等群体帮扶，着力改善城镇低收入群体生活。进一步完善“四级”退役军人服务体系，落实好优抚安置政策，实施好州荣誉军人休养院建设项目。扎实推进国防教育、国防动员、双拥共建，支持工会、共青团、妇联、红十字会等人民团体更好发挥作用，做好人防、气象、地震等工作，努力促进各项事业全面进步。

各位代表，今年我们继续聚焦群众“急难愁盼”问题，按照民生实事群众提、大家定、政府办的理念，面向全社会广泛征集了民生实事项目，从中梳理确定了重点要办好的10件民生实事：一是新改建农村公路200千米；二是新建城镇停车场9个；三是规划建设同仁市东山健身步行栈道20千米；四是实施农牧民居住条件改善工程12124户、城镇老旧小区改造10153户；五是解决5个小区因历史遗留问题无法办理不动产权证的问题；六是新改扩建幼儿园10所，解决适龄儿童入园难的问题；七是实施65岁及以上老年人免费健康体检项目，体检率90%以上；八是实现新发包虫病患者救治全覆盖；九是新建老年人活动中心1个、社区嵌入式养老服务设施7个、互助幸福院3个；十是开通8条交邮融合线路，70%以上的行政村实现“快递进村”。这些民生实事，是对全州人民的郑重承诺，我们一定尽心竭力办好办实，真正做到让人民群众满意，不断增强各族群众的获得感、幸福感。

*（八）聚焦安全发展，着力构建社会治理新体系。*牢固树立稳定压倒一切的思想，创新社会治理体系建设，坚决维护社会大局和谐稳定。

夯实和谐稳定基础。深化铸牢中华民族共同体意识宣传教育，实施中华民族视觉形象工程，建成州级铸牢中华民族共同体意识体验馆，推广普及国家通用语言文字，尊重少数民族语言文字学习和使用，保障各族群众合法权益，推动各民族坚定对伟大祖国、中华民族、中华文化、中国共产党、中国特色社会主义的高度认同。全面贯彻党的宗教工作基本方针，坚持我国宗教中国化方向，依法加强宗教事务管理，积极引导宗教与社会主义社会相适应。深入实施“民族团结进步+”深度融合发展行动，扎实开展民族团结进步创建“十二进”活动，力争将泽库县创建成全国民族团结进步示范县。进一步建设好昂拉千户府民族团结教育基地和习仲勋民族团结红军小学，努力将其打造成重温红色记忆、接受精神洗礼的“红色熔炉”。促进各民族广泛交往交流交融，推动形成各民族相互嵌入、团结共融的社会结构和社区环境，努力促进各民族共同团结奋斗、共同繁荣发展。

加强平安黄南建设。巩固提升“一核三治”社会治理模式，稳步推进市域社会治理现代化试点工作。深化“八五”普法，营造全社会尊法学法守法用法良好氛围。深入开展“两反四防”专项斗争，依法严厉打击违法犯罪，坚决铲除黑恶势力滋生土壤，确保政治安全、社会安定、人民安宁。坚持和发展新时代“枫桥经验”，完善公共法律服务体系，建好一站式矛盾纠纷调解中心、智慧调解平台，扎实开展矛盾纠纷排查化解，完善信访积案和矛盾纠纷多元化解机制，努力维护人民群众合法权益。深入开展安全生产专项整治三年行动，常态化开展重点领域安全风险隐患排查整治，坚决遏制重特大安全事故。实施灾害防治能力提升工程，推动备灾救灾和应急救护项目建设，做好洪涝干旱、森林草原火灾、地质灾害、地震等灾害防御和气象服务。从严加强产品质量、特种设备、食品药品监管，全力保障人民群众生命健康安全。

三、加强政府自身建设

“人民”二字重千钧，人民是政府的最大靠山。我们将始终把民心作为最大的政治，把民生作为最大的责任，以赶考的心态、奋进的姿态、答卷的状态，创造无愧于时代、不负于人民的崭新业绩，努力建设人民满意的服务型政府。

始终坚持忠诚为政。旗帜鲜明讲政治，坚持和捍卫“两个确立”，增强“四个意识”、坚定“四个自信”、做到“两个维护”，坚持把党的领导贯穿于政府工作各领域、全过程。巩固拓展党史学习教育成果，坚持党的百年奋斗历史经验，弘扬伟大建党精神，凝心铸魂、汇聚力量，不断提高政治判断力、政治领悟力、政治执行力，始终对“国之大者”了然于胸，坚决推动党中央、国务院和省委、省政府及州委各项决策部署在黄南落地生根、取得实效。

始终坚持依法行政。深入贯彻习近平法治思想，忠实履行宪法和法律赋予的职责，自觉接受人大法律监督、工作监督和政协民主监督，高质量办理代表建议和委员提案，做到件件有着落、事事有回音。加快法治政府建设，加强重点领域政府立法和制度性建设，着力将政府工作全面纳入法治轨道。进一步加大政务公开力度，不断提高政府工作透明度。全面实行政府权责清单制度，严格规范公正文明执法，使崇尚法治、遵循法治真正成为政府工作人员的行动自觉。

始终坚持廉洁从政。坚决落实全面从严治党要求，严格落实主体责任和“一岗双责”，深入推进政府系统党风廉政建设和反腐败斗争。教育广大公职人员明大德、守公德、严私德，清清白白做人、干干净净做事，克己奉公、以俭修身、永葆本色。进一步严肃财经纪律，全面加强审计、统计监督，坚决落实过“紧日子”要求，一般性支出再压减10%，“三公”经费只减不增，把有限的财力更加高效地用在加强生态保护、推动高质量发展、增进民生福祉上，确保干部清正、政府清廉、政治清明。

始终坚持实干勤政。严格贯彻中央八项规定及其实施细则精神，驰而不息纠治“四风”特别是形式主义、官僚主义问题。坚持正确政绩观，加强调查研究，进一步为基层减负，以钉钉子精神抓落实，坚决防止简单化、乱作为，坚决反对不担当、不作为。始终把全州人民对美好生活的向往作为奋斗目标，时刻把群众最急最忧最怨的问题记在心上、抓在手上，夙夜在公，勤政为民，始终同人民想在一起、干在一起，始终做到对人民负责、受人民监督、让人民满意。

各位代表，今天的黄南，天时、地利、人和，万事俱备；心齐、气顺、劲足，蓄势待发！让我们更加紧密地团结在以习近平同志为核心的党中央周围，在省委、省政府和州委的坚强领导下，拿出担当、拿出勇气、拿出干劲，一步一个脚印，踏踏实实抓好各项工作落实，奋力谱写全面建成社会主义现代化国家黄南篇章，以优异成绩迎接党的二十大和省第十四次党代会胜利召开！

名词解释

1. “七大国家自然公园”和“两个省级自然公园”：“七大国家自然公园”指坎布拉国家森林公园、麦秀国家森林公园、洮河源国家湿地公园、泽曲国家湿地公园、和日国家沙漠公园、阿木赫国家草原公园、措日更国家草原公园，“两个省级自然公园”指兰采省级森林公园、吉岗山省级风景公园。

2. 河湖“清四乱”行动：对乱占、乱采、乱堆、乱建等河湖管理保护突出问题开展专项清理整治行动。

3. “1+2+24+4”规划体系：“1”指《黄南州国民经济和社会发展第十四个五年规划和二〇三五年远景目标纲要》，“2”指《黄南州国土空间总体规划》《黄河黄南流域生态保护和高质量发展规划》2个重大专项规划，“24”指24个行业发展规划，“4”指4个市（县）规划纲要。

4. 耕地“非农化”“非粮化”：耕地“非农化”，严禁违规占用耕地绿化造林、严禁超标准建设绿色通道、严禁违规占用耕地挖湖造景、严禁占用永久基本农田扩大自然保护地、严禁违规占用耕地从事非农建设等。耕地“非粮化”，严格控制耕地转为林地、园地等其它类型农用地，禁止占用永久基本农田从事林果业以及挖塘养鱼、非法取土等破坏耕作层的行为。

5. “互联网+区块链+代理记账”模式：利用智能化、自动化、信息化等技术手段替补人工，实现财政资金会计核算信息远距离收集、处理、生成和使用。

6. 义务教育“双减”政策：2021年7月，中共中央办公厅、国务院办公厅印发《关于进一步减轻义务教育阶段学生作业负担和校外培训负担的意见》，对有效减轻义务教育阶段学生过重作业负担和校外培训负担作出明确规定。

7. “五医”联动改革：医学、医疗、医保、医药、医院改革。

8. 县域紧密型医共体：以县级医疗机构为龙头，其他若干家县级医疗机构及乡镇卫生院、社区卫生服务中心为成员单位的紧密型医共体，医共体牵头医疗机构重点承担急危重症患者的救治和疑难复杂疾病向上转诊服务，基层医疗卫生机构提供常见病、多发病诊疗服务。

9. “四馆一院一中心”：“四馆”指州图书馆、州群艺馆、州博物馆、州科技馆，“一院”指黄南剧院，“一中心”指州新闻传媒中心。

10. “1+41”应急预案体系：“1”指《黄南州突发事件总体应急预案》，“41”指网络与信息安全、舆情、公共互联网网络安全、新闻发布、通信保障、油气供应中断等41个突发事件专项应急预案。

11. “四水四定”原则：2019年9月18日，习近平总书记在黄河流域生态保护和高质量发展座谈会上的重要讲话中指出，要坚持以水定城、以水定地、以水定人、以水定产。

12. “三线一单”：“三线”指生态保护红线、环境质量底线、资源利用上线，“一单”指生态环境准入清单。

13. “四地”：建设世界级盐湖产业基地，打造国家清洁能源产业高地、国际生态旅游目的地、绿色有机农畜产品输出地。

14. “四个万头”规模养殖项目和“四个万亩”特色种植基地：“‘四个万头’规模养殖项目”指万头（只）生猪、牦牛、犏牛、藏羊规模养殖项目，“‘四个万亩’特色种植基地”指万亩黄果、核桃、藏族药材、果蔬特色种植基地。

15. “四好农村路”：2014年3月4日，习近平总书记作出重要指示，要求农村公路建设要因地制宜、以人为本，与优化村镇布局、农村经济发展和广大农民安全便捷出行相适应，要进一步把农村公路建好、管好、护好、运营好。

16. “藏粮于地、藏粮于技”战略：藏粮于地，实行最严格的耕地保护制度，坚守耕地红线，全面开展永久基本农田划定，确保耕地数量不减少；开展高标准农田建设，实施耕地质量保护与提升行动。藏粮于技，坚持农业科技自立自强，向科技要产量、要效益、要竞争力，通过品种的改良、农田基础设施的改进和农作技术的进步，推动品种培优、品质提升、品牌打造和标准化生产，保障粮食生产增产增收。

17. 兰西城市群建设“1+3+10”合作协议：“1”指青海省与甘肃省共同签署的《深化合作共同推进兰州—西宁城市群高质量协同发展框架协议》；“3”指青海省西宁市、海北州、海东市分别与甘肃省兰州市、张掖市、临夏州签署的市州级合作框架协议；“10”指两省有关部门签署的10个专项领域合作行动计划。

18. “两个毫不动摇”：毫不动摇巩固和发展公有制经济，毫不动摇鼓励、支持、引导非公有制经济发展。

19. “民族团结进步+”深度融合发展行动：把民族团结进步与生态文明建设、增进民生福祉、文化引领、高质量发展等事业深度有机融合。

20. “一核三治”社会治理模式：以党建引领为核心，以自治、法治、德治为基础的社会治理模式。

21. “两反四防”：反自焚、反暴恐，坚决防止发生重大政治安全事件、严重暴力恐怖事件、大规模群体性聚集事件和个人极端事件。

22. “两个确立”：确立习近平同志党中央的核心、全党的核心地位，确立习近平新时代中国特色社会主义思想的指导地位。

专　记

黄南年鉴

2023

中共十九大以来
黄南州全面深化改革实践取得历史性成果

中共十九大以来，黄南历届州委坚持以习近平新时代中国特色社会主义思想为指导，认真落实中央和省委全面深化改革工作部署，分年度谋划安排725项改革任务，推动各领域实现历史性变革、系统性重塑、整体性重构，为全面建设山水黄南、高质量推进“三区”建设注入了强劲动力。

*五年的改革实践，激发了经济动力，市场活力竞相迸发，高质量发展更可持续。*发展基础不断夯实。一批水利、电力等重大基础设施项目规划建设，牙同高速全线贯通，西成铁路、黄南机场等取得重大进展，城乡基础设施明显提升，群众生产生活条件大为改善，公共服务水平显著提高。有机产业初具规模。全省率先创建绿色有机农畜产品示范州，打造国家级现代农业产业园区1家、国家农业科技园区1家，培育有机产品43个，绿色食品47个。“拉格日”模式成为全省推广典型。建立健全村集体资源性资产账目，逐步构建了归属清晰、权能完整、流转顺畅的农牧区集体产权制度。“放管服”改革成效明显。打造“互联网+区块链+村级代理记账”村级财务管理规范化新模式。大力推行“一网通办”“跨省通办”，持续保持全省保留行政审批事项最少的地区。城乡融合发展实现新突破。同仁撤县设市，并列入省部共建高原美丽城镇示范试点地区。同仁市、尖扎县顺利纳入国家兰西城市群规划、青海泛共和盆地城镇区建设，全州城镇建成区面积达18.88平方千米，常住人口城镇化率达40%。

*五年的改革实践，引领了政治民主，管党治党从严从紧，执政基础更加牢固。*民主政治持续完善。修订自治州自治条例等，人民代表大会制度优势进一步彰显。加强人民政协民主监督，优化政协专门委员会设置，制定完善议事规则等，推动新时代政协工作更加规范和科学。行政机构深入推进。扎实推进行政机关、事业单位、乡镇机构等改革，行政管理体制更为顺畅、行政管理更加高效。同仁市“督考一体”工作模式得到省委领导肯定。基层基础不断夯实。深入推进“组织体系建设三年行动”，全面推进乡镇“六化”和村级“六个基本”建设，推动“六大领域”基层组织标准化规范化建设。“黄南先锋”智慧党建平台上线运行。州委组织部被评为青海省第一届改革创新奖先进集体。执纪监督全面深入。深化黄南州纪委监委派驻机构改革，建立完善纪委监委派驻纪检监察组工作、纪检监察监督和审计监督融会贯通等制度办法规范，推动纪检监察工作向规范化、法治化发展。

*五年的改革实践，促进了文化繁荣，精神文明充分彰显，软实力更显后发优势。*文旅产业迅速壮大。制定文化产业发展规划、文化消费试点城市规划、加快文化产业发展实施意见、厅州共建全省文化旅游融合发展示范区实施方案等指导性文件，基本搭建文旅融合发展制度框架。实施“唐卡区块链”项目，初步建立热贡唐卡质量追溯体系。同仁市成功创建省级全域旅游示范区，启动国家传统村落集中连片保护利用示范州和全域旅游示范区创建工作，扎毛村入选全国乡村旅游重点村。文化保护卓有成效。热贡文化生态保护区顺利通过国家验收，全省率先完成30个国家级传统村落挂牌并建立州级名录，同仁市荣获“中国民间文化艺术之乡”“中国藏族热贡神舞之乡”等称号。意识形态制度更加健全。制定党委（党组）落实意识形态工作责任制若干措施和正负面清单，创新实施网络综合治理网长负责制，推行“一网四区四拓展”工作法，预警监测、分析研判和风险防控形成常态。精神文

明创建成果丰硕。打造新时代文明实践中心（所、站）294个，河南县荷日恒村“‘四小四大’推动文明实践走深走实”作为入选中央文明办新时代文明实践典型案例。

五年的改革实践，促进了社会和谐，民族团结持续巩固，民生福祉更有保障。社会治理探索新模式。持续完善和推进“一核三治”社会治理黄南模式，走出了一条符合州情实际、独具黄南特色的社会治理创新之路，做法经验得到中央领导的肯定和批示。“一核三治”社会治理模式被评为青海省第二届改革创新奖创新项目。宗教管理贡献新经验。藏传佛教寺庙财税监管试点实现设立账户、工商登记等“八个全覆盖”，得到全国政协主席汪洋批示肯定。编制实施全州114座宗教活动场所“智慧消防”规划。民族团结打开新局面。同仁市、尖扎县、河南县成功创建全国民族团结进步示范市县，黄南成功创建全国民族团结进步示范州。率先全省建设州级铸牢中华民族共同体意识体验馆。历史性消除绝对贫困。探索实践易地扶贫搬迁、教育扶贫、精神脱贫等措施，顺利实现脱贫“清零”目标，构建光伏扶贫、文化产业、民族手工业和生态有机农牧业等扶贫特色产业群。民生保障持续改善。坚持以人民为中心的发展思想，民生支出占财政支出比例始终保持80%以上。累计实施老旧小区综合整治和棚户区改造1.08万套，农牧民居住条件改善、危旧房改造和易地扶贫搬迁3.86万户，受益群众14.8万人。建成农牧户卫生厕所1.73万座。新改建医院、乡镇卫生院、村卫生室250个，全州卫生医疗机构达467家、床位1498张，医共体建设和远程诊疗系统实现全覆盖，藏医馆覆盖所有乡镇。

五年的改革实践，厚植了生态文明，环保理念深入人心，山水黄南更显靓丽。生态文明制度进一步完善。率先全省执行国家机关生态环境保护责任清单，制定碳达峰行动方案，高质量编制实施“十四五”生态环境保护规划、黄河流域黄南段生态保护和高质量发展规划，修订林木管护条例、水资源保护条例，全面推行“林草长制”“河湖长制”，构建了生态文明建设制度保障和规划体系。生态建设成效进一步显现。积极融入国家公园示范省建设，稳步推进各类国家和省级自然公园试点建设工作，全州国家级公园总数达7个。累计打造生态文明示范乡镇、示范村90个，“山水黄南”的底色更加靓丽。出台《黄南州节水行动实施方案》，推动同仁市、尖扎县建成节水型城市。环境保护效益进一步释放。统筹山水林田湖草沙冰综合治理，草原植被覆盖度达到68.9%，位居全省第一。黄南州成功创建国家生态文明建设示范区。河南县被评为国家级“两山”实践创新基地，入选中央财政支持国土绿化试点示范项目名单。

黄南州认真学习宣传贯彻中共二十大精神 奋力谱写全面建设社会主义现代化国家黄南篇章

中共二十大胜利召开后，黄南州认真落实党中央《关于认真学习宣传贯彻中共二十大精神的决定》和省委十四届二次全会要求，采取多种方式迅速传达学习、安排部署、组织培训、开展宣讲、推进落实，引导各级党组织和广大党员干部坚定拥护“两个确立”、坚决做到“两个维护”，自觉用中共二十大精神武装头脑、指导实践、推动工作，确保中共二十大精神在黄南落地生根。

坚持以上率下，深入学思践悟。一是中共二十大召开期间，州委及时组织全州各级党组织和党员干部集中收听收看大会盛况，大家受到了一次全面深刻的政治教育、思想淬炼和精神洗礼，深受教育、备感鼓舞，更加坚定了坚决扛牢保护生态环境、增进民生福祉、维护和谐稳定、从严管党治党“四个重大责任”的信心和决心。二是中共二十大胜利闭幕后，州委先后组织召开3次常委会（扩大）会议，系统传达学习中共二十大精神、习近平总书记在中央政治局会议、中央政治局第一次集体学习、瞻仰延安革命纪念地、考察陕西延安和河南安阳时的重要讲话精神，州委主要领导带头谈感受、谈体会、谈认识，对全州学习宣传贯彻工作开好局、起好步作了全面安排。三是州委理论学习中心组以上率下召开中共二十大精神专题研讨会，各成员结合分管工作分享体会、交流收获，一致表示，把学习宣传贯彻中共二十大精神作为当前和今后一个时期的首要政治任务，创新丰富学习形式，注重增强学习实效，抓实抓细工作落实。同时，认真筹备全州领导干部学习贯彻中共二十大精神培训班，计划选调481名党员干部参加培训，350名领导干部参加专题网班，确保县处级以上干部全覆盖。

细化明确责任，确保学习实效。一是及时召开州委十三届七次全会，专题学习贯彻中共二十大和省委十四届二次全会精神，系统安排当前和今后学习宣传贯彻工作的主要任务和具体措施，要求各级党组织深入学习贯彻中共二十大精神、省委十四届二次全会精神，踔厉奋发、勇毅前行，奋力谱写全面建设社会主义现代化国家黄南篇章。二是制定《关于深入学习宣传贯彻中共二十大精神　奋力谱写全面建设社会主义现代化国家黄南篇章行动方案》，从充分认识重大意义、全面准确学习领会精神、认真做好学习宣传、立足实际推动落实、切实加强组织领导五个方面，明确了黄南现代化建设的努力方向和实践路径，着力把中央部署和省委要求转化为黄南州具体措施和实际行动。三是通过召开党委（党组）专题学习会、理论中心组学习会、党支部学习会等形式，采取多种形式推动广大党员干部原原本本、逐字逐句研读中共二十大报告和党章以及有关决议文件，分享体会、交流收获，确保全面准确领会中共二十大精神。四是州委理论学习中心组制定系统学习计划，列出专题深入研讨，示范带动全州各级各部门作出专题部署，细化实化施工图、任务书，扎实推动学习宣传贯彻走深走实。

突出工作重点，丰富学习形式。一是州委主要领导第一时间深入各市县、乡镇、村社宣讲中共二十大精神，以普通党员身份参加州委办公室党支部学习，谈体会、谈收获，结合群众身边事例，宣讲中共二十大精神，让党的思想“声”入人心。截至目前，全州副厅级以上领导干部深入联点市县、乡镇和分管领域开展宣讲110余场次，各级领导干部开展宣讲活动1200余次。二是各级党组织通过“三会一课”、“主题党日”、集中学习、知识竞赛等方式，开展“思悟二十大、奋进新征程”“勇担新使命、启航新征程”等学习活动480余次，营造了浓厚学习氛围。依托州党群服务中心、“两新·红色驿家”，组织全州65个“两新”党组织458名党员1200余名职工分层次、全覆盖开展“迈进新征程　奋进新时代——以实际行动迎接中共二十大”等主题的集中宣讲会、主题党日活动，引导党员干部群众传承红色基因、牢记“三个务必”，奋力推动黄南各项事业开新局。三是州党群服务中心发挥全省“党支部组织生活共享阵地”作用，第一时间推出“踔厉奋发新时代　勇毅前行新征程”深学细悟中共二十大精神主题党日活动套餐，通过领学、助讲、思悟、观影、践行等载体形式，让各级党组织在沉浸式、互动式、情景式主题党日活动中融会贯通中共二十大精神。

创新宣传方式，提升宣讲质效。一是各级党组织坚持领导干部带头，采用多种学习方式、结合多样化宣传形式，深入农牧区、社区、机关、寺庙开展宣讲活动，与干部群众面对面交流学习体会，帮助广大党员干部群众不断加深对中共二十大精神的理解和把握。采取“线上+线下”相结合的方式，运用电视、快手、抖音、微信公众号等各类媒体，广泛宣传中共二十大精神，进一步扩大中共二十大报告宣传覆盖面和影响力。二是多措并举强化基层宣讲，各市县委充分调动新时代文明实践所（站）、各级各类宣讲队伍、文艺演出队伍力量，走村入户开展分层级、分批次的宣讲活动，通过接地气、有热气、聚人气的“理论+文艺”宣讲，助推中共二十大精神深入人心。三是制定学习宣传贯彻中共二十大精神新闻报道方案，组建工作专班，统筹发挥“报、台、屏、网、端、微”等协调联动作用，依托“两中心一平台”，形成全方位立体式宣传声势，推动学习活动在基层“热起来”。在州内媒体开辟“学习宣传贯彻中共二十大精神”“中共二十大精神在基层”“新时代新征程新伟业”等7个专栏，策划制作抖音、视频号等新媒体作品90余条，发布《学习贯彻中共二十大精神云上微宣讲》《党员干部讲体会、谈感受、话担当》等专题片370余期。

*严格督查检查，力促贯彻落实。*一是将学习贯彻中共二十大精神情况纳入党建工作重点、党政领导班子和领导干部目标考核、党建述职评议考核等重要内容，量化考核分值，压实各级党组织责任。二是全面开展机关党建督导、党务工作清查、模范机关提升行动，抽调党务干部组成4个督导组，深入州直系统155个基层党组织，通过听、查、问、谈等形式，进行全覆盖、压茬式督导，提升党员教育水平和党建标准化水平，督促各级党组织在学习贯彻中共二十大精神上走在前、作表率。三是调整充实州委督查委员会，12名厅级干部组成5个督导组，结合学习宣传贯彻中共二十大精神，紧紧围绕疫情防控、安全稳定、生态保护等重点工作深入各市县、州直部门开展常态化督查，推动习近平总书记重大要求和党中央、省委决策部署落地见效。

下一步，黄南州将认真贯彻落实党中央决策部署，按照省委十四届二次全会安排，把学习宣传贯彻中共二十大精神作为首要政治任务，持续在全面学习、全面把握、全面落实上下功夫。一是抓好学习教育。认真抓好层层学习、集中宣讲、精心宣传、深入调研、全面贯彻、领导示范等环节，推动学习宣传有深度，教育培训有成效。二是深入宣传宣讲。坚持团结稳定鼓劲、正面宣传为主，弘扬主旋律、传播正能量，讲好黄南故事、传播黄南声音，用中共二十大精神统一思想、凝聚力量。三是推动贯彻落实。扛牢省委赋予黄南的“四个重大责任”，扎实推动省委“实施意见”和州委“行动方案”落地落实，用中共二十大精神引领改革发展稳定各项工作，奋力开创生态保护和高质量发展新局面。四是加强统筹谋划。把学习宣传贯彻中共二十大精神与抓好当前各项工作有机结合起来，毫不放松抓好经济发展和防风险保安全等工作，锚定全年目标争取最好结果。五是严格督促检查。对各市县、各单位学习宣传贯彻情况持续开展督促检查，优化督查机制，创新督查方法，落实为基层减负要求，推动中共二十大精神在黄南落实见效。

黄南州以河湖长制为依托
扎实推进黄河流域水生态环境保护工作

黄南州境内黄河流经长度约253千米，占省内黄河领域总面积的14.51%。2021年以来，黄南州深入贯彻习近平生态文明思想，树牢“国之大者”“省之大要”理念，以河湖长制为依托，坚决扛起生态文明建设重大政治责任，扎实推进黄河流域水生态环境保护治理，为奋力打造黄河上游清洁水源涵养功能聚力赋能。

一、拧紧责任链条，筑牢各方联动发力根基

一是高位谋划部署。严格落实双总河湖长制，州委州政府主要负责同志担任州级总河湖长，建立州县乡村四级河湖长制，设置河湖长461名，实现河湖“一河一长”全覆盖。全州召开河湖长制工作推进会4次、州委常委会专题会议2次，研究提出一揽子源头管理和综合治理措施，调整完善河湖生态保护目标任务，发布州级总河湖长令3次，统筹部署全域治水、河湖管护及项目建设等任务，推动河湖长制工作具体化长效化。二是深化目标管理。制定完善州县两级河湖长会议、信息共享、信息报送、工作督查、考核问责与激励、评估验收、巡河、新闻宣传、工作联络员、联合执法等10项工作制度，为全面推行河湖长制提供制度保障。聚焦生态保护同向发力，完善“一个体系、四长统管、九项制度”的“149”工作机制，将河湖长制重点任务细化分解到各级政府、河湖长办及责任部门，确保每条河流都有河长负责、各项工作都有章可循。三是推动责任上肩。设立河湖长制公示牌409块，明确河湖长姓名、职务、职责、管护目标、水系图、二维码、监督电话等内容，接受群众监督。拧紧各级河湖长、河湖长办和责任单位责任链、监管链、治理链，州直10个部门建立共建共管工作模式，落实党政同责，州市县主要负责同志主动履行管、治、保等各项职责，深入黄河干流及主要支流督查指导、现场办公47次，推动解决河湖岸线重难点问题12个，形成水生态环境治理保护整体合力。

二、扭住重点环节，激活河湖生态保护活力

一是夯实工作基础。科学编制黄河流域黄南段生态治理和保护、“十四五”水安全保障，以及饮水保障、岸线利用、河道采砂等规划，制定“一河一策”，建立“一河一档”，推行“州县级河湖长一月一巡查、乡级河湖长一旬一巡查、村级河湖长一周一巡查”“三个一”巡河机制，为维护河湖优美生态环境提供保障。截至目前，完成130条规模河湖、22座水利工程划线定界，划界总长度4120千米，预埋界桩475个、公告牌87块，有效解决管理界限不清、权属不明、责任缺位等问题。二是加强长效管护。整合生态管护员队伍力量，将巡河纳入生态管护员职责范围，2827名生态管护员成为专业巡河员，做到第一时间发现问题、交办问题、整改问题。聚焦重点水域、敏感河段常发多发问题，加强各级河湖长有效监管，部署防范整治措施，引导约束全社会涉河湖行为。制定河湖管护办法及细则，明确管护范围、主体、标准和流程，长效化落实“三个一”巡河机制，组织巡河湖1.82万次，基本实现河道内“六无”目标。三是强化整治力度。建立河道采砂工作台账，重新规划、规范河湖区域内持证采砂场，严厉打击非法采砂行为，确保河道采砂工作有序开展。组织开展“清河洁水进行时”“清违整治回头看”“城乡环境洁净美”“携手推进大保护，共同治理母亲河”等攻坚行动，加大执法监管力度，水利、生态环境、自然资源等6个部门联合开展执法、暗访暗查46次，疏浚河道38千米，清理“四乱”问题11宗，约谈相关责任人6名，行政处罚4人。

三、深化综合治理，提升生态文明建设水平

一是推进源头治污。集中开展入河排污口普查登记和规范整治，着力解决城乡排污问题，提速城乡生活污水处理提质增效3年行动，同仁市污水处理厂原位提标新技术示范项目、隆务河沿线污水管道建设完成率75%，尖扎、泽库和河南县城区污水纳管率达85%，入河口污染防治进度超预期。目前，新建主管网4.5千米，铺设配套管网11.2千米，疏通排水管道17.6千米，改造和封堵排污口22处，4个水功能区水质达标率100%，流域9个断面水质均稳定向好。二是打造宜居环境。坚持规划与建设同步，编制完成黄河、隆务河、洮河、泽曲河等6条主要河流水生态保护和建设规划，建成洮河国家级湿地公园、尖扎县滨河公园、泽曲河湿地公园，河湖流域总体环境基本实现整洁优美、水清岸绿。推动河湖长制与乡村振兴战略有效衔接，完成环境综合治理村（社）286个，增配垃圾收集桶1951个、分类岗亭16个、专用车辆39台，城镇生活垃圾无害化处理率达90%。强化小型水利工程管护，对流经38个镇村的11条沟渠进行治理修缮，增添群众“生态就在身边”的获得感幸福感。三是补齐生态短板。统筹水资源条件、环境承载能力，加强各类专项规划与河流环境保护相关规划衔接融合，通过河道岸线划界，明确党政领导管理范围，以规划强制约束保障水生态环境安全。实施水生态治理、水环境修复、水安全保障、水源地保护等工程，高标准建成隆务河水生态治理一期工程及主要支流治理工程，持续推进扎毛水库灌溉工程、浪加水库工程、纳浪寺水库干渠维修改造等综合治理项目，累计完成投资2.4亿元，治理河流48千米、水土流失134平方千米，河湖湿地保护和水源涵养功能显著提升。

大事记

黄南年鉴

2023

1月

1日　泽库县青年歌手才白获央视《星光大道》总决赛季军。

5日　省生态环境保护例行督察黄南州工作动员汇报会召开。督察组组长、省政协党组副书记、副主席张文魁出席并讲话。

5—7日　黄南州活佛、阿訇、经师及民管会主任培训班在西宁开班。

5—14日　省第二生态环境保护督察组进驻黄南州。

7日　中共黄南州委十三届二次全体会议召开。

10日　州政府召开全州发展和改革工作会议，总结2021年全州发展改革工作，安排部署2022年全州发展改革重点任务。

同日　州文联文艺志愿服务队一行16人在全州各乡镇、社区、机关等地开展2022年“我们的中国梦·喜迎中共二十大”文艺志愿服务活动暨“进乡村进机关进军营进小区进企业”义务书春联活动。

10—15日　州司法局举办全州行政执法人员业务线上培训班，邀请省级专家授课。全州42个行政执法单位的142名申领行政执法证件人员参加。

11日　州党群系统学习贯彻中共十九届六中全会精神宣讲报告会在州委党校召开，22家单位干部职工124人参加。

11—12日　州委书记王耀春，州委副书记、州长扎西才让分别在同仁市金色谷地商住区、污水处理厂、生活垃圾填埋场等地现场督办省第二生态环境保护督察组交办事项落实工作。

12日　州委党史学习教育领导小组召开全州党史学习教育总结会议。

12—14日　全州学习贯彻中共十九届六中全会精神专题研讨班在州委党校正式开班。

14日　州委“两新”工委在同仁市热贡路社区举行“两新·红色驿家”启动仪式，标志着全州“两新·红色驿家”全面启动。

17日　州疫情防控处置工作指挥部召开全州疫情防控处置工作（视频）会议，通报近期全州疫情应对处置情况，分析研判当前疫情防控形势，安排部署当前和春节期间全州疫情防控工作。

同日　州委组织部召开年轻干部组团式挂职到任见面会。

19日　由州委、州人民政府主办，州委宣传部、州文体旅游广电局、省藏剧团、州民族歌舞剧团、州广播电视台共同承办的2022年黄南藏族自治州春节、藏历水虎新年文艺晚会《时代春歌》在州圣雪莲藏戏传习中心录制完成。

同日　全省统战部长会议在西宁召开，黄南州获“2021年度全省藏传佛教寺庙社会管理工作优秀地区”荣誉称号。

19—20日　州委副书记李晓燕率州四大班子领导，成立7个慰问工作组分批次在同仁市走访慰问重点优抚对象、无军籍职工、自主择业军转干部、企业退休困难军转干部和困难退役军人等。

21日　州委组织部召开2021年度“两新”组织党组织书记抓基层党建工作述职评议大会。四县（市）“两新”工委书记和州属“两新”组织党组织书记进行专项述职。

25—26日　州工商业联合会（商会）召开第四次代表大会，选举产生新一届黄南州工商联（商会）领导班子。

26日　州政协举行州市（县）政协工作交流会。州政协主席林华旦主持并讲话。

2月

1日　州民族歌舞剧团（青海省藏剧团）在央视春节戏曲晚会中演出黄南藏戏《最美格桑花》片段，这是在中国戏曲学院表演系多剧种本科班藏戏表演专业学习的青海学员首次登上央视春节戏曲晚会。

16日　省目标责任第二考核组在黄南州召开黄南州2021年目标责任（绩效）考核大会。

17日　财政部公示2022年林业改革发展资金支持国土绿化试点示范项目名单，黄河流域尖扎至同仁段生态修复综合治理项目作为青海省唯一上榜项目。

18日　中共黄南州第十三届纪律检查委员会第二次全体会议召开。

同日　全州千名干部下乡宣讲活动动员部署会议召开，州委副书记李晓燕出席并讲话。

同日　政协第十四届黄南藏

族自治州委员会召开第三次常委会会议，讨论通过《政协黄南藏族自治州委员会委员履职情况量化管理办法（试行）》。

21—24日 中国人民政治协商会议第十四届黄南藏族自治州委员会第二次会议在隆务召开。

22—24日 黄南藏族自治州第十六届人民代表大会第二次会议召开，表决通过《州人大财政经济委员会主任委员人选通过办法（草案）》。

23日 州委、州政府召开铸牢中华民族共同体意识体验馆建设工作汇报会，听取建设工作进展情况和陈列大纲方案编制说明，提出建设性意见和建议。

24日 州委宣传部召开全州宣传思想暨精神文明建设工作会议。

26日 州政府与青海交控集团签订战略合作框架协议和道路养护合作战略协议。

28日至3月5日 省社科院院长索端智带领省社科院调研组一行5人到黄南州围绕坚持藏传佛教中国化方向开展专题调研。

3月

1日 州委召开农村牧区工作会议，传达学习习近平总书记关于“三农”工作的重要论述，总结2021年全州农村牧区工作，部署2022年“三农”工作。

同日 州政府召开2022年度全州教育、科技、民政、卫生健康、人力资源和社会保障、医保等社会口行业工作会议。

同日 州委组织部召开全州“组织体系建设三年行动”总结会议。

同日 州委统战部举行黄南州“雅居乐青海奖教助学基金”发放仪式，介绍雅居乐历年来的资助情况，通报2021年度雅居乐助学金申报及审定情况，希望受助学生珍惜机会，不负众望、发奋努力，传递爱心，以己之力回报社会。受助学生及家长代表40余人参加。

3日 中宣部命名第七批全国学雷锋活动示范点和岗位学雷锋标兵，河南县公安局交警大队辅警张斌斌入选。

7日 州妇联以“强国复兴有我，巾帼筑梦芳华”为主题，开展纪念“三八”国际劳动妇女节暨农村牧区婚姻登记清查、补领工作启动仪式。

7—9日 州委组织部组织的全州2022年春季学期开学典礼暨中共十九届六中全会精神第二期专题培训班在州委党校举行。全州各地区各单位140名县处级领导干部、47名中青班学员及州委组织部、州委党校全体干部职工参加。

8日 新冠肺炎疫情防控处置工作指挥部召开专题会议，通报当前全国特别是青海省周边甘肃兰州等地区疫情防控形势，安排部署全州疫情防控工作。

8—10日 省委常委、组织部部长、政法委书记訚柏在黄南开展省第十四次党代会召开前重点课题调研，了解宣讲中央1号文件、基层党建和平安青海建设等工作情况。

11日 黄南、海西合资项目——特色农畜产品销售中心在同仁市举行开业仪式。该项目总投资1250万元。其中海西州政府援建出资500万元，购置房产面积1256平方米，购置4辆冷链运输车。中心主要入驻酸奶、酥油、蕨麻、黑青稞、石刻文化、黄果梨汁等具有黄南特色的商品。

14日 州老年活动中心开业。该中心是通过“公建民营”方式运营的，集休闲、健身、娱乐、文化、学习于一体，中心内部建筑面积达1836平方米，可同时容纳100多名老人活动，内部设有棋牌、乒乓球、器乐、舞蹈、书画、阅览、健身、影视等功能室。

15日 州人大常委会召开2022—2023年立法工作领导小组第一次全体会议，宣布成立2022—2023年立法工作领导小组，通报黄南州人大常委会2022—2026年立法规划。

17日 州委召开专题会议安排部署铸牢中华民族共同体意识体验馆资料征集工作。会议通报大纲编制和资料征集组工作进展，传达解读《黄南州铸牢中华民族共同体意识体验馆资料征集任务清单和分工方案》，安排部署体验馆资料征集工作。

同日 黄南州启动首批“科技特派员工作站”，推动科技创新要素与乡村振兴产业“零距离”对接，省内外科研院所、高等院校的110名专家学者、科研人员组成12个专家团队在企业、合作社、生产一线座谈交流。并在同仁市、尖扎县、泽库县、河南县，为12个“科技特派员工作站”挂牌，拟将西宁市、黄南州列为首批“科技创新助推乡村振兴产业发展示范点”。

18日　州精神文明建设指导委员会全体会议召开，审议通过拟推荐申报2019—2021年度省级文明城市2个、文明村镇24个、文明单位标兵19个、文明单位46个、文明家庭4个、文明校园5个和精神文明建设先进工作者建议名单2人。

同日　黄南州召开“两新”组织党建工作联席（扩大）会议。

同日　州文化旅游服务中心开工典礼在热贡宾馆举行。

22日　全州草原有害生物普查工作启动。

23日　青海省重大项目集中开复工暨黄南州同仁市城北新区防洪综合治理工程开工仪式在同仁市城北新区举行。副省长匡湧出席并宣布2022年重大项目集中开复工暨黄南州同仁市城北新区防洪综合治理工程开工。

29日　州政府召开全州按疾病诊断相关分组（DRG）支付方式改革启动暨培训会在州政府会议中心视频会议室召开，邀请青海省医疗保障局医药服务管理处副处长严明和省医疗保障经办服务中心副主任张莉就DRG支付方式改革向与会人员进行政策解读和专题培训。

同日　州政协召开十三届七次、十四届一次会议提案表彰和十四届二次会议提案交办会，表彰2021年度10名优秀提案人、5个先进承办单位和2个先进督办单位，先进承办单位作交流发言。会议将提案审查委员会审查立案的107件提案和51件意见建议，分别交给各承办单位承办，并与承办单位签订提案办理目标责任书。同时，将州政协十四届二次会议期间委员提出的85条意见建议一并交由各相关单位参考。

30日　中共黄南州委十三届四次全体会议召开，听取《关于黄南州出席中国共产党青海省第十四次代表大会代表候选人初步人选情况的说明》，审议通过《中国共产党黄南藏族自治州第十三届委员会第四次全体会议关于召开州党代表会议选举黄南州出席中共青海省第十四次代表大会代表的决议（草案）》《中国共产党黄南藏族自治州代表会议选举办法（草案）》《中国共产党黄南藏族自治州代表会议总监票人、监票人建议名单（草案）》。投票确定黄南州出席中国共产党青海省第十四次代表大会代表候选人预备人选。

同日　州委党的建设工作领导小组会议召开，传达学习习近平总书记对党的建设研究工作作出的重要指示精神以及全国和省党的建设研究会会员代表大会精神，审议有关文件，安排部署党的建设工作。

是月　经南京水利水电科学研究院组织的河海大学、中国水电三局、浙江省水电技术咨询中心、青海省水文水资源测报中心等单位组成的专家组鉴定，浪加水库工程形象面貌基本满足初期蓄水要求，一致同意该工程通过安全鉴定，并形成大坝蓄水安全鉴定报告。

4月

1日　州委铸牢中华民族共同体意识体验馆建设工作推进会召开，听取工作进展情况，研究解决存在的困难和问题，安排部署下一步工作。王耀春主持并讲话。

同日　州对口支援及东西部协作工作领导小组2022年第一次会议召开。

2日　由河南县草原工作站承担的青海省应用基础研究计划项目“黄河源河曲退化高寒草甸水土流失阈值研究”通过验收，验收结论为研究成果整体完成情况良好。

6日　副省长刘涛到黄南州调研，强调要坚持系统思维，保持战略定力，以打造生态文明高地促进生态环境高水平保护和经济社会高质量发展。

8日　州委人才工作领导小组第一次全体会议召开，审议通过《中共黄南州委人才工作领导小组工作规则》《中共黄南州委人才工作领导小组办公室工作细则》《中共黄南州委人才工作领导小组2022年工作要点》。

同日　州政府召开黄南州第二次传统村落集中连片保护利用示范工作推进会。

同日　州治超办召开2022年全州治超第一次联席工作会议，

通报省治超办《2021年度全省治超工作目标考核问题清单》所列共性和个性问题。

12日　由省关工委、省委老干部局、省林业和草原局、团省委主办，州委、州政府、州关工委承办的第八届“老少共携手·保护三江源”启动仪式在同仁市举行。省关工委主任白玛出席，省关工委名誉主任桑结加，常务副主任赵启中，副主任苏宁、韩玉贵等出席。

13日　全州党内法规工作会议召开。

16日　扎西才让在华帝矿业恰冬铜矿、顺隆矿业双朋西铜金矿，调研督导生态环保责任落实、矿山生态修复治理和安全生产工作。

19日　黄南州支援西宁抗疫物资抵达西宁，并举行捐赠仪式。此批抗疫物资主要包括牛羊肉、奶制品、饮品和蔬菜等生活必需品，总价值达320余万元。其中，州本级120余万元，一市三县各50余万元。

同日　州卫生健康委抽调全州卫健系统20余名消杀人员支援西宁市疫情防控工作。

21日　州卫健委组织州疾控中心专家开展新冠疫情防控知识培训，100余名公安民警和志愿者参加。

22日　州委召开全州干部大会，省委副书记、政法委书记阎柏，省委常委、组织部部长赵月霞出席，宣布朱战民任中共黄南州委委员、常委、书记；郑洪华任中共黄南州委委员、常委、纪委书记；王耀春不再担任中共黄南州委书记、常委、委员；刘强不再担任中共黄南州纪委书记、常委、委员。

同日　郑洪华任黄南州监委主任，刘强不再担任黄南州监委主任。

同日　州政府召开全州保障物流畅通工作电视电话会议，传达学习领会全省保障物流畅通工作电视电话会议精神，部署全州保障物流畅通相关工作。

23日　黄南藏族自治州第十六届人民代表大会常务委员会第五次会议召开，听取《黄南藏族自治州人大常委会主任会议关于提请接受王耀春辞去青海省第十三届人民代表大会代表职务请求的议案》《黄南藏族自治州人大常委会主任会议关于提请补选朱战民为黄南州出席省第十三届人民代表大会代表的议案》。

24日　州委书记、州级总河湖长朱战民开展巡河，实地查看水生态治理工程推进情况。

26日　扎西才让主持召开州政府党组（扩大）会议暨州十六届人民政府第七次常务会议，审议生态环境保护规划、全民科学素质行动计划纲要实施方案等文件，研究州特殊教育学校招聘编外教师、州传统村落展示馆场地、州本级“三馆一院一中心一职校”项目用地相关费用等事项。

同日　全州乡村振兴领导小组会议召开，全面贯彻落实全国加强衔接资金使用管理工作视频会议和全省财政有效衔接资金管理使用视频推进会会议精神，安排部署全州下阶段财政有效衔接资金管理使用工作。

28日　州委全面依法治州委员会第四次会议召开。

同日　“讴歌新时代　奋进新征程”基层理论宣讲大赛在州委党校新时代大讲堂举办。州委常委、宣传部部长宋辉致辞，一市三县及州直党群系统、政府系统、政法系统、卫生系统、教育系统等推荐的19名选手、4组“理论+文艺”宣讲队和15篇宣讲稿参加。

29日　朱战民、扎西才让在省爱国主义教育基地、中国工农红军习仲勋民族团结红军小学，学习传承红色革命历史，深刻感悟习近平新时代中国特色社会主义思想的真理力量。

同日　州委书记朱战民，州委副书记、州长扎西才让，州人大常委会主任蒋树成，州政协主席林华旦走访慰问黄南州劳动模范代表和一线职工。

是月　泽库县入选全国草原畜牧业转型升级试点县。

是月　黄南州被省农业农村厅确定为青海绿色有机农畜产品输出地先行示范市（州）。

5月

5日　朱战民与全州优秀创业青年、共青团员、共青团干部、青年志愿者代表座谈，向全州广大青年送上“五四”青年节的问候和美好祝福。

7日　省委书记信长星、代

省长吴晓军在黄南调研，实地查看黄河水质和保护治理、乡村旅游助推乡村振兴等情况，指出要树牢生态优先、绿色发展理念，系统谋划、科学部署、协调推进黄河保护治理。在同仁市隆务镇热贡路社区详细了解社区党建引领社会治理工作，并对同仁市保安镇卧科寺推进宗教中国化方向、积极参与国土绿化的做法给予肯定。

10日　州新冠肺炎疫情防控处置工作指挥部第41次会议召开，州委书记、州疫情防控处置工作指挥部指挥长朱战民主持并提出要求，州长、州疫情防控处置工作指挥部指挥长扎西才让安排部署重点工作。

11日　省乡村振兴领导小组办公室通报2021年度全省巩固拓展脱贫攻坚成果同乡村振兴有效衔接成效考核结果。在对全省8个市（州）、39个县（市、区）党委政府成效考核中，黄南州以全省第二名的名次被评定为“优秀”等次；尖扎县、河南县、同仁市、泽库县也被评定为“优秀”等次。省委、省政府对评定为“优秀”的市（州）和县（市）给予表扬，特别是在全省39个县（市、区）考核中，尖扎县列全省第二名，奖励财政衔接补助资金2000万元。

同日　州人民医院抽调22名医护人员，组成7个小组，进驻7个集中隔离医学观察点，围绕隔离人员生活安排、核酸检测、健康状况、体温血压监测、生活垃圾清理、隔离区全方位消杀等内容开展工作。

11—15日　州委、州政府下拨抗疫专项资金100万元和价值169万元的抗疫物资用于泽库县开展抗疫行动；同仁市向泽库县支援价值30万元的抗疫医疗物资和价值10万元的生活物资、尖扎县支援价值10万元的生活物资、河南县支援价值50万元的生活物资。

15日　中国共产党黄南藏族自治州代表会议召开，选举产生26名黄南州出席中国共产党青海省第十四次代表大会代表，省委提名的代表候选人才让太、马丰胜、王黎明当选。

同日　全国妇联表彰997户全国五好家庭，河南县柯生乡政府退休干部索南才让入选全国家庭工作先进个人。

17日　州政府召开全州“三区三线”划定工作推进会议。

18日　州铸牢中华民族共同体意识体验馆建设项目工作领导小组第三次会议召开，听取体验馆项目建设工作总体进展和《黄南州铸牢中华民族共同体意识体验馆项目概念设计方案》编制情况汇报。

同日　州委理论学习中心组专题学习研讨会召开，朱战民、扎西才让、蒋树成等10人作重点发言，中心组其他成员提交研讨材料。

20日　州政府召开全州水旱灾害防御工作会议，通报2021年水旱灾害防御、取用水管理专项整治行动整改提升及2022年汛期天气预测分析等工作开展情况。

23日　州委、州政府召开2021年度国家巩固拓展脱贫攻坚成果同乡村振兴有效衔接考核评估问题整改动员部署会议，通报全州2021年有效衔接考核情况，动员部署问题整改工作。州委副书记、政法委书记熊元来出席并讲话。

25日　州打击整治养老诈骗专项行动办公室召开打击整治养老诈骗专项行动动员部署会。

同日　州委常委、宣传部部长宋辉为州委党校教师和第27期中青班学员讲授“学习贯彻省第十四次党代会精神，坚定不移做好新时代意识形态工作”专题党课。

同日　全国公安系统英雄模范立功集体表彰大会在北京召开，表彰中共十九大以来公安系统涌现出的先进集体和个人，泽库县泽曲派出所获评“全国优秀公安基层单位”，同仁市公安局刑警大队指导员王成获评“全国公安机关爱民模范”，尖扎县公安局法治大队长张育栋获评“全国优秀人民警察”。

6月

1日　朱战民在州人大常委会宣讲省第十四次党代会精神。强调省第十四次党代会的召开，标志着全省上下开启建设现代化新青海的新征程。

同日　州委统战部（州民宗委）组织党外人士召开省第十四次党代会精神通报会，州委常委、统战部部长吴树荣出席并讲话。

2日　州乡村振兴领导小组

召开全州巩固拓展脱贫攻坚成果同乡村振兴有效衔接考核评估反馈问题整改工作推进会。

同日　州政府召开生态环境保护工作新闻发布会，通报2022年上半年全州生态环境质量状况和五年来生态环境工作成效。青海电视台、青海日报社、青海新闻网、《西海都市报》、黄南州广播电视台、黄南报社等媒体应邀参加。

7日　朱战民出席州委党校第27期中青班、组团式挂职干部座谈会。

同日　扎西才让带队在州中学考点巡查考务工作，为高考学子加油鼓劲。

同日　州退役军人事务局举行退役军人、其他优抚对象优待证申领启动仪式，邮储银行青海省分行副行长张宁亚致辞。

9日　州医改领导小组（扩大）会议暨全州重大疾病和地方病防治工作视频会议召开。

10日　州文体旅游广电局委托青海奥尚文化传媒公司拍摄的《神韵黄南·魅力非遗》宣传片发布会在黄南州艺术博物馆举行。

同日　州委理论学习中心组召开学习（扩大）会，省委党校民族宗教学教研部副主任、教授索南旺杰，围绕新时代中国特色社会主义宗教理论暨全国宗教工作会议精神作专题讲座。

14日　州政协召开专题议政性协商座谈会，围绕“规范村规民约，提升基层治理水平”协商议政。

同日　州扫黑除恶斗争领导小组（扩大）会议暨常态化开展扫黑除恶斗争工作推进会召开。

同日　州人大常委会举行立法专家智库成立暨聘书颁发仪式，正式聘任33名专业人员为州人大常委会立法智库专家。

同日　黄南州聘请州法院民事审判一庭庭长拉毛友、州检察院第一检察部副主任黄连芬为黄南州妇女儿童维权法律顾问。

15日　副省长杨志文在同仁市、尖扎县部分中小学校和幼儿园实地调研教育改革发展工作。

同日　全州巡察工作会议暨十三届州委第二轮巡察动员部署会召开。

同日　省气象局副局长、省防汛抗旱指挥部第六督导组组长高顺年一行4人到同仁市、尖扎县、泽库县3个乡镇13个防汛重点单位、站点督导检查防汛备汛工作。

同日　州委理论学习中心组学习（扩大）会召开，省粮食局储备管理处处长、一级调研员邓宏岩作粮食安全专题讲座。

16日　州安委办、州应急管理局牵头组织各成员单位举办以“遵守安全生产法，当好第一责任人”为主题的第二十一个全国“安全生产月”宣传咨询日活动。州直及省驻州、驻市40余家安委会成员单位及重点企业参与集中宣传，一市三县在各地同步开展。

同日　全州学习贯彻省第十四次党代会精神宣讲报告会召开，省委宣讲团成员、国家检察官学院青海分院院长马天山作宣讲报告。

20日　全州乡镇班子能力提升州级示范培训班在州委党校开班，一市三县68名乡镇班子成员参加。

20—22日　水利部复核组和省节水处一行到黄南州复核同仁市、尖扎县2021年度县域节水型社会达标建设工作，黄南州通过水利部县域节水型社会达标建设工作复核验收。

21日　“青海榜样”群体先进事迹报告会在黄南州举行，州委常委、宣传部部长宋辉主持。

同日　扎西才让率领黄南州考察团在甘南州开展合作交流和考察观摩工作。

22日　省住建厅厅长王发昌带队在黄南调研传统村落集中连片保护利用项目开展情况，州委常委、同仁市委书记旦增一同调研。

23日　省政府新闻办公室举办“青海这十年”黄南藏族自治州专场新闻发布会。州委常委、常务副州长肖顺深介绍黄南州十年来的变革与成就，州委统战部、州教育局、州生态环境局、州乡村振兴局等相关部门负责人围绕民族团结、教育发展、生态环保、乡村振兴等现场答记者问。

23—24日　全州人大工作座谈会在尖扎县召开，省人大常委会副主任于丛乐出席并讲话。

23—24日　省政协副主席仁青安杰、党组成员彭友东带领民族和宗教委员会部分委员组成调研组到黄南州围绕“藏传佛教基层治理经验及对策”情况开展调研。

24日　全州法治政府建设工

作推进会议召开，通报2021年度法治政府建设工作情况，安排部署下一步工作。

同日 省人大常委会副主任于丛乐在尖扎县调研深入学习贯彻中央人大工作会议、省第十四次党代会精神和加强和改进新时代人大工作。

同日 州关工委、州委“两新”工委牵头，在州中等职业技术学校举行青海天佑德基金会“青稞助学行动”捐赠仪式。天佑德教育基金会向州、市（县）8所学校捐赠价值50万元的教育教学爱心物资及校服1342套。

同日 州乡村振兴局举办全州脱贫地区农牧民收入监测工作培训会，国家统计局青海调查总队居民收支调查处副处长梅科作专题讲座。

同日 省禁毒委员会印发《关于表彰全省禁毒工作先进集体和先进个人的决定》，授予尖扎县公安局禁毒警察大队马生林“全省禁毒工作先进个人”称号。

27日 2022年黄河上游青海河南段水生生物增殖放流活动在河南县洮河源国家湿地公园举行。

28日 中共中央政治局常委、全国政协主席汪洋在天津对口支援的尖扎县德吉村调研，强调在新征程上，要更加重视增强“造血”功能，帮助受援地发展特色优势产业和开拓市场，探索民族地区迈向现代化和共同富裕的新路；要更加重视智力帮扶，巩固教育援青成果，帮助民族地区群众掌握国家通用语言文字和就业技能；要更加重视鼓励少数民族群众“走出去”，为他们在中东部地区就学就业创业提供帮助，拓宽增收致富渠道，促进各民族交往交流交融。汪洋还在同仁市龙树画苑、昂拉千户府等地调研。

29日 州委理论学习中心组学习（扩大）会召开，中国人民大学品牌农业课题组专家、北大纵横特聘专家马国华作农产品区域公用品牌建设专题讲座。

同日 州政府召开黄南州“十四五”残疾人保障和发展规划专题会议，审议并原则通过《黄南州“十四五”残疾人保障和发展规划》。

30日 州林业和草原局在同仁市圣雪莲广场举行森林草原防火车辆及物资配发仪式。配发高压远程森林消防水罐车、运兵车、机具运输车、巡护摩托车及其他装备，总价值586万元。

同日 州文体旅游广电局主办，州热贡艺术博物馆、州民族歌舞剧团、州文化馆等单位承办的以“深学力行省第十四次党代会精神，喜迎中共二十大胜利召开”为主题的庆祝中国共产党成立101周年文艺会演在同仁市热贡文化广场举行。

同日 省质量奖评审表彰委员会组织专家在同仁市龙树画苑开展第五届青海省质量奖现场评审工作。这是黄南州企业首次进入青海省质量奖现场评审环节。

是月 青海坎布拉地质公园完成联合国教科文组织世界地质公园的国际申报工作，成功入选世界地质公园候选地，成为2021—2022年度全球17个世界地质公园候选地之一。

7月

1日 黄南州举办“庆祝七一 喜迎二十大”主题活动暨第二届黄南州道德模范颁奖仪式。活动为助人为乐、见义勇为、敬业奉献、诚实守信、孝老爱亲五类道德模范及提名奖获得者进行颁奖。

同日 在中国共产党成立101周年，黄南州114座宗教活动场所举行升国旗仪式，表达全州宗教界对伟大祖国的热爱，坚定感党恩、听党话、跟党走的信心和决心。

3—6日 扎西才让率团到成都开展招商引资和学习考察。

4日 十三届州委第二轮巡察第一巡察组进驻州卫生健康委员会，标志着十三届州委第二轮巡察全面展开。州委2个巡察组完成对州卫健委、州卫生执法监督局、州疾控中心、州中心血站、州人民医院、州藏医院、同仁慢性病防治院、州妇幼保健和计划生育服务中心8个单位党组织的巡察工作。

4—7日 蒋树成带领州人大常委会副主任索南达吉、马进贤，秘书长以及州人大法制委、常委会办公室、州生态环境局负责人在甘肃省甘南州学习考察生态环保和文化保护立法工作。

4—10日 州委组织部、天津援青前方指挥部、州乡村振兴局联合在贵州省举办黄南州“追寻红色记忆　助力乡村振兴”培训班。州乡村振兴领导小组成员单位负责人、一市三县分管副市（县）长、乡村振兴局局长等34人参加培训。

5日　黄南州在全省率先对37个州级传统村落进行挂牌保护，标志着黄南州传统村落保护工作向标准化、规范化建设迈出重要一步。

同日　黄南州关注森林活动组委会成立暨第一次全体会议召开。

5—7日　受省人大常委会委托，州人大常委会副主任辛海萍带领州人大常委会执法检查组在同仁市、尖扎县以召开座谈会、通过实地查看、查阅资料、个别走访等方式，开展贯彻实施“一法一条例”情况进行执法检查。

8日　黄南州召开全州副县级以上领导干部警示教育大会暨作风建设推进会，通报省、州纪检监察机关查处的8起违纪违法典型案例。

同日　州政协党组书记、主席林华旦带领政协机关全体党员及干部职工在海北州“两弹一星”理想信念教育学院开展理想信念教育主题党日活动。

11—22日　在全州开展安全生产专项监督检查工作，以“四个导向”筑牢全州安全生产防护网。其间，检查州直行业部门8个，市县党委、政府及行业部门21个，乡镇10个，抽查宾馆酒店、餐饮娱乐场所、生产经营企业、超市商场、在建工地、居民小区和寺庙等重点场所46个，排查各类隐患问题98条。

12—13日　州政协主席集体视察组围绕农村公路养护情况开展民主监督。

15日　州委理论学习中心组专题学习研讨会召开，围绕省第十四次党代会精神开展研讨交流。

同日　黄南州召开创建全省绿色有机农畜产品输出地先行示范州推进会。

同日　朱战民在同仁市年都乎乡郭么日村看望慰问天津市委书记李鸿忠联点户、困难群众存姐，带去党的温暖和关怀。

17—19日　朱战民、扎西才让率黄南州党政代表团在天津市考察学习。19日，代表团一行前往滨海新区于家堡洲际酒店“美丽滨城”会客厅考察参观，并与区委、区政府领导进行座谈交流。

20日　21时，黄南州公安机关、武警、消防救援等单位联合举行“鹰隼行动”夜间统一清查启动仪式。其间，出动警力932人次、车辆184辆次，清查宾馆、网吧、KTV、加油站等各类重点行业场所589家次，发现各类安全隐患62处，现场整改25处，责令限期整改33处，停业整顿3家，查处各类交通违法行为41起。

21日　州政府召开全州跨省域增减挂钩项目整改工作推进会，通报全州跨省域增减挂钩项目整改工作推进情况。

22日　第23届中国·青海绿色发展投资贸易洽谈会、第二届中国（青海）国际生态博览会在西宁开幕。此次展会以“开放合作·绿色发展”为主题，展馆总面积4万平方米，分设国内国际馆、青海生态馆和国际藏毯馆。黄南州邀请省内外客商270余人参加洽谈会，组织6家特色重点企业参加产品展示，并通过参与“云上青洽会、生态博览会”等活动。

同日　尖扎县举办2022年青海省首届青少年高原“小拳王”金腰带争霸赛，省内10多家顶级搏击俱乐部20名青少年选手参赛，其中尖扎县4名青少年运动员参赛。赛事采用国际自由搏击竞赛规则，分别设8个级别进行站立式交流比赛。

22—24日　全州公安机关集中开展第二次夏夜治安巡查宣防集中统一行动。

23日　第23届中国·青海绿色发展投资贸易洽谈会暨第二届中国（青海）国际生态博览会黄南州专场签约仪式在西宁城南国际会展中心举行，签约额达108亿元。

26日　黄南州召开第四、第五批援青干部人才迎送会，欢送即将离青返津的第四批援青干部人才，欢迎抵青到黄的第五批援青干部人才。

同日　黄南州召开天津市—黄南州党建工作座谈会暨社会动员捐赠仪式，双方就党建引领援建，援建促进党建工作进行深入交流，并举行社会动员捐赠仪式。天津市机关工委分别向黄南州直机关工委、黄南州职业技术学校、河南县捐赠70万元；超星集团向河南县捐赠歌德电子图书机4台，价值20万元。

同日　国家林草局草原司司

长杨智、省林草局总工程师田剑、省林草局草原管理处处长张洪明在河南县检查指导调研草原生态修复工作。

同日 省政协“关注森林·绿色城乡是安处”主题活动在尖扎县闭幕。

同日 由团州委、州少工委主办的“喜迎二十大先锋行 石榴籽紧抱心向党”夏令营在尖扎县坎布拉三角洲户外拓展训练营正式开营，来自全州各基层学校的各民族优秀少先队员代表50人参加。

26—29日 州直属机关工委在州委党校举办2022年入党积极分子和发展对象培训班。州直属机关工委、州委“两新”工委、州委教育工委选派符合条件的132名入党积极分子和发展对象参加培训。

27日 中共黄南州委第十三届委员会第六次全体会议在州会议中心召开，审议通过《中共黄南州委全体会议工作规则》《关于进一步加强州委领导班子政治建设的若干措施》《黄南州贯彻省第十四次党代会精神“喜迎二十大、基层百日行”活动实施方案》。

28日 以“追梦新时代 喜迎二十大”为主题的黄南州第四届残疾人运动会在尖扎县坎布拉镇体育场开幕。

同日 国家税务总局黄南州税务局联合中国农业银行黄南分行在同仁市曲库乎乡江什加村举行黄南州城乡居民两险“惠农通”缴费服务点揭牌仪式。

28—29日 省政协副主席王振昌带领省政协第二调研督查组在黄南调研督查贯彻落实中央、省委政协工作会议精神情况。

是月 国家发展改革委、农业农村部、国家林草局印发《草原畜牧业转型升级试点工作方案》，提出要在全国建立15个生态畜牧业转型升级试点县，泽库县成功上榜。

8月

1日 青海省第十八届运动会“青海物产杯”篮球项目成人三人制比赛在贵德县全民健身中心综合馆闭幕，经过15场激烈角逐，黄南州代表队斩获金牌。

同日 青海省第十八届运动会足球项目（十一人制）青少年比赛在海南州体育场落幕，经过7轮48场赛事的激烈角逐，黄南州代表队夺得十一人制乙组第三名、甲组第六名。

2日 朱战民在州政府、州委统战部、州法院和州铸牢中华民族共同体意识体验馆调研相关工作。

同日 青藏川滇甘交界地区州（市）长第七次联席会议筹备领导小组会议召开。会议听取联席会议筹备工作汇报，审议通过《黄南共识（送审稿）》《州市长联席会议宣传片（送审稿）》等事宜。

同日 黄南州2022年新时代文明实践中心建设工作推进会在河南县召开，对深化拓展新时代文明实践中心工作进行再安排、再部署、再推进。省委宣传部文明办主任张继瑜，州委常委、宣传部部长宋辉出席并讲话。

同日 由尖扎县委组织部组织的村“两委”发展村集体经济能力提升培训班在山东省威海市东泓人才教育培训基地开班。全县43名村“两委”成员参加为期5天的培训。

同日 由州总工会、团州委、州妇联、州文明办主办，尖扎县总工会、团县委、县文明办承办的黄南州首届青年职工交友联谊会在黄河民宿第一村尖扎县来玉村举行。省总工会女职委办公室主任韩玉英到会指导。

3日 政协第十四届黄南藏族自治州委员会第四次常委会会议召开，围绕“黄河流域黄南段生态保护与治理”开展专题协商议政。

4日 黄南州组织离退休干部召开全州经济社会发展情况通报会，向参加“回家乡 看变化 话发展”主题活动的140余名离退休干部通报全州经济社会发展情况。

5日 朱战民在同仁市保安镇下庄村全国人大代表夏吾卓玛家中走访慰问。

同日 肖顺琛主持召开黄南州配合做好国务院第九次大督查工作会议，安排部署相关工作。会议印发《黄南州配合做好国务院第九次大督查工作方案》。

同日 中国轻工业联合会公布《关于第八届中国工艺美术大师名单的公告》，黄南州唐卡画师扎西尖措、当周加喜获“第八届中国工艺美术大师”殊荣。至此，全州共有10人获得“中国工艺美术大师”荣誉称号。

同日　由州人民政府主办，州工业商务和信息化局、省银联公司具体承办的黄南州2022年“神韵黄南·惠民暖企”促消费活动全面启动。活动秉承“政府指导、企业为主、市场化运作”原则，涵盖全州超市、餐饮、酒店和家电等74家企业、83个门店参与。

6日　以“生态新青海　激情新省运　健康向未来”为主题的青海省第十八届运动会、青海省第四届全民健身大会在海南州贵德县全民健身中心体育场开幕。本届赛会共设79个项目、1129个小项，共有1.2万多名运动员参加比赛。黄南州组织335人的代表团参加赛事。

8日　中国建设银行黄南州分行正式入驻黄南州政务服务中心。

同日　黄南州举办2022年“全民健身日”暨“夏日广场”锅庄舞大赛。此次大赛吸引隆务地区12支代表队360多名选手参加比赛。

9日　省委常委、统战部部长班果在黄南州调研统战领域相关工作。

同日　黄南州生态环境监测站举行揭牌仪式，监测站的正式运行填补全州生态环境监测的空白。

同日　同仁市“喜迎二十大　唱响金谷地”音乐周活动在热贡文化广场启动。

9日、13日　尖扎县坎布拉镇万里码头、古浪堤电站降雨量分别达到64.6毫米、94.8毫米，均为全省当日最大降水量地区之一，也是尖扎县近十年历史最高值。

11日　青藏川滇甘交界地区州（市）长第七次联席会议在黄南举行。12日，青藏川滇甘交界地区州（市）长第七次联席会议峰会在尖扎召开。会议讨论通过并共同签署《黄南共识》，共同商议确定承办青藏川滇甘交界地区州（市）长第八次联席会议有关事宜。会议确定由甘肃省甘南州人民政府承办青藏川滇甘交界地区州（市）长第八次联席会议，黄南州向甘南州移交青藏川滇甘交界地区州（市）长联席会议办公室印章。

同日　副省长刘涛到同仁至赛尔龙高速公路、西宁至成都铁路、尖扎至共和高速公路工程项目现场调研。

11—12日　州政协组织开展重点提案办理“回头看”，重点对十四届一次会议“关于关爱环卫工人、提高环卫工人福利待遇的提案”办理情况进行跟踪问效。州市县政协25名委员代表、提案委员，以及各市县人民政府、州住房和城乡建设局、州总工会等承办单位负责人参加。

同日　黄南州第八届佛教论坛在泽库县举办。该届论坛以“坚持佛教中国化方向、喜迎中共二十大召开”为主题，积极引导藏传佛教与社会主义社会相适应。州、市（县）佛教协会负责人及部分寺庙活佛、经师（堪布）和民管会主任170余名宗教界人士参加论坛。

14日　扎西才让在同仁市和尖扎县强降雨受灾一线检查督导防汛救灾工作。

15日　黄南州召开新冠疫情防控处置工作指挥部第四十三次（视频）会议，通报全省、全州最新疫情防控工作形势。会议以视频方式开至市县一级。

17日　黄南州召开新冠疫情防控处置工作指挥部第四十四次会议。会议以视频方式扩大至市县一级。

同日　河南县抽调32名医务人员紧急组建专家组、医疗救治组、环境消杀组，火速驰援尖扎县。

17—22日　由2名州委常委带队的州疫情防控专项督查组在同仁市、尖扎县、泽库县疫情防控一线，围绕贯彻落实省疫情防控决策部署和州疫情防控处置工作指挥部第四十四次会议精神，从严从细压实疫情防控责任，堵塞漏洞，消除风险隐患。

18日　黄南地区局部出现强降雨天气，导致黄南公路段辖养G213策磨线K1319+060—K1346+660（隆务峡路段）、K1373+650—K1375+800（维哇路段）发生31处水毁、塌方和泥石流，其中25处道路全幅中断，严重影响车辆通行。

19日　朱战民在州人民医院、州藏医院、州疾控中心和省疾控中心驻黄南方舱实验室，看望慰问省疫情防控指导组专家和一线医师代表，并向全州广大医务工作者致以诚挚的节日问候和崇高的敬意。

同日 扎西才让在泽库县、河南县督导检查疫情防控、防汛防灾、项目建设等重点工作开展情况。

同日 中宣部、国家卫生健康委联合发布2022年“最美医生”先进事迹，泽库县人民医院院长马文义先进事迹收录其中。

20日 尖扎县开通邮政“绿色通道”，为高考录取通知书及时投递保驾护航。

21日 扎西才让在同仁市扎毛乡扎毛村，曲库乎乡西卜沙村、江龙农业村，隆务镇措玉村等地调研督导乡村建设工作，详细了解乡村建设规划设计、基础设施建设、乡村产业培育、村集体经济发展、人居环境整治等情况。

同日 14时起，同仁地区出现短时强降水、冰雹等强对流天气，最大小时雨强达到24.5毫米，造成同仁主城区部分路段积水严重。15时至22日5时，黄南州境内出现持续降雨，部分地区出现短时强降雨，致使同仁市、尖扎县部分道路交通、水利设施、项目施工及群众房屋不同程度受灾，无人员伤亡。截至24日14时，本轮强降雨因水毁共造成全州公路受损106条173处，损毁长度305.12千米，桥梁、涵洞受损108座，损毁长度549米，其中同仁市麻巴隆务河中桥全部冲毁。公路、桥梁及涵洞累计经济损失达9540.49万元。

22日 黄南州组成安全隐患排查组对扎毛水库饮用水源地、污水处理厂、医疗废物处置中心、同仁市生活垃圾填埋场、尾矿库等重点涉水企业进行污染防治设施运行、环境应急防范设施落实、危险废物管理等情况安全检查和隐患排查。

23日 朱战民在尖扎县实地调研指导防汛救灾和疫情防控工作，看望慰问奋战在一线的工作人员。

同日 黄南州召开全州河湖长制工作电视电话会议，通报全州河湖长制工作进展情况，安排部署下一步工作。

同日 黄南州召开全州三季度固定资产投资及项目调度会、电网协调机制领导小组第一次会议（2022年农网工程建设启动会）及天然气入州工程推进会议，通报1—7月固定资产投资、项目开复工、天然气入州等项目建设情况，听取各市县政府和相关部门工作汇报，研究解决工作中存在的困难问题，安排部署下一阶段重点工作。

24日 青海德义博置业有限责任公司（隆务水岸）向同仁市疫情防控工作捐赠100万元。

25日 肖顺琛带队在213国道隆务峡水毁路段，实地勘查隆务河水情，了解公路水毁情况，看望慰问防汛抢险一线道路养护工作人员，指导道路抢修保畅工作。

27—28日 扎西才让在同仁市、尖扎县部分乡镇检查指导防汛防灾及灾后重建工作。29日，召开全州灾后重建工作会议。

29日 省卫生健康委发出抽调核酸检验人员在海北州支援核酸检测工作的紧急征召。黄南州卫生健康委迅速行动，从州、县（市）医疗机构紧急抽调10名身体健康、业务熟练、政治素质高的核酸检测人员，赴海北州协助开展核酸检测工作。

30日 朱战民在州信访接待服务中心坐班开展领导干部接访活动，化解一起历时3年的疑难信访问题。

同日 扎西才让带队在同仁市隆务东西山滑坡体重点隐患区域和部位督导调研地质灾害隐患点排查治理工作。

同日 州人大常委会召开2022—2023年立法工作领导小组第三次全体会议，研究讨论修订《黄南藏族自治州藏语文工作条例》、制定《黄南藏族自治州不可降解塑料制品管理条例》具体工作。

31日 黄南州开展工程建设领域专项治理深化一体推进“三不腐”工作安排部署会召开。朱战民、扎西才让出席并提出要求，肖顺琛出席并讲话，州委常委、州纪委书记、监委代理主任郑洪华主持会议，副州长李鑫出席会议。

是月 由天津市科技局立项支持，天津农学院和黄南州科技局合作共建的集科研、教学、培训、科普于一体的现代农业创新培育中心建成。

是月 河南县生态环保志愿者在海拔4700米的洮河源国家湿地公园内发现国家一级保护植物玉龙蕨。首次在河南境内发现该植物。

是月　黄南州投入600万元开展惠民暖企促消费活动。8月初，黄南州筹措州级促消费资金300万元，省银联公司配套300万元，共600万元促消费资金，于8月5日启动黄南州2022年“神韵黄南·惠民暖企”促消费活动。此次活动分20期进行，涵盖全州超市、餐饮、酒店和家电等74家企业、83家门店参与。面向州内消费者发放近12万张惠民电子消费券，预计带动消费近3000万元。

是月　省总工会紧急拨付30万元专项资金助力黄南州疫情防控工作，分别助力同仁市、尖扎县、泽库县打赢疫情防控攻坚战。

是月　尖扎县尖扎摊30兆瓦分散式风电项目9台风力发电机组调试完毕全容量并网发电，标志着黄南地区首座风电项目顺利投运。

9月

1日　扎西才让在同仁市兰采乡天然温泉产业项目、玻璃栈道项目建设现场、叶雄寺及乡派出所等受灾点，督导防汛减灾和灾后重建工作。

同日　农业农村部公布2022年中国美丽休闲乡村认定推介名单，尖扎县尖扎滩乡来玉村榜上有名。

2日　尖扎县司法局尖扎滩司法所所长仁增（藏族）获全国司法行政系统先进工作者称号。

3日　州人民医院首次终末消毒全面结束，在之后的时间内医院将持续进行三次院区环境终末消杀、核酸采样，评估工作。经3次环境终末消杀后的医院环境将绝对安全。

6日　《黄南报》发布公告，《黄南藏族自治州城乡社区治理促进条例》经2022年2月22日黄南藏族自治州第十六届人民代表大会第二次会议审议通过，6月1日青海省第十三届人民代表大会常务委员会第三十三次会议审查批准。自10月1日起施行。

7日　第五批援青干部人才总领队、省委组织部副部长徐小兵率省委组织部调研组一行在尖扎县、同仁市实地查看天津援青项目实施情况和援青干部人才生活保障情况。

13日　第五批41名天津援青教师抵达黄南州，开始为期一年至一年半的教育援青工作。至此，在黄南州的天津援青干部人才规模达到95人。

13—16日　天津援青指挥部、天津市滨海新区卫生健康委和州卫生健康委，共同举办以“喜迎二十大，津青共同携手，建设健康黄南”为主题的2022年度“名医进黄南”大型义诊活动。此次义诊有22名天津援青医疗专家参与，分2个医疗工作组，为1250名群众提供4天的免费诊疗服务。

13—16日　州直属机关工委在州委党校举办2022年州直机关党务干部能力提升培训班，110名党务工作者参加培训。

14日　州委党校举行2022年秋季学期开学典礼，州直相关单位负责人、州直机关党务干部培训班、“两新”组织党务干部培训班、驻寺干部培训班、选调生综合能力提升培训班全体学员和州委党校全体教师职工等260余人参加。

14—15日　州委书记朱战民，州委常委、常务副州长肖顺琛，州委常委、组织部部长刘建昱，州委常委、州委秘书长何杰在河南县黄河大峡谷和洮河源国家湿地公园、柯生乡无角欧拉羊繁育推广基地、多松乡夏日达哇村土尔扈特牦牛风干肉厂督导调研产业培育、寺庙管理、基础设施建设、基层党建、草原生态治理等工作，实地查看河南县亲王府、达参寺和柯生乡省级疫情防控检查点工作情况研。

14—15日　州人大常委会对全州贯彻实施《中华人民共和国退役军人保障法》情况开展专项执法检查。检查组重点检查退役军人服务保障体系建设、就业创业、教育培训、褒扬激励、抚恤优待、落实政策等方面的情况。

14—17日　黄南州“两新”组织党务工作者培训班在州委党校举行，全州50名非公有制企业、社会组织、党组织书记以及党务工作者参加为期4天的培训。

14—23日　黄南州选调生综合能力提升培训班在州委党校开班，全州一市三县40名选调生完成为期10天的培训任务并结业。

15日　全州投资项目调度会议召开，通报全州2022年项目投资进展情况，听取州教育局、住房和城乡建设局、交通运输局、水利局、文体旅游广电局等州直相关单位和一市三县主要负责人项目推进情况汇报。

同日 全州深化“放管服”改革持续优化营商环境电视电话会议召开。

16日 黄南州召开秋冬季森林草原防灭火工作视频会议，扎西才让出席并讲话。

同日 州总工会举行第一批困难职工家庭子女“金秋助学”助学金发放仪式，对9名困难职工子女发放助学金7.2万元。

18日 天津援青指挥部召开第五批天津援青教师岗前培训会。

19日 黄南州召开生态文明建设和生态环境保护委员会第一次会议，审议《黄南州生态文明建设和生态环境保护委员会工作规则》《黄南州生态文明建设工作协调办公室工作细则》《黄南州生态环境保护工作协调办公室工作细则》。

同日 州人大常委会召开《黄南藏族自治州城乡社区治理促进条例》《黄南藏族自治州水资源保护条例》《黄南藏族自治州林木保护条例》视频培训会，向参会人员发放三部条例单行本各350余册。

同日 州纪委监委召开巩固拓展脱贫攻坚成果同乡村振兴有效衔接专项监督推进会，传达学习省纪委监委巩固拓展脱贫攻坚成果同乡村振兴有效衔接专项监督推进会精神、通报2022年全州巩固拓展脱贫攻坚成果同乡村振兴有效衔接工作情况，对全州巩固拓展脱贫攻坚成果同乡村振兴有效衔接专项监督工作再安排再推进。

同日 尖扎、泽库、河南三县相继举行2022年秋季新兵入伍欢送仪式。

20日 黄南州开展以“推动质量变革创新，促进质量强州建设”为主题的2022年“质量月”宣传活动。

20—21日 州人大常委会组织部分驻州全国、省人大代表和州、市、乡人大代表，集中视察同仁市工业园区、城北新区、唐卡小镇、老城区及乡村建设情况，蒋树成带队视察。

20—21日 黄南州开展以“共创食安新发展 共享美好新生活”为主题的“食品安全宣传周”活动，州食药安委15个相关部门和全州10家食品生产企业参加活动，活动现场派发食品安全宣传资料4500多份，设立咨询台6处，接受咨询1400余人次。

22日 农业农村部办公厅印发《关于推介2022年全国农业生产“三品一标”典型案例的通知》，全国40家单位推介的2022典型案例中，“河南县推行农业生产‘三品一标’壮大生态有机畜牧业”案例榜上有名。

23日 州委十三届第三十次（2022年第二十次）常委会会议召开，审议《关于重新认定黄南州参照公务员法管理机关（单位）的请示》《关于召开黄南州妇女第十二次代表大会的请示》。

24日 天津市滨海新区委副书记、区长单泽峰一行在尖扎县德吉村、来玉村和州职业技术学校考察对接对口支援工作。

26日 泽库县举行2022年屋顶分布式光伏项目开工仪式。光伏项目利用泽库县8个乡镇综合服务用房、物业用房等公共用房屋面34.43万平方米建设光伏电站，包括光伏场区和并网系统两大部分，安装光伏容量达56兆瓦，计划总投资2.5亿元，项目建设期6个月，生产运行期25年。

27日 朱战民在同仁市兰采林场调研，详细了解生态建设、巡山护林、森林草原防火等工作。指出黄南州在全省率先制定《全面推行林草长制实施意见》，林业和草原管理工作走在全省前列。

同日 黄南州未成年人保护工作领导小组第二次全体（视频）会议召开，通报全州未成年人保护工作开展情况，审议《黄南州未成年人保护工作领导小组2022年工作要点》。

28日 黄南州组织开展全州2022年“高原·砺剑”反恐应急处突武装拉动演练。此次反恐应急处突武装拉动演练为全州统一行动，出动州、市（县）两级公安、卫生、应急、消防等部门人员580人，派出公安警车、应急指挥车、特警装甲车、消防救援车、医疗救护车等96辆，行程60余千米。

29日 黄南州召开全州乡镇党委书记座谈会，听取乡镇党委书记能力提升工作汇报，8名乡镇党委书记作交流发言。

30日 在第九个烈士纪念日来临之际，全州各级党政军纷纷开展“9·30”烈士纪念日公祭活动。

是月 全州社区建立“两新·红色驿家”。截至是月底，全州65个“两新”党组织全部进驻社区，458名党员全部到社区报到。

10月

1日 全州各级统战民宗部门在宗教活动场所组织开展“宗教活动场所升国旗仪式暨喜迎中共二十大”主题活动。全州114个宗教活动场所分别举行升国旗仪式，表达宗教界人士对祖国的热爱和美好祝福，为中共二十大胜利召开营造良好的社会氛围。

同日 泽库县举行“同升一面旗 同唱一首歌”升国旗仪式活动，庆祝中华人民共和国成立73周年，喜迎中共二十大胜利召开。

1—3日 同仁市委、市政府结合“喜迎二十大、基层百日行”和深化作风建设等活动，集中开展主城区受疫情汛情影响低收入群体走访慰问和帮扶救助行动。筹措资金40万元，帮扶救助各社区、城中村和城乡接合部因灾因病、重点优扶对象、贫困残疾人等城镇低收入家庭200户。

1—7日 全州公安机关完成国庆安保维稳任务。节日期间，全州接有效警情40起，同比下降38.1%，未发生重大刑事案件、群体性事件和较大交通事故、治安灾害事故，全州社会大局稳定，治安秩序良好。

4日 尖扎县举办“情暖重阳、贺寿耄耋、喜迎二十大”离退休干部集体祝寿活动，为3名离休干部、8名90周岁和14名80周岁的退休干部集体祝寿。

8日 州委组织部、州委党校、州总工会共同举办为期3天的基层工会干部能力提升培训班在州委党校开班。州直行政、企事业单位工会干部100人参加培训。

同日 州公安局警犬训练基地揭牌。

10日 州红十字会在尖扎县马克唐镇麦什扎村举行垃圾焚烧炉点火启动仪式。

12日 副省长杨逢春在同仁市客都生活超市、隆务寺、盛宇天伦酒店、尖扎县来玉村、李家峡水电站等地调研指导安全生产、疫情防控、物流保供、安保消防、乡村旅游等工作。

同日 黄南州举行“喜迎二十大 唱响新时代”农牧民歌手大赛，一市三县推荐的22名农牧民歌手参加。

12—15日 林华旦在尖扎县开展包联蹲点、调研督导工作。

14日 全州扶贫志编纂工作启动会召开。州直43家承编单位负责人，一市三县分管副书记、党史研究室负责人50余人参加。

16日 中国共产党第二十次全国代表大会在北京人民大会堂开幕。州各单位、各乡镇、各学校、各村社、各寺庙和广大农牧民在家中、在会议室、在广场、在街头通过电视、网络、广播等多种形式收听收看开幕式直播盛况，认真聆听大会报告。

21日 黄南州2022年度巩固拓展脱贫攻坚成果同乡村振兴有效衔接成效考核安排部署会议召开，传达学习中央、省委、省政府关于巩固拓展脱贫攻坚成果同乡村振兴有效衔接相关文件及会议精神。

同日 扎西才让主持召开州政府党组（扩大）会议暨州十六届人民政府第十次常务会议，审议并原则同意《黄南州促进中小微企业高质量发展的若干措施》《黄南州“证照分离”改革全覆盖事项清单（2021年版）》《黄南藏族自治州藏语文工作条例（修订草案）》《关于公布州政府、州政府办公室行政规范性文件清理结果的通知》等事项。

25日 副州长更智才让一行督导调研生态环境保护工作，实地查看热贡宾馆施工现场扬尘防治十个“百分之百”措施落实情况。

26日 扎西才让在同仁市督导城市基础设施功能提升项目征地拆迁工作。

同日 副州长李鑫采取“四不两直”方式，在同仁市立仓、兰采小水电站实地调研企业运行和清理整改工作推进情况。

27日 州政协党组召开专题学习扩大会，学习贯彻中共二十大精神。林华旦主持，以党课的形式重点解读中共二十大工作报告，并就学习贯彻提出要求。

28—29日 省委副书记、省长吴晓军在河南县、泽库县、同仁市宣讲中共二十大精神，在同仁市隆务镇措玉村接待信访群众。

29 日　黄南州各级退役军人事务部门在全省率先完成优抚对象年度确认工作。

31 日　黄南州乡村振兴“八大行动”指挥调度视频会议召开，州乡村振兴局主要负责人对下一步巩固拓展脱贫攻坚成果同乡村振兴有效衔接省对州、县成效考核及国家考核评估工作再安排再部署。

是月　全州副州级以上领导干部结合“喜迎二十大、基层百日行”活动，到联系的市（县）、乡（镇）、村（社区）、企业、寺庙、困难群众家中开展走访慰问活动。

是月　州委督查委员会成立5个专项督查组，10名州级领导带队分别到一市三县和州直69家企事业单位专项督查中共二十大期间维稳安保工作，蹲点开展全覆盖督导检查。其间，利用20余天时间，先后到33个乡镇，2个管委会，41个宗教活动场所，157个村社及一市三县企事业单位督导检查中共二十大维稳安保、重大项目、社会治理、疫情防控、安全生产、乡村振兴等领域。

11 月

1 日　州委人大工作会议召开，审议通过《中共黄南州委关于进一步加强和改进新时代人大工作的意见》。

3 日　中国农民丰收节组织指导委员会办公室公布100个丰收节庆特色活动名单，同仁市农牧民丰收节榜上有名，也是全省唯一入选的节庆特色活动。

4 日　天津援青指挥部临时党支部组织第五批援青干部人才在黄南州党群服务中心开展“凝聚奋进力量　展现援青担当”主题党日活动。

6 日　黄南州首张医疗收费电子票据正式上线。同仁市保安镇卫生院作为试点单位，于6日正式上线使用首张医疗收费电子票据，标志着全州医疗电子票据管理工作正式迈进“无纸化、电子化、便民化”时代。

7 日　州委、州政府在同仁市举办全州乡村建设观摩学习会，学习借鉴同仁市乡村建设的好经验好做法。

同日　州总林草长制办公室、州检察院、州公安局印发《关于推行黄南州“林草长+检察长+警长”协作机制的通知》，建立“林草长+检察长+警长”协作机制，探索检察监督与刑事司法、行政监管共同加强林草生态保护治理的新路径，构建区域协作、部门联动、打防结合、快速有力的行政执法、刑事司法和检察监督同向发力的生态保护新格局。

8 日　黄南州党外人士通报会召开，向全州各民主党派成员、无党派人士、党外知识分子、宗教界人士、非公有制经济人士、新的社会阶层人士通报中共二十大精神。党外州级领导干部王桂莲、夏日仓·旦增久美、多杰才让及全州党外各领域代表人士60人参加，副州长王桂莲、州政协副主席夏日仓·旦增久美等6名代表人士围绕学习贯彻落实中共二十大精神交流发言。

11 日　州委十三届七次全体会议召开，审议通过《中共黄南州委关于深入学习宣传贯彻中共二十大精神奋力谱写全面建设社会主义现代化国家黄南篇章行动方案》。

同日　尖扎县尖扎滩乡来玉村入选2022年中国美丽休闲乡村和农家乐特色村。

同日　黄南州召开生态环境损害赔偿磋商会议，4起生态环境损害赔偿案件完成一次性磋商。

12 日　州委书记、军分区党委第一书记朱战民在黄南军分区调研部队建设，详细了解基础设施、人员编制、应急装备配备等情况，代表州委、州政府感谢大家为服务黄南经济社会高质量发展做出的贡献。

12—13 日　同仁市开展乡村建设观摩学习活动，在扎毛乡扎毛村，曲库乎乡西卜沙村、江龙农业村，隆务镇措玉村，保安镇城内村、城外村，双朋西乡双朋西村观摩人居环境提升、基层社会治理、壮大村集体经济、美丽乡村建设等方面取得的成效，相互借鉴乡村建设的好经验好做法。

14 日　州委组织部、州委党校、州应急管理局在州委党校联合举办为期3天的全州党政领导干部应急管理能力提升专题培训班。一市三县政府常务副市县长、应急管理局主要负责人、分管负责人及业务骨干，州安委会各成员单位分管负责人，州应急管理局全体干部67人参加。

同日　黄南州驻天津市滨海新区乡村振兴特色产品馆在滨海文化中心正式开馆。场馆面积达100余平方米，设绿色有机农畜产品区、特色文创产品区、民俗文化体验区等，是集绿色有机农畜产品、特色文创产品展示展销和定点消费帮扶为一体的“新窗口”。

同日　“黄南法院生态环境司法保护基地”揭牌仪式在麦秀国家森林公园举行。副州长赵兴荣、州法院院长杨海云参加。

17日　天津援青医疗工作组与州人民医院“师带徒”签约仪式在州人民医院举行。

18日　州委理论学习中心组召开中共二十大精神专题研讨会，开展专题学习研讨，带动全州各级党组织学习研讨走深走实。

25日　黄南州抽调州直60个行政事业单位共104名党员干部和优秀职工，紧急集合、逆行奔赴泽库抗疫一线。

同日　同仁市委组织部紧急抽调30名党员干部和7辆应急车辆，连夜奔赴泽库支援抗疫。

是月　住房和城乡建设部村镇建设司公示第六批中国传统村落名录，坎布拉景区德洪村、尖藏村名列其中。

是月　司法部、民政部公布第九批“全国民主法治示范村（社区）”名单，尖扎县昂拉乡德吉村、河南县托叶玛乡曲海村入选。

是月　黄南州完成州直事业单位公车制度改革工作。

是月　同仁市首个方舱医院在城北新区同北中心篮球馆改造完成。

12月

5日　在十三届州委第35次（2022年第25次）常委会会议上，审议《关于召开黄南藏族自治州第十六届人民代表大会第三次会议的请示》《关于建议成立黄南藏族自治州第十六届人民代表大会第三次会议临时党委的请示》。

同日　安全有序恢复州内一市三县及与省内各市（州）之间的人员流动和车辆正常通行。

6日　国家广电总局印发《关于2021年度基层广播电视统计工作考核情况的通知》，授予州文体旅游广电局“考核优秀集体”荣誉称号。

7日　新华保险同仁营销服务部在中国银保监会黄南监管分局举办“城市因你而美·新华伴你而行——新华保险关爱全国环卫工人大型公益行动”黄南站捐赠仪式，为同仁市363名环卫工人捐赠3600万元保额的意外伤害保险。

8日　在州政府党组（扩大）会议暨州十六届人民政府第11次常务会议上审议《黄南藏族自治州不可降解一次性塑料制品管理条例（草案）》《黄南藏族自治州施行〈中华人民共和国民法典〉结婚年龄的变通规定（草案）》《黄南州城镇职工基本医疗保险实施细则》《黄南州新冠肺炎医疗资源资金分配方案》《全省汛期自然灾害抢险救灾及灾后恢复重建资金黄南州分配方案》等。

同日　黄南州召开干部人才“组团式”援青工作领导小组第一次会议暨“组团式”援青工作推进会，会议总结交流“组团式”援青工作经验做法，研究部署下一步工作。

12日　黄南州合作交流中心（援青干部人才之家）在天津市滨海文化中心美术馆正式启用。黄南州各相关部门和滨海新区区直有关部门负责人，前四批援青干部人才代表及第十一批挂职干部参加启用活动。

14日　黄南州召开学习贯彻中共二十大精神省委宣讲团宣讲报告会。邀请省委宣讲团副团长、省委宣传部一级巡视员刘伟作宣讲报告。

15日　全州县级领导干部学习贯彻中共二十大精神培训班在州委党校开班。

16日　十三届州委第三十六次（2022年第二十六次）常委会会议召开，审议《关于以铸牢中华民族共同体意识为主线推进新时代黄南民族工作高质量发展的实施意见（审议稿）》《黄南藏族自治州不可降解一次性塑料制品管理条例（审议稿）》《黄南藏族自治州施行〈中华人民共和国民法典〉结婚年龄的变通规定（审议稿）》《关于涉计划生育州委文件专项清理结果的决定（审议稿）》。

24日　州重点水利枢纽工程同仁市浪加水库正式下闸蓄水。

27日　12名新提任、7名转任领导干部参加黄南州新任职领导干部任前集体谈话会，朱战民出席并讲话。

28日　黄南州新冠病毒感染

定点救治医院一病区、二病区在州人民医院正式启用。

29日 水利部发布《水利部关于表彰全国水土保持工作先进集体和先进个人的决定》，授予州水利局“全国水土保持工作先进集体”称号；授予同仁市水利局局长马承斌“全国水土保持工作先进个人”称号。

30日 国家艺术基金2022年度艺术人才培养资助项目“热贡艺术建筑彩绘创新设计人才培养”成果作品展暨研讨会在黄南州热贡艺术博物馆开幕。同仁市委、市政府，州热贡艺术博物馆、同仁市委宣传部、同仁市文体旅游广电局等部门主要负责人以及特邀教师代表中国工艺美术大师西合道、学员代表等100余人出席开幕式。

是月 国家知识产权局确定新一批国家知识产权示范企业和优势企业，国网青海省电力公司黄化供电公司入选国家知识产权优势企业，黄南州首家企业入选国家知识产权优势企业。标志着黄南州国家知识产权优势企业实现“零的突破”。

是月 黄南州美丽城镇建设实现“五连冠”。继尖扎县康杨镇、同仁市多哇镇、河南县宁木特镇、泽库县王家乡后，泽库县和日镇再次获得绩效考核优秀等次第一名，获得奖励资金453万元。至此黄南州美丽城镇建设实现“五连冠”，累计获得奖励资金2619万元。

是月 国家民族事务委员会印发《关于第十批全国民族团结进步示范区示范单位拟命名名单的公示》，州司法局被评选为“第十批全国民族团结进步示范单位”。

州情概览

黄南年鉴

2023

自然地理

【位置境域】 黄南藏族自治州(以下简称黄南州)位于青海省东南部，地理坐标为北纬34°03′~36°10′、东经100°34′~102°23′，因地处黄河之南而得名。黄河从青海巴颜喀拉山发源后，流经青海南部，到川西北为岷山所阻而西折，经甘肃甘南又迂回到青海境内，形成九曲黄河第一弯，美丽富饶的黄南藏族自治州即位于这个右旋弯曲部之南岸。黄南州东北部与青海省海东市化隆回族自治县、循化撒拉族自治县为邻，东南部与甘肃省甘南藏族自治州夏河县、碌曲县、玛曲县接壤，西北部和西南部与青海省海南藏族自治州贵德县、同德县、贵南县以及果洛藏族自治州玛沁县相接。州境东西宽175千米，南北长235.3千米，辖区面积1.82万平方千米，占青海省总面积的2.52%。州府驻同仁市隆务镇，距省会西宁159千米。

【地形地貌】 黄南州地处青南高原，地形复杂，地貌多样。以中部麦秀山为分野，南高北低。南部为比较单一的东西构造带，发育着一系列东西走向的褶皱和断裂，向北东方向延伸并逐渐减弱，地貌起伏较小，坡度平缓，草原广阔，平均海拔在3800米，属古冰川侵蚀作用为主的中高山构造区，是秦岭山系南支西倾山的西延部分，主要山脉有李恰如山、阿米莫尔藏山、达日宗喀恰山，是河曲马、巴滩马、欧拉羊、青海藏系羊、青藏高原牦牛的主产区之一。北部山势陡峻，多种切割高山、峡谷、山间台地，主要山脉有申宝山、夏琼山等，峡谷有李家峡、隆务峡等。以北西构造为主，广泛分布着北西向的褶皱和断裂，河流湍急，形成以流水作用为主的侵蚀——构造中山区，是黄南州的粮食、蔬菜、瓜果主产区。最高海拔点为泽库县境内的杂玛日岗山峰，海拔4971米；最低海拔为隆务河注入黄河处，海拔1960米。黄南州地貌以其形态可分为河谷阶地、中低山山地、高山山地、高原平地等四类。河谷阶地主要分布于黄河、隆务河及支流沿岸，海拔2000~2500米，面积270.93平方千米，占全州山地面积的1.49%；中低山山地主要分布于河谷阶地与高山山地之间，海拔3500米以下，面积2512.09平方千米，占全州辖区面积的13.80%；高山山地分布于海拔3500米以上，面积7392.75平方千米，占全州辖区面积的40.62%；高原平地分布于海拔3200~3900米的高原滩地，面积8394.7平方千米，占全州辖区面积的46.12%。

【山脉】 境内群山起伏，峰峦叠嶂，山势雄伟，蔚为壮观。山脉属秦岭山系南支西倾山西延余脉。西倾山为中国西部历史名山，位于青海省东部，甘肃省东南部，主脉位于河南蒙古族自治县南部与黄河干流之间，北、南两面为黄河所环绕。山体东起甘肃省舟曲县与宕昌县交界处的雷古山，向西展布至舟曲、迭部、卓尼、碌曲、玛曲、夏河县及四川省若尔盖县等地，进入黄南州的河南蒙古族自治县及同仁市境，再向西向北展布到泽库县、尖扎县、循化县，海南藏族自治州的同德、贵南、贵德县境。河南蒙古族自治县境称莫尔藏阿米、卓毛、李恰如山等；泽库县境称杂玛日岗山、万庆山、麦秀山、夏德日山等；同仁市境称夏琼山、阿米年日、德合隆、恰钦岗、群乌雷更山等；尖扎县境称申宝山等。海拔4200~4500米的主要山峰有达日乔合、卓毛扎日干、扎玛日、莫尔藏阿米、哲赫拉布肖、夏琼、阿热加德合、申宝则等。最高峰杂玛日岗山海拔4971米。泽库县境内的杂玛日岗山、海拔4607米的夏德日山，同仁市境内海拔4767米的夏琼山，这三座山峰组成群山的核心。山体由三叠系中统灰色砂岩类板岩、泥质灰岩构成，两侧有东西向断裂带。北坡较平缓，山间盆地及分水岭上都有沼泽发育。南坡较陡峻，多峡谷；山坡、山麓均处冰缘环境，冻土地貌发育。南支是黄河一级支流洮河与长江二级支流白龙江的发源地和分水岭。北支是黄河一级支流隆务河的发源地。

西倾山南支山脉 莫尔藏阿米山在河南蒙古族自治县东南部、为西倾山主脉，东西走向，东起甘肃省玛曲县境，西至河南蒙古族自治县多松乡，在黄南州境长约67千米，宽约10千米。主峰哲赫拉布肖海拔4510米，地理坐标北纬34°15′、东经101°50′。黄河一级支流洮河发源于莫尔藏阿米山之北、李恰如山之南的代富桑滩。白龙江发源于莫尔藏阿米山南麓的郎木寺附近，莫尔藏阿米山为河南蒙古族自治县最高山，民间奉之为神山。李恰如山东起甘肃省碌曲县尕海乡境，西北至河南蒙古族自治县优干宁镇南境，东西偏北走向，与莫尔藏阿米山平行。史称“李恰如”为“鲁察普拉山、罗插布拉山”近音转译而来。主峰额日宰在赛尔龙乡境，海拔4483米，地理坐标北纬34°22.4′、东经102°05′。山体东西长20千米，南北宽15千米，相对高度1163米，属深切割高山。山南有“哦达哇”天池，池面近千平方米。山中岩洞密布，能容纳10人以上的岩洞有13处，其中一洞可容纳千人，洞中有水。李恰如山东麓有浩钦沟、浩琼沟、达日宗沟、塞尔龙沟、英拉哇日玛沟、尖克日沟。西南麓有乎达斯沟、羊热琼哇沟、羊热沟、羊热西热玛沟等。卓毛山在河南蒙古族自治县宁木特乡境，主峰卓毛杂日干双峰对峙，如母牛仰卧时的双乳，故得名“卓毛山”。主峰海拔4453米，地理坐标北纬34°36′、东经101°10′。山体呈南北走向，南北长40千米，东西宽27千米。北部与同德县境的龙哇欧却日山、泽库县境之日享木山连接。峰峦叠嶂，沟深坡陡，地形险阻。属乔林区，有圆柏和云杉，还有大片灌木丛。克其合山南起河南蒙古族自治县延巴河注入洮河口处，北至泽库县、同仁市、夏河县交界处，南端称克其合山，是河南蒙古族自治县与甘肃省夏河县的界山。北端称万庆山，长约70千米、宽16千米，坡度一般比较平缓。

西倾山中支山脉　恰金山东起甘肃省夏河县土门关北，北西到隆务河注入黄河处，青海省内长45千米、宽35千米，恰金山最高峰海拔4156米。麦秀山在泽库县境，南北走向，南起阿日加，北至麦秀河与扎毛河汇合处。长约60千米、宽27千米。麦秀林场区在此山中，主要树种有祁连松、圆柏、青海云杉、紫果云杉、桦树、山杨等。杂玛日岗山在泽库县境北部，东西偏北走向，东南起多福顿，西至贵南县藏盖，东南长约60千米、宽45千米，最高峰海拔4971米，是黄南州境的最高峰。夏琼山在同仁市境西部，南北偏西走向，长35千米、宽25千米，最高峰海拔4767米。同仁地区民间称夏琼山为神山，其神称阿米夏琼，在寺庙和神启壁画中都有战神阿米夏琼的画像，每年农历五月各村落的村民都去夏琼山进行祭祀活动。

西倾山北支山脉　申宝—泽钦山脉由申宝山、泽钦山、戈里山、戈尕山4个山体组成，在尖扎县境西部，为尖扎、贵德两县界山。主峰地理坐标北纬35°48′~35°52′36″、东经101°30′~101°55′。山体长44千米，宽约30千米，在尖扎县境宽13千米。申宝山主峰海拔4614米，泽钦山海拔4213米，戈里山主峰海拔3853米，戈尕山主峰海拔为3835米。

西倾山东支山脉　阿米年日山—古仓恰伊玛山脉主峰群乌雷更海拔4298米，地理坐标北纬35°04′~35°31′、东经102°01′~102°38′。南起泽库县与同仁市交界处的阿米年日山，北至同仁市与海东市循化撒拉族自治县交界处的索迪卡，长约90千米、宽27千米，经泽库县多禾茂乡，同仁市多哇、瓜什则、兰采乡进入循化撒拉族自治县刚察乡境。由阿米年日、德合岗卡曼日、坎布托泽、冬泽、古仓恰伊玛、阿米涅麦、杂干、恰钦岗、沃合德岗、索迪卡等10余座山体组成一线。一般海拔在3500米以上。除个别山体比较陡峻外，一般山体比较平缓，是牧业区。孤群不山在河南蒙古族自治县境黄河南岸，属阿尼玛卿山支脉。深切割明显，山势陡峻，最高峰海拔4431米。

【水文】　州境内大小河流156条，黄河为过境客水，主要河流为黄河一级支流，较大的有洮河、隆务河、泽曲河、巴河等，二级支流有大南曼河等，水能资源丰富。

黄河　流经州境南北两端，长257千米，南端从甘肃省甘南藏族自治州玛曲县流入，由东向西经河南蒙古族自治县柯生乡、多松乡、宁木特镇流出，全长161千米，年均流量505米^3/秒，径流量131.5亿立方米；北端从海南藏族自治州贵德县流入，由西向东南流经尖扎县坎布拉镇、康杨镇、马克唐镇、昂拉乡流出，全长96千米，年均流量672米^3/秒。

隆务河　汇九溪而流，故藏语称“隆务荀曲”，属黄河一级支流。源于泽库县夏德日山主峰杂玛日岗之南约1千米处，源头海拔4270米。由南向北流经泽库县、同仁市，于隆务峡汇入黄河，海拔1960米，全长144.3千米，流域面积4959平方千米，年均径流量7.22亿立方米，年均流量22.9米^3/秒，落差2310米。主要支流有清水河（羊智沟水）、浪加河、保安河、曲麻河、牙浪河、江龙河、扎毛河、交毛河、阿羊囊河等。

大南曼河　系大夏河支流，为黄河二级支流，源于同仁市东南部的布达拉卡山，源头海拔4025米，出境海拔3119米，落差906米。出境汇入大夏河。境内长40.08千米，流域面积803.1平方千米，年均径流量1.13亿立方米，年均流量3.59米^3/秒。

泽曲河　为州境流程最长的河流。源于泽库县宁秀乡迪日公玛山的沼泽地区，由西南向东北，流经泽库县索乃亥，再经河南县优干宁镇，折向西南流经宁木特乡后向南注入黄河，全长229.2千米，流域面积4788.2平方千米，年均径流量7.7亿立方米，年均流量24.4米^3/秒。主要支流有多且河、日俄冬河、纳尔温公玛河、羊玛日河、夏德日河、朵玛河、下吾河、东沃河、擦玛河、威拉河、哈钦河等。

巴河　源于泽库县和日乡多科滩、由东向西流经同德县注入黄河。境内流程42.5千米，流域面积2620平方千米，径流量2.03亿立方米，年均流量8.06米^3/秒。主要支流有尕干河、尕群河、和日河、直干木河。

洮河　亦称洮江，藏语称“碌曲”，源于河南县境东南部李恰如山与莫尔藏阿米山之间的代富桑沟脑的果多山，源头海拔3700米，出境处海拔3300米，西南—东北流向，经赛尔龙乡流入甘肃省碌曲县，境内流程93.5千米，流域面积1561.4平方千米，径流量3.62亿立方米，年均流量12.9米^3/秒。该河冬季不结冰，是一条不冻河。境内主要支流有延曲、周可河。

【气候】　黄南州气候属高原大陆性气候，其特点是雨热同季，干湿季差别明显；热量不足，无霜期短，降水变率大，时空分布不均；光照时间长，日光辐射强；冷季漫长干冷，暖季短促润凉，多灾害天气。由于地势南高北低，地区气候差异明显，大致可分为南部和北部两个气候区域。南部河南蒙古族自治县和泽库县属于高原严寒带湿润气候，北部同仁、尖扎两县除高山区外，大部分地区属于高原温带半干旱气候。

2022年黄南州年平均气温为4.6℃，与历年（1991—2020年，下同）平均值相比高0.9℃，其中各市（县）年平均气温分别为同仁7.8℃、尖扎9.5℃、泽库0.1℃、河南1.1℃，与历史平均气温相比，同仁高1.2℃、尖扎高0.7℃、泽库、河南均偏高0.9℃。黄南州年平均降水量为427.4毫米，较历年均值少7%。其中各市（县）全年降水量分别为同仁347.5毫米、尖扎368.6毫米、泽库482.5毫米、河南510.8毫米，与历年均值相比，尖扎正常略多，同仁、河南少10%，泽库正常略少。2022年全州降水量降水时空分布不均，冬季降水少（尖扎、同仁12月无降水），夏秋季降水多，年内月降水最多的月依次是8月、9月和6月，黄南州降水空间上呈南多北少的态势。北部农业区生长季（4—9月），前期北部农业区平均气温偏高，降水偏少，虽然有轻旱、高温晴热、霜冻、轻度寒潮等气象灾害出现，但持续时间短，对农作物影响并不严重。南部牧业区气温较常年偏高，降水偏少，牧草生长期内，出现阶段性降水偏少和高温干旱，加之发生多起暴雨洪涝及冰雹灾害等事件，对牧草生长发育及产量形成有一定影响。

2022年黄南州气象情况统计表

表1

地区	年降水量（毫米）	年平均气温（℃）	无霜期（天）	日照时数（小时）	蒸发量（毫米）	冰雹时数（天）	历年（30年）平均气温（℃）
同仁市	347.5	7.8	—	2337.7	—	1	6.6
尖扎县	368.6	9.5	—	2592.2	—	0	8.8
泽库县	482.5	0.1	—	2490.5	—	3	-0.8
河南县	510.8	1.1	—	2440.0	—	4	0.2

2022年黄南州各地月平均气温、降水变化情况统计表

表2

月份	尖扎		同仁		泽库		河南	
	平均气温（℃）	降水量（毫米）	平均气温（℃）	降水量（毫米）	平均气温（℃）	降水量（毫米）	平均气温（℃）	降水量（毫米）
1月	-3.4	0.1	-4.7	0.7	-13.2	2.3	-13.0	3.2
2月	-3.2	3.2	-5.1	8.3	-12.3	3.0	-11.1	10.4
3月	8.7	0.7	7.2	1.3	-1.6	6.8	-0.6	12.4
4月	11.0	6.8	9.1	17.5	0.5	28.0	1.4	29.4
5月	14.9	17.7	12.8	22.2	4.7	39.6	5.8	67.7
6月	19.6	50.1	17.6	35.8	8.8	74.2	9.9	71.9
7月	21.2	36.1	19.1	51.2	10.9	66.9	11.5	61.0
8月	20.9	186.2	19.4	142.4	13.0	149.8	14.1	102.7
9月	14.4	37.6	12.7	43.5	5.1	77.7	6.2	95.3
10月	10.0	28.6	8.3	24.0	1.6	29.9	3.0	47.5
11月	4.0	1.5	2.7	0.6	-4.4	3.8	-3.4	8.8
12月	-4.2	0.0	-5.2	0.0	-11.8	0.5	-11.2	0.5

【农牧资源】 自治州南高北低的地理特点自然形成南牧北农的经济格局。北部尖扎、同仁两地以农为主，农牧兼营，南部河南、泽库两县属纯牧业区。北部同仁市、尖扎县大部分地区，特别是黄河和隆务河谷地带，气候温暖，水源充足，土壤疏松肥沃，有较好的光热条件，是全州粮食高产区和蔬菜瓜果之乡，也是青海省粮食作物、瓜果、蔬菜及其他经济作物的产区之一。2022年，全州耕地面积21173.82公顷，划定基本农田18453.33公顷，其中水浇地面积4966.63公顷，占全州耕地面积的26.91%。粮食作物耕种有小麦、青稞、蚕豆、豌豆、玉米、洋芋等；油料作物种植有油菜、胡麻；蔬菜种植主要有白菜、萝卜、葱、蒜、韭菜、芹菜、西红柿、茄子、辣椒、菜瓜、黄瓜等；瓜果有苹果、梨、黄果、葡萄、西瓜等。

畜牧业是黄南州传统产业。南部河南蒙古族自治县和泽库县及北部的高山区，地势开阔，河流纵横、植被丰富，牧草茂盛，构成水草丰美的天然牧场。全州草地面积为1229083.80公顷。其中，天然牧草地面积约122.58万公顷，占草地总面积的99.73%；人工牧草地约0.17万公顷，占草地总面积的0.14%；其他草地0.16万公顷，占草地总面积的0.13%。草地主要分布在泽库县和河南县，占全州草地的41.27%。牲畜以绵羊和牦牛居多，马和山羊次之，兼有少量黄牛、犏牛、驴、骡。畜产品有毛、皮、牛绒、山羊绒、牛羊肉、牛奶、酥油、酸奶、曲拉等。

【林草资源】 黄南州境内森林、草原、湿地资源较为丰富。自治州森林树种主要有青海云杉、紫果云杉、祁连圆柏、桦树、山杨、青杨、大果榆、油松、榆和槐等，分布在黄河、隆务河流域等高山峡谷地带。其中，以云杉居多，占乔木林面积的46.2%；圆柏占乔木林面积的24.4%。灌木林主要有高山柳、小杜鹃等，面积约11.07万公顷。黄河、隆务河谷地气候温暖，适宜果树等经济林木的生长，主要有苹果、梨、杏、桃、花椒等，古浪堤的花椒和同仁市的黄果梨都是名品。全州林地面积为451656.88公顷，其中有乔木林地68698.46公顷、灌木林地373252.16公顷、其他林地9706.26公顷。全州湿地面积为60136.8公顷。州内野生动植物资

源丰富，有种子植物约90科480属1370种，其中木本植物36科70属；有各类动物77种，其中兽类25种，鸟类45种，两栖爬行类7种。截至2022年底，森林覆盖率29.43%。全州有国有林场15个，即州直属麦秀林场，尖扎县冬果、洛哇、南山、坎布拉林场、申宝林场，同仁市兰采、双朋西、西卜沙、东山、西山林场，泽库县官秀、泽曲林场和河南县宁木特、优干宁林场。全年全民义务植树95万株。年末全州有各级环境监测站1个。全州有国家级自然保护地7个，分别为青海三江源麦秀国家级自然保护区、青海坎布拉国家地质自然公园、青海泽库泽曲国家湿地自然公园、青海洮河源国家湿地自然公园、青海泽库和日国家沙漠自然公园、青海蒙旗阿木赫国家草原自然公园、青海泽库措日更国家草原自然公园；有省级自然保护地2个，分别为河南吉岗山省级地质自然公园、同仁兰采省级森林自然公园。自然保护地面积42.25万公顷。

【水能资源】　黄南州地形南高北低，天然落差大，蕴藏若丰富的水能资源。州境河流水能资源理论蕴藏量为284.6千瓦，其中黄河242万千瓦、隆务河12.6万千瓦、泽曲河5.98万千瓦、洮河2.58万千瓦、巴河3.19万千瓦、大夏河1.68万千瓦，其他河流水能资源16.57万千瓦。这些河流流经地多为高山峡谷，坡降大，水流急，水文、地理、地质条件都较优越，具有理想的电站坝址和水库容积。黄河是黄南州最丰富的过境客水资源，流经州境的南北边缘。北端位于尖扎县北界由海南藏族自治州贵德县流入尖扎县坎布拉地区，流经坎布拉康杨、马克唐、昂拉等地，境内流长96千米。南端位于河南县南界，由甘肃省玛曲县欧拉乡流入，途经河南蒙古族自治县柯生、多松、宁木特地区，尔后折向海南藏族自治州同德县境内，过境长161千米。黄河南段水能蕴藏量112.8万千瓦、北段水能蕴藏量129.2万千瓦。境内黄河段国家规划建设的3座大中型水电站全部建成发电（均在北部尖扎县段），分别是装机200万千瓦的李家峡水电站、装机28.35万千瓦的康杨水电站和装机19万千瓦的直岗拉卡水电站，同时建成小水电站4座，装机容量3.75万千瓦。黄河南段水能资源被甘肃境内水电站所利用。隆务河是黄南州的小水电“富矿区”，素有“小水电走廊”之称。该河水能资源理论蕴藏量12.6万千瓦，已建成唯哇、当顺、江什加、麻巴、奴合加、才塘等小水电站15座，总装机7.17万千瓦。泽曲河水能理论蕴藏量5.98万千瓦。该河段已建成小水电站3座（均在河南县境内），装机3.07万千瓦。洮河州境内流程93.5千米，是条不冻河，冬季不结冰，水能理论蕴藏量2.58万千瓦。规划开发小水电站3座，总装机1.77万千瓦，已建成小水电站（赛尔龙水电站）1座，装机100千瓦。巴曲境内流程42.5千米，水能资源理论蕴藏量3.4万千瓦。羊智河发源于泽库县杂门延促地区，水能理论蕴藏量1.06万千瓦。在建小水电站（兰采水电站）1座，装机1500千瓦。

【矿产资源】　黄南州中部和北部地区成矿作用比较活跃，故矿种丰富，类型多样，含矿性一般，分布广泛，但规模不大。具有一定工业价值的矿种主要有铜、铁、铅锌、汞、萤石、石灰石、金等。在州境已发现的矿藏有金、银、铜、锌、锑、汞、砷、萤石和泥炭等25种，分布在153处。其中，大型泥炭矿床4个，D级储量787万吨；有以铅、锌、砷、金、银、硫等元素为主的中型多金属矿床2个，矿床潜在价值5.1亿元，可提取价值1.1亿元；有以砷、金、银等元素为主的中型砷金矿1个，矿床潜在价值2.6亿元，可提取价值1.6亿元。全州有矿山企业26家，其中沙石黏土22家、金属矿山企业3家、矿泉水企业1家。

【药材资源】　全州药材资源丰富，分植物、动物、矿物三大类共710种，其中植物药82科579种，动物药52科105种，矿物药26种。在全国统一规定普查的363种药材品种中，州境有82种，其中植物药68种，即白芍、党参、红花、丹皮、北沙参、枸杞子、贝母、白扁豆、黄芪、大黄、百合、甜杏仁、款冬花、天仙子、桃仁、苦杏仁、牛蒡子、佛手参、秦艽、青川椒、薄荷、旋覆花、萱草根、瞿麦、远志、赤芍、葶苈子、南沙参、甘草、玉竹、黄精、羌活、薄黄、五加皮、苍耳子、麻黄、透骨草、老鹤草、扁蓄、马勃、水红花子、艾叶、草乌、柏子仁、冬葵子、升麻、茜草、骨碎补、甘松、地榆、贯众、葫芦巴、仙鹤草、木贼、急性子、狼毒、益母草、北柴胡、瓦松、地肤子、鹤虱、刀豆、马尾莲、香薷、冬虫夏草、侧柏叶、茺蔚子、天门冬；动物药6种，即鹿茸、五灵脂、麝香、全蝎、蟾酥、露蜂房；矿物药8种，即石燕、石蟹、炉甘石、雄黄、朱砂、石膏、寒水石、禹粮石。在青海省增定调查的47种重点药材中，州境有35种，其中植物药20种，即藏茵陈、湿生扁蕾、花锚、杜鹃、唐古特山莨菪、茶绒、沙棘、雪莲、黄刺皮、麻黄根、车前草、车前子、败酱草、牵牛子、莱菔子、芥子、地皮骨、蒲公英、大蓟、火麻仁；动物药13种，即鸡内金、熊胆、熊掌、熊骨、豹骨、牛黄、牛肾、牛胆汁、羊胆汁、牛羊草结、鹿角、鹿肾、鹿鞭；矿物药2种，即龙骨、磁石。普查资料测算，全州三大类药材年储量5057.47万千克，其中植物药材4584.89万千克、家种药材327.85万千克、动物药材77.13万千克、矿物药材67.6万千克。以冬虫夏草最为名贵，被全世界公认为“东方珍宝”，受到商贾和需求者的青睐。由州藏医院、河南县蒙藏医院利用本地药材资源开发生产的珍珠七十味、帕朱胶囊、三十一味松石丸等药品在省内外享有盛名。

【新型能源资源】　太阳能光伏资源　黄南州太阳能光伏资源丰富，是建设大型光伏并网电站的优选区域。以河南20兆瓦光伏电站为龙头的一批项目建设，给自治州提供广阔的前景。电站建成并入青海电网，有效改善能源结构，增加可再生能源的比例，减轻环保压力，改善黄南州人民生产生活条件，推进全州经济社会的跨越式发展。

风能资源　州境南部泽库、河南两县为风能季节利用区，全年风能可利用时间3000~5000小时，其中泽库县为4100小时。风能年储量据有关部门测算为270~500千瓦时/平方米，其中泽库县达到354.5千瓦时/平方米。

历史人文

【建置沿革】　黄南地区早在远古时代就有人类活动，境内主要有新石器时代马家窑文化遗址和青铜器时代齐家文化遗址、卡约文化遗址等。秦汉时期，黄南为羌人活动的主要地区之一。西汉神爵元年（前61年），赵充国统兵进击河湟地区的羌人，羌人首领靡望归顺赵充国，西汉王朝遂与河南诸羌建立羁縻关系。次年，西汉设立河关县，今尖扎县、同仁市部分地区即为河关县辖区。东汉永元十四年（102年），护羌校尉侯霸奏准在东西邯屯田五部、在逢留（今尖扎一带）屯田两部，开始在河湟地带垦荒屯田。延熹二年（159年）始，河南烧当羌联合其他八部羌人反汉，战争多年。三国时期，今黄南地区一度归蜀汉政权（230—255年）。西晋永嘉之乱（311年）后，吐谷浑进入黄河南部地区，今黄南地区遂成为吐谷浑的活动之地。北周置达化郡，辖今尖扎、同仁等地。

唐咸亨元年（670年），吐蕃灭吐谷浑，今黄南地区成为唐朝中央政府与吐蕃地方政权的争夺地区。景龙三年（709年），唐金城公主远嫁吐蕃赞普，唐鄯州都督杨矩接受吐蕃厚赂，表奏唐朝准划九曲之地为吐蕃辖地。天宝十二载（753年），哥舒翰出兵击败吐蕃，收复黄河九曲之地。次年，在今黄南地区设洮阳郡，在今贵德县境设浇河郡。两年后，吐蕃趁安史之乱东进，占据今黄南地区，后成为吐蕃驻军东展的军事要地。宋时，今黄南地区一度由唃厮啰政权（1015—1099年）控制。北宋元符二年（1099年）七月，洮西安抚使王赡率宋军攻占廓州，黄河南诸蕃部降宋，黄南地区成为宋朝辖地。崇宁三年（1104年），在循化县境设置积石州。南宋绍兴元年（1131年），即金天会九年，金占领河州，随后占据黄河南部地区达90余年。宝祐元年（1253年），即蒙古蒙哥汗三年，蒙古在河州设吐蕃宣慰使司，辖今甘肃、青海部分地区。

明洪武三年（1370年），邓愈率兵攻占河州，次年改设河州卫，改必里万户府为必里千户所，辖黄河南部游牧部落。洪武八年（1375年），改贵德州为贵德守御千户所，下设十屯，其中今黄南地区有七屯（尖扎的康、杨、李三屯和同仁的保安季、李、吴、脱四屯）。永乐元年（1403 年），必里千户所升格为必里卫，辖区包括今黄南、海南、甘南部分地区。宣德元年（1426 年），隆务寺高僧罗哲森格被封为“弘修妙悟国师”。之后，热贡地区逐渐形成隆务寺政教合一的统治制度。万历年间（1573—1620 年），蒙古土默特部火落赤及其子洪萨巴图尔控制今黄南地区。清朝建立后，清廷承认和硕特蒙古在蒙藏地区的统治地位。清顺治九年（1652 年），博硕克图济农率部占据巴水、泽曲河、黄河流域，今黄南地区遂属博硕克图济农的势力范围。康熙三十六年（1697 年），青海蒙古归附清朝。雍正元年（1723 年），今尖扎地区划归贵德守御千户所辖，今同仁、泽库地区划为河州同知辖。雍正四年（1726 年），置驻西宁办事大臣，今河南蒙古地区由办事大臣节制。乾隆二十七年（1762 年），移河州同知驻循化，设循化厅，今同仁市、泽库县地区归循化厅辖，今尖扎地区属贵德守御千户所辖。乾隆五十六年（1791 年），置贵德厅改隶西宁府，今循化、贵德所属藏族部落归西宁办事大臣兼理。

民国 2 年（1913 年），循化、巴燕戎格、丹噶尔、贵德四厅改为县，属西宁道，今同仁市、泽库县为循化县辖地，尖扎县为贵德辖地，河南蒙旗为省直辖。民国 18 年（1929 年）7 月，由循化县析置同仁县，辖今同仁、泽库地区。民国 26 年（1937 年），在同仁县设青海省第七专员公署，辖同仁、同德两县。1949 年 9 月 5 日，青海省省会西宁解放。是年 9 月 22 日，成立同仁县人民政府。1952 年 3 月 15 日，同仁县改称同仁藏族自治区。1953 年，析原贵德县六区（康家区）和昂拉区成立尖扎县。同年 9 月，从原同仁县析置泽库县。12 月 22 日，成立黄南藏族自治区，辖同仁、尖扎、泽库 3 个县。1954 年 5 月，将同仁藏族自治区改称同仁县。1954 年 10 月 16 日，成立河南蒙古族自治区人民政府，由省直辖。1955 年 5 月，将黄南藏族自治区改称黄南藏族自治州。1959 年 1 月 17 日，河南蒙古族自治县、循化撒拉族自治县交由黄南藏族自治州人民委员会代管。1962 年 12 月，循化撒拉族自治县划为省直辖。2020 年 7 月，同仁撤县设市。截至年底，黄南藏族自治州辖同仁市、尖扎县、泽库县、河南蒙古族自治县一市三县。

【行政区划】 2022 年，黄南藏族自治州辖一市三县，即同仁市和尖扎县、泽库县、河南蒙古族自治县。全州有 12 个镇、21 个乡，30 个居民委员会、262 个村（牧）民委员会。

黄南藏族自治州行政区划一览表（截至 2022 年 12 月）

表 3　　单位：个

县级	镇、乡级		基层	
	镇	乡	社区居委会	村（牧）民委员会
4	12	21	30	262
同仁市（驻地隆务镇，海拔 2480 米）	隆务、保安、多哇	年都乎、加吾、双朋西、扎毛、曲库乎、兰采、瓜什则、黄乃亥	8	72
尖扎县（驻地马克唐镇，海拔 1990 米）	马克唐、坎布拉、康杨	昂拉、能科、当顺、尖扎滩、措周、贾加	10	87
泽库县（驻地泽曲镇，海拔 3660 米）	泽曲、麦秀、和日、宁秀	王加、西卜沙、多禾茂	8	64
河南蒙古族自治县（驻地优干宁镇，海拔 3510 米）	优干宁、宁木特	柯生、多松、赛尔龙、托叶玛	4	39

【人口与民族】 2022 年，黄南州总人口 86027 户 281044 人。当年出生人口 4523 人，出生率 16.09‰；死亡人口 1970 人，死亡率 7.01‰。在总人口中，藏族 192571 人，蒙古族 37772 人，回族 19503 人，其他 31198 人。在总人口中，城镇常住人口 121215 人，全州城镇化率 43.13%。

2022 年黄南州人口情况统计表

表 4

地区	总人口（人）	总户数（户）	城镇常住人口（人）	城镇化率（%）
全州	281044	86027	121215	43.13
同仁市	103283	29648	52753	51.08
尖扎县	59188	21625	25285	42.72
泽库县	76978	22770	24473	31.79
河南蒙古族自治县	41595	11984	18704	44.97

【方言】 黄南州境内主要有藏语方言、蒙古语方言、土族方言、回族方言及汉族方言 5 种，以藏族方言最为普及。

藏族方言 属安多藏语方言，既有整个藏族语言的共同特征，又有安多藏语方言的显著特点，还有本地藏族语方言的局部特色。方言中敬语较多，有普通称谓、一般敬语和最高敬语之分；谚语丰富，善用比喻、褒贬、比兴等修辞手法；无声调，但有复辅言（七八十个）；一般没有复元音，浊塞言、浊塞擦言、浊擦言声母较多；语汇体系存在着较多的区域性语词，独为本方言区人们所理解和使用。黄南藏语方言又因使用区域不同可分为河南县、泽库县牧业方言区，同仁市半农半牧方言区和尖扎县农业方言区。此外，因地处汉藏走廊地带，长期与汉族杂居，在藏语中借用较多的汉语。

蒙古语 河南县蒙古族在历史上使用蒙古语，现今普遍通用藏文藏语。

土族方言 有吾屯（20 世纪 90 年代前称吴屯）语、年都乎语、康家语 3 种方言，吾屯语和年都乎语统称保安语，保安语和康家语总属土族语河湟语群，多分布在同仁市。其中吾屯语与汉语颇有渊源，属混合型语言，以汉语为主。年都乎话是以阿尔泰蒙古语的异化语土族语为基础，夹杂大量藏汉语词汇的语言。康家语是土族语河湟语群中濒危程度最高的一种方言，仅在尖扎县康杨镇个别地方有所分布，与年都乎话接近，只在发音上有所区别。

回族方言 跟当地汉族语言大体一致，并在其基础上宗教词汇较多，成为黄南州回族语言的显著特色。

汉语方言 汉族、回族等民族主要使用汉语，可分为同仁市保安、隆务地区近似河州口音的保安方言和尖扎县康杨、坎布拉地区接近西宁口音的康杨方言。

【习俗】 黄南州呈现出各民族民情民俗相互影响的地域特色，主要表现在多元性文化相互渗透，多种宗教并生共存；民族风情多姿多彩，文化遗存独具魅力；新风旧俗并行不悖，古语新词混用兼容；普通话、西宁话、河州话交相融合，安多藏语、保安土语、吾屯土语及汉语穿插并用。

藏族习俗 藏族衣着服装以大襟袍服为主，可分为便服、礼服两种，分夏服、冬服；饮食以青稞炒面、酥油、牛羊乳、牛羊肉、茯茶为主。礼仪颇多，有诞生礼、成年礼、结婚礼、祝寿礼、丧葬礼等。藏族群众基本上全民信仰佛教，一年中以宗教性节日为主的习俗很多，主要有年节、宗教性节日和娱乐性节日。其中，宗教性节日主要有加洛毛兰、玉哇娘乃节、燃灯节等；娱乐性节日主要有“拉伊会”“六月会”“曲科日”等。

蒙古族习俗 平时与当地藏族的装扮大同小异，但逢年过节仍有部分蒙古族喜穿保持蒙古民族固有特色的服装，如妇女穿着具有蒙古族风格的大圆领、马蹄袖衣衫；男子穿用棉布或绸缎做成的蒙古式夹袍；男女戴“扎拉”帽（用白羊羔毛精制的喇叭形高筒毡帽），穿“苏乎兰木”的蒙式靴子。除吃牛羊肉外，还食驼肉、马肉；喝牛奶外，喝马奶、羊奶，其特色食品有“哈巴里”“次托麻”“牛赫”等。有具有蒙古族特色的剃头礼、婚礼、祝寿礼、丧葬礼等。岁时习俗有正月初八放生节、正月祈愿法会、四月初八佛诞节、五月初四祭“鄂博”、十月二十五日宗喀巴圆寂日等。

土族习俗　同仁市吾屯村土族男子旧时穿“普兰杨多”（一种红色布料的大裆筒裤）或裙子，戴红缨姑姑冠（圆筒毡帽），穿牛鼻袼靼（厚底翘尖高腰鞋子）。现在偶尔在传统节日中有此打扮外，基本被藏族装束所代替。女装穿长袍、“金兰英多”裤子（下黑或下蓝带边筒裤）、“酷赛钦鞋”（一种布筒高腰厚底绣花鞋）及绣云子纹、脚尖上翘的浅腰绣花鞋，与藏族穿着迥然不同。饮食同当地藏族。像汉族、藏族一样过春节，腊月初八吃搅团、取冰块立于大门口，腊月二十三送灶神，大年三十晚过除夕，正月十五傍晚在各家各户门口跳火堆。参加加洛毛兰（正月祈愿大法会）、玉哇娘乃节（浴佛节）、燃灯节（农历十月二十日）、药王节（农历五月初五），举行“曲科日”（背经转田）活动。土族婴儿出生后有看“满月”、贺“百岁”的习惯，婚礼多同藏族。土族有祝寿的习惯，一般做八十大寿祝贺活动。普通人死后多实行天葬。

回族习俗　服饰与汉族大体相同，男性大多数都喜戴无帽檐平顶圆白帽，俗称号帽，老人喜欢头缠“太司达日”（头缠纱巾）。妇女喜戴盖头，盖头颜色因年龄等有所区别。善做面食，主要有面片、拉面、炒面、臊子面等，肉食以牛羊肉为主，还食用鸡鸭鱼肉。回族信仰伊斯兰教，普遍养成大小净洗礼的习惯。较大的岁时习俗有斋月、尔德节、古尔邦节、圣纪节等。

【宗教】　黄南州是多宗教并存地区，在宗教类别上，除本土宗教苯教外，主要有佛教、道教、伊斯兰教、基督教。截至2022年，全州信教人数25.2万人。

苯教　藏族历史上的原始宗教，至今还在黄南地区流传，有部分藏族群众信奉苯教。2022年，黄南州有苯教活动场所3座（处），其中寺院1座、活动点2处，有宗教教职人员180人，其中活佛2人。

佛教　主要分为藏传佛教和汉传佛教。藏族、蒙古族、土族及部分汉族群众主要信仰藏传佛教（又分格鲁派、宁玛派等派别），汉族群众信奉汉传佛教。截至2022年，黄南州有佛教活动场所94座（处）（寺院67座、活动点27处），其中藏传佛教活动场93座（处）、汉传佛教寺庙1座。

伊斯兰教　黄南州回族、撒拉族、保安族、东乡族群众信仰伊斯兰教，截至2022年，全州有伊斯兰教活动场所17座，其中老教4座、新教12座、两派寺1座。伊斯兰教信教群众2万人。

【文化遗产】　截至2022年，全州有文化遗存409处，其中国家级4处，分别为隆务寺、和日寺石经墙及和日寺、保安古屯田寨堡群、吾屯下寺。有非物质文化遗产701项，其中世界人类非物质文化遗产项目2项，分别为热贡艺术、黄南藏戏；国家级非物质文化遗产项目8项，分别为黄南藏戏、热贡艺术、热贡六月会、石雕（泽库和日寺石刻）、土族於菟、同仁刻版印刷技艺、尖扎达顿宴、蒙古包制作技艺。

经济社会发展

【概况】　2022年，黄南州地区生产总值110.89亿元，按可比价格计算比2021年增长0.2%。其中，第一产业增加值32.17亿元，同比增长4.5%；第二产业增加值27.52亿元，同比增长5.7%；第三产业增加值51.20亿元，同比下降4.9%。三次产业结构为29.01∶24.82∶46.17。全州全体常住居民人均可支配收入21119元，同比增长5.6%。全体常住居民人均生活消费支出12736元，同比下降5.4%。

【农牧产业发展】　全年全州完成农林牧渔业总产值40.74亿元，按可比价计算同比增长4.61%，其中农业产值7.95亿元，同比增长5.07%；林业产值0.66亿元，同比增长9.15%；牧业产值30.31亿元，同比增长4.9%；渔业产值0.42亿元，同比下降16.38%；农林牧渔服务业产值1.4亿元，同比增长1.6%。全年农作物总播种面积1.74万公顷，比上年增加141.2公顷，增长0.82%。其中，粮食作物种植总面积0.82万公顷，同比增加234.5公顷，增长2.96%。其中，小麦0.25万公顷，同比减少27.87公顷，下降0.8%；玉米130公顷，同比增加35.27公顷，增长38.53%；青稞0.34万公顷，同比增加81.07公顷，增长2.43%；豌豆330公顷，同比增加48.9公顷，增长17.7%；马铃薯720公顷，同比减少10.2公顷，下降1.4%。经济作物播种面积达0.93万公顷，下降0.97%。其中，油料作物播种面积0.41万公顷，同比增长6.7%；蔬菜播种面积613.3公顷，同比下降8.5%。其他作物播种面积0.37万公顷，下降11.38%。在农产品产量中，粮食总产量2.84万吨，下降1.88%；油料总产量0.69万吨，下降3.9%；蔬菜产量1.41万吨，下降16.9%。全州各类牲畜存栏168.82万头（只），比上年减少0.65万头（只），下降0.38%。其中，牛存栏83.4万头，增长0.46%；羊存栏85.42万只，下降1.19%。出栏各类牲畜78.44万头（只），比上年增加2.66万头（只），增长3.51%。其中，牛出栏29.83万头，增长10.2%；羊出栏48.61万只，下降0.2%。

【工业建筑业发展】 全年全州规模以上工业增加值13.02亿元，比上年下降16%。从经济类型看，国有企业增加值1.33亿元，增长14.9%；股份制企业增加值9.26亿元，下降20%；外商及港澳台企业增加值2.29亿元，同比下降12.4%。从轻重工业看，轻工业增加值4.92亿元，下降50.3%；重工业增加值12.53亿元，下降13.6%。规模以上工业企业销售产值27.06亿元，下降8.2%，产销率为96.42%，比上年增长7.57个百分点。发电量76.71亿千瓦时，下降15.44%；鲜、冷藏肉1517.8吨，下降19.8%；饮料47894吨，增长35.6%；乳制品1496.3吨，增长3.2%；熟肉制品152.4吨，增长335.4%；商品混凝土120365.2立方米，下降28.53%。全州具有资质等级以上的建筑业企业20家，建筑业总产值12.6亿元，比上年增长105.29%。签订合同额18.25亿元，增长77.52%。其中2022年新签订合同额14.27亿元，增长109.14%；2022年结转合同额3.98亿元，增长15.09%。房屋建筑施工面积20.99万平方米，增长2.24%；新开工房屋面积6.89万平方米，增长73.12%。

【交通邮电事业发展】 全年全州公路通车里程达5876千米，通油路乡镇达到33个，占全州乡镇的100%。全州拥有营运车辆1430辆。其中货车358辆、班线车272辆、出租车722辆，公交车78辆。完成货物运输量446.8万吨，货物周转量16.08亿吨千米；客运量310.1万人次，旅客周转量1.86亿人千米。全年全州邮电业务总量2.66亿元，比上年增长11.8%。年末固定电话用户2.48万户，比上年末增长9%；移动电话用户27.82万户，比上年末下降1.2%。全州互联网用户9.44万户，比上年末增长28.5%。

【商贸旅游】 全年全州社会消费品零售总额15.98亿元，同比增长2.2%。按销售单位所在地分，城镇社会消费品零售额14.27亿元，增长2.8%；乡村社会消费品零售额1.71亿元，下降2.2%。按消费形态分，商品零售13.21亿元，增长6.5%；餐饮收入2.77亿元，下降14.3%。全年旅游总人数389.27万人次，同比下降48.7%。旅游总收入13亿元，同比下降51.37%。

【固定资产投资】 全年全州500万元以上固定资产投资同比下降24.4%。全州第一产业投资下降23%；第二产业投资增长13%；第三产业投资下降40.9%。三次产业比重为10.45∶40.72∶48.83。

【财税金融】 全州地方财政公共预算收入5.28亿元，同比增长8.63%。其中，税收收入3.59亿元，增长21.69%；非税收收入1.69亿元，下降11.05%。全州地方财政公共预算支出99.34亿元，同比下降9.87%。其中，一般公共服务支出7.53亿元，下降24.01%；教育支出13.34亿元，增长0.34%；社会保障和就业支出16.97亿元，增长2.57%；医疗卫生支出7.33亿元，下降20.83%。全州金融机构人民币各项存款余额为179.05亿元，同比增长5.65%。其中，住户存款余额66.98亿元，增长12.6%；非金融企业存款余额20.63亿元，增长12.98%。全州金融机构人民币各项贷款余额为84.58亿元，同比增长10.95%。其中，住户贷款45.96亿元，增长8.72%；非金融企业及机关团体贷款38.62亿元，增长13.72%。全年保险公司保费收入1.69亿元，同比下降10.58%。

【科教文卫事业发展】 全州有各类学校261所，在校学生69656人（包括职业学校、幼儿园、特校）。全年中等专业学校招生1438人，毕业生862人，在校学生4346人；普通中学招生6747人，毕业生6150人，在校学生19029人；小学招生6028人，毕业生4488人，在校学生30796人。全州学龄儿童净入学率100%。九年义务教育巩固率97.04%，同比增加0.22个百分点。全年争取和实施各类科技项目9项，其中基础研究项目计划1项、中央引导资金项目2项、重点研发与转化计划1项、天津市援青项目5项，共投入资金460万元。全州有艺术专业团体1个、民间团体42个、文化馆5个、公共图书馆5个，1000瓦以上电视发射机13部，广播电视调频发射台和转播台54座，电视综合人口覆盖率为98.65%。有线广播电视用户24634户。全州拥有卫生医疗机构346个，其中综合医院4个、民族医院4个、专科疾病防治院1个、疾病预防控制中心5个、卫生监督所5个、采血机构1个、妇幼保健与计划生育服务中心5个、乡镇卫生院37个、村卫生室284个。年末实有病床1889张，卫生职工2456人（含临聘人员），其中卫生技术人员1919人（含临聘人员）。

【人民生活】 全州全体常住居民人均可支配收入21119元，增长5.6%。其中，人均工资性收入11308元，增长6.5%；人均经营性净收入5420元，增长1.1%；人均财产性净收入787元，增长11.9%；人均转移性净收入3604元，增长8.9%。全州城镇常住居民人均可支配收入37997元，增长2.4%。其中，人均工资性收入24626元，增长2.6%；人均经营性净收入6737元，下降0.9%；人均财产性净收入1288元，增长1.3%；人均转移性净收入5346元，增长6.4%。全州农村常住居民人均可支配收入12408元，增长6.2%。其中，人均工资性收入4434元，增长7.9%；人均经营性净收入4741元，增长1.6%；人均财产性净收入528元，增长23.6%；人均转移性净收入2705元，增长9.3%。全州全体常住居民人均生活消费支出12736元，同比下降5.4%。其中，人均食品烟酒支出4936元，下降2.7%；人均衣着支出1158元，下降14.1%；人均居住支出1843元，下降9.3%；人均生活用品及服务支出886元，下降11.6%；人均交通通信支出1875元，下降3.2%；人均教育文化娱乐支出678元，下降25.1%；人均医疗保健支出792元，增长1.8%；人均其他用品和服务支出568元，下降12.7%。在全体常住居民消费中，城镇常住居民人均生活消费支出17503元，下降7.4%。其中，人均食品烟酒支出6422元，增长1.3%；人均衣着支出1598元，下降13.9%；人均居住支出2698元，下降15.3%；人均生活用品及服务支出1510元，下降11.1%；人均交通通信支出2163元，下降10.1%；人均教育文化娱乐支出1183元，下降17.5%；人均医疗保健支出1029元，增长5.9%；人均其他用品和服务支出900元，下降10.2%。在全体常住居民消费中，农村常住居民人均生活消费支出10276元，下降5.0%。其中，人均食品烟酒支出4170元，增长2.7%；人均衣着支出931元，下降15.5%；人均居住支出1401元，下降4.8%；人均生活用品及服务支出564元，下降14.9%；人均交通通信支出1726元，增长1.0%；人均教育文化娱乐支出417元，下降35.6%；人均医疗保健支出670元，下降2.0%；人均其他用品和服务支出397元，下降17.3%。

【社会保障】 全州参加机关事业单位养老保险17533人。其中，参保在职职工11158人，退休人员6375人。城镇职工养老保险参保人数21822人。其中，在职职工17850人，退休人员3972人。工伤保险参保职工39684人，城乡居民养老保险参保人员129950人。参加基本医疗保险25.43万人，其中城镇职工医疗保险参保2.77万人、城乡居民医疗保险参保22.66万人。失业保险参保16040人，城镇登记失业率为1.77%，同比上涨0.16个百分点。全州有城镇低保对象3648户5612人，农村低保对象15100户55744人。累计兑现城镇低保金4316.17万元，兑现农牧区低保金2.82亿元。年内享受特困人员供养政策1144人。其中，集中供养老人288人，分散供养916人。

中共黄南州委

黄南年鉴

2023

决策与成效

【概况】 2022年，黄南州面对疫情、历史罕见暴雨洪灾、中共二十大维稳安保、超预期经济下行等多重困难挑战，在以习近平同志为核心的党中央集中统一领导下，在省委坚强领导下，州委深入贯彻中共十九大及十九届历次全会精神、中共二十大和二十届一中全会精神，省第十四次党代会精神，牢记初心使命，坚持稳中求进工作总基调，全面落实“疫情要防住、经济要稳住、发展要安全”重大要求，统筹疫情防控和经济社会发展，统筹发展和安全，团结带领全州各族干部群众，众志成城、攻坚克难，踔厉奋发、勇毅前行，各项事业发展取得新的进步、新的成绩，为奋力开启全面建设社会主义现代化国家黄南新篇章打下坚实基础。

【党的建设】 巩固提升“组织体系建设三年行动”成果，统筹推进各领域基层党建。制定“双帮”机制，抓实“支部进网、党员联户”，铺开“抓乡促村”，整顿后进党组织13个，处置不合格党员34人，增强村党支部凝聚力、号召力。

落实四级党建工作联述联评联考机制和“2+10”抓基层党建工作述职评议例会制度，分层次分领域建立基层党建“四张清单”，以“项目化+清单式”推动党建工作落到实处。推动“一县一基地一县一特色”党员教育基地优化升级，黄南州党群服务中心等7个基地成功入选全省“党组织生活共享阵地”。推行“社区+‘两新’组织+行业单位”党建联盟模式，建立四级“红色管家”队伍，“红色驿家”创建典型经验评为全国“两新党建百家创新案例”。

坚持党管干部原则，树立重品质、重实绩、重基层的鲜明用人导向，实现全州晋升四级调研员以上职级干部政治素质考察全覆盖。完善以平时考核为基础、年度考核和任期考核为重点、专项考核为补充的绩效考核体系，不断提升精准度、实效性。用好27条人才“新政”，加大柔性引才力度，注重挖掘和培育本土人才，健全人才流动机制，加强人才队伍建设。

【全面从严治党】 *加强党的政治建设和思想建设* 常态化学习贯彻习近平新时代中国特色社会主义思想，制定学习宣传贯彻中共二十大精神黄南行动方案，细化州级领导干部包联工作清单，建立贯彻落实习近平总书记重要讲话重要指示批示精神141条监督清单，做到“第一遵循”抓贯彻、“第一要件”抓落实，在政治立场、政治方向、政治原则、政治道路上同以习近平同志为核心的党中央保持高度一致。

强化正风肃纪 开展民生、工程建设等重点领域专项整治，解决群众急难愁盼问题196个。加大问题线索核查处置力度，十三届州委首轮巡察发现问题线索14件，对中共十九大以来涉及工程建设领域的信访举报件进行大起底、大排查，持续减存量、遏增量。

强化作风建设 召开州委全会，细化160条具体措施，深化纠治“四风”。开展“深化作风建设、狠抓工作落实”专项行动，集中整治“庸、慢、散、拖、奢”问题，专项治理党员干部和公职人员参与赌博、酒驾醉驾问题，带动全州整改各类问题2628条。严厉查处违规开支、违规吃喝、违规收送礼品礼金问题。推进群众身边腐败和不正之风等专项监督治理，开展民生领域“16+4+1”专项治理，解决群众揪心事烦心事。

推进社会主义民主政治建设 支持州人大在全面贯彻实施宪法中推进高质量立法，制定修订地方性法规条例，以良法促进发展、保障善治。支持州政协围绕全州中心工作开展调研视察、协商议政和民主监督，在建言资政和凝聚共识上取得重要成果。深化与社会各界、无党派人士合作共事，加快构建大统战工作格局。完善党建带群建工作机制，推动群团协同化建设向基层延伸，增强群团组织的政治性、先进性、群众性。加强党管武装，做好退役军人就业创业和随军家属安置，巩固军政军民团结。发挥“五老”优势作用，调动各方面积极性，形成民主团结、生动活泼、安定和谐的政治局面。

【深化改革】 组织召开深化改革委员会会议2次，听取一市三县及工作汇报和中共十九大以来黄南州全面深化改革工作总结报告，研究部署全州全年改革和重点领域改革工作。制定《州委全面深化改革委员会2022年工作要点》《州委全面深化改革委员会2022年改革任务台账》，明确州级牵头领导、责任单位、时间节点和预期成效。各地区各部门对照年度改革目标任务及责任清单，制定本地区本部门年度改革要点和改革任务台账，明确党委（党组）书记为第一责任人，形成逐级推进改革责任机制。

制定《黄南州2022年度全面深化改革督察工作方案》，将19项改革创新任务和10项重大改革试点列入州委重点督察内容，开展专项自查，对2022年改革任务台账开展2轮全面督查，及时督促整改。

制定《黄南州2022年度全面深化改革考核方案》，突出对改革工作的跟踪管理，侧重平时考核，年底统一赋分。制定《黄南州2022年全面深化改革宣传报道方案》，注重总结提炼黄南改革的好经验好做法，利用报纸、电视、网络等媒体及时发布改革信息。编发黄南改革动态23期，全面反映改革创新举措和成效；向省委改革办上报黄南改革典型案例7篇，“一核三治”社会治理模式、德吉村乡村振兴实践路径被评为全省改革创新案例。

【打造生态文明高地】 黄南是全省唯一全境纳入黄河流域的州，既是源头区，也是干流区，是“中华水塔”重要水源涵养地，必须自觉践行习近平生态文明思想，始终胸怀“国之大者”，时刻牢记习近平总书记关于青海生态保护的殷殷嘱托，自觉扛起生态保护的政治责任，为美丽中国建设贡献黄南力量。

黄南州巩固提升国家级生态文明建设示范州创建成果，科学编制黄南州“十四五”生态文明建设规划、黄河黄南流域生态保护和高质量发展规划等一批中长期规划，深入实施自然保护地国家示范州建设三年行动，高质量完成“三区三线”划定工作，划定生态保护红线面积6484.55平方千米。新增国家级自然公园2个，总数达到7个，全州13处各级各类自然保护地整合优化为9处，保护地总面积达42.25万公顷，以国家公园为主体的自然保护地体系基本成型。

聚焦打造黄河、隆务河流域两条绿色长廊，扎实推进总投资3亿元的中央财政支持国土绿化试点项目，国土绿化成果巩固三年行动收官，累计完成国土绿化26.27万公顷、草原生态修复治理17.18万公顷，分别是省定任务的2.19倍和2.67倍，全州森林覆盖率、草原综合植被覆盖度分别达到29.43%、69.1%。颁布实施水资源保护条例和林木保护条例，泽库县成功创建第六批国家级生态文明示范区，现在黄南的天更蓝、山更绿、水更清。

精心谋划河湖源头管理和综合治理具体措施，州市县总河湖长先后40余次到黄河黄南段及主要支流督查指导、现场办公，黄河流域生态环境警示片涉及问题全面清零。完善“146”工作机制，完成125条规模河流、13座水利工程划线定界，划界总长度4120千米。常态开展河湖生态环境大排查大清理大整治，整治河湖“四乱”问题15件。同仁市、尖扎县通过水利部节水型达标建设复核验收。

实施城乡生活污水处理提质增效三年行动，4个水功能区水质达标率100%，境内主要流域12个监测断面水质达到或优于Ⅲ类标准。全方位持续开展卫生城镇创建和美化家园活动，创建省级森林城镇1个、省级森林乡村3个。环境空气质量优良天数比例达96.9%，城镇污水和生活垃圾无害化处理率分别达到88%和95%。污染防治攻坚战考核获全省优秀等次。

【推进社会治理】 以新安全格局保障新发展格局，制定应对风险预案，一乡一策，经常性开展实战演练。创建应急体系，构建交界地区区域协防、共防、联防联动机制。巩固提升“一核三治”社会治理黄南模式，社会治理进入法治化轨道，社会大局持续和谐稳定。

以扫黑除恶斗争常态化为抓手，开展重大风险隐患排查化解，保持对违法犯罪行为的高压态势。依法从严从快打击电信诈骗等人民群众深恶痛绝的案件，全州社会治安秩序持续好转，刑事案件、治安案件同比呈大幅下降态势，群众安全感、满意度不断提升。承办全省地震灾害综合实战演练，全面排查整治地质灾害、防汛排涝、自建房等重点领域安全风险隐患，最大限度减少灾害损失。

持续加强以宪法为核心的中国特色社会主义法律体系宣传普及，州级和一市三县法律援助中心国资律师事务所挂牌投入使用。统筹推进法治政府建设，颁布施行城乡社区治理促进条例，不断增强人民群众守法用法意识，提升群众知晓率、首选率、满意率。多轮次修订完善村规民约、居民公约，增强群众自治能力。探索实践“基层社会治理专项工作组”做法，建设“智慧小区”，破解“城市病”等治理难题，推动党的建设、社会治理、应急管理、民生服务“一张网”管理。培育和践行社会主义核心价值观，加强新时代爱国主义教育和“四史”教育，开展道德模范学习宣传活动，唱响主旋律、凝聚精气神、弘扬正能量。

【推动经济高质量发展】 发挥重大项目支撑拉动作用，西成铁路黄南段、310国道尖扎至贵德段、张汶高速同赛段等重点项目进展顺利，同仁市城北新区防洪综合治理、扎毛水库灌渠、同仁尖扎两个城北新区建设、同仁城市功能提升项目持续推进，唐卡艺术小镇、坎布拉运动休闲小镇、和日美丽城镇建设基本完成。和日镇获全省优秀奖。

围绕推进产业“四地”建设，推进全省绿色有机农畜产品输出地先行示范州建设，“四个万头”规模养殖基地和“四个万亩”特色种植基地加快推进。培育省级家庭牧场（示范社）50家。同仁市成功创建省级现代农业产业园，泽库县入选全国草原畜牧业转型升级试点县，连续4年获中央补助资金1.6亿元。推动文旅融合发展，坎布拉世界地质公园申报工作进展顺利，尖扎、泽库成功创建省级全域旅游示范县，同仁加快国家全域旅游示范区创建，热贡文化生态保护区入选黄河主题国家级旅游线路。全面建设清洁能源基地和一市三县“牧光储”园区，李家峡水电站扩机、同仁尖扎“牧光储”综合一体化发电项目和泽库屋顶分布式光伏示范县项目进展顺利，清洁能源产业成为助推新旧动能转换的动力引擎。

2022年7月19日，黄南州党政领导到天津考察（州委办供图）

持续深化重点领域改革，综合医改、财政体制、农村公路管理养护、市场主体强制退出等改革稳步推进，行政许可事项、公共服务事项网办率均达90%以上。实施优化营商环境三年行动计划，落实稳住经济一揽子政策措施和促进中小微企业高质量发展的若干措施，开展惠民暖企活动，拉动消费近3500万元。落实“青洽会”签约招商引资项目19项、到位资金12.9亿元。举办青藏川滇甘五省交界地区州（市）长第七次联席会议，推进五省交界地区交流合作向更深层次迈进。深化对口援青、东西部协作交流合作，落实对口援助资金3.56亿元，“组团式”援助工作取得新的成效。

【提升社会民生福祉】 坚持小财政办大民生，全年公共财政用于民生支出占比达81.7%，十项民生实事工程全部办结。推动落实教育高质量发展“1+5”配套文件，设立教育发展基金2500万元，补充教师、后勤人员1400余人，稳步提升教育质量。拓展“五医”联动改革，加强公共卫生服务体系建设，推进民族医药传承创新发展，泽库县被评为全国基层中医药工作先进单位。全面落实社会救助、社会福利、高龄补贴、优待抚恤等政策，州老年活动中心正式投入运营，殡仪馆项目开工建设。

推进乡村振兴“八大行动”，落实“1+5+7+N”政策体系，实施产业发展、基础设施、就业扶持

2022 年 9 月 22 日，州委书记朱战民（右三）在同仁市加吾乡调研（州委办供图）

等项目，建设省级乡村振兴试点村 19 个，68%的村集体经济年收入达 10 万元以上，“六个一批”引导脱贫群众和边缘易致贫群众就业 2 万人，守住不发生规模性返贫底线。加快乡村建设，实施一批高原美丽乡村、传统村落保护、农牧民居住条件改善、危房改造、卫生厕所和村级净化水厂项目，农牧区人居环境和生产生活条件大幅提升。同仁乡村建设典型经验在全省推广，尖扎来玉村被评为中国美丽休闲乡村，泽库吉龙村（泽库羊）和尖扎香干村（土烧馍）被评为全国“一村一品”示范村，同仁吾屯村入选全国乡村旅游重点村。

重要会议

【概况】 2022 年，黄南州召开党代表会议 1 次；州委召开全体会议 6 次，即中共黄南州委十三届二次全体会议至中共黄南州委十三届七次全体会议；州委召开常委会会议 26 次，即中共黄南州委第十三届第十一次常委会会议至中共黄南州委第十三届第三十六次常委会会议。

【党代表会议】 5 月 15 日，中国共产党黄南藏族自治州代表会议召开，应到代表 268 人，实到代表 166 人。选举产生 26 名黄南州出席中国共产党青海省第十四次代表大会代表，省委提名的代表候选人才让太、马丰胜、王黎明当选。

【州委全体会议】 1 月 6—7 日，中共黄南州委十三届二次全体会议召开。会议以习近平新时代中国特色社会主义思想为指导，深入学习贯彻中共十九届六中全会和省委十三届十一次全委会精神，总结 2021 年工作，安排部署 2022 年工作。州委常委会报告 2021 年度干部选拔任用工作，并对州委干部选拔任用的正县级干部分别进行民主评议；对各市县和州直部门领导班子工作成效进行评价。

3 月 16 日，中共黄南州委十三届三次全体会议召开。传达学习全国两会精神，要求各市（县）、各部门深入学习领会、贯彻落实，结合习近平总书记关于青海工作重要讲话精神，一体推进、细化任务、创新举措，推动黄南各项事业高质量发展。

3 月 30 日，中共黄南州委十三届四次全体会议召开，听取《关于黄南州出席中国共产党青海省第十四次代表大会代表候选人初步人选情况的说明》，审议通过《中国共产党黄南藏族自治州第十三届委员会第四次全体会议关于召开州党代表会议选举黄南州出席中共青海省第十四次代表大会代表的决议（草案）》《中国共产党黄南藏族自治州代表会议选举办法（草案）》《中国共产党黄南藏族自治州代表会议总监票人、监票人建议名单（草案）》。投票确定黄南州出席中国共产党青海省第十四次代表大会代表候选人预备人选。州委书记王耀春主持。

5 月 10 日，中共黄南州委十三届五次全体会议召开，听取州委组织部《关于黄南州出席中国共产党青海省第十四次代表大会代表候选人初步人选情况的说明》，投票确定黄南州出席中国共产党青海省第十四次代表大会代表候选人预备人选名单，审议《中国共产党黄南藏族自治州代表会议选举办法（草案）》，审议《中国共产党黄南藏族自治州代表会议总监票人、监票人建议名单（草案）》。

7月27日，中共黄南州委十三届六次全体会议召开，传达学习省第十四次党代会精神；总结2022年上半年工作，安排部署下半年工作；审议《中共黄南州委全体会议工作规则》《关于进一步加强州委领导班子政治建设的若干措施》《黄南州贯彻省第十四次党代会精神“喜迎党的二十大、基层百日行”活动实施方案》；安排部署全州作风建设工作。

11月11日，中共黄南州委十三届七次全体会议召开。会议以习近平新时代中国特色社会主义思想为指导，深刻领悟“两个确立”的决定性意义，增强“四个意识”、坚定“四个自信”、做到“两个维护”，深入学习贯彻中共二十大和省委十四届二次全会精神，安排全州学习宣传贯彻工作，踔厉奋发、勇毅前行，奋力谱写全面建设社会主义现代化国家黄南篇章。

【常委会会议】 第十三届第十一次常委会会议 1月29日，中共黄南州委第十三届第十一次常委会会议召开。会议传达学习习近平总书记在省部级主要领导干部学习贯彻中共十九届六中全会精神专题研讨班开班式上发表的重要讲话，中国共产党第十九届中央纪律检查委员会第六次全体会议和中共青海省第十三届纪委第六次全体会议等会议精神。会议安排部署春节期间有关工作；审议《关于黄南州出席党的二十大代表候选人初步人选推荐提名人选的请示》《州人大常委会2022—2026年立法规划》《州人大常委会2022年监督工作计划》《州政协2022年重点协商计划》。

第十三届第十二次常委会会议 2月17日，中共黄南州委第十三届第十二次常委会会议召开。会议传达学习习近平总书记春节前夕赴山西看望慰问基层干部群众和考察调研时的精神，《中国共产党纪律检查委员会工作条例》《关于印发〈地方党委和政府领导班子及其成员粮食安全责任制规定〉的通知》等会议精神；听取十三届州委第十次常委会会议研究事项落实情况汇报，安排部署近期有关工作；审议中共黄南州第十三届纪委第二次全体会议相关议题、州两会相关议题、州纪委监委有关议题、《关于黄南州出席省第十四次党代会代表候选人初步人选拟考察对象名单的请示（审议稿）》。会议研究人事议题。

第十三届第十三次常委会会议 3月16日，中共黄南州委第十三届第十三次常委会会议召开。会议传达学习第十三届全国人民代表大会第五次会议精神、中国人民政治协商会议第十三届全国委员会第五次会议精神、习近平总书记在全国两会期间发表的重要讲话等精神；听取十三届州委第十一次、第十二次常委会会议研究事项落实情况汇报。会议审议《关于确定黄南州出席省第十四次党代会代表候选人初步人选名单的请示（审议稿）》《2021年度全州党风廉政建设主体责任监督责任专项检查考核情况的报告（审议稿）》《中共黄南州委常委会2022年工作要点（审议稿）》。

第十三届第十四次常委会会议 3月30日，中共黄南州委第十三届第十四次常委会会议召开。会议传达学习中共中央办公厅印发《关于推动党史学习教育常态化长效化的意见》《青海省领导班子和领导干部年度目标责任（绩效）考核指标管理办法（试行）》《青海省领导班子和领导

2022年11月11日，州委十三届七次全体会议召开（州委办供图）

干部年度目标责任（绩效）考核结果运用细则》等精神。听取中共黄南州委2022年巡察工作计划和十三届州委首轮巡察情况综合汇报。研究人事议题。

第十三届第十五次常委会会议　4月15日，中共黄南州委第十三届第十五次常委会会议召开。会议传达学习习近平总书记在海南省考察时的精神，3月31日中共中央政治局常务委员会会议精神，习近平总书记在参加首都义务植树活动时的讲话精神，习近平总书记在出席北京冬奥会冬残奥会总结表彰大会时发表的重要讲话精神，习近平总书记重要文章《坚持把解决好“三农”问题作为全党工作重中之重　举全党全社会之力推动乡村振兴》等精神；听取十三届州委第13次、14次常委会会议研究事项落实情况汇报，黄南州2021年度市县、州直部门领导班子和领导干部目标责任（绩效）考核及省驻州单位考评结果汇报；审议《黄南藏族自治州“一老一小”整体解决方案（审议稿）》，审议州纪委监委有关议题。

第十三届第十六次常委会会议　4月28日，中共黄南州委第十三届第十六次常委会会议召开。会议传达学习中央全面深化改革委员会第二十五次会议精神，4月16日省疫情防控处置工作指挥部会议精神和《信访工作条例》等精神；听取州政府党组一季度全州经济运行情况汇报。会议审议《关于调整确定黄南州出席省第十四次党代会代表候选人初步人选名单的请示（审议稿）》。

第十三届第十七次常委会（扩大）会议　5月7日，中共黄南州委第十三届第十七次常委会（扩大）会议召开，专题传达学习省委书记信长星和省委副书记、代省长吴晓军调研黄南时的讲话精神。

第十三届第十八次常委会会议　5月10日，中共黄南州委第十三届第十八次常委会会议召开。会议传达学习4月29日中共中央政治局会议精神；审议《关于召开中共黄南州委十三届五次全体会议确定黄南州出席中国共产党青海省第十四次代表大会代表候选人预备人选的请示》《关于召开中国共产党黄南藏族自治州代表会议选举黄南州出席中国共产党青海省第十四次代表大会代表的请示》。

第十三届第十九次常委会会议　5月15日，中共黄南州委第十三届第十九次常委会会议召开。会议听取中国共产党黄南藏族自治州代表会议总监票人关于选举黄南州出席省第十四次党代会代表计票结果的报告。

第十三届第二十次常委会会议　5月18日，中共黄南州委第十三届第二十次常委会会议召开。会议传达学习习近平总书记关于国家粮食安全重要论述和《粮食流通管理条例》；听取黄南州全省涉粮问题专项巡视巡察反馈问题整改情况汇报，安排部署重点工作；审议《黄南州贯彻省委省政府主要领导调研黄南工作时重要讲话精神若干措施（审议稿）》。

第十三届第二十一次常委会会议　5月30日，中共州委第十三届第二十一次常委会会议召开。会议传达学习习近平总书记、李克强总理对湖南长沙居民自建房倒塌事故作出的重要指示批示精神、全省自建房安全专项整治电视电话会议、安全隐患排查和专项整治视频调度会议精神，听取全州排查整治工作有关情况汇报等。会议审议《州委常委会班子巡视整改专题民主生活会对照检查材料（审议稿）》。

第十三届第二十二次常委会会议　6月16日，中共黄南州委第十三届第二十二次常委会会议召开。会议传达学习习近平总书记在四川考察时的重要讲话精神，中共中央办公厅《关于印发〈领导干部配偶、子女及其配偶经商办企业管理规定〉的通知》等精神；听取十三届州委第十五次、第十六次常委会会议研究事项落实情况汇报和州委督查委员会各督查组督查情况汇报；审议《关于贯彻落实〈省委关于进一步弘扬优良作风加快建设现代化新青海的若干措施〉的通知（审议稿）》。

第十三届第二十三次常委会会议　7月8日，中共黄南州委第十三届第二十三次常委会会议召开。会议传达学习习近平总书记在湖北武汉考察时的重要讲话和中央全面深化改革委员会第二十六次会议等精神；听取中共中央政治局常委、全国政协主席汪洋在黄南调研时有关工作开展情况和十三届州委第十七次、十八次、二十次、二十一次常委会会议研究事项落实情况汇报，安排部署近期重点工作。

第十三届第二十四次常委会会议　7月13日，中共黄南州委第十三届第二十四次常委会会议召开。会议研究人事议题。

第十三届第二十五次常委会会议　7月25日，中共黄南州委第十三届第二十五次常委会会议召开。会议传达学习《习近平谈治国理政》第四卷会议和习近平总书记在新疆考察时的重要讲话等精神；审议中共黄南州第十三届委员会第六次全体会议有关事宜，《黄南州贯彻省第十四次党代会精神“喜迎二十大、基层百日行”活动实施方案（审议稿）》《关于进一步加强州委领导班子政治建设的若干措施（审议稿）》《中共黄南州委全体会议工作规则（审议稿）》《中共黄南州委常委会工作规则（审议稿）》《中共黄南州委书记专题会议工作规则（审议稿）》《关于确定2022年度市县、州直部门和省驻州单位考核目标的请示》。

第十三届第二十六次常委会（扩大）会议　8月20日，中共黄南州委第十三届第二十六次常委会（扩大）会议召开；传达学习省委书记信长星批示精神，安排部署疫情防控、防汛防灾、安全生产重点工作。

第十三届第二十七次常委会会议　8月26日，中共黄南州委第十三届第二十七次常委会会议召开。会议传达学习习近平总书记在辽宁考察时的重要讲话精神和省委人大工作会议精神，研究黄南州贯彻措施等；听取十三届州委第22次、23次常委会会议研究事项落实情况汇报。会议审议《黄南州贯彻落实〈中共青海省委关于贯彻《中共中央关于加强新时代检察机关法律监督工作的意见》的若干措施〉的责任清单（审议稿）》《中共黄南州委办公室关于调整州委议事协调机构部分组成人员的请示（审议稿）》；研究相关人事议题。

第十三届第二十八次常委会会议　8月30日，中共黄南州委第十三届第二十八次常委会会议召开。会议传达学习习近平总书记向世界职业技术教育发展大会致贺信精神和8月26日省委常委会会议等精神；研究相关人事议题。

第十三届第二十九次常委会会议　9月9日，中共黄南州委第十三届第二十九次常委会会议召开。会议传达学习8月30日中央政治局会议精神和中央全面深化改革委员会第二十七次会议等精神；听取十三届州委第25次、26次、27次常委会会议研究事项落实情况汇报和州人大常委会、州政府、州政协、州法院、州检察院党组工作汇报；审议《黄南州党的二十大期间维稳安保工作实施方案（审议稿）》。

第十三届第三十次常委会会议　9月23日，中共黄南州委第十三届第三十次常委会会议召开。会议传达学习9月9日中共中央政治局会议精神和中共中央《关于加强新时代统一战线工作的意见》等精神；听取同仁市、尖扎县、泽库县、河南县工作汇报；审议《关于重新认定黄南州参照公务员法管理机关（单位）的请示》《关于召开黄南州妇女第十二次代表大会的请示》。会议研究人事议题。

第十三届第三十一次常委会（扩大）会议　10月25日，中共黄南州委第十三届第三十一次常委会（扩大）会议召开。会议专题学习中国共产党第二十次全国代表大会精神，《中国共产党第二十次全国代表大会关于十九届中央委员会报告的决议》《中国共产党第十九届中央委员会第七次全体会议公报》《中国共产党第二十届中央委员会第一次全体会议公报》等精神。

第十三届第三十二次常委会会议　10月27日，中共黄南州委第十三届第三十二次常委会会议召开。会议传达学习10月25日二十届中共中央政治局会议精神，习近平总书记重要文章《新时代中国共产党的历史使命》、习近平总书记在出席军队领导干部会议时发表的重要讲话等精神。会议听取关于中共二十大期间维稳安保和督导工作和《对州公安局开展政治督察情况的报告》的汇报；审议《黄南州全面加强中小学校党的建设工作的实施意见（试行）》《关于州公安局等单位搬迁后办公用房调配的请示》《关于召开州委人大工作会议的请示》《中共黄南州委关于进一步加强和改进新时代人大工作的意见》。会议研究人事议题。

第十三届第三十三次常委会会议　11月10日，中共黄南州委第十三届第三十三次常委会会议召开。会议传达学习习近平总书记在瞻仰延安革命纪念地时的重要讲话，《中国共产党章程》等精神。会议听取十三届州委第二十八次、二十九次常委会会议研究事项落实情况汇报；审议《黄南州关于全面加强新时代少先队工作的若干措施（审议稿）》《黄南藏族自治州藏语言文字工作条例（修订草案）》《关于召开中共黄南州第十三届委员会第七次全体会议的请示》《中共黄南州委关于深入学习宣传贯彻党的二十大精神奋力谱写中国式现代化黄南篇章行动方案（审议稿）》、州委书记在州委十三届七次全会上的讲话。会议研究人事议题。

第十三届第三十四次常委会会议　11月19日，中共黄南州委第十三届第三十四次常委会（扩大）会议暨州疫情防控处置工作指挥部会议召开，会议以视频方式开到市县一级。会议传达学习11月13日省委书记信长星督导调研西宁市疫情防控工作时的重要讲话以及11月14日省委常委会会议、11月18日省委常委会会议暨省疫情防控处置工作指挥部会议等精神；听取全州及各市县疫情防控工作和贯彻落实二十条措施情况汇报，研判当前防控形势，安排部署全州疫情防控工作。

第十三届第三十五次常委会会议　12月5日，中共黄南州委第十三届第三十五次常委会会议召开。会议传达学习11月10日中共中央政治局常务委员会会议、11月29日省委常委会会议等精神。会议听取十三届州委第30、31、32次常委会会议研究事项落实情况汇报；审议《关于召开黄南藏族自治州第十六届人民代表大会第三次会议的请示》《关于建议成立黄南藏族自治州第十六届人民代表大会第三次会议临时党委的请示》。

第十三届第三十六次常委会会议　12月16日，中共黄南州委第十三届第三十六次常委会会议召开。会议传达学习12月6日中共中央政治局会议精神，《中华人民共和国档案法》等精神；听取纪检监察（巡察）、组织、宣传、统战、政法、老干部、机要和保密、党校、公安、安全生产、质量提升工作汇报和黄南州2022年中央一号文件贯彻落实情况汇报；审议《黄南州深化国防动员体制改革方案（审议稿）》《关于以铸牢中华民族共同体意识为主线推进新时代黄南民族工作高质量发展的实施意见（审议稿）》《黄南藏族自治州不可降解一次性塑料制品管理条例（审议稿）》《黄南藏族自治州施行〈中华人民共和国民法典〉结婚年龄的变通规定（审议稿）》《关于涉计划生育州委文件专项清理结果的决定（审议稿）》；研究相关人事议题。

综合党务

【概况】　2022年，州委办公室做好参谋辅政、综合协调、办文办会、信息服务、档案法规、督促检查等服务，做到主动服务、超前服务、优质服务，为州委各项决策部署落实和整体工作高效运转提供保障，加强对接待服务、车辆管理、证件办理、物资耗材的规范管理，推动各项保障提质增效。

【办文办会】　州委办公室撰写各类服务文稿300余篇。审核制发公文，按照“零差错”要求，严把办文政策关、程序关和文字关，提高公文的质量和办理效率，年内下发文件同比下降15%，收文登记率、发文（范围）差错率控制在2%以内。严格会议报批制度，规范办会流程，优质高效完成5次州委全会、27次州委常委会会议等全州大型会议筹备工作，对标省委要求，及时协调组织召开议事协调小组会议30余次，重要会议材料归档率100%。

【信息工作】　编发《黄南信息》369期，被省委办公厅《青海信息》单篇或综合采用85篇，采用率23%，得到党中央和省委、州委领导肯定批示10条。

【督查工作】　调整完善州委督查委员会，明确9名厅级领导牵头，开展订单式督查，确保党中央和省委、州委各项工作落地落实。牵头协调相关职能部门跟踪落实领导专项批示和交办事项，开展督查调研，年内向州委常委会报告督查情况27次，督查事项办结率98%。

【法规工作】　州委党的规范性文件报备率达98%以上，完成各市县县委和州委各部门、州直机关单位党组（党委）报备的党的规范性文件的备案审查工作，及时发现纠正待发文件问题瑕疵，切实提高党的规范性文件制定质量。

【档案整理】 开展新修订《中华人民共和国档案法》学习宣传，督促指导全州27家立档单位做好档案管理工作。省委办公厅档案行政执法检查反馈意见整改工作有序推进，推动档案工作规范化建设。年内整理完成2017年发文汇集22册，完成对2017年档案的分类、装盒、排号、封订、编页等工作，2017年归档文书120盒，其中永久80盒、30年定期40盒，按顺序归到档案室密集架。将往年散乱的发文汇集、专题会议文集及其他档案进行整理归类并按顺序归到档案室密集架。

组织工作

【概况】 2022年，在州委的坚强领导和省委组织部的精心指导下，全州组织系统坚持以习近平新时代中国特色社会主义思想为指导，深入践行新时代党的建设总要求和新时代党的组织路线，认真贯彻落实全国、全省组织部长会议精神，锐意进取、狠抓落实，在服务大局中展现作为，在大战大考中彰显担当，推动各项工作高标准落实、高质量发展。

2022年3月1日，全州“组织体系建设三年行动”总结会议召开（州委组织部供图）

【基层组织建设】 推行“月清单，季调度”基层党建督导机制，落实州、县、乡、村四级党建工作联述联评联考机制和“2+10”抓基层党建工作述职评议例会制度。巩固提升“组织体系建设三年行动”成果和以评促建活动成效，在全州范围内召开机关党支部与农牧区村（社区）党支部“支部是堡垒，党员做模范，我为中共二十大守平安”主题联合组织生活会，全年开展学习宣讲活动2100余次。围绕党务工作事项外包、委托、非党员从事党务工作三大类26项具体问题，组织896个基层党组织开展自查；按照不低于20%的比例，组织各市（县）开展交叉抽查，抽查各市（县）、州直各党工委189个党组织，问题查摆41项，完成整改。围绕政治意识淡薄、战斗力不强、乡村振兴滞后、治理能力不足等4个方面14项负面清单，认定13个软弱涣散村级党组织，建立问题、整改、责任、时间“四张清单”，抓实软弱涣散整顿工作。制定出台《黄南州全面加强中小学校党的建设工作的实施意见（试行）》，推动中小学校党建工作。启动并推进州党群服务中心二期活动阵地建设项目，构建起“州级示范、市县联动、乡（镇）贯穿、村社参与”的联动体系。

2022 年黄南州党组织、党员情况一览表

表 5

地区	乡镇数（个）	行政村数（个）	基层党组织总数（个）	党组织情况（个）			党员总数（人）	党员情况（人）	
				党委	总支部	支部		发展党员	女
黄南州	33	262	880	52	18	810	19582	831	4948
同仁市	11	72	206	12	4	190	5535	159	1474
尖扎县	9	87	216	11	3	202	4432	280	1119
泽库县	7	64	177	10	—	167	4060	199	801
河南县	6	39	119	7	—	112	3078	135	768
州直属机关工委	—	—	143	11	11	121	2223	57	702
州委教育工委	—	—	6	—	—	6	150	1	67
州委“两新”组织工委	—	—	13	1	—	12	104	—	17

【“两新”组织党建】 指导各市、县成立 4 家物业公司并建立党支部，构建“社区统筹管理+业主委员会共治+物业党支部服务”工作格局，以物业标准化服务管理提升辖区群众幸福感满意度。建立“两新”组织基本情况“六类”台账动态更新机制，排查整顿软弱涣散“两新”党组织 2 个，撤销“空壳”党支部 7 个，确定预备党员 26 人，吸纳入党积极分子 52 人。在“两新”组织中新建群团组织 26 个，指导同仁市成立景源物业管理有限公司党支部。首次举办州级“两新”组织党务工作者能力提升培训班，出台《黄南州“两新”组织党建工作指导员选派管理细则》，细化 21 条措施规范全州党建指导员选派管理。建立“小个专”党建工作指导站 6 个，选派站长、党建指导员专职专抓党建工作。深化“两新·红色驿家”创建，实现全州 65 个“两新”党组织进驻社区，458 名党员全部到社区报到。开展精神文明、就业指导、卫生保健、法律援助、党风廉政、应急救援等党建联盟活动 126 次。推荐 3 名“两新”组织党组织书记、党员入选全州基层党员榜样，同仁市龙树画苑完德尖措被授予“全国道德模范”“青海青年五四奖章”“黄南州道德模范”“州政协优秀提案员”等荣誉称号。推进党建引领促进“快递进村”工作，实现 72 个村邮政服务站点全覆盖。疫情防控期间，发出倡议书，全州“两新”组织党组织和爱心企业累计捐赠款物价值 540 余万元。

【“两新·红色驿家”创建】 聚焦“组织联建、活动联办、阵地共享”，深化“两新·红色驿家”创建活动。全州 65 个“两新”党组织进驻社区实现全覆盖，458 名党员全部到社区报到，开展“党建联盟”活动 126 次，主题党日活动 50 余次。“两新·红色驿家”激活组织活力典型经验做法入选全国“2021 年度百个两新党建创新案例”。

【党员教育管理】 成功申报黄南州党群服务中心等 7 所全省“党支部组织生活共享阵地”，教育党员干部 5800 余人次。开展“寻找榜样”活动，确定“寻找榜样”推荐人选 22 人，10 人入围全省“寻找榜样”人选对象。实施“村干部学历素质提升工程”，累计 195 名村干部报读大专班。利用省、州内红色教育资源，开展党性教育培训班次 7 期，实施党支部书记能力提升、党员进党校集中轮训和农牧民党员冬春训“三个工程”；以村级党群服务中心为依托，设立 262 个“新时代学习所”；依托“党课开讲啦”“学习身边榜样”等教学载体，教育培训党员干部 7000 余人次。常态化开展不合格党员排查处置工作，对年内排查处置的 34 名不合格党员加强跟踪教育管理。加大在薄弱领域发展党员工作力

度，巩固排查整顿农村发展党员违规违纪问题成果。

【党员电教工作】 “黄南先锋”智慧党建云平台与州党群服务中心围绕中心工作推出“学习贯彻中共二十大精神”“学习宣传省第十四次党代会精神”“疫情防控”“乡村振兴”等专栏，制作《党员干部讲体会 谈感受 话担当》《服务基层 担当有我 一线干部履职风采》等62部视频作品，编辑信息5113篇，在“黄南先锋”微信公众号、抖音等手机App及其他媒介同步推送，形成线上全媒体党建宣传教育矩阵，微信公众号用户量超过1.5万人，资讯阅读总量超过600万人次，发起学习中共二十大精神等党建知识测试5次，党员参与率均达85%以上。发挥“黄南先锋”智慧党建云平台全流程动态监测功能，各级党组织下发通报20余次，督促指导开展组织生活14349次，同比增长18%。用好“州党群服务中心”阵地，设计开发“‘踔厉奋发新时代 勇毅前行新征程’深学细悟中共二十大精神”“‘奋进新征程 建功新时代’学习省第十四次党代会精神”等16种主题党日套餐，制定落实党员教育培训和服务基层群众计划，承接各领域党组织书记培训班、中青年干部培训班、入党积极分子培训班，全省群团一体化推进会等活动20余次，接待近1500人，全州193个党组织、5214名党员预约参加组织活动，迎接中央组织部、省委组织部、西藏自治区委组织部等10余次中央、省级单位到中心调研指导工作，成为提升黄南对外形象的新窗口。

【党建引领乡村振兴】 推动“红色引领·助力乡村振兴”黄南行活动42个项目落实落地。制定印发《关于推行正负面清单制常态化 加强驻村第一书记和工作队日常管理的通知》，强化驻村干部在岗履职管理，召回调整驻村干部8人，通报批评26名驻村第一书记和驻村队员，聘用2名优秀村党支部书记为乡（镇）事业单位。综合评估2019—2021年中央财政扶持壮大村集体经济项目实施情况，总体实施成效较好。争取2022年度中央财政扶持村集体经济资金1750万元，重点扶持35个村发展壮大村级集体经济，推动村集体经济复壮提升。村集体经济年收益达10万元以上的村占全州比例达到68%。

【党员担当疫情防控】 落实省委组织部和州委关于疫情防控各项工作要求，发出《关于充分发挥全州各级党组织和广大党员干部带头作用坚决打赢疫情防控阻击战的紧急通知》《致全州各级党组织和广大党员干部做好疫情防控工作的倡议书》，制定激励疫情防控一线党员干部担当作为的十项措施。疫情防控期间，累计划拨党费162万元，建立疫情防控一线临时党支部22个，设立党员先锋岗426个、党员网格区807个，紧急动员抽调100余名党员干部职工驰援抗疫一线，筑牢疫情防控“防护墙”。

【公务员管理】 截至年底，全州有公务员3526人。其中，女性1245人，占35.31%；中共党员2369人，占67.19%；大学及以上学历2764人，占78.4%；厅局级34人、县处级实职286人、乡科级实职1162人、一级至四级调研员167人、一级至四级主任科员691人、一级科员及以下369人。考录公务员107人，其中一般公务员31人、参照公务员法管理事业单位人员29人。办理公务员转任109人，其中调出24人、调入19人、州内转任66人。全州晋升一级至四级主任科员113人，其中州直单位28人、各市（县）85人。成功申报第四届青海省“人民满意的公务员”2人、“人民满意的公务员集体”1个。评出州直单位优秀公务员112个。确定州生态环境局、河南县委组织部、河南县优干宁镇为公务员平时考核重点推进单位。公务员退出备案165人，其中调出24人、退休137人、辞职1人、死亡3人。

【干部教育培训】 落实“第一议题”制度，在全州各级党组织创新开展“六个一”（一面伟大旗帜，即高举马克思列宁主义、毛泽东思想和中国特色社会主义伟大旗帜；一个价值引领，即培育和践行社会主义核心价值观；一个文化根基，即弘扬中华民族优秀传统文化；一项战略任务，即加强社会主义意识形态建设；一条发展道路，即中国特色社会主义文化发展道路；一个奋斗目标，即社会主义文化强国）活动，推动中共二十大精神和省第十四次党代会精神落地生根。实施领袖思想教育培训计划，坚持分类分级，灵活采取集中培训、专题研讨、在线学习等形式，持续推动习近平新时代中国特色社会主义思想进教材、进课堂、进头脑。举办2期中共二十大精神专题培训班，实现各乡（镇）党政正职和副县级以上领导干部全覆盖；举办中共十九届六中全会精神相关培训班次12期，培训干部1200余人次，实现中共十九届六中全会精神专题培训县级干部、科级干部全覆盖。选调46名年轻干部参加州级中青年干部培训，120名村党支部书记、驻村第一书记参加省、州乡村振兴示范培训班。选派60名州、县班子成员参加中央组织部、省委组织部组织的23期培训班次，7名州、县党政班子成员到天津滨海新区、江苏南通市挂职锻炼。落实新时代基层干部主题培训行动计划，策划开展“基层干部服务担当在一线”主题活动18期，教育培训基层干部2500余人次。举办党务、财务知识能力提升和妇联、档案、交通等行业培训班次28期，培训干部2324人次。

【干部管理与任用】 干部管理 组织举办黄南州选调生综合能力提升培训班和全州驻寺干部培训班。执行《干部选拔任用工作监督检查和责任追究办法》，专项检查同仁市、尖扎县、州民政局等17个地区和单位干部选拔任用工作。制定《黄南州州直机关党委（党组）选人用人工作业务指导手册》，规范州直机关选人用人程序。全州晋升四级调研员以上职级的248名干部实现政治素质考察全覆盖，按期完成382名干部个人有关事项集中填报工作，集中填报率100%；查核个人有关事项报告79人，查核一致率94.9%；根据漏报和瞒报情节，诫勉2人、批评教育2人。落实请销假报备、近亲属从业限定等干部监督管理规定，受理纪检、审计、巡察部门函询69人次，向纪检、信访部门征求意见270人次，报备请销假184人次，开展经济责任审计11人，受理婚丧嫁娶报备23人次。

干部任用 年内提交州委常委会研究提任县级领导干部12人、晋升职级174人，提交部务会研究6名乡（镇）长职务任免和6名州纪委监委派驻纪检监察组组长任职事宜。根据省委组织部安排，上报2023年度常规选调生需求计划35人，调研识别年轻干部45人。

【人才工作】 启动黄南州中长期人才发展规划编制工作。天津市“组团式”帮扶同仁市、尖扎县、泽库县2家医院、4所学校，选派医生10人、教师27人。用好省委选派的10名“组团式”挂职干部，挂职担任各市（县）副市（县）长和州交通运输局、文体旅游广电局、生态环境局等重点行业部门副职。用好27条人才“新政”，积极对接省内外重点院校、科研院所、大型企业及国家有关部委和天津市，柔性引进高层次人才，组织开展校园引才工作。完成第三届人才项目洽谈会工作，申报项目需求64个，成功对接56个，成功签约56户，引进人才225人。完成第四、第五批援青干部轮换交接工作。梳理专家人才州县行、京青专家服务需求44个，成功对接北京、省内专家人才到相关市（县）开展技术指导。1名优秀人才成功入选2022年“西部之光”访问学者并到中国药科大学培训学习。年内培养农技、医卫、教育人才160余人。州级党政领导走访慰问优秀人才105人次。开展援青干部人才体检，分两期选派83名干部职工和专技人才参加异地疗养。

2022年7月23日，第三届“智汇三江源 助力新青海”人才项目洽谈会黄南州签约现场（州委组织部供图）

宣传工作

【概况】 2022年，黄南州组织宣传系统领导干部讲党课、业务骨干讲经验、年轻干部讲心得，为全州宣传思想文化、群团、教育系统及联点乡举办主题党课6次。建立宣传干部州对市（县）、市（县）对村镇负责的素质优化提升方式，开展理论宣讲、融媒体技术应用等比赛，3人在全省理论宣讲大赛中分获一、三等奖，评选全州宣传系统业务能手69人，开展“我为宣传思想工作献一策”、“宣传思想工作大家谈”、推出成果“展”、宣传部门“评”、“一策一谈一展一评”活动。实行宣传部领导班子成员分片联系指导工作制度，建立工作台账、督办台账和问题清单、任务清单、考核清单“一制度、两台账、三清单”举措，通过月统计、季通报方式跟踪问效，提升工作质量。

【理论学习】 协助州委制定并落实州委理论学习中心组学习计划和列席旁听制度，健全“第一议题”制度，开展学习中共二十大、省第十四次党代会精神专题研讨、知识竞赛、演讲比赛等，加强督导检查。推进党委（党组）引领学、领导干部带头学、“三会一课”集中学、专家学者授课学、学习平台线上学、调研研讨深入学、立足岗位实践学、对标点评督促学、压实责任跟进学的“九学”联动，开展学习贯彻中共二十大精神等讲座、调研、研讨50余次。开展“喜迎二十大、奋进新征程”生动实践理论征文活动，入选全省优秀论文2篇。

2022年3月11日，黄南州宣传思想文化系统“全员大学习　业务大比拼　作风大转变　能力大提升”专项行动动员部署会召开（州委宣传部供图）

【中共二十大精神宣讲】 聚焦学习宣传贯彻中共二十大精神，落实领导干部包联市（县）、乡（镇）、民兵组织、村（社）、村集体经济组织、困难群众、学校、困难学生、寺庙、宗教界人士、企业、重大项目、人才、劳模“十四联”制度，深入宣讲政策、联系群众、抓好落实。构建“六讲十进”分众化、对象化、互动化宣讲新模式，通过领导干部带头讲、专家学者深入讲、理论骨干巡回讲、基层干部贴近讲、典型人物示范讲、“五老”人员鲜活讲，推动党的创新理论进农村、进牧区、进社区、进机关、进企业、进校园、进寺庙、进军营、进网络、进家庭。组织红旗宣讲团、劳模宣讲队、银发宣讲队、摩托车宣讲队、文艺轻骑兵等开

2022年4月，黄南州“讴歌新时代　奋进新征程”基层理论宣讲大赛举行（州委宣传部供图）

展中共二十大精神“六讲十进”宣讲活动近2000场，受教育群众达26万余人。培育“理论+百姓+文艺”宣讲品牌，编排文艺节目20余个，将中共二十大精神融入藏戏、舞蹈、贤孝（民间说唱艺术）、情景剧等，到乡村开展巡回宣讲，让广大农牧民群众坐得住、听得进、记得牢，推动宣讲工作富有鲜度、保持温度、增强厚度。

【舆论宣传】 深化协调联动，建立中央驻青海及省级媒体、州内媒体和地区单位协调协作机制，统筹理论、新闻、社会、文艺和网络宣传，抓好融媒体平台建设，发挥全媒体联动作用，构建线上线下一体、地区单位联动的传播矩阵。策划“学习宣传贯彻中共二十大精神”“热贡年俗”“神韵黄南”等动态新闻、深度报道、系列访谈等，开展“媒体黄南行”“黄南这十年”主题宣传活动，制作《山水黄南新画卷》《神韵黄南》等宣传片，各级主流媒体播发黄南新闻9万余次，多篇深度报道在新华社内参、央视新闻等媒体刊发转播。开展民俗展演、非遗展示等43项群众性文化活动，推进昂拉千户府文化保护提升，藏戏《意卓拉姆》获青海省第十二届精神文明建设“五个一工程”优秀作品奖。

【意识形态工作责任落实】 落实《黄南州党委（党组）意识形态工作责任制若干措施》及正负面清单，执行“四个纳入”规定，落实年初安排部署，逐级细化意识形态工作要点、年中纪委监委督导检查、季度分析研判报告和年度工作报告“一部署一督查两报告”制度，联合州委巡察办督导检查，压实党委（党组）主体责任、主要领导第一责任、分管领导直接责任、班子成员“一岗双责”“四类责任”，构建明责、履责、督责、问责闭环管理机制。强化网络意识形态工作制，实行设一名总网长，州、市（县）、乡、村四级覆盖的制度，意识形态工作提档、进位、增效。强化阵地管理，建立讲座、论坛、报告会等报备审批制度，规范出版物发行、旅游词解说和社会面宣传内容。

【网信工作】 制定印发《黄南州落实网络文明建设任务分工方案》，规范网络文明行为，培育网络文化新风尚，拓展道德建设新空间，构建网络行为新秩序。突出州市（县）横向联动，采取跟班培训、线上指导等多种举措，开展“净网”网络生态治理专项行动。

统战工作

【概况】 2022年，州委统战部按照中央统战工作会议、民族工作会议以及全国、全省宗教工作会议作出的重大安排部署，坚持大团结大联合，坚持一致性和多样性统一，始终围绕中心、服务大局，各项工作任务取得新进步。是年，州委统战部获“全省维稳先进集体”称号、“2022年度全省统一战线外宣工作先进集体”称号。

【民族团结进步创建】 组织召开州委民族工作会议暨铸牢中华民族共同体意识工作会议，深入学习习近平总书记关于加强和改进民族工作的重要思想，全面贯彻中央和省委民族工作会议精神，制定印发《2022年黄南州民族团结进步创建工作要点》《任务分工方案》。开展民族团结进步创建“十二进”活动［进机关、进乡镇、进村（社区）、进学校、进企业、进军营、进“两新”组织、进宗教活动场所、进家庭、进公园、进广场、进“景区”］，拓展工作领域，丰富内容形式，深化宣传教育。召开全州铸牢中华民族共同体意识体验馆专题会13次。年内表彰民族团结进步创建先进集体80个、先进个人85人，打造省级民族团结进步教育基地3个、青少年民族团结进步示范点1个，创建全国民族团结进步示范单位1个、全省民族团结进步示范地区和示范单位（企业）8个。推进城区民族工作，试点建设“石榴籽社区”6个。全州各地区各单位创建覆盖面、参与率达100%，基层单位创建达标率95%以上。

【党外人士统战】 聚焦党外代表人士“发现、培养、管理、使

2022 年 2 月 22 日，全州统战民宗工作会议召开（州委统战部供图）

用”要求，充实各界代表人士人才库，制定印发《关于在全州无党派人士、党外知识分子和新的社会阶层人士中开展喜迎党的二十大主题教育活动的实施方案》，举办全州党外人士培训班，召开各类通报会、座谈会、学习会，深化党外人士思想共识。制定《黄南州关于学习贯彻〈青海省贯彻落实中共中央关于加强新时代党外知识分子思想政治工作和无党派代表人士队伍建设的意见〉的任务分工方案》，年内向省政协、省委组织部等推荐党外代表人士 3 批次 150 余人次，完成政协第十四届青海省委委员会推荐提名工作。

【侨务与国外藏胞统战工作】

全年开展藏胞调查 3 次，走访慰问藏胞 300 家，解决藏胞及侨眷的实际困难 11 个，向归国定居藏胞、华侨侨眷、归国侨胞发放慰问金和慰问品价值 7.1 万元，让全州爱国友好藏胞、困难归侨侨眷感受到党委、政府对他们的关心关怀。主动对接省侨办，为 42 名大学生、30 名高中生发放 2021 年度“雅居乐青海奖教助学基金”19.8 万元。组织召开全州藏胞、华侨侨眷工作座谈会。

【统战民宗工作会议】 2 月 22 日，召开全州统战民宗工作会议，会议传达学习全国、全省统战部部长民宗委主任（局长）会议精神和州委十三届二次全体会议精神，回顾总结 2021 年全州统战民宗工作，安排部署 2022 年工作任务。州委常委、统战部部长吴树荣出席并讲话，副州长、公安局局长李勇主持。

2022 年 3 月 17 日，黄南州铸牢中华民族共同体意识体验馆项目建设领导小组大纲编制、资料征集组工作部署会召开，推动民族团结体验馆建设（州委统战部供图）

政策研究

【概况】 2022 年，州委政研室围绕州委重大决策部署，统筹做好文稿服务、课题调研、深化改革各项工作，发挥以文辅政、调查研究、决策咨询、推进改革的参谋助手作用。全年编发《调研通信》13 期，编辑发行党委机关刊物《金色黄南》4 期，完成 8 个重点课题调研，编发黄南改革动态 23 期，推进 19 项改革创新任务和 10 项重大改革试点工作。

【课题调研】 围绕全州工作难点、社会热点和领导关注点，组织协调各地区、各部门和各单位开展年度重点课题调研，形成一批思路清晰、目标明确、措施可行的调研报告，编发《调研通讯》13 期。进一步优化栏目设置和编辑排版工作，编辑发行党委机关刊物《金色黄南》4 期，供全州各级干部学习交流。

组织力量在四市（县）乡（镇）村（社区），通过召开座谈会、入户调查、查看资料等形式，掌握第一手资料，深入研究分析问题，提出有见解的意见建议，围绕脱贫攻坚与乡村振兴有效衔接、城镇示范区建设、生态保护治理、党支部建设、医疗保障、优化营商环境、粮食安全、生态有机畜牧业等 8 个重点课题进行调研。协调完成省委政研室、省委改革办关于贯彻“两山”理念、守护绿水青山，立足特殊州情谋民族团结进步大事业，厚植和谐根基铸牢中华民族共同体意识，黄南州打造“互联网+区块链+村级代理记账”村级财务管理规范化新模式，同仁市全力打造“互联网+工作落实”督考一体化平台，党建阵地智能化，党性教育订单化，泽库县以农牧区集体产权制度改革为契机，探索发展壮大农牧区集体经济、构建多元解纷机制，发挥人民调解优势、全面深化改革工作推进情况 8 个课题的调研任务。

【党建工作研究】 组织召开州委党的建设领导小组会议 2 次，制定印发《州委党的建设工作领导小组工作要点》，听取《2022 年全州党的建设工作报告》，听取并评议各市（县）委书记和州纪委监委，州委组织部、宣传部、统战部、政法委、巡察办、教育工委、“两新”工委，州直属机关工委书记 2022 年度抓基层党建工作。

机构编制管理

【概况】 2022 年，黄南州增设州委办秘书三科，加强议事协调工作机构力量；各市（县）不再设立应急管理综合行政执法机构，由州应急管理综合行政执法局统筹负责全州应急综合行政执法工作；州委政法委内设机构社会治理科挂牌机构专项行动办公室更名为扫黑除恶工作指导科；州、市（县）法律援助中心更名为公共法律服务中心（挂法律援助中心牌子），县级加挂国资律师事务所牌子；各市（县）委党校加挂行政学校牌子；州人事考试中心加挂公务员考试测评中心牌子。

州、市（县）委编办两级联动，审核各类考录用编 190 人。24 名 2017 级（本科）农牧区订单医学定向生、57 名 2022 届省级公费师范毕业生纳入实名制管理；州委办公室、州教育局、州粮食安全质量检验检测中心等单位核增编制；为州公安局、州住房公积金管理中心、州（县）政法委（司法局）等单位核增科级领导职数；助推全省中小学教职工编制达标，统筹调剂全州中小学教职工编制，完成达标工作；深化全州应急管理综合行政执法改革，黄南州应急管理综合行政执法监督局更名为黄南州应急管理综合行政执法局，重新界定其职能职责，机构规格、编制、领导职数保持不变；调整州交通运输综合

2022 年 5 月 24 日，州委编办一行到同仁市开展文物保护、考古、公共文化服务机构设置专题座谈会（市委编办供图）

服务中心主要业务范围。

根据《事业单位登记管理暂行条例》《事业单位年度报告公示办法（试行）》有关规定，完成全州391家事业单位法人年度报告，申报率和合格率均为100%。年度公示结果在州政府门户网站公示。加强事业单位事中事后监管，规范事业单位管理运行，到州、市（县）15家事业单位开展“双随机、一公开”实地核查。持续开展党政群机关统一社会信用代码赋码和事业单位法人设立、变更、注销等工作，推进事业单位法人登记管理服务标准化。

【机构编制法定化】 强化机构编制刚性约束，推动法定化进程，学习和贯彻落实《中国共产党机构编制工作条例》（以下简称《条例》），加强机构编制依法依规管理，州委编办及各市（县）委编办将《条例》纳入同级党校、行政学院主体班次学习。开展“3·10”机构编制法规政策宣传活动，畅通“12310”举报渠道，通过滚动播放、悬挂条幅、摆放展板、发放宣传手册等方式开展宣传活动，提高机构编制政策法规的知晓率。

【乡（镇）机构改革】 立足州情实际，统筹优化乡（镇）职能机构设置。建立完善县乡“属地管理事项”主体责任和配合责任清单制度、乡（镇）职责准入制度等，梳理完善各市（县）乡（镇）属地事项清单2600余项。

2022年6月2日，州委机构编制委员会第五次会议召开（州委编办供图）

进一步理顺派驻机构管理体制，统一设立乡（镇）综合执法办公室，整合乡（镇）现有执法力量和资源。

【权责清单调整】 印发《中共黄南州委机构编制委员会办公室关于开展权责清单动态调整工作的通知》，确保动态调整有序开展不脱节。实行多部联审，建立部门自审、司法局合法性审查、编办规范性审查等多部门分步骤的审查机制，确保清单格式统一规范，事项完整准确、不重不漏。坚持动态调整，根据法律法规立改废释、机构及职能调整情况等，调整完善“内部资料准印证”等18条权责清单通用目录，印发《中共黄南州委机构编制委员会办公室关于上报黄南州权责清单动态调整意见的报告》报省委编办统一公布全省权责清单通用目录。

【整合行政复议职责】 整合行政复议职责，全州县级以上一级地方人民政府只保留一个行政复议机关，由本级人民政府统一行使行政复议职责，各级人民政府部门不再承担行政复议职责。按照“一级政府只设立一个行政复议机关”改革要求，州、市（县）司法局为同级人民政府行政复议机构，依法办理本级人民政府行政复议事项，州、市（县）司法局挂本级人民政府行政复议办公室牌子，为州司法局设立正科级内设机构行政复议与应诉局，核定行政编制和正科级领导职数。

【州委编委会议】 州委书记、州委机构编制委员会主任朱战民主持召开州委机构编制委员会第五次会议，学习贯彻中央编委、中央编办有关制度文件和省委编委会会议精神，听取全州机构编制工作情况，研究审议尖扎县三江源扶贫生态产业园区管理委员会机构规格、州网络舆情信息中心核增编制等机构编制事项，审议通过《中共黄南州委机构编制委员会2022年工作要点》《尖扎县动态调整编制资源试点方案》。

州直机关党建

【概况】 2022 年，中共黄南州直属机关工作委员会管理州直机关 11 个党委、11 个总支部、121 个党支部，共 143 个党组织的班子建设、组织建设、党员管理、党风廉政、意识形态、精神文明、民族团结和普法教育等工作，管理党员 2223 人（其中女党员 702 人），新发展党员 57 人。到州直 155 个基层党组织开展机关党建督导、党务工作清查、模范机关提升行动。州直 1 家单位典型经验入选全国优秀案例；成立州属第一家粮食储备企业党组织；与天津市机关工委建立党建联盟。

【政治建设】 把学习宣传贯彻好中共二十大精神纳入政治理论学习“第一议题”，坚持中心工作推动到哪里，机关党建就延伸跟进到那里，彰显机关政治属性。组织州直党员到州党群服务中心、州检察院政治与法治生活馆等党组织共享阵地接受党性教育，指导举办州直机关庆“七一”主题文艺会演，完成州直机关出席省第十四次党代会及中共二十大代表推选工作。

【组织建设】 成立州属第一家国有粮食储备企业党组织，推动党对涉粮工作的全面领导。州人力资源和社会保障局党总支打造的“活力人社、惠民先锋”党建品牌，入选青海省“组织体系建设三年行动”典型案例。投资 1000 万元启动实施州级党群服务中心二期项目，督导并支持新建州财政局等 5 个机关党建示范点。建立基层党组织换届提醒督促、发展党员调度、积极分子跟踪管理等 6 项制度，督促指导 36 个州直党组织如期完成换届任务。建立基层党组织、党组织书记、慰问对象等基本信息台账。在州直机关全覆盖开展机关党建督导、党务工作清查、模范机关提升行动、“六个一”活动，推动各机关党组织在学习贯彻中共二十大精神和规范党内组织生活方面走在前，做表率。

2022 年 1 月 11 日，州直机关党组织书记抓党建工作述职评议大会召开（州直属机关工委供图）

【党员管理】 贯彻落实全面从严治党要求，持续抓好党员教育、管理、监督和服务，严格执行发展党员“6+2”制度，新发展 57 名党员。“两节”、“七一”建党节期间，慰问党内功勋荣誉表彰党员、困难党员、老党员、重病党员 72 人，发放慰问金 5.2 万元。举办 2022 年入党积极分子和发展对象培训班，参训 132 人，实现州直机关入党积极分子和发展对象培训全覆盖；举办为期 3 天的州直机关党务干部培训班，采取“走出去、学进来”的方式，组织学员到州中级人民法院等党

2022 年 9 月 14 日，州直属机关工委在州委党校举办州直机关党务干部培训班（州直属机关工委供图）

支部观摩学习。

【机关服务】 深化“一支部一特色”和机关党建品牌创建活动，促进机关党建与业务工作深度融合，州发展改革委党建引领保障黄河重大国家战略做法入选全国优秀案例。开展“十个一”系列主题活动，持续推动在职党员进社区“双重管理、双向服务”联谊共建活动，1803名机关在职党员通过进村（社区）参与政策宣讲、乡村振兴等工作，落实联点任务，推动机关党建与中心工作同频共振，累计有49个机关党组织形成“一支部一特色”。在疫情防控中，组织州直130名机关党员干部到泽库抗疫一线，投身疫情防控工作。调整选派55名州直机关干部担任驻村第一书记或工作队员，选树12名党员“身边榜样”。

【建立天津黄南机关党建联盟】

与天津市级机关工委建立党建联盟，在互访交流、党员培训、阵地建设等方面达成合作共识，引进援助资金40万元，借力天津优质资源提升机关党建工作水平。7月27日，召开天津市—黄南州党建工作座谈会暨社会动员捐赠仪式，双方就党建引领援建，援建促进党建工作进行交流。双方以此次机关党建联盟共建为起点，以常态化、实效化、标准化为目标，强化双方回访机制，在党员共学、资源共享、阵地共创、成果共享方面探索建立形式多样的协作合作机制，探索构建科学平稳有序的党建联盟运行机制，以党建引领拓展津青一家亲，推动两地发展再上新台阶。

【实施州党群服务中心二期项目】

申请资金1000万元，启动实施州党群服务中心二期项目。项目以“党建引领、空间共享、服务多元”为建设理念，外观设计整体突出党建标志性建筑风格，分地上两层，建筑面积2089平方米，地块与一期活动阵地毗邻，与现有一期活动阵地有机衔接，功能互补，并融合建立州级群团服务中心，形成黄南州党群服务综合体。

机要保密工作

【概况】 2022年，黄南州机要保密工作统筹发展和安全，突出精准施策，加强综合防范，提升机要保密服务保障能力和依法治理水平。在年度全省党政领导干部保密工作责任制考核中排名第一，在全省机要密码工作考核中排名第一。全年为州委常委会、疫情防控等重要会议提供保密技术服务51场次；为全州各类国家重点考试提供技术服务13场次；为州直部门提供保密咨询服务120余人次。

【保密机制建设】 坚持党对机要保密工作的绝对领导，落实重大事项请示报告制度，主动向州委汇报机要保密重点工作部署、重要会议精神、重大项目建设等情况。州委2次召开常委会会议，部署机要保密工作、信息化建设。州委书记朱战民多次听取工作汇报，专门作出批示，提出工作要求。4月，州委保密委员会、州党政密码工作领导小组召开（扩大）会议，传达学习全国全省机要保密会议精神，听取工作汇报，制定实施“十四五”规划及工作要点，研究部署2022年度重点工作任务。

【保密宣教培训】 通过各类会议传达领导干部机要保密工作责任制相关规定、通报窃密泄密案例，传导压力，压实责任。采取现场培训和视频会议形式，举办全州信息化技术培训班、文电管理培训班，提升保密管理水平，464名干部参加培训。采取线上+线下宣传模式，在“4·15”全民国家安全教育日、“12·4”宪法宣传周，依托政府门户网站、电视台、“黄南普法”微信公众号、“黄南先锋”、出租车LED滚动屏等新型宣传媒介、广场和主要街道开展保密法治宣传活动和现场咨询答疑，营造“知保密、懂保密、善保密”的良好氛围。活动期间，累计悬挂宣传横幅28条，展示宣传展板64块，播放宣传片800余场次，张贴海报100余份，发放宣传资料5300余份、宣传纸杯500余袋、抽纸宣传品1万余份、宣传手提袋500余个，解答群众疑问180余人次。州委分管领导和局领导班子成员下沉20余家重点单位和国有企业开展保密知识和保密常识宣教活动。组织全州机关单位参加“保密观”“中国保密在线”线上保密培训学习、开展“保密故事我来讲”主题党日活动，累计举办主题党日活动60余场次，参加人员3200余人。

【保密监督管理】　成立检查组，专项检查一市三县和78家重点单位领导干部履行保密责任制、人员管理、网络管理和保密管理情况，查阅台账、资料300余册，计算机341台，排查风险隐患点19处，下发《整改通知书》13份。对3家州直、8家县直重点单位主要负责人进行保密约谈和风险预警。对全州134家打字誊印店、废品收购站等社会特殊行业进行保密突击检查。检查计算机337台，收缴硬盘3块，签订保密协议122份。

老干部工作

【概况】　2022年，黄南州有离休干部21人，其中州直8人、同仁市9人、尖扎县3人、河南县1人；退休干部6304人，其中州直1646人、同仁市1426人、尖扎县1361人、泽库县963人，河南县908人；设有党委1个，党总支3个，党支部21个，有离退休党员1451人。全年州委老干部局聚焦党的建设、精准服务、发挥作用、阵地建设、自身建设等方面，老干部工作取得新成效。

【老干部思想政治建设】　坚持开展日常学习教育，采取“线上+线下”相结合的学习方式。线上在微信公众号、微信群开设离退休干部学习课堂、中共二十大精神学习园地、知识竞答，定时推送中共二十大精神、《习近平谈治国理政》第四卷等学习内容；线下结合疫情防控形势，举办专题宣讲、集中学习、交流研讨、讲授党课、主题党日、送学上门等，组织老干部深入学习中共二十大精神，中共十九届六中、七中全会精神，全国、全省、全州两会精神，老干部工作“双先”表彰大会、老干部局局长会议精神，省第十四次党代会和州委十三届七次全会精神等，引导老干部深刻领悟“两个确立”的决定性意义，不断增强政治判断力、政治领悟力、政治执行力。

【老干部党组织建设】　落实“三会一课”、组织生活会、民主评议党员、主题党日活动等制度，推进“六好”（班子建设好，组织设置好，职务队伍好，服务能力好，服务机制好，服务业绩好）示范党支部创建活动，规范党组织设置。按照“利于活动、便于管理、应建尽建”原则，全面摸排现有党组织设置、党员分布情况，注重选配党性强、威信高、身体好、乐于奉献的老党员担任党组织书记。通过党建共建、活动联办、场所共用等多种形式，在西宁及各市（县）11个社区探索性创建“黄南银发先锋联心站”，创新区域化党建新格局。

【落实老干部政治待遇】　组织老干部开展网上“邀您为中共二十大建言献策”活动，收听收看全国离退休干部网上专题报告会，在中共二十大、全国两会、省第十四次党代会召开期间，组织老干部收听收看会议盛况，举办中共二十大精神、省第十四次党代会精神专题宣讲会，为老干部编

2022年6月28日，黄南州组织离退休干部到青海原子城国家级爱国主义教育示范基地举办“传承红色基因　永葆革命初心”庆“七一”党性教育培训班（州委老干部局供图）

印学习手册，征订《中国老年报》《夕阳红》《青海党的生活》《黄南报》等10余种报纸、杂志，对年龄较大、身体不便的老干部送学上门，引导老干部深刻领悟“两个确立”的决定性意义。全年全州老干部系统召开各类学习会105次，参与人员2830人次，微信公众号、微信群推送各类学习内容1300余条，送学上门725人次，发放学习资料1445份。

【落实老干部生活待遇】 进一步深化离休干部精准服务工作，建立一人一策，从组织学习、落实待遇、医疗服务、特困帮扶、人文关怀、易地安置服务等六个方面提供更多个性化、亲情化、精准化服务，提升离休干部的获得感、幸福感和安全感。在重要节点走访慰问、生日慰问、住院慰问、上门吊唁离退休干部1259人次。组织开展“传递爱心 关爱老人 清洁卫生 喜迎新春”“迎新年 写春联 赞盛世 送吉祥”“真情服务老干部 健康义诊暖人心”等主题活动，把州委、州政府对老干部的关爱关怀落到实处。

【老干部精神文化活动】 安排部署开展“喜迎中共二十大和省第十四次党代会”“银发心向党 喜迎二十大”系列活动，组织离退休干部到州党群服务中心、州驻宁老干部活动中心开展“学习省第十四次党代会精神”“学思践悟二十大 银发生辉心向党”“用心用情践初心 深学实干担使命”等主题党日活动，观看庆祝香港回归祖国25周年大会盛况、红色微电影《抗美援朝老兵梁洪泉》，宣讲中共二十大、省第十四次党代会精神；组织州直100余名离退休干部党员到海北州举办“传承红色基因·永葆革命初心”庆“七一”党性教育培训班；围绕“建言二十大”调研、“我看中国特色社会主义新时代”、“奋进新时代”群众性主题宣传教育三项重点活动，组织开展“喜迎二十大·说句心里话”“光荣在党50年纪念章颁发暨慰问活动”“礼赞新时代 真情颂党恩 喜迎二十大”书画摄影展等一系列主题活动。组织全州离退休老干部开展为期10天的线上“喜迎二十大·礼赞新时代”党史知识竞答活动。自5日竞答活动启动以来，州市县老干部工作部门积极在微信公众号、微信群转发答题二维码、链接，组织指导广大老干部参与答题，700余名老干部踊跃参与，答题正确率达70%。

【老干部发挥余热】 组织离退休干部开展“建言二十大”专题调研活动，收集老干部意见建议80余条。组织开展“喜迎二十大 礼赞新时代 奋进新征程 黄南州离退休干部‘回家乡、看变化、话发展’”主题活动，组织140余名老干部参观考察乡村振兴、生态文明、基础设施项目建设情况，召开全州经济社会发展情况通报会、“我为黄南‘六区’‘四地’建设献一策”座谈会，引导老干部为黄南经济社会各项事业建言献策，发挥正能量。

疫情期间，老干部捐资捐物共价值32万元，260余名老干部投身志愿服务。召开全州老干部工作“双先”表彰大会、老干部局局长会议，表彰老干部工作先进集体6个、先进个人10人、黄南“银发先锋”10人，并通过微信公众号、微信群学习宣传离退休干部党员先进典型事迹。

【老干部活动阵地建设】 对州驻宁老干部活动中心提标升级，设置会议室、阅览室、棋牌室、健身室等，面积达540平方米，

2022年3月1日，在全州老干部工作“双先”表彰大会上对10名黄南“银发先锋”进行表彰（州委老干部局供图）

可容纳100余名老干部学习活动。州驻宁老干部活动中心获省委组织部副部长、老干部局局长黄世和的肯定和好评。开展老干部活动中心、活动室自查自评，申报州驻宁老干部活动中心和尖扎县老干部活动中心为“省级示范老干部学习活动阵地”。以召开集中学习会、宣讲会、送学上门、走访慰问、开展主题党日活动为契机，引导和帮助老干部学习和掌握信息应用技术技能，把老干部工作“搭在网上”、组织生活“过在网上”、主题活动“连在网上”、正向发声“传在网上”。在微信公众号、微信群开设“离退休干部学习课堂”“中共二十大精神学习园地”等专栏，定期推送中共二十大精神、《习近平谈治国理政》第四卷和党中央、省委、州委各项决策部署，增强老干部工作的时代性、针对性、时效性。建立完善老干部工作信息化工作机制，制定《黄南州老干部工作信息报送及采用计分办法（试行）》《黄南州离退休干部信息化服务管理平台管理办法（试行）》，把信息化融入老干部日常工作。

【关工委工作】　围绕生态文明建设，承办省第八届“老少共携手·保护三江源”启动仪式和植树活动；开展“国土绿化”行动、“垃圾分类　青春助力”等活动，示范引领“五老”人员和青少年投身生态文明建设。到基层学校开展省第一四次党代会精神宣讲暨“童心向党　快乐成长”“六一”慰问活动，联系企业开展捐资助学活动，向一市三县8所学校捐赠价值50万元的爱心物资，教育引导广大青少年听党话、感党恩、跟党走。组织“五老”人员开展“童心向党”活动，以爱国主义教育为题材，用身边的人身边的事，讲述红色故事、学习英雄事迹、弘扬革命精神，教育引导青少年传承红色基因，赓续红色血脉。组织开展“银发话家风　美德世代传”主题活动，通过言传身教，传播好家训、弘扬好家风，以实际行动引领社会新风尚。

党校工作

【概况】　中共黄南州委党校实行三校合一体制（黄南州委党校、黄南州行政学院、省社会主义学院黄南分院），2022年，有县级干部6人、科级干部10人，专职教师22人，其中正高级讲师2人、高级讲师10人、讲师5人、助理讲师5人。全年推进智慧校园建设，研发党校智慧云学员管理平台，开通“黄南州委党校”微信公众号，引进联通“三江”大讲堂，开通中国知网；打造泽库县拉格日模式、尖扎县昂拉千户府等10个现场教学观摩基地；建成融高科技+体验式为一体的党性（廉政）教育基地。年内举办

2022年6月29日，全州党校（行政学院）校（院）长会议在州委党校（行政学院）召开（州委党校供图）

各类培训班30期，培训2558人次；宣讲授课50场次，受众5170人次。在全省“讴歌新时代　奋进新征程·黄河水电杯”大赛中，《开天辟地　红船起航》获全省基层理论宣讲大赛三等奖；“用大爱铸起民族团结丰碑”“脱贫路上的拉格日”2堂精品党课宣讲稿分别获评全省优秀宣讲报告稿。

【教育教学】　把党的基本理论教育和党性教育作为主课，在主体班开设马克思主义原著、中国特色社会主义理论体系、党性修

2022 年 9 月 13 日，州委党校举行 2022 年秋季学期开学典礼（州委党校供图）

养、理想信念、核心价值观、党风廉政建设等课程，并通过情景教学、结构化研讨、警示教育等多种形式增强理论教育和党性教育实效，推进马克思主义中国化的最新成果入脑入心。学好、用好、讲好习近平新时代中国特色社会主义思想，设置“习近平新时代中国特色社会主义思想”“习近平七年知青岁月”等专题，做到党的理论教育和党性教育在主体班次中不低于总课时的 70%，党性教育不少于 20%。

学科建设方面，确定 8 个基础学科，成立党史党建、社会学、法学、民族宗教学 4 个学科小组，培养学科带头人、学科骨干、学科新秀。年内打造 3 堂“用学术讲政治”示范课。新出台《课程建设管理制度》《学科建设实施方案》《专业技术人员年度考核量化规定》《教师 15 天调研制度》《选派各类培训班班主任规定》等一系列制度。

举办全州党校系统第二届精品课评选活动，实施两个阶段，选出州级优秀课汉语 3 项、藏语 2 项，校级优秀课汉语 5 项、藏语 3 项，州级优秀案例课 3 项。其间，均聘请省委党校、兄弟市州党校、州党校系统的骨干教师及相关部门专家学者担任评委。继续办好《黄南学习》内部刊物，年内刊发 4 期，发放至全省党校系统和州直各单位。

运用现代信息技术，发挥“新媒体工作室”优势，开辟“全会精神我来讲”“省十四次党代会微专题”“二十大·微党课”等栏目，定期推送微党课，开展线上宣传。年内录制微党课 28 讲，将传统的“课程供应式”向“菜单设置”的自主模式发展，“课堂讲授式”向“课堂+基地”的实践式拓展，“理论灌输式”向“讲授+研讨”的互动式拓展，“听讲式”向“听讲+活动”的体验式拓展。首次将《模拟法庭》引入课堂，以真实行政诉讼案例，模拟真实的庭审环境和庭审过程。

挖掘地方民族团结的精神内涵和文化底蕴，打造《用大爱铸起民族团结丰碑》情景式精品党课，《讲好民族团结故事　铸牢中华民族共同体意识》《习仲勋民族统战工作实践与启示》等教学培训项目和精品课程，组织编写《从历史深处走来——铸牢中华民族共同体意识的黄南篇章》等民族团结教材。州委党校被评为第四批全省民族团结进步教育基地。

【教学改革】 教学内容改革　推进“用学术讲政治”教学改革。在教学内容上，根据形势要求，年内设置专题 68 个，新开发专题 18 个。在课程设计，中青班等特长班的课程设计上突出系统性，整个教学计划分为理论教育、能力提升、实践教学等若干单元，每个单元又根据内容相关度设置若干模块，模块内的专题课之间有序衔接、持续强化。在授课主体上，坚持专职教师授课主体的前提下，邀请党政领导、专家学者到党校授课，实现授课主体多元化。年内邀请领导及专家等授课 7 人次。在教师选择上，实行竞聘试讲，每个新专题都须在试讲通过后才能在主体班次和赴外授课中讲授，择优上讲台，保证每个专题最强的师资配备。年内组织教师试讲 16 人次。在内容把关上，严格执行两级审阅制度，新专题教案分别由教研室主任和主管教学的副校长审核把关，防止出现观点错误、例证不当等问题，并在不同班次开展教学督导活动 30 次。在授课方式上，教师授课中综合运用讲授、研讨、案例、互动、情景模拟、现场体验等多种教学方式，促进学习培训与研讨交流相结合、课堂教学与课外教学相衔接、理论讲授与实践活动相统一，不断提升学习效果。在坚持理论讲授的同时，开展主题讨论会 4 次，思悟日记讨论会 3 次、微论坛 4 次、结构化研讨 2 次、现场教学 6 次及“微党课我来讲”、辩论赛等活动。

课程改革　结合习近平新时代中国特色社会主义思想，开发《马克思主义中国化的三次历史飞跃及重大意义》《全面推进中华民族伟大复兴的政治宣言和行动纲领——二十大解读》《以中国式现代化全面推进中华民族伟大复兴》《坚定不移全面从严治党，推进新时代党的建设新的伟大工程》《省第十四次党代会精神解读》等 18 个新专题。结合州情，打造“从三个历史决议看百年党史”“激发生态文化自觉　打造生态文明高地”“新时代开启青海高质量发展新征程”3 堂“学术讲政治”精品课；开发“‘两山’理论在黄南的生动实践”“传承与反哺——黄南州特色文化助推乡村振兴”2 项教学项目；编写《昂拉解放的密码》《从历史深处走来——铸牢中华民族共同体意识的黄南篇章》《乡村振兴理论与实践》3 部培训教材。

2022 年 5 月 23 日，第 27 期中青班开展模拟法庭教学活动（州委党校供图）

【干部培训】　同组织、宣传、统战、人社等部门合作，举办第 27 期中青班、中共十九届六中全会精神专题培训班、黄南州政协委员履职能力提升培训班、黄南州乡（镇）班子能力提升州级示范培训班、黄南州烟草专卖局（公司）学习贯彻中共十九届六中全会精神专题研讨班、黄南州村（社区）妇联主席履职能力提升培训班、黄南州驻村第一书记及驻村干部能力提升培训班、黄南州碳达峰碳中和生态文明建设专题培训班、黄南州 2022 年青年干部暨公务员初任培训班、州直机关入党积极分子和发展对象培训班、州直机关党务培训能力提升培训班、黄南州公安局“喜迎二十大　忠诚保平安”党性教育暨法制业务培训班、“喜迎二十大　救助暖民心”社会救助政策培训班、全州党外人士中共二十大精神通报会暨 2022 年度全州党外代表人士培训班、全州党政领导干部应急管理能力提升专题培训班等各类培训班 30 期、培训 2558 人次。

【理论宣讲】　把宪法法律、党章党规党纪等党内法规作为教学培训的重要内容，按照州委部署要求及机关单位、基层工作需要，选派骨干力量到机关、社区、企事业单位和农村牧区一线，开展中共十九届六中全会精神、省十四次党代会精神和中共二十大精神主题宣讲和专题授课，累计宣讲授课 50 场次，受众 5170 人次。

【科研咨政】　制定《关于落实 15 天调研要求的制度》等一系列制度，规定最低科研工作量，制定科研任务奖励机制，个人科研任务纳入年底考核，每年对科研成绩突出的教师予以表彰奖励。年内申报 2 项国家级课题，均通过省级层面评审；申报省级重大实践智库项目研究课题 1 项；申报省社科联课题 4 项，其中立项 1 项，1 项之前的省社科联课题结项；全省组织人事系统重点调研课题入选 5 项；《青海省脱贫攻坚与乡村振兴衔接研究》《“新乡贤”参与乡村治理研究》2 项省委党校重点科研课题立项并结项；确定 2021—2022 年度全州党校系统重点科研课题 7 项。组织教师参加全省“喜迎二十大　奋进新征程”“省第十四次党代会精神”“省延安研究会通知让延安精神在青海大地绽放出新时代的光芒”等理论研讨会，提交论文 20 篇，入选 5 篇。加强调查研究，组织教师到相关单位和四市（县）开展调研，完成调研报告 16 篇，2 名教师参与州四大班子及州直有关部门调研工作，并承担撰稿任务。年内刊发党校调研 4 篇、研究报告6篇，获州委领导肯定性批示3篇。其中，《黄南州乡村产业振兴问题研究》调研报告经州委《调研通讯》《黄南信息》采用后，被省委办公厅《青海信息》第285期采编。

【师资培养】 依托团队管理、学习晨练、学思论坛，建立“周晨练、月论坛、季调研、年评比”人才培养机制，年内通过线上线下学习培训8人次，1名教师考录为在职研究生。有1名教师入选青海省“四个一批”“西部之光访问学者”“昆仑英才”优秀拔尖人才培养名录，5名教师获“全州十佳优秀人才”“青年英才标兵”；1名教师在全省党校系统教学观摩和优秀培训项目、优秀课评比中获奖；3名教师被聘或入选青海省党员教育“高原先锋师资库”、青海省党建研究中心特邀研究员、青海省基层党支部书记集中轮训师资库。

【党校和谐校园建设】 细化办文办会流程，明确公文流转、制发文件、档案规范等方面职责，严格办文程序。年内印发黄南党校文件115件、机关党委文件14件、简讯79期、教研4期、研究报告4期、便签75件。完成督办、文件、简讯、讲话及各类综合性材料的撰写，举办全州党校（行政学院）校（院）长会等各类会议。完成州委“中心组”扩大学习会等各类报告及会议累计16场次2560人次的保障任务；年内接待各类培训班30期2558人次。

黄南州人民代表大会

黄南年鉴

2023

综　述

【概况】　2022 年，州人大常委会在州委的坚强领导和省人大常委会的精心指导下，坚持以习近平新时代中国特色社会主义思想为引领，认真践行习近平法治思想、习近平总书记关于坚持和完善人民代表大会制度的重要思想，坚决贯彻落实中央和省、州委决策部署，深入学习贯彻中央和省州委人大工作会议精神，坚持党的领导、人民当家作主、依法治国有机统一，围绕中心、服务大局、依法履职、务实创新，完成州十六届人大二次会议确定的目标任务，各项工作取得新成效。

【坚持党的领导】　政治引领　坚持把学习贯彻习近平新时代中国特色社会主义思想作为首要政治任务，落实“第一议题”制度，及时跟进学习习近平总书记重要讲话和指示批示精神，认真学习贯彻中共二十大和省第十四次党代会精神，全文学习《习近平谈治国理政》第四卷，系统学习《习近平总书记关于坚持和完善人民代表大会制度重要论述摘编》及人大相关知识，坚持读原著、学原文、悟原理，组织开展党组集体学习 23 次，围绕主题学习研讨 5 次。

决策部署　执行重大事项请示报告制度，及时就年度监督计划、立法规划、代表工作等重要事项向州委书面请示报告 18 次，把党的领导贯穿到人大工作全过程。学习贯彻中央和省、州委人大工作会议精神，对标对表新部署新要求，建机制、补短板、扬优势、增特色、提质效。发挥常委会党组的政治领导作用，履行全面从严治党主体责任，加强和改进机关党建工作，定期研究机关党建、党风廉政建设、意识形态责任落实和全面深化改革等重大任务。

服务大局　围绕州委贯彻落实党中央大政方针的安排部署，聚焦生态环保、民生改善、社会治理、民族团结、教育发展等方面加强立法、监督工作，在服务大局中发挥人大职能作用。完成州委“十三联”工作任务，制定机关县级干部包联重点工作任务“五联系”制度，开展“喜迎二十大、基层百日行”活动。

2022 年 6 月 23—24 日，全州人大工作座谈会在尖扎县召开。省人大常委会党组书记、副主任于丛乐应邀出席会议并讲话（州人大办供图）

【工作机制建设】　建立健全常委会党组、机关党组、机关党支部“三级”联动抓党建工作机制，巩固“组织体系三年行动”建设成果，推动党建工作与业务工作深度融合。

严格执行中央八项规定及其实施细则和省委、省政府若干措施，支持州纪委监委驻州人大常委会机关纪检监察组工作，定期听取机关党组履行职责情况汇报，压紧压实管党治党政治责任。配合做好全国人大在黄南州开展推进监察工作规范化法治化正规化建设情况专题调研，主动向省人大经常性汇报，配合完成乡村振兴、“双减”、国有资产管理、人大代表履职等调研视察工作。召开全州人大工作座谈会，实地观摩与交流研讨相结合，促进州、县、乡三级人大互学互鉴、上下联动、共同提高。坚持主任会议成员联系市（县）人大工作制度，推进各级人大学习交流和工作协同，全州人大工作合力和整体实效明显增强。推进重点项目建设，人大代表履职服务中心和“智慧人大”建设项目顺利开工，为新时代人大工作奠定坚实基础。

【机关建设】　开展作风问题查纠六大专项行动，教育机关党员干部讲政治、转学风、办实事、强担当、促团结、严纪律，以作风建设新成效引领和保障新时代人大工作新发展。开展“文明机关”“书香机关”“节约型机关”创建活动，常委会机关获“全国节约型机关”称号。讲好“人大故事”，新版人大门户网站正式上线，编印《黄南人大》会刊2期，编发《黄南人大情况》87期，在《省委每日情况》《青海人大情况》《人民代表报》刊发黄南人大工作信息7篇。加强机关干部队伍建设，到兄弟市（州）考察学习人大常委会机关工作经验做法，落实机关干部定岗定责，优化充实工作力量，从严管理、正向激励。机关党支部获评“促百分百达标、迎党百年华诞”以评促建活动“先进党支部”“老干部工作先进集体”。

【交流考察与指导活动】 4月6—7日，州人大常委会举办全州乡（镇）人大工作规范提升培训班，州人大常委会党组书记、主任蒋树成出席开班式并讲课。

5月11—18日，州人大常委会副主任马进贤到河南县督导疫情防控等工作。

5月25日，州人大常委会副主任杜会锋参加《信访工作条例》集中宣传活动。

6月14日，州人大常委会举行立法专家智库成立暨聘书颁发仪式，正式聘任33名州人大常委会立法智库专家。

6月23—24日，全州人大工作座谈会在尖扎县召开。省人大常委会党组书记、副主任于丛乐应邀出席并讲话。州委书记矣战民参加，州委副书记、州政府州长扎西才让参加观摩活动，州人大常委会主任蒋树成及常委会各副主任、秘书长，尖扎县委书记，各市（县）人大常委会主任、副主任，州市（县）人大各专门委员会、常委会办公室负责人和部分人大代表参加座谈会。州人大常委会副主任张文生主持。

7月4—7日，州人大常委会党组书记、主任蒋树成带领州人大常委会副主任索南达吉、马进贤，秘书长汪智以及州人大法制和监察司法委员会、常委会办公室、州生态环境局负责人到甘肃省甘南州学习考察生态环保和文化保护立法工作。

7月6—7日，州人大常委会党组副书记、副主任张文生陪同全国人大监察和司法委员会副主任委员韩晓斌一行到同仁、河南两地，就推进监察工作规范化、法治化、正规化建设情况进行专题调研。

7月8日，州人大常委会副主任马进贤带队，州人大常委会办公室相关工作人员、各市（县）人大常委会副主任、办公室主任14人到省人大参加规范性文件备案审查业务学习培训。

7月12—13日，州人大常委会党组书记、主任蒋树成同省人大常委会副主任张黄元一行到泽库、河南两县开展《青海省包虫病防治条例》立法调研和“双减”工作调研并在河南县开展守护眼健康公益活动。

8月11—13日，州人大常委会副主任马进贤参加青藏川滇甘交界地区州（市）长第七次联席会议。

9月1—4日，州人大常委会党组书记、主任蒋树成到吉林省延吉市参加延边朝鲜自治州成立70周年庆祝活动。

11月8—10日，州人大常委会党组成员带队分到各市（县）宣讲中共二十大精神、州委人大工作会议精神并督导近期重点工作。州人大常委会党组书记、主任蒋树成到河南县宣讲中共二十大精神和州委人大工作会议精神。

重要会议

【概况】 2022年，黄南州召开人民代表会议1次，即黄南州第十六届人民代表大会第二次会议；州人大常委会召开6次人大常委会会议，会议由州人大常委会党组书记、主任蒋树成主持召开，人大常委会各副主任、秘书长、委员参加会议。

【人民代表大会】 2022年2月20—24日，黄南藏族自治州第十六届人民代表大会第二次会议在隆务镇召开，210名代表出席、203名列席人员列席。会议听取和审议州人民政府、州人大常委

2022年2月22日，黄南藏族自治州第十六届人民代表大会第二次会议在州会议中心开幕（州人大办供图）

会、州中级人民法院、州人民检察院工作报告；审议并通过《关于黄南藏族自治州人民政府工作报告的决议》《关于黄南藏族自治州2021年国民经济和社会发展计划执行情况及2022年国民经济和社会发展计划的决议》《关于黄南藏族自治州2021年财政预算执行情况和2022年财政预算的决议》《关于黄南藏族自治州人大常委会工作报告的决议》《关于黄南藏族自治州中级人民法院工作报告的决议》《关于黄南藏族自治州人民检察院工作报告的决议》；审议通过《黄南藏族自治州城乡社区治理促进条例（草案）》《黄南藏族自治州林木管护条例》修订草案。大会选举辛晓震为黄南藏族自治州第十六届人民代表大会常务委员会委员、州第十六届人民代表大会财政经济委员会主任委员。

【常委会会议】 十六届人大常委会第四次会议　2月18日，黄南藏族自治州第十六届人民代表大会常务委员会第四次会议召开，27人出席会议，州人大财政经济委员会主任委员人选辛晓震以及相关部门负责人列席会议。会议表决通过《关于召开黄南藏族自治州第十六届人民代表大会第二次会议的决定草案》《黄南藏族自治州第十六届人民代表大会第二次会议议程草案、日程草案、主席团会议日程草案》《黄南藏族自治州第十六届人民代表大会第二次会议主席团和秘书长名单草案、主席团常务主席名单草案、执行主席分组名单草案、副秘书长名单草案、列席人员名单草案》《黄南藏族自治州第十六届人大常委会代表资格审查委员会关于个别代表资格审查情况的报告》《黄南藏族自治州人民代表大会常务委员会关于接受王向红、贠永堂辞职请求的决定（草案）》。会议决定，黄南藏族自治州第十六届人民代表大会第二次会议于2月20—24日在隆务召开，会期5天。会议听取和审议州人大法制和监察司法委员会关于《黄南藏族自治州城乡社区治理促进条例（草案）》《黄南藏族自治州林木管护条例（修订草案）》《黄南藏族自治州水资源保护条例（草案）》的审议结果的报告和草案修改稿；听取州人大法制和监察司法委员会关于《黄南藏族自治州城乡社区治理促进条例（草案修改稿）》《黄南藏族自治州林木管护条例（修订草案修改稿）》《黄南藏族自治州水资源保护条例（草案修改稿）》修改情况的汇报，并表决通过草案表决稿。会议补选汪洋为黄南州出席省第十三届人民代表大会代表。

十六届人大常委会第五次会议　4月23日，第十六届人民代表大会常务委员会第五次会议召开。会议听取《黄南藏族自治州人大常委会主任会议关于提请接受王耀春辞去青海省第十三届人民代表大会代表职务请求的议案》《黄南藏族自治州人大常委会主任会议关于提请补选朱战民为黄南州出席省第十三届人民代表大会代表的议案》，州人大常委会办公室关于2021年规范性文件备案审查工作情况的报告。会议表决通过黄南藏族自治州人大常委会关于接受王耀春辞去青海省第十三届人民代表大会代表职务请求的决定，补选朱战民为黄南州出席省第十三届人民代表大会代表。表决通过有关人事事项。会议通报州十六届人大常委会组成人员出席2021年常委会会议情况。

十六届人大常委会第六次会议　6月29日，黄南藏族自治州第十六届人民代表大会常务委员会第六次会议召开，27人出席会议。会议听取州人大常委会执法检查组《关于检查〈中华人民共和国道路交通安全法〉贯彻实施情况的报告》《黄南藏族自治州施行〈中华人民共和国民法典〉结婚年龄的变通规定（草案）》《黄南藏族自治州人民代表大会代表建议批评意见办理提出考评办法（修订草案）》的说明，关于个别代表资格审查的报告以及有关人事事项的说明。拟任人选作任前发言。会议审议通过州人大常委会执法检查组《关于检查〈中华人民共和国道路交通安全法〉贯彻实施情况的报告》《黄南藏族自治州人民代表大会代表建议批评意见办理提出考评办法》，关于个别代表资格审查的报告。会议审议通过《黄南藏族自治州施行〈中华人民共和国民法典〉结婚年龄的变通规定（草案）》，提请州十六届人民代表大会审议。会议表决通过有关人事事项。会后，常委会组成人员和各专委会委员进行集中学习，州人大常委会一级巡视员李学军就学习贯彻省第十四次党代会精神作专题辅导。

十六届人大常委会第七次会议　8月31日，黄南藏族自治州第十六届人民代表大会常务委员会第七次会议召开，20人出席会议。会议传达学习习近平总书记重要讲话精神、省委人大工作会议精神。会议听取财政、审计工作报告及审计查出问题整改情况的报告、法院诉源治理的专项报告、残疾人保障服务体系建设情况的专项报告，表决通过相关报告的决议、有关人事任免事项，并对3个专项工作报告进行满意度测评。会议通报代表进室活动开展情况。

十六届人大常委会第八次会议　10月31日，黄南藏族自治州第十六届人民代表大会常务委员会第八次会议召开，31人出席会议。会议听取《州人大常委会执法检查组关于检查〈中华人民共和国退役军人保障法〉实施情况的报告》《州人民政府关于〈加快推进新时代教育高质量发展的实施意见〉和五个配套文件贯彻落实情况的专项报告》《州人民政府关于全州绿色有机农畜产品输出地建设情况的专项报告》《州人民政府关于州本级地方政府性债务管理情况的专项报告》《州人民政府关于〈州人大常委会关于《检查中华人民共和国道路交通安全法》实施情况报告的审议意见〉落实情况的报告》《黄南藏族自治州人大常委会任命的有关国家机关工作人员任后监督办法（试行）（草案）》的说明。会议对4个专项报告进行满意度测评。会议表决通过《黄南藏族自治州人大常委会任命的有关国家机关工作人员任后监督办法（试行）》；表决通过黄南藏族自治州人民代表大会常务委员会关于接受陆来海辞去州十六届人民代表大会常务委员会委员职务，马文斌辞去州十六届人民代表大会常务委员会委员职务、财政经济委员会委员职务请求的决定；表决通过有关人事任免事项。会议印发《州人大常委会专题调研组关于〈加快推进新时代教育高质量发展的实施意见〉和5个配套文件贯彻落实情况的调研报告》《州人大常委会专题调研组关于全州绿色有机农畜产品输出地建设情况的调研报告》《州人大常委会专题调研组关于州本级地方政府性债务管理情况的调研报告》《州人大常委会对〈州监察委员会关于开展扶贫领域腐败和作风问题专项治理工作报告〉的审议意见落实情况的报告》。会议书面传达学习中国共产党第二十次全国代表大会精神。

十六届人大常委会第九次会议　12月22日，黄南藏族自治州第十六届人民代表大会常务委员会第九次会议召开，23人出席会议。会议听取和审议《藏语言文字工作条例》《不可降解一次性塑料制品管理条例》和调整2022年州本级财政预算的议案、企业国有资产管理情况、2022年度环境状况和环境目标完成情况、十六届人大二次会议代表建议意见办理情况等报告并对相关报告进行满意度测评。会议决定，黄南藏族自治州第十六届人民代表大会第三次会议于2022年12月下旬在隆务召开，会期两天半。会议对州公安局、人力资源和社会保障局、生态环境局、住房和城乡建设局、乡村振兴局、卫生健康委员会、教育局、发展和改革委员会8个单位授予州十六届人大二次会议代表建议办理工作“人民满意单位”称号。

监督工作

【概况】 州人大常委会聚焦全州经济社会发展的重要领域和人民群众关心关注的重点问题开展监督，坚持于法有据、问题导向、听取意见、推动整改，增强监督刚性，体现理解支持，注重成果转化，确保中央和省委、州委决策部署贯彻落实，法律法规有效实施。全年听取审议专项工作报告7个，开展执法检查3项、专题调研6项，受理群众来信来访2件。

【重点领域监督】 听取和审议计划、财政预决算、州本级地方性债务管理、审计工作及审计查出问题整改情况报告，审查批准计划、预算、决算草案及预算调整方案，推进预算联网监督工作，规范资金管理，强化预算约束。听取和审议绿色有机农畜产品输出地建设、全州教育发展大会确定的各项工作任务落实情况的报告。聚焦生态文明建设，开展环境保护法贯彻实施情况执法检查，听取和审议关于2022年全州生态环境状况和环境保护目标完成情况的报告，组织五级人大代表对矿产资源保护情况开展视察调研，依法维护生态安全。听取和审议残疾人保障服务体系建设情况的报告，开展道路交通安全法、老年人权益保障法、退役军人保障法实施情况执法检查，推动解决群众急难愁盼问题，提升人民群众获得感、幸福感、安全感。

【监督拓展】 创新监督方式，首次监督检查政府工作报告提出的重点工作任务和“10件民生实事”落实情况，连续3年审议国有资产管理情况报告，首次审议企业国有资产管理情况专项报告，推动政府更好兑现承诺、履行职责。听取审议全州法院诉源治理工作情况的报告，推动矛盾纠纷源头化解工作，推进法治黄南建设。组织开展道路交通安全法执法检查审议意见办理情况“回头看”，跟踪监督解决道路交通安全热点难点问题。全州一市三县首次听取和审议监察委员会专项工作报告。

【监督质量与实效】 规范专项工作报告的形式内容，明确专项报告中问题和原因部分不少于三分之一，解决问题的举措部分不少于三分之一，提升审议质量与监督刚性。在执法检查中，对照法律条文开展检查、具体分析、提出措施，发挥法律的引领、规范和保障作用。坚持关口前移与跟踪督办相结合，首次召开常委会审议意见交办会，列出问题清单，细化责任分工，持续跟踪监督，推动整改落实。首次听取审议意见落实情况的汇报，并进行满意度测评。首次对审计查出问题整改情况报告进行满意度测评，推动审计发现问题整改见效。

2022年7月4—7日，州人大常委会考察组到甘南州学习考察生态环保和文化保护立法工作（州人大办供图）

【执法检查活动】 4月26—28日，州人大常委会副主任索南达吉主持召开环境保护法执法检查动员会及专题培训，并带领执法检查组到河南、尖扎两县开展环境保护法执法检查。

5月23—27日，州人大常委会副主任马进贤带领执法检查组到同仁市及尖扎、泽库、河南县开展《中华人民共和国道路交通安全法》执法检查。

9月14—15日，州人大常委会副主任辛海萍带领执法检查组，就全州贯彻落实《中华人民共和国退役军人保障法》情况进行执法检查。州人大社会建设委员会、州退役军人事务局相关负责人参加检查。

【调研视察活动】 3月14—15日，州人大常委会副主任辛海萍同省人大调研组在同仁市、尖扎县开展《黄南藏族自治州城乡社区治理条例》立法调研。

4月11—14日，州人大常委会组成调研组对全州人大工作进展情况进行调研。

5月25—26日，州人大常委会副主任辛海萍到同仁市民政局及各乡（镇）开展黄南藏族自治州施行《中华人民共和国民法典》结婚年龄变通情况的调研。

6月7日，州人大常委会党组书记、主任蒋树成带队到同仁市督查代表意见建议办理情况；州人大常委会副主任张文生、杜会锋到尖扎县调研人大工作。

7月18—19日，州人大常委会副主任马进贤带领调研组就全州人民法院诉源治理工作情况进行专题调研，4名基层州人大代表应邀参加调研。

7月21—22日，州人大常委会副主任辛海萍带领调研组到泽库、河南两县开展残疾人保障服务体系建设情况调研。

9月19—20日，州人大常委会副主任张文生带领调研组，对州本级地方政府性债务管理使用等情况进行专题调研。州人大财经委员会、财经委员会委员及相关单位负责人参加调研。

9月20—21日，州人大常委会组织部分驻州全国、省人大代表和州市乡人大代表，集中视察州科技馆、图书群艺馆、博物馆、职业技术学校、体育馆停车场以及同仁市隆务河综合治理、北区建设、唐卡艺术小镇、悦牧人家牛羊肉综合开发有限公司、曲库乎乡江龙农业村传统村落项目建设情况，现场调研州人大常委会执法检查道路交通安全法的审议意见整改落实情况。州人大常委会主任蒋树成带队视察，州人大常委会副主任张文生、杜会锋、索南达杰、辛海萍、马进贤，秘书长汪智，全国人大代表夏吾卓玛及省、州、市、乡人大代表20人参加视察活动。州委常委、同仁市委书记旦增参与视察，州市相关部门负责人参加视察并进行座谈。

人事任免

【国家工作人员任职】 全年依法任命国家工作人员8人次。在州十六届人大常务委员会第五次会议上，任命郭世辉为州中级人民法院立案庭副庭长。在第六次常委会上，任命郑洪华为州监察委员会副主任，决定代理主任；任命拉本加为州人民检察院检察委员会委员、检察员，马连龙为州人民检察院检察员。在第七次会议上，任命董瀚为州监察委员会委员。在第八次常委会上，选举并任命赵兴荣为州人民政府副州长；任命马连龙为州人民检察院检察委员会委员，赵霞为黄南州人民检察院检察员。

【国家工作人员免职】 全年依法免去国家工作人员7人次。在州十六届人大常务委员会第五次会议上，免去杨晋平州中级人民法院审判员职务。在第六次常委会上，免去哇多州人民政府副州长职务，元旦尖措州人民检察院检察员职务。在第七次会议上，免去马海珍州监察委员会委员职务；免去仁青当周州中级人民法院审判员职务。在第八次会议上，免去陆来海州人大常委会法制工作委员会主任职务。

代表工作

2022年9月20—21日，州人大常委会党组书记、主任蒋树成（前排右三）带领五级人大代表视察同仁市重点项目建设情况（州人大办供图）

【代表履职】 坚持邀请人大代表列席常委会会议和参加执法检查、立法调研、专题调研等活动，不断扩大代表参与常委会及专委会工作。组织全国和省、州、县、乡人大代表在同仁市集中视察"园区建设、北区建设、唐卡小镇建设、老城区建设、乡村建设"情况，围绕全州大局建言献策，发挥代表作用。落实"两个办法"，支持选举单位依法加强代表履职监督，州级人大代表述职实现100%目标要求。同仁市人大"三支队伍"建设成效明显。完成黄南州出席省十四届人民代表大会代表的选举工作。深化代表联系人民群众工作。

【代表联系】 开展主任会议成员走访代表，加强常委会、专委会、工作委员会同代表的联系，支持州"一府一委两院"加强与代表的联系，实现联系代表常态化、长效化。推进"两室一平台"建设提档升级，泽库县"两室"面貌焕然一新。完善代表进"两室"的组织管理、时间任务、工作方式、意见处理、资料管理"五项规范"措施，全州五级人大代表分编33个小组，开展"五级代表进两室，联系群众办实事"活动，探索形成具有黄南特色的代表"进室"模式，代表工作得到省人大常委会肯定。在喜迎中共二十大和全州疫情防控期间，3次倡议全州各级人大代表发挥模范带头作用，尖扎县人大代表在疫情防控、矛盾调解中发挥桥梁纽带作用，得到群众广泛认可。

【代表建议办理】 修订完善代表建议办理及考评办法，将代表建议办理工作纳入州县年度目标考核，构建代表建议"提出、交办、办理、督办"一体推进机制，为高质量推进建议办理提供制度保障。完善代表建议重点督办机制，加大党委、人大、政府主要领导领衔督办，人大常委会副职重点督办，专委会对口督办，常委会组成人员联合督办，人大代表参与督办的大督办工作格局。州十六届人大二次会议期间代表提出的92件建议全部办结，对历年列入计划尚未办结的代表意见建议实行销号方式动态管理，持续抓好跟踪督办，推动解决一批社会关切、群众关心、代表关注的问题。

黄南州人民政府

黄南年鉴

2023

综　述

【概况】 2022年，州人民政府面对经济下行、多轮疫情、极端天气等多重超预期因素冲击，坚持以习近平新时代中国特色社会主义思想为指导，认真学习贯彻党的二十大精神和省第十四次党代会精神，完整准确全面贯彻新发展理念，在省委、省政府和州委的坚强领导下，坚决落实“疫情要防住、经济要稳住、发展要安全”重大要求，全力打好疫情防控阻击战、稳住经济大盘攻坚战、守住安全底线保卫战，在复杂局面中、严峻形势下赢得了主动。全州地区生产总值增长0.2%，地方财政公共预算收入增长8.63%，社会消费品零售总额增长2.2%，全体居民人均可支配收入增长5.6%、突破2万元大关，多项主要经济指标保持正增长，交出了逆境中顽强拼搏的满意答卷，全州经济社会高质量发展取得新成效。

【农牧业发展】 启动全省绿色有机农畜产品输出地先行示范州创建，基本建成“四个万头”规模养殖基地和“四个万亩”特色种植基地，新建千头牦牛、千只藏羊养殖场5个、活畜交易市场3个，新增州级涉农龙头企业6家、示范社33户，农畜产品市场主体达到2357户，主要农畜产品加工转化率达到62.5%。绿色有机农畜产品种类达到176种，注册品牌商标1515个，产品年输出量3.4万吨，销售额突破17亿元。同仁市成功创建省级现代农业产业园，泽库县、河南县分别入选全国草原畜牧业转型升级试点县和农业生产“三品一标”典型案例。

【工业经济】 全州规模以上工业企业完成总产值28.07亿元，同比下降15.65%，工业投资增长13%，一般工业投资下降75.7%。受黄河上游来水影响，规模以上工业增加值同比下降16%。规模以上工业产销率96.42%，同比增长7.85%，主要大宗产品产量呈现“三升三降”（熟肉制品、乳制品、矿泉水上升；发电量，商品混凝土，鲜、冷藏肉下降）。全年培育中小微企业15家、规模以上企业3家，落实中小企业发展、招商引资等13个项目资金494万元。

2022年6月18日，黄南州政府党组到海北州西海镇开展党史学习教育（州政府办供图）

【新型城镇化建设】 实施城镇基础设施项目167项，完成投资23亿元，进一步完善同仁、尖扎城北新区功能，提升同仁市城市功能，改造重点城镇风貌，加快推进老旧小区改造等项目，一大批过街天桥、停车场、高标准公厕建成投用，5G网络实现主城区和乡（镇）全覆盖，和日镇获全省美丽城镇建设优秀奖，黄南州在全省美丽城镇建设绩效考核中实现“五连冠”。

【生态黄南建设】 编制实施黄河黄南流域生态保护和高质量发展等一批中长期规划，不断巩固“河湖长制”“林草长制”。完成“三区三线”划定和州、市（县）国土空间规划编制工作，坎布拉入选世界地质公园候选地。实施总投资14亿元的生态治理项目116项，治理水土流失59.8平方千米、中小河流64千米。争取落实中央财政支持国土绿化试点示范项目，完成国土绿化营造林2.87万公顷，超出省定目标62.8%，创建省级森林城镇1个、乡村3个。实施草原生态修复6.47万公顷，草原综合植被覆盖度达到69.1%，高出全省平均水平11.2个百分点。空气质量优良天数比例达到97%，主要流域12

个监测断面水质达到或优于Ⅲ类标准，污染防治攻坚战考核获全省优秀等次。

【乡村振兴】 落实脱贫攻坚同乡村振兴衔接资金6.73亿元，实施衔接项目218项。全州68%的村集体经济年收益达10万元以上，尖扎县香干村、泽库县吉龙村入选全国“一村一品”示范村，易地搬迁群众实现户均至少1人就业，脱贫群众人均纯收入增长9.7%，返贫风险消除率保持在75%以上。实施省级乡村振兴试点村19个、高原美丽乡村20个、传统村落保护30个，改善农牧民居住条件4300户，建成农牧区卫生厕所2636座，巩固提升12万人饮水安全，新改建农村公路526千米，整治耕地“非粮化”2053.33公顷，完成撂荒地复耕复垦893.33公顷，同仁市乡村建设经验在全省推广，尖扎县来玉村、同仁市吾屯村分别入选全国美丽休闲乡村和乡村旅游重点村。城乡面貌实现从“点上开花”到“面上成景”的整体性提升。

【文化旅游】 热贡文化生态保护区入选黄河主题国家级旅游线路，新晋中国工艺美术大师2人，新增省级非物质文化遗产项目18项，藏戏《意卓拉姆》《最美格桑花》分别亮相“相约北京”国际艺术节和央视春节戏曲晚会，《神韵黄南·魅力非遗》宣传片入选全国优秀非遗宣传短视频展播目录。尖扎县、泽库县成功创建省级全域旅游示范县，云边漫步帐篷、芊桑别院等一批民宿成为网红打卡地，天津市“坐着地铁游黄南”等宣传推介活动成效明显，黄南文化探秘成为全省精品生态旅游线路。

2022年11月16日，州委副书记、州长扎西才让（右四）调研重点项目建设情况（州政府办供图）

【重大项目建设】 发挥投资对稳增长的关键性作用，争取落实财政资金、专项债券等101亿元，实施各类项目541项，加快建设西成铁路黄南段、张汶高速同仁至赛尔龙段、310国道尖扎至贵德段、扎毛水库灌渠、同仁城北新区防洪综合治理、郭么日大桥等重大项目，基本完成天然气入州长输管线铺设，浪加水库下闸蓄水，同仁市330千伏输变电竣工投用，完成固定资产投资54.7亿元。

【社会管理改革】 全年完成改革任务143项，县以下事业单位管理岗位职员等级晋升改革全面实施，基本建立州、县、乡、村四级供销社机构体系，农村公路管理养护体制改革、市场主体强制退出、成品油市场综合监管等改革试点工作成效明显。全面实行行政许可事项清单管理，稳步推进政务服务“五级联动”试点，乡（镇）政务服务中心实现全覆盖。“互联网+村级财务服务”覆盖85%的行政村，化解政府债务4.4亿元。建立科技特派员工作站12个，新增国家实用新型技术专利1项，推动省级科技成果转化4项。培育省级高新技术企业、科技型企业、众创空间3家，实现高新技术企业零的突破。

【社会事业】 教育 设立教育发展基金2500万元，补充教师、后勤人员1400余人，缓解师资力量配备不均衡问题。州职校新校区建成投用，州第四民族高级中学开工建设。

卫生健康 推进“五医”联动改革，完善异地就医直接结算体系。乡（镇）卫生院实现藏医馆全覆盖，藏药制剂种类达到729种，年产量突破200吨，泽库县被评为全国基层中医药工作先进单位。州藏医院整体搬迁等项目稳步建设，医疗机构新增床位182张。

文化 加快推进“四馆一院一中心”、州体育场升级改造等项目，举办那达慕等文化体育活动384场次，黄南健儿在省全运会获11枚金牌、20枚银牌、16枚铜牌，取得历史最佳成绩。《黄南年鉴（2022）》《河南蒙古族自治县年鉴（2022）》入选全省精品年鉴，广播电视、新闻出版等工作取得新成效。

劳动就业 推进“雏鹰计划”等促就业举措，新增城镇就业1446人，高校毕业生就业率89.3%，实现农牧区劳动力转移就业2.18万人次，“2+1+N”劳务品牌发展模式在全国推广，城镇居民、农村居民收入增长2.4%和6.2%。

【社会保障】 落实社保医疗、社会救助、养老育幼等政策，向困难群体发放免费蔬菜300吨，州老年活动中心投入运营，妇女儿童、残疾人、老龄、慈善、红十字等事业取得新进步，国防教育、国防动员和民兵建设、拥军优抚安置、退役军人服务、人防工程管理等工作实现新提升，人民群众生活实现全方位改善。全年财政民生支出占比达81.7%，承诺的民生实事全部办结。

【创业就业】 推动事业单位岗位设置规范化，453名专技、管理、工勤人员晋升。落实“双定向”政策，25人通过“双轨制”晋升职称。教育卫生行业待聘人员实现应聘尽聘。帮助7名援青专技人员晋升。推进公立医院薪酬制度改革，核定年度绩效工资总量。全年招聘事业单位工作人员23人。完善专技人才电子档案，500余名专技人才服务网上办。人事干部档案完成专项审核739份。与155名专技人才开展聘前谈心谈话。全年培训专技人员4094人。统筹推进“雏鹰计划”“石榴籽计划”“就业创业促进工程”“孵化基地提升工程”4个1000万元的人社援青项目。建成128个就业帮扶车间促进稳岗拓岗2842人，其中脱贫劳动力1232人。举办招聘会25场，完成技能培训18期800人。

【农牧区改革】 开展农村牧区集体经济股份制合作组织联合社试点工作，细化、完善全州262个村集体经济股份制合作社章程，为发展壮大村集体经济联合发展水平提供制度保障。泽库县成功组建3家村集体经济联合社，有序推进主体注册、赋码登记、资源配置、股权设置、折股量化等工作。开展村集体成员身份信息变更工作。

【对外开放】 以“融合、创新、发展、团结、和谐”为主题，举办青、藏、川、滇、甘五省交界地区州（市）长第七次联席会议，签订《黄南共识》，推进区域交流合作。开展招商引资，“青洽会”签约项目27项，签约金额111亿元，创历史新高，到位资金12.9亿元。深化与天津市、江苏省南通市及对口援建单位的交流合作，高层次、全方位开展互访对接，落实对口援助和东西部协作等资金3.66亿元。

【社会治理】 *民族团结进步* 纵深推进“民族团结+”融合发展行动和民族团结进步创建“十二进”活动，率先在全省建设铸牢中华民族共同体意识体验馆，持续开展领导干部与宗教界人士联谊交友活动，不断深化“爱国、感恩、团结、法治”教育，创建全国民族团结进步示范单位1个，省级示范单位、教育基地、青少年教育示范点12个。

平安黄南建设 开展“防风险、除隐患、降发案、保平安”等专项行动，严厉打击电信诈骗

2022年6月23日，黄南州考察团到甘南州开展合作交流和考察观摩（州政府办供图）

2022 年 8 月 12 日，青藏川滇甘交界地区州（市）长第七次联席会议峰会在尖扎举行（张海麟　摄）

等群众关注度高的违法犯罪行为。承办全省地震灾害综合实战演练，推进安全风险隐患大排查大整治，安全生产事故起数和死亡人数双下降。食品药品安全监管有力，一些囤积居奇、哄抬物价等市场乱象得到有效遏制。

法治政府建设　颁布施行《城乡社区治理促进条例》，成为全省乃至涉藏地区首创。州、市（县）两级法律援助中心国资律师事务所挂牌成立，村（社区）法律顾问实现全覆盖，尖扎县德吉村、河南县曲海村被评为全国民主法治示范村。打造“一站式多元解纷中心”3 个、“枫桥式”星级司法所 13 个。落实领导干部定期接访下访制度，矛盾纠纷调处率和信访事项按期办结率分别达到 99% 和 96.7%。

安全生产　第一时间启动汛情应急响应，紧急转移危险区域群众 7680 人次，确保汛期人员“零伤亡”。及时开展灾后恢复重建，尽最大努力保护人民群众生命财产安全。

市场消费　落实减税退税 1.44 亿元，投入劝企纾困资金 3371 万元，出台促进中小微企业高质量发展的若干措施，新增中小微企业 15 户、规模以上企业 2 户、限额以上企业 3 户、市场主体 2584 户。开展惠民暖企促消费活动，投入促消费资金 912 万元，发放消费券 20 余万张，带动消费 3500 万元。直播带货、网红经济等新业态快速发展，“快递进村”覆盖率达到 81%，网络零售额、交易额均增长 10% 以上。

清洁能源　获批实施“十四五”能源发展规划，启动一市三县“牧光储”园区规划建设，总装机 155 万千瓦的清洁能源发电项目纳入全省开发建设方案，尖扎县尖扎滩乡分散式风电项目并网发电，同仁市、尖扎县“牧光储”综合一体化发电项目加快建设，并获入网许可，泽库县屋顶分布式光伏示范县、河南县清洁供暖示范县、李家峡水电站扩机等项目进展顺利，完成投资 16.7 亿元。

重要会议

【概况】　2022 年，黄南州人民政府召开全体会议 1 次，即黄南州第十六届人民政府第二次全体会议；召开政府常务会议 7 次，会议由州长扎西才让主持召开，通报有关决定事项，研究相关议题。

【政府全体会议】　2022 年 2 月 24 日，州政府召开州第十六届人

2022 年 2 月 24 日，州政府召开州第十六届人民政府第二次全体会议（州政府办供图）

民政府第二次全体会议，全面贯彻中共十九大及中共十九届系列全会、省委、州委全会精神，深入学习贯彻省州两会部署要求和《政府工作报告》确定的目标任务。州委副书记、州长扎西才让出席并讲话。州委常委、常务副州长肖顺琛主持。

【政府常务会议】 2月14日，州长扎西才让主持召开州十六届人民政府第五次常务会议。会议通报州十六届人民政府第四次常务会议研究决定事项的办理情况；研究《关于信长星省长在参加省十三届人大七次会议黄南代表团审议时讲话精神的贯彻意见》、《政府工作报告（讨论稿）》、《黄南州2021年国民经济和社会发展计划执行情况和2022年国民经济和社会发展计划草案的报告（讨论稿）》、《黄南州2021年财政预算执行情况和2022年财政预算（草案）的报告（讨论稿）》、《黄南州“十四五”商务经济发展规划》、《黄南州应急体系建设第十四个五年规划》、《黄南州“十四五”卫生健康发展专项规划》、《黄南州“十四五”就业促进规划》、《黄南州“十四五”科技创新规划》、州发展改革委《关于〈黄南州实现“开门红”保障“全年稳”的若干措施〉的请示》、州工业商务和信息化局《关于黄南州肉类冷藏及蔬菜恒温储备库运营管理有关事宜的请示》。

3月16日，扎西才让主持召开州十六届人民政府第六次常务会议。会议通报州十六届人民政府第五次常务会议研究决定事项的办理情况；研究《黄南州“十四五”工业发展规划》、《黄南州“十四五”教育事业发展规划》、《黄南州文体旅游广电发展“十四五”规划》、《黄南州“十四五”自然资源保护和利用规划》、《黄南州住房城乡建设事业“十四五”发展规划》、《黄南州林业和草原保护发展“十四五”规划》、《黄南州“十四五”数字经济发展规划》、州住房和城乡建设局《关于〈黄南州进一步加强城乡生活垃圾治理行动方案（2022—2025年）〉的请示》、州住房和城乡建设局《关于〈黄南州推进城镇污水处理提质增效专项行动方案（2022—2024年）〉的请示》、州住房和城乡建设局《关于〈黄南州国家级传统村落集中连片保护利用示范州“1+2”规划〉的请示》、州残联《关于〈黄南州残疾人康复中心购买服务项目方案〉的请示》、州发展改革委《关于〈黄南藏族自治州“一老一小”整体解决方案〉的请示》、州发展改革委《关于〈黄南藏族自治州地方储备粮管理办法〉的请示》、州发展改革委、州财政局、农发行黄南分行《关于调整黄南州地方储备粮油计划的请示》、州财政局《关于解决州直部分单位资金需求的请示》。

4月26日，扎西才让主持召开州十六届人民政府第七次常务会议。会议通报州十六届人民政府第六次常务会议研究决定事项的办理情况。会议研究州直机关事务管理局《关于盘活黄南州职业技术学校原校区资产的请示》、州财政局《关于州本级“三馆一院一中心一职校”项目用地及资金预安排情况的请示》、《黄南州“十四五”生态环境保护规划》、州科技局《黄南州全民科学素质行动计划纲要实施方案（2021—2025年）》、《黄南州全民科学素质行动计划纲要实施方案（2021—2025年）》、州消防救援支队《关于〈黄南州火灾事故调查处理规定（试行）〉的请示》、《关于〈黄南州宗教活动场所消防安全管理规定（试行）〉的请示》、州教育局《关于黄南州特殊教育学校招聘编外教师的请示》、州住房和城乡建设局《关于解决黄南州传统村落展示馆场地的请示》、州财政局《关于解决州直部分单位资金需求的请示》。

7月12日，扎西才让主持召开州十六届人民政府第八次常务会议。会议通报州十六届人民政府第七次常务会议研究决定事项的办理情况；研究州自然资源局、州统计局《关于发布〈黄南州第三次全国国土调查主要数据公报〉的请示》、州林草局《关于〈黄南州林地和草地碳汇开发方案〉的请示》、州市场监管局《关于〈黄南州建立涉企收费治理长效机制工作方案〉的请示》、州财政局《关于变更黄南州中医特色重点医院建设资金用途的请示》、《关于调整黄南剧院建设项目资金的请示》、《关于〈黄南州外事领域州与县财政事权和支出责任划分改革实施方案〉的请示》、《关于〈黄南州交通运输领域州与市（县）财政事权和支出责任划分改革实施方案〉的请示》、《关于解决州直部分单位资金需求事项的请示》。

8月24日，扎西才让主持召开州十六届人民政府第九次常务会议。会议通报州十六届人民政府第八次常务会议研究决定事项的办理情况；研究州审计局《关于〈2020年度州本级预算执行和其他财政收支审计查出问题整改情况的报告〉》、《关于〈2021年度州本级预算执行和其他财政收支的审计工作报告〉》、《关于上报审批矿产资源总体规划（2021—2025年）的请示》、州政府办公室《关于全面实行行政许可事项清单管理的请示》、州财政局《关于〈黄南州2021年度州本级财政决算（草案）的报告〉的请示》、《关于〈黄南州2022年上半年财政预算执行情况的报告〉的请示》。会议听取州财政局《黄南州州本级政府债务化解相关工作的汇报》。

10月21日，扎西才让主持召开州十六届人民政府第十次常务会议。会议通报州十六届人民政府第九次常务会议研究决定事项的办理情况。会议研究州工业商务和信息化局《关于〈黄南州促进中小微企业高质量发展的若干措施〉的请示》、州市场监管局《关于〈黄南州"证照分离"改革全覆盖事项清单（2021年版）〉的请示》、州司法局《关于〈黄南藏族自治州藏语言文字工作条例（修订草案）〉的请示》、《关于〈公布州政府、州政府办公室行政规范性文件清理结果〉的通知》、州教育局《关于〈解决2018级省级公费师范毕业生接收安置〉的请示》、州住房和城乡建设局《关于〈同仁市建筑公司未交付公租房后续事宜〉的请示》、州直机关事务管理局《关于〈州公安局等单位搬迁后办公用房调配〉的请示》、州财政局《关于〈调整黄南州旅游文化服务中心建设等项目资金〉的请示》、州财政局《关于解决州直部分单位资金需求事项的请示》。

12月8日，扎西才让主持召开州十六届人民政府第十一次常务会议。会议通报州十六届人民政府第十次常务会议研究决定事项的办理情况；听取州农牧局《关于黄南州2022年中央一号文件贯彻落实情况汇报》和州乡村振兴局《关于黄南州2022年巩固拓展脱贫攻坚成果同乡村振兴有效衔接工作汇报》，研究州司法局《关于〈黄南藏族自治州不可降解一次性塑料制品管理条例（草案）〉的请示》、州医保局《关于〈黄南州城镇职工基本医疗保险实施细则〉的请示》、州民政局《关于〈黄南藏族自治州施行中华人民共和国民法典结婚年龄的变通规定（草案）〉的请示》、州财政局《关于〈下达2022年疫情防控补助资金分配方案〉的请示》、州财政局《关于〈全省汛期自然灾害抢险救灾及灾后恢复重建资金黄南州分配方案〉的请示》、州财政局《关于〈黄南州2022年财政预算调整方案〉的请示》。

【政府专题会议】 1月6日，副州长李鑫主持召开会议，专题审议《黄南州天然气专项规划（2021—2030）（送审稿）》。

1月11日，副州长哇多主持召开《黄南州全民健身中心·黄南州体育公园规划设计方案》征求意见会，听取州文体旅游广电局编制的《黄南州全民健身中心·黄南州体育公园规划设计方案》和州直相关部门意见建议。

1月25日，副州长李鑫主持召开会议，专题审议《黄南州生态牧光储一体化新能源规划（审定稿）》。

2月25日，副州长王岐岳主持召开会议，专题安排部署黄南州推进传统村落集中连片保护利用示范工作。

3月10日，常务副州长肖顺琛主持召开会议，听取和研究黄南州州直公共租赁住房相关事宜。

3月25日，州长扎西才让主持召开全州绿色有机农畜产品输出地示范园区建设专题会议，听取州农牧局、同仁市政府作示范园区建设工作情况汇报，安排部署下一步重点工作进行。

3月25日，州长扎西才让主持召开全州国土绿化专题会议，审议研究国土绿化相关工作方案，统筹解决国土绿化工作推进过程中存在的困难和问题，安排部署2022年全州国土绿化工作。

3月29日，州政府组织召开黄南州扎毛水库管理所及扎毛水库工程整体移交协调领导小组第一次会议。州委常委、州政府常务副州长、协调领导小组组长肖顺琛参加会议，副州长、协调领导小组副组长李鑫主持会议，协调领导小组各成员单位相关负责人参加会议。会议听取各成员单位工作情况汇报，分析存在的问题，安排部署下一步工作任务。

4月8日，副州长王岐岳主持召开黄南州第二次传统村落集中连片保护利用示范工作推进会，听取项目推进情况汇报，安排部署下一步工作。

4月8日，州长扎西才让主持召开坎布拉景区重点工作专题推进会，州委常委、常务副州长肖顺琛，副州长宋建、王岐岳、李鑫、王桂莲、李勇、更智才让，秘书长及州直相关部门负责人参加会议。

4月11日，副州长更智才让组织召开黄南州绿色有机农畜产品输出地示范园区建设工作现场推进会，听取州农牧局、同仁市政府就示范园区建设工作进展情况汇报，安排部署下一步重点工作。

4月24日，副州长李鑫主持召开黄南州第四民族高级中学建设项目实施主体责任移交专题会议，研究推进州第四民族高级中学建设项目实施主体责任移交相关事宜。

4月27日，州长扎西才让主持召开黄南州体育场升级改造项目专题会议，研究推进州体育场升级改造相关事宜。

5月9日，副州长更智才让组织召开黄南州生活垃圾焚烧供热项目预审会，听取住建部环境卫生研究中心、中国城市建设研究院及陕西环保产业集团天蓝公司生活垃圾焚烧处理方案汇报。

5月18日，州长扎西才让主持召开黄南州体育场升级改造项目专题会议，研究推进州体育场升级改造相关事宜。州委常委、同仁市委书记旦增，副州长更智才让，州政府秘书长敏通宫，州发展改革委、州财政局、州文体旅游广电局、州审计局负责人参加会议。

6月1日，副州长更智才让组织召开黄南州绿色有机农畜产品输出地示范园区建设工作现场推进会，听取示范园区建设工作进展情况汇报，安排部署下一步重点工作，州农牧局、州乡村振兴局主要负责人和同仁市政府等相关负责人参加会议。

6月8日，副州长更智才让主持召开会议，专题研究2021年州本级东西部协作资金分配计划、2022年生态有机农牧业发展示范区财政预算专项资金使用计划。

6月10日，副州长更智才让主持召开黄南州（同仁市）绿色有机农畜产品输出地示范园区招商洽谈会。

6月13日，州委常委、常务副州长肖顺琛主持召开省级重点项目同赛高速公路要素保障专题会议，听取项目推进情况，分析存在问题，部署下一步重点工作任务。

6月16日，副州长李鑫主持召开黄南州天然气利用工程（一期）工作推进会，听取项目推进情况，分析存在问题，部署下一步重点工作任务。

6月29日，副州长王桂莲主持召开黄南州“十四五”残疾人保障和发展规划专题会议，审议《黄南州“十四五”残疾人保障和发展规划（送审稿）》，安排部署下步重点工作。

6月30日，副州长王桂莲主持召开黄南州妇女儿童发展规划（2021—2030年）专题会议，审议《黄南州妇女发展规划（2021—2030年）》《黄南州儿童发展规划（2021—2030年）（审议稿）》，安排部署有关工作。

7月21日，副州长王岐岳主持召开黄南州跨省域增减挂钩项目整改工作推进会，听取各市（县）项目推进进展情况，安排部署下一步工作。

9月8日，州委常委、常务副州长肖顺琛，副州长王桂莲组织召开黄南州“十四五”老龄事业和养老服务发展规划专题会议，审议《黄南州“十四五”老龄事业和养老服务发展规划（审议稿）》，安排部署下一步重点工作。

9月15日，州长扎西才让主持召开全州项目投资调度会，通报全州2022年项目投资进展情况，听取各市（县）政府和州直相关部门项目投资工作汇报，分析当前存在的问题，安排部署下一步工作任务。

9月16日，州长扎西才让主持召开专题会议，听取并研究黄南州藏医院整体搬迁项目相关事宜。

9月21日，副州长更智才让主持召开黄南州文化艺术中心协调工作领导小组第一次会议。

9月27日，副州长王桂莲主持召开黄南州专任教师脱产读研相关事宜专题研究会。

11月11日，副州长王岐岳主持召开专题会议，听取各市（县）1至10月财政收支情况汇报和全州财政收支情况通报，研究分析全州财政资金预算执行中存在的问题，进一步明确目标、强化举措，对全州财政资金支出进度工作进行再安排再部署。

11月16日，副州长、公安局局长李勇主持召开会议，专题研究州荣誉军人休养院项目建设推进工作，安排下一步工作；专题研究尖扎县公安武警综合基地安全隐患处置工作，安排下一步推进工作。

12月14日，州委常委、常务副州长肖顺琛主持召开专题会议，研究定点医院（亚定点医院）医疗设备配置及采购相关事宜。

综合政务

【概况】 2022年，黄南州政府办公室完成中央、省内外各类接待33次，筹办保障各类会议620余次；收发文7805件，同比增长1.24%；以州政府、州政府办公室名义印发文件188件，与2021年基本持平；举办全州性会议活动18场，同比减少33%。完成国家领导人和省级领导、天津党政代表团等到黄南考察调研的重大接待服务保障任务。规范公务接待标准和流程，完成全国政协领导及青藏川滇甘州长联席会议等大型接待工作任务。截至年底，州直党政机关公务车辆92辆，为州直各单位派车952次，服务里程18.32万千米。4月，州直机关事务管理局被人力资源社会保障部、国家机关事务管理局授予“全国机关事务工作先进集体”称号。

2022年6月27日，州直机关事务管理局获“全国机关事务工作先进集体”称号（州直机关事务管理局供图）

【公文办理】 围绕党中央、国务院和省委、省政府重大决策部署，牵头起草78件政策性指导文件。完成《政府工作报告》的起草、征求意见和修改工作，向州十六届人大二次会议提交。按时保质地撰写各类会议讲话、汇报发言材料，完成调研报告12篇，文字量在80万字以上。全年收发文7805件，其中中央以及省级文件2499件，部门请示、报告类办件866件，签发401件，信息传阅480件，疫情相关文件279件，领导批示发文3280件，做到案无积卷、事不过夜。把好文件会议关口，精简和规范文件办理，遏制文山会海现象。

【政务督查】 利用“710”政务督办系统，围绕提高政务督查成效，挂牌督办、跟踪督查州政府领导交办的重要事项，对不及时上报各类督查督办工作落实情况的下发催办通知，做到情况不明、问题不解决不放手，确保督查实效；对州政府常务会议研究决定的事项，明确时限，跟踪督办，并及时上报工作进展和落实情况，确保政令畅通。全年州政府督查室承办省政府重点工作督办事项84件，上报督查专报11期，上级督办办复率100%；督促办理州政府重点工作事项149项，办结率100%。下发领导批示交办督查事项20期、督办通知16期、督查工作通报8期，撰写督查报告9期。按时限要求，通报十六届人民政府常务会议决定事项办理情况7期（5~11次），专项督办州政府研究决定的工作事项。

【政务信息】 通过采取在州政府党组会通报各市（县）和各部门政务信息采编情况、制定《季度报送要点》，坚持全员办信息制度，下发《约稿通知》、感谢信、工作提醒函等多种有效方式，进一步强化信息工作，实现政务信息“量”

"质"双提升。全年编印《黄南政务信息》516期、《内参信息》30期，下发祝贺信17封、工作提醒函21篇；向省政府办公厅报送各类政务信息525条、约稿信息70篇。全年省政府办公厅采用142条（篇）。其中，采用政务信息82条（动态类77条、专题类5条），约稿信息60篇；省政府领导批示20条（主要领导批示11条、分管领导批示9条）。国务院办公厅采用10条，国务院领导批示5条。

【政府采购】 政采云公司推出无纸化电子招标系统并与黄南州签订用户协议；邀请浙江"政采云"有限公司的专业人员对全州各预算单位采购业务经办人员62人进行实操业务培训，7月，全州范围招募第六批供应商146家，签订省级第六批协议198家；对20家入围商户进行合规检查。截至12月底，入驻供应商户497家。州本级集中采购3133.48万元，其中货物2168万元、工程类654.12万元、服务类311.36万元。抽取专家415人次，专家评审参评166人次，采购意向公开210次。依据省政府要求各预算单位在贫困地区农副产品销售平台注册、预留份额、交易采购农副产品53条，交易额3.71万元，持续推动"互联网+政府采购"。

【办公用房管理】 *办公用房专项整治* 逐一梳理核查州直91家单位办公用房建设、使用、维修、处置及权属登记等情况，建立办公用房使用台账，收回2家单位104平方米商铺出租权，收回3家企业单位借用事业单位832平方米业务用房，完成32家单位办公用房权属统一变更至州直机关事务管理局名下，盘活州职业技术学校原校区闲置办公用房，督促指导一市三县办公用房专项整治工作。

办公用房统筹调配 制定州公安局等单位搬迁后办公用房调配计划，合理调配州发展改革委等15家单位办公用房，缓解办公用房紧缺现状。

健全办公用房管理制度 推进办公用房建设管理使用制度化规范化，制定《黄南州州直党政机关办公用房维修项目管理办法》《黄南州办公用房建设管理制度》等6项制度，提高党政机关及事业单位办公用房管理水平。推进信息化平台建设，强化集中统一管理工作，在全省率先建设州直党政机关及事业单位办公用房管理信息化平台，以进一步提升保障水平和管理效能。

【公务用车管理】 优化升级公车监管平台信息系统，完成机关单位车辆信息录入和公务用车基础数据统计工作，实现全省公车监管"一张网"要求。督促各单位严格遵守公车管理制度，强调公车使用"红线意识"，每月抽查各单位车辆运行轨迹，对"无任务出行"单位电话提醒181次。提高统筹车辆安全保障能力，开展车辆安检361次、保洁226次、消毒421次、安全提醒135次，召开司助人员安全例会37次。完成事业单位公车制度改革，州直92家事业单位全部采取维持现状方式进行改革，重新核定车辆编制119个。其中，一般业务用车编制63个，执法出勤用车编制15个，特种技术用车编制41个。超编事业单位上缴车辆15辆。其中，对车况较好的5辆车进行调剂使用、车况较差的10辆进行处置。

【后勤事务管理】 加大食堂监管力度，严格监督食堂卫生、食材购进、餐具消毒、消防安全等，落实疫情防控措施，根据疫情形势及时调整打餐方式。持续提升餐饮服务品质，丰富食堂菜品种类，均衡优化营养搭配，研发新菜变换口味，开放明档现场制作，食堂满意率达95%。实施州委、州政府院内外人防、物防、技防相结合的安全防范措施，新增监控摄像头。排查"水电暖管网线"安全隐患，定期维护检修各项设施设备，完成自查976次，邀请专业部门检查27次，查出隐患并完成整改57项。实行24小时值班值守，加强夜间巡逻，组织巡逻2121次，登记外来人员8920人、车辆1420辆次。完成办公室年度消防安全防范工作，做好日常消防检查，消防器材维护，消防安全宣传教育，消防技能培训等工作，聘请第三方消防维保单位对州会议中心和州政府办公楼等重点场所进行消防维保，完成消防安全检查220次，组织消防演练5次，更换消防器材1批次。持续开展环境大整治，完成清洁任务整治653次，环境卫生检查1684次。在疫情防控、应急防汛期间，成立专项应急小分队，完成疫情防控、应急防汛处置及安全生产等各项防控和保障任务。

政务服务

【概况】 2022年，黄南州政务服务监督管理局围绕“便民、高效、廉洁、规范”的服务宗旨，创新服务方式，拓宽服务领域，持续深化“放管服”改革，优化营商环境，凸显服务群众、服务企业作用。截至年底，州政务服务中心进驻具有行政审批和公共服务单位22家、便民服务单位3家、同仁市单位4家，设立服务窗口60个，进驻政务服务事项435项，办理各类政务服务事项10万余件，办结率100%。政务服务“好差评”累计评价30313条，满意率达100%。加快推进“一网通办、一事通办”和“一站式”政务服务体系建设，州级政务服务中心事项进驻率达80.4%、网上可办率达90%以上。

【窗口服务】 推行“上门服务”“延时服务”等便民利企服务措施，实行首问负责制、服务承诺制、一次性告知制、限时办结制服务机制，开展上门服务15次，利用“5+2”延时服务办理1500余件，畅通“跨省通办”邮政寄递和帮办代办服务，州政务服务中心户籍、社保、医保等窗口积极落实全省“跨省通办”事项，累计办理1.35万件，邮政快寄210件，免除邮寄费用2000元。深度融合政务服务平台、“青松办”移动端应用和实体大厅业务办理、评价功能，不断提升政务服务事项“网上办”“指尖办”水平，州本级行政许可和公共服务事项网办率均达90%以上。以群众、企业需求为导向，推行“一件事”套餐，实行“一张申请表单、一套申报材料、一个窗口接件、一个系统办结”审批服务模式，推行企业开办、企业简易注销员工录入、车辆营运证等多情形多领域“一件事”套餐8项，办件量425件。

【减证便民】 精简事项办理环节材料，通过减环节、减材料、减时间、减证明、减费用、减跑动和增加服务透明度“六减一增”工作，累计精简材料56份，减少267个工作日，推行减少证明事项20项，推行告知承诺事项14项。完善行政许可、公共服务、其他行政权力、行政确认等7张政务服务事项清单，实现政务服务事项无差别受理，同标准办理。

【公共资源交易】 在推行房建、市政等工程建设项目电子化交易基础上，完成农牧、林草和生态保护工程货物采购全流程电子化，省内跨区域远程异地评标工作步入常态化。全年完成公共资源交易项目407个，金额28.78亿元；政府集中采购3个，完成采购预算75万元；矿业权挂牌出让4个，成交额1025万元。完成电子化省内跨区域远程项目223个，金额21.32亿元。

【招投标管理】 建立公共资源交易场内《开评标场地纪律巡查和音频抽查制度》《公共资源进场交易活动流程制度》《黄南州公共资源交易监督管理办法》《交易中心工作人员行为规范监督反馈意见》等长效机制，完善公共资源交易工作流程。

【基层政务服务及建设】 全州33个乡（镇）建成政务服务中心（便民服务点），覆盖率100%，并完成统一名称挂牌。33个乡（镇）、258个村（社区）统一办理入口，在青海政务网编制、发布事项334项，实现省、州、市（县）、乡（镇）、村五级政务服务线上全覆盖。疫情防控期间，集中开展乡村振兴、重点扶贫、房建市政项目转场交易129个。对接省交易中心开设专场交易23个，有效保障全州重点项目开工建设和经济建设平稳运行。推广保函、保单，完成各类保证金业务2840笔，电子保函保单业务占比达81.44%，企业交易成本大幅降低。

【电子政务】 推进州政府网站优化升级，打造数字政府。完成州级政府网站和泽库县、河南县政府网站升级改版工作，规范各级政府网站政府信息公开专栏。进一步丰富政策宣传和政务公开内容，同步做好重点政策文件和《政府工作报告》的解读和发布工作，州政府网站及各市（县）政府网站发布各类政府信息3400余条。在省级政府网站监测中，州政府网站、各市（县）政府网站及全州所有在国办备案的政务新媒体均达到合格标准。办理州长信箱来信，收到诉求信件15件，办结率100%。持续做好

"12345"民生服务热线工作，受理群众来电7929件，办结7770件，办结率98%，群众满意率达71.5%。

【"放管服"改革协调】 推进"证照分离"改革，印发《黄南州关于开展"证照分离"改革全覆盖工作方案》《黄南州"证照分离"改革全覆盖事项清单》，落实23个部门96项分类改革事项。实行行政许可事项清单管理，将299项行政许可事项纳入清单化管理。落实各项助企纾困政策措施，落实留抵退税4506万元，全州新增市场主体2496户，总量达到2.4万户，平均每日新增市场主体7户。推进"双随机、一公开"监管与企业信用风险分级分类深度融合。推广"信用监管"，实现机关事业单位、社会组织、企业和个体工商户新注册主体社会信用代码"源头赋码、一户一码"全覆盖。

外事工作

【概况】 2022年，黄南州践行外事工作为地方经济社会发展服务、为社会稳定服务的宗旨，围绕中心、服务大局，为推动全州经济社会发展、对外开放和维护社会稳定做出贡献。召开州委外事工作委员会第三次会议，制定《2022年黄南州外事工作要点》，构建起系统完备、科学规范、运行高效的外事工作体制机制。

【对外交流合作】 根据《青海省推进共建"一带一路"绿色发展的若干措施》《青海省拓展共建"一带一路"新邻域工作方案》通知要求，坚持"请进来"和"走出去"相结合，提高对外开放水平。利用省上举办的大型涉外活动，向外国友人宣传党的民族政策和黄南民俗文化、热贡艺术及黄南州改革发展成果，树立黄南州开放包容的良好形象，提升黄南知名度。通过省外办向外交部推荐黄南州文化旅游资源和特色农畜产品，并提供外宾参访路线。

【涉外事务管理】 按照省委外事办公室、省侨务办公室相关要求，加强部门联动，强化信息共享，及时掌握出入国（境）人员信息，准确统计境外人员情况，并在第一时间向省外办反馈相关情况，推动境外人员自觉落实相关措施。加大境外返青人员宣传工作，累计向30余个平台、公众号、工作群推送各类政策信息52次、覆盖8000余人。2022年，黄南州暂缓因公出国（境）活动。

信访工作

【概况】 2022年，黄南州受理办理信访事项249批次783人次，年内，办结227件，按期办结率达95%以上。全州信访事项及时受理率和按期办结率分别为95.48%和97.26%，信访群众满意率为85.7%。在全国信访示范县创建活动中，河南蒙古族自治县被评为2022年全国信访示范县；在全国信访系统六优评选活动中，1名信访干部被评选为全国优秀信访工作者，受到国家信访局表彰。

【信访机制建设】 坚持信访信息"周动态、月调度、季研判"，执行党政领导干部批阅群众来信制度，推行领导包案、责任督办，落实信访风险提醒措施，确保重点信访案件按期办结，有效化解。全年州级领导批阅群众来信来访30件、网上信访10件，包案化解信访突出问题17件，发送信访风险提醒函6件。推行信访制度改革，设立信访受理窗口，配齐信访代理人员。90%以上乡（镇）开通信访信息服务平台并广泛运用，实现网上信访与信访信息系统融合对接，打通"互联网+信访"工作"最后一公里"。

【网上信访与领导下访】 规范信访事项受理办理程序，做到及时受理、认真办理、规范答复、有效告知。执行《青海省网上信访事项办理1515制度》，及时高效解决网上信访问题，网上信访成为群众信访主渠道，表达诉求的快车道。持续开展领导干部接访下访活动，书记、州长率先垂范，坐班接待来访群众，化解信访突出问题。加大领导干部接访、下访、约访力度和频次，解决群众急难愁盼问题，化解重点信访事项，力争将信访矛盾化解在萌芽状态。全年州级领导坐班接访25人次，带案下访28人次，化解信访突出问题26件；各市（县）有关领导接访、约访、下访30人次，化解信访问题18件，各乡（镇）每日坐班接访、约访157人次，化解各类矛盾40起。

【矛盾排查化解】　把工作重点从事后处理转移到事前排查化解上，坚持经常排查与集中排查，普遍排查与重点排查相结合，经常性开展矛盾隐患排查化解工作，形成工作常态机制。对排查出的信访矛盾隐患逐案进行登记，建立台账，挂牌督办，列表管理。排查梳理信访突出问题41件，将每一个问题明确州、县两级包案领导和责任单位、化解时限，及时跟进督办，做到突出问题件件有人管、事事有人督。

2022年，州领导率相关部门到基层解决群众诉求（州信访局供图）

【信访积案化解】　坚持把治理重复信访、化解信访积案作为主攻方向，聚焦国家和省信访局两批次交办的重复信访事项，找准积案事项症结的基础上，区分情况、因案施策，逐案研究制定化解措施，综合运用法律、政策、经济、行政等手段和教育、调解、疏导等办法，强化情绪疏导、心理矫正、困难帮扶等措施，从政策层面、工作层面、情感层面分析，对症下药，如期办结国家和省信访局2批次交办的22件积案和重复访案件。对倒流的重复访信访案件，实行州、县两级领导包案制，属地属事部门化解责任制，及时化解。

【信访宣传教育】　在全州启动《信访工作条例》宣传月活动，开展条例宣传日，把条例纳入各级党委（党组）理论学习中心组学习内容，把条例送到田间地头、草地牧场、社区学校、企业单位、宗教场所。创新工作措施，编制群众喜闻乐见、通俗易懂的藏语和汉语微动画、微视频，通过微信、快手、抖音等线上平台宣传，使干部群众做到“三个明白”，即明白信访的基本程序，明白应该遵循的行为规范，明白如何正确行使权利和履行义务。黄南州制作的《信访工作条例》藏语宣传短片获国家信访局微视频评比三等奖。

人力资源管理

【概况】　2022年，黄南州有各类专业技术人员5382人，40岁以下、本科及以上学历人员分别占比59%、63%，年轻化高学历趋势加快。全州人社部门管理的人员按岗位设置晋升职务职级453人，月增资25.87万元，人均571.2元。常态化事业单位工作人员聘前谈心谈话155人。首次实施“少数民族专技人才特培计划”，选派6人到其他省市学习交流。全州专业技术人员继续教育培训4094人。

【职称管理】 建立健全“定向评价、定向使用”评价机制和基层卫生、农牧、林草、水利专业技术人员中高级职称评审机制。推行“互联网+人事人才”服务平台管理系统，实现职称网上评审全覆盖，全年评审通过178人。贯彻落实做好援青专技人才职称评审工作要求，解决待遇问题。

【招聘管理】 完成年度招录笔试面试工作，招聘事业单位工作人员23人，黄南州户籍占96%，协助州委组织部考录公务员89人，其中，黄南户籍占60%，“三支一扶”招募225人，黄南户籍占100%。协助其他社会化考试招聘岗位72个，持续保持零失误零差错。

【事业单位人力资源管理】 推进公立医院薪酬制度改革，精准核定年度绩效工资总量。做好事业单位工作人员待遇调整审批工作，及时调整兑现工资待遇。县以下事业单位管理岗位职员等级晋升制度全面实施，首批206名干部享受政策红利，落实待遇13.17万元。加强事业单位岗位设置管理，491名人员得到岗位晋升。

【人力资源对口支援】 持续与天津滨海新区线上线下对接，拟定《关于2022年黄南州对口帮扶需求的商函》。推进“雏鹰计划”“石榴籽计划”“就业创业促进工程”“孵化基地提升工程”4个对口援青项目，全州21个委（办、局）及单位共同实施“石榴籽计划”，组织千余人到外市（州）学习观摩。投入100万元专项资金，支持州、市两级孵化基地提升改造。组织开展具有热贡文化特色职业技能培训班6批次300人。顺利实施225名黄南州“三支一扶”高校毕业生开展能力提升培训项目。全州128个就业帮扶车间促进稳岗拓岗2842人，其中脱贫劳动力1232人。举办招聘会25场，提供岗位5700余个，吸引求职者近7000人。完成技能培训18期800人。联动天津部门线上参与“2022中国·天津投资贸易洽谈会暨PECC（太平洋经济合作理事会）博览会人才智力引进活动”，引导全州求职者应聘天津企业。达成天津市事业单位定向招录黄南籍高校毕业生增至每年20人。

政协黄南州委员会

黄南年鉴

2023

综　述

【概况】　2022年，州政协及其常委会以习近平新时代中国特色社会主义思想为指导，以迎接党的二十大召开和学习宣传贯彻党的二十大精神为主线，在中共黄南州委的坚强领导和省政协的悉心指导下，按照州委对政协工作提出的“五个进一步”要求，充分发挥专门协商机构作用，守正创新，主动作为，为全州经济社会发展作出新的贡献。

【政治引领】　始终把党的领导融入政协工作的全过程，年内就重要会议、重大事项、重点工作及时向州委请示汇报。落实州委书记朱战民调研政协时提出的“五个进一步”工作要求。坚持每两周召开一次党组会议，及时研究部署重要工作，传达学习重要精神，担负起政协党组把方向、管大局、保落实的领导作用。主动服从州委安排，班子成员参与目标考核、重点工作督导、疫情防控、中共二十大宣讲等工作，按时完成州委交办的工作任务，对各项工作完成情况及时向州委汇报。

【理论学习】　中共二十大召开之后，通过党组会议“引领学”、主席会议“集中学”、常委会会议“专题学”、专委会“研讨学”、委员培训“实践学”等方式，全面、系统、深入学习宣传贯彻中共二十大精神，做到学思用贯通、知信行统一，把中共二十大精神转化成推动政协事业发展的强大动力。落实“第一议题”学习制度，及时跟进学习习近平总书记的重要讲话和中央、省委、州委重要安排部署，全年开展党组学习理论中心组学习18次、业务学习12次，组织研讨6次。

【基层政协建设】　5月下旬，州委印发《关于开展基层政协工作规范年活动的方案》，通过开展基层政协工作规范年活动，在全州33个乡（镇）委员联络室实现“六有”标准的基础上，通过开展基层政协工作规范年活动，在各乡（镇）搭建起“有事好商量”基层常态化协商平台，夯实制度软件和平台硬件“两项基础”，做到主责主业、委员主体、提质增效“三个突出”，实现协商工作覆盖到所有乡（镇）、村（社区），省、州、市（县）三级政协委员履职工作覆盖到所有乡（镇）委员联络室。

不断完善联系指导市（县）政协工作机制，实行联系工作包抓责任制，主席会议成员结合规范年建设、中共二十大宣讲等重点工作，不定期到联系市（县）开展指导。州政协召开的重要会议及时邀请市（县）政协负责人列席，每次协商会议安排4名乡（镇）政协委员联络室主任列席会议，指导基层工作实现常态化。

【“书香政协”建设】　制定书香政协建设方案，从制度层面进一步规范“书香政协”建设，在委员中倡导多读书、读好书、善读书，专委会搭建界别委员学习交流微信群，定期组织委员开展学习交流、分享学习感悟，实现线上线下融合学。结合实际，办好委员讲堂，围绕“中央一号文件”等主题举办3期委员讲堂。重新整理、校对、翻印40年来出版的存量不足的文史资料，启动“黄南这十年”文史资料专辑编纂工作。

【宣传学习活动】　1月26日，州政协召开全州政协秘书长（办公室主任）工作交流座谈会，传达学习全省政协秘书长（办公室主任）工作交流座谈会精神，通报州政协办公室工作。各市（县）政协秘书长（办公室主任）作会议交流发言，分别从不同角度和层面，介绍各自做好办公室工作的创新做法和经验。州政协党组副书记、副主席关却加出席并讲话。州政协秘书长、副秘书长、办公室副主任，各市（县）政协分管办公室工作的副主席、秘书长（办公室主任），州政协办公室副调研员、各科室负责人参加会议。

5月18—20日，全国政协第139期干部培训班暨加强和改进新时代市（县）政协工作专题研讨班在北京开班。培训以视频形式同步举行。州政协主席、各副主席、秘书长，办公室主任、副主任，各专委会主任，机关各科室负责人，以及同仁市政协、尖扎县政协、河南县政协机关干部共60余人分别参加州、市（县）分会场线上培训。

6月6—20日，州政协副主席张剑利组织经济委员会界别委员和专委会办公室负责人分别到州发展改革委、州住建局、州工信局、州交通运输局、州乡村振兴局、州农牧局和泽库县政府，就州政协十四届二次会议委员提案办理情况进行第一轮督导。

6月下旬，州政协围绕“全州教育体制改革情况”开展成果转化“回头看”，邀请界别政协委员和教育主管部门负责人召开社情民意专题座谈会。会议通报2021年州政协教科卫体委员会《关于深化教育体制改革情况的调研报告》的成果转化情况，5名教育界委员结合各自工作实际，谈体会和认识。在调研报告成果转化中，州委召开全州教育发展大会并出台5个配套文件，促进全州教育工作者的积极性；就存在的问题提出意见建议，州教育局负责人围绕委员关切给予回应。

7月5日，黄南州关注森林活动组委会成立暨第一次全体会议在州政协召开，标志着黄南州关注森林活动组委会正式成立。会上，审议通过《黄南州关注森林活动组织委员会工作规则》《黄南州关注森林活动2022年工作方案》《黄南州关注森林活动三年工作规划（2022—2024年）》。

7月26日，省政协“关注森林·绿色城乡是安处”主题活动在尖扎闭幕。全国政协人口资源环境委员会副主任聂卫国，省政协副主席张文魁，全国政协人口资源环境委员会办公室二级巡视员原哲，省政协各专门委员会主任、副主任，黄南州委书记朱战民，州政协主席林华巨，州委常委、常务副州长肖顺琛，尖扎县委、县政府主要领导，以及各民主党派省委、工商联、各市州区县政协，省关注森林活动组委会各成员单位负责人参加活动，并出席闭幕式。在尖扎县坎布拉国家森林公园，与会人员通过听取展板介绍、交流探讨、实地考察等形式详细了解黄南州生态治理、国土绿化、脱贫攻坚与乡村振兴有效衔接和“十三五”期间黄河流域尖扎段治理、坎布拉镇乡村旅游发展和尖扎特色农产品等情况。

9月7日，州政协机关召开“深化作风建设，狠抓工作落实”专项行动学习研讨会。会上，学习习近平总书记关于作风建设重要论述和省州委相关文件精神，机关党员干部围绕“深化作风建设、狠抓工作落实”主题进行研讨发言。从不同角度谈认识，谈体会，并对标“庸懒散拖奢”5个方面找差距，提出努力方向，达到交流思想、统一认识、进一步推进机关作风建设的目的。

10月10—12日，州政协在州委党校举办十四届新任委员履职能力提升培训班。

重要会议

【政协全体委员会议】 2022年2月21—24日，政协第十四届黄南藏族自治州委员会第二次会议在同仁召开。会议听取和审议政协第十四届黄南藏族自治州委员会常务委员会工作报告、政协第十四届黄南藏族自治州委员会常务委员会提案工作情况的报告。全体委员列席黄南藏族自治州第十六届人民代表大会第二次会议。审议通过政协第十四届黄南藏族自治州委员会第二次会议关于常务委员会工作报告的决议和政治决议。

【政协常委会会议】 第三次会议 2月18日，政协第十四届黄南藏族自治州委员会召开第三次常委会会议，传达学习青海省十三届人大七次会议和青海省政协十二届五次会议精神，听取各专门委员会年度工作述职和2名党员政协常委代表述职，讨论通过

2022年2月24日，中国人民政治协商会议第十四届黄南藏族自治州委员会第二次会议（州政协办供图）

《政协黄南藏族自治州委员会委员履职情况量化管理办法（试行）》，审议通过关于召开政协第十四届黄南藏族自治州委员会第二次会议的决定和州政协十四届二次会议议程（草案）、日程、州政协十四届常委会工作报告（草案）、提案工作报告（草案）、报告人名单等相关事项。

第四次会议　8月3日，政协第十四届黄南藏族自治州委员会召开第四次常委会会议，传达学习全国政协主席汪洋在青海调研时的重要讲话精神、《中国共产党政治协商工作条例》、省第十四次党代会精神、州委第十三届委员会第六次全体会议精神，围绕“黄河流域黄南段生态保护与治理”开展专题协商议政。州委副书记、州长扎西才让作专题报告并与政协常委们互动交流。

【专题议政性协商座谈会】　6月14日，州政协召开专题议政性协商座谈会，围绕“规范村规民约，提升基层治理水平”协商议政。会上，州政协副主席关却加汇报专题调研工作情况；副州长王桂莲通报全州“规范村规民约，提升基层治理水平”工作开展情况，并从加强宣传、提高干部群众重视度和知晓度，夯实责任、确保村规民约执行工作落到实处，加强监督、确保村规民约公正公平三个方面对相关部门就进一步完善和规范村规民约制定和实施工作提出具体要求。同仁市扎毛乡扎毛村、尖扎县康杨镇上庄村作经验交流；夏吾完代、梁建军、三旦卓玛、罗藏达杰4名委员结合前期调研和工作实际，坚持问题导向，聚焦协商主题提出许多有价值的意见和建议，王志萍、韩雪梅、韩成才3名委员提交书面发言。州委组织部、宣传部、州民政局、司法局负责人围绕委员关切给予回应。

11月2日，州政协召开专题议政性协商座谈会，围绕“建立和完善黄南州医疗保障制度体系建设”专题协商议政。会议邀请副州长王桂莲到会指导。州政协副主席张仕清主持并讲话。州政协副主席夏日仓·旦增久美、白萍、张剑利，州政协教科文卫和学习文史委员会部分常委、委员，州政协各委室主任出席会议；州卫健委、州医保局负责人，各市（县）政协副主席，部分乡（镇）政协委员联络室主任列席会议。

协商议政

【完善协商议政格局】　制定出台《黄南藏族自治州委员会协商工作规则》，形成以专题议政性常委会会议和专题协商会为重点，以主席视察、委员联合视察、对口协商会、提案办理协商会等为常态的“1+2+6+N”（每年召开1次全体会、2次常委会协商会、6次双月协商议政会、若干次微协商）协商格局。全年开展各类协商议政活动31次，形成调研成果5篇。

【协商品牌建设】　持续推进“一委一品”创建，围绕“黄河流域黄南段生态保护与治理”课题，召开议政性常委会进行协商，有针对性地提出政协方案，增强“生态守护”品牌价值。围绕“规范村规民约，提升基层治理水平”开展协商议政，巩固“一核三治”基层党建品牌，拓展“五治联动”基层治理体系。通过组织界别委员学习研讨、召开务虚会、深入基层调研等方式，围绕铸牢中华民族共同体意识在黄南的实践途径与对策，开展协商座谈，为巩固民族团结进步示范州凝聚智慧和力量，夯实“民族团结”品牌。围绕黄南州农村公路养护情况开展主席集体视察，为建设安全、便捷、高效、绿色、经济出行的“人民满意”交通贡献政协智慧，擦亮“助力发展”品牌。围绕“建立和完善黄南州医疗保障制度体系”召开专题议政协商座谈会，通过进一步强化问题导向、解题意识，把政协的制度优势更好地转化为建设健康黄南的具体实践，深化“惠民解忧”品牌。

【协商议政机制建设】　协商前，及时组织调研组成员学习相关业务知识，细化分解调研方案，让委员带着责任、带着思考、带着问题参与调研，共同撰写调研报告。协商中，参与调研的委员主动发言，部门自觉回应，实现委员反映意见建议和党政部门解疑释惑良性互动，年内开展的协商议政活动中有32名委员作议政性发言，18个党政部门作出回应。

协商后，注重协商成果的转化，20多条协商成果被党政部门采用，转化成各部门的具体工作。“关爱环卫工人、提升城市形象”“旅游小镇停车难、两级协商来帮忙”协商工作被收入全省政协典型协商案例，形成协商前“精准调研”、协商中“精准建议”、协商后“精准转化”的闭环协商机制。

【提案工作】 打造提案办理“双向评议”黄南新模式，有针对性地开展三轮提案办理督导，近50名提案委员参与督导工作，各承办单位把提案办理作为重点工作，层层压实责任，主动与委员协商办理。抓好重点提案领办工作，领办领导主动协商办理，年内确定的8件重点提案全部办复完毕。全年征集到提案199件，其中，审查立案127件，立案率63.8%；转意见建议51件，不予立案21件。立案的127件提案全部办复，办结A类提案95件，占79%；正在办理的B类提案有22件，占17%；因项目争取困难、政策等原因没有落实的C类提案5件，占4%。办结率与2021年基本持平，委员满意度达到99%。

民主监督

【概况】 2022年，黄南州政协围绕“藏传佛教基层经验及对策”“农村公路养护情况”“加强文化建设，铸牢中华民族共同体意识”等，开展视察，拓展民主监督职能。年内，迎接省外政协委员视察调研3次、省内上级政协视察调研1次。

【社情民意】 落实反映社情民意信息有关工作规定，聚焦历史文化名城保护、城市精细化管理等8个群众关心的问题进行反映，得到州政府高度重视和回应，委员反映的人行天桥和城市居民停车难、如厕难等问题得到落实，将州政协十四届二次会议期间委员提出的85条意见建议交由各相关单位参考，吸收采纳情况向委员作回复。

【视察调研活动】 6月23—24日，省政协副主席仁青安杰、党组成员彭友东带领民族和宗教委员会部分委员组成调研组到黄南州围绕“藏传佛教基层治理经验及对策”情况开展视察，州委常委、副州长宋建、州政协副主席关却加参加视察。

2022年7月13日，黄南州政协召开关于全州农村公路养护情况主席集体视察座谈协商会（州政协办供图）

7月12—13日，州政协主席集体视察组围绕农村公路养护情况进行民主监督。视察组实地查看河南县至同德公路、河南县优干宁镇至泽库县多禾茂乡公路、泽库县措日更至达久滩公路、同仁市至贵德县公路、同仁市至黄乃亥乡公路、尖扎县马克唐镇至能科乡公路建设养护情况，在视察点听取市（县）政府情况介绍，各联市（县）副主席分别对各市（县）农村公路养护情况现场点评。在尖扎县政府围绕视察主题召开专题协商座谈会，林华旦主持并作总结讲话，肖顺琛通报全州农村公路养护情况，曹德荣、刘祥、马进良委员作视察发言。

7月15—16日，全国政协委员、内蒙古自治区政协郑福田带领调研组到黄南围绕“加强文化建设，铸牢中华民族共同体意识”到黄南就同仁热贡艺术博物馆建设、隆务寺寺庙管理、郭么日古村落保护、尖扎坎布拉景区开展文旅融合发展调研视察。

7月20—22日，云南省迪庆州政协副主席格桑朗杰带领专题调研组到黄南围绕热贡唐卡艺术、隆务寺、泽库和日寺宗教活动场所规范化管理工作成功经验和典型做法开展调研视察。

7月28—29日，省政协副主席王振昌带领省政协第二调研督查组到黄南就贯彻落实中央、省委政协工作会议精神情况进行督查。调研督查组一行到黄南州、同仁市、尖扎县政协机关督查访谈和核查资料，到同仁市保安镇、尖扎县康杨镇委员联络室进行实地督查，听取贯彻落实中央、省委政协工作会议精神情况，与州、市（县）政协领导、乡（镇）政协委员联络室负责人和部分委员进行广泛交流。

8月9—10日，山东省政协副主席段青英带领山东省政协文史委调研组、广东省政协副主席温国辉带领广东省政协提案委员会调研组，分别到黄南就“黄河国家文化公园（山东段）建设”围绕同仁热贡艺术博物馆建设、隆务寺寺庙管理、年都乎乡郭么日古城堡保护，尖扎来玉村、德吉村调研乡村旅游发展，坎布拉景区调研文旅融合发展等情况开展调研视察。

9月7—8日，州政协副主席白萍到同仁市隆务镇、曲库乎等11个乡（镇），就开展基层政协规范年活动情况进行督导检查。督查期间，白萍一行到同仁市隆务镇、保安镇、扎毛、曲库乎、年都乎、黄乃亥、加吾、多哇、瓜什则、双朋西、兰采乡实地查看各乡（镇）委员联络室、社情民意调查工作、基层委员档案建立、理论学习、规范制度及委员驿站平台搭建等工作开展情况。

9月27日，州政协主席林华旦到包联学校黄南州职业技术学校走访调研新校区办学发展情况。林华旦走访综合楼查看校区建设项目沙盘，走访郁青楼查看生态实验室、微格教室、旅行社实训室等，深入了解学校招生录取、多元办学、实训能力、专业设置、疫情防控工作等情况，详细询问学校当前需要协调解决的困难和问题。

11月7日，由州政协主席林华旦带队，组织州政协主席会成员和部分社会法制界委员对州法院工作开展专题视察。视察组一行实地走访审判庭、多元解纷中心、诉讼服务中心、金融解纷中心、审委会评审室、荣誉室、执行指挥中心了解工作开展情况，观看州法院工作宣传片和审判系统操作演示，并召开座谈会。

委员工作

【概况】 2022年，黄南州政协制定出台《委员履职情况量化管理办法》，把委员履职情况细化为35项具体评价指标进行量化管理，进一步激发广大委员履职尽责的责任感和积极性。落实走访慰问委员工作制度，按界别和界别活动小组进行走访慰问，增强委员的向心力和凝聚力。举办十四届新任委员履职能力提升培训班，组织开展6次专委会界别委员学习活动，125人次参加政协组织的调研视察，180人次参加专委会组织的专题学习，21人次反映社情民意，230人次提交提案，提升“懂政协、会协商、善议政”的履职本领。

【委员管理】 按照“委员意愿、辖区统筹”原则，将224名州政协委员编入33个乡（镇）委员联络室，推动委员走出政协机关、沉到基层一线、融入群众身边，形成下沉到一线、履职在一线、协商在一线、责任在一线的履职责任链。全年委员到全州33个乡（镇），开展委员学习58次，开展基层微协商51次，收集社情民意48条，形成集体提案15件，为群众办实事28件，推动政协协商与基层协商有效衔接，打通“基层协商”“最后一公里”。

【团结联谊】 组织开展“喜迎党的二十大·党外委员谈心谈话”活动，与130余名党外委员，特别是与广大宗教界和少数民族界委员，采取“一对一”“面对面”方式，谈发展变化、谈履职情况、谈政治自觉、谈感恩奋进，更好凝聚人心、凝聚共识、汇聚力量。做好全国政协、省政协的视察调研活动，完成全国政协书画室到青海采风调研工作，成功举办“关注森林·绿色城乡是安处”大型公益活动，全年接待全国政协和山东、广东等调研考察团7批200余人次。两次倡议委员助力疫情防控，各党员委员关键时刻显党性、医药卫生界委员危急时刻扛重任、科教文艺界委员“艺”心抗疫，其他各界委员发挥优势和特长，挺身而出、战斗在前，合力筑起同心抗疫的人民防线。据不完全统计，委员抗疫捐款捐物价值180余万元。

纪检监察

黄南年鉴

2023

综　述

【概况】 2022年，州纪委监委以建立“书香机关”为目标，找准定位、主动入位，认真学习、深入领会，在行动速度、领会深度、拓展广度、贯彻力度各个方面创新学习方法、拓展学习载体。通过“线上、线下”时时学，“集中、个人”常常学，“理论、研讨”系统学的方式方法，落实“第一议题”制度，全面准确学习领会习近平新时代中国特色社会主义思想，深刻领悟“两个确立”的决定性意义，更加自觉做到“两个维护”。推动全州纪检监察干部在工作中学习，在学习中思考，不断提升工作能力。全年州纪委监委开展调研宣讲4次、理论学习中心组学习7次、党员干部专题研讨2次，征订各类学习资料120余册，开展主题党日7次，闭卷测试1次，覆盖面达100%。

【政治思想建设】 州纪委监委领导班子始终把学习贯彻习近平新时代中国特色社会主义思想作为首要政治任务，及时跟进学习习近平总书记重要讲话、指示批示精神和党中央重大决策部署，不断提高政治站位，坚定政治立场，强化政治担当。采取集中学习、专题研讨、调研指导等多种形式，传达学习宣传贯彻中共二十大精神和省第十四次党代会精神，结合纪检监察工作实际，推动全会精神贯彻落实。围绕贯彻落实十九届中央纪委六次全会和十三届省纪委六次全会工作部署，通过召开全委会、工作部署会等方式，研究谋划工作，细化具体措施，强化管党治党责任落实。

【监察队伍建设】 加强纪检监察干部教育培训，年内组织430人次参加省、州线上培训学习23期，组建全州纪委监委干部教育培训师资库和案件审理骨干人才库。宣传先进典型事迹，年内1人获得全国纪检监察系统先进工作者称号，2家单位、6名个人分别获全省纪检监察系统先进集体、先进工作者称号。在全州纪检监察系统开展作风建设专项行动，建立领导班子和个人问题清单、整改清单、责任清单，强化整改落实。开展第二轮内部督察，发现和反馈问题80个，立行立改问题15个。健全内控机制，强化自我监督，年内受理纪检监察干部问题线索1件，处理1人。

【派驻纪检监察工作】 落实中央纪委国家监委《关于进一步加强纪律监督、监察监督、派驻监督、巡视监督统筹衔接的意见》和省纪委监委工作办法，推动“四项监督”融会贯通。健全完善与政法、审计、统计、财政等部门协作配合机制，推动构建州、市（县）、乡（镇）及村（社区）四级监督网络。严格执行《纪检监察机关派驻机构工作规则》，落实《省纪委关于黄南州派驻机构改革实施方案的批复》要求，及时调整派驻机构监督单位，进一步加强和规范派驻机构工作，年内州、市县派驻机构请示报告报备重大事项等110次，推进“组组”协同监督、“室组”联动监督6次，协同查办案件16件。

【案件质量评查】 州纪委监委抽调州、市县业务骨干11人组成案件质量评查组，利用1个月时间对全州纪检监察机关办理的立案案件、问题线索处置件和乡案县审案件进行质量评查，评查案件119件238卷。

2022年2月18日，中共黄南州第十三届纪委第二次全体会议召开（州纪委监委供图）

【纪委全体会议】 2月18日，中共黄南州第十三届纪律检查委员会第二次全体会议召开。会议以习近平新时代中国特色社会主义思想为指导，深入贯彻中共十九大和中共十九届历次全会精神，落实中央纪委六次全会、省纪委六次全会部署要求，回顾总结2021年黄南纪检监察工作，安排部署2022年纪检监察工作。州委书记王耀春出席并讲话，强调全州各级党组织以永远在路上的坚定执着，继续打好党风廉政建设和反腐败斗争攻坚战、持久战，为打造共同富裕的黄南样板提供坚强保障，以优异成绩迎接中共二十大和省第十四次党代会胜利召开。省纪委监委第一监督检查室副主任钱华桑到会指导。州委常委、纪委书记、监委主任刘强代表州纪委常委会作题为《持续深入推进党风廉政建设和反腐败斗争，以优异成绩迎接党的二十大胜利召开》的工作报告。会议听取6个地区、州直部门单位党委（党组）、纪委（纪检监察组）主要负责人述责述廉，并进行点评和民主测评。表决通过中共黄南州第十三届纪委第二次全体会议工作报告。

党风廉政建设

【概况】 落实党风廉政建设责任制要求，组织开展2021年度全州党风廉政建设主体责任和监督责任专项检查考核，制定印发社会满意度评价表1048份，评定优秀领导班子15个，良好领导班子31个，对考核排名靠后的4个部门主要负责人进行“一对一”约谈提醒，倒逼责任落实。健全完善“纪委常委会统一领导、纪委书记统筹抓总、班子成员分工负责、党风政风监督室牵头协调、监督检查室配合落实、派驻机构通力合作、市县纪委一线监督”工作机制，紧盯省对州党风廉政建设专项考核反馈问题整改落实情况，持续跟踪问效。聚焦市县党委、州直部门落实党风廉政建设，强化对述责述廉监督，安排6名州直部门主要负责人在州纪委全会上述责述廉，进行点评和民主测评，对点评意见落实情况跟踪问效，督促问题全面整改。动态完善441名州管领导干部廉政档案，及时分析研判廉政情况，年初以来对拟提拔使用、表彰奖励的69个单位、253人作出“党风廉洁意见”回复。

【作风建设】 贯彻落实中央八项规定及其实施细则精神，紧盯重要节点和关键环节，印发廉洁自律工作通知，重申纪律要求。围绕违规开支、违规吃喝、违规收送礼品礼金、公车管理等问题，督促整改问题112个，查处“四风”问题3件3人。协助州委制定印发《在全州开展“深化作风建设、狠抓工作落实”专项行动方案》，牵头对“庸慢散拖奢”等问题开展专项整治，全州各级党委（党组）和党员干部制定问题清单1538个，制定整改措施2961条，整改问题2628项。结合作风建设专项整治对497名领导干部、7518名党员开展谈心谈话，完成全覆盖。投资29.24万元，建成“黄南评议”系统，对州、市（县）直窗口单位实行“码上监督”。

【廉政教育】 制定全州开展党风廉政警示教育活动实施方案，督促各级党组织分级分类开展警

2022年9月16日，州纪委在州卫生系统进行廉政党课教育（州纪委监委供图）

示教育50场次，筑牢党员干部和公职人员廉洁自律防线。召开全州副县级领导干部警示教育大会暨作风建设推进会，重点围绕工程项目建设领域违纪违法问题，通报8起典型案例，督促和提醒全州各级党员干部严守政治纪律和政治规矩。贯彻落实党中央《关于加强廉洁文化建设的意见》，坚持把领导干部家风建设摆在重要位置，通过讲廉政党课、发倡议书、签名承诺等形式，持续深化家庭助廉、廉洁家庭建设等活动，促进干部克己奉公、廉以修身。做好纪检监察宣传工作，在中央、省、州主流媒体刊发稿件200余篇，持续营造良好的正风反腐舆论氛围。

监督执纪

【概况】 2022年，黄南州加大问题线索核查处置力度，持续减存量、遏增量，年内全州纪检监察机关共处置问题线索216件，立案105件，给予党纪政务处分84人，采取留置措施3人，移送检察机关8人。坚持“一案一总结、一案一整改”，结合查处的典型案件，做实做细以案促改、以案促治、以案促建“后半篇文章”，持续放大查办案件政治效应。

【政治监督】 推进“政治要件”清单化监督，督促州直49个部门单位建立完善142条政治监督清单，做到动态调整监督清单、完善监督内容、强化跟踪督办，确保习近平总书记重要讲话、指示批示精神贯彻落实。围绕党中央决策部署、省委工作要求、省纪委监委和州委工作安排，聚焦“十四五”规划、乡村振兴、生态文明等重要政治任务，制定专项监督方案、任务分工方案和整改责任清单等，做到精准监督、跟进监督、全程监督，落实重点任务。围绕落实意识形态责任制、铸牢中华民族共同体意识、安全生产等重大决策部署，分别会同宣传、统战、应急、消防部门开展专项检查，督促整改11个方面34个问题。

【重大决策部署综合监督】 围绕落实意识形态责任制、铸牢中华民族共同体意识、安全生产等重大决策部署，分别会同宣传、统战、应急、消防等部门开展综合监督检查，发现落实主体责任不实、落实监管责任和重要文件精神不力等11个方面34个问题，提出10个方面工作意见建议，在全州进行通报，并以清单形式归口反馈相关部门，跟踪督促抓好整改。

【巩固脱贫成果同乡村振兴专项监督】 研究制定专项监督实施方案，确定4个方面11项监督重点，同步对国家考核评估、第三方绩效考评、省级成效考核等反馈问题开展监督检查，发现5个方面14个问题，督促整改9个。针对中央纪委国家监委调研督导专项监督工作通报的问题，研究制定18项专项监督整改措施，整改落实10项。会同组织部门对驻村第一书记和工作队员到岗履职、乡镇党委日常管理等情况开展抽查，督促整改问题12个，调整驻村干部7名。

【生态文明建设专项监督】 制定印发专项监督实施方案，结合环保督察、黄河流域生态环境全方位“体检”等方面反馈问题整改情况，确定18项重点监督内容，对完成进度等情况开展跟踪督查，发现和督促整改3个方面13个问题，提出意见建议38条。强化对两轮中央生态环境保护督察整改工作的监督，反馈的12项任务全部整改完成，68件群众信访举报件全部办结。

【监督机制建设】 健全完善监督检查、审查调查、处置处分、案件管理、办案安全以及信访举报等12项制度机制。开展审查调查安全大反思大排查大整顿专项治理“回头看”工作，围绕“走读式”谈话和留置安全，开展自查自纠，及时督促整改问题33个。推进乡（镇）纪检监察工作标准化规范化建设，健全力量整合、协调联动、联合办案等工作制度机制，逐步形成上下互补、协调联动的监督执纪执法工作新格局，年内县乡处置问题线索152件，立案93件，给予党纪政务处分69人，尖扎、河南两县乡（镇）纪委立案实现全覆盖。

专项整治和审查调查

【民生领域腐败问题专项整治】　按照“一领域一专项、一地区一方案”工作思路，协助州委制定印发《全州民生领域腐败和不正之风专项整治工作方案》，在全州开展民生领域“16+4+1”专项整治［即专项整治行业（系统）16个“行业病”、一市三县4个“地方病”、村级合作社突出问题］。梳理17条民生热线难办问题，按照归口承办的方式分别下发督办通知5份。重点围绕村务公开、民主决策、财务管理等重点内容开展专项整治，督促村级合作社整改各类问题295个。督促整改同仁市供热领域突出问题7个、民生热线反映突出问题17条；同仁市纪委监委专项整治教职工违规借（抽）调及“吃空饷”问题，督促整改问题9个，处理3人；尖扎县纪委监委对新建和续建项目财政衔接资金问题开展专项整治，督促整改问题20个，批评教育16人；泽库县纪委监委紧盯合作社财务管理问题开展专项整治，整改问题15个；河南县纪委监委对“厕所革命”不彻底问题开展专项整治，整改问题12个。

【审查调查】　贯彻落实《关于进一步做好“走读式”谈话安全工作的意见》《关于进一步加强审查调查安全工作的通知》精神，州纪委常委会专题听取审查调查安全工作汇报，研究部署重点工作，推动审查调查安全大反思大排查大整顿专项治理和“回头看”走深走实。对照省纪委监委“六查六校”要求，围绕“走读式”谈话和留置安全开展自查自纠，细化工作方案，班子成员以身作则，认真对照反思、深入查摆，结合联系分工，对“回头看”进行实地督导指导，及时梳理出19条共性问题和14条个性问题，指导制定整改措施，强化整改落实。对2020年以来州、市县办理的44件立案案件、75件（乡案县审13件）问题线索处置件开展质量评查，督促整改问题96个。统筹党性教育、政策感召、纪法威慑，全州纪检监察机关运用“四种形态”批评教育帮助和处理165人次。其中，“第一种形态”75人次，占45.45%；“第二种形态”67人次，占40.61%；“第三种形态”15人次，占9.09%；“第四种形态”8人次，占4.85%。

【粮食购销领域腐败问题专项整治】　督促州、直相关职能部门和6家涉粮国有企业完成省委专项巡视整改、自查自纠、专项审计等工作，建立《黄南州地方政府储备粮仓储管理办法》《黄南州地方政府储备粮轮换管理办法（试行）》等10项制度，不断完善粮食购销监管长效机制。省委涉粮问题专项巡视反馈黄南州5个方面35个问题，全部完成整改任务。全州纪检监察机关处置涉粮领域问题线索7件，立案7件，给予党纪政务处分5人，组织处理3人。

【涉赌博与酒驾专项治理】　牵头会同公安机关在全州开展党员干部和公职人员参与赌博、酒驾醉驾问题专项整治，督促全州各级党组织开展警示教育123次，通报典型案例5起，起底问题线索74件，立案32件，给予党纪政务处分28人，提醒谈话391人次。

【工程建设领域专项治理】　对中共十九大以来涉及工程建设领域的信访举报件开展大起底、大排查，处置工程建设领域问题线索36件，办结15件，立案12件，给予党纪政务处分5人，采取留置措施2人，移送检察机关2人，严肃查处州劳动监察大队原队长严重违纪违法案件，涉案金额达1200余万元。

巡察工作

【概况】 2022年，黄南州委围绕党中央重大决策部署和省委州委工作要求，坚持做到“三个聚焦”，精准有效开展政治巡察工作。全年派出2个专项巡察组，对州卫健委机关党组及其所属的7个单位党组织开展巡察。发现问题228个，立行立改问题141个，移交问题线索6件9人。

【理论学习】 州委深入学习贯彻习近平总书记关于巡视工作重要讲话精神、《关于加强巡视巡察上下联动的意见》、《关于加强巡视整改和成果运用的意见》以及省委实施意见和若干措施、十四届省委第二轮巡视动员部署会精神。研究部署年度巡察工作计划，筹备召开全州巡察工作会议1次、巡察动员部署会1次、领导小组会议5次、书记专题会1次。重点围绕“巡察整改和成果运用”组织全州各级党组织主要负责人开展集中培训。

【常规巡察】 启动州委第二轮巡察，对州卫健委机关党组及其所属的州人民医院党委、州藏医院、同仁慢性病防治院、州妇幼保健院、州卫生执法监督局、州疾控中心、州中心血站党组织开展医疗卫生系统专项巡察。发现问题228个，立行立改问题141个，移交问题线索6件9人。第二轮巡察注重进一步强化监督贯通融合，以巡审联动方式进行，巡察“政治体检”与审计“业务体检”优势互补，发挥巡察、审计双轨同行、成效叠加的作用。

2022年10月16日，省委第五巡视组巡视泽库县反馈意见整改落实部署会召开（州纪委监委供图）

【巡察协作联动】 通过“州级统筹，组办联动”，统筹州、市（县）委巡察机构工作力量，安排州委巡察专员，市（县）巡察办主任、副主任，采取“逐一走访”“驻点指导”等形式，分析研判巡察发现的问题，共同商讨把关，严格审核，推动州、市（县）巡察工作上下联动，构建同频共振“一盘棋”的巡察工作格局。

【巡察配合】 推动“四项监督”贯通融合、协同高效，强化与审计、财政、信访、统计等职能部门监督的协作配合。向州委组织部移交2021年巡察的5个部门单位反馈意见，作为年度目标责任考核重要参考依据。向纪检监察机关提出7项监督检查重点的意见建议，协调州纪委监委、州委组织部对被巡察单位开展专项监督，发现4个方面8个问题，提出工作要求4条，持续加强对巡察整改日常监督检查，推动巡察整改和成果运用。

【巡察培训】 制定《黄南州2022年度巡察干部培训工作计划》，年内邀请省纪委监委、省委巡视办及州委组织部、州委宣传部、州审计局等领导或业务骨干进行专题授课。安排第二轮巡察组组长、副组长6人参加十四届省委第一轮巡视巡前培训班。抽调7名市（县）巡察干部人才库干部参与州级巡察工作，做到人才共享共用。

群众团体

黄南年鉴

2023

黄南州总工会

【概况】 2022年，黄南州有县级总工会4个，下属基层工会660个，职工30025人、工会会员28791人，其中工会专职干部54人、社会化工作者28人、基层兼职干部2562人。全州共有职工维权服务中心5个，建立职工之家156户、职工书屋243个、户外劳动者休息站点67个。年内新建工会23个，发展会员1440人；选派21名干部参加上级单位业务培训，举办各类培训班11期；申报2022年全国工会职工书屋示范点13个、全国工会职工书屋示范点图书补充更新6个、劳模（职工）书架配书2个，申报全省工会品牌职工书屋示范点2个、2022年省级职工书屋示范点6个、“已建省级职工书屋示范点补充图书”13个、电子职工书屋一体机2个；申报典型女职工温馨小屋1个。

2022年11月21日，州总工会举行州直“两新”组织集中建会入会仪式（州总工会供图）

【工会组织建设】 加大产业集聚区、建筑项目、物流货运业、家政服务业、农民专业合作社五大领域和以货车司机为主的、家政服务员、保安员等八大群体入会和建会力度，制定《关于切实维护新就业形态劳动者劳动保障权益的实施方案》，通过单独建会、联合建会、行业建会、区域建会等多种方式，持续推进以八大群体为代表的新就业形态群体建会入会工作，推进社会组织依法建会与“会、站、家”一体化建设。推进“两新”组织建会入会工作，开展州直“两新”组织集中建会入会仪式，为128名新入会会员颁发工会会员证，发放价值1.28万元的入会礼包。

依托“学习强国”“黄南先锋”等学习平台，组织干部职工深化理论学习开展集中学习65次，专题研讨5次。举办“让中共二十大精神在职工群众中落地生根”系列活动，以专题党课、手抄金句、快问快答、送学上门、有奖问答、说心里话等方式，工会干部、劳动模范、新就业形态劳动者276人次参加活动。

【工会制度建设】 坚持“第一议题”制度，学习贯彻习近平总书记重要讲话和中央、省委、州委各项决策部署。严格执行《中华人民共和国工会法》规定，推进行政事业单位工会经费财政划拨和企业工会经费税务代缴制度，完成年度工会经费收缴任务和上解省总任务，及时下拨基层工会经费。加大对县、乡（镇）和机关企事业基层工会的经费倾斜力度。制定完善《黄南州总工会党组会议事规则》《黄南州人民政府与州总工会联席会议制度》《黄南州劳模（职工）疗休养基地认定办法》，规范工作流程。

【宣传教育】 深化“中国梦·劳动美——喜迎二十大 建功新时代”“劳模大讲堂”“劳动创造幸福”“网聚职工正能量·争做中国好网民”主题宣传教育活动。开展“书香三八”读书分享会、“情系女职工 法在你身边”知识竞赛活动，千余名职工参与。选拔职工参加全省导游员、讲解员、服务员“讲红色故事 颂家国情怀”演讲比赛并获三等奖。参加全国“网聚职工正能量·争做职工好网民”主题诵读作品征集活动，征集优秀作品12部，其中州总工会选送的《艰难的国运与雄健的国民》作品入围全国百强。

利用《青海工运》、《黄南报》、黄南电视台等平台，发挥“黄南工会”公众号和视频号作用，宣传工会工作亮点特色及黄南重点工作，编辑报送各类信息

175 期。线上开展职工篮球、足球、乒乓球、工间操培训课程和《新冠疫情下的情绪识别与应对》《居家期间如何做好心理及情绪健康管理》等心理健康辅导讲座，在线观看 1.45 万余人次。线下举办全州基层工会主席干部能力提升培训班、基层工会干部能力提升培训班和全州基层工会财务人员能力提升培训班 3 期，培训专兼职工会干部 332 人。编印《黄南州工会干部职工应知应会口袋书》，促进工会工作高效规范化运行。发挥传统媒体、新媒体和主流媒体、自有媒体的优势特点，创建和利用微信公众平台、微信群等，加强线上线下交流，有效实现信息集中发布、信息高效对接、项目合力推进的运行机制，探索利用数字化、智慧化、“互联网+”等新技术手段，开创线上线下相互融合，注重工会宣传工作，强化宣传舆论导向，全年微信公众号编辑上传信息 213 条，转发 694 条，推送视频 35 条。组织职工参与群众性精神文明创建活动，用好学习强国、职工书屋等学习平台，推动职工思想政治、职业道德建设再上新台阶。

【职工维权】 深化集体协商工作，开展“携手构和谐、奋进新征程”集体协商集中要约行动，发出要约企业 92 家，续签合同企业 96 家，覆盖职工 2525 人。引导全州各企业工会和市（县）总工会在推动企业执行劳动合同制度时，完善以工资集体协商为重点的集体协商制度和集体合同制度，并签订劳动集体合同。开展全州在档困难职工就业创业情况专项调查工作，为市（县）总工会安装全国工会就业服务平台软件，对 2015 年后享受过助学金的困难职工家庭未就业子女建立“困难职工家庭高校毕业生就业服务实名制档案”，加强就业和劳动关系领域重大矛盾风险排查化解。畅通“12351”职工维权热线，实行主席接待日制度，在重要时间节点在办事大厅值班接待职工来访，为职工提供近距离的接待服务。建立户外劳动者休息室 67 个、司机之家 2 个，其中 1 家站点被评为全国“最美户外劳动者服务站点”。参与根治欠薪专项行动，依法推动解决农民工欠薪问题。全州已建会的企事业单位职代会制度和厂务公开制度建制率达 99%以上，全州企业签订集体合同、工资集体合同共 191 家，建制率均达到 100%，覆盖职工 7285 人。签订企事业单位女职工特殊权益保护专项合同 165 家，覆盖女职工 4321 人，签订率 99%。

配合有关部门开展安全生产、职业病防治和消防安全监督检查，举办 2 期消防安全知识专题讲座。到社区、企业、工地、广场等地开展《信访工作条例》、防范电信网络诈骗、国家安全教育、女职工维权行动月、安全生产月、防灾减灾救灾、禁毒知识等内容的法律宣传 15 场，发放各类宣传资料 3200 余份、宣传品 2100 余份，悬挂横幅 15 条，制作摆放展板 30 个。完成 325 家基层工会法人资格证设立变更工作。组织开展“安康杯”竞赛活动，维护职工安全健康权益，推动企业健康发展。

【困难职工关爱】 推动建立预防返困监测机制、梯度帮扶机制、帮扶送温暖协调机制等，保障在档困难职工基本生活，进一步摸清摸准全州困难职工基本情况，精准做好帮扶救助工作。坚持“主动服务”“上门服务”原则，采取下发文件、工作人员入户调查、召开座谈会征求意见建议等方式开展 2 轮全州困难职工摸底调查工作，摸底调查 548 名困难职工，把符合条件的 177 户困难职工家庭 651 人纳入全国困难职工帮扶系统。举办 2022 年在档困难职工生活补贴发放仪式，发放全州在档困难职工 137 户 516 人生活补贴及助学金 276.8 万元。摸排受疫情及经济下行压力影响的职工及企业，应帮尽帮、应纳尽纳，对因病、意外致困的 6 户职工家庭进行临时救助。开展“金秋助学”活动，为全州在档困难职工家庭 63 名子女发放助学金 50.4 万元。

【建功立业】 实施劳动和技能竞赛五年规划，围绕经济社会发展，与有关部门联合举办动物检疫、动物防疫、法官助理和书记员业务技能、服务礼仪、优质课件、森林防火、应急救援等行业群体的职业技能竞赛 32 场，2000 余名职工参与其中。组织 15 名选手参加青海省青绣行业职工职业技能大赛，并获全省优秀组织奖。引导重点行业、重点领域开展多层级多形式的劳动和技能竞赛，使竞赛向小微、非公有制企业和新就业形态延伸，为广大职工在推动中心工作高质量发展中发挥作用搭建平台、提供舞台。全年推荐全国学雷锋标兵1人；获全国五一劳动奖章1人、全国五一劳动奖状1个，青海省五一劳动奖章1人、青海高原“工人先锋号”1个。推荐上报全省模范职工之家2个、全省模范职工小家1个、全省优秀工会工作者2人。申报推荐完德尖措为“大国工匠年度人物”候选人，推荐马青山为2022年度“昆仑英才”行动计划候选人。选树最美家庭2户，绿色家庭2户。

【志愿服务】 开展民族团结、乡村振兴等宣传活动，组织生态环保志愿服务队开展“生态环保我先行”活动，发放环保垃圾袋200余个，倡导干部职工树立环保理念，争做环保志愿者。组织职工志愿者开展义务宣传、捡拾垃圾、疫情防控、普法宣传、服务礼仪、生态环保等志愿活动21次。州总工会被机关事务局、中共中央直属机关事务管理局、国家发展和改革委员会、财政部评为“节约型机关”；被省委宣传部、省文明办评为“青海省学雷锋活动示范点”；被州委、州政府授予“州级文明单位”称号。

【劳模服务管理】 选派110名全国、省、州级劳模和最美职工、艰苦行业一线职工到省外三亚、青岛、杭州以及省内循化、西宁疗休养基地进行疗休养。开展职工（劳模）疗休养基地创建工作，制定出台《黄南州劳模（职工）疗休养基地认定办法》，认定尖扎县来玉村民宿为全州首家劳模（职工）疗休养基地。组织开展以“学习贯彻中共二十大精神　踔厉奋发　勇毅前行　接续奋斗　谱写黄南新篇章”为主题的劳模慰问座谈会。推进劳模宣讲团进校园、进企业、进机关活动，开展“弘扬劳模精神　喜迎二十大”主题宣讲报告会6场次。年内走访慰问各级劳动模范63人，送去价值7.1万元的慰问品。为42名劳动模范订阅全年的《黄南报》《黄南藏文报》《中国新闻周刊》，及时把党的声音传达到基层群众中。启动黄南州第三届劳动模范评选工作，成立黄南州劳动模范评选工作委员会，确保评选工作有力有序进行。

2022年7月25日，黄南州开展2022年职工防暑降温慰问活动（州总工会供图）

【职工关爱活动】 联合州就业服务局开展“春风送温暖　就业送真情”活动，采取线上线下相结合的方式向下岗失业人员、大中专毕业生、农民工等提供管理人员、文秘、技工、客服、商管员、销售员等153个就业岗位。到露天高温一线作业的企事业单位、建筑工地和核酸检测点慰问露天高温一线职工4213人，发放价值45.37万元的消暑包、夏凉被、水果、饮料等防暑降温慰问品。开展“冬送温暖”活动，慰问559名困难职工、一线职工和11家春节值班单位，送去价值55.21万元的慰问金和慰问品。开展护士节慰问活动，走访慰问疫情防控一线的医护人员，送去1万元慰问金。“七一”建党节前，到帮扶村尖扎县措干口村开展“双帮促提升　携手谋振兴　同心庆七一　喜迎二十大”主题党日活动。慰问老党员困难党员20人，发放慰问金4000元。开展“迎中秋、庆国庆、送温暖”活动，慰问困难退役军人和天津援青干部人才，送去价值2万元的慰问品。疫情防控期间，向一市三县总工会下拨疫情防控资金146.59万元。看望慰问1100余名抗疫一线的医务人员、公安民警、社区职工等，送去价值94.5万元的慰问物资，为200名“疫”线职工送去“暖心午餐”及防疫物资。全州46名劳模募捐2.31万元，为防疫一线职工送去慰问物资，发挥示范引领作用。为青年路社区拨付1.3万元疫情防控补助。

以线上线下相结合的方式，组织开展职工篮球、足球、乒乓球、工间操培训课程。举办黄南州首届单身青年交友联谊活动，为120名基层工会单身青年创造相互认识、相互交流、发展友谊、收获爱情的平台。协同相关部门组织实施“暖心早餐”工程，一市三县均启动环卫工人“暖心早餐”，为全州1445名环卫工人、交通辅警、城管队员等一线职工提供免费“暖心”早餐。为一市三县及州直各企业工会1400名农民工和女职工开展免费体检活动。开展职工健康心理辅导讲座4次。动员组织全州440家单位、7827名职工参加全省职工医疗互助和生活保障活动，为642人次结报互保金58.84万元。开展“新就业形态劳动者温暖服务季”活动，走访慰问新就业形态劳动者代表178人。鼓励基层工会为职工会员发放消费券，全州419个基层工会发放消费券1340.60万元，惠及职工13116人，引导广大职工会员积极消费、就地消费、刺激消费、拉动内需，助力复工复产。

2022年8月2日，黄南州举行2022年首届青年职工交友联谊会（州总工会供图）

【工会项目建设】 对口援建项目　落实天津市总工会援建资金230万元、滨海新区总工会160万元，以项目化方式使用援建资金，与天津市总工会工人疗养院党支部签订结对友好党支部。滨海新区总工会下辖4个功能区总工会与一市三县总工会对口帮扶“职工高原氧吧”项目，落实帮扶资金80万元。

“高原职工氧吧”项目　打造全省工会系统首个“高原职工氧吧”项目，累计拨付项目建设资金350万元，为艰苦地区高海拔泽库县、河南县建设“高原职工氧吧”项目，改善一线职工的生活环境。

黄南州“三种精神”教育馆暨职工之家项目　投入资金698.73万元，在州党群服务中心四楼、五楼进行改扩建，集中打造以工会为主的服务职工群众平台及“劳模精神、劳动精神、工匠精神”三种精神教育展馆。

“项目制”支持基层工会项目　年内投入104万元，安排职工服务阵地建设项目4批，建立职工之家13个、职工书屋17个、司机之家2个、女职工温馨小屋1个，支持职工技能竞赛和文体活动项目20个。

工会职工维权服务中心升级改造项目　总投资100万元，启动州职工维权服务中心升级改造项目、尖扎县职工维权服务中心升级改造项目、同仁市和泽库县职工维权服务中心羽毛球场建设项目，为职工提供更加广阔的活动空间，打造职工欢迎、受益的文化阵地。

职工普惠项目　向省总工会申报储备涉及疫情生活补贴、生活救助类、子女助学类、医疗救助类、特殊职工群体关爱帮扶类、特殊职工群体生活服务类、防疫物资供给类、功能室提升改造项目、爱心早餐项目、提升职工生活品质工程等项目12个。

【县级工会指导】 起草《黄南州总工会“县级工会加强年”专项工作实施方案》，州总工会下拨经费补助70万元，支持14个乡（镇）围绕“三亮”“六有”标准进行工会规范化建设，实施新的《工会会计制度》。指导全州基层工会采用新中大财务软件财务云平台进行财务核算、资产管理，推进工会财务管理工作规范化。健全完善工会资产监督管理、工会经费收缴和管理制度，指导县级以上工会建立年度资产统计报告制度，实施预算绩效管理。推动县级工会工作实现新突破。制定蹲点活动实施方案，成立州总工会干部到基层蹲点的5个工作小组，到州直及一市三县，重点面向服装制作师、拉面工、餐饮服务员、司机、快递员、网络送餐员、特色艺术品加工师、画师群体开展蹲点调研活动。

共青团黄南州委员会

【概况】 共青团黄南州委常设机构有青年联合会、少先队员工作委员会、州青年志愿者协会、州青年联席会议办公室。截至2022年底，全州14~35岁户籍青年人口总数105941人，占总人口比例36.93%。共青团员12037人。团州委有下级组织791个，其中团的领导机关4个、基层团委58个（含教育团工委4个）、团工委5个、团总支24个、团支部460个；团的领导机关团干部20人、基层团干部1082人；少先队大队89个，市（县）级别总辅导员4人，大队辅导员89人、中队辅导员914人、少先队员25951人。年内新发展团员564人。

【基层团组织建设】 完成2022年度学校共青团改革评价工作。成立全州县域共青团基层组织改革工作领导小组及工作专班，实行各科室负责人对各市（县）包片挂点联系，跟踪调度改革推进信息台账，监督检查各市（县）改革工作开展情况。召开全州县域共青团基层组织改革动员部署会，州委分管领导对开展县域共青团基层组织改革工作提出具体要求。各市（县）团委对照改革内容，及时向党政主要领导汇报改革事项，制订改革方案，明确责任分工和任务清单，争取政策支持，合力推动各项改革任务有序落实、取得实效。全年举行新团员宣誓仪式14次，564人参加；举办入团积极分子学习班14次，860人次参加，全州中学团校和各市（县）团代表联络站实现全覆盖。河南县胜利召开第十三次团代会，新建州消防大队团委。开展规范使用团旗团徽自查自纠32次。

【青少年思想道德建设】 在中共二十大召开前，开展党的青年运动史、新时代伟大成就、建团100周年大会精神团支部专题学习会499场次，覆盖团员3.1万人次。组织青联委员、优秀青年代表开展线下研讨会和宣讲会8场次，参与学习795人次。组织开展中共二十大精神研讨会，组织团州委班子成员、各市（县）团委、州直属机关团组织负责人、部分乡（镇）团委负责人参加，邀请州委常委、宣传部部长、州总工会主席宋辉进行专题授课。联合天津市委统战部举办学习宣传贯彻中共二十大精神青联委员线上培训会，60余名青联委员参加培训。通过开展“学习二十大 永远跟党走 奋进新征程”青联思享会、座谈会、研讨会，持续推进学习走实走深。全州各级团委累计开展座谈交流6场次，参与青年269人。组织全州各级团组织、少先队组织通过举办主题团队日活动、征文演讲、知识竞赛等多种形式，开展各类活动34场次，覆盖1.5万人次，线上开展“青年大学习”28期，参与1.7万人次，433个团支部开展“智慧团建”中共二十大专题学习，覆盖团员青年1.1万人次。年内，全州2人获“全国优秀少先队员”“全国优秀少先队辅导员”荣誉称号，1个大队获“全国优秀少先队大队”荣誉称号；1人获全省“五四奖章”，4个集体分别获全省“五四红旗团委”“五四红旗团支部”荣誉称号，8人分别获全省“优秀共青团员”“优秀共青团干部”荣誉称号；1家企业被评为全国青年安全生产示范岗。开展州级表彰工作，评选全州“五四红旗团委”6个、“五四红旗团支部”4个、“优秀共青团员”7人、“优秀共青团干部”8人、“优秀青年志愿者”10人；评选全州“青年岗位能手”5人、“青年安全生产示范岗”2个。

【服务青年】 结合“快递从业青年服务月”活动，组织开展“共青团与人大代表、政协委员面对面”活动，召开全州2022年“快递从业青年服务月”座谈会，邀请州人大代表、政协委员与申通、顺丰、圆通、中通等快递企业从业青年代表进行座谈，提交2个关于青年住房保障的提案，州政协将2个提案均列入年度重点提案予以督办，最终解决快递小哥、青年人才保障性住房80余套。举办州直机关青年“喜迎二十大、永远跟党走、奋进新征程”心理健康专题讲座，邀请国家二级心理健康咨询专家为州直机关200名机关青年举办讲座，为机关青年改善心理健康状态、以乐观向上的心态面对工作和生活起到积极作用。

【青年志愿服务】 依托州青年志愿者协会及各市（县）青年志愿者协会，组织开展“美丽中国·青春行动——‘河’我一起，保护母亲河2022净滩行动”“河小青为白螺湖净滩”“青春绿色行动，共建山水黄南”“少老共携手，保护三江源”等生态文明实践活动，开展“共建清洁美丽世界”世界环境日公益宣传活动5次，组织500余名青少年累计种植苗木3000余株。继续打造“暖冬行动”志愿服务品牌，开展帮扶救助、疫情防控、春运暖冬、关爱老人、文明新风等志愿服务75人次，服务总时长150小时。投身黄南州疫情防控工作，面向社会招募储备300余名青年志愿者，联合州疾病预防控制中心举办新型冠状病毒肺炎疫情防控知识培训，组织26名志愿者参与疫情防控期间核酸检测点的信息采集、秩序维护及服务引导等工作。州青联动员社会各方力量，全州筹集价值30余万元的生活、防疫等物资，全部用于慰问一线防疫人员，做好抗疫后勤保障。

【青年创业就业】 举办农牧区创业致富青年“领头雁”培训班，来自各市（县）青年致富带头人、返乡创业大学生、优秀进城务工青年、青年农场主、农牧区优秀创业企业负责人45人参加培训。培养全州“农牧区致富带头人”5人、“优秀创业青年”3人。依托青年创业协会、青年创业联盟组织创业青年开展“乡村振兴 青年创业”专项服务活动、乡村振兴青年先锋故事分享、座谈交流、在线交流活动13场次，覆盖青年170人次，县域青年创业组织开展项目活动90场次，联系服务青年2034人。建成省级青年就业见习基地1家、州级青年就业见习基地3家、县级青年就业见习基地6家。通过开展大学生“返家乡”社会实践活动，“扬帆计划”项目为第一批32名大学生提供假期实习平台，引导高校毕业生返乡就业创业。

2022年6月1日，黄南州举行“美丽中国·青春行动——‘河’我一起，保护母亲河”2022净滩行动（团州委供图）

【州级青少年民族团结进步示范点创建】 联合州民族团结进步创建办公室开展州级青少年民族团结进步示范点创建工作，命名州级青少年民族团结进步示范点10家。筹备组建州、县、乡三级80余人的黄南州民族团结宣讲“青骑兵”队伍，动员全州广大青少年投身家乡建设。依托线上线下平台，组织各族青少年开展“石榴籽一家亲”等多形式交流活动，举行黄南州“喜迎二十大先锋行 石榴籽紧抱心向党”夏令营活动，组织50名来自各市（县）的优秀少先队员代表开展为期1周的夏令营，增强全州少年儿童心向党、永远跟党走的信念，引导少年儿童牢固树立祖国观，培养少年儿童的爱国情怀，加强黄南州各民族少年儿童之间交流交往，铸牢中华民族共同体意识。

【青少年权益保护】 开展“青春与法同行”青少年法治宣传教育系列活动，联合司法、公安、民政、消防等部门组织开展“青春自护·有你有我”全州2022年暑期青少年自护教育活动，观看未成年人保护法宣传片，师生代表350余人参加专题讲座。以“加强青少年法治教育　维护青少年合法权益”为主题，开展“飘红六一”宣传教育活动，发放各类未成年人保护、预防青少年违法犯罪等宣传资料100余份。与省少工委对接，做好少先队员道路安全教育和教具捐赠培训工作。培养少先队辅导员和少先队员道路安全意识，开展道路交通安全细节的微课堂，为全州8所学校捐赠道路交通安全教具1632套（个）。开展中高考减压活动，邀请心理咨询专家和具备心理咨询资质的社工为高考中考学生开展线下答疑解难，开展线上线下辅导10场次，覆盖学生2471人。通过“线上视频学习+线下团辅讲座”相结合的方式，分享考前减压“小妙招”“考前注意事项”，帮助考生和家长调节和解决应考的焦虑情绪和困惑。

【助学帮困】　为全州700名小学一、二、三年级生活困难家庭女生发放“希望工程1+1——幻方助学计划”助学金70万元。为全州20名优等贫困家庭大学生发放“中国茅台·国之栋梁——2022希望工程圆梦行动大型公益助学活动”助学金10万元。向中国青基会争取希望工程物资1527套，发放至兰采乡南派泛娱希望小学、麦秀镇宝洁希望小学、尖扎滩乡福和希望小学、河南县固铂轮胎希望小学。

【少先队工作】　11月14日，州委印发《黄南州全面加强新时代少先队工作的若干措施》，明确黄南州新时代少先队工作主攻方向和解决路径。在条件成熟的社区成立7个社区少工委，各市（县）中小学校均成立少工委和聘请校外辅导员。动员少先队员注册成为“红领巾讲解员”，实名注册红领巾讲解员80人。成立省级青少年校外实践教育基地2个、全国农耕文化实践营地1个，联合消防救援队挂牌成立5个州、县级青少年校外实践教育基地。推动全州所有小学实施分批入队，启动“红领巾奖章”一、二、三星章争章活动，规范推优入团，纳入“智慧团建”，通过分段教育、分级激励，完善少先队员阶梯式成长激励体系。全年152名少先队员、15个集体获评“红领巾奖章”三星章。

【共青团黄南州委十三届五次全委（扩大）会议】　3月23日，共青团黄南州十三届五次全委（扩大）会议召开。会议传达学习中共十九届六中全会、省委十三届十一次全会、州委十三届二次全会和共青团十八届六中全会、共青团青海省十四届六次全会精神。州委常委、宣传部部长、州总工会主席宋辉出席并讲话，邀请州纪委监委派驻第一纪检监察组组长陈生顺到会监督指导。团州委书记仁青卓玛代表共青团黄南州十三届常委会作工作报告，回顾总结2021年工作，安排部署2022年工作。会议听取市（县）年度工作述职，卸职替补共青团黄南州十三届委员会委员，印发《共青团黄南州委2022年工作要点》。

【青年工作联席会议】　3月28—29日，省委党校公共管理调研部副主任李桂娥教授、省委党校马克思主义学院韩笑讲师一行到黄南州开展《青海省中长期青年发展规划（2018—2025年）》（以下简称《规划》）实施情况中期评估工作。第三方评估组分别召开黄南州、同仁市《规划》实施成员单位座谈会、机关事业单位群团青年座谈会，学校企业农村等青年座谈会、抽查州教育局、州人社局推动《规划》实施情况并进行典型青年人士访谈，实地走访同仁市隆务江源肉牛养殖专业合作社、黄南州创业孵化基地、胜境热贡艺术苑、州党群服务中心等，全面调研黄南州《规划》实施情况，并对下一步工作提出具体要求。

【团教联席会议】　3月23日，黄南州组织召开2022年团教协作联席会议。会议总结2021年全州共青团、少先队组织和教育部门落实团教协作工作开展情况，安排部署2022年重点工作，通报全州学校战线2021年团队有关工作情况，共青团泽库县委、同仁市教育局分别作交流发言。团州委书记仁青卓玛，州委教育工委专职副书记、州教育局副局长、州少工委主任刘玉华出席并讲话。

【全州青年座谈会】　5月5日，召开“青春心向党　建功新时代”全州青年座谈会，州委书记

2022年5月25日，“青春心向党　建功新时代”全州青年座谈会召开（团州委供图）

朱战民与全州优秀创业青年、共青团员、共青团干部、青年志愿者代表座谈，鼓励青年牢记习近平总书记的教诲和嘱托，不负历史、不负时代、不负人民，勇当无愧于新时代的青年，提出青年一代必须有追求、必须讲政治、必须善学习、必须谋创新、必须担责任、必须尊法治的“六个必须”殷切希望。提出要发挥共青团、青联的组织优势，教育引导不同民族之间相互尊重、相互学习、相互借鉴、相互帮助、和睦相处、携手并进，像爱护眼睛一样爱护民族团结，说利于团结的话、做民族团结的事，在黄南改革发展稳定实践中展示个人德才，贡献青年力量。

黄南州妇女联合会

【概况】　2022年，黄南州有女性人口14.66万人，占总人口的52.17%；深化妇联改革破难行动，上下联动协同创新，全面完成村（社区）“会改联”工作，新建机关部门妇委会27个，创建“妇女之家”7个，292个村（社区）“妇女之家”实现全覆盖。全州262个村、30个社区选举产生292名妇联主席，举办妇女干部培训班1次，参加人员210人次。

【妇女思想建设】　以学习宣传中共二十大精神为主线，依托“百千万巾帼大宣讲”活动，开展“巾帼心向党·喜迎二十大”等群众性主题宣传教育活动。宣传习近平新时代中国特色社会主义思想、中共二十大精神、省第十四次党代会精神、州委十三届七次全会精神，引领广大妇女“巾帼心向党、奋进新征程”，全州广大妇女感党恩、听党话、跟党走的思想基础更加牢固。全年组织各类宣传宣讲活动60余场次，参与妇女群众约1.1万人次。

【妇联改革】　利用“两新”组织等各领域“妇女之家”，多层次开展政策宣讲和关爱帮扶活动，引导广大农牧区妇女群众、僧尼爱国爱教；在州检察院、法院、财政等机关单位创建“妇女之家”，使其成为凝聚妇女、服务妇女、发展妇女的重要阵地。深入学

2022年6月2日，州直机关首个标准化“妇女之家”挂牌仪式在州人民检察院举行（州妇联供图）

习领会协同化建设要义，进一步实现协同目标的大群团工作新格局。

【妇儿维权】 争取州委、州政府支持，落实12万元资金，联合州公安局打造完成黄南州省级“护蕾温馨小屋”暨女童保护“一站式”取证服务中心，建立健全保护未成年人免遭侵害、促进女童健康成长、维护女童人身权益等5项工作机制。依托“妇女之家”和36个规范化基层维权阵地，常态化开展各类法律宣传活动、法治讲座，编印《妇女法律援助工作手册》（藏语和汉语）、《中小学生寒暑假安全防护指南》（藏语和汉语）等各类书籍和宣传资料2万余册，通过各种形式的巾帼普法大讲堂、普法宣传等活动，增强妇女儿童法治意识，在全社会形成尊重、关心、保护妇女儿童的良好社会氛围。重视妇女儿童维权工作，创建省级“维权服务站”2个，培树省级、州级“妇女儿童维权先进集体（个人）”5个。承办“12338”妇女维权热线信访案件，年内受理来信、来访、来电17件次，办结率98%。启动黄南州农村牧区结婚登记证清查、补领工作，加强婚姻登记信息规范化管理，依法维护婚姻当事人的合法权益，有效预防化解婚姻家庭矛盾纠纷，清查登记2200余户家庭，补办补发结婚证272对。探索妇女儿童维权工作规范化路径，聘请2名法检专业律师为全州妇女儿童权益保障工作法律顾问。

【关爱妇女儿童】 为26名低收入家庭“两癌”患病妇女解决救助金26万元；实施“母亲邮包”“爱助事实孤儿”等公益项目，落实各类帮扶资金约180万元，帮助困境妇女儿童解决急难愁盼问题。争取公益帮扶资金近160万元，实施贫困母亲“两癌”救助、“阳光春蕾计划”、“春蕾计划——江源春蕾”、“圆梦微心愿”、“母亲健康快车”等项目。申请落实1辆“母亲健康快车”，年内利用“母亲健康快车”问诊咨询560人次，健康普查487人次，培训610人次。疫情防控期间，动员全州广大妇女干部群众投身疫情防控，利用微信公众号持续开展科学防疫知识宣传。联系天津市妇联、滨海新区妇联开展“路千里·心不离”爱心企业家结对资助困境儿童等活动，落实帮扶资金和物品价值20万元。在泽库县多禾茂乡曲玛日村妇联创建巾帼“爱心超市”。在州检察院、法院、财政局等机关单位创建“妇女之家”并落实创建资金1.5万元；在“泽库县多禾茂乡德钦尼姑活动点”创建“妇女之家”。

【巾帼建功立业】 持续优化妇女儿童事业发展环境，颁布实施《黄南州妇女儿童发展规划（2021—2030年）》，实现妇女儿童发展与全州经济社会各项事业同步协调发展。深化“创业创新巾帼行动”，年内培育省级“巾帼创业创新示范基地”3个、州级4个；举办农牧民妇女厨艺大赛、手工制品展销、家政服务等技能培训4期、550余人次；培树表彰获国家级、省级、州级“三八红旗手”“巾帼建功集体”“致富女能手”等8个集体、83名个人。

【家庭建设】 编辑印发《习近平关于注重家庭家教家风建设论述摘编》（藏文版）3000余本，向农牧区妇女开展宣传教育，该做法在全省推广借鉴。深化“家家幸福安康工程”，组织开展“最美家庭”“绿色家庭”“好婆婆”“好媳妇”等评比活动。全年选树州级及以上“最美家庭”“绿

2022年3月7日，黄南州以“强国复兴有我，巾帼筑梦芳华”为主题，在热贡文化广场举行纪念“三八”国际劳动妇女节暨农村牧区婚姻登记清查、补领工作启动仪式（州妇联供图）

色家庭”等30户25人。加强《中华人民共和国妇女权益保障法》《中华人民共和国反家庭暴力法》等宣传普及，开展“书香青海·阅伴万家”亲子阅读活动，形成家家幸福安康的“新局面”。年内组建巾帼宣讲小分队30余支，到机关、学校、农牧区、寺庙开展宣传宣讲30余场次。

黄南州科学技术协会

【概况】 黄南州科学技术协会(以下简称州科协)是黄南州科学技术工作者的群众组织，是州委领导下的人民团体，与州科技局合署办公，由州级学会、协会和县级科协组成，下辖正科级事业单位黄南州科技馆1个。第七次全州代表大会，选举委员19人、常务委员9人、正副主席3人。截至2022年底，全州有市(县)科协4个、州级学会9个，一市三县科协机构均与市、县农牧(水利)科技局合署办公。有科普基地5个、农村专业技术协会1个，有会员52人。开展科技下乡活动65次，编发科技图书等资料3.5万份，受益群众达5万余人次。

【青少年科普】 联合教育、地震等部门，围绕绿色经济及节能环保、现代信息技术、生命健康、防震减灾等领域，到同仁市瓜什则乡力吉寄宿制学校、隆务镇霍日加完全小学、兰采乡中心寄宿制学校、扎毛乡中心寄宿制学校4所中小学开展科普宣传进校园活动，以展示、体验、互动3种形式让学生们近距离感受科技的魅力，通过现场设立的“机械转动”“运动与力”“数学思维”“VR眼镜体验”等科技体验活动，引导学生积极动手、动脑，在参与过程中让学生的思维能力得到锻炼和开拓。开展校内外科普知识教育活动，组织学生参与社区服务和社会实践、生态环境保护、校园安全避险、生活自理能力和生产技能培养等，活动中累计发放各类宣传资料1万余份，展示展板18个，受教育群众和学生3000余人。成立黄南州“双减”工作协调机制领导小组，一市三县相应组建成立“双减”工作协调机制领导小组，制定印发《关于义务教育阶段课后服务收费有关事项的通知》《关于黄南州义务教育阶段学科类校外培训收费标准有关事项的通知》等措施文件，协调推进全州“双减”工作，并开展课后服务工作相关科普活动。

【农村科普】 *科普大篷车“万里行”活动* 6月至11月底，通过开展科普大篷车“进校园、进乡(镇)、进寺庙、进社区、进机关”宣传活动，宣传科学生活意识，普及民族宗教政策、法律法规和科普知识，防灾减灾、消防安全、食品安全健康、疫情防控等科学知识。活动累计开展科普宣传活动达65场，覆盖33个乡(镇)、22个村、6所学校、2个社区、5座寺庙，累计悬挂横幅80余条、展出各类展板50余块，接待群众咨询4000余人次，发放各类科普书籍3.5万余册，受益群众达5万人次。

黄南州2022年科普日宣传活动 州科技(科办)、农牧、教育、卫生、地震、生态环境等部门在热贡文化广场为现场群众进行农畜产品、药材、科技成果、科普大篷车展示和科普体验以及防疫、防震减灾、避灾自救互救、消防安全、逃生方法、灭火器使用、法律法规等多方面的知识与技能。活动悬挂横幅38条，展示展板60余块，接待群众咨询100余人次，发放各类科普书籍6000余册。

结合主题活动开展科普宣传活动 州科协在尖扎县康杨镇巷道村开展青海省第十四次党代会精神和生态文明建设、疫情防控、乡村振兴、安全生产等知识宣传，展示展板8块，向群众发放宣传手册、抽纸、纸杯等宣传用品达100余份。结合全州“喜迎二十大、同心护未来”“节能减排就在你我身边”“安全生产月”“粮食安全”“解读中共二十大工作报告”等集中宣传活动，及时开展科普宣传活动，发放科普资料2000余册，科普宣传手提袋及纸杯、抽纸等宣传品2000余份，悬挂横幅10余条，展出科普展板30余块，受益4000余人次。

【科技咨询】 与山东林科院、天津农科院、农学院、青海大学对接落实人才项目引进事宜，签订“黄南州设施葡萄产业关键技术提升”“黄南州特色黄果梨酒加工关键技术研发”“羊肚菌品种与栽培技术”“尖扎县食用菌高效栽培关键技术研究与示范”“高原地区特色浆果良种引进及高效生产技术研究与示范”等项目5个，双方结合各自的战略需求和特殊优势，本着“资源共享、优势互补、合作共赢、创新驱动、共同发展”的原则，在成果转化、技术服务、人才资源等方面实现“产学研共赢”的目标，共同推动黄南州科技创新能力和经济发展水平快速提升。与天津市科技局联合开展津科助农“战疫情保供给”农技人员线上科技培训，提高黄南州乡土人才技能和企业自主创业的能力。

2022年11月15日，科普大篷车万里行宣传走进同仁市瓜什则乡（州科协供图）

【学术交流活动】 7月、8月，分别举办黄南州第四届动物防疫职业技能竞赛和第五届动物检疫技术大比武两项活动，活动由州农牧局、总工会、科协主办，州畜牧兽医学会承办，来自全州专职从事动物疫病防治工作的兽医及相关专业技术和实验室检测人员100余人参加活动。分别评选出黄南州第四届动物防疫职业技能竞赛“笔试考试、实验室比对、技能操作”各单项比赛1～3名次的7名选手，尖扎县、泽库县、同仁市、河南县代表队分别获得团体一、二、三等奖和优秀组织奖，授予多杰项加、公保东知、李毛却乎3名选手“黄南州动物防疫能手”荣誉称号，并代表黄南州参加全省第六届动物防疫技能竞赛。评选出黄南州第五届动物检疫技术大比武活动“理论考试及知识竞赛、无纸化检疫出证操作、屠宰检疫操作”各单项比赛1～3名次的7名选手，同仁市、泽库县、河南县、尖扎县分别获得团体一、二、三等奖和优秀组织奖，授予何永兰、索南措、斗毛卓玛、万玛本4名选手“黄南州动物检疫能手”荣誉称号，并代表黄南州参加全省动物检疫技术大比武活动。

【科普队伍及信息化建设】 强化科普信息员队伍建设，在“科普中国”App上注册科普信息员达2281人，累计传播科普信息49.6万次，并建立全州科普微信信息员工作群，为共享信息和及时交流沟通提供平台。在黄南电视台全年播放“科普中国”和疫情防控科普知识180余期，《黄南报社》开设专栏，刊载科普知识40余期，黄南州科协公众号转载科普知识150篇。加大科教资源推广应用和开发工作，编印生态环保、地震科普、反对浪费厉行节约《黄南科普》4期各13000册，制作科普宣传栏10块、展板18块。

【科普项目】 推进黄南州科技馆建设项目，该项目于2021年4月动工建设，截至2022年底，完成主体建筑工程，推进室内装修及布展工程建设，预计2023年6月底完工并投入运营使用。实施“2022年基层科普行动计划”项目，及时下达2022年“基层科普行动计划”项目计划，下达基层科普行动计划项目10项，投入资金60万元，按照计划实施完成各市（县）基层科普行动计划项目。

黄南州工商业联合会

【概况】 2022年1月，黄南州工商联（商会）召开第四次会员代表大会，选举产生黄南州工商联领导班子成员14人，其中主席1人、常务副主席1人、专职副主席1人、企业家副主席10人、秘书长1人，选举产生黄南州商会领导班子成员15人，其中会长1人、常务副会长1人、企业家副会长12人、秘书长1人。截至年底，州工商联会员总数达到306个，其中企业会员297家、团体会员9家。全州工商联有行业商会7家，分别是黄南州热贡唐卡艺术营销商会、黄南州商贸商会、黄南州水电开发商会、黄南州农畜产品加工营销商会、黄南州文化旅游服务商会、黄南州建筑商会、黄南州青年企业家商会。州工商联联系的县级行业商协会2家，分别是尖扎县商贸促进协会和河南县民族用品产业商会。

【调查研究】 编印学习资料8套560册，“黄南州搭建十大平台，促进民营经济高质量发展”得到全联肯定，被《中华全国工商时报》采编，省工商联采编信息6期。开展省、州、县工商联三级调研，分2批次到50多家行业商协会、民营企业及专业合作社，召开专题调研座谈会，宣讲解读相关政策法规，征求企业家意见建议，形成调研报告3篇，完成小微企业发展情况、季度民营企业运行及劳动用工情况调查问卷等13次，累计200多家次民营企业参与上报调查问卷，为上级党委、政府决策提供参考依据。成立年度重点工作督查调研组，到一市三县进行督查指导，及时发现各市县存在的短板不足，并下达书面整改通知，限期整改，进一步压实工作责任。

【参政议政】 以民营经济代表人士综合评价结果为主要依据，坚持条件、严格把关，择优推荐全联十三大代表人选1人、省联十二大代表人选14人，其中选举通过13人。推荐省工商联十二届执委候选人8人，选举通过6人。提任十四届州政协民营经济委员31人、十六届州人大民营经济人士代表4人。利用两会期间提案议案平台，鼓励民营经济人士积极反映民营经济发展中存在的困难问题和关注的热点难点，提案议案大多得到州委、州政府主要领导高度重视，得以办复落实。制定工商联兼职企业家副主席轮值工作制度，激发民营企业家参与工商联工作热情，引导民营经济代表人士有序参与政治生活和社会事务。

【投资引介】 向天津市、江苏南通市工商联宣传推介黄南州招商引资项目，拜会江苏省南通市代表团和国合华夏城市规划研究院西北分院，向相关企业推介招商引资项目，与同仁市和州政府相关部门进行洽谈对接，争取有投资意愿的民营企业家到黄南州投资兴业。配合省联安排部署，建立完善黄南州工商联门户网站，推动州工商联“十四五”规划和“智慧服务平台”合作框架协议落地落实。了解掌握州工商联执常委企业、商（协）会会员企业和有关民营企业就业岗位需求41个，及时向省工商联反馈上报，通过全联、省联招聘服务平台进行精准入岗匹配推送服务。将成立光彩事业促进会纳入年度工作要点，与年度重点工作任务一体安排，统筹推进。

【助企纾困】 制度建设 出台《黄南州落实稳住经济一揽子政策措施实施方案》《黄南州关于进一步落实好支持民营企业加快改革发展与转型升级政策举措》《关于黄南州可享受政策补贴的工业、商贸企业及个体工商户的通知》等惠企政策，形成“1+1+N”的政策措施体系，以更加有力的举措，对冲经济下行压力，确保经济平稳健康发展。

市场主体补欠提速保稳 2020—2022年，为各类市场主体减税2109万元、降费减负1879.6万元，落实工业企业复工复产及中小企业发展专项扶持资金1151万元，在全省率先实现复工复产。下达5000万元助企纾困资金，对全州符合纾困条件的20284户市场主体进行补助；下达674万元文旅发展引导资金，帮助文旅企业逐步复苏。

“放管服”改革 取消调整行政审批事项11项，政务服务“五级联动”试点稳步推进，58项高频政务服务事项实现跨省通办，“12345”政务服务便民热线归并整合工作全面完成。完善市场主体退出制度，简易注销市场主体1854户。落实非公经济发展扶持政策，培育规模以上企业3户，新培育绿色有机农畜产品生产企业4家。

融资对接　金融部门推出“唐卡贷”“小微e贷”等金融产品，推进小微信贷增量扩面、提质降本，助力民营企业健康发展。对还款积极、带动就业能力强、创业项目好的借款个人和小微企业提供创业担保贷款贴息。“青信融”平台授信0.59亿元，放款金额0.26亿元。引导银行业机构减费让利93.18万元，无还本续贷余额达4075万元；支持物流保通保畅贷款余额938.5万元。

创业担保　对符合条件的个人和企业给予创业担保贷款扶持，累计为30名创业人员提供585万元创业担保贷款扶持。兑现创业补贴，对就业困难人员、离校2年内未就业高校毕业生、退役军人再创办小微企业或从事个体经营，依法登记注册，领取营业执照并正常经营1年以上的给予一次性创业补贴。

招聘平台搭建　通过“就业援助月”“春风行动”等搭建现场对接招聘平台45场次，吸引城乡劳动力进场求职4670人次，现场达成就业意向134人次。累计开展线上线下政策推送和政策解答发布岗位信息4367条，维权及法律援助40次，提供就业创业服务420人次。

就业培训　围绕劳动者就业需求、企业用人需求，引导培训资源向市场紧缺急需、企业生产需要聚集，开展“订单式”“菜

2022年11月7日，黄南州工商联与天津市滨海新区工商联召开线上交流会（州工商联供图）

单式”培训和新型学徒制培训，累计开展各类技能培训2450人次。继续实施阶段性降低工伤、失业保险缴费费率政策，为全州440余户参保企业减负836万元。

稳岗与资金返还　对符合条件的中小微企业兑现失业保险稳岗返还资金，累计为103户参保企业发放失业保险稳岗返还资金116.89万元，惠及职工1489人，同比增长81%。拓宽一次性留工培训补助范围，将失业保险留工培训补助扩大至所有困难参保企业，按每名参保缴费职工500元的标准发放一次性留工培训补助，支持企业组织职工以工代培。累计发放128户企业一次性留工培训补助资金61.8万元，帮助企业留岗1263个。

【助力乡村振兴】　结合助力乡村振兴调研活动，排查登记“百企兴百村”行动村企共建项目，走访联系“百企兴百村”行动领导小组各成员单位，搜集整理项目信息，认真指导各市县“百企兴百村”行动领导小组采取得力措施，进行排查摸底，建立健全项目信息台账和专题行动项目库。引导州工商联、商会22家副主席、副会长企业继续巩固延续村企结对帮扶关系，探索民营企业与村集体经济组织、农牧民合作社的合作共建、融合发展。截至年底，纳入省级实验项目体系企业1家、州级实验项目体系企业4家、村企共建签约项目企业12家。

【社会公益服务】　衔接协调州委“两新”工委、州民宗委、天津市滨海新区工商联、州红十字会等单位，组织州内外民营企业累计为同仁地区7个行业商会联点社区、泽库县塔姆智乃等宗教活动场所及全州疫情防控重点地区、群体累计捐款捐物82万元。引领民营企业和民营经济人士做好企业自身防疫工作，并倡议民营企业家投身全社会疫情防控工作。广大民营企业多轮次为省内外疫情防控等共捐赠物资和减免费用折计1123万元，其中疫情防控675万元、捐资助学243万元、公益慈善事业101万元、减免房租等104万元。发挥舆论宣传导向作用，通报表扬“百企兴百

村”行动及疫情防控先进集体16家，形成先进典型事迹汇编和专题信息简报，并通过新闻媒体、微信公众平台、微信群广泛宣传。

【会员学习培训】　3月8日，为借鉴和学习化隆县在打造“化隆拉面”品牌建设运用方面的成功经验和方法，推进全州区域公用品牌建设工作，副州长王桂莲、州热贡文化生态保护实验区管理委员会主任乔得林带队到“拉面之乡”海东市化隆县调研学习区域公用品牌建设工作。调研组到化隆拉面电商中心、化隆牛肉面体验店、化隆拉面产业园以实地观摩、听取汇报等形式进行调研学习，详细了解化隆县在打造区域公用品牌和市场销售、品牌宣传推介、品牌创建体系、政策支持等情况，并就如何提升、利用好区域公用品牌进行探讨交流。全年依托新闻媒体、微信公众号等，发挥网络平台作用，及时向四市（县）工商联干部和商协会、民营企业家推送宣传中央、省、州重要会议精神和相关涉企惠企政策规定，企业家访谈纪录片、警示教育片及企业家学法活动，扩大宣传教育工作覆盖面。其中，线上组织开展“企业家学法”活动40余期。

【工商联重要会议】　1月19日，黄南州工商业联合会三届五次执委会议在同仁召开。副州长、州工商联第四届执行委员会主席人选王桂莲出席并讲话。会议书面传达学习中共十九届六中全会、中央经济工作会议、省委十三届十一次全会、省工商联第十一届六次执委会议和州委十三届二次全会等会议精神。州工商联专职副主席秦三治作工作报告。会议审议省工商联换届工作相关文件和人事事项，部分州工商联（商会）兼职副主席和副会长作年度工作述职。州委统战部副部长，州工商联党组书记、常务副主席人选毛兴林主持会议。州工商联三届执行委员会执常委及州直相关单位、州市县工商联机关干部75人参加会议。

1月25—26日，黄南州工商业联合会（商会）召开第四次代表大会。省工商联专职副主席李青、会员部部长党艳荣到会祝贺并讲话。州工商联专职副主席、州商会常务副会长秦三治作工作报告。会议审议通过黄南州工商联（商会）第三届执委会工作报告和大会决议，选举产生新一届黄南州工商联（商会）领导班子。副州长王桂莲当选新一届黄南州工商联主席和商会会长，并代表新一届领导班子作表态发言。全州工商联第四次会员大会代表和相关单位列席人员110人参加会议。李青代表省工商联、省商会作重要讲话。

1月26日，黄南州召开“百企兴百村”行动动员大会暨州民营经济统战工作推进会议，传达学习中共十九届六中全会、中央经济工作会议、省委十三届十一次全会、全省民营企业“百企兴百村”行动动员大会、省工商联第十一届六次执委会议、州委十三届二次全会、州委民营经济统战工作相关会议文件精神。副州长、州工商联主席、商会会长王桂莲出席并讲话。州委统战部副部长、州工商联党组书记、常务副主席毛兴林主持会议。州民营经济统战工作联席会议成员单位负责人、州“百企兴百村”行动领导小组成员单位及出席州工商联（商会）第四次代表大会代表105人出席会议。

6月10日，黄南州工商联（商会）召开四届一次主席（会长）扩大会议。州、县两级工商联主席、党组书记（常务副主席）、专职副主席、秘书长及州工商联企业家副主席、州商会企业家副会长33人参加会议。副州长，州工商联主席、州商会会长王桂莲出席并讲话。会议由州委统战部副部长，州工商联党组书记毛兴林主持。会议听取各市（县）工商联上半年重点工作开展情况汇报，重点了解掌握各市县“百企兴百村”行动村企结对项目统筹谋划情况，探讨工作推进过程中存在的困难问题，交流可借鉴推广的经验成效。会议审议通过《黄南州工商联（商会）2022年工作要点》《黄南州“百企兴百村”行动回报家乡专项行动方案》《黄南州“百企兴百村”行动实验项目体系建设方案》《黄南州光彩事业促进会筹备组建工作方案》及执常委管理服务相关规章制度，进一步统一思想认识，达成一致意见。

11月7日，州工商联与天津市滨海新区工商联组织召开以“学习贯彻中共二十大精神、凝聚合力助力乡村振兴”为主题的线上交流座谈会，共同学习贯彻中共二十大精神，进一步增进两地工商联工作交流，组织动员两地民营企业助力乡村振兴。两地工商联班子成员、部分民营企业家副主席、副会长及相关企业负责人参加会议。会前，天津市滨海新区工商联通过红十字会向黄南州捐赠5万元用于购买防疫物资。会上，滨海新区工商联常委、跨境大数据科技（天津）有限公司总经理吕鹏辉向黄南捐赠防疫口罩10万只，用于支持黄南州乡村和学校疫情防控工作。

11月17日，黄南州召开民营企业“百企兴百村”行动推进会议，传达学习中共二十大精神、全国“万企兴万村”和全省“百企兴百村”行动推进会精神，总结一年来的工作，安排部署下一步工作。副州长、州工商联主席王桂莲出席并讲话。各市县政府分管乡村振兴工作副县长、工商联负责人和秘书长，州直“百企兴百村”领导小组成员单位负责人参加会议，各市县参与“百企兴百村”行动先进民营企业代表和州直部分涉企部门负责人应邀参加会议。

【工商联重要活动】 1月14日，黄南州委“两新”工委在同仁市热贡路社区举行“两新·红色驿家”启动仪式，标志着全州“两新·红色驿家”全面启动。州委常委、同仁市委书记旦增，州委常委、组织部部长刘建昱出席启动仪式，并为热贡路社区“两新·红色驿家”揭牌。州工商联、同仁市委组织部和州、市非公有制企业党组织主要负责人，以及热贡路社区工作人员、居民代表和社区志愿者40余人参加启动仪式。启动仪式上，州水电公司、州梦土文化旅游产业有限公司、青海热贡画苑等13家入驻社区的州、市“两新”组织和企业部分代表开展献爱心活动，合计捐款捐物折合4.3万元。

4月15—20日，副州长、州工商联主席王桂莲带队到一市三县37家行业商协会、民营企业及专业合作社养殖基地等进行“百企兴百村”州县两级联合调研。其间，组织州县两级工商联、乡村振兴局、工信局、农牧局、文体广电旅游局负责人与相关企业进行政策对接，答疑解惑。

8月8—10日，省工商联党组成员、专职副主席陈广君带领由省工商联部分执常委、省商会副会长、部分机关干部和青海省同一律师事务所律师组成的第四调研组一行8人到黄南州开展加强和改进新时代工商联工作专题调研。调研组在黄南州和尖扎县召开专题调研座谈会，听取州、县工商联近年来工作开展情况专题汇报，与州、县工商联负责人和部分民营经济人士围绕黄南州基层工商联组织建设、地方民营经济发展状况、民营企业“百企兴百村”行动进展、国家系列助企纾困政策落实情况及疫情防控形势下企业发展面临的困难问题进行沟通交流，并征求企业家对政府相关部门工作意见建议。会上，青海同一律师事务所郑明刚结合民营企业“法治体检”实践经验，为企业发展把脉问诊，帮助查找企业在经营管理中的知识产权保护、资金安全运行等法律风险点，引导民营企业以“亲”“清”为标尺构建新型政商关系，增强法律意识，提高企业依法经营、规范管理、防范风险、合规发展能力，进一步提升企业法治化水平。

9月5日，州工商联在州热贡文化广场举行“争创民族团结进步标兵，喜迎中共二十大”主题献爱心活动，援助受困宗教教职人员共渡难关。捐赠仪式现场，青海邯海藏中医药科技有限公司、青海运达农贸有限公司、黄南州水电开发有限责任公司、黄南州万腾驾校、黄南州仁爱养老院、青海西北弘有机资源开发有限公司、同仁天泽琴行7家企业和行业商会捐款捐物折合4.07万元，对灾情隐患和困难问题突出的泽库县2处宗教活动点宗教教职人员伸出援手，奉献爱心，进行定点援助慰问。

9月13日，副州长、州工商联主席王桂莲一行到同仁市工业、商贸和中小微企业开展走访调研活动。调研组一行先后到华联超市、云端热贡旅游民宿营地、仁俊画院、黄南金迪源建材有限公司、同仁市裕祥粉业有限公司、同仁市启鑫源生态综合开发有限公司、芊桑别院7家企业和项目部开展实地调研，并与负责人进行深入交流，详细了解企业生产规模、经营情况、困难诉求、下一步计划及预期增长目标等情况，并提出意见和建议。州市工信局主要负责人介绍国家、省、州、市工信领域相关扶持政策，并现场解答企业提出的相关问题。

9月15—19日，州工商联

（商会）以全州“喜迎二十大、基层百日行”活动为契机，安排专人组成督导调研组到一市三县和部分民营企业就年内民营经济统战工作和工商联重点工作开展情况进行督导调研。以送学上门的形式和各市县民营经济代表人士开展谈心谈话活动。

黄南州文学艺术界联合会

【概况】 2022年，黄南州文学艺术界联合会有州属文艺家协会6个，分别是州书法家协会、州作家协会、州摄影家协会、州美术家协会、州民间文化艺术研究协会、州音乐舞蹈戏剧家协会；州属四县文艺家协会3个，分别是河南县书画家协会、河南县摄影家协会；尖扎县书画摄影家协会。全州有会员600余人。10月28日，州文联党支部召开党员大会，完成党支部换届选举工作。年内州民间艺术研究协会《黄南研究》（藏语和汉语版）出版发行，为进一步推动黄南州民间艺术工作发展提供参考和研究依据。

【文学与摄影创作】 继续做好黄南州作家作品推荐交流工作，向《章恰尔》《民族文学》《西藏文艺》《青海藏文报》等省内外重点刊物推荐发表黄南州作家的作品。以《仁卓》《隆务河》两刊为展示平台，主推黄南州优秀诗歌、小说、散文、论文等优秀文学作品，完成《黄南研究》汉文版的编辑工作。3月，作家协会副主席王玉兰的散文集作品《一个人的河流》由青海人民出版社出版发行。11月，多杰才旦文学作品《多杰才旦小说集》（上、中、下册）、《黄南研究》（汉语、藏语）相继出版发行。全年有5名作家获得奖项，其中国家级1人、省级4人。7月，由州文化体育广播电视局主办，州摄影家协会承办的黄南州旅游资源推广“百佳摄影作品金奖”30幅。州摄影家协会参加以“礼赞新时代、真情颂党恩、喜迎二十大”为主题的书画摄影展。

【书法美术创作】 联合隆务镇7个社区在热贡文化广场为群众书写汉文、藏文春联1200余副，向群众赠送《隆务河》《仁卓》《黄南研究》等文学书籍300余本。到保安镇城内村为群众书写春联1400余副，赠送书籍300余本。联合州老干局在州老干部服务活动中心书写春联500余副、汉文藏文书法作品100余幅，赠送期刊300余本。联合西宁退休老干部书法爱好者在西宁干休所和八一路黄南小区书写春联800余副，赠送图书420本。走进军营，为军队文艺爱好者书写春联400余副、“福”字100多张和书法作品200余幅。在政府三号楼政务大厅书写春联400副、“福”字100余张。走进同仁市农商银行营业网点办事大厅书写春联600余副、“福”字100余张，赠送图书300余册。走进州总工会书写春联及“福”字400幅，赠送图书300余册。河南县书画协会在成吉思汗广场等地书写对联160余副，为干部职工和居（牧）民群众家庭书写春联2600余副、“福”字480余张。尖扎县书画摄影家协会在县群众文化活动中心书写春联2000余副。组织开展“墨香凝聚各民族共同体力量”主题书法

2022年4月26日，组织干部及部分协会会员在党群服务中心开展“能力提升+业务学习”活动（州文联供图）

笔会，现场创作出的《各民族像石榴籽一样紧紧拥抱在一起》《民齐者强》《各族民族同呼吸共命运心连心》《加强民族团结维护祖国统一和社会稳定》等30多幅汉文、藏文书法作品。与州纪委监委联合开展黄南州“廉洁家风好榜样”廉洁文化作品网络展，展出书法等作品80余幅。在州文联安排下，征集以宣传中共二十大精神、习近平法治思想、《中华人民共和国宪法》及国家基本法律法规为内容的书法作品，征集80余幅书法作品，筛选后在“黄南文艺”微信平台上刊发。年内州书法家协会有2名会员加入省级会员行列，2人3次获得省级以上奖项；州美术家协会有1名会员加入省级会员行列。

【文联改革】 州文联出台《黄南州文艺家协会考核办法（草案）》，采取“以奖代补”的办法，鼓励支持协会发展。出台文艺家协会会员入会誓词并举行首次宣誓仪式。组织各协会负责人及部分会员代表，举行黄南州文艺家协会会员入会宣誓仪式。此项措施，在全省属于首例。根据一市三县文艺工作实际和黄南州机构编制情况，州文联对一市三县文艺工作试行“文艺联络员制度”，加强一市三县文艺工作指导。

黄南州残疾人联合会

【概况】 2022年，黄南州残疾人联合会宣传贯彻实施《中华人民共和国残疾人保障法》《青海省残疾人保障条例》，维护残疾人合法权益，开展残疾人康复托养、技能培训、劳动就业、社会服务、无障碍设施和残疾预防等工作，扶助残疾人平等参与社会生活，各项工作稳定推进。截至年底，

2022年6月29日，在州政府会议中心召开黄南州“十四五”残疾人保障和发展规划专题会议（州残联供图）

全州有残疾人9538人。其中，同仁市2455人，尖扎县2526人，泽库县3105人，河南县1452人。全州残疾人专职委员达到80人。

2022年黄南州残疾人人口基础数据统计表

表6 单位：人

类别 / 地区 / 级别		一级	二级	三级	四级	合计
视力	同仁	60	69	21	70	301
	尖扎	44	118	64	75	335
	泽库	26	360	90	64	540
	河南	19	41	41	47	148
	合计	149	588	216	256	1209

续表6

级别	地区	一级	二级	三级	四级	合计
听力	同仁	45	92	79	87	303
	尖扎	113	207	107	80	507
	泽库	38	164	30	44	276
	河南	32	27	26	42	127
	合计	228	490	242	253	1213
言语	同仁	6	46	13	10	75
	尖扎	2	23	5	2	32
	泽库	38	118	17	6	179
	河南	11	15	10	9	45
	合计	57	202	45	27	331
肢体	同仁	61	608	415	336	1420
	尖扎	80	609	301	315	1305
	泽库	106	875	361	344	1686
	河南	44	205	358	227	834
	合计	291	2297	1435	1222	5245
智力	同仁	60	97	45	32	234
	尖扎	61	94	41	19	215
	泽库	42	97	65	51	255
	河南	32	85	49	20	186
	合计	195	373	200	122	890
精神	同仁	32	112	10	4	158
	尖扎	31	67	5	8	111
	泽库	22	78	24	9	133
	河南	26	71	11	4	112
	合计	111	328	50	25	514
多重	同仁	7	31	5	2	45
	尖扎	23	26	4	2	55
	泽库	24	11	1	0	36
	河南	0	0	0	0	0
	合计	54	68	10	4	136

【残疾人法律维权】 贯彻落实《信访工作条例》，做到“有访必结，有访必处，有访必复”，依法保障残疾人平等权益。针对残疾人信访的特点和实际困难，协调有关单位，组织实施关系残疾人生产生

活的民生工程，为困难残疾人排忧解难。根据省残联、省司法厅的要求，在四市（县）残联均设立残疾人法律维权岗，发挥残疾人法律服务维权岗作用，建立各项服务制度、台账，保障每周有1名司法局法律服务人员在岗，为残疾人解答法律知识，提供法律服务和援助。年内帮助残疾人解答法律疑问50余人次，办理残疾人案件4起，代写诉状30余份。

【残疾人康复服务】　开展康复服务和“互联网+”辅助器具精准适配工作，年内全州康复需求2189人，辅助器具适配需求898人，发放轮椅、助听器、拐杖等残疾人辅助器具898件，康复服务率、辅具适配率均为100%。按照“兜底线、织密网、建机制”要求，建立形成党委领导、政府主导、残联牵头、部门配合、社会参与的残疾儿童康复救助工作格局，持续开展全州残疾儿童康复救助工作。组织四市（县）残联调整定点机构，按照省残联《关于对2019年青海省残疾儿童康复救助第三方绩效评价问题进行整改的通知》要求，组织四市（县）残联整改第三方绩效评估中存在的问题。年初，四市（县）残联按照“一人一案”进一步入户核实康复需求，组织开展残疾儿童调查摸底工作，摸清底数和康复需求，建立筛查档案，审核确定符合救助条件的残疾儿童人数，发放残疾人辅助器具。全年全州实施0～17岁残疾儿童康复救助186人。疫情防控期间，对正在西宁各医院康复的残疾儿童，州、市（县）残联主动与康复医院联系沟通，开展线上康复回访督导及困难家庭生活救助工作，回访、救助残疾儿童家庭109户，发放生活补助及交通补贴88.75万元。联系邀请省第三人民医院专家到黄南州各市（县）设点为未办理残疾人证及行动不便、需到期换证的疑似精神、智力类残疾人及家庭集中开展精神、智力残疾评定服务工作，评定出符合办证的残疾人169人。天津市滨海新区残联投资25万元援建的4个康复点项目建成投入使用。

【残疾人托养服务】　稳步推进残疾人托养工作，为107名困难残疾人实施集中托养服务。其中，同仁市通过第三方购买服务方式集中托养25人，泽库县集中托养22人，尖扎县集中托养残疾人30人，河南县集中托养残疾人30人。

【残疾人教育救助】　全州在校就读残疾学生723人，其中特殊教育学校就读112人、送教上门201人，义务教育阶段残疾儿童入学率97.5%。根据贫困残疾学生助学工作要求，各市（县）残联加大政策宣传力度，对辖区内符合条件的贫困残疾学生进行摸底调查，确定37名高中生、41名大学生、10名学前教育儿童为救助对象，发放教育救助资金20.1万元。

【残疾人就业培训】　全年组织各市（县）开展残疾人实用技能培训班12期，498名残疾人参加培训。年度实现残疾人就业人数163人。为全州17个残疾人就业和培训基地解决扶持资金33万元。全年城镇新增就业残疾人48人，农村新增就业残疾人146人。按照国家有关惠残政策，督促协调各部门安排有劳动能力的残疾人就业，在机关、企事业单位按比例就业2人，个体就业（含自主创业）13人，农村种植养殖597人，灵活就业68人。

【残疾人社会保障】　组织州、市（县）残联工作人员到乡（镇）、村（社区）残疾人家庭宣传惠残政策，入户排查并建立“六类残疾人家庭”台账。省残联下发资金180万元，实施300户困难重度残疾人家庭无障碍改造。健全防止返贫监测和帮扶机制，加强防返贫监测信息系统管理，实行动态监测，制定50户残疾人家庭逐户帮扶措施，明确帮扶责任，实施精准帮扶，建立工作台账。全年发放“两项补贴”资金1260.3万元，享受残疾人生活补贴8866人，发放资金733.9万元，享受护理补贴5018人，发放资金526.4万元。

【扶残助残】　围绕残疾群众反映的各类问题，通过到基层困难残疾人家庭，组织开展关心残疾人生产生活民生工程、残疾儿童康复慰问、特殊困难残疾家庭进行救助；在全国助残日、“七一”建党节等重要节点，到乡（镇）社区、联点村入户开展脱贫巩固回头看工作；走访慰问老党员、困难残疾人家庭、康复残疾儿童，送上慰问金及慰问品，为困难党员及残疾人发放辅助器具、食品、日常用品等，解决群众实际生活困难；向州特校残疾儿童赠送床单、被套等物品；联系邀请省第三人民医院专家到各市（县）设点，为未办理残疾人证及行动不便、需到期换证的疑似精神、智力类残疾人及家庭集中开展精神、智力残疾评定服务工作，评定出符合办证的残疾人 169 人。年内入户访视“六类残疾人家庭”930 余户，适配辅助器具 111 件，发放慰问品、生活用品、慰问金共价值 78.44 万元。

【残疾人文体活动】 开展全国残疾人文化周和文化进家庭“五个一”基层残疾人群众性主题文化活动，组织 151 名残疾人及家属参加活动。完成州残疾人艺术馆、残疾人辅助器具资源中心、残疾人康复健身示范点项目建设。制作播出新闻手语电视节目，组织残疾人参加省、州运动会、艺术会演、手工艺品和技能竞赛等文化体育赛事，在青海省第十八届运动会上选送 29 名残疾人运动员，获 2 枚金牌、5 枚银牌、2 枚铜牌。举办第四届黄南州残疾人运动会。开展“助残日”“残疾预防日”“爱耳日”等活动，通过走村入户、设立咨询服务台、摆放宣传展板、散发宣传资料、残疾人手工作品义卖等方式，向群众宣传残疾人法律法规和劳动就业、维权、康复救助等知识，引导群众科学预防残疾，倡导全社会关注残疾人和残疾人事业发展。

【主席团会议】 6 月 10 日，召开州残疾人联合会第六届主席团第六次全体会议，会议审议通过《关于黄南州残疾人联合会第六届执行理事会工作报告的决议》《关于调换黄南州残疾人联合会第六届主席团委员的决议》《关于调换黄南州残疾人联合会第六届主席团主席、副主席的决议》《关于通过黄南州残疾人联合会第六届执行理事会理事的决议》，选举王桂莲担任主席团主席，黄建芬担任主席团副主席。提名华盖、迪确吉为执行理事会理事。

【残工委会议】 6 月 10 日，黄南州政府召开残疾人工作委员会第四次（扩大）会议，全面总结 2021 年全州残疾人工作进展情况，安排部署 2022 年全州残疾人工作重点目标任务。州政府副秘书长、办公室副主任、残工委副主任黄建芬主持会议，州残工委各成员单位负责人、四市（县）政府残工委、市（县）残联理事长 40 余人参加会议。州政府残工委副主任、州残联理事长张桂兰作工作报告，副州长、残工委主任王桂莲讲话。

【州残疾人康复中心启动运行】

州残疾人联合会与州藏医院联合打造的州残疾人康复中心正式启动运行。该中心设立现代医疗康复治疗项目 12 项、藏医特色康复项目 22 项，为全州有康复需求的残疾人提供基本公共服务及具有特色的康复医疗治疗。州残联会同州民政局、财政局、卫健委、市场监管局，对州藏医院康复科进行黄南州残疾儿童康复救助定点服务机构规范化管理分级认证、分级管理考评，评定为黄南州残疾儿童肢体（脑瘫）康复训练（二级）定点机构。截至年底，康复中心累计开展康复服务 42 人次，其中残疾儿童 30 人次。

黄南州红十字会

【概况】 2022 年，州红十字会以弘扬“人道、博爱、奉献”的红十字精神，保护人的生命和健康，促进人类和平进步事业为宗旨。从事备灾救灾、应急救护、人道关怀、宣传推动无偿献血、造血干细胞和器官捐献等工作。全州有红十字会组织 5 个、基层团体会员单位 5 个，会员总数 2467 人。

【人道救助】 在“两节”期间，携手 27 家州直机关单位为 1220 户困难群众发放生活物资。开展“感党恩、迎新春、送温暖”活动，慰问联点村 14 名卸任村干部、困难老党员，送去慰问物资和慰问金 4800 元。争取省红会和天津援助“暖心工程”项目 81 万元，为当地 926 户脱贫群众和僧尼解决采暖问题。开展“红十字博爱送万家”活动，整合省红十字会和天津援助款 223 万元，为全州边缘易致贫户和社会弱势群体发放棉衣、棉被、鞋及应急救护包等生活物资，受益群众达 2

2022年1月13日，州红十字会到基层开展“红十字博爱送万家”活动（州红十字会供图）

万余人。开展博爱助学活动，为州特殊教育学校发放棉服等价值1.5万元的慰问物资，为15名生活困难大学生发放救助资金4.5万元。开展博爱助医活动，争取治疗先心病患儿50名、白内障患者10名的博爱助医项目。完成大病医疗救助25人，救助资金5万元。

【红会助力疫情防控】 从“博爱一日捐”专项资金中支出44.5万元采购防疫物资，及时发放到一市三县疫情指挥部办公室。为医疗机构、疾控中心及社区工作人员发放鞋、防护服、N95口罩、消毒液等价值98万元的防疫物资。践行“全社会支持教育，人人为教育出力”的初心与使命，及时与教育部门精准对接，了解恢复线下教学学校的防疫物资需求，捐赠防护服7500套、N95口罩2.2万只、医用外科口罩35.76万个、消毒喷雾器95台、消毒泡腾片700瓶等价值70.2万元的助学防疫物资。向兄弟省（市）红十字会和爱心企业争取防疫物资，第一时间为一市三县调拨价值266.6万元的帐篷、防护服、隔离鞋、拉杆箱等疫情防控物资。海西州昆源矿业有限公司向黄南州捐赠煤68吨，价值10万元，解决黄南州省级卡点冬季取暖问题。

【红会助力乡村振兴】 年内实施完成“小垃圾·大民生洁净三江源”公益生态环保项目，落实全州40个行政村环保公益项目，资金达3179万元。在尖扎县加让村、贾加村为254户家庭实施热水器安装项目。在康杨镇沙里木村投资34万元实施太阳能路灯项目。争取天津市红十字会爱心企业爱心人士捐赠物资价值607万元，助力乡村振兴。落实6个行政村促进乡村产业发展资金92万元，推动产业发展“输血式”向“造血式”转变，多渠道、多层次助力巩固拓展脱贫攻坚成果。

【红会助力文明新风】 组织开展职业素养、家风传承等教育实践活动5次，学雷锋志愿服务活动3次，党支部与社区、联点村联谊联建联创活动3次。举办应急救护培训“进校园”“进军营”“进社区”“进村社”活动4期，培训3600余人次，发放应急救护知识手册3000余册。组织开展“5·8”世界红十字日暨州直机关单位2022年度“博爱一日捐”募捐活动，接收捐款52.6万元。从当地财政争取资金累计8万元，打造党员活动室，进一步巩固提升党建引领加强红十字党建阵地标准化、规范化建设。争取13.9万元资金，用于改造物资储备库，提高物资管理水平。协调联系基层红十字会，建立红十字志愿者队伍。

法 治

黄南年鉴

2023

地方立法

【立法工作机制建设】 编制完成《州人大常委会2022—2026年立法规划》，经州委同意成立由州人大常委会主任担任组长的年度立法工作领导小组，全程参与条例修订制定工作，在立法选题、评估论证、立项起草、协商审议等环节中发挥指导、监督和组织协调作用，推进立法工作有序高效。注重提高立法质量和效率，建立立法智库并聘任33名专家，发挥人大代表、基层立法联系点作用，建立完善立法协商、新闻发布、条例培训等机制，完善立法的体制机制和工作程序，增强立法的针对性和可操作性。

【重点领域立法】 颁布实施《黄南藏族自治州城乡社区治理促进条例》，将黄南州社会治理形成的好经验好做法固化为地方性法规，使城乡社区治理有法可依。适应生态环境保护法治化新要求，制定《黄南藏族自治州水资源保护条例》，修订《黄南藏族自治州林木保护条例》。州十六届人大三次会议审议通过《黄南藏族自治州关于施行〈中华人民共和国民法典〉结婚年龄的变通规定》，提请省人大常委会审查批准。做好《黄南藏族自治州藏语言文字工作条例》修订和《黄南藏族自治州不可降解一次性塑料制品管理条例》制定工作。河南县人大启动《河南蒙古族自治县民族文化保护和传承条例》的制定工作。

【行政立法】 发挥立法工作的组织、指导和协调作用，按照“服务大局、急需先立”原则，围绕州人大五年立法规划及州政府2022年立法计划，完善公众参与、专家论证和政府决定相结合的行政立法工作机制，从立法角度保障党的路线方针政策和重大决策的贯彻实施，推动立法更加贴近生态、贴近生产、贴近生活，符合黄南实际；围绕全州经济社会发展、推进生态文明建设、历史文化保护等领域，推进立法项目起草、审查、修改等各环节工作，完成《黄南藏族自治州犬只管理办法》首部政府实体规章、《黄南藏族自治州城乡社区治理条例》全省首部基层社会治理领域地方性法规及生态保护领域4部地方性法规立法，完成《藏语文工作条例》《不可降解塑料制品管理条例》2个地方性法规立法调研、审查论证。持续健全行政规范性文件合法性审核机制，建立部分初审、政府法律顾问二审，公职律师再审的行政规范性文件“三审机制”，提升规范性文件的科学性、民主性、合法性和执行力，审核州政府行政规范性文件12件，备案审查县级行政规范性文件7件。强化定期清理制度，组织开展行政规范性文件第五次全面清理，对全州现行有效的102件行政规范性文件进行清理，废止35件，修改9件，保留58件。

政法委与综治

【概况】 2022年，全州政法机关突出平安黄南、法治黄南、政法队伍“三大建设”，在战疫情、防风险、保安全、护稳定各项工作中贡献政法力量，提升人民群众获得感、幸福感、安全感。年内开展全州首次政治督察，制发《黄南州开展政法系统政治督察工作实施方案》，明确近四年政治督察工作规划，以“政治建警”为主线，通过下派入驻、听取汇报、个别谈话、受理来信来电来访、查阅文件、延伸督察等形式，推动和督促政法机关党员领导干部严守党的政治纪律和政治规矩。完成州公安局和同仁市委政法委政治督察工作，反馈州公安局6个方面27条问题，同仁市委政法委政治督察报告提交同仁市委常委会研究审议。解决群众急难愁盼问题251个，出台为民办实事措施127项，“立改废”规章制度140个。5月，州委政法委创新开展“基层社会治理专项工作组”工作法。

【维护社会稳定】 州委常委会7次听取全州维稳工作汇报，州委主要领导与各市（县）、相关部门主要负责人集中约谈，全面压实落细属地责任和主体责任。完成中共二十大和省第十次党代会

2022 年 2 月 24 日，中共黄南州委政法工作会议召开（州委政法委供图）

安保任务。成立南、北市（县）2 个维稳督导组，完成 8 轮次全覆盖督导。

【法治黄南建设】 行政执法 开展司法执法规范化建设活动，强化执法执纪督查工作，加强政法队伍警容风纪、文明用语、规范执法，每逢法定假期及敏感节点，会同纪委、组织等部门，组成执法执纪督查工作组，不定期开展明察暗访、分析研判、督查巡查，坚决整治不作为、乱作为和“选择性执法”等问题，政法队伍执法司法作风持续好转。印发《关于报送行政执法公示制度执法全过程记录制度重大执法决定法制审查制度推进落实情况自查报告的通知》，督察各行政执法单位“三项制度”执行落实情况。持续健全行政规范性文件合法性审核机制，建立部分初审、政府法律顾问二审，公职律师再审的行政规范性文件“三审机制”，提升规范性文件的科学性、民主性、合法性和执行力，审核州政府行政规范性文件 12 件，备案审查县级行政规范性文件 7 件，完成州、县执法单位 142 名执法人员证件申领执法培训、考试和 425 名行政执法人员全省统一执法证件更换。

法律宣传服务 落实“谁执法谁普法”“谁管理谁普法”“谁服务谁普法”普法责任制，以法律“十一进”活动为载体，创新开展“六抓六促”法治宣讲活动，创新推进法律进景区、进市场活动，通过实时普法、社会普法、媒体普法等线上线下联动普法，累计开展法治宣讲 1100 余场次，编辑录播《法治黄南我来讲》法治栏目 6 期，推送普法微视频、微动漫、普法信息 1000 余条，法治教育普及率 100%。推进村（社区）公共法律服务站（室）功能优化建设，实现全州 262 个行政村、30 个社区法律顾问全覆盖，全州 45 家党政机关聘请法律顾问，配备公职律师 2 人，参与制度建设、决策咨询等事项 497 项。完成州级和一市三县法律援助中心国资律师事务所挂牌，协调浙江杭天信律师事务所在河南县设立分所，填补黄南州无国资所及河南县无律师服务空白。

依法打击违法犯罪 开展各类宣讲 1.3 万余场次，受教育群众达 20 万余人次，实现所有乡（镇）、村社、寺庙、学校宣传全覆盖。累计制作推送转载各类新媒体通讯稿、美篇、短视频 1.7 万余条，浏览量达 20 万余人次。用电信、移动、联通三大运营商发送扫黑除恶斗争、国家政治安全、养老诈骗公益短信 30 余万条。检察机关办理各类案件 1066 件。全州法院受理案件 3898 件，办结 3632 件，结案率 93.18%。

【常态化扫黑除恶斗争】 制定《常态化开展扫黑除恶斗争工作要点》，组织召开常态化扫黑除恶推进会 3 次，调整扫黑除恶斗争领导小组，成立扫黑除恶工作指导科。宣传贯彻《中华人民共和国反有组织犯罪法》，利用各种平台和方式，创新方法开展专题培训、普法学习、知识竞答等形式多样的主题宣传活动，掀起学习热潮，氛围营造愈加浓厚。狠抓线索核查，全州受理涉恶涉乱线索 6 条，全部办结。狠抓案件侦办，公安机关破获省公安厅督办的“5・20”电信诈骗案等重大案件，完成全州 6 起涉恶案件案卷复评工作。印发《扫黑除恶重点行业领域专项整治方案》，分批接续深化重点行业整治，下发“三书一函一单一通知”8 份，及时化解一批矛盾纠纷，依法严惩一批违法犯罪人员，有效净化社会环境。以“六建”（建立健全源头治理的防范整治、智能公开的举报奖励、

2022年6月14日，黄南州扫黑除恶斗争领导小组（扩大）会议暨常态化开展扫黑除恶斗争推进会召开（州委政法委供图）

打早打小的依法惩处、精准有效的督导督办、激励约束的考核评价、持续推进的组织领导）为抓手，修订完善务实管用的长效机制18项。坚持“月小结、季度通报、年度总结”工作模式，进一步推动扫黑除恶斗争常态化、机制化。

【矛盾纠纷排查调处】 建立“日排查、日报告、周研判”工作机制，开展“调解促稳定，喜迎二十大”专项行动，细化落实纠纷排查、风险研判、信息反馈、纠纷调处等措施，推进风险隐患排查、矛盾纠纷化解、法治宣传教育“三个同步”，推动新的苗头性纠纷问题和已排查调处纠纷存在的旧案复发隐患风险点排查预警全覆盖，累计开展矛盾纠纷排查4.2万次，调处矛盾纠纷485件，调解成功率99%。同仁市成功化解持续22年的草山地界纠纷积案，尖扎县成功化解持续35年的宅基地纠纷。

【社会治理】 打击犯罪 打击电信网络诈骗犯罪，立电信诈骗案件84起，破案24起，破案率28.57%，抓获犯罪嫌疑人121人，抓获人数同比增长303%。打击传统盗抢骗犯罪，立传统“盗抢骗”案件139起，破案53起，破案率38.13%，抓获犯罪嫌疑人90人。开展命案攻坚，立现行命案（故意伤害致人死亡）2起，破案2起。打击“黄赌毒”犯罪，办理涉黄案件3起、涉赌案件44起，破获涉毒案件2起，抓获犯罪嫌疑人3人，缴获毒品1318克、毒品邮票10贴。打击涉众型经济犯罪，受案11起，立案8起，破案4起，抓获犯罪嫌疑人1人，挽回经济损失19万元。打击生态环境违法犯罪，侦办危害珍贵、濒危野生动物案刑事案件3起，非法占用农业用地1起，抓获犯罪嫌疑人6人。

专项行动 召开全州打击整治养老诈骗专项行动动员部署会和推进会，制定印发《黄南州关于开展打击整治养老诈骗专项行动的实施方案》，成立专项行动办公室，专项办下设综合组、打击组、整治组、宣教组等4个工作组。开展夏季治安打击整治“百日行动”“鹰隼行动”“防除降保”“打击整治养老诈骗”等专项行动。围绕重要时期，开展“减量控大”专项行动，依法查处交通违法行为46705起。落实重点行业领域监管主体责任，累计检查重点单位、重点行业、“九小”场所等5128家次，下发整改通知书284份，处理148家存在安全隐患违规场所。落实散装汽油购销、剧毒药品（农药）购销、快递收寄实名制。开展“缉枪治爆”专项行动，收缴各类枪支152支、子弹5203发、炸药161千克、雷管169枚、管制刀具90把。

【乡村治理】 综治中心运行 按照“全域覆盖、全网共享、全时可用、全程可控”总目标，建成并运行标准化规范化综治中心335个，州综治平台11类基础数据合计录入44万余条，四级综治中心每周进行视频会议调度50余次，下发通报400余期。

网格化服务管理 全年网格员通过手持终端上报信息动态1.3万余条，同比增长120%。

【青藏川滇甘交界地区州（市）长第七次联席会议】 8月11—12日，以“融合、创新、发展、团结、和谐”为主题的青藏川滇甘交界地区州（市）长第七次联席会议在黄南召开。省委统战部副部长、省民宗委主任吴德军应邀出席并讲话。黄南州委书记朱战民致辞。黄南州委副书记、州长扎西才让提出建议。来自青海、西藏、四川、云南、甘肃5个省（自治区）10个州（市）领导分别围绕大会主题，就深入贯彻落实习近平新时代中国特色社会主义思想，认真总结区域合作发展的新成果、新经验、新做法和进一步推动更深层次、更宽领域、更高水平的交流合作进行交流发言。12日，在尖扎县召开青藏川滇甘交界地区州（市）长第七次联席会议峰会，五省交界地区各（州）市长讨论通过并共同签署《黄南共识》，从坚持生态优先战略、走好绿色发展之路，促进文旅优势互补、推动区域资源共享，巩固拓展脱贫成果、推进乡村振兴，构建综合交通网络、促进区域互联互通，筑牢民族团结基石、共谱和谐发展乐章，凝聚社会治理合力、共建和谐平安边界6个方面就深化合作交流达成共识。会议确定由甘肃省甘南州人民政府承办青藏川滇甘交界地区州（市）长第八次联席会议，并移交青藏川滇甘交界地区州（市）长第八次联席会议办公室印章。

依法治州

【概况】 2022年，召开州委全面依法治州工作会议、州委全面依法治州委员会第四次会议、法治政府建设推进会及执法、普法守法协调小组各项会议，州委常委会、州政府常务会研究部署法治建设25次，压实法治建设政治责任。承接法治建设顶层设计，提请州委、州政府印发黄南贯彻落实法治黄南、法治政府、法治社会建设工作方案，细化全面依法治州及各协调小组工作要点，落实“年终述法”考评机制，统筹推动法治建设议事协调和办事机构协同发力，完善法治建设组织保障体系。开展2次法治督察，落实“年终述法”考评机制。持续推进普法依法治理由“经验探索”向“品牌效应”转变，成功创建“全国民主法治示范村”2个、“全省民主法治示范村”3个。深化“枫桥经验”黄南化实践，落实“三调联动”大调解工作机制，在全省率先打造州级1个、县级2个“一站式多元解纷中心”，打造省级“枫桥式”五星级司法所7个。以法治创新夯实基层治理基础，探索开展民主法治村（社区）自治、法治、德治“三治结合”建设，巩固深化黄南“一核三治”基层社会治理模式。

【依法治州机制建设】 发挥州委全面依法治州委员会办公室职能作用，着眼黄南特殊州情，始终把法治作为推动黄南高质量发展和长治久安的关键和基础，压实法治建设政治责任。组织召开州委全面依法治州委员会第四次会议、全州法治政府建设工作推进会，落实“年终述法”考评机制，推进领导干部年度述法全覆盖，统筹推动立法、司法、执法、守法普法协调小组及法治建设议事协调和办事机构协同发力，法治建设组织保障体系更加完善；围绕贯彻落实省委、省政府“一规划两纲要”实施方案，印发2022年度全面依法治州工作要点及立法、司法、执法、守法普法工作要点，制定《黄南藏族自治州法治政府建设实施意见（2021—2025年）》，明确全州法治建设的“路线图”“任务书”“时间表”“责任状”；把学思践悟习近平法治思想纳入各级各部门理论学习中心组、中青年干部培训班及乡（镇）党委书记、乡（镇）长提

2022年4月28日，州委全面依法治州委员会第四次会议召开（州委办供图）

升履职能力主体班次必学内容，为全州县级干部配发《习近平法治思想的核心要义》《习近平法治思想概论》等书籍资料1000册，推动领导干部精准把握习近平法治思想内涵，自觉扛起推进新时代法治黄南建设的政治责任；围绕习近平法治思想学习宣传贯彻、述法工作、行政规范性文件监管、党政机关法律顾问管理等11项重点工作，紧扣全面依法治州重大决策和重要举措开展常态化督促指导，执行州、市（县）、乡、村四级联点督导机制，落实属地责任和主体责任，以“督察利剑”推动法治建设各项工作。

【规范性文件备案审查】 听取和审议2021年备案审查工作情况报告，全年备案审查规范性文件7件。发挥备案审查信息平台功能，组织州、市（县）人大负责人到省人大观摩学习备案审查工作，加强规范性文件备案审查能力建设。配合省人大常委会完成包虫病防治、电梯安全、促进中小企业发展、农牧民专业合作社等条例草案的立法调研和意见征求工作。

公　安

【概况】 2022年，黄南州公安机关立各类刑事案件391起，破获案件186起，立案起数同比下降42.58%，破案率上升10.42%。抓获犯罪嫌疑人216人，刑事拘留116人，移送起诉124人，提请逮捕67人；立经济案件8起，撤案2起，查破6起，抓获涉案人员6人，查处资金330万余元；查处506起，结案381起。受理治安管理案件540起，受理起数同比下降28.29%，查处起数下降30.3%，结案起数下降25.15%，查处违法人员894人，其中警告19人、吊销许可证45人、罚款274人、拘留207人、其他处理349人。完善州公安局内部机构设置，挂牌成立食药环支队、警卫处，完成森林公安划转改革。公安机关实行网上办案，接入“阳光警务”平台，实行案件网上流转，提升执法办案的透明度。

【维护社会稳定】 成立由州委、州政府主要领导任双总指挥的全州应急联动指挥部，州应急管理局、武警支队、消防救援支队等18家单位主要负责人为成员，抽调政法、统战、网信、武警等部门专业力量组成专班，在州、县两级公安指挥中心集中开展形势分析研判、动态会商、指挥调度等工作。依托维稳实战应急处置演练，组建州、县两级应急处突响应队伍，坚持“平战结合、战训结合”模式，开展应急处突拉动演练125次（其中跨省跨州区域拉动10次），协调指导乡（镇）一级开展应急演练154次，确保北京冬奥会、“两节”、两会、中共二十大期间全州社会大局持续稳定。

【扫黑除恶斗争】 贯彻落实《中华人民共和国反有组织犯罪法》，制定印发《2022年全州公安机关常态化开展扫黑除恶斗争重点工作任务分工》，分批接续深化重点行业整治，持续打击整治“沙霸”“矿霸”“村霸”等黑恶犯罪专项行动工作。全年开展宣讲活动29次，张贴藏文和汉文《关于征集“沙霸”“矿霸”等自然资源领域违法犯罪线索的通告》2000余份，发放宣传册9300余份、宣传品6450余份，悬挂横幅153条；设立举报箱5个，在全州公安机关微信公众平台公布举报邮箱、举报电话和举报渠道，动员发动群众检举揭发各类违法犯罪线索；摸排、检查全州沙场、沙石料加工厂、砖厂36家，制发公安提示函62份。2022年未侦办涉黑涉恶案件。

【刑侦工作】 刑事案件　依法严厉打击各类突出犯罪，落实治理防控措施，成功打掉52人组成的特大“跑分”洗钱犯罪团伙，侦破青海省首例古生物化石案件。全年立八类主要案件25起（其中伤害13起、强奸11起、抢劫1起）。破获案件186起，破获年前案件15起。

经济案件　履行“遏制犯罪、防范风险、服务发展、维护稳定”主责主业，打击资金外流，切断渠道。移交涉外省、外州电信网络诈骗线索3条，配合属地公安机关抓获涉案人员2人；联合烟草专卖、交通运输、邮政管理部门开展“春雷4号”专项行动，破获存储、售卖假烟案件4起，收缴假冒卷烟120余条，涉案资金8万余元，向有关部门发送提示函40份、执法建议函3份。

【治安防控与管理】 治安防控 按照“平安中国”建设规划以及公安部大数据智能化建设要求，落实“1、3、5分钟快速反应机制”，组织开展重点单位、部位安全隐患排查整改，督促落实安全主体责任。持续开展“护校安园”专项行动，推进校园安防建设“三年行动计划”，实现全州282所中小学完成“4个100%”目标（专职保安员配置率、视频监控系统和公安机关联网率、一键式报警与公安联网率、中小学封闭化管理率达到百分百），加强医疗机构、公交客运安全保卫。落实寄递业、“三电”、“油气”设施安全保卫制度，确保安全稳定运行。加强重点部位、人员密集场所巡逻防控，提高见警率、管事率、震慑力。坚持专群结合理念，与人民联防等群防群治，整合社会资源成立“义警”“少年警营”等组织，发展“义警”“少年警营”等形式多样的群防群治队伍力量，建设人人有责、人人尽责的社会治理新格局。

枪支器械管理 检查涉枪涉爆涉险危企业105家次，发现隐患28处，当场整改26处，下达整改通知书2份。加强非法枪支、弹药、雷管、索类爆炸物品等收缴管理工作，年内破获涉枪案件1起，抓获犯罪嫌疑人1人。

2022年7月21日，黄南公安举行“鹰隼行动”夜间统一清查（州公安局供图）

矛盾纠纷排查化解 结合“百万警进千万家”“我为群众办实事”活动，按照“排查得早、发现得了、控制得住、化解得好”工作要求，推进矛盾纠纷排查化解工作，狠抓排查、分析、化解三个环节，实现“发现早、处置稳、不升级、不恶化”的工作目标，全年排查矛盾纠纷290起，化解288起，化解率为99.31%。

治安案件查处 开展“昆仑2022”“农资打假”及打击矿产资源领域违法犯罪等专项行动，侦办食药类刑事案件2起、环境类刑事案件1起，抓获犯罪嫌疑人3人。受理治安管理案件中，扰乱公共秩序53起，妨害公共安全10起，侵犯人身权利、财产权利375起（殴打他人103起、盗窃37起、诈骗21起、故意伤害30起、故意损毁财物11起、其他173起），妨碍社会管理秩序102起。

【禁毒戒毒】 研究制定全州各级禁毒工作制度机制，层层签订

2022年9月28日，“黄南砺剑”应急拉练（州公安局供图）

禁毒工作目标责任书，落实各项工作责任，明确州、市（县）两级禁毒委员会成员单位职责，并将禁毒工作纳入全州社会综合治理体系建设及精神文明单位创建体系中。全年办理毒品刑事案件2起（涉嫌运输毒品1起、走私毒品1起），抓获涉毒犯罪嫌疑人3人（提请逮捕1人、移送起诉2人）；铲除收缴毒品原植物大麻1070株；协助江苏常州警方抓获网逃吸毒人员1人，动员群众主动上交疑似毒品大麻1千克。常态化开展“毒驾”整治工作，筛查各类驾驶人员533人次。

【户政管理】 围绕户籍人口城镇化、无户口妇女儿童补录户口登记情况、户籍人口亲属关系填报情况、出生医学证明编号信息纠错补报工作情况及户口清理整顿等工作开展各类数据核查登记完善，夯实全州户籍管理工作基础。全年全州总户数86027户，户籍总人口288958人，其中男性144485人、女性144473人。总人口同比增加2739人，年人口增长率为9.48%；全州户籍城镇人口75357人，占总人口的26.08%；出生4332人（男2300人、女2032人），出生率14.99‰；死亡1571人（男845人、女726人），死亡率为5.44‰；省（内）外迁入1386人（省外108人、省内1278人），迁入率4.80%。迁往省（内）外1408人（迁往省内1318人、省外90人），迁出率为4.87%。开展进城就业定居农牧业转移人口落户工作，全州户籍人口城镇化占比为26.08%。完成户籍人口城镇化2022年度目标任务。按照刑侦部门出具的DNA亲子鉴定证明书，为17名无户人员完成落户，为省外群众办理异地身份证375张，其中换领证件192张、补领证件183张。

【参与废旧市场管理】 结合“百日行动”“防风险、除隐患、降发案、保平安”常态化扫黑除恶等专项行动，清查全州范围内的废品收购站，对从业人员进行信息登记。截至年底，全州有废旧金属收购站37家，均在辖区派出所备案，开展清查427家次，发现问题51处，当场整改43处，限期整改8处，累计出动警力1283人次，出动警车450辆次。

【道路交通安全管理】 组织召开州、市（县）两级道安委联席会议6次，联合交通、运管、路政等部门开展事故多发易发路段风险隐患排查，排查事故多发路段安全隐患178处；梳理排查逾期未检验、未报废重点车辆，重型货车、重型挂车、农村面包车检验率、报废率均达80%以上。依法查处各类交通违法行为55473起，其中饮酒驾驶167起、醉酒驾驶57起、无证驾驶3365起、超员134起、超载525起、超速17530起、其他违法行为33695起。全年全州发生一般交通事故17起，死亡14人，受伤15人，直接财产损失12.36万元。同比一般事故起数下降59.52%，死亡人数下降26.32%，受伤人数下降65.91%，财产损失下降38.15%。

【出入境及往来】 全年受理审批出国（境）及往来港澳台护照申请6人（出国5人，赴港澳1人），通过审批6人；接收境外换领出入境证件或港澳台人员换领进入内地证件核查函8件，经严格审批，同意6人换领申请，驳回2人换领申请；接收省内外公安机关出入境管理部门协查函8件，回函8件；受理审批签发外国人停留签证4人次；接受国家工作人员报备881人，法定不批准出境人员通报备案29人，登记录入临时住宿境外人员信息102条，同上年采集录入的381条数据相比下降73.23%；检查指导旅店业338家次，签订《境外人员住宿信息规范登记责任书》42份；发现行业场所存在风险隐患3处；限期整改3处。

【信息化建设】 围绕新时期公安工作“专业化、规范化、信息化、职业化和现代化”建设方向，推动电子物证实验室、视频侦查实验室、三级DNA实验室、痕迹检验实验室建设。全年标准化信息采集率25.12%，DNA破案4起、人像比对抓获嫌疑人4人，对涉网案件电子数据取证130多部，盗抢案件现场视频侦查报告制作率100%。深化“数据强警”工程，强化社会信息资源的整合，在全省率先建成州、市（县）、乡三级架构调度平台，投资590万元的黄南州公安局数据机房建设项目竣工验收，并完成固定资产投资报备工作，投资102万元的黄南州公安机关派出所四级视频系统购置建设项目正在建设中。

【网络安全监管】 结合“防风险、除隐患、降发案、保平安”“百日行动”等专项行动，严厉打击各类网上违法犯罪行为，综合运用多种手段和方法，加强互联网巡查处置力度。全年检查网吧372家次，核查上网人员身份2780人次，处罚违规网吧4家，保障全州网吧在线率达100%，实名率达90%以上。

【公安队伍建设】 注重干部梯队建设，探索人才培育机制，落实人才工作保障，提拔任用科级干部14人，晋升民警职级162人，完成9名新招录民警任职定级工作，建立县级干部储备库14人，组织完成全州公安机关4名民警双向挂职锻炼工作、年度民警招录工作及辅警补录工作，招录民警41人、辅警14人；审核申报全州公安机关警衔64人次。参加黄南州寻找“身边的榜样”活动，州局党委被州委组织部确定为“身边的榜样”先进集体，并推荐为全省“身边的榜样”先进集体；申报选树表彰集体49个，个人180人。其中，部级集体2个，个人5人；省级集体19个，个人32人；州级集体31个，个人151人。

【公安“放管服”改革】 完善简化行政审批，优化简政放权，在持续推动权责清单制度等前期工作基础上，明确14种事项不再出具证明，将性别、民族和出生日期等主项变更6项户籍管理权限，下放到市（县）局审批办理，累计梳理下放户籍业务事项10余项。强化“互联网+警务服务”，依托“青松办”等公安政务服务平台功能优势，实现户籍类证明“跨省通办”。全州户籍窗口为80余名行动不便人员开展上门采集信息、办证送证服务。疫情防控期间，开通交管“12123”手机App办理临时号牌、邮政速递邮寄、延时办理等便民措施。公安、卫健部门联合出台《关于为无户口人员申领〈出生医学证明〉办理落户登记的通知》文件，为全州无户口人员落户工作提供政策制度支撑，摸排无户口人员1100余人，开展DNA亲子鉴定240余户720余人，为279人办理户口登记，累计为群众节约亲子鉴定费用140万余元。

【森林公安】 2022年，黄南州森林警察结合“防风险、除隐患、降发案、保平安”“昆仑2022”等专项行动组织警力针对重点地区、重点领域开展专项巡查，组织开展集中执法巡查15次，跨区域执法巡查1次，出动警力1220人次、车辆274辆次。救助国家一级保护野生动物秃鹫1只、白唇鹿1只；国家二级保护野生动物岩羊、苍鹰、红隼、鹏鹗、凤头蜂鹰各1只，雀鹰2只，长耳鸮1只，中华鬣羚1只；其他野生动物山雀6只，石鸡23只，野鸡4只，狍鹿2只。按照“打源头、端窝点、摧网络、断链条、追流向”目标，全面拓展打击领域、深化打击措施、强化源头治理，广泛排查线索，深入追查摸排掌握的犯罪线索，及时调查取证，有效确保专项行动取得实效。对巡察中发现的涉及危害生态安全违法犯罪进行严厉打击，对未构成刑事案件，应当予以行政处罚的，主动衔接相关行政执法机关移交案件线索。办理危害珍贵、濒危野生动物案3起，抓获涉案人员2人，非法占用农用地案1起，抓获涉案人员1人。向自然资源等相关部门移交行政案件线索15起，下发公安提示函2期。

【第二次夏夜治安巡查宣防集中统一行动】 7月22—24日，全州公安机关开展第二次夏夜治安巡

2022年9月22日，州公安机关森林警察部门联合集中执法巡查行动（州公安局供图）

查宣防集中统一行动，查处赌博案件3起，行政处罚12人，收缴赌资5820元（同仁2起、泽库1起）；出动巡逻警力876人次、车辆228辆次，出动群防群治力量228人次；设置宣防点21个，接受群众咨询321人次，发放宣传资料2146份，受教育群众达5000余人次；检查行业场所954家次，发现隐患99处，现场整改63处；检查车辆4085辆、人员2029人次，查处交通违法行为76起，行政处罚38人、批评警告38人。

【黄南州交通巡查宣防统一行动】　8月，黄南州按照夏季治安打击整治“百日行动”“一盔一带”等行动部署要求，组织开展交通巡查宣防统一行动。出动警力35人次，检查车辆1200余辆次，开展交通安全宣传活动1次，受教育500余人。查处各类交通违法行为50起，其中无证驾驶1起，摩托车驾驶人不佩戴安全头盔6起，非法改装1起，乘客不系安全带15起，超长1起，其他违法行为26起。

检　察

【概况】　2022年，全州检察机关办理各类案件1191件，同比下降9%。坚持在法治轨道上常态化推进扫黑除恶斗争，起诉故意杀人、盗窃、危害公共安全等严重危害群众生命财产安全犯罪93人。州人民检察院办理的俄某某某故意杀人案，取得法律效果、政治效果和社会效果的有机统一。年内制发检察建议17件，办理来信来访案件105件，召开检察听证会57件。两级检察院刑事执行检察部门发出检察建议书35份，纠正违法通知书21件；立案生态环境领域公益诉讼案件91件，办理食品药品安全领域案件14件；深化支持农民工讨薪“检察蓝”专项行动，协调解决农民工工资2258万元；办理司法救助案件29人，发放司法救助金42万元。全州检察机关刑事“案-件比”为1∶1.22。办理认罪认罚案件123件153人，认罪认罚适用率96%；确定刑量刑建议提出率为97%，确定刑量刑建议采纳率达100%。州检察院包括职务犯罪预防与警示教育基地在内的政治与法治生活馆入选省级“党支部组织生活共享阵地”。

【刑事检察】　贯彻少捕慎诉慎押刑事司法政策，依法不捕39人，同比下降51.2%，不诉35人。落实认罪认罚从宽制度，办理认罪认罚案件123件153人，适用率达96%，居全省第一；提出确定刑量刑建议116件，确定刑量刑建议提出率为97%，采纳率达100%，优于全国平均水平。出台《办理认罪认罚案件听取意见同步录音录像工作规程》，实现认罪认罚案件同步录音录像全覆盖，在依法打击犯罪的同时，保障人权。依法履行批捕起诉职能，受理各类提请批准逮捕案件59件123人，同比分别下降55.3%、40.3%；经审查，批准逮捕46件85人，同比分别下降50%、36.1%。受理各类审查起诉案件155件217人，同比下降28.2%、25.2%；提起公诉106件136人，同比分别下降45.1%、46.7%。落实“案-件比”质效标准，刑事“案-件比”为1∶1.22，优于最高检通报值。加强侦诉衔接力度，对公安机关侦查的10件重大疑难复杂案件提前介入，自行补充侦查50件。

【民事行政检察】　坚持权力监督和救济相结合，办理民事检察监督

2022年4月，州人民检察院开展民事检察案件听证会（州人民检察院供图）

案件 13 件，同比增长 33%。其中，作出不支持监督申请决定 6 件，发出再审检察建议 1 件获法院采纳。发出检察建议 3 件，支持起诉 1 件，正在审查 2 件。加强行政检察监督，办理案件 10 件，在监督审判机关公正司法的同时，促进行政机关依法行政。开展土地执法查处领域行政检察监督专项活动和撂荒地复耕复种行政检察监督工作，服务保障全州经济高质量发展。

【安全领域检察】 组织邮寄主管部门、快递寄递企业和物流公司召开联席会、座谈会 5 次，开展寄递毒品、暴恐音视频专项排查 7 次，走访相关企业 11 家。与法院、公安、州应急管理部门会签《黄南州安全生产行政执法与刑事司法衔接工作实施办法》，健全安全生产行政执法与刑事司法衔接机制。针对加油站、建筑工地、液化气站存在的安全隐患问题，制发检察建议 11 件。同仁市院就青海某矿业有限公司填埋尾矿废渣不规范问题制发检察建议，督促清理防止生态环境受污染，取得良好效果。

【公益诉讼检察】 立公益诉讼案 138 件，同比增长 26%。其中，办理刑事附带民事公益诉讼案件 2 件，追偿生态修复费和野生动物资源损失赔偿金 13 万元。5 起案件被省检察院作为典型案例向社会发布。立案生态环境领域公益诉讼案件 91 件，以司法之力守护山水黄南。尖扎县院督促相关部门拆除某种植专业合作社在黄河沿岸违法增建连栋大棚 9 座、为 23 座大棚补办取水许可和环评手续，受到党委和政府肯定。开展“益心为公”招募活动，聘任公益诉讼志愿者 105 人。

【刑事执行检察】 成立巡回检察办案组，对一市三县 3 个看守所及派驻检察室开展巡回检察，发现看守所管理及监管执法工作问题 20 条，发出纠正违法通知书 5 份，提出书面检察建议 14 份。开展社区矫正巡回检察，发现不规范问题 48 个，发出检察建议 21 份。核查纠正社区矫正对象脱管 5 人，发出纠正违法通知书 10 份。规范推进财产刑执行检察监督，核查罚金刑 56 人，核查金额 102 万元，发出纠正违法通知书 6 份，采纳 6 份，书面监督意见采纳率 100%。

【诉讼监督】 强化立案和侦查活动监督，督促侦查机关立案 2 件，监督立案率 100%，纠正漏捕 2 人、漏诉 3 人，书面提出纠正侦查活动违法 28 件，同比增长 115.4%，书面纠正侦查活动违法采纳率 100%，位列全省第一。

【职务犯罪检察】 加强与监察机关衔接配合，受理监委移送审查起诉案件 5 件 7 人。其中，原为县级干部 3 人；审结 3 件 4 人。经监察机关商请，对 1 件案件提前介入。按照二审程序和审判监督程序提出刑事抗诉 2 件，提请抗诉 1 件。开展 4 起重大案件侦查终结前讯问合法性核查。依法行使侦查权，受理司法工作人员相关职务犯罪线索 3 件。其中，立案 1 件，作出不立案决定 2 件。

【控告申诉检察】 司法救助 29 人，发放救助金 42 万元。其中，救助妇女和未成年人 7 人，发放救助金 16 万元。两级院领导干部首访包案 15 件，就地办结控告申诉案件 7 件 7 人，没有发生越级上访案件。推行检察听证，邀请人大代表、政协委员和人民监督员 284 人参加检察听证案件 57 件，纠纷化解率达 100%。

【未成年人检察】 办理涉及未成年人盗窃、故意伤害、强奸犯罪案

2022 年 1 月，州人民检察院与青海师范大学举行校检合作签约揭牌仪式（州人民检察院供图）

件12件20人。其中，起诉侵害未成年人犯罪案件4件7人。按照“捕诉监防”一体化工作要求，对15名涉案未成年人进行社会调查。同仁市院落实强制报告制度，推动接触未成年人行业开展入职查询281人。两级院法治副校长以案释法传播法治文化，开展校园法治巡讲和讲座39次，受教5.4万人。河南县院挂牌成立“娜仁”未检工作室，上线运行智慧未检小程序。

【检察队伍建设】 选拔任用3名优秀年轻检察官担任基层院副检察长。落实职务职级并行制度，完成9名检察官等级晋升，22名综合管理类公务员、检察官助理、书记员职级晋升和2名司法警察警衔晋升、5名干部交流任职工作，调整12名检察人员岗位，确保人岗相适，人尽其才。执行《中国共产党政法工作条例》和重大事项请示报告制度，向州委、州委政法委和省检察院请示报告重要事项、重点案件办理情况30余次。选派干警参加国家检察官学院等培训15期15人次，利用网络平台开展培训92次780人次。注重在办理大要案、课题研究等工作中磨砺青年干警，增强干警本领。加强检政交流合作，聘请行政机关特邀检察官助理33人。两级检察院领导带头办理案件352件，列席审判委员会18次。发挥检察委员会决策、监督、指导作用，两级检察院组织召开检委会70次，讨论疑难复杂议题45件。健全检察官、检察辅助和司法行政人员指标指引考核机制。

法 院

【概况】 2022年，黄南各级法院受理各类案件4000件，办结3908件，结案率97.7%，排名全省八个地区第一。全州法院获得国家级荣誉7个、省级荣誉12个、州级荣誉18个。年内法院系统持续打造“一站式”诉讼服务体系，接待群众来访2815人次；实施线上立案637件、网上缴费1722件，采用电子方式向当事人送达裁判文书1459件，为困难当事人减缓免缴诉讼费16.8万元。年内州法院挂牌建立麦秀国家森林公园生态环境司法保护基地，与麦秀国家森林公园共同履行职责。

【刑事审判】 审结煽动分裂国家案件3件3人，审结故意杀人、“两抢一盗”、危险驾驶、电信诈骗等案件94件120人；组成七人合议庭，对社会广泛关注、影响极其恶劣的被告人俄某某某杀妻案，判处死刑缓期两年执行。审结职务犯罪案件7件，判处罪犯6人，其中县处级、副厅级各1人。创新实施“量刑表”制度，与检察机关共同推进认罪认罚制度，审结认罪认罚案件102件128人。贯彻宽严相济刑事政策，宣告无罪3人、适用缓刑37人。推进应用“政法跨部门大数据办案平台”多次获得省法院通报表扬。全年全州法院审结刑事案件112件，判处罪犯133人。

【民商事审判】 在守卫民生权益上展现法院担当，依法审结劳动就业、社会保障等纠纷113件，财产损害、人身损害等赔偿纠纷142件，民间借贷纠纷549件。推进家事审判改革，审结婚姻家庭纠纷275件。开展防范养老诈骗活动，惩处诈骗犯罪，尖扎法院对黄某等5人帮助信息网络犯罪案判处七个月至十一个月有期徒刑。护航妇女儿童权益保障，指

2022年，州人民检察院在黄南州中级人民法院起诉某刑事案件现场（州人民法院供图）

2022 年 11 月 16 日，黄南法院生态环境司法保护基地揭牌（州人民法院供图）

派资深法官长期给妇联提供法律指导，给全州基层妇联主任进行专题法治讲座。

【行政审判】 制定行政审判要点指引，推进行政争议实质性化解二十条措施，注重与行政机关沟通，提升纠纷调处能力，审结行政案件 47 件，及时针对性发出改进工作司法建议。行政机关败诉率 4.76%，较历年明显下降；推进行政机关负责人出庭应诉常态化，扭转“告官不见官”局面，出庭应诉率达 72.73%，较历年明显提升。分析研判全州“民告官”案件，形成《黄南法院行政审判白皮书》，提出依法行政和提升应诉能力建议。

【执行工作】 构建契合黄南实际的“五大执行”机制，实施“春季惊雷”“夏季飓风”集中执行行动，河南县法院主动请缨，办结其他市（县）法院“骨头案”15 件。向乡（镇）村社发送协助执行函，利用基层组织督促履行。在黄南大地营造“守信，一路畅行，失信，处处受限”浓郁氛围，网上“查扣冻”5988 次，限制高消费 380 人，公布失信人 280 人，拘传 26 人，拘留 24 人，9700 余项执行措施及时推送当事人实时监督。全年累计受理执行案件 1447 件，执结 1427 件，标的额 5.7 亿元，执结率 98.62%，“3+1”核心指标均排全省八个地区第一。

【诉源治理】 与 14 家政府职能部门、群团组织构建“府院联动”机制，与州司法局会签贯彻在线调解规则实施细则、为律师提供一站式诉讼服务实施意见，在基层延伸构建与司法所、派出所的“庭所联动”机制，推动“人民法院调解平台”向基层、向社会、向网上、向重点行业延伸，能动化解矛盾纠纷、推进诉源治理。全州法院委派调解 1210 件，调解成功率 86.69%；立案调解 515 件，调解成功率 99.61%。同仁法院速裁团队办理民事案件 854 件，平均办理天数仅为 8.9 天。黄南法院“一站式”多元解纷和诉讼服务质效指标总体排名居全省八个地区第一。

【审级定位改革】 深入领会“让合适层级法院审理合适案件”要义，创新实施案件繁简分流机制，推行“十个分流”“六速五当”速裁机制；立足多元解纷，推广运用“三者调”，贯彻“九调”要求，助力解纷“实质化”，跑出办案“加速度”。黄南法院一审服判息诉率持续位列全省八个地区第一。探索提级管辖机制，州法院提级基层法院管辖案件 2 件，均由院领导承办，一审服判。州法院受省法院指定，在全省审级职能定位改革推进会上作经验交流发言。

【智慧法院建设】 发挥科技驱动作用，推行“线上办案、线下动脑”信息化司法应用理念，印发《关于推进以应用为中心的法院 信息化建设全力推动黄南法院现代化科技化的工作方案》，出台《信息化应用能力考核大纲》，每周以视频会方式进行信息化培训、考核，力推立案、送达、审理、执行全流程网上办理，所有证据材料和诉讼文书同步上网，以现代科学技术改变法官工作方式、学习习惯，以科技为法官减负、为办案增效，实现“智服、智审、智执、智管”；对门户网站实现“三权”分离，日常开展网络安全监测，有效保障法院网络安全及智慧法院建设，数据质效持续排在全省法院首位。

【审判监督】 登门走访人大代表、政协委员 29 人次，办复代表意见建议 45 件，办理委员意见建议 8 件，邀请代表、委员、群众视察法院、旁听庭审 791 人次，人民陪审员参与案件审理 136 件，邀请检察机关、代表委员现场监督执行活动 56 人次，依法审结抗诉案件 1 件，同级检察长列席审委会 12 件 18 人次；在互联网公布裁判文书 1509 篇、公开庭审 569 场，向当事人推送审判流程信息 1.5 万条；举办新闻发布会、法院开放日 11 次。自觉接受纪检监察机关监督，配合派驻纪检监察组履行职责。全州法院主动接受监督、争取支持的渠道不断拓宽，司法公信、司法透明呈现新格局。

司法行政

【概况】 2022 年，全州司法行政系统统筹推进“八五”普法工作，持续加强以《中华人民共和国宪法》为核心的社会主义法律体系的宣传普及，提升公共法律服务水平。开展公共法律服务，累计排查矛盾纠纷 4.2 万次，调处矛盾纠纷 1093 件，调解成功率 99%，成功化解同仁市 22 年草山地界纠纷积案和尖扎县长达 35 年的宅基地纠纷，推进公共法律服务资源由坐等群众“找上门”，改为主动“送上门”，累计办理援助案件 305 件，法律咨询 4000 余人次，代写法律文书 1760 份。

2022 年 3 月 28 日，省司法厅一行到州司法局调研涉法涉诉工作（州司法局供图）

【普法工作】 落实“谁执法谁普法”“谁管理谁普法”“谁服务谁普法”普法责任制，以法律“十一进”活动为载体，创新开展“六抓六促”法治宣讲活动，通过实时普法、社会普法、媒体普法等线上线下联动普法，累计开展法治宣讲 1200 余场次，编辑录播“法治黄南我来讲”法治栏目 10 期，推送普法微视频、微动漫、普法信息 1 万余条，法治教育普及率 100%。全年开展“4·15”国家安全日、“6·26”国家禁毒日、“10·17”国家扶贫日、“12·4”宪法日等一系列普法活动，累计集中宣传 85 场次，印发藏语和汉语书籍 1 万余册，制作各类法治宣传品 10 万个，印制发放宣传单 2 万余份。举办新提任副县级以上领导干部法律知识任职资格考试，合格率 100%，开设“法治黄南我来讲”以案释法法治栏目 5 期，利用微信平台等融媒，扩大法治宣传教育覆盖面，推动普法成为常态。

【社区矫正与安置帮教】 贯彻实施《中华人民共和国社区矫正法》，依法健全完善社区矫正工作体制机制，加大社区矫正一体化平台运用、强化教育帮扶系统监管力度。开展社区矫正（安置帮教）“十二个一”专项学习教育，举办法治培训 12 期 480 余人次，开展走访 244 人次，谈话 237 人次，约谈 297 人次，做到底数清、情况明。以“护航中共二十大胜利召开”为主线，制定黄南州司法行政系统中共二十大期间维稳安保工作方案，逐级逐人落实工作任务、工作责任、问题排查“三张清单”，开展“喜迎二十大、基层百日行”县级领导干部“包联包抓”行动，坚持蹲点督导在一线、走访排查在一线、风险防控在一线，完成涉及司法行政领域维稳安保政治大考。全年调处矛盾纠纷 1093 件，调处成功

1085件，调解成功率99.27%。

【律师管理】 全州有律师18人，同比增长17%。其中，专职律师8人、兼职律师10人；女性律师11人；中共党员11人；律师担任县、市人大代表2人，市、县政协委员1人。全州律师事务所办理法律事务127件，同比下降22%，其中担任法律顾问8家、企业3家，刑事诉讼辩护及代理9件，同比下降33%；民事诉讼代理89件，同比下降38%；行政诉讼代理18件，同比上升38%；非诉讼法律事务11件，同比下降56%；业务收费11万元，同比下降60%。

2022年黄南州律师事务所一览表

表7

单位名称	地址	法定代表	登记时间	主管局	组织形式
浙江航天信（河南县）律师事务所	河南县优干宁镇东大街152号	李志兴	2022年7月	黄南州司法局	个人所
青海雁合律师事务所	同仁市隆务镇德合隆北路鑫城国际1号楼16楼	王萍	2017年1月	黄南州司法局	合伙所

【公共法律服务】 建立“日排查、日报告、周研判”工作机制，开展“调解促稳定，喜迎二十大”专项行动，推进风险隐患排查、矛盾纠纷化解、法治宣传教育“三个同步”，推动新的苗头性纠纷问题和已排查调处纠纷存在的旧案复发隐患风险点排查预警全覆盖。学习贯彻《中华人民共和国行政处罚法》，依法开展执法主体、执法职能和执法人员清理，完成州县执法单位142名执法人员证件申领执法培训、考试和425名行政执法人员全省统一执法证件更换。持续探索推进“全域一支队伍管执法”，开展行政执法领域专项整治，主动向社会各界公开征集行政执法领域问题线索，推动严格规范公正文明执法，为打造良法善治黄南样板持续夯实工作基础。截至年底，全州45个单位聘用法律顾问68人，律师担任法律顾问的24家，办理各类法律事务100余件。全州基层律师事务所和法律服务所代理各类案件200余件，代写法律文书1300余份，参加公益事业和社会活动52场次。

2022年3月31日，全州司法部门组织线上学习贯彻省司法厅相关会议精神（州司法局供图）

【法律公证】 一市三县公证处自实行“放管服”政策起，按照《中华人民共和国公证法》《公证程序规则》的规定办理各类公证事项，制定便民服务措施，创新服务方式。开展公证服务“最多跑一次”，提高办证效率、缩短办证时间，简化证明材料，方便当事人以最快方式办理公证事项，全年办理各类公证事项227件。

【法律援助】 推进村（社区）公共法律服务站（室）功能优化建设，实现全州262个村、30个社区法律顾问全覆盖，全州45家党政机关聘请法律顾问，配备公职律师2人，参与制度建设、决策咨询等事项497项。完成州级和一市三县法律援助中心国资律师事务所挂牌，协调浙江杭天信律师事务所在河南县设立分所，填补黄南州无国资所及河南县无律师服务空白。学习贯彻《中华人民共和国法律援助法》，探索推进“人民调解”与“诉前调解”“行政执法”与“刑事司法”有效衔接。

【司法考试】 全年全州报名参加国家统一法律职业资格考试62人，对成绩合格的19人申报法律职业资格，其中A证1人、C证18人。州司法局对接省司法厅法考处，在全州司法行政系统内遴选出5名符合报考条件的干部参加为期8个月的封闭式培训，并落实培训资金7.5万元，连续5年司法考试通过率名列全省前茅。

军事

黄南年鉴

2023

黄南军分区

【概况】 2022年，黄南军分区按照“一年推动整体性转型、两年推进体系化备战、三年推向高质量发展”第二个三年规划建设布局和“使命牵动、一体互动、系统联动、高效驱动”建设指导，坚持举旗铸魂，聚焦练兵备战，注重强基固本，部队建设实现整体转型、同步高效的发展目标，国防动员、后备力量建设取得新发展。

【思想政治教育】 坚持用习近平新时代中国特色社会主义思想和习近平强军思想凝神铸魂，组织多名干部参加省军区理论轮训。中共二十大召开后，采取多种形式组织集中研学、个人自学和领导引学，传达学习中共二十大精神，组织民兵藏语、汉语宣传文化小分队到基层宣讲，掀起学习宣传贯彻热潮。开展“忠诚维护核心、矢志奋斗强军”主题教育、“四个不能辜负”专题教育，巩固深化党史学习教育成果，开展向张连印学习活动。投入经费100余万元，推进军分区机关军史文化长廊建设。组织开展高原民族地区民兵政治工作试点，经验材料和汇报纪实片在省军区介绍推广。全年军分区有9个单位和35名个人受到军地各级各类表彰奖励。

【战备训练】 采购补充战备器材、给养单元、野战医疗器械和自动报靶系统等战训物资，完成州民兵训练基地射击场升级改造。建立民兵军事训练大纲编修专班，受到军委国防动员部和省军区肯定。推进军事训练转型，开展两级机关封闭式集训，汇总形成《军分区、人武部基础性工作实用手册》。组织成建制民兵分队联动训练，经验做法被省军区转发。出动民兵参与维稳安保、抢险救灾、草原灭火和疫情防控等急难险重任务，提升民兵分队应急应战综合实力。河南、尖扎两县人武部组织民兵异地驰援泽库县疫情防控工作，受到州、县领导好评和人民群众赞扬。尖扎县人武部被省军区表彰为练兵备战先进单位，同仁市人武部在迎接省军区民兵拉动考核中取得好成绩。

【安全管理】 开展“四严四整”教育整训活动和“百日安全”活动，组织重大活动、枪爆危险品、军事危险源等专项检查和每季度综合检查。开展净化涉军网络环境专项行动和微信清理整治活动，构筑群策群力、群防群治的安全防线。军分区被军委国防动员部表彰为“正规化建设先进单位”。

【后备力量建设】 适应军事斗争国防动员准备要求，组织参加省军区国防动员潜力培训，全面统计和动态核准全州国防动员潜力数据。

【双拥共建】 发挥“青年民兵之家”“党员活动室”等基层思想文化阵地作用，做好帮扶基层党组织、宣传教育群众等工作。投入经费90余万元，为同仁市曲库乎乡木合沙村扩大畜牧业合作社养殖规模和修建群众文化广场、爱民桥，修缮村幼儿园等。持续帮建3所村幼儿园，为师生购买过冬棉衣棉裤。加大军人军属合法权益维护力度，开展送立功喜报、挂立功牌匾活动，协调退役军人顺利返乡。开展军地走访慰问活动，州委、州政府领导结合重大节日和集中轮训等时机走访慰问军分区部队官兵和广大民兵，营造拥军爱武、情注国防的浓厚氛围。

武警黄南支队

【概况】 2022年，支队依据抓建基层“三年规划”，坚持蹲点帮建、下连当兵、双向讲评等制度，建立“主官帮后进、常委包队带、股室挂钩建”帮带机制，实施一队一策精准帮建，基层年度各项工作稳步推进。1月25日，支队举行“践行强军目标　争当强军先锋”先进典型颁奖仪式。5月7日，支队举办“喜迎建团百年”主题演讲比赛。7月7日，支队与州公安局召开军警联席会议。

【思想政治建设】 中共二十大召开后，深入学习研读中共二十大报告。围绕“忠诚维护核心　矢志奋斗强军”目标，突出向心凝聚、向战发力、向难攻坚，把握教育方向。统筹推进主题教育和经常性思想教育，深化学习教育质效。坚持将“真爱兵、深知兵”活动成效贯穿工作全程，提高官兵的凝聚力、归属感。举办“喜迎建团百年”主题演讲比赛、“强军赞歌献给党”歌咏比赛，打造心理服务下基层、“一队一品”特色强军文化，激发兵心士气。持续推进“万里边疆数字文化进军营”“书香军营”建设，完成泽库、同仁、院内中队书香军营建设。全年支队在中央级媒体刊稿41篇、武警级20篇、省级25篇，在“青海武警”公众号和抖音发表110个作品。

【练兵备战】 分类分级制订训练计划，组织勤训轮换、教练员集训、特战排驻训、“魔鬼周”极限训练等演训任务。围绕军事斗争准备，常态组织首长机关带部（分）队实兵拉动演练、精细规范应急指挥流程和编携配装，常态开展群众性练兵比武竞赛；落实“三共六联”机制（共建，两警一家亲；共管，齐抓聚合力；共保，筑牢安全线。联勤、联防、联管、联控、联打、联宣），提高部队战备水平。坚持任务牵引、课题主导、分级分类、周期循环，贯彻落实新大纲，严密组织首长机关“两操一训”，做到单位有计划、个人有目标、长期有盯抓，将军事训练“一票否决”贯穿评先评优和选拔任用全程，提升部队实战化训练水平。贯彻落实武警部队新时代执勤安保规范化集训精神，组织“班上研、点上练”和“修、学、推”方案活动，连续保持27年执勤无事故；完成重点时段联勤武装巡逻、武装押解勤务，做到文明依法执法。

【安全管理】 开展“聚力迎盛会、扎实保稳定”建安创安活动，组织涉网涉密集中教育整治活动，建好用好手机“和管家”管控平台，强化网络失泄密防范手段。常态组织安全大检查，开展“四不两直”突击查等工作，召开警示教育大会，落实“每天翻牌、每天提示、每天警示”三项活动。推进深入基层风气整肃治理，召开专题会议安排部署，成立工作专班，梳理细化存在突出问题，实地走访、精准发力，深挖问题根源，不断压紧责任落实，确保按照时间节点高标准完成整治任务。4月14日，支队严密组织全民国家安全教育日宣传教育活动，邀请州国家安全局专家进行辅导授课。

武警青海总队机动二支队

【概况】 2022年，武警青海总队机动二支队围绕迎接保卫贯彻中共二十大这条主线，完成活动备勤和专项警卫任务。强化政治引领，聚力练兵备战，强基固本，支队建设稳中有进。

【思想政治建设】 学习宣传贯彻中共二十大精神，刚性落实党委中心组理论学习制度和改进学风措施，深化拓展“钢铁品牌”效应，组织班排荣誉柜颁授仪式，规范推进基层荣誉墙，“一队一品”特色文化逐步成型，2人分别被总队表彰为“十佳”和优秀政治教员。借力红色资源富矿打造教育矩阵经验做法，在中央电视台国防军事频道播出，在《人民武警报》头版头条刊发，并在武警部队教育创新成果会上作经验交流。

【战备执勤】 围绕中共二十大安保任务，常态抓好“班上研、点上练”活动。完成“3·14”国际警察日、中共二十大等活动期间备勤和专项警卫勤务等任务。组织教练员集训、“魔鬼周”极限训练以及群众性创（破）纪录比武竞赛。2人获总队练兵备战先进个人。

【基层建设管理】 开展“四心”活动，落实“三会一课”“双争”评比制度，投入120余万元，推进“10件实事”落地见效。突出解难帮困，协调解决官兵子女入学入托，走访慰问伤病号、家庭困难官兵和困难党员，激发官兵动力和活力。

【军地共建】 支队制定有效措施抓实定点帮扶的瓜什则乡赛庆村、力吉村帮扶工作，援建力吉寄宿制学校，投入8万余元，更新更换赛庆村村委会学习中共二十大精神橱窗展板标语；3批次为120余人进行中共二十大精神宣讲，制作发放党的政策藏语口袋书；4批次送医送药和组织巡诊。探索产业帮扶新模式，为帮助村4户边缘户人员购买发放藏羊，帮助其巩固拓展脱贫攻坚成果。根据师生需求，为力吉寄宿制学校购置捐赠加厚现代板式培训桌椅1套、65英寸触摸会议一体机1套，帮助援建学校建起多媒体课件制作及远程学习室。支队领导干部带头资助困难大学生6人、困难高中生15人，解决其学费紧张问题。

中国人民解放军31668部队某分队

【概况】　2022年，中国人民解放军31668部队某分队深化理论武装，强化政治引领，压实责任，抓支部建设、“助手”建设、队伍建设等工作，组织建设、能力、作用提升明显。注重官兵作风养成，约束官兵吃、穿、住、行各个方面，提升单位纪律。结合条令条例，查处违规违纪行为。落实现行各类管理规章制度，整肃“五涉”（涉毒、涉枪、涉车、涉酒、涉赌）问题、酒驾醉驾、在外人员管理等问题，日常管理工作全面正规有序。

【训练管理】　突出反恐维稳使命任务，不断补足、完善短板弱项，备战能力逐步加强，抓好战备意识培塑，规范战备行动流程，整治战备工作秩序；从官兵抓好个人战备物资准备、战备制度落实、战备规定执行等日常战备工作入手，以法规学习、教育引导、点验抽查、实践检验等方式，解决存在问题，强化官兵战备意识。

【军地共建】　与州委、州政府、州退役军人事务局等地方机构及黄南军分区常态开展走访、交流活动，提升军民共建水平；不定时与气象局、国安局、水利局、地震局等单位联系，常态掌握黄南州驻地民社情以及气象灾害等情况，确保出现相关情况后，单位能及时反应、及时处置，利用最短的时间、最快的效率，保障地方民生安全。

人民防空

【概况】　黄南州为非人防重点城镇，无人防专门编制，2019年8月前，人防工作由州政府办负责管理。2019年8月，转由州住建局负责，移交防空警报及配套设备、往年省州人防相关文件。全州人防工作不涉及修建防空地下室、易地修建人民防空地下室的建设经费收取、修建人民防空工程、人民防空设施管理等工作，主要负责人防宣传教育、防空警报鸣放等。2022年12月6日上午10时，与江泽民同志追悼大会默哀时间同步鸣放防空警报。

【人防机制建设】　成立州住建局人防工作领导小组，由局党组成员、副局长分管相关工作，城建科承担具体工作任务。每年召开党组会议进行安排部署，加强人防业务学习，将人防相关知识纳入党组中心组（扩大）学习会计划，一把手带头领学《中华人民共和国防空法》《青海省实施〈中华人民共和国防空法〉办法》6次。局党组制定《黄南州人防宣传工作计划》《人防警报鸣放办法》等规章制度，明确相关工作责任人，定期对人防设备进行检修，确保各项工作有的放矢。对接州委编办，于2021年成功获批州人防工作办公室，挂牌至局城建科。

【人防宣传教育与防空警报鸣放】　9月，宣传人民防空相关政策，发放宣传册1000余册，悬挂横幅15条，提升群众对人防工作的认识理解。2019—2022年，连续4年于9月鸣放防空警报，事先大力宣传，事中精准鸣，事后积极总结，取得较好反响。

经济管理

黄南年鉴

2023

宏观经济调控

【概况】 2022年，黄南州发展改革部门在稳住经济大盘、扩大有效投资、推进黄河流域高质量发展、增进民生福祉、深化改革开放、优化营商环境、壮大清洁能源、维护经济安全等方面取得显著成效。全年全州实现地区生产总值110.89亿元，按可比价计算，同比增长0.2%。其中，第一产业增加值32.17亿元，同比增长4.5%；第二产业增加值27.52亿元，同比增长5.7%；第三产业增加值51.20亿元，同比下降4.9%。三次产业结构为29.01：24.82：46.17。全州500万元以上固定资产投资同比下降24.4%；地方财政公共预算收入5.28亿元，同比增长8.63%；实现社会消费品零售总额15.98亿元，同比增长2.2%；全体居民人均可支配收入21119元，同比增长5.6%。年内指导督促编制24个专项规划，印发实施。

2022年黄南州国民经济和社会发展计划及执行情况统计表

表8

项目		计算单位	年初计划（%）	实际完成	比上年增减（±%）
地区生产总值（现价）		亿元	6	110.89	0.2
生产总值	第一产业	亿元	4.6	32.17	4.5
	第二产业	亿元	7	27.52	5.7
	第三产业	亿元	6.3	51.20	-4.9
规模以上工业增加值		亿元	7	13.02	-16
全社会固定资产投资		%	7.5	54.7	-24.4
社会消费品零售总额		亿元	7	15.98	2.2
地方财政收入		亿元	5	5.28	5.63
全体居民人均可支配收入		元	6	21119	5.6
城镇居民人均可支配收入		元	6	37997	2.4
农村常住居民人均可支配收入		元	8	12408	6.2
居民消费价格总水平涨幅		6	控制在省定目标之内	2.4	1.1
粮食总产量（万吨）		万吨	稳定在3万吨	2.84	
旅游业总收入		亿元	10	13	-51

【政策资金支持】 抢抓“一带一路”、黄河流域生态保护和高质量发展、新时代推进西部大开发形成新格局等国家重大机遇，通过衔接汇报，7个重点项目进入省级规划盘子。全年争取中央和省级预算内投资17.07亿元；落实2022年度专项债券资金2.84亿元。申报2023年第一批涉藏专项项目纳入省级盘子27项，总投资7.36亿元。争取以工代赈中央预算内项目13项，总投资8340.82万元。年内争取各类项目前期费4265万元，为历年来最高。在“十四五”规划基础上，新谋划水利、能源、交通、生态、城市更新等领域重大项目300余项，总投资超600亿元。

【重点项目投资】 落实州级领导包联推进重点项目工作机制，持续对《黄南州2022年度州级领导包联推进重点项目方案》中确定州级重点项目加大推进力度，加强要素保障，集中开展开复工。实行重大项目月调度、月通报制度，在疫情防控期间，对全州投资及项目加密调度频次，实行周通报、周调度机制，项目执行率提升，新下达项目开工率同比提升5

个百分点。全年实施建设项目 51 项，总投资达 132.34 亿元。其中，新建项目 31 项，总投资 71.48 亿元；续建项目 20 项，总投资 60.87 亿元。实际完成投资 5.59 亿元，完成年度投资计划的 19.32%。

2022 年黄南州新建重点项目统计表

表 9 单位：万元

序号	项目名称	建设内容及建设规模	总投资	2022 年计划完成投资额	截至 2022 年完成投资额	责任地区/部门
新建			714762	353497	124300	—
州本级			24800	15500	6200	—
1	铸牢中华民族意识共同体体验馆	布展面积 4500 平方米并购置相关展陈设施	4989	4000	—	州民宗委
2	州体育场改扩建项目	对州体育场看台及场地进行改造	6800	6000	1800	州文体旅游广电局
3	州综合型公共实训基地	建筑面积 8000 平方米实训楼及附属设施，购置实训设备	3000	2000	600	州人力和社会资源保障局
4	同仁市慢性病防治院住院医技楼建设项目	建筑面积 12200 平方米，配置相关设备等、完善附属设施	5000	2500	1400	同仁慢性病防治院
5	州藏医院中医特色重点医院建设项目	总建筑面积 14000 平方米，购置设备 65 台（套）及信息化建设	10000	5000	2400	州卫生健康委
同仁市			209529	156557	9000	—
1	2022 年州庆项目（同仁市城市功能提升项目）	阳光大道危桥改建、公交站亭站牌、停车场、市政公厕、过街天桥、迎宾大道两侧生态绿地建设项目	28550	15000	5000	同仁市政府
2	城镇防洪工程	进行城北新区防洪治理排洪渠 3 条 5204 米，隆务河防洪综合治理工程（二期）建设曲麻沟汇入口至向阳村段两岸堤防及生态护岸治理 7.5 千米	21000	9000	4000	同仁市政府
3	浪加水库灌溉工程	主要建设主干管 6.72 千米，分干管 17.22 千米，支管 4.6 千米及隧洞、管桥、减压阀、退水等内容	20620	6000	5000	同仁市政府
4	集中供热煤改气工程	主要实施集中供热一、二、三、四期煤改气锅炉改造工程	9782	9782	3000	同仁市政府
5	迎宾大道、德合隆北路道路拓宽建设项目	拆除原有路面及人行道，新建车行道、人行道、排水及照明工程	12302	6500	—	同仁市政府
6	生态修复综合治理工程	进行天然林保护与营造林，并进行生态修复综合治理国土绿化 4466.67 公顷	15375	8375	5900	同仁市政府
7	光伏产业项目	建设牧光储多能互补综合光伏 20 兆瓦，分布式光伏 60 兆瓦	101900	101900	2000	同仁市政府

续表9

序号	项目名称	建设内容及建设规模	总投资	2022 年计划完成投资额	截至 2022 年完成投资额	责任地区/部门
	尖扎县		354444	103000	62600	—
1	麦什扎黄河大桥引道工程	建设道路总长 1.096 千米及黄河大桥建设	22595	6000	—	尖扎县政府
2	生态修复综合治理工程	进行天然林保护与营造林，并进行生态修复综合治理国土绿化 26713.33 公顷	20000	11000	5000	尖扎县政府
3	囊拉千户院建设项目	新建游客管理服务中心 2500 平方米、停车场 3000 平方米及附属设施	2000	2000	600	尖扎县政府
4	昂拉乡基础道路建设项目	新建 6 条路，八庄大街、金色大道、东环线、西环线、德吉路、千户路等道路基础设施	10480	5000	—	尖扎县政府
5	人民北路道路工程建设项目	新建道路 0.93 千米（含桥梁长度 348.885 米）及配套附属设施	7385	3000	2000	尖扎县政府
6	光伏产业项目	建设牧光储一体化 400 兆瓦，屋顶分布式光伏容量 146.8 兆瓦	232000	75000	49000	尖扎县政府
7	万头牛场建设项目	占地 13.33 公顷，年出栏 1 万头优质肉牛	6000	1000	1000	尖扎县政府
8	李家峡水电站扩机（5 号机组）	装机容量 40 万千瓦	53984	8760	5000	尖扎县政府
	泽库县		77489	44000	24700	—
1	人民医院医技楼及创伤急救中心建设项目	医技楼建筑面积 12200 平方米，创伤急救中心建筑面积 2020 平方米	9000	5000	3000	泽库县政府
2	生态修复综合治理工程	进行人工乔木、灌木林、退化草原治理等，并对隆务河泽库县区段生态修复	33208	21000	5000	泽库县政府
3	州第四民族高级中学教学楼及食堂建设项目	建设教学楼、食堂、操场、宿舍及配套设施	9000	5000	3000	泽库县政府
4	市政道路及风貌改造工程	市场道路、道路整治、交通公共基础设施	7181	5000	3000	泽库县政府
5	县委党校业务用房提升改造项目	总建筑面积 3000 平方米及相关配套设施	2100	1000	700	泽库县政府
6	泽雄佳苑建设项目（房地产开发）	用地面积 35615.04 平方米，建设多层和商铺等	17000	7000	10000	泽库县政府
	河南县		48500	34440	21800	—
1	四期集中供热煤改电清洁能源供暖项目	拆除原有 2 台 14 兆瓦燃煤锅炉及辅助设备。安装 2 台 20 兆瓦高压电极式锅炉，新建换热站 1 座，建设室外供热管网 4 千米	3950	3950	1300	河南县政府

续表9

序号	项目名称	建设内容及建设规模	总投资	2022 年计划完成投资额	截至 2022 年完成投资额	责任地区/部门
2	生态修复综合治理工程	封山育林，退化林修，退化草地改良，人工种草，黑土滩治理，毒害草综合治理	15990	11990	6000	河南县政府
3	市政道路及风貌改造工程	建设市政道路、停车场、环境整治及配套设施等	14280	10000	8000	河南县政府
4	宁木特至多松乡道路建设项目	二级油路 33.16 千米	6964	5000	1500	河南县政府
5	中小河流防洪治理工程	永曲河治理河道总长 5.16 千米，修建堤防总长 7.66 千米；尕玛河治理河道 37.18 千米，修建护坡及护岸总长 38.39 千米	7316	3500	5000	河南县政府

2022 年黄南州续建重点项目统计表

表 10　　单位：万元

序号	项目名称	建设内容及建设规模	总投资	2022 年计划完成投资额	截至 2022 年完成投资额	责任地区/部门
	续建项目		608679	289331	55895	—
	州本级		134633	47781	15938	—
1	黄南州、海南州七县天然气利用工程（一期）	建设主输气管道 173.58 千米，新建门站 4 座；建设中压管网 163 千米，其中同仁市 121 千米，尖扎县 42 千米	59652	27000	4938	州发展改革委、同仁市政府、尖扎县政府
2	州新闻传媒中心建设项目	占地面积 20384 平方米，总建筑面积为 12748.50 平方米，地下一层、地上四层	14430	5930	1000	州委宣传部
3	州荣誉军人休养院	总建筑面积 8500 平方米，建设床位 200 张	2600	1900	—	州退役军人事务局
4	同仁 330 千伏输变电工程	建设 240 兆伏安主变压器 2 台，至岭秀变 330 千伏出线 2 回，110 千伏出线 14 回	57951	12951	10000	同仁市政府、尖扎县政府
	同仁市		373253	193335	24700	—
1	城北新区重大基础设施建设项目	二期综合管廊 3.87 千米及郭么日大桥桥长 400 米、宽 23 米，道路 318.5 米	43053	28000	5000	同仁市政府
2	“隆务水岸”建设项目	新建住宅、幼儿园、商铺、酒店、地下停车场；占地面积 6.67 公顷，建筑面积 25 万平方米	87500	17000	3000	同仁市政府
3	五期供热工程	供热规模 62.6 万平方米	6850	2000	700	同仁市政府
4	唐卡艺术小镇	唐卡艺术小镇道路及环境整治工程	5850	2335	1000	同仁市政府

续表10

序号	项目名称	建设内容及建设规模	总投资	2022 年计划完成投资额	截至 2022 年完成投资额	责任地区/部门
5	瓜什则乡 400 兆瓦“光牧储”项目	400 兆瓦集中式光伏、配建比例不低于 15% 的储能装置、配套设施及接入系统工程，占地面积约 666.4 公顷	230000	144000	15000	同仁市政府
	尖扎县		41620	21584	4000	—
1	城北区城镇基础设施建设项目	新建城北新区小康路、滨河北路等道路及附属设施、北区环境整治建设项目	5635	1842	1500	尖扎县政府
2	坎布拉运动休闲特色小镇	建设坎布拉运动休闲特色小镇配套设施、生态治理及环境整治工程	13000	4000	1000	尖扎县政府
3	公伯峡库区尖扎县纳浪寺水库灌区干渠维修改造工程	拆除重建引水枢纽 1 座，改建引水渠道 1 条，总长 8275.06 米，新建隧洞 1 座、长 1548.52 米	4985	2742	500	尖扎县政府
4	尖扎县五位一体大型环保节能建材+绿色装配式建筑基地项目	建设环保厂房、建筑废料加工生产线及附属设施	18000	13000	1000	尖扎县政府
	泽库县		27675	19997	4623	—
1	王家乡美丽城镇建设项目	建设道路、供水管网、环境整治等	5495	2000	2000	泽库县政府
2	泽曲河流域（泽库段）生态保护与修复工程（一期）	天然林保护和人工造林工程，包括人工乔木、灌木林、退化草原治理	5105	5005	923	泽库县政府
3	泽库县麦秀、和日污水处理厂建设项目	建设麦秀镇、和日镇污水处理厂及配套管网等	7675	7675	700	泽库县政府
4	泽库县 20 兆瓦屋顶分布式光伏项目	在泽曲镇建设 20 兆瓦分屋顶分布式光伏项目	9400	5317	1000	泽库县政府
	河南县		31498	6634	6634	—
1	宁木特镇特色小街建设项目	道路由 10 米拓宽至 20 米，新建一批各类配套设施	8200	720	720	河南县政府
2	县人民医院整体搬迁项目	建设医技住院综合楼 1 栋，室外给排水、污水处理厂、采暖、供电、围墙、大门、室外活动场地、道路地平、绿化等相关配套附属设施	15498	4664	4664	河南县政府
3	那达慕宾馆建设项目	建筑面积 15437.89 平方米，停车位 77 个	7800	1250	1250	河南县政府

【农牧经济调控与发展】 粮食生产调控　全州划定耕地保护目标 21057.8 公顷，永久基本农田面积 18458.6 公顷，耕地保护各项目标任务得到有效落实。粮食播种面积 0.82 万公顷，同比增加 233.33 公顷，增长 2.9%。

绿色有机畜牧业发展　建成高标准农田 0.29 万公顷，打造农区“拉格日”模式12个村，优质小麦、青稞种植示范基地3家466.67公顷，完成高效节水灌溉面积0.4万公顷。州、市（县）农业技术推广到位率90%，全州农业机械拥有量6372台，发放农机具购置补贴135万元，耕种收机械化率达67%。

循环经济发展　农作物秸秆离田利用率94.4%，城镇生活垃圾无害化处理率96.3%，城镇生活污水处理率93.18%。编制印发碳达峰实施方案，印发《关于进一步加强塑料污染治理实施方案》《黄南州塑料污染治理联席会议制度》《黄南藏族自治州不可降解一次性塑料制品管理条例》通过人民代表大会，报请省人大常委会审查批准，推动黄南州循环经济工作迈开步伐。

2022年11月13日，州发展改革委到河南县开展黄南州公共信用信息共享平台对接督导工作（州发展改革委供图）

【能源发展规划与推进】　开工能源项目5项，总投资59.57亿元，能源项目完成投资16.6亿元，占全州固定资产的30.3%。同仁330千伏输变电工程竣工。尖扎县昂拉110千伏输变电工程取得初设批复，进行招投标工作；泽库县幸福山、河南县察汗110千伏输变电工程开工建设，泽库县330千伏变电站工程开展前期工作。尖扎县30兆瓦分散式风电项目于9月22日并网发电，作为黄南州首座风电场站，全年发电量约2868万千瓦时，相当于火电节约标煤9177.6吨，减少二氧化碳排放量24412.4吨。融入清洁能源高地建设，印发实施《黄南州“十四五”清洁能源发展规划》《黄南州生态牧光储一体化新能源规划》《黄南州天然气专项规划（2021—2030）》，一市三县《牧光储园区规划》。

【对口援建】　深化援建机制、拓展帮扶内涵，高层次、全方位开展与天津市、江苏南通市及相关对口援建单位的交流合作。落实对口支援资金1.49亿元，实施对口支援项目49项。落实东西部协作项目资金1.92亿元，实施教育、卫生、牦牛藏羊标准化养殖等6个方面50个项目。落实国家部委及央企定点帮扶资金2470万元。年内引进企业4家，注册资金1800万元。实施“石榴籽”计划，开展文化走亲、考察互访等各类交往交流交融活动22批次。打造出“名师进黄南”“名将进黄南”“名医进黄南”等系列援青项目品牌。参加“青洽会”，签约招商引资项目27项，签约金额111亿元，创历史新高。

自然资源管理

【概况】　2022年，黄南州土地总面积1.82万平方千米，其中耕地21173.82公顷、园地371.26公顷、林地451656.88公顷、草地1229083.80公顷、湿地60085.88公顷、城镇村及工矿用地8560.58公顷、交通运输用地7910.88公顷、水工建筑用地140.35公顷。有矿产资源4种，各类有效期内持证矿山23个。其中，同仁市5个（金属矿2个、黏土矿2个、沙石矿1个），尖扎县9个（黏土矿4个、沙石矿5个），泽库县4个（沙石矿4个），河南县5个（矿泉水1个、沙石矿4个）。全年供应土地6宗，面积4.9公顷，实现总价款1678万元，其中招牌挂出让3宗，面积0.97公顷，招牌挂出让面积占总供应土地面积的19.75%。

2022 年黄南州土地利用现状分类情况统计表

表 11　　　　单位：公顷

类型	合计	同仁市	尖扎县	泽库县	河南县
耕地	21173.82	8607.02	5788.46	6778.34	0
园地	371.26	157.40	213.86	0	0
林地	451656.88	109519.86	55997.88	103705.64	182433.50
草地	1229083.80	188085.22	82874.22	507792.08	450332.28
湿地	60085.88	1956.77	922.09	37665.82	19541.20
城镇村及工矿用地	8560.58	3141.96	2388.26	1889.91	1140.45
交通运输用地	7910.88	1746.76	1058.22	2479.56	2626.34
水工建筑用地	140.35	43.31	54.02	43.02	4015.28
合计	1778983.45	313258.30	149297.01	660354.37	660089.05

【自然资源调查监测】 完成黄南州第三次国土调查任务，“三调”数据成果在各行业规划编制等工作中应用共享。开展年度国土变更调查工作，逐步建立起基础调查、专项调查和变更调查多层次的调查监测体系。根据部、省安排部署，组建黄南州森林、草原、湿地专项调查州级工作专班，加强对林、草、湿专项调查工作的统一领导。

【耕地保护】 将耕地保有量、永久基本农田保护面积等指标统一纳入各市（县）政府目标考核中，完成同仁市保安镇群吾村、塞加村 2 个村土地开发（占补平衡）项目可行性研究报告和规划设计报告的审查、批复。核查整改 2022 年第三至第十九批次“非农化”图斑、2021 年耕地流入和流出下发图斑，推进牛羊养殖（育肥）等设施农业用地违规占用耕地和永久基本农田行为核实整治工作，联合州农牧局组织一市两县开展全州耕地未耕图斑的核查和整治工作。完成一市两县宜耕后备潜力调查并通过调查数据省级审查，经评价，全州耕地后备资源 704.67 公顷，其中同仁市 373.8 公顷（其他草地 312.45 公顷、其他土地 147.6 公顷），尖扎县 330.87 公顷（其他草地 321.45 公顷、其他土地 18.43 公顷），在国土空间规划中为今后实施占补平衡项目提前预留空间。

【土地执法监察】 持续做好卫片执法和巡查检查工作，累计摸排核查疑似违法占地问题 1051 个，发现违法问题 176 个，立案查处 80 宗，移交农牧部门 88 宗，不予立案 2 宗，拆除 6 宗；持续做好土地督察反馈问题整改工作，历年督察反馈的 73 个问题已完成整改 50 个。清查整治农村乱占耕地问题 4532 个，确定违法问题 1896 个。

【国土空间规划编制】 完成州、县国土空间总体规划编制工作，印发《黄南州“十四五”自然资源保护和利用规划》《青海省黄南州藏族自治州矿产资源总体规划（2021—2025 年）》执行，建设全州国土空间基础信息平台和国土空间规划“一张图”实施监督信息系统。高质量完成“三区三线”划定任务，划定全州耕地保护目标 21057.8 公顷、永久基本农田 1121.27 公顷，划定生态保护红线 6484.93 平方千米、城镇开发边界 3762.85 公顷。

【国土资源调查】 完成第三次国土调查任务，“三调”数据成果在各行业规划编制、重大政策制定中应用共享。配合完成 4 个国家级、省级自然保护地和隆务河统一确权登记工作，启动 6 条州管水流统一确权登记工作。启动全民所有自然资源资产所有权委托代理机制试点重点课题研究、规划编制工作，高标准完成试点中期评估。完成全民所有自然资源资产清查第二批国家级试点任务，建成国有农用地、国有建设用地、矿产资源和森林、草原、湿地价格体系，基本摸清山水黄南自然资源资产“家底”。

【用地用途管制】 完成黄南州2019年度跨省域增减挂钩项目省级验收和部级核查，调出节余指标86.67公顷，年内流转指标交易创收4.37亿元。完成7个建设项目建设用地预审和12个建设项目用地报审工作。开展闲置和批而未供用地盘活利用专项行动，处置批而未供9宗175.24公顷，批而未供处置率为89.49%，年度供地面积213.12公顷；处置闲置用地0.9公顷，处置率为91.05%。保障重点项目临时用地，年内办理张汶（同赛）高速、G310线尖共公路、光伏项目等临时用地10宗，总面积101.16公顷，其中占用耕地的4.62公顷。

【矿产资源管理】 持续规范沙石资源管理和优化布局调整，保障重点项目建设沙石资源需求。全州有持证沙石矿山14家，沙石矿采矿权控制在19个以内。开展矿产资源领域大排查、大整治，排查矿山企业23家。完成29家矿山储量动态监测年报编制和全州矿业权勘查开采信息公示系统填报及实地核查工作，信息公示和实地核查率均为100%。完成4处历史遗留废弃矿山生态修复治理项目主体工程，修复治理面积22.21公顷。

【测绘地理信息管理】 利用“世界地球日”“全国土地日”“全国测绘法宣传日”等宣传节点，通过发放宣传资料、现场政策讲解、发送宣传短信、微信朋友圈推广等方式宣传测绘地理信息的相关政策，营造依法测绘、规范测绘的良好氛围。开展“问题地图”执法检查工作，按照“谁执法谁普法”要求，对各市、县地图经营单位进行问题地图识别知识宣讲。开展测绘行业安全生产专项检查，组织州域内测绘资质单位对安全生产方面进行自查自纠。各市县自然资源局对测绘持证单位进行实地检查，到各单位作业现场，检查野外作业安全管理情况，树立安全发展理念，防范化解重大安全风险，保障测绘工作人员的人身财产安全。

【乡村振兴用地服务】 争取并实施历史遗留废弃矿山生态修复治理、地质灾害治理、移民安置后期扶持项目11项，总投资0.25亿元。完成54个村庄规划编制，组成12人的全州乡村规划师志愿服务团队，为乡村振兴产业项目落地奠定长远的发展基础。统筹布局乡村振兴产业项目，组织各市（县）摸清各乡（镇）闲置地块，解决产业项目用地难题。落实“进出平衡”机制，引导“四个万亩”示范种植基地、“四个万头”高效养殖基地建设选址。组织5个乡村振兴项目的勘测定界验收工作，为乡村振兴项目集约用地提供重要依据。

【地质灾害防治】 编制印发《2022年黄南州地质灾害防治预案》，细化和完善地质灾害应急速报、汛期值班、汛期排查、预警预报、防治宣传培训、应急处置、应急演练等地质灾害防治工作各项措施，核定全州在册登记地质灾害隐患点188处并开展两轮全覆盖式排查。年内累计出动排查人员4475人次，排查巡查隐患点887点次，设立更新警示标牌178块，下发搬迁避让告知书90份，发放“地质灾害防灾明白卡”“避险明白卡”1892份，完成所有隐患点群测群防员信息更新工作，夯实地质灾害群测群防体系。完成54处地质灾

2022年6月17日，州自然资源局开展土地增减挂项目现场核查（州自然资源局供图）

害隐患点、370台普适性自动化监测设备的野外定点、安装和并网上线工作，处置自动预警监测信息86起；建立健全“叫门”“叫应”机制，联合气象部门发布地质灾害预警信息20期。

【移民安置扶持】 截至年底，全州有移民1480户5482人，均在尖扎县。发放后期扶持直补资金328.98万元；实施移民项目6项，总投资3465万元，其中新建项目2项，总投资950万元；续建项目4项，总投资2515万元。

国有资产监督管理

【概况】 2022年，黄南州监管国有企业13户，其中州直部门监管9户，分别为州国资委监管国企4户（州投资有限责任公司、州政通发展集团有限公司、州仁合投资有限责任公司、州经信企业服务有限公司）、州财政局监管1户（州信源中小企业融资担保有限责任公司）、州政务服务监督管理局监管1户（州政通公共资源交易咨询服务有限公司）、州住建局监管1户（州广安公共住房建设经营管理有限公司）、州发展改革委监管1户（州粮食储备有限责任公司）、州坎布拉景区管理委员会监管1户（青海坎布拉国家公园保护与开发有限责任公司）；一市三县政府管理企业4户（同仁市粮食储备有限责任公司、青海省尖扎县粮食收储公司、泽库县粮食购销有限责任公司、河南蒙古族自治县粮油购销公司）。截至年底，全州国有独资、国有控股企业有13户，国有资产总额120281万元，负债总额75359万元，实收资本40171万元，所有者权益44922万元，营业收入3105万元，利润总额313万元，职工人数62人。13家国有企业资产总额中，流动资产47216万元，占总资产的39%；固定资产14425万元，占12%；长期股权投资8870万元，占7%。国有企业所有者权益总额44922万元中，实收资本40171万元，占所有者权益总额的89%；资本公积8677万元，占19%；盈余公积11万元，占0.02%；未分配利润－3937万元，占9%。根据《青海省助企纾困和支持市场主体发展十条措施》，州属国有企业落实减免房租7.74万元。

2022年3月7日，黄南州信源中小企业融资担保有限责任公司产权移交仪式举行（州国资委供图）

【国有资本运营】 13家国有企业按性质分，国有独资公司为11家、国有控股公司为2家。按地区分，州属企业9家、市（县）属企业4家。按监管部门分，州国资委监管3家、州本级部门监管6家、四市（县）监管4家。其中，州国资委监管企业资产总额45717.14万元，同比增长11.13%，负债总额27497.18万元，同比减少14.48%，资产总负债率60.15%；州本级部门监管企业资产总额72307.42万元，同比增长1.54%，负债总额47073.64万元，同比增长2.76%，资产总负债率65.10%；四市（县）监管企业资产总额2255.97万元，同比减少16.51%，负债总额788.09万元，同比减少28.25%，资产总负债率为34.95%。2022年12月22日，在黄南藏族自治州第十六届人民代表大会常务委员会第九会议上对全州企业国有资产运营管理情况作专项报告。

【国有企业发展】 全州13家国

有企业中，其中投融资、金融担保企业4家，占全州国有企业的31%；粮食企业5家，占全州国有企业的38%；商业服务类企业3家，占全州国有企业的23%；文化旅游类企业1家，占全州国有企业的8%。全州国有企业多数为政策性的投融资平台，存在规模小、实力弱问题，在引领产业发展方面受资金、管理等制约，难以发挥国有资本向优势和特色产业集中发展的引领作用。完成央企助力青海高质量发展专题活动黄南签约仪式，累计达成签约意向项目16个，其中新能源项目12个、基础设施产业帮扶项目3个、通信与大数据项目1个，投资总额达259亿元。

【国企制度管理】 完善现代企业制度 建立健全董事会、监事会人员组织架构，严把国有企业董事会、监事会人员选派关口，推进职业经理人制度，完善企业内控管理制度和业务管理制度40余项，任免、选派公司董事、监事29人。

国企退休人员社会化管理 根据《黄南州国有企业退休人员社会化管理工作方案》要求，下达2020至2022年度国有企业退休人员社会化管理补助资金5.15万元。集中移交国有企业退休人员67人，签订协议达100%，国企社会化管理工作进入常态化。

混合所有制改革 由州政通发展集团公司出资成立青海三江牧场公司、青海伊牧农牧科技公司，推动国有资本向特色产业发展，实现在国有资本的绝对控股下，采取市场化运营方式，推进企业发展良性运作。州政通发展集团公司子公司承接黄南州旅游文化服务中心建设项目建设工作，累计完成投资1587.89万元。

【国有资产监管体制建设】 3月，完成州信源担保公司监管职能移交，将原由州国资委监管的州信源中小企业融资担保公司产权整体移交至州财政局。州信源中小企业融资担保公司完成增资，注册资本金达到2000万元的政府性平台准入条件，并达成放大注册资本金5倍、担保资金达到1亿元的协议。同时，为解决全州中小微企业融资难、融资慢问题，自2022年1月1日起，将当地中小微企业、农牧户担保费率由原来的2%分别降低为1.5%和1%。全年新增担保项目135笔，放款3569万元。累计在保笔数145笔，累计在保余额为5179万元。

财　政

【概况】 2022年，黄南州一般公共预算总收入112.93亿元，同比下降2.42%。其中，地方一般公共预算收入52766万元，同比增加4193万元，增长8.63%；上级补助收入100.88亿元，同比下降0.31%。全州一般公共预算总支出102.25亿元，同比减少11.01亿元，下降9.72%。其中，地方一般公共预算支出99.34亿元，同比减少10.88亿元，下降9.87%；债务还本支出7814万元。全州预算执行率为90.3%，完成省定目标任务。

【一般公共预算收支】 州本级财政执行 州本级一般公共预算总收入16.21亿元，同比减少23779万元，下降12.79%。其中，地方一般公共预算收入11216万元，同比增加823万元，增长7.92%。州本级一般公共预算总支出15.37亿元，同比下降15.43%。其中，地方一般公共预算支出14.71亿元，同比下降16.41%，预算执行率为97.3%。

市（县）级财政执行 市（县）级财政地方一般公共预算收入41550万元，同比增长8.83%。地方一般公共预算支出完成84.63亿元，同比下降8.52%。分市（县）完成情况，同仁市财政收入完成12540万元，同比增长5.4%，财政支出完成23.27亿元，同比下降18.64%；尖扎县财政收入完成19967万元，同比增长5.18%，财政支出完成22.60亿元，同比下降10.42%；泽库县财政收入完成3361万元，同比增长10.27%，财政支出完成21.65亿元，同比下降1.64%；河南县财政收入完成5682万元，同比增长33.66%，财政支出完成17.12亿元，同比下降1.98%。

2022年黄南州地方财政收支情况统计表

表 12

序号	项目	收入额（万元）	比上年增长（%）	序号	项目	支出额（万元）	比上年增长（%）
1	增值税	21929	25.7	1	一般公共服务	75304	-24
3	企业所得税	4824	118.6	2	公共安全	39730	-3.3
4	个人所得税	1850	-17.4	3	教育	133402	0.3
5	资源税	385	23.8	4	科学技术	1091	7.3
6	城市维护建设税	2265	25.1	5	文化体育与传媒	29032	9
7	房产税	993	11.3	6	社会保障和就业	169720	2.6
8	印花税	312	3.3	7	医疗卫生	73298	-20.8
9	城镇土地使用税	381	13.7	8	节能环保	51471	-35.7
10	土地增值税	448	-2.8	9	城乡社区事务	75826	-31.2
11	车船税	1269	4.9	10	农林水事务	239770	-7.3
12	耕地占用税	803	-37.6	11	交通运输	35335	31
13	契税	389	-47.1	12	资源勘探电力信息等事务	3251	206.4
14	国有资本经营收入	—	—	13	其他支出	9696	-33.6
15	行政性收费收入	1535	-15.8				
16	罚没收入	2500	-39				
17	国有资源（资产）有偿使用收入	6364	6				
18	专项收入	3931	11.9				

【财政监管】 坚持用法治引领和深化财政工作，制定《黄南州财政局法律风险内部控制制度》等12个内控制度，健全相互制衡的财政内部管理制度体系，做到一切按法律办事、按规章办事、按制度办事、按程序办事。依法接受州人大监督，落实州人大各项决议决定和意见要求，增强预算的法治性和约束力。继续开展清理规范地方公务员工资津贴补贴专项工作，开展州本级行政事业单位资产核实工作。将“过紧

2022年6月23日，省财政厅财政体制改革工作领导小组专班到黄南调研财政体制改革工作（州财政局供图）

日子”要求落实到预算执行全过程，根据财力情况，坚持量入为出、有保有压、厉行节约，优先保障“三保”支出、政府债券还本付息支出等刚性支出，压减非急需、非刚性支出。实现压减一般性支出，“三公”经费支出只减不增。州本级实现预算“零追加”。合理安排使用新增地方政府债券，督促加快支出进度，促进财政资金惠企利民、规范使用。全州直达资金规模19.86亿元，实际形成支出17.01亿元，支出进度85.65%。

【财政改革】 财政体制改革 推进分领域的州与县财政事权和支出责任划分改革工作，制定医疗卫生、基本公共服务、生态环境、公共文化、外事、交通等领域改革方案，其他领域州与县财政事权划分改革方案根据省上工作进展抓紧制定出台。

预算管理制度改革 构建“制度+技术”预算管控机制，靠前启动2023年预算编制工作，提升预算编制质量。落实县级“三保”支出预算审核机制，全州各级预算单位预决算公开实现全覆盖，提升透明度。

【政府性债务监管】 加强地方政府性债务管理，合理控制政府性债务规模，采取压减一般性支出、盘活存量、预算安排等形式，保证及时偿还政府债务，防范化解政府性债务风险。全年省财政厅下达黄南州债务限额50.37亿元，当前全州政府性债务余额46.96亿元，在省厅限额以内，债务风险总体可控。通过多种方式筹措资金，稳妥处置化解债务，有效防范地方债务风险，全州化解债务4.58亿元。

【涉农资金统筹整合】 推进整合涉农资金，落实优化财政支出结构的政策措施，激活存量、优化增量，将有限的财政扶贫资金与交通、水利、农牧业、农业综合开发等项目资金有机整合，相互配套、相互补充，根据实际情况，尽可能提高整合资金的规模比例，做到“应整尽整”，整合后的资金优先用于贫困村各类基础设施项目建设。全年中央和省级投入乡村振兴财政衔接资金6.73亿元，州、市（县）本级预算安排乡村振兴财政衔接补助到位资金0.44亿元。科学编制财政涉农资金统筹整合方案，纳入整合范围的资金总规模15.39亿元，计划整合资金规模8.71亿元。截至12月底，完成支出资金规模7.48亿元，支出率为85.88%。

【财政支持地方发展】 全年民生支出81.13亿元，占比达81.7%。

支持教育事业 下达资金13.34亿元，落实教育高质量发展“1+5”文件精神，州、市（县）财政每年落实教育发展基金2500万元，支持城乡义务教育营养改善计划和少数民族地区特殊教育、支持薄弱学校改造、建设等，教育质量稳步提升，完成国家对教育投入“两个只增不减”的工作要求。

支持卫生健康事业 下达资金7.33亿元，支持加强医疗卫生机构能力建设，推进县域医共体建设提质增效和公立医院改革，落实乡（镇）卫生院中（藏）医全覆盖、州藏医院搬迁项目建设等。

支持社会保障事业 下达资金16.97亿元，落实社保救助、养老育幼、特困人员供养、残疾人补贴等政策，调整提高城乡最低生活保障标准、城乡居民基本医疗保险筹资标准。

支持文体旅游事业 下达资金2.9亿元，聚焦打造青海国际生态旅游目的地东南门户，实施文化旅游提升工程，加强公共文

2022年1月1日，预算一体化系统在黄南州成功上线运行（州财政局供图）

化服务体系建设，加快推进“四馆一院一中心”、州体育场升级改造及农村文化建设，助推黄南旅游事业发展。

支持住房和城乡建设 下达资金3.6亿元，支持城镇老旧住宅小区综合整治和农牧区居住条件改善等项目，提升城镇品质。下达资金7.58亿元，支持实施高原美丽城镇（乡村）、农牧区人居环境整治等工程。落实资金5.15亿元，支持实施节能减排、污染治理、煤改电、煤改气等项目。

【财政绩效管理】 完善预算绩效管理体系，全方位、全过程、全覆盖考核绩效目标，实现预算和绩效管理一体化，做到“花钱必问效，无效必问责”，增强预算的约束力和透明度。推进预算执行和绩效目标实现“双监控”，强化对下级政府财政运行和部门预算管理综合绩效考评。全州纳入绩效目标管理项目1968个，绩效目标管理金额9.44亿元，实现项目支出和政策绩效自评全覆盖。对州直各部门2022年绩效工作进行综合考评，对14个考核优秀单位兑现奖补资金42万元，对考核不合格单位扣减公用经费，并在黄南州政府门户网站进行公开。

【重点支出管理】 落实“疫情要防住、经济要稳住、发展要安全”重大要求，优化支出结构，统筹疫情防控和经济社会发展，优先确保“三保”（社会保险、社会救助和基本医疗保险支出）刚性支出需求，全年全州“三保”支出77亿元，占全年总财力的78%。下达资金5.3亿元，统筹支持城镇道路整治、污染防治、生态保护修复、国土绿化、河湖整治、煤改气电等工程，巩固提升生态文明建设示范区、“两山”实践创新基地创建成果。围绕壮大绿色有机农畜产品规模、优化生态旅游发展空间布局、推进清洁能源集约发展下达资金23.98亿元，支持构建现代化产业体系。以乡村振兴“八大行动”为载体，推进产业、人才、文化、生态、组织“五个振兴”，下达资金6.73亿元，逐步提高产业投入占比，补齐乡村振兴短板，发展农畜产品加工、乡村旅游等县域富民产业，以产业发展带动群众增收、推动共同富裕取得新进展。

【会计管理与培训】 对接省财政厅资产处，调拨安装可置换电脑100余台，在州财政局11楼机房打造州会计考试中心和会计人员培训中心，解决黄南州无会计人员考试培训场所等问题，改变以往靠租赁场地举办考试的情况，节约资金开支。

【“助企纾困”补助资金发放】

贯彻落实国家和省政府扎实稳住经济一揽子政策措施，稳住全州经济基本盘，确保经济运行在合理区间，全州拨付“助企纾困”补助资金3370.56万元，其中州本级998.56万元，主要用于各类规模以上及专精特新企业补助、企业贷款贴息、水电费补助等方面，惠及全州市场主体2111户。

【建立全州财政支出进度通报和督导工作机制】 面对财政预算管理一体化改革深入推进，尽快扭转财政支出进度落后的局面，发挥财政资金在稳增长、调结构等方面的积极作用，3月起，执行“月通报、旬调度”制度，通报内容细化到单位项目，有效提高财政支出效益，得到州委、州政府领导好评。

税　务

【概况】 2022年，黄南州税务系统现有干部职工364人，担负8942户纳税人（其中企业3038户、个体工商户5176户、其他纳税人728户）和33010名自然人的税收征管，2838户缴费单位和27万名缴费人的社保费征管。全年全州税务系统累计完成各项税费收入18.93亿元，同比增长21.63%，增收33663万元。其中，入库各项税收收入68522万元，同比增长13.94%，增收8382万元；征收社保费收入92209万元，同比增长2.52%，增收2263万元；征收非税收入28545万元，同比增长416.46%，增收23018万元。在全州组织体系建设三年行动暨以评促建考核中，全州税务系统12个党支部全部达标，州局机关第一党支部被评为先进党支部；市税务局获“全国五一劳动奖状”，1 人获“最美高原税务人”称号，2 人获“黄南州道德模范提名奖”；15 人入选省局专业人才库。全州税务系统形成党建特色品牌 5 项；州税务局机关被机关事务局、中共中央直属机关事务管理局、国家发展和改革委员会、财政部等四部委联合授予“节约型机关”称号。

【税收收入】 分税种看，16 个主体税种“十增六减” 全年增值税完成 40969 万元，同比增长 10.63%，增收 3937 万元；消费税完成 2423 万元，同比增长 2.89%，增收 68 万元；企业所得税完成 12061 万元，同比增长 118.73%，增收 6547 万元；资源税完成 385 万元，同比增长 23.4%，增收 73 万元；城建税完成 2266 万元，同比增长 25.12%，增收 455 万元；房产税完成 993 万元，同比增长 11.32%，增收 101 万元；印花税完成 312 万元，同比增长 3.31%，增收 10 万元；土地使用税完成 380 万元，同比增长 13.43%，增收 45 万元；车船税完成 1269 万元，同比增长 4.96%，增收 60 万元；环保税完成 64 万元，同比增长 72.97%，增收 27 万元。营业税欠税 2022 年无入库，全额减收 536 万元；个人所得税完成 4670 万元，同比下降 16.96%，减收 954 万元；土地增值税完成 448 万元，同比下降 2.82%，减收 13 万元；车辆购置税完成 1090 万元，同比下降 35.81%，减收 608 万元；契税完成 389 万元，同比下降 47.15%，减收 347 万元；耕地占用税完成 803 万元，同比下降 37.56%，减收 483 万元。

分级次看，两级收入同步增长 全州累计入库中央级税收 34034 万元，同比增长 15.29%，增收 4514 万元；累计入库地方级税收 34488 万元，同比增长 12.63%，增收 3868 万元。

分产业看，三大产业“两增一减” 第一产业完成各项税款 104 万元，同比下降 33.76%，减收 53 万元；第二产业完成各项税款 39658 万元，同比增长 7.08%，增收 2622 万元；第三产业完成各项税款 28760 万元，同比增长 25.33%，增收 5813 万元。

分重点行业看，支柱行业“三增一减” 电力行业完成 31422 万元，同比增长 23.82%，增收 6044 万元；商业完成 4746 万元，同比下降 6.22%，减收 685 万元；金融业完成 5411 万元，同比增长 33.47%，增收 1357 万元；建筑业完成 18704 万元，同比增长 48.83%，增收 6137 万元。

分征收单位看，五个征收单位“四增一减” 司仁市局完成 17615 万元，同比增长 2.3%，增收 396 万元；尖扎县局完成 39872 万元，同比增长 21.95%，增收 7177 万元；泽库县局完成 4025 万元，同比增长 25.23%，增收 811 万元；河南县局完成 5920 万元，同比增长 11.4%，增收 606 万元；黄南州税务局第二税务分局（车购分局）完成 1090 万元，同比下降 35.81%，减收 608 万元。

2022 年黄南州分税种税收收入情况统计表

表 13

税收种类＼收入	12 月收入				累计收入			
	收入额（万元）		同期增长额（万元）	同期增长率（%）	收入额（万元）		同期增长额（万元）	同期增长率（%）
总计	2022 年	2021 年			2022 年	2021 年		
税收合计	6804	7865	-1061	-13.49	68522	60410	8382	13.94
1. 国内增值税	4484	4104	380	9.26	40969	37032	3937	10.63
2. 国内消费税	108	179	-71	-39.66	2423	2355	68	2.84
3. 营业税	0	0	0	0	0	536	-536	-100
4. 企业所得税	239	60	179	298.33	12061	5514	6547	118.73
5. 个人所得税	1005	2608	-1603	-61.46	4670	5624	-954	-16.96

续表13

收入／税收种类	12月收入				累计收入			
	收入额（万元）		同期增长额（万元）	同期增长率（%）	收入额（万元）		同期增长额（万元）	同期增长率（%）
总计	2022年	2021年			2022年	2021年		
6. 资源税	39	24	15	62.5	385	312	73	23.4
7. 城市维护建设税	216	211	5	2.37	2266	1811	455	25.12
8. 房产税	241	190	51	26.84	993	892	101	11.32
9. 印花税	22	28	-6	-21.43	312	302	10	3.31
10. 城镇土地使用税	167	59	108	183.05	380	335	45	13.43
11. 土地增值税	12	63	-51	-80.95	448	461	-13	-2.82
12. 车船税	94	128	-34	-26.56	1269	1209	60	4.96
13. 车辆购置税	163	148	15	10.14	1090	1698	-608	-35.81
14. 契税	14	46	-32	-69.57	389	736	-347	-47.15
15. 耕地占用税	0	17	-17	100	803	1286	-483	-37.56
16. 环境保护税	0	0	0	0	64	37	27	72.97

【税收征管】 向州委、州政府专题汇报党建和税收重点工作开展情况126次，获得肯定性批示41次。向各级党政领导报送税收经济分析报告56篇，获得肯定批示18篇。落实《关于进一步深化税收征管改革的意见》，规范税务执法程序，开展非强制性执法方式试点工作，持续深入推行“三项制度”，落实“首违不罚”事项清单，推行轻微税务违法行为“首违不罚”事项告知承诺书，265户纳税人免于税务行政处罚。做好全电发票售票扩围工作，实施“预先服、随票服、网格服”的组合式首票“精准服”系列措施，30户重点企业和266户非重点企业“预先服”任务完成率达100%。建立黄南州统一社保费征收模式工作协调机制，联合州医保局开展全州医疗保险征缴业务规则梳理、举办“青海省医疗服务平台”网厅申报操作线上培训，做好统一社保费征收模式准备工作。开展税务地理信息应用系统专题图层绘制验证工作。与州林草局沟通协调，做好森林植被恢复费、草原植被恢复费划转交接准备。持续推进社保多元化缴费服务，全州1410家用人单位实现社保线上缴费，22.59万名参保居民实现线上、线下渠道快速缴费，线上缴费率达98%。

2022年6月7日，州税务局召开全州留抵退税政策落实工作视频推进会（州税务局供图）

【减税降费】 制定退税减税绩效考评细则和政策落实时间表、路线图、任务书，对标对表推进减税降费各项工作任务，向地方

2022 年 4 月 25 日，州税务局举行落实组合式税费支持政策党员先锋队授旗仪式（州税务局供图）

政府主要领导和分管领导汇报工作进展，提早形成由政府牵头的退税减税降费工作机制。全年印发各类工作方案、工作制度 30 余项，全州召开退税减税专题工作推进会 40 余次。成立党员先锋队 6 个，135 名先锋队员，主动到涉税涉费企业送政策、送服务，打通退税减税降费政策落地“最后一公里”。坚持内外结合开展宣传培训辅导，累计开展线上、线下政策培训 200 余场次，涉及税务干部 4000 余人次，落实落细新的组合式税费支持政策 14370. 31 万元。

【纳税服务】 联合工商联等部门，开展春雨润苗活动，开展各类政策培训 7 次，向 50 余户纳税人精准投送税费政策，开设小微市场主体减税降费政策公益讲堂 1 期，全方位、多角度为小微企业贴心服务。推广“非接触式”办税缴费服务，233 项涉税缴费事项实现网上办，236 项税务文书实现电子送达。推动不动产登记和办税“一窗办事”，推行房产交易网上办、掌上办。开辟特殊人群办税缴费“绿色通道”，为 60 岁以上老年人提供免叫号、全程陪同、协助填写等服务。建立老年人、残疾人亲友代办机制。快速响应纳税人缴费人诉求，通过成立党员突击队、藏语和汉语服务队、专家顾问团，邀请社会各界人士“走流程”等向纳税人缴费人问计问需，开展政策辅导 410 次，解答疑难问题 100 余条。建立大企业首席联络员制度、组建服务专家小组，提供大企业个性化服务。开通“12366”二级纳税服务热线，及时解决纳税人缴费人急难愁盼问题。建立纳税服务投诉暨舆情分析改进机制，及时处理投诉和舆情。

【税务稽查】 依托税警协作联席会议，成立工作领导小组，制定工作方案，强化部门沟通，做到对骗取留抵退税等各类违法违规行为“露头就打、打早打小、打准打狠”。与市场监督管理局等 11 部门联合对 17 家加油站开展执法检查，强化日常监管。全年查处案件 7 户，查补入库 246. 29 万元。以“信用+风险”监管为基础，遵照“无风险不打扰、有违法要追究、全过程强智控”的税务执法新要求，强化风险任务统筹管理，查找征管薄弱环节，扫描涉税风险，开展重点税源企业专项风险分析，加强重点领域风险防控和监管。全年应对风险入库成效 2851. 11 万元。

【依法治税】 在全州税务系统开展非强制性执法方式试点工作，探索建立权责清晰、标准明确、规则公平、程序规范、运行高效的非强制性执法制度，进一步提升税务执法精确度和执法公信力，提高税法遵从度和社会满意度。制定全州税务系统落实《青海省提升行政执法质量三年行动方案（2022—2024 年）》任务分工表，在夯实执法基础、提升执法效率、盯紧重点领域、健全执法监督机制、加强执法队伍建设及解决好纳税人缴费人反映突出的执法问题等方面下功夫，进一步增强执法效能。持续推行“三项制度”，落实“首违不罚”事项清单，推行轻微税务违法行为“首违不罚”事项告知承诺书，265 户纳税人免于税务行政处罚。在全州税务系统开展行政执法案卷评查工作，组建由公职律师、法制业务骨干组成的案卷评查组，通过现场评查和系统随机抽查方式对各县（市）税务局 1445 案卷开展评查。其中，优秀案卷 459 卷，占案卷评查总数的 31. 76%；合格案卷966卷，占案卷评查总数的66.85%；不合格案卷20卷，占案卷评查总数的1.38%。

【税收宣传】 以开展第31个税收宣传月为契机，围绕“税收优惠促发展，惠企利民向未来”主题，落实税费优惠政策护航企业经济稳定发展、提升税费服务水平优化税收营商环境、组合式税费支持政策落实及政策效应工作成效的宣传力度。全年在各类主流媒体刊发稿件312篇次。其中，在新华网、中新网、《中国税务报》等中央级媒体刊发稿件125篇次，在《黄南报》《青海日报》等省级及省级以下主流媒体刊发稿件187篇次。加强与地方融媒体间的工作协调，制作播出《选择》、《故乡》、《社保缴费操作全流程》（藏语）、《个税汇算全知道》等视频作品14部。做好税务网评员遴选工作，选派政治素质强、文字功底硬的干部参加网评员遴选，全州税务系统网评员增至8人。加强人才培养，组建写作兴趣小组。1人获“中国税务报优秀通讯员”称号，1人在国家级征文“凡人税事”活动中获三等奖。

招商引资

【概况】 2022年，黄南州举办招商引资推介会1场次，组织黄南州有机农畜产品、乳制品、食品饮料、民族手工业、文化产业等6家企业参加第23届青洽会。同时，加大宣传推介力度，组织专场签约，围绕清洁能源、有机农畜产品加工、文化旅游、新型燃料、规模化养殖和房地产开发等项目与27家企业签约成功，签约额达111亿元，创历年新高。截至年底，24个产业类项目落地19个，履约率80%，开工率50%；到位资金12.9亿元，资金到位率11.7%。

【招商活动】 结合黄南实际，印发《黄南州参加第23届中国·青海绿色发展投资贸易洽谈会暨第二届中国（青海）国际生态博览会工作方案》。按期开展并完成邀请天津市等对口支援地区和单位及重点客商参加“青洽会”的工作任务，邀请来自北京、天津、四川等地省内外客商270余人。印发《招商项目册》，对外推介项目38个，投资额54.8亿元，展会期间发放500余本。执行省“青洽会”执委会《第23届青洽会、新冠肺炎疫情处置应急预案》《青洽会生态博览会疫情防控具体事项》，落实各项疫情防控措施，做好客商和工作人员“会中每日一检”和“会后三天两检”，完成“青洽会”各项工作任务。

【落实招商项目】 实行招商引资项目州级领导包联责任制，各项目责任领导深入一线、靠前指挥、加强督导，各市（县）、各有关部门把招商引资项目推进工作作为当前各项工作的重中之重，配齐配强项目攻坚工作队伍，明确责任人及完成时限，建立项目前期工作进度台账、问题台账，强化分析研判，实行挂图作战，确保项目按时序进度推进。要求招商引资项目落地工作领导小组之间强化沟通协调，全力配合、高效服务，对项目前期各项工作提前介入、主动对接，做好要素保障、项目审批、政策落实等各项服务工作。招商引资项目落地工作领导小组办公室定期梳理招商引资项目推进情况，对存在的困难和问题进行深入分析研究，每月提请领导小组召开一次工作推进会，专题研究解决项目落地过程中的难点堵点问题。州政府督查室会同有关部门定期不定期对各市（县）、各部门工作进展情况进行督导检查，推进不利的在全州范围内进行通报。

【招商工作机制建设】 州工业商务和信息化局（黄南州招商局）以对口支援地区、友好地区和大型企业、中央企业、全国500强民营企业为主要对象，围绕绿色有机畜牧业、清洁能源等特色优势资源，筛选一批符合国家产业政策、符合区域发展方向，质量高、效益好、后劲足、潜力大的重点招商项目，统一交流推介，提高招商引资水平与实效。发挥政府职能作用，通过确定招商专员、以商招商、以企招企等方式参与各类招商推介活动，推介宣传黄南。持续推进“放管服”改革，不断规范行政审批事项，简化行政审批程序，提高行政审批效率。落实国家普遍性降费措施和已出台的政府性基金减免政策，完善政府权力清单、责任清单和涉企收费清单，提高全州营商环境，吸引更多的“强企、名企、优企”到黄南州投资兴业。

【黄南州文化旅游服务中心项目】

黄南州文化旅游服务中心建设项目为黄南州2022年重点招商引资项目，由安徽省第一建筑工程有限公司青海分公司投资3亿元建设，总建筑面积3.2万平方米，拥有客房200间，可同时接待800人就餐，是集住宿、餐饮、会议等于一体的综合性项目。该项目完成施工现场“三通一平”、基坑土方开挖及原有1号、2号、6号别墅的给排水改造及供电线路改造，完成接待中心主楼基础基桩，截至2022年12月底，累计完成固定投资1700万余元。

【重点招商项目推介】 *同仁市大型游乐场建设运营项目* 新建集大型游乐、经典动漫、剧场表演、主题商店等综合服务于一体的大型儿童主题游乐场，项目用地3.33公顷，包括土建工程、水电设施，设备购置，雇用技术员工，技术培训等。项目选址在同仁市城北新区，城市配套完备，人口集中，交通便利，项目建设条件好。总投资概算1亿元，项目建成后，年收入达1000万元。该项目享受国家西部大开发优惠政策。

黄南州尖扎县黄河沿岸观光旅游项目 依托坎布拉镇、康杨镇、马克唐镇、昂拉乡等地区景点，打造黄河沿岸观光旅游项目，综合考虑大景点所在位置、游客行为心理和现状因素，与“沿黄风情三十里”各个景点位置大体对应，便于游客适时休息，同时也结合已有的农业园区景观现状等吸引游客驻足，带动游客消费。以黄河沿岸为中心，自坎布拉起、昂拉止的黄河沿岸，利用丰富的水利资源和自然资源，黄河流域总长30千米，耕地面积0.13万公顷，适合打造黄河沿岸观光旅游项目。打造驿站、十里经济林、农业嘉年华，对民俗文化村改造升级，建设“粮、林、果、蔬”4个示范片区。该项目沿坎布拉镇至昂拉乡黄河流域总长30千米，耕地面积1333.33公顷。围绕“沿黄风情三十里”的总体布局展开并配套建设骑行绿道等基础设施。项目具备施工条件。项目总投资3.5亿元。享受国家西部大开发相关优惠政策。

泽库县万头牦牛科技高效养殖项目 泽库县是牦牛和藏羊的传统产地，经过多年产业整合提升，形成以特色畜牧业为主导产业的经济发展局面。截至2022年底，有17.41万头牦牛和64.76万只藏系羊取得有机认证。“泽库牦牛、泽库藏羊、泽库蕨麻、黑青稞、油菜籽、泽库黄蘑菇”评定为国家地理标志产品。全县累计建成牦牛标准化高效养殖基地24个。项目总投资1.5亿元，项目建成将具有良好的经济效益和社会效益。享受国家西部大开发优惠政策。

河南县蒙藏医药特色小镇文化创意街区项目 新建蒙藏医药博物馆4780平方米，创意街区16280平方米，商务办公区17340平方米等。项目总投资9716万元，项目建成后可实现经济效益、社会效益共赢。享受国家西部大开发优惠政策。

金融监管

【概况】 2022年，黄南州金融工作围绕服务实体经济、防控金融风险、深化金融改革三大任务，以供给侧结构性改革为主线，统筹推进疫情防控和经济社会发展，做好金融助推脱贫攻坚和乡村振兴有效衔接，加强实体经济资金要素保障，提升金融服务能力，支持黄南经济社会持续健康发展，用新观念、新思路、新举措开拓黄南金融工作新局面，实现黄南金融业的持续、稳定、健康发展。年内签订《关于加强黄南州金融监管合作共同维护辖区金融稳定合作备忘录》，就金融信息共享、金融风险处置化解、应急处置等6个方面内容达成合作共识，筑牢防化辖内金融风险责任共担、目标共进、信息共享、共识共为的工作基点。州政府金融办与州中级人民法院、人民银行签订《关于全面推进黄南州金融纠纷多元化解机制建设的实施意见》，

2022年8月5日，黄南银保监分局组织召开黄南农村中小银行机构2022年度监审联动联席工作会议（黄南银保监分局供图）

力促“黄南州金融解纷中心”挂牌成立。

【金融风险防控】 人民银行黄南州中心支行主动强化对重点领域的风险监测预警，以评估核查、压力测试等方式准确识别出经营中的薄弱环节，压实金融机构防范化解风险的主体责任。重新评估修订《黄南州金融突发事件应急预案》《黄南州银行业金融机构挤兑事件应急预案》，运用压力测试评估自救措施的完备性和有效性等措施，将应急处置重要环节融入日常工作管理，保障应急预案的动态有效衔接。加强再贷款“贷前”“贷中”“贷后”管理，组织地方法人金融机构对存量再贷款台账开展全面筛查工作，筛查出社团贷款、白领卡等不符合再贷款投向要求的贷款5262笔，涉及金额1.62亿元，督促地方法人金融机构全面整改，并于11月开展“回头看”现场核查。参与共建黄南州防范化解重大财政金融风险工作领导小组，牵头签订维护金融稳定合作备忘录，加强在风险监测、应急处置、监管新规实施等方面的协作，持续形成“同频共振”的金融风险防控合力。

黄南银保监分局约谈各银行机构一把手，传导不良贷款化解压力，督促各银行机构成立不良贷款化解专班，逐笔制定“一户一策、一企一策”清收措施，采取集中清收、自主清收、呆账核销、与法院联合清收等方式有效处置化解不良贷款，全州累计处置不良贷款1.70亿元，同比多处置0.71亿元。开展5家机构现场检查工作，完成立案问题行政处罚工作，强化严监管导向，坚持严的基调不动摇。开展涉非涉稳专项排查，开展养老诈骗排查整治和金融领域放贷专项整治工作。实施行政处罚“一案双罚”，处罚4家银行保险机构，处罚责任人5人，处罚金113.3万元。与州人民银行、州金融办签订《关于加强黄南州金融监管合作共同维护辖区金融稳定合作备忘录》，与中级人民法院、人民银行签订《关于全面推进黄南州金融纠纷多元化解机制建设的实施意见》。

【货币政策】 货币政策调控 落实稳健货币政策和服务实体经济的部署要求，持续发挥宏观审慎评估（兆帕）的逆周期调节和结构引导作用，不断巩固LPR（贷款市场报价利率）改革阶段性成果，引导金融机构让利实体经济，实现“十四五”良好开局。将稳经济大盘工作列为“一把手”工程，持续强化全局统筹、开展形势研判，印发黄南州金融助力稳经济大盘工作措施，从夯实信贷总量增长基础、扩大金融让利范围、健全服务小微企业工作机制、提高金融纾困效能、提升金融服务质效、增强政策保障能力等6个方面提出22条具体措施，两次得到州政府领导肯定批示。全州信贷增速自4月转正后，呈现出振荡增长态势，基本形成存量、增量双巩固态势。

货币政策工具运用 发挥货币政策工具的引导作用，鼓励辖内金融机构将信贷资金投向乡村振兴领域，强化金融服务乡村振兴考核评估和涉农信贷导向评估结果运用，引导金融机构将金融服务资源向国家乡村振兴重点帮扶县倾斜，辖属3个国家级乡村振兴重点帮扶县各项贷款余额71.83亿元，较年初增加7.88亿元，增长12.32%。推动“青信融”在黄南落地见效，截至12月底，黄南州累计注册用户617个，通过平台发放贷款107笔1.48亿元。引导金融机构利用LPR下降的政策影响，不断畅通“市场利率+央行引导→LPR→贷款利率”的货币政策传导机制，主动下调贷款产品利率，推动贷款利率稳中有降。跟踪落实各金融机构执行全省利率定价利率委员会决议，全州首套房贷款利率整体下降0.2个百分点。

货币发行管理　重点解决现金服务供给总量不充分、票面结构不合理、回笼差质量不够高等问题，持续筑牢网格化反假货币工作防线，提升社会公众防范假币意识，提升反假工作水平。与同仁市疫情防控指挥部等单位沟通协调，在疫情防控期间开设绿色通道执行现金调拨，确保调拨车辆进出畅通，完成现金调拨任务，保证辖区银行业金融机构网点恢复运营、自助设备正常运转，保障当地28万名居民“有钱用”。组织辖区内银行业金融机构开展网格化上门兑换残损币业务，兑换残损币9.2万元。联合州公安局印发《黄南州打击整治假币违法犯罪专项行动方案》，做到警银联动信息共享，主动监测并向公安机关提供假币收缴线索，公安机关收缴假币金额占全年收缴假币总额达19.69%。

【国库管理】　加强国库监管精细化水平，履行国库的监督执行促进作用，强化与财税库银的沟通联系，确保国库资金安全稳健运行。全辖预算收支对账准确无误，落实对账“四要素”，年内疫情防控期间财政拨款742笔累计金额1亿元。全年黄南州储蓄国债发行388.15万元，同比减少437.56万元，下降53%。其中，三年期215.6万元，五年期172.55万元。

2022年10月14日，黄南州金融解纷中心揭牌（人行黄南州支行供图）

【现代支付结算】　开展黄南州吾屯村手机号码支付“热贡付”示范村建设工作，按“一县一品”工作模式将示范村建设拓展至尖扎、泽库、河南三县。截至12月底，累计绑定用户4508户，手机号码支付累计交易1699笔，交易金额591.16万元。

【探索建立“监审联动”工作机制】　以“不良压降”为工作主基调，按照“稳定大局、统筹协调、分类施策、精准拆弹”总方针，通过“监管+外审视角+内审稽核”联动运用，探索监审联动监管模式，稳步提升辖区农村中小银行机构资产质量管理水平。辖区农村中小银行机构通过监审联动机制平台有效压降隐性不良0.95亿元，较年初下降64.63%，其中尖扎、泽库农商银行完成隐性不良全部入账工作。为发挥内部审计第三道防线作用，紧扣分局规范行业治理体系的重点监管工作任务，印发《黄南银保监分局监审联动工作管理办法（试行）》，明确监管部门、外部审计、辖区农村中小银行机构三方党建联合共建监审联动工作机制，通过监审联动平台有效借助外审视角提升风险管理、资产质量管理整改趋向良好、不良处置能力持续增强。

【建立金融纠纷机制】　人行黄南州中心支行牵头搭建黄南州金融解纷中心，同州中级人民法院、州银保监分局签署《金融纠纷多元化机制合作备忘录》，设立常态化专业调解员队伍培训机制，聘任17名金融纠纷调解员，构建“投诉+调解+裁决”一站式解纷服务，持续提升金融纠纷当事人及社会公众对金融纠纷调解工作的参与度和认可度，推进黄南州金融纠纷多元化机制建设，全年累计成功调解金融纠纷3起，有效畅通金融消费者维权渠道。

【特色监测工作机制建设】　整合2个政府部门产业基本信息、8家金融机构信贷支持信息、“4+6+N”（4个龙头企业、6个农牧民专业合作社、N个农牧户随访点）跟踪监测行业景气信息，助力“示范州”创建与生态有机畜牧业发展壮大。截至第四季度末，全州生态有机畜牧业贷款余额15.58亿元，较年初增加0.33亿元，增长2.1%。累计发放有机畜牧业贷款4816笔，金额达6.94亿元。同时，牦牛、藏系羊保险提质扩面，实现全州一市三县全覆盖，全州参保牲畜数52万头（只），保费收入0.46亿元，理赔支出0.56亿元。

审计

【概况】 2022年，黄南州制定年度审计项目计划73项，完成73项，查出违规资金276.29万元，管理不规范资金22.36亿元，促进增收节支2386.19万元，上交财政资金121.36万元；非金额计量问题425项；促进整改落实73309.95万元；提出审计建议479条，被采纳473条；移交问题线索11项，移交资金117.21万元；向省厅地方党委、政府提交审计报告或调查报告68篇，报送审计专报8篇，审计信息110篇次，被党政领导和上级审计机关批示、采纳3篇次；促进被审计单位制定相应的整改措施130项，建立健全规章制度15项。年内召开8次党委审计委员会会议，全州审计机关抽调22人次配合参与省审计厅、地方党委政府和纪检监察等部门工作，在省、州委政府主要领导任期自然资源资产离任审计及整改工作、巡视巡察以及村级财务、合作社等专项监督检查中发挥审计监督重要作用。

【预算执行审计】 围绕提升财政资金效益，推动财政资金绩效等目标，抽审36个部门（单位），管理不规范资金17955.97万元，应上缴财政374.85万元，应调账处理268.99万元，非金额计量问题12条，促进增收节支692.82万元。向党委审计委员会、本级人大常委会和本级人民政府提交2021年度预算执行审计报告和结果报告、2020年预算执行审计整改情况报告，全面反映21类397项问题。开展4个部门（单位）财政财务收支情况审计，查出9个问题，查处管理不规范资金23.85万元，上缴财政2万元，非金额计量问题4条。

【经济责任审计】 年内召开5次联席会议会商研究审计项目计划等事项，深化成员单位之间信息共享和审计成果运用。全年完成39项审计，审计查出违规资金6万元，管理不规范资金2971.04万元，非金额计量问题111项，提出审计建议137条，促进领导干部认真履行经济职责，规范权力运行。以经济责任审计为依托，探索建立“巡审联动”工作机制，发挥巡察“政治体检”功能和审计“经济体检”职能的合力。对6家单位实施“巡审联动”审计，实现优势互补、效力叠加，达到节约人力、提高效率、信息共享等预期目标，推动构建一体推进“三不腐”机制。

【政策落实跟踪审计】 坚持把审计工作与“放管服”改革结合起来，围绕财政直达资金、中小企业和民营企业账款清欠等重大政策跟踪落实开展审计，查出违规资金1.3万元，管理不规范资金10821.95万元。针对建设项目进展缓慢等问题，推动发挥直达资金惠企利民实效，减轻企业负担、优化营商环境、服务全州经济高质量发展做出审计贡献。

【农业农村审计】 为推动惠农项目落地见效，同仁市完成2021年化肥农药减量增效项目审计，重点对项目招投标及实施过程、资金管理使用情况和项目绩效进行审计。审计查出非金额计量问题6条，提出审计建议4条。

【资源环境审计】 探索开展乡镇一级自然资源资产离任审计，打通审计监督在生态文明建设领域“最后一公里”。聚焦土地资源、水资源、生态公益林和苗圃、生态环境治理、项目效益、地质灾害整治等六方面重点内容，审计查出基本农田“非农化”“非粮化”管控措施落实不力，矿山管护、占补平衡耕地后期管护不到位等43条问题，提出审计建议15条，促进乡镇领导干部落实自然资源资产管理和生态环境保护职责，服务地方生态文明建设。

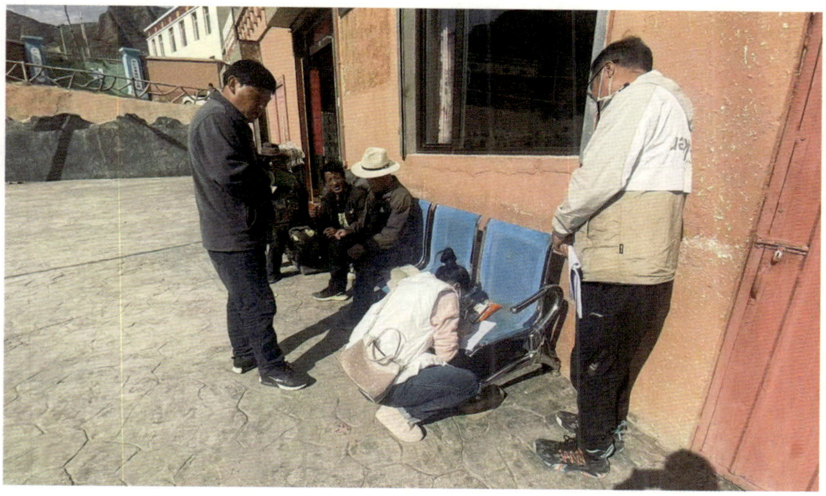

2022 年 11 月 2 日，同仁市化肥农药减量增效项目审计组在麻巴审计现场开展审计工作（州审计局供图）

【民生审计】 从贯彻执行国家政策、经营管理、资金管理、资产管理等方面着手，对全州粮食局和粮食储备有限责任公司 2019 年 1 月至 2021 年 10 月资产负债损益开展专项审计，揭示粮食主管部门履行管理职责不到位、粮食轮换轮控期超限、资产闲置虚支人员工资等 90 项问题，查出违规资金 41.35 万元，管理不规范资金 3160.8 万元。尖扎县完成县乡村振兴局 2021 年“雨露计划”短期技能培训项目、尖扎县废弃物集中处理项目、多加办事处浪哇村至香阿东村道路硬化项目等 8 个审计项目，重点对项目建设全过程、资金管理使用情况进行审计。审计促进整改落实资金 0.3 万元，查出非金额计量问题 18 条，提出审计建议 11 条。

【专项审计】 以摸清“一卡通”发放、管理和使用情况为目标，把着力发现和整治一户多卡、一人多卡、代管代取、私存扣留和借他人名义违规办卡，惠民惠农政策宣传解读和资金发放情况公开不到位等问题作为审计重点，开展泽库县 2021 年度“一卡通”惠民惠农财政专项资金使用管理情况专项审计 1 项，查出违规资金 44.1 万元，非金额计量问题 2 项。

【政府投资审计】 持续落实投资审计转型任务，对黄南州科技馆主体工程建设项目、泽库县“补短板”连通工程——泽曲镇夸日龙村 5 个自然村连通沙路工程等 8 个项目开展竣工结算审计，审计查出多计工程价款、未按图纸施工、监理单位履职不到位等问题，审减资金 1693.37 万元，促进提高政府投资绩效，规范建设领域秩序，助力工程建设领域一体推进“三不腐”，服务政府性投资项目高质量建设。

【“扫死角”审计】 坚持“抓重点、扫死角、全覆盖”原则，采取“1 拖 N”“嵌入式”方式，以经济责任审计为依托，对州文体旅游广电局、州委宣传部等 4 个部门下属 18 个二级预算单位开展财务收支审计，揭示“三公”经费超预算、多报差旅费、固定资产核算不规范等问题，审计查出问题资金 285.22 万元，非金额计量问题 91 项。

【审计查出问题整改】 突出“治已病、防未病”功能，促进被审计单位转变理念，明确各单位主要负责人是整改第一责任人，推动履行审计整改责任。以挂牌督办、现场督查、召开推进会、印发提醒函等形式，强化审计整改，推动审计监督提质增效。全年中央、省、州三级审计机关审计发现问题 1874 项，整改 1433 项，整改中 441 项，整改率 76.47%；《2020 年度州本级预算执行和其他财政收支审计工作报告》反映 6 个方面 135 个明细问题，整改到位或基本整改的 122 个，正在整改需持续推进的 13 个，整改率达 90.37%。

2022 年黄南州审计工作统计表

表 14

审计机关	完成审计项目（个）	审计查出主要问题金额（万元）	审计发现非金额计量问题（个）	审计期间整改金额（万元）	出具审计报告和审计调查报告（篇）	移送处理事项（件）	审计促进整改落实有关问题资金（万元）	审计提出建议（条）	提交审计信息（篇）
州本级	14	8423.26	163	—	42	1	4657.72	20	68
同仁市审计局	19	104709.86	72	647	23	2	107.84	102	6
尖扎县审计局	15	19326	126	76	25	3	3	74	10
泽库县审计局	13	15881.81	32	—	27	1	23.35	41	6
河南县审计局	12	75233.09	32	40	12	4	68518.04	38	20
合计	73	223574.02	425	763	129	11	73309.95	275	110

统计与调查

【概况】 2022 年，黄南州统计局严格执行国家和省统计局报表制度，完成国民经济各行业、各领域 20 多项常规统计调查，精准核算 2022 年季度和 2021 年度生产总值、全社会能耗。有序推进全国人口变动抽样调查工作。完成各市（县）2020 年绿色发展年度评价，发布《2020 年黄南州各市县绿色发展年度评价结果公报》；完成妇女儿童、金融企业等统计监测工作。执行国家统计报表制度，核算、农业、工业、能源、投资、人口和服务业等行业领域统计调查及民族自治州、县域经济等区域综合统计调查顺利实施，2022 年人口变动情况抽样调查、人口追踪调查情况等多项专项调查统筹推进。

国家统计局黄南调查队完成同仁市住户大样本轮换前期准备、摸底入户等各项工作，主要领导亲自带队到南部两县督导检查，确保各项工作开展规范有效。开展农作物面积对地调查及农产量调查样本轮换和黄南地区畜牧 E 调查培训和推广工作，全州畜牧业 E 调查电子化率达到 100%。完成全年调查目标任务。

2022 年 4 月 12 日，黄南州召开全州统计工作推进会（州统计局供图）

【重大普查调查】 州统计局完成黄南州第七次全国人口普查年鉴汇总、编撰及校对工作。对黄南州获得第七次全国人口普查省级 6 个先进集体和 26 名先进个人进行通报表彰。推进第五次全国经济普查工作，印发《关于组建第五次全国经济普查筹备领导小组及办公室的通知》，成立由局党组书记、局长任组长，副局长任副组长的筹备领导小组。结合第四次全国经济普查和第七次全国人口普查工作经验，针对第五次全国经济普查工作思路提前做好重点问题研究，对统筹部署经济

2022年9月15日，农牧业调查科到兰采乡还却乎村开展畜牧业生产实地调研（国家统计局黄南调查队供图）

普查和投入产出调查、谋划普查宣传、征集宣传标语等工作提前做出安排。

【统计服务】 州统计局围绕“首季红”“全年稳”目标要求，加强与兄弟市（州）横向对比，及时发现和反映经济发展中存在的问题，准确把握主要指标运行态势，分析变化情况及主要原因，提出切实可行的对策和建议，提高数据把控能力，为州委、州政府科学决策提供依据。全年向州委、州政府及有关部门报送《统计报告》11期、《黄南统计信息》31期、《调查与分析》6篇、《统计工作简报》100期。做好常规统计资料编印工作，用好“黄南统计微信”公众号、“云端黄南”等网络载体，向党政领导和社会公众提供内容翔实、形式多样、易懂好用的统计产品，推进“数库”“智库”建设。及时印发《2021年黄南州国民经济和社会发展统计公报》《2021年黄南州统计提要本》等统计资料；每季末编印《黄南州主要经济指标完成情况》《青海省各市州主要经济指标完成情况》等快报、手册。经常性对各市（县）开展业务指导，确保按时完成工业、投资、商贸、建筑业、能源等常规月度、季度报表的统计、汇总上报，以及联网直报平台报表的审核、验收工作。

国家统计局黄南调查队全年撰写各类工作简报157期、调查信息58期、调查分析29期、调查快报15期、调研报告5篇，中国信息报采用专题调研报告1篇，国家局采用统计文化6篇、工作交流1篇，总队采用简报分析26篇、专题调研报告2篇，青海调查公众号采用12篇，其中乡村中小学教师现状调研报告分别被总队内网、国家局内网和中国信息报采用。发挥调查队“数库”“智库”作用，精准研判月度、季度、年度数据发展走势，严格把关分析质量，强化数据分析能力。有针对性地开展各项短、平、快专项调查和经济热点专题调研，2篇分析获州政府主要领导批示，连续多年获年度“支持地方经济发展优秀单位”。

【统计执法检查】 制定《黄南州统计局2022年统计法治工作要点》，加大统计法知识培训、数据核查、执法检查力度，提升全州统计人员法律知识水平和确保统计数据真实准确。以党政领导、统计人员、调查对象和社会公众为重点，开展形式多样的统计法律宣传，提高全社会统计法治意识。统计法律法规作为领导干部必修课进入党校课堂。按照“双随机”原则，抽取20家统计调查对象进行统计执法检查，对问题比较突出的4家企事业单位下达责令改正通知书。组织全州“四上”企业开展数据质量自查自纠，对全州30%企事业单位实施统计数据质量核查。开展国家统计局督察反馈意见整改工作，针对《国家统计局督察青海省统计局防范和惩治统计造假弄虚作假情况反馈意见整改工作方案》4个方面12条整改任务措施，认领12条问题，制定22条具体整改措施，全部整改完成。开展统计造假不收手不收敛问题专项纠治行动，制定专项行动方案，立足统计职能职责，发挥统计监督职能作用，严格统计执法检查，深入查处统计造假、弄虚作假的行为。截至年底，统计造假不收手不收敛问题专项纠治权力干预、数据寻租、执法不严、“入退库”方面四项自查工作全面完成，未发现权力干预、数据寻租等相关方面的问题。

【统计培训】 州统计局举办全州统计执法业务骨干培训班，各市（县）统计局执法骨干和州统计局相关科室人员24人参加培训。选派干部职工到省局参加统计法律法规及业务培训。各专业结合基层调研、企业一套表单位核查、统计数据核查等工作，开展对乡镇、企业的统计业务指导，帮助基层统计单位健全统计工作机制，规范统计工作流程，完善统计原始记录和台账。

国家统计局黄南调查队利用“法宣在线”和集中学习，组织党员干部学法，经常性开展网络答题活动，全队人员学分达标。坚持法治宣传与统计调查工作共同推进，利用统计调查业务培训会、统计执法检查、入户（企）调查、调研等时机和重要时间节点开展法治培训宣传，年内党组理论学习中心组学习统计法律法规相关内容4次，开展普法宣传教育活动10次，组织开展统计法治培训2期40人次，9月到基层调查点举办联合普法大讲堂，全年开展全民法治宣传3次。制定《2022年“双随机”检查工作计划》和统计执法工作清单，开展“双随机”检查2次，检查单位9个，专项执法检查4次。派遣2名执法骨干协助河南县队开展统计执法检查；受总队委托，对同仁和尖扎调查企业开展“双随机”统计执法检查。

价格管理

【概况】 2022年，黄南州强化监测分析，稳定社会消费预期，支持推动种植、养殖业复工复产，加强农副产品调运，全州市场粮油、蔬菜、肉蛋日供应量保持平稳。建立市场价格应急监报告制度，根据实际需要扩大监测范围，密切关注与群众生活密切相关的粮、油、肉、蛋、菜等重要民生商品价格变化和市场供应情况。州市场监督管理局开展价格监管执法，累计检查主体单位5000余个次。

【价格认证】 全州一市三县受理涉价格认定案件55件，认定金额82.39万元。其中，州本级受理认定案件1件，金额8.2万元；同仁市认定案件12件，认定金额33.9万元；尖扎县认定案件16件，认定金额12.8万元；泽库县认定案件8件，认定金额8.6万元；河南县认定案件18件，认定金额18.89万元。无价格争议调解案件。

【价格监测】 12月，同仁地区居民消费价格指数环累计涨幅2.4%，排名第二，物价涨幅连续多年保持较低水平。设置价格监测点31个，常规监测品种达92个，重点监测城区2个农贸市场商品，初步形成覆盖全州、监测品种齐全的价格监测体系。将虫草、唐卡、酥油、酸奶等具有地方特色的商品列入市场价格动态监测范围。分区分时有针对性地增加牛羊肉和蔬菜储备和投放工作，有效缓解市场压力，平抑市场物价。

【价格监管检查】 *民生商品和防疫用品价格专项检查* 关注大宗商品价格波动向中小企业和消费领域传导的趋势，重点检查粮油肉蛋菜奶等主要民生商品和口罩、消毒液等防疫物资是否存在串通涨价、捏造散布涨价信息、不按规定明码标价、囤积居奇、哄抬价格、价外加价等价格违法行为。检查商超、药店、集贸市场、零售商贩5129家（户），查处未按规定明码标价案件1起，合计罚款金额3000元。

医疗卫生服务价格专项检查 加强药品和医疗服务价格监管，重点检查医疗机构是否按规定明码标价与收费公示、是否按规定医疗服务项目和标准收费、医疗器械价格是否按照规定的价格或收费标准执行等行为。全年检查公立医院1家，基层卫生院14家，私人医疗、医药零售机构（门诊）74家，对未按规定明码标价的一家药品零售机构做出1000元的行政处罚。

旅游市场价格专项检查 重点检查全州各大旅游景区（点）、餐饮、购物、酒店及其他游客较密集场所价格政策执行情况，严查旅游市场价格欺诈行为，对坎布拉景区、隆务寺景区明码标价工作提出整改意见。

房地产市场价格专项检查 重点检查房地产开发企业和中介机构价格执行情况，指导大型房地产开发企业和中介机构建立健全价格管理制度。督促各市

（县）对所属房地产机构的明码标价及价格备案情况进行全面督查，“隆务水岸”等重点房地产企业均落实价格备案工作。

重要时点价格监管　突出“五一”国际劳动节、端午节、国庆节、春节等节假日期间市场价格监管，关注高端白酒、高端月饼等节庆礼品和民生重点商品市场价格波动，正确引导市场预期，确保市场价格稳定。节日期间，累计检查重点经营户576户（家）。

行业协会商会收费监管　清查全州社会团体和行业协会收费，全州54家社会团体无任何收费，7家行业协会均无任何违规收费情况。

水电气暖收费监管　检查转供电主体56家，落实优惠电费247.62万元。检查供暖企业4家、供水企业4家，退还供水企业多收水费4万余元。

教育收费专项检查　重点检查学前教育阶段收费、义务教育阶段学科类校外培训机构收费、义务教育阶段课后服务收费、职业教育阶段收费中的不合理收费行为，以及学生和家长反映强烈的突出问题，规范教育收费行为。全年检查州级学校3所、县级学校15所，对未执行明码公示制度的3所学校提出整改措施。

2022年黄南州辖区居民消费价格指数统计表（以上年价格为100）

表15

居民消费类别及名称	指数（累计指数）	居民消费类别及名称	指数（累计指数）
总指数	—	五、医疗保健和个人用品	99.9
一、食品类	101.6	六、交通和通信	105.7
二、烟酒及用品	101.6	七、娱乐教育文化用品及服务	101.7
三、衣着类	100.4	八、居住	103.1
四、家庭设备用品及维修服务	101.0		

2022年黄南州辖区商品零售价格指数统计表（以上年价格为100）

表16

商品零售类别及名称	指数（环比）	商品零售类别及名称	指数（环比）
总指数	100.1	九、交通、通信用品类	100.0
一、食品类	100.4	十、家具类	100.0
二、饮料、烟酒类	99.8	十一、化妆品类	100.1
三、服装、鞋帽类	99.8	十二、金银珠宝类	100.4
四、纺织品类	100.0	十三、中西医药品及医疗保健品类	99.7
五、家用电器及音响器材类	100.0	十四、书报杂志及电子出版物	100.0
六、文化办公用品类	100.0	十五、燃料费	99.2
七、日用品类	100.7	十六、建筑材料及五金电料类	100.2
八、体育娱乐用品类	102.0		

2022年黄南州居民消费价格比上年涨跌幅度统计表

表17　单位:%

居民消费价格指标名称	涨跌幅度	居民消费价格指标名称	涨跌幅度
总指数	2.4	四、生活用品及服务	0.9
一、食品烟酒	1.9	家用器具	0.6
粮食	3.5	家庭服务	0.4
食用油	13.6	五、交通和通信	5.6
鲜菜	2.1	交通工具	-0.2
畜肉类	-0.3	交通工具用燃料	19
其中：猪肉	-5.7	交通工具使用和维修	15
牛肉	1.4	通信工具	-0.9
羊肉	-4.9	通信服务	2.5
水产品	4.8	邮递服务	0
蛋类	4.7	六、教育文化和娱乐	1.5
奶类	2.6	教育服务	0.3
鲜果	9.1	旅游	8.4
卷烟	0	七、医疗保健	-0.1
酒类	3	中药	0
二、衣着	0.3	西药	-1.1
服装	0.1	医疗服务	0.4
鞋类	0.9	八、其他用品和服务	3
三、居住	3.1		
租赁房房租	0		
水电燃料	3.6		

市场监督管理

【概况】　2022年，全州各类市场主体23670户，新增市场主体2584户，平均日新增7户。截至年底，全州累计有私营企业4201家、内资企业591家、外资企业6家，有个体工商户18872户。有各类大中型市场10个、网站主体18家、外卖平台经营户4家（美团1家、嘀嗒外卖3家，平台内经营户445户），清理违规网站主体经营户3家，注销1家。年内，制定《黄南州市场监督管理局关于“市场综合监管示范街”创建活动实施方案》，成立工作协调领导小组，以建设“诚实守信　规范经营”为目标，按照“一年打造示范街、两年打造示范片、三年建成示范区”行动方案，打造“市场综合监管示范区”创建工作。年内确定市（县）各打造一条繁荣有序、诚信经营、服务优质、和谐文明的“市场综合监管示范街”。建立由州市场监管局牵头，州发展改革委、州工业商务和信息化局、州财政局等11个相关部门组成的黄南州扶持个体工商户联席会议制度，形成部门协同、上下联动、有机衔接的工作机制，推动全州个体工商户发展。完成河南县蒙晟物业服务标准化试点工作，被省市场监督管理局确定为全省首批物业服务标准化试点项目单位。

2022 年黄南州企业、个体工商户登记基本情况统计表

表 18

单位：家

指标类型	企业类型			个体工商户
	私营企业	内资企业	外资企业	
合计	4201	591	6	18872
农、林、牧、渔业	1042	23	—	1275
采矿业	47	2	—	4
制造业	763	46	—	973
电力、燃气及水生产和供应业	36	59	—	4
建筑业	215	14	—	44
交通运输和邮政业	64	61	—	283
信息传输、计算机服务业	117	32	1	38
批发和零售业	820	149	5	10346
住宿和餐饮业	185	33	—	3183
金融业	18	65	—	1
房地产业	83	3	—	—
租赁和商务服务业	258	37	—	82
公共管理、社会保障和社会组织	—	—	—	27
科技研究、技术服务和地质勘查业	73	13	—	9
水利、环境和公共设施管理业	13	9	—	6
居民服务和其他服务业	168	26	—	1902
教育业	20	1	—	12
卫生、社会保障和社会福利业	28	2	—	202
文化、体育和娱乐业	251	16	—	481

【企业登记管理】 落实市场准入负面清单制度，实现“非禁即入”，企业名称、经营范围、住所（经营场所）自主申报制落地落实。提高登记便利化水平，企业设立登记实现“审核合一”，企业开办实现“一网通办”，企业开办时间压缩至 3 个工作日内。企业全程电子化登记办理率达 98%以上。印发《黄南州企业强制退出试点工作管理办法》《黄南州企业强制退出试点工作实施方案》《黄南州企业强制退出工作指引》，确定的 81 户强制退出试点企业自主申请注销 14 户、作出强制注销决定 35 户，其成效、经验上报国家总局，探索出具有黄南特色的强制退出经验路径。牵头编制《黄南州“证照分离”改革全覆盖事项清单》（2021 年版）并报州政府批转执行。印发《全州市场监管系统落实“证照分离”改革工作实施方案》，通过减材料、减环节、减时限等措施，优化食品生产、药品零售等 8 项审批事项办理流程。推进经营范围规范化登记，开展“双告知”工作，加强与行政审批部门和行业主管部门互联互通，实现对市场主体的全过程、全覆盖监管。

【商标管理】 年内黄南州申请注册商标 167 件，申报 4 件地理标志证明商标，成立商标品牌指导站 3 家，有效注册商标总量达

到1515件。推进区域公用品牌建设工作。在借鉴“化隆牛肉面”品牌打造的基础上，按照先发展后规范的思路和打造区域公共品牌标准要求，通过初步筛选，建议将“热贡艺术”“黄南馍馍”“唐古特”“三江农场”作为黄南州打造区域公共品牌，形成调研报告上报州委、州政府。截至年底，全州有省著名商标2件、全州注册商标1515件。年内查处商标侵权假冒案件2件，案值0.9万元，罚没款1.5万元，查处假冒专利及专利标识标注不规范案件2起。

【广告管理】 持续开展广告监测工作，重点监测借重大活动从事违法违规商业广告宣传、利用疫情推销商品和发布虚假广告的违法违规行为，全年检测广告13119条，处置涉嫌违法广告4条。

【计量管理与检定】 检查州内集贸市场、商场、超市、加油站、加气站、快递网点、物流公司等场所，免费检定检查计量器具1538台，预包装食品6个种类427个批次，定量包装4个种类21个批次，加气站3家、加气枪6把，加油站45家、304把枪，各类衡器697台、压力表74块、血压计11台、天平28台。对2家使用超期、不合格计量器具的经营主体给予1800元处罚。发挥计量在治超、物流安全工作中的技术支撑作用，对辖区内治超站、收费站、货运源头、寄递企业在用的计量器具进行周期性检定，检定率达到100%。年内全州监测平衡器具1538台，合格率93%；检查加油站32家、加油机57台、加油枪188支，未发现作弊现象；检查各类使用安全防护类计量器具企业5家，检查安全防护计量器68台，均在有效鉴定周期；组织开展眼镜制配场所计量检查3次，检查9家，检查率95%，签订计量诚信承诺书46份等。全年检定、校准各类计量器具2196台，其中强制检定计量器具2122台，抽检定量包装商品12批。提供免费检测服务2196次，免费检定计量器具2196台，免收检定费38万元。

【食品安全监管】 *食品安全机制建设* 组织全州食品药品监管人员、食品生产企业、学校食堂负责人分批分层举办食品安全知识专题培训宣传，层层签订责任书、承诺书，压实食品安全责任，保障人民群众饮食安全。开展2022食品安全宣传周、“放心食品我承诺”、制止餐饮浪费宣传和减少餐厨垃圾产量科普宣传等活动，累计派发食品安全宣传资料5500多份，设立咨询台6处，接受咨询1400余人次。全年完成重大活动餐饮食品安全保障工作6次。完成全省食品生产企业安全管理员考试，参与率、通过率均为100%。率先完成全国食品生产企业食安员抽考任务，覆盖率100%，合格率92.6%。完成22家食品生产企业落实食品安全主体责任监管，配备食品生产总监和食品生产安全管理员。

食品检验检测 制定下发《2022年度食品安全监督抽检计划实施方案》，完成年度食品抽检1360批次（州本级320批次），公示率达到100%，不合格核查处置率100%。州食品药品检验检测中心取得检验检测机构（扩项）资质认定证书，资质涉及食品检验参数46项、药品检验参数7项、化妆品检验参数12项。开展食品安全“守底线、查隐患、保安全”专项行动，排查生产、销售、餐饮3个环节，及时消除安全隐患。检查食品生产经营主体6614户次，发现风险隐患367个，处置完成367个，处置完成率100%。打击食品违法犯罪行为，依法查处食品违法违规案件53起，罚没款62万元。

散装奶规范管理 制定《黄南州关于加强散装奶规范管理工作方案》，建立完善联席会议工作机制，紧盯消毒、过滤两个市场准入达标工作，强化散装奶日常监管和风险排查。通过摸底排查，建立散装奶经营户信息数据113个，抽检同仁市27个散装奶销售点27批次。针对全州农牧区流通领域食品安全突出问题，坚持边打击、边规范、边提升原则，检查各类食品生产经营单位2231户，没收各类过期食品130千克，现场整改53户，下发责令整改通知书28份。

学校食堂及校园周边食品安全监督检查 以校园及其周边200米范围为重点区域，主要面向学生经营食品的食品（杂）店、餐饮服务单位等儿童食品经营单位

为重点场所，对经营主体资格、食品经营者是否履行法定责任和义务、是否销售劣质食品等情况为重点检查内容。学校食堂食品安全监督检查覆盖率达100%，检查学校周边食品及餐饮经营户725家，没收下架各种辣条、过期食品等298袋。

餐饮质量安全提升行动　全州42%的餐饮服务单位、100%的学校（托幼机构）食堂纳入智慧监管平台。全州网络餐饮服务第三方平台及分支机构5家，入网餐饮服务单位455家。全州餐饮服务单位风险分级评定1786家（A级70家、B级380家、C级1138家、D级198家）。

【药品与医疗器械市场监管】

药品安全监管　强化药品安全风险监管，完成州级药品监督抽验70批次、化妆品抽检20批次。成立药品安全专项整治工作领导小组，制定印发《黄南州深入开展药品安全专项整治行动实施方案》。检查药品医疗器械和化妆品零售企业、医疗机构385家，检查覆盖率80%；全州立案查处案件19起，办结19起，罚没款11.2万元，移交属地卫生健康部门4件。

儿童护肤品专项检查　对商超、母婴用品专卖店、婴幼儿洗浴等场所开展婴幼儿护肤品专项整治，检查商场超市115家、母婴用品专卖店6家，责令6家索证索票和台账管理不到位的经营单位限期改正。

药品医疗器械与化妆品不良反应事件监测　制定药品医疗器械、化妆品不良反应方案，量化分解全州药品、医疗器械、化妆品不良反应报告数量任务，督促各市（县）局落实药品医疗器械化妆品质量安全风险隐患排查工作要求，开展风险隐患排查，每月及时汇总上报风险隐患排查治理工作进展情况和月报表。完成药品报告数量128份、医疗器械报告数量45份、化妆品报告数量14份。全州出动监督检查人员62人次，检查涉药单位385家，抽验药品（蒙藏药制剂）70批次，不合格率0.2%。查处制售假劣药械违法案件1起，涉案金额0.5万元，取缔无证经营2户，未发生非药品冒充药品案件，没收违法药品（医疗器械）货值2.3万元，责令停产停业整顿8起。全州上报药品不良反应137例。

【质量管理】　成立由州委书记、州长为双组长的高规格质量提升工作领导小组，印发《黄南州质量提升行动重点工作实施方案》《黄南州质量管理办法》等一系列政策措施。开展市（县）政府质量工作考核，抓实质量基础设施建设，有机融合计量、标准、认证认可、检验检测、质量管理等要素资源，建立全州质量基础公共“一站式”服务窗口。初步建成食用农产品合格证监管体系，发放合格证2391张，取得合格证上市农畜产品793.92吨，全州建立绿色防控示范区12733.33公顷，主要农作物病虫害绿色防控覆盖率100%，综合防治效果在85%以上。全州房屋建筑和市政基础设施工程一次通过验收合格率在97%以上。各类公路抽检指标总体合格率均环比上升，在建公路工程项目监督覆盖率100%。启动建设省级乡村振兴试点村19个，实施高原美丽乡村20个、传统村落保护30个、农牧民居住条件改善工程4300户。持续优化环境质量，全州空气质量优良率达到93.4%，主要大气污染物浓度同比均下降15.2%。主要流域监测12个断面水质均达到或优于Ⅲ类标准，城镇污水、生活垃圾无害化处理率分别达到93.18%和96.3%。落实减税降费1.18亿元，下达5000万元助企纾困资金，全州累计建成4个县级电商公共服务中心，落实教育项目158个，总投资2.4亿元。累计创评文化和旅游示范企业120余家、旅游星级饭店7家、乡村旅游接待点28家，打造同仁市热贡龙树画苑等国家AAA级旅游景区。开展省级物业管理服务标准化试点项目建设，河南县蒙晟物业管理服务有限公司正式被省市场监督管理局确定为全省首批物业服务标准化试点项目单位。2家企业通过ISO 9001质量管理体系认证。全州可利用天然草场牲畜有机认证、有机肥替代化肥、牦牛藏羊原产地质量追溯实现全覆盖，培育有机产品21个、绿色食品47个、地标农产品62个，黄南被列为全省绿色有机农畜产品输出地先行示范州。全州产品、工程、环境、服务质量水平提升，农产品例行监测合格率连续保持在98%以上，食品安全抽检合格率达98%，重点产品监督抽查合格率稳定在90%以上；房屋建筑和市政基础设施工程一次通过验收合格率超97%，空气质量优良天数比例达93%以上；旅游服务满意度超过98%。

【市场监管执法】　聚集元旦、春节、“五一”国际劳动节、国庆等重要节点，以大型商超、集贸市场为检查重点，依法查处无照经营、制假售假、伪劣产品等违法违规行为。全年检查各类市场主体3124家，下发责令整改通知书112家，对6家食品经营户消防设施过期、12家超市货物占用消防通道行为，现场责令整改。

开展辖区卷烟市场专项行动，累计张贴135份《禁止向未成年售烟投诉电话告知单》，检查经营户1239家，对2户经营户未取得烟草专卖零售许可证销售烟草制品，当场责令下架，停止销售，口头警告5家，下架卷烟16条，未发现向未成年人销售电子烟的违法行为。严厉打击虫草经营者缺斤少两、掺杂使假、以次充好、哄抬物价、强买强卖、以“保健品”为名从事违法经营活动。开展购物场所专项整治行动，旅游市场购物场所周边设立维护消费权益警示牌2处，未发现旅游市场购物违法行为。开展打击整治养老诈骗专项行动，检查食品药品、保健品经营店、大型商超等各类经营户6970户，张贴藏语和汉语公告120张，接受现场咨询2830人次，各市场主体通过LED电子显示屏滚动播放宣传标语96条。聚焦农资市场和危险化学品、电线电缆、电动汽车、电动自行车、蓄电池市场、消防器材等重点产品，开展安全排查治理专项行动。检查同仁市、尖扎县农资经销店5家、有机肥生产企业1家，发现问题2家，下达责令整改通知书3份。检查液化气充装站2家、电线电缆销售店6家、电动自行车销售店6家、消防器材销售店1家，未发现违法违规行为。完成煤炭煤质抽检22批次，覆盖率、合格率均达100%。

【消费维权】　以“守护安全、畅通消费”为主题，组织开展纪念“3·15”国际消费者权益日系列宣传活动，宣传消费维权工作，提升消费者消费维权意识，营造良好的消费维权氛围。累计发放宣传册1.2万余份，咨询人员1200余人次，发放宣传用品1.6万余个。加强受理消费者咨询、投诉举报工作。全年受理群众和消费者“12345”热线、“12315”平台投诉举报111件，办结率为100%，挽回消费者经济损失14.06万元，集中销毁假冒伪劣产品总价值达28.76万元。聚焦消费环境建设，继续开展围绕“大美青海放心消费”放心消费创建示范单位等活动，为获得“大美青海放心消费”称号的8家企业授牌。推进线下实体店7天无理由退货承诺工作，提升“消费维权服务站”作用，逐步健全消费领域信用体系和消费维权共治格局。年内检查经营场所280家，受理各类消费者咨询128件，发布消费警示12条。

【成品油市场综合改革试点】

制定印发成品油市场综合改革试点工作“提升达标规范经营活动年”实施方案，州、市（县）联合开展17家成品油经营企业成品油综合改革试点工作，抽样筛查成品油48批次，监督送检成品油12批次，查封加油机7台，立案查处违法违规行为3起，没收不合格95号汽油3吨，罚没款9.08万元，监督检查结果平台公示率100%。

2022年3月14日，州市场监督管理局组织开展“3·15”宣传咨询服务及消费市场和商品监管、销毁假冒伪劣商品等系列活动（州市场监督管理局供图）

知识产权

【概况】 2022年，黄南州贯彻落实《青海省关于加强知识产权工作的实施意见》，结合实际，制定印发《黄南州关于加强知识产权工作的实施意见》，进一步完善体系、明确发展方向。建立黄南州知识产权战略实施工作联席会议制度，加强知识产权工作的组织领导，研究制定黄南州知识产权战略实施工作要点。年内州委办公室、州政府办公室印发《黄南州“十四五”知识产权保护和运用规划》《黄南州强化知识产权保护实施方案》。

【知识产权创造】 2022年国家知识产权局确定新一批国家知识产权示范企业和优势企业，国网青海省电力公司黄化供电公司入选。进一步完善知识产权综合管理体系。深入实施创新驱动发展战略和知识产权战略，年内授权有效发明专利1件，全州累计授权有效发明专利11件，每万人发明专利拥有量达到0.39件。全州专利申请45件，其中发明申请专利1件；专利授权38件。截至年底，全州累计专利授权11件。

【知识产权执法管理】 全州开展知识产权执法活动14次，累计出动执法车辆21辆次、执法人员51人次，检查专利产品19项，整顿非法专利广告和标记不规范的专利产品2件，为专利权人挽回经济损失0.9万元。

【黄南州首家企业入选国家知识产权优势企业】 按照知识产权强州建设工作统一部署，结合地方工作实际，加强对优势企业的针对性指导、服务、监督和检查，指导企业结合自身发展定位，明确优势企业建设的目标任务，将知识产权工作融入企业经营发展全过程。12月，国家知识产权局确定新一批国家知识产权示范企业和优势企业。国网青海省电力公司黄化供电公司入选国家知识产权优势企业。成为黄南州首家入选企业，标志着黄南州国家知识产权优势企业实现“零的突破”。

信用体系建设

【概况】 推进信用监管守信激励失信惩戒机制，在项目审批、公务员招考、评优评先等事项中开展对信用主体的核查工作，对失信主体依法依规进行限制。信用中国（青海黄南）网站点击量超60万次。“一网站一平台”建成覆盖2万家法人、14万自然人的信用“基础数据库”，累计归集各类信用信息近50万条，累计公示“双公示”信息2.8万条。指导帮助96户企业入驻“青信融”平台，落实信用贷款0.7亿元。开展“信用+”政务服务审批工作，拓展信用运用领域。

【市场信用监管】 落实企业经营异常名录制度，对未进行2021年年报公示的38家企业依法作出列入经营异常名录决定并向社会公示。强化信用信息归集共享和应用，推进“双公示”制度，通过信用黄南平台及时公示企业设立、变更、注销等信息215条。推进本部门“双随机、一公开”监管工作，印发《2022年度黄南州市场监管系统“双随机、一公开”监管工作实施方案》《关于做好全州市场监管系统2022年‘双随机、一公开”抽查检查工作的通知》《2022年已年报企业登记事项及公示信息“双随机、一公开’监管抽查工作方案》，认领“双随机”抽查事项88项、成品油抽查事项16项。全州建立检查对象名录库54个（州本级14个、同仁市16个、尖扎县8个、泽库县5个、河南县11个），同比增加31个。动态调整执法人员，全系统具备行政执法资格的49名人员全部纳入执法检查人员名录库。全系统制定抽查计划21个，抽查任务31个（牵头发起的部门联合抽查4个），同比增长210%。涉及抽查事项136个，同比增加120个。推进市场监管领域联合“双随机、一公开”监管工作，印发《黄南州“双随机、一公开”跨部门联合监管工作联席会议办公室关于编制2022年度随机抽查计划的通知》《关于印发〈黄南州市场监管领域2022年度部门联合“双随机”抽查计划及州级部门（单位）随机抽查计划〉的通知》《关于认真做好2022

年市场监管领域“双随机、一公开”监管督查考核自查有关工作的通知》，组织各成员单位开展“双随机、一公开”监管工作。州本级各部门制定抽查计划35个（联合抽查计划2个），抽查任务49个，涉及抽查事项87项。各市（县）本年度制定抽查计划97个（联合抽查计划4个），抽查任务100个，涉及抽查事项197项。截至年底，全州企业、农民专业合作社、个体工商户年报率分别达95%、90.26%、78.28%，其中企业年报居全省各地（市、州）首位。

【金融征信工作】 践行“征信为民”理念，加大社会信用体系、农村信用体系和中小微企业信用体系建设力度，开展农村信用体系建设工作，稳步推进县、乡、村、户和新型农村经营主体信用创评，推广包村金融服务和信用共同体建设，累计创建信用县4个（其中中省级2个）、信用乡31个、信用村221个，评定信用户44873户、信用新型农业经营主体71个，信用户贷款余额达196543万元。完成信用修复649户，授信后发放贷款519户，金额2303万元，完成15家企业信用修复，信用修复后累计放贷2275万元。聚焦乡村振兴战略，激活惠农金融服务乡村振兴新动能，持续推动惠农服务点发展多元化。完善“点”“站”“中心”“驿站”多层级经营模式，截至11月末，设立惠农服务点576个，其中服务驿站1个、服务中心12个、服务站73个。

农　业

黄南年鉴

2023

综 述

【农业经济概况】 2022年，黄南州完成农林牧渔业总产值40.74亿元，同比增长4.61%。其中农业产值79462.38万元、牧业产值30.31亿元、渔业产值4181万元，农牧渔业占比分别为19.50%、74.40%、1.03%。按经济类型分，全州第一产业实现增加值32.17亿元，同比增长4.5%。经济作物播种面积达到926.67公顷，粮食总产量2.84万吨。

全州农村居民收入增速快于城镇居民人均可支配收入3.8个百分点，农村居民人均可支配收入12408元，增长6.2%，农村居民人均工资性收入、经营净收入、财产净收入、转移净收入分别增长7.9%、1.6%、23.6%和8.9%。实施农牧民居住条件改善工程4300户，新改建农村公路526千米。

【生态农业发展】 推进绿色有机农牧业发展，黄南州以竞争性答辩第一名的成绩被列为全省绿色有机农畜产品输出地先行示范州，同仁市、泽库县被列为全省绿色有机农畜产品输出地辐射带动县。召开黄南州创建全省绿色有机农畜产品输出地先行示范州推进会，州委书记朱战民、州长扎西才让、省农业农村厅副厅长马清德共同部署推进输出地建设，印发5年行动方案、2022年工作方案，编制完成绿色有机农畜产品输出地五年专项规划和输出地示范园区建设规划，同步编制一市三县输出地子规划，明确南牧北农、农牧耦合、产业互融、功能互补、协同发展的区域布局，推动形成占地面积93.33公顷的州级示范园区为核心，县级园区示范、辐射种养基地的产业格局。建设农作物良种繁育、示范、展示基地280公顷、优质春小麦生产基地1333.33公顷、优质青稞生产基地666.67公顷。挖掘“尕玛顿丹”“加佳哇娄”地方藏羊良种，雪多牦牛、欧拉羊、泽库羊列入国家畜禽遗传资源名录，培育种畜场5家，打造保种场1家。青海西北弘有机资源开发有限公司、泽库县叶堂高原有机产品开发有限公司等涉农企业均达到全产业链标准化生产，年产绿色优质农产品规模占比突破12%。开展生产操作规程“进企入户”行动，推动全州涉农企业、种（养）殖合作社按标生产。扶持9家涉农企业、合作社发展产地初加工和精深加工，研发推出黑青稞桃酥、晶黄果饮料等功能性高端产品176种。依托全省高原现代牦牛产业园创建泽库县全国牦牛全产业链典型县、河南县国家现代农业示范区，为创建优势产业集群和绿色发展先行区夯实基础。

2022年黄南州地标产品、绿色食品、有机产品一览表

表19

种类	产品名称	产地	产量（吨）	产值（万元）
地标产品	黄南黄芪	黄南州	1300	1300
	黄南秦艽	黄南州	15	210
	黄南唐古特大黄	黄南州	861	64.58
	黄果梨	同仁市	1000	500
	同仁青稞	同仁市	2164	987.32
	同仁豌豆	同仁市	342	187.64
	同仁蕨麻	同仁市	90	647.12
	同仁胡麻	同仁市	68	34.17
	泽库藏羊	泽库县	16879	133196.4
	泽库牦牛	泽库县	29746	236717.9
	泽库黄蘑菇	泽库县	5	34

续表19

种类	产品名称	产地	产量（吨）	产值（万元）
地标产品	泽库蕨麻	泽库县	27	374
	泽库黑青稞	泽库县	14792	27985
	尖扎山羊	尖扎县	240	1680
	尖扎花椒	尖扎县	18	288
	尖扎荞麦	尖扎县	65	39
	雪多牦牛	河南县	16426.57	105130
	欧拉羊	河南县	6000	43200
	河曲马	河南县	—	—
绿色食品	草莓	青海恒泽农业有限公司	45	135
	葡萄	青海恒泽农业有限公司	15	24
	辣椒	青海恒泽农业有限公司	80.5	64.4
	桃	青海恒泽农业有限公司	37.5	37.5
	羊肚菌	青海恒泽农业有限公司	25	
	昂拉蜂蜜	尖扎县昂拉卓玛花蜂产品专业合作社	20	
	寒富苹果	青海圣航农牧科技开发有限公司	255	25.5
	辣椒	青海圣航农牧科技开发有限公司	150	120
	娃娃菜	青海圣航农牧科技开发有限公司	520	208
	南瓜	青海圣航农牧科技开发有限公司	152	121.6
	番茄	青海圣航农牧科技开发有限公司	312	93.6
	芦笋	青海第三极农业有限公司	150	120
	舒脂牦牛酸奶（有糖型）	河南县阿米雪	40	330
	舒脂牦牛酸奶（无糖型）	河南县阿米雪	20	200
	精选牦牛尾	河南县三江牧场	9	142.4
	精选羊肋	河南县三江牧场	15	210
	精选牦牛里脊	河南县三江牧场	12	158.4
	精选蝴蝶排	河南县三江牧场	1.4	20.3
	精选牦牛肉卷	河南县三江牧场	14	106.4
	精选羊脖子	河南县三江牧场	0.9	16.65
	精选毛牛髌骨	河南县三江牧场	4.7	63.92
	精选羊肉卷	河南县三江牧场	4	32
	精选牦牛腱子	河南县三江牧场	12	158.4
	精选牦牛腩	河南县三江牧场	10	132
	精选牦牛肉	河南县三江牧场	75	990
	精选牦牛排	河南县三江牧场	96	1267.2

续表19

种类	产品名称	产地	产量（吨）	产值（万元）
绿色食品	精品牦牛肉	泽库县西北弘	33.7	202.2
	精品牦牛肉（后）	泽库县西北弘	33.7	202.2
	牦牛牛排	泽库县西北弘	75.9	478.17
	牦牛肉卷	泽库县西北弘	30.71	184.26
	牦牛肥牛	泽库县西北弘	30.71	184.26
	牦牛霖肉	泽库县西北弘	18.4	110.4
	牦牛里脊	泽库县西北弘	9.2	55.2
	牦牛西冷	泽库县西北弘	13.8	89.7
	牦牛黄瓜条	泽库县西北弘	18.4	110.4
	牦牛辣椒条	泽库县西北弘	13.9	83.4
	牦牛腱子	泽库县西北弘	13.8	82.8
	牦牛针扒	泽库县西北弘	23	138
	牦牛烩扒	泽库县西北弘	23	138
	牦牛尾扒	泽库县西北弘	23	138
	牦牛脖片	泽库县西北弘	13.8	82.8
	牦牛脊骨	泽库县西北弘	5.64	34.9
	牦牛牛尾	泽库县西北弘	1.38	75.9
	藏羊羊排	泽库县西北弘	15.01	102.06
	藏羊前腿包	泽库县西北弘	20	130
	藏羊后腿包	泽库县西北弘	25	162.5
	藏羊脖片	泽库县西北弘	3.01	18.06
	藏羊脊骨	泽库县西北弘	3.01	18.06
	藏羊肉卷	泽库县西北弘	10	68
有机产品	高原牦牛	河南县	12884.4	79883.2
	欧拉型藏羊	河南县	4035.42	29055
	有机雪多牦牛牛排	河南县三江牧场	7.27	91.6
	有机雪多牦牛牛肉	河南县三江牧场	5.65	56.5
	有机雪多牦牛胴体	河南县三江牧场	12.69	106.6
	有机雪多牦牛二分体	河南县三江牧场	6.46	51.7
	有机雪多牦牛四分体	河南县三江牧场	3.23	25.8
	牛乳	泽库县泽曲镇、恰科日乡、麦秀镇、多禾茂乡、西卜沙乡、和日镇、巴滩牧场、宁秀镇、王家乡	2845.08	3414.09

续表19

种类	产品名称	产地	产量（吨）	产值（万元）
有机产品	绵羊	泽库县泽曲镇、恰科日乡、麦秀镇、多禾茂乡、西卜沙乡、和日镇、巴滩牧场、宁秀镇、王家乡	1615	13566
	乳肉兼用牛	泽库县泽曲镇、恰科日乡、麦秀镇、多禾茂乡、西卜沙乡、和日镇、巴滩牧场、宁秀镇、王家乡	22848	173644.8
	青稞	泽库县王家乡、宁秀镇、和日镇、巴滩牧场	2594.58	518.91
	燕麦	泽库县王家乡、宁秀镇、和日镇、巴滩牧场	1790.4	427.3
	打捆燕麦草	泽库县王家乡、宁秀镇、和日镇、巴滩牧场	3760	466.16
	青贮燕麦草	泽库县王家乡、宁秀镇、和日镇、巴滩牧场	2811.8	384.93
	油菜籽	泽库县王家乡、宁秀镇、和日镇、巴滩牧场	2417.34	77.8
	粉碎油菜籽秸秆草	泽库县王家乡、宁秀镇、和日镇、巴滩牧场	4569.45	548.3
	打捆青稞草	泽库县王家乡、宁秀镇、和日镇、巴滩牧场	2257.16	332.1
	全株青贮玉米	泽库县宁秀镇、巴滩牧场	22500	4050
	精品牦牛肉	泽库县西北弘	1.55	15.5
	精品牦牛肉（后）	泽库县西北弘	1.55	18.6
	牦牛牛排	泽库县西北弘	3.5	49
	牦牛肉卷	泽库县西北弘	1.42	17.04
	牦牛肥牛	泽库县西北弘	1.42	14.2
	牦牛霖肉	泽库县西北弘	0.85	10.2
	牦牛里脊	泽库县西北弘	0.42	6.72
	牦牛西冷	泽库县西北弘	0.64	8.96
	牦牛黄瓜条	泽库县西北弘	0.85	11.9
	牦牛辣椒条	泽库县西北弘	0.64	7.68
	牦牛腱子	泽库县西北弘	0.64	8.96
	牦牛针扒	泽库县西北弘	1.06	10.6
	牦牛烩扒	泽库县西北弘	1.06	10.6
	牦牛尾扒	泽库县西北弘	1.06	10.6
	牦牛脖片	泽库县西北弘	0.64	5.12
	牦牛脊骨	泽库县西北弘	0.26	2.08
	牦牛牛尾	泽库县西北弘	0.06	0.48
	藏羊羊排	泽库县西北弘	0.77	12.32
	藏羊前腿包	泽库县西北弘	1.02	14.28

续表19

种类	产品名称	产地	产量（吨）	产值（万元）
有机产品	藏羊后腿包	泽库县西北弘	1.28	17.92
	藏羊脖片	泽库县西北弘	0.15	1.5
	藏羊脊骨	泽库县西北弘	0.15	1.2
	藏羊肉卷	泽库县西北弘	0.51	6.12
	牦牛	同仁市多哇镇	701.96	5334.9
	藏羊	同仁市多哇镇	467.45	3926.6
	牦牛	同仁市瓜什则乡	251.62	1912.3
	藏羊	同仁市	411.51	3456.7
	牦牛	尖扎县尖扎滩乡	79.8	606.5
	藏羊	尖扎县尖扎滩乡	23.6	198.2

【农牧业科技推广】 成立“科技特派员工作站”12个，聘请刘书杰等9名省级专家担任黄南州输出地建设首席专家，落实流水槽育苗培育及高寒地区荷兰豆高产栽培技术研究等多个科技推广补助项目。与天津市联合组织“战疫情、保供给”农技人员科技培训专场3期，提升农牧民生产技术。全州高素质农牧民培育工作于2月全部开班，累计培育高素质农牧民900人。实施州级兽医实验室能力提升工程，完成尖扎县、泽库县、河南县级兽医实验室省级达标验收，建成疫苗冷藏室2个。大学生领办村级合作社39个，参与村集体经济和乡村产业发展。联合天津合力打造绿色有机畜产品研究院、绿色农牧产业转型升级关键技术示范推广等项目平台，王跃忠、李莲、高文良等入选2022年农业农村科技攻关人才，马正炳、赵云等6名农技人员入选2021—2022年度农业农村科技攻关人才、技术推广人才等，2名京青专家到尖扎、泽库两县开展人才支援活动。

【休闲观光农牧业建设】 聚力打造国际生态旅游目的地，坚持以打造国家全域旅游示范区为主线，围绕3个省级全域旅游示范区、7个国家AAA级旅游景区，发展田园观光、农耕体验、文化休闲、农教融合、健康养生等业态，推出“芊桑别院”“云端热贡”“在那东山顶上”等农文旅融合基地。尖扎县来玉村依托“黄河民宿第一村”优势，发展民宿产业、旅游产业及农业采摘等，完善观光、餐饮、住宿、体验、康养、休闲等服务配套设施，实现农牧民群众就近就地就业，被成功认定为2022年中国美丽休闲乡村。截至年底，全州有观光园区1个，即圣航现代农业产业园，该产业园位于尖扎县坎布拉直岗拉卡村，始建于2018年，面积73.33公顷，2022年观光人数6.1万人，经济收入305万元。

【农产品质量】 开展农产品“治违禁、控药残、促提升”三年行动，全州食用农产品承诺达标电子合格证覆盖率65%以上，完成农产品质量安全定性检测1800批次、定量检测437批次，合格率98.5%以上。受疫情影响，州级检验检测机构“双认证”正处在省级审核阶段。国家绿色食品发展中心对同仁市、尖扎县、泽库县进行草场、牲畜等有机再认证，有机认证草场面积85.22万公顷、有机饲草基地5726.67公顷、有机牲畜73.89万头（只）、有机生牛乳0.28万吨。通过质量把控，全州地标农产品、有机产品、绿色食品分别占全省总量的24.35%、32.81%和8.53%，“山水黄南·绿色农牧”区域公用品牌参加“青农优品”系列评选活动，有效注册农畜产品品牌、商标1431个，河南县入选全国农业生产“三品一标”典型案例。

【特色农畜产品销售中心在同仁市开业】 3月11日，黄南藏族自治州、海西蒙古族藏族自治州合资项目——特色农畜产品销售中心在同仁市举行开业仪式，州乡村振兴局、州工商联、泽库县政府等相关部门负责人出席。该项目总投资1250万元。其中，海西州政府援建出资500万元，购置房产面积1256平方米（地下二层为冷藏车间及产品分包车间，地上二层为产品展示厅及办公场所），购置4辆冷链运输车。中心主要入驻酸奶、酥油、蕨麻、黑青稞、石刻文化、黄果梨汁等具有黄南特色的商品。该项目已投入运营，可为全州一市三县重点边缘户、监测户提供10~15个务工岗位，对80户以上的边缘户、监测户、脱贫户大学生给予资助。

农业产业化经营

【种植基地建设】 建成青稞、油菜、饲草、果蔬“四个万亩”示范种植基地，青稞种植3400公顷，油料作物种植4000公顷、饲草种植3800公顷、果蔬种植900公顷。在同仁市建成千亩荷兰豆示范田、百亩小米创建田、黑青稞百亩攻坚田各1个。

【养殖业转型升级】 高质量建设牦牛、藏羊、犏牛、生猪“四个万头”规模养殖基地，新建千只藏羊标准化规模养殖场2个、千头牦牛标准化规模养殖场3个、畜禽规模养殖场1个，在同仁市建设犏牛基地1个，尖扎县建设生猪养殖基地1个。

【设施农业发展】 实施完成旧棚改造项目100栋及2021年高标准农田653.33公顷的上图入库工作。在12个生态畜牧业专业合作社完成装配式牛羊棚舍及储奶罐推广应用，扶持3家（涉农企业）合作社壮大荷兰豆、草莓育苗、黑青稞种植规模，鼓励7家合作社进行农机装备提档升级。

【农业园区建设】 持续完善“园区+合作社+种养基地+农牧户”的产业发展和利益联结模式，打造“国字号”产业园2个、省级产业园3个，累计培育省级重点龙头企业4家，新培育州级产业化龙头企业6家，州级龙头企业总量21家，全州重点涉农企业全年实现产值21897.5万元。

2022年12月14日，同仁市饲草种植基地（州农牧局供图）

【农牧项目建设】 农牧项目总投资48090.72万元，实施7大项97个子项目。全州8家银行金融机构各项涉农贷款余额55.82亿元，政策性保险提供农牧产业风险保障37亿元，支付农业保险赔偿金7130万元，受益农牧户5.82万户次。

【农牧业专业合作经济组织建设】

坚持“民办、民管、民受益”原则，围绕绿色发展，立足生态优先，坚持创新发展理念与草原牧区实际有机结合，鼓励和支持农牧民创办合作经济组织，持续提高农牧业产业化、组织化程度，促进农牧民增收，全州农牧民合作社在农牧部门备案842家，涉及农、林、牧、渔、服务业等各个产业，农牧民合作社成员总数11.06万人，带动非成员农牧户1.97万户，其中专业合作社709家，年经营收入0.36亿元；生态畜牧业专业合作社133家，年经营收入1.26亿元。依据《青海省农牧民专业合作社省级示范社评定及监测办法的通知》精神和州农牧局《关于提前做好2022年度农牧民专业合作社州级示范社评定通知》要求，从市（县）级示范社中推荐评定33家州级示范社。全州村集体经济5万~10万元的村83个，占行政村总数的31.68%；10万~20万元的村78个，占行政村总数的29.77%；20万~50万元的村67个，占行政村总数的25.77%；50万~100万元的村25个，占行政村总数的9.54%；100万元以上的村9个，占行政村总数的3.24%。

2022年黄南州农牧业龙头企业一览表

表20

企业名称	级别	主导产品	产量		产值		利税	
			（吨）	同比增长（%）	（万元）	同比增长（%）	（万元）	同比增长（%）
青海省尖扎县李家峡黄河渔业开发有限责任公司	省级	三文鱼	850	—	4181	—	0	—
青海圣航农牧科技开发有限公司	省级	水果（无花果）花卉、中草药、蔬菜（辣椒）	8.55	42.5	3756	94.7	0	—
青海启龙商贸有限公司	省级	乳制品	651	4.61	3010	20.16	0	—
青海西北弘有机资源开发有限公司	省级	牦牛肉	1540	75	9412	31	651	4.5
泽库县叶堂高原有机产品开发有限公司	省级	藏羊肉	200	20	1480	—	118.4	2
黄南州牧源生态资源开发有限公司	州级	牛羊肉	90	9.3	58.5	4.1	20.31	0.93

种植业

【概况】 2022年，黄南州粮食播种面积8168.33公顷，粮食总产量28419吨，单产231.94千克/亩。其中，小麦播种面积3467.13公顷，产量14644吨；玉米播种面积126.8公顷，产量1013吨；青稞播种面积3415.73公顷，产量8144吨。油料作物播种面积4134.53公顷，同比增长6.7%。

2022年黄南州粮食作物播种面积和产量统计表

表21

地区	品种	面积（公顷）	产量（吨）	单产（千克/公顷）
黄南州	粮食合计	122525	1894.6	15.46
	其中：小麦	52007	976.26	18.77
	玉米	1902	67.53	35.51
	青稞	51236	542.93	10.60
	杂粮	1699	14.33	8.44
	豆类	4881	60.2	12.33
	薯类（折粮）	10800	233.33	21.60

续表21

地区	品种	面积（公顷）	产量（吨）	单产（千克/公顷）
同仁市	粮食合计	57105	926	16.22
	其中：小麦	26525	487.13	18.37
	玉米	264	7.47	28.28
	青稞	19038	239.13	12.56
	杂粮	1631	13.2	8.09
	豆类	2099	27.27	11.84
	薯类（折粮）	6865	146.13	21.29
尖扎县	粮食合计	42196	791.2	18.75
	其中：小麦	25482	489.13	19.20
	玉米	1638	60.07	36.67
	青稞	8974	126.4	14.09
	杂粮	68	1.13	16.67
	豆类	2099	27.27	12.99
	薯类（折粮）	3935	87.2	22.16
泽库县	粮食合计	23224	177.4	7.64
	其中：青稞	23224	177.4	7.64

【粮食生产】 实施“藏粮于地、藏粮于技”战略，坚持“以水定地、以水定产”，推进绿色优质高效基地建设，优化小麦、马铃薯等种植结构。推进高标准农田建设，提升4000公顷粮食生产功能区耕地质量，提高农业装备水平，稳步提高粮食综合产能和质量。全州粮食作物种植总面积8166.67公顷，同比增加234.53公顷，增长2.96%。其中，小麦3466.67公顷（以“阿勃”品种为主），同比减少27.87公顷，下降0.8%；玉米126.8公顷，同比增加35.25公顷，增长38.5%；青稞3414.33公顷，同比增加81.07公顷，增长2.43%；燕麦113.21公顷；豌豆325.4公顷，同比增加48.9公顷，增长17.7%；马铃薯720公顷，同比减少10.2公顷，下降1.39%。粮食作物总产量2.84万吨，同比减少545吨，下降1.88%。其中，小麦1.46万吨，同比减少1041吨，下降5.55%；玉米1013吨；青稞8144吨，同比减少1233吨，下降13.1%；燕麦产量215吨，同比增加193吨，增长30倍；豌豆产量903吨，同比增加181吨，增长25.06%；马铃薯产量3500吨，同比增加580吨，增长19.8%。

【油料作物生产】 利用浅脑山耕地扩大油菜种植规模，发展安全、绿色、健康、多元的油菜产业，打造以点串线的油菜花海赏花路线，发展“油菜花”观光休闲农业，让农牧民卖油、卖花、卖风景，实现农牧业持续增效，油菜种植品种青杂7号、9号、11

2022年9月14日，同仁市保安镇村民辣椒收获装箱销售（同仁市供图）

号，油料作物播种面积4134.53公顷，同比增长6.7%。

【果蔬生产】　配套完善设施蔬菜物质装备条件，打造环境、管理、品质、效益“四好”设施农业园区。露地蔬菜开展品种优、技术优、管理优、品质优、价格优“五优”基地建设。发展蔬菜分级包装、保鲜储藏，完善冷链物流体系，紧盯市场抓种植，提高蔬菜自给率和输出率，全州蔬菜面积616.53公顷，同比下降8.5%，蔬菜产量1.41万吨，其中叶菜类（芹菜、油菜、菠菜）0.29万吨、白菜类0.14万吨、甘蓝类（卷心菜、结秋甘蓝）0.06万吨、根茎类（白萝卜、胡萝卜）0.27万吨、瓜菜类（黄瓜、南瓜）0.08万吨、茄果类（茄子、辣椒、西红柿）0.3万吨、葱蒜类0.25万吨、其他蔬菜0.02万吨，产值0.12亿元。种植晶黄果880公顷，因2021年倒春寒影响，产量不高，未作统计。

【耕地安全】　按照“保耕地、稳粮食、重油菜、强青稞、抓蔬菜”总体目标，落实耕地保护措施，严守21593.33公顷耕地保有量，划实补足18453.33公顷永久基本农田红线。整治完成“非农化”图斑103个，面积27.87公顷，“非粮化”2053.33公顷（完成摸排任务总量3606.67公顷的56.93%），撂荒耕地复垦复种893.33公顷（比省厅台账内指标572.67公顷高出380.67公顷）。

【外来物种入侵调查】　完成农田生态系统外来入侵物种的种类数量、分布范围、发生面积、危害程度、传播扩散特点等基本情况调查，开展数据采集、填报、审核和质量核查等质量控制工作，通过实地踏查14条踏查路线、25个踏查点，踏查点包含耕地、果园、沟渠、河道、村落、车站、公园、公路等典型生境，发现外来入侵植物25种、外来入侵植物病害2种、疑似外来入侵植物1种。

【农业种质资源普查】　收集农作物种质资源117份，普查发现野生草莓、野生杏、野生沙棘等分别纳入国家果树种质资源圃和果树种质资源圃。牲畜资源普查录入6个畜种、12个品种、群体数量147.75万头（只），摸清畜禽遗传资源状况，完成新发现畜禽遗传资源鉴定申报工作，并将相关数据录入全国畜禽遗传资源数据库；完成畜禽品种鉴定等。水产种质资源普查完成水产养殖虹鳟鱼的鉴定及标本采集制作等，委托青海大学农牧学院孙海群教授起草编写《黄南州农业种质资源普查名录》和工作报告。

【农业重点项目】　根据州本级种子工程项目方案，结合“两减”行动、肥效试验，在同仁市完成253.33公顷的小麦良种扩繁任务，通过试验加吾乡吉仓村平均亩产达350千克，保安镇下庄村亩产达375千克，隆务镇吾屯村亩产达到350千克。落实农机购置补贴资金466.54万元、耕地地力补贴1760万元、粮食补贴206万元。

林草产业

【概况】　2022年，黄南州按照森林、草原和湿地生态管护工作有关规定，进一步加强对全州林草生态管护员的管理，及时更新上报生态管护员动态变化情况，确定林草生态管护员10286人，同比增加53人，落实管护工资2.22亿元。坚持“让人多的地方树多，生产生活的地方先绿”原则，争取实施1个省级森林城镇、3个省级森林乡村建设，依据项目城镇和乡村地形地貌实际和乡村需求，加大护村林、景观林建设，建成省级森林城镇1个、省级森林乡村3个。动员农牧区群众参与林草项目建设，全年营造林项目共调运本地合作社苗木428.8万株，为当地群众增收3802.71万元；动员农牧区群众4254人，支付劳动报酬3764万元，人均增收8848元。争取落实投资493万元的河南县湿地生态效益补偿项目，为河南县赛尔龙乡赛尔龙村、尕克村及柯生乡柯生村233户牧民落实湿地生态效益补偿款250万元。

【林草重点工程】　全年实施林草项目97个，投资达9.67亿元。

需完成投资5.99亿元，实际完成投资5.2亿元。重点实施天然林保护、国家重点公益林、重点区域三江源生态保护和修复、中央财政支持国土绿化试点示范项目及林业改革发展资金、林业草原生态保护恢复等建设项目。

黄南州2021年重点区域三江源生态保护和修复项目　该项目为2021年下达，项目总投资2.59亿元。完成项目建设任务的100%。完成投资2.59亿元。

黄南州2022年重点区域阿尼玛卿山脉水源涵养与草原生态保护修复项目　该项目为2022年下达，总投资6250万元，涉及河南、泽库两县。实施期限为2022年至2023年。年度完成作业设计编制和审查及批复工作。

青海省黄南藏族自治州黄河流域尖扎—同仁段生态修复综合治理2022年中央财政支持国土绿化试点示范项目　该项目通过全国竞争性答辩，争取投资3亿元（中央林业改革发展资金2亿元、青海省财政资金配套0.5亿元，州县财政配套资金0.5亿元）。建设内容包括人工乔木造林1228公顷、灌木林地造林2469公顷、退化林修复47272公顷、封山育林959公顷、人工种草383公顷、封山育草19265公顷，配套给水管网2589公顷。实施期限为2022年至2023年，完成方案编制和审查及批复工作。完成项目区实施前碳汇本底调查工作。

【林草项目库建设】　结合中央预算内、中央林业改革发展资金、省财政资金等投资渠道，以国家申报要求和全州林草建设发展具体情况和需求相结合、与州区域特点相结合，全年申报林草项目75个，投资达10.3亿元。其中，草原生态保护和修复项目7个，投资2.12亿元；国土绿化项目14个，投资0.68亿元；国家公园示范省建设项目3个，投资0.19亿元；“三防”体系建设项目7个，投资1.59亿元；科教宣传项目5个，投资0.72亿元；林木种苗（草种）项目10个，投资0.61亿元；野生动物和生物多样性保护项目12个，投资0.97亿元；林业和草原有害生物防控项目9个，投资2.19亿元；林业和草原基础设施建设项目6个，投资1.13亿元；湿地保护项目2个，投资0.1亿元。

【林木种苗培育】　全州有良种基地1处，即麦秀林场紫果云杉良种基地母树林，主要树种为紫果云杉，总面积266.67公顷，良种示范林面积200公顷，可采种面积200公顷。全州有合作社及苗圃54处（其中国有苗圃10处、合作社及个体苗圃44处），育苗面积473公顷。

畜牧业

【概况】　2022年，黄南州按照“提升牛业、优化羊业、稳定猪业、做强种业”的发展思路，提高畜禽养殖劳动生产率、科技进步贡献率和资源利用率，年底各类牲畜存栏168.82万头（只）。其中，牛存栏83.4万头，同比增长0.46%；羊存栏85.42万只，同比下降1.19%。出栏各类牲畜78.44万头（只）。其中，牛出栏29.83万头，同比增长10.2%；羊出栏48.61万只，同比下降0.2%。全州肉类总产3.87万吨，同比增长10.23%。其中，牛肉产量28533吨，同比增长13.3%；羊肉产量10159吨，同比增长5.03%。牛奶产量30976吨，同比减少9363吨，下降23.21%。

2022年黄南州牲畜存栏及主要畜产品产量统计表

表22

地区	名称	期末存栏（头、只）	全年出栏（头、只）	畜产品产量（千克）
黄南州	猪	2556	3665	273117
	牛	833997	298337	28533511

续表22

地区	名称	期末存栏（头、只）	全年出栏（头、只）	畜产品产量（千克）
黄南州	羊	854187	486088	10158495
	禽	130370	49142	67498
同仁市	猪	1043	1508	104935
	牛	92400	36846	3556818
	羊	337249	169430	3322508
尖扎县	猪	1513	2157	168182
	牛	56202	13502	1570104
	羊	116693	60735	1291978
	禽	56570	49142	67498
泽库县	牛	372250	127636	12159882
	羊	157979	111460	2366590
河南县	牛	313145	120353	11246707
	羊	242266	144463	3177419

【畜牧品种改良】 年内下达黄南州畜牧良种补贴项目种畜推广任务4130头（只）。健全完善项目方案、种畜供需计划、种畜调拨、种畜发放、种畜使用、种畜系谱档案等相关档案资料，完成牦牛、藏羊种畜推广4130头（只），其中种公牛1830头、种公羊2300只。

2022年6月20日，河南县群众为饲养牛打耳标（河南县供图）

【动物防疫】 全州牲畜250.17万头（只、羽）（防疫数），调入各类疫苗22211.1万毫升（头份、只份、羽份）。口蹄疫免疫479.02万头（只）次，应免率100%，其中牛免疫242.47万头次，羊免疫235.72万只次，猪免疫0.83万头；高致病性禽流感免疫14.2万羽，新城疫免疫13.98万羽，猪瘟免疫0.53万头，猪蓝耳免疫0.5万头，小反刍兽疫免疫64.77万只，布病免疫84.1438万头（只），羊包虫病免疫38.84万只，炭疽免疫87.2万头，牛出败145.86万头次，羊四联58.41万只，羊痘62.18万只，羊三联5.99万只。

【动物检疫】 开展产地检疫和屠宰检疫工作，全州产地检疫数为100729头（只、羽），其中牛46453头、羊39838只、猪438头、鸡14000只；屠宰检疫数30060头（只），其中牛14284头、羊15776只。全州病死动物集中无害化处理点6处，无害化处理牲畜2073头（只），其中牛1194头、羊879只。

【人畜共患病防治】 制定《黄南州畜间布鲁氏菌病防治攻坚方案（2022—2025年）》《黄南州

2022年畜间包虫病防治工作方案》，抓好包虫病、布病等重点人畜共患病源头防控，实施犬只驱虫、羔羊免疫、健康教育和无害化处理“四位一体”包虫病防治策略，全州调查犬只12938只，其中家养犬12075只、流浪犬863只，累计家养犬驱虫124506条次，设立野外犬科动物投药点120处，驱虫16次，驱虫投药3267份，调查牛羊棘球蚴病32头（只），检出阳性7头（只），患包虫病脏器无害化处理1.5千克。检测布病感染抗体牛羊血清3430份、牛血清172份、羊血清3230份，全部为阴性。

【无疫区建设】 按照《青海省无规定动物疫病区建设方案》《2022年无规定动物疫病区建设免疫监测工作》要求，完成春季无疫区免疫检测工作，春防完成牲畜口蹄疫免疫479.62万头（只）次，应免率达100%，小反刍兽疫免疫64.77万只，应免率达100%。

【饲草生产与管理】 全州种植青贮玉米、燕麦3413.33公顷，泽库县、河南县圈窝子种草1026.67公顷。在巩固扩大“粮改饲”工程基础上，推进农区饲草种植，主推作物为青贮玉米、苜蓿、燕麦等，种植面积青贮玉米200公顷、苜蓿766.67公顷、燕麦1646.67公顷，全州无大型饲料生产企业。

2022年黄南州饲草种植及青贮情况统计表

表23

地区	种类	面积（公顷）	产量（万吨）	销售额（万元）
同仁市	青贮玉米	66.67	0.78	合计178.93
	苜蓿	100	0.55	
	燕麦	1000	2.87	
尖扎县	青贮玉米	133.33	1.74	
	苜蓿	666.67	1.89	
泽库县	燕麦	1646.67	5.12	
河南县	圈窝子种草	1026.67	2.45	

【生态畜牧业发展】 建成牦牛藏羊原产地可追溯养殖管理系统平台4个、80个合作采集点，佩戴电子耳标牲畜85.91万头（只），占2021年末存栏牲畜的50.83%，出栏佩戴电子耳标牲畜67.99万头（只），改造提升农牧业生态畜牧业专业合作社9家。泽库县结合自身优势稳步推进草原畜牧业转型升级，成功入选全国草原畜牧业转型试点。在同仁市试点开展牦牛高效繁育培育技术，在泽库县普及牦牛特色养殖提质增效关键技术集成与示范技术，全州37个合作社推广“三增三适”和藏羊高效养殖技术，提升母牛受胎率和畜牧业生产效率。

2022年黄南州省级生态畜牧业专业合作社基本情况统计表

表24

合作社名称	股份制改造情况			主要产品	销售额（万元）
	人员入社率（%）	牲畜入社率（%）	草场整合率（%）		
多哇镇东维生态畜牧业合作社	100	100	100	牛、羊、酸奶、酥油、曲拉等畜产品	1015.24
曲库乎乡江龙牧业生态畜牧业合作社	100	100	100	牛、羊、酸奶、酥油、曲拉等畜产品	745.63

续表24

合作社名称	股份制改造情况			主要产品	销售额（万元）
	人员入社率（%）	牲畜入社率（%）	草场整合率（%）		
尖扎县五星村生态畜牧业合作社	91	86	86	酸奶、牛奶、酥油、干肉、羊毛、牛绒等	134.54
宁秀乡秀恰村生态畜牧业合作社	100	100	100	牛奶、畜产品销售	37.84
和日镇环科日村生态畜牧业合作社	65	94	93	畜产品、养殖业、饲料加工销售、油菜种植销售	341.26
泽曲镇热旭日村生态畜牧业合作社	69	78	80	畜种改良、畜产品销售	74.63
泽曲镇东科日村生态畜牧业合作社	62	74	81	畜种改良、畜产品销售	125.63
多松生态畜牧业专业合作社	40	30	60	牛、羊、酸奶、酥油、曲拉等畜产品	745.62
阿木乎生态畜牧业专业合作社	60	40	100	牛、羊、酸奶、酥油、曲拉牛羊皮加工等畜产品	814.32
德日隆生态畜牧业合作社	50	40	100	牛、羊、酸奶、酥油、曲拉牛羊皮加工等畜产品	784.14

【泽库县草原畜牧业转型试点】 4月，经国家草原畜牧业转型升级试点项目线上答辩，泽库县成功入选全国草原畜牧业转型升级试点县，将连续4年获得4000万元的中央资金补助。泽库县以试点县创建为契机，4年内计划完成投资2.9亿元，重点实施畜牧草产业发展、规模养殖基地建设、防灾减灾饲草贮运体系建设、农畜产品产业链延伸及畜牧科技提升等5个大类16项工程，着力将泽库县打造成全省乃至全国草原畜牧业转型升级试点典型样板。

【泽库县有机畜牧业产业园区入选农耕文化实践营地】 3月，农业农村部办公厅、共青团中央办公厅、全国少工委办公室公布第一批60个农耕文化实践营地，泽库县有机畜牧业产业园区成功入选。泽库县有机畜牧业产业园区占地面积66.7公顷，是集研发加工、物流配送、综合服务于一体的国家现代农业产业园，涵盖有机农畜产品开发、科技产业、旅游产业等多个领域。依托牦牛藏羊养殖，通过“政府引领+园区为核心+合作社为载体+企业为突破口+带动牧户+体验文化”的运营模式，增加教育培训、文化展览、农耕体验等内容，设有展览馆、教学区、实验室、制作工坊等，基础设施完善。到2022年，园区开发出多门农耕文化实践课程，培训400人次。

渔　业

【概况】 2022年，黄南州水产养殖主要在尖扎县。尖扎县水产养殖面积10.12公顷（网箱4.86公顷、池塘5.26公顷），全年水产产值4181万元。

【淡水养殖】 通过项目拉动、政策扶持、典型引导等方式，建成沿黄李家峡、直岗拉卡、康杨、公伯峡四水库水产养殖带和陆基循环水养殖基地1个，初步形成网箱养殖、流水槽养殖、陆基工厂养殖等发展模式，培育水产养殖场7个（农业农村部认定水产养殖健康示范场6个），品种以池沼公鱼、高白鲑、河蟹等为主，规格养殖网箱274个（5.13万平方米）。

【渔业资源保护】 持续开展土著鱼类增殖放流活动，促进水生生物种群恢复，累计在泽曲河、洮河流域放流体长8厘米以上的花斑裸鲤30万尾。累计投入2510万元，建成集装箱循环水养殖场2个，拉动190名群众就近就地就业、持续增收。丹霞陆基养鱼基地完成基础设施建设项目。计划总投资3600万元，拟建设尖扎县大西洋鲑循环水养殖建设项目，由联合水产公司负责建设，建成后每年可增加虹鳟鱼500吨，实现产值2500万元，推动冷水鱼养殖产业提质增效。

【水产品品牌及生产加工】 “李家峡”“黄河魂”“天下黄河尖扎秀”等5个涉渔商标是青海众多“青字号”绿色农产品品牌的有机组成部分，产品美誉度高、备受消费者青睐。通过打造“政府+龙头企业+平台+农户”合作模式，深度撬动冷水鱼生产加工销售产业带，融合自媒体短视频、直播带货等模式，联合水产、阳光渔业依托昂拉乡拉毛村建设高原虹鳟鱼产业强镇，打造以虹鳟鱼为主题的集养殖、加工、科教、休闲、旅游于一体的产业综合体。

【渔政执法监管】 采取日常巡护与科普宣传相结合的方式，利用新闻媒体、发放宣传单、发送短信提醒等有效措施，开展各类宣传活动85次，发放宣传资料2000余份，张贴通告400余份，执法人员排查走访河湖沿岸农牧民1684人次，增强农牧民群众法治意识、环保意识。聚焦“防、联、守、清、宣”五大措施，严厉打击非法捕捞、拉运贩卖、违规垂钓野生鱼类等违法违规行为，开展各类执法行动26次，联合执法15次，出动执法车辆10辆次，出动执法人员41人次，驱离垂钓人员220余人次，销毁违规渔具32张。

农业机械化

【概况】 2022年，黄南州有农业机械保有量6654台，其中检验上路拖拉机4624台，占应检数的98%，年审驾驶员3907人，占应审数的97%，检验联合收割机78台。检查拖拉机1209台次，纠正违章120人次，检查农机修理点79户，签订农机安全生产责任状（书）3708份。全年完成机耕面积12733.33公顷，机播面积6226.67公顷，机收面积8880公顷，机械植保12733.33公顷，机械铺膜2333.33公顷，机电灌溉1200公顷，化肥机械深施3333.33公顷。

【农机安全】 印发《黄南州农机安全生产督查整治工作方案》《农机安全生产事故应急预案》、“春播”“三夏”“秋收”农机安全生产工作方案和加强秋收秋耕秋种期间农机安全生产工作的紧急通知，出动执法车辆115辆次、执法人员132人次，严厉查处无牌、逾期未检验、无证驾驶等违法行为，累计排查农机安全生产隐患7个，整改率100%。检查农机合作社3家、拖拉机及联合收割机122台（含跨区域联合收割机18台）。通过以查促改，全州农业机械上户率、考证率、年检率分别达到98%、85%和100%。通过广播、电视、微信宣传省农业农村厅制作的《金秋时节丰收忙、农机安全别放松》短视频，覆盖52451人。

【农机培训】 持续加强驾驶员培训和考核工作，全州举办驾驶员培训班6期，参训人员300名。在中秋节期间，专门组织开展农机安全知识集中宣传25场次、覆盖25976人。

2022年12月20日，同仁市农业机耕作业现场（州农牧局供图）

泽库现代农业产业园

【概况】 泽库国家现代农业产业园于2015年开始建设，2016年1月认定为省级农业科技园区，2019年4月认定为省级现代农业产业园，2019年6月列入国家现代农业产业园创建名单，2020年12月由农业农村部、财政部认定青海省泽库县现代（牦牛）农业产业园为国家级现代农业产业园，是全国第一个以牦牛产业为主导产业的国家现代农业产业园区。园区总面积2188.6平方千米，覆盖泽曲镇、和日镇、宁秀镇、西卜沙乡、多禾茂乡3个镇2个乡28个村及巴滩牧场（下设3个村），涉及8377户35860人，其中贫困户2269户8653人。产业园立足牦牛和藏羊两大主导产业，按照“一核两翼，一轴一区”的空间发展格局，有18个重点项目，重点建设“一委、两园、六大功能区、29个基地”，“泽库牦牛”“泽库藏羊”为园区品牌。

【招商引资】 结合“创新、协调、绿色、开发、共享”新发展理念，按照全县产业发展规划，围绕“生态立县、有机富民强县”战略目标，以全州“三区建设”和打造国家级现代农业产业园为契机，加快产业结构调整，推进产业升级，转变经济增长方式，多渠道、多方位开展招商引资工作。引进大中企业9家，其中加工型企业6家、农产品检验检测和电商服务企业各1家、牦牛高效养殖企业1家；小微企业16家，入驻企业25家，投产16家；畜牧业专业合作社29家。基本形成围绕“藏羊、牦牛”主导产业，集屠宰、分割、肉类加工、奶类加工、有机肥加工、牛粪加工等于一体的完整加工产业链格局。全年引进合作社2家、小微企业1家。与京东、三江雪、青海昊农、青海一力、青海旭美等大中企业对接，引进青海青藏华峰中蜂蜂业有限公司入驻产业园区，成立泽库牧区蜂业有限公司。

【重点项目】 完成“十四五”牦牛产业发展规划和县城园区污水处理厂等7个重点项目可研编制，牦牛乳制品加工园（雅稞）等4个项目水土保持方案编制。推进融资担保平台建设，完成“青海泽旺融资担保有限公司”前期工作，设立资料报送省金融办，等待审查批复。盘活园区闲置资源，对2家长期不生产的企业进行清退，腾退厂房设备，为引进三江雪提前做足准备；与甘肃省产品质量监督检验研究院对接，做好现场调研等工作。如期完成泽库县冷链物流集散中心、牦牛乳制品加工园、检验检测中心、智能化平台建设等6项重点工程，围绕园区功能提升和发展所需，集冷链物流、活畜交易屠宰、肉类加工、奶类加工等为一体的物流和加工产业链格局显露雏形；覆盖园区企业和合作社的大数据、可追溯、网络化、严标准、全过程监管的智能化体系初具雏形。冷链集散中心建成后，保鲜库容619.5吨、海鲜库容112.5吨、冷藏库容1350吨、乳制品冷藏库容150吨，可同时入驻企业或商户36家。

【特色产品】 泽库蜂蜜 原料为生长在泽库县海拔3650～4000米境内61.87万公顷有机畜牧业基地当年生及多年生草本蜜源植物和药材蜜源植物。泽库蜂蜜含有奶倍半萜、三萜、甾体、黄酮、香豆素、有机酸、多糖类等活性等成分。芳香四溢，甜润可口，回味清香。

叶堂精选牛排 原料产自青藏高原没有污染的生态牛群，对老人、儿童、身体虚弱及病后恢复的人均有补益效果等，属珍稀产品。

牦牛肉干 产品以青藏高原半野生自然放养的雪域牦牛鲜肉为原料，其肉味嫩香可口，风味独特，具有高蛋白低脂肪，多种氨基酸和微量元素，比例适宜，易于消化吸收，是居家旅游、休闲或馈赠亲友的高原珍品。

“雅稞”牦牛奶冰激凌 利用泽库牦牛奶、蕨麻、黑青稞等资源优势，成功研发全球首款牦牛奶冰激凌，有原味、酸奶、黑青稞、蕨麻、草莓5种口味。

工业　建筑业

综　述

【概况】 2022年，黄南州第二产业完成增加值27.52亿元（现价），同比增长5.7%，增速全省排名第四位；全州规模以上工业企业完成现价增加值13.02亿元，按可比价计算，同比下降16.01%；规模以下工业企业现价增加值同比下降8.7%。按性质划分，国有及国有控股企业完成增加值1.32亿元，同比增长14.9%；股份制企业完成增加值9.26亿元，同比下降20%；外商及港澳台企业完成增加值2.29亿元，同比下降12.4%。按行业分，轻工业完成现价规模以上工业总产值3.03亿元，同比下降57.46%；重工业完成现价规模以上工业总产值25.04亿元，同比下降4.24%；按地区划分，同仁市完成规模以上工业增加值0.32亿元，同比下降10.08%；尖扎县完成规模以上工业增加值11.91亿元，同比下降14.14%；泽库县完成规模以上工业增加值0.21亿元，同比增长6.99%；河南县完成规模以上工业增加值0.57亿元，同比下降46.06%。工业品产销率为96.42%，同比增长7.85个百分点。在主要产品产量中，完成发电量76.71亿千瓦时，同比下降15.4%；鲜、冷藏肉1517.8吨，同比下降19.8%；饮料47894吨，同比增长35.60%；乳制品1496.3吨，同比增长3.20%；熟肉制品152.4吨，同比增长335.45%；商品混凝土120365.20立方米，同比下降28.53%。截至年底，全州拥有各类工业企业485家。按照中小微企业标准划分，中型企业1家、小型企业122家、微型企业362家。其中规模以上工业企业22家（新增3家，分别为泽库县瑞泽有机生态农牧科技有限公司、青海晟大生态农牧科技有限责任公司、黄南富源水电有限责任公司）；按照属地分，同仁市4家、尖扎县8家、泽库县4家、河南县6家。

2022年黄南州规模以上企业主要经济指标一览表

表25

序号	企业名称	地址	主要产品	工业产值（万元）	同比增长（%）
1	盛方能源有限公司	同仁市	热力生产	2967.0	-5.85
2	黄南州水电开发有限责任公司	同仁市	电力生产	2172.5	-6.84
3	青海高原之宝牦牛乳业有限公司	同仁市	乳制品	2416.8	4.19
4	李家峡电厂	尖扎县	电力生产	118099.8	-14.88
5	黄化供电公司	尖扎县	电力供应	74009.6	20.40
6	青海大唐国际直岗拉卡水电开发有限公司	尖扎县	电力生产	14366.198	-8.28
7	青海水利水电集团有限公司尖扎光伏电站	尖扎县	电力生产	939.20	23.04
8	青海诚扬水电有限公司	尖扎县	电力生产	19262.289	-8.97
9	青海华拓新能源有限公司尖扎县光伏电站	尖扎县	电力生产	610.342	22.14
10	尖扎县保下藏成山沙石厂	尖扎县	建材产品	6964.893	-9.62
11	泽库县西北弘有机资源开发有限公司	泽库县	鲜、冻牛羊肉	4508.30	6.70
12	泽库县叶堂高原有机产品开发有限公司	泽库县	肉类及乳制品	2409.374	-1.78
13	泽库县润昊市政公用及交通道路工程建设有限公司	泽库县	建材产品	5066.09	21.35
14	河南县富强电力实业有限责任公司	河南县	电力生产	2397.70	27.48
15	河南县三江牧场有限公司	河南县	鲜、冻牛羊肉	5534.93	-9.41

续表25

序号	企业名称	地址	主要产品	工业产值（万元）	同比增长（%）
16	青海聚能瀞度饮料股份有限公司	河南县	生态水	12723.30	-76.24
17	河南县光伏电站	河南县	电力生产	678.9	-10.12
18	黄南州天顺建设工程有限公司	河南县	建材产品	2831.2	-10.28
19	河南县启龙牧场	河南县	乳制品	2746.9	2.5
20	泽库县瑞泽有机生态农牧科技有限公司	泽库县	有机肥	2346.7	—
21	青海晟大生态农牧科技有限责任公司	同仁市	有机肥	2959.3	—
22	黄南富源水电有限责任公司	尖扎县	电力生产	2071.7	—

【重点工业投资】 进一步深化供给侧结构性改革，加大投资政策落实力度，把投资和发展作为产业结构调整和带动全州经济增长的重点工作来抓。持续深化“放管服”改革，完善服务措施，强化生产要素配置，鼓励工业投资项目尽快落地见效。全州地方重点工业在建项目10个，完成投资15.26亿元，同比增长4.09%。其中，续建项目5个，新开工项目5个；累计完工项目1个。在建工业项目中，亿元以上项目3个，亿元以上项目完成投资14.66亿元，同比增长36.56%；2022年全州工业投资同比增长13%，其中一般性工业投资下降75.7%。

【工业园区建设】 培育支持一市三县工业园区发展，按照“优化布局、合理配置、功能齐备、错位发展、综合服务”的思路，以资源综合开发为依托，产业发展为支撑，园区集聚为基础、功能效用为目标，做精做细做强优势产业和特色产品，坚持推进“一县一园”配套建设，发挥资源、产业和区位优势，不断完善产业园区功能设施，进一步整合物流仓储及电子商务，加大产业上下游对接和延伸，争取各类项目资金扶持和入驻园区。建成尖扎县三江源生态产业集中区、泽库县现代农业产业园区、河南县有机畜牧业产业示范园区，在原同仁市绿色轻工业园区基础上，升级打造建设黄南州有机农畜产品输出地产业示范园区。全州4个园区依托资源优势，按照特色突出、优势互补、相互促进、布局合理、功能完善、统筹推进、错位发展的思路，边建设、边投运。截至年底，4个工业园区入驻企业61家。

【中小企业发展】 为鼓励支持中小微企业发展，更多搭建企业发展平台，坚持“一企一策”，到企业详细调研企业生产运行困难和问题，把肉食品、乳制品、水产业中产品有市场、发展有潜力的企业作为重点，按月按季抓好生产运营计划落实，促进企业正常运营。围绕李家峡、瀞度、西北弘等规模以上重点企业生产下滑局面，加大运行调度，破解发展难题，出台《黄南州稳住经济一揽子政策措施》，安排专项资金助力企业发展。针对黄河来水不足、发电量下降的严峻形势，及时调整发展思路，把工作重点放在“个转企、小升规”上，全年培育中小微企业15家，培育规模以上企业3家。累计组织工业企业参加12次省内各类培训，培训159人次。落实中小企业发展、招商引资等13个项目资金494万元。截至年底，全州有中小企业485家，同比增加16家；新增从业人员1326人，同比增加137人。

【服务企业发展】 争取财政资金165.97万元，首次在省外（天津）建设黄南州乡村振兴特色产业馆，对接全州28家特色企业、56种优势产品入驻销售，打通黄南州特色产品对外销售的新路径。制定出台《黄南州落实稳住经济一揽子政策措施的实施方案》，对符合纾困条件的州级市场主体发放补助资金998.56万元。其中，对219家工业企业补助资金199.3万元。促进全州中小微企业高质量发展，制定《黄南州关于促进中小微企业高质量发展的若干措施》，设立1200万元的州级资金池，加大对中小微企业在贷款贴息、物流及仓储中心建设等方面的奖补，实现黄南州在企业发展过程中政策支持从无到有的新突破。

2022年3月7日，由州发展改革委牵头，州水利局、州生态环境保护局工作人员一行组成检查组到州水电开发有限公司所属电站开展“发电企业安全风险隐患排查整治专项行动”全面检查工作（州水电开发公司供图）

电力和新能源产业

【概况】 2022年，黄南州加大新能源产业开发和投入，发展光伏产业，陆续建成尖扎县尖扎滩乡400兆瓦“牧光储”一体化建设、同仁市瓜什则乡400兆瓦“光牧储”综合一体化发电、同仁市200兆瓦“牧光储”多能互补综合一体化光伏等项目使电力工业投资项目建设迈上新台阶。全州农村电网及城市电网基本实现全覆盖，以隆务河、黄河流域为主的水电业经过技改或扩能改造，产能进一步增强。截至12月底，全州新能源规模以上企业达11户，其中太阳能光伏发及水电企业10户、热力企业1户。

【业态】 全州电力生产企业总装机容量达到3190兆瓦，其中水电装机达到2230兆瓦，光伏装机容量达到960兆瓦，水电站总数达到29座，光伏电站达到8户。全年全州发电企业完成发电量767.1万兆瓦时，同比下降15.44%。供电企业完成售电量210万兆瓦时，同比增长3.84%。总投资5.7亿元的尖扎到同仁输变电工程即将建成投运，投资1.18亿元的昂拉110千伏输变电工程、投资0.25亿元的同仁330千伏变电站110千伏配出工程、投资0.82亿元的黄南察汗110千伏输变电工程和投资0.83亿元的黄南幸福山110千伏输变电工程等重点输变电项目陆续建成或即将建成投运。

【典型企业与项目】 李家峡水电站 扩机（5#机）工程静态投资50125.26万元，静态单位千瓦投资1253.13元/千瓦，动态投资54134.93万元，动态单位千瓦投资1353.37元/千瓦，其中设备投资月2.9亿元，2022年内完成投资10876万元。李家峡作为全州电力生产支柱产业，2022年产值11.8亿元，同比下降14.88%，占全州规模以上工业总产值的42.3%。

黄南州水电开发有限责任公司 2022年，黄南州水电开发有限责任公司辖管曲库乎、唯哇、铁吾、年都乎、郭么日5座水电站及所控股的扎毛水库坝后电站，完成供电量12573.33万千瓦时，同比减少1047万千瓦时；实现销售收入2557万元，上缴税金115万元。公司各站设备设施维修项目完成45项，决算资金64.3万元。年内未发生一起重特大人身伤亡事故及设备重特大责任事故。

2022年黄南州水电开发有限责任公司所属电站供电量一览表

表26

序号	电站名称	装机（千瓦）	供电量（万千瓦时）
1	曲库乎水电站	3760	2800.20
2	唯哇水电站	5500	3339.77

续表26

序号	电站名称	装机（千瓦）	供电量（万千瓦时）
3	铁吾水电站	2250	1576.63
4	年都乎水电站	2500	1516.54
5	郭么日水电站	2250	1379.3185
6	扎毛水库坝后电站	7500	1960.8684
7	合计	23760	12573.3269

尖扎县尖扎滩乡400兆瓦“牧光储”一体化建设项目 尖扎县尖扎滩乡400兆瓦“牧光储”一体化建设项目位于尖扎滩乡五星村，建设总面积566.67公顷，项目总投资约18.2亿元，主要由光伏组件方阵、光伏汇集站、送出线路、交通工程等组成，建设期18个月，生产运营期25年。项目建成后，首年未衰减发电量73330.2万千瓦时，年均发电量67469.7万千瓦时，电站首年未衰减小时数1714.5小时。该工程建设符合可持续发展原则，每年可为电网提供清洁电能674505.86兆瓦时。按照火电煤耗每千瓦时电耗标准煤305克，投运后每年可节约标准煤约205724.29吨，每年可减少二氧化碳排放量约168.15万吨、二氧化硫排放量约50587.94吨、氮氧化物排放量约25293.97吨。截至年底，中电建尖扎县尖扎滩乡400兆瓦“牧光储”一体化项目桩基25万个，安装11.5万个，完成率46%，开展支架招标采购程序，组件42.7万千瓦，累计完成投资5.87亿元。该项目建成投运后，对尖扎县尖扎滩优势资源进行整合，采用光伏发电场综合利用“农牧+光伏+储能”模式，可有效减少常规能源尤其是煤炭资源的消耗，保护生态环境，营造出山川秀美的旅游胜地。

同仁市瓜什则乡400兆瓦“牧光储”综合一体化发电项目 同仁市瓜什则乡400兆瓦“牧光储”综合一体化发电项目位于瓜什则乡东南侧约7千米，距离同仁市约55千米，场地经过县道601，交通便利。项目总占地面积666.67公顷，项目装机总容量400兆瓦，并配备400兆瓦/120兆瓦时储能系统。该项目因地制宜利用天然牧草地建设光伏项目，将结合牧业打造成为牧光互补+储能的综合性光伏电站。项目场址地势起伏小，开阔平整，环境较好。该工程采用分块发电，集中并网方案，建设容量为400兆瓦，设计925184块540Wp（标准太阳光照条件下的太阳能电池输出功率单位）双面双玻单晶组件，通过22回集电线路接入新建的330千伏升压站，再通过1回330千伏接至同仁330千伏变电站。2022年，该项目完成基桩34.58万个，采购10万个，安装6.5万个，完成率19%，支架采购50兆瓦，安装1000组，完成率9.2%，组件40万千瓦，采购10万千瓦，采购完成率25%，累计完成投资15.41亿元。截至年底，项目正在进行用地手续报批及电力接入系统评审，开工时间待定。项目总投资23亿元。

同仁市200兆瓦“牧光储”多能互补综合一体化光伏项目 同仁市200兆瓦“牧光储”多能互补综合一体化光伏项目由国能（同仁）新能源开发有限公司负责实施，于10月31日取得州发展改革委备案批复。项目位于瓜什则乡郭进村，场址中心距同仁市直线距离约23千米，场地西侧临近省道308线，东侧距国道308线约5千米，对外交通条件较便利，场址总体条件有利于光伏电站的布置。规划装机容量200兆瓦，配套每4小时15%的化学储能，项目用地总规模293.53公顷，永久用地面积1.4公顷，土地类型为天然牧草地，不涉及占用耕地和基本农田。总投资约11.11亿元。该项目被列入年度全省市场化并网重点项目。预计2023年12月并网发电。项目建成后，按照火电煤耗（标准煤）305.5克/千瓦时，建设投运每年可节约标煤11.14万吨，减少二氧化碳约33.52万吨。

尖扎县尖扎摊30兆瓦分散式风电项目 8月，尖扎县尖扎摊30兆瓦分散式风电项目9台风力发电机组调试完毕全容量并网发电，标志着黄南地区首座风电项目顺利投运。该项目工程位于尖扎县尖扎滩乡，距尖扎县城约50千米，由中广核新能源（尖扎）有限公司投资建设，总装机容量30兆瓦，预计每年生产清洁电力6062万千瓦，年等效满负荷小时数达到2010小时。

建材工业

【概况】　2022年，黄南州加快建材产业转型升级和提质增效，同仁市曲库乎乡官秀村建筑用砂岩矿开发项目正在建设机制沙石生产线1条。尖扎奔晨五位一体新型建材、泽库润昊商砼、沥青综合搅拌生产、同仁市金迪源沥青搅拌站等项目陆续建成投产。黄南州建材工业从无到有、从小到大、从弱到强，逐步形成淘汰一批、建成一批的新型节能环保建材工业体系。

【业态】　全州22户规模以上企业中，建材工业有3户，年产值1.48亿元，占全州规模以上工业企业的5%。同时，在积极挖掘和培育新型建材工业企业，同仁市金迪源、尖扎县奔晨、顺业商砼等企业监测产值均接近2000万元，有望于2023年升规，将进一步加大新型建材对全州工业的贡献率。

【典型企业】　泽库县润昊市政公用及交通道路工程建设有限公司　泽库县政府在2018年“青洽会”招商引资成立，注册资金3000万元。公司在泽库县及周边高海拔区域主要致力于开发高品质等级公路、市政道路、沥青混凝土加工销售及摊铺，水泥稳定砾料，商砼加工销售工作。投资建设的年产量10万吨全环保型沥青拌和站和20万吨商砼站全面投入运营，面向黄南地区，辐射周边县域。全年购沥青2665.49吨、重油538.10吨、柴油276.37吨（加油站190吨）、水泥10531.51吨、水稳水泥986.24吨、外加剂57.04吨（成品11.20吨）、膨胀剂20吨、粉煤灰1583.92吨、水洗砂21004.4立方米、各种沙石43358.3立方米、石粉17207.8立方米（存9465立方米），站外拉土方534车，站外拉混合砂4845立方米，有效地保证工程顺利施工。2022年，实现产值0.5亿元，同比增长23.35%。

食品与农资加工业

【概况】　2022年，黄南州一市三县结合自身资源优势，打造地域特色，一批以乳制品、牛羊肉、饮料、咖啡、啤酒等为主的精深加工企业与有机生态农牧科技公司逐步显现。组织州内特色食品企业参加青洽会、津洽会、西博会、广交会等重大展会，展示黄南特色产业发展取得的丰硕成果，为进一步深化合作交流、拓宽企业销售渠道、实现互惠互利奠定基础。截至年底，全州生态水加工企业达到4家，饮料生产企业达到3家，肉食品加工企业达到28家，乳制品生产企业达到21家，土烧馍馍生产企业达到5家，有农牧科技企业2家。

【业态】　全年全州规模以上食品加工企业完成工业总产值3亿元。其中，生产鲜肉、冷藏肉1517.8吨，同比下降19.8%；饮料47894吨，同比增长35.60%；乳制品1496.3吨，同比增长3.20%；熟肉制品152.4吨，同比增长335.45%。食品生产和加工业呈现向好向优局面。

【典型企业】　青海西北弘有机资源开发有限公司　成立于2015年11月，位于泽库县现代农业产业园，注册资金6980万元，主要从事牦牛藏羊屠宰及精深加工与销售、养殖、活畜交易等业务，企业总占地74000平方米，其中屠宰及精深加工厂占地33333.33平方米，活畜交易市场占地40666.67平方米。拥有牦牛屠宰线3条、藏羊屠宰线2条（其中有机牦牛屠宰线1条、有机藏羊屠宰线1条），设计年屠宰加工牦牛藏羊6.5万头（只），3000吨冷库、污水处理站等设施设备。公司为农业产业化省级重点龙头企业、青海省第五批“专精特新”认定企业，产品为国家体育总局训练局运动员备战产品，并通过有机产品认证、绿色食品认证、质量管理体系认证和食品质量安全管理体系认证。2022年，公司日交易量在500

头（只）以上，单日最高达1000头（只），2022年活畜交易量累计达5万头（只）。实现产值0.45亿元，同比增长6.7%。

青海晟大生态农牧科技有限责任公司 青海晟大生态农牧科技有限责任公司是一家以专业从事畜禽养殖，蛋品包装及销售，有机复合肥生产加工为主的全产业链开发企业，成立于2021年，位于同仁市保安镇，总占地面积90666.67平方米，员工38人，其中专业技术人员5人。公司设行政管理、蛋鸡养殖、蛋品包装、有机肥生产四大功能区，设计饲养规模为20万只。在上级部门支持下，扩建年养殖20万只同仁市金黄果蛋禽养殖基地，生产区建有标准化鸡舍5栋（每栋1200平方米）、40吨饲料塔1座、蛋库1间（800平方米）、有机肥生产加工车间（1万平方米）及其他基础设施建设。购置安装5套蛋鸡全自动笼养设备，引进25万只罗曼褐蛋鸡投入生产，日产鸡蛋约13吨，实现产品喷码上市，质量可追溯；产品主要销往黄南州、化隆、西宁等地区的部分超市及市场。公司有机肥厂投入生产后不仅解决蛋鸡养殖过程中产生的大量鸡粪，而且解决周围乡（镇）牛羊养殖合作社产生的牛羊粪，经公司有机肥车间加工处理后是很好的农业用肥；年生产有机肥料10万吨，不仅可以改善土壤结构，增加土壤有机质，而且可以提高粮食产量，减少化肥污染。

泽库县瑞泽有机生态农牧科技有限公司厂区全景（泽库县供图）

泽库县瑞泽有机生态农牧科技有限公司 泽库县瑞泽有机生态农牧科技有限公司成立于2015年3月17日，位于泽库现代农业产业园区，泽库县阿赛公路东侧，为泽库县人民政府招商引资项目，占地面积12666.67平方米，2017年建成正式投产。主要生产、销售有机肥料，拥有高精尖有机肥生产线1条，年产有机肥4万吨［2023年新建掺混肥（牧草专用肥）生产线1条，年产掺混肥1万吨］。公司有在职员工32人，管理人员6人；相关生产岗位职工26人，其中泽库县当地脱贫户占总员工人数的60%。2021年，公司被认定为“乡村振兴重点帮扶车间”。泽库县为有机畜牧业发展推广中心基地，该公司拥有有机、优质的原料资源（羊粪）优势，经过科学配方，结合先进的发酵工艺设备，生产的“青瑞泽”牌有机肥，腐熟充分，可有效改良土壤生态环境，优质环保。产品经过大面积施用，施肥的农作物长势良好，增产增收效果明显，很受种植户欢迎。公司以有机肥料生产加工为主业，通过对畜牧废弃物资源的循环利用价值，实现资源综合利用，防止和减少病虫害的发生，改善区域生态环境，有利于三江源草原治理、绿色发展和环境保护，同时带动当地畜牧业、工业经济的发展。

建筑业

【**概况**】 2022年，黄南州具有资质等级以上施工企业23家，建筑业产值12.95亿元，同比增长105%。制定《关于扶持黄南州建筑企业持续健康发展若干意见》，明确提出对建筑企业的支持政策，为建筑业健康发展奠定基础。对接工信部门，向151家受疫情影响的住建领域企业发放补助资金15.1万元，部分企业主动提出不需要补助资金，还原渠道退还财政。全州在线受理审批项目706项，同比增长77%；在线办件总量945件，同比增长106%。年内承接施工图审查165项，其中免审140项，免审率84.85%。

2022 年黄南州建筑业主要指标一览表

表 27

项目	企业数（家）	总产值（亿元）	同比增长（%）
总计	23	12.6	105.2
同仁市	14	7.3	159
尖扎县	4	2.7	-10.5
泽库县	2	2	—
河南县	3	0.6	96.3

2022 年 11 月 1—2 日，河南县住房和城乡建设局在建工地开展中共二十大精神宣讲宣传活动（河南县供图）

【建筑市场管理】　开展 10 家预拌混凝土企业检查，下发整改通知书 8 份，停工整改通知书 2 份，发现隐患问题 113 项。对 1 家建设单位、12 家施工企业、9 家监理企业、1 家塔机安拆单位按照相关法律法规启动行政处罚程序，处罚 45.7 万元。对 2 家施工单位、1 家监理单位、2 名项目经理、2 名总监理工程师进行信用扣分，共计 21 分。对 6 个单位 59 个建设项目进行消防处罚 470 万元（其中教育系统历史遗留项目 56 项，处罚 430 万元）。

【建筑工地管理】　年内召开房屋建筑和市政基础设施工程质量安全消防形势分析会 4 次，累计开展房屋建筑和市政基础设施工程春季开复工检查、扬尘治理、扫黑除恶、根治欠薪、质量安全“双随机”大检查、安全生产三年行动、房屋市政工程安全生产治理行动、国庆假期和中共二十大期间安全生产大检查和“防风险、保安全、护稳定”安全生产大督查大整治等各类安全生产检查 9 次，检查 68 项在建工程，涉及 59 家施工企业，44 家监理企业，下发停工通知书 34 份，下发整改通知书 11 份，排查治理各类质量安全及建筑市场问题隐患 801 项，逐一建立整改闭环台账，年内未发生质量安全事故。

信息产业

黄南年鉴

2023

数字经济

【概况】 2022年，黄南州编制出台《黄南州“十四五”数字经济发展规划》，着重从完善数字基础设施建设、推进农牧业数字化转型、促进工业数字化升级、加快服务业数字化发展、助力数字新兴产业发展、深化政府数字化治理、提升数字化惠民水平7个重点领域发力，加速数字技术与实体经济深度融合。黄南州大数据中心、三江源生态大数据平台、藏药数据平台、智慧医疗、智慧教育、数字唐卡项目等一批重大数字基础设施项目相继建成投用。数字经济与产业加速整合，全州各市（县）电商平台和产业园区孵化各类数字化新业态，生态水、藏医药、特色手工业、电子商务、数字经济等新产业、新业态、新动能不断发展壮大，实现第一、二、三次产业互动发展。截至年底，全州建成工业园区4个、县级电商服务中心4个、乡（镇）村级服务站点181个。完成网络购物交易额4.2亿元，网络零售额1.83亿元，网络零售额同比增速位列青海省前三，同比增长814.4%。推进与天津市现代医药创新中心签订的建设高原药用资源国家级实验室项目尽早落地，推进清洁低碳行业健康绿色发展，全州5个光伏、风电等新能源项目陆续审批开工建设；总投资5.4亿元、装机40万千瓦的李家峡5号机组完成投资1.15亿元，预计2023年10月建成投产。

【信息化建设】 推进教育、卫健、交通等行业口信息化建设，基本实现“智慧政务、智慧医疗、智慧教育、智慧交通、智慧环保”等关键领域的场景引用。贯通省、州、县三级电子政务传输网，国家电子政务外网覆盖县级以上党政机关。建成“云端黄南”“黄南先锋”等新媒体政务信息平台，实现教育、医疗、农牧、交通等行政审批效率提升，按照“云+网+端”模式，打造党建云、新闻云、政务云、服务云等四朵“云”。建设智慧交通、平安城市监控及综治平台、“雪亮工程”项目，争取并实施黄南州信创、校园安全“一键报警”、“明厨亮灶”监管平台、智慧乡村、“5G+智能水电站”等项目。推进政务服务“一网通办”，提升政务服务“网上办”“掌上办”“指尖办”，政务服务网上可办率达90%以上。助推工程建设领域在线审批项目296项，全州在线办件总量审批项目327件。完成黄南州生态环境监测站信息化系统建设14套、空气监测系统4套，实现全州重点水源、湿地、河道、湖泊、野生动植物的信息化监控监测。发展“互联网+医保”线上业务，全州参保群众医保电子凭证激活率达95%，全州66家零售药店先行试点人脸识别即时结算。推进智慧健康医疗服务，95%以上的公立医院接入省级全民健康信息平台。

【通信基础设施建设】 聚焦本地区行业发展重点问题，完成网络安全、应急保障、公益宣传等十余项活动；解决共享通信机房线路混乱、西成铁路甘青隧道通信基础设施迁改赔补、黄乃亥乡通信网络覆盖等问题；制定黄南州通信行业“十四五”规划基站、机房建设项目清单，并纳入国土空间规划“一张图”。推进通信基础设施建设，针对农牧区、景区、道路沿线等区域网络信号不畅的问题，加大电信普遍服务网络基站建设项目争取力度。完成总投资315万元的第七批电信普遍服务试点建设项目5个，建成4G基站5座；申报2023年度第九批电信普遍服务项目90个，其中4G基站84个、5G基站6个，总投资5670万元；铺设光纤总长度达16492千米，宽带网络接入58877户家庭，完成电信业务总量2.2亿元。截至年底，累计建成4G网络基站544座、5G基站302座，4G网络建设走在全省前列，全州262个行政村实现4G网络深度覆盖，5G网络实现主城区各乡（镇）信号全覆盖。

【信息技术服务】 按照“信息化赋能乡村振兴”帮扶思路，做好农村及偏远地区重点区域网络覆盖，稳步推进农村地区千兆光宽、5G网络等新型基础设施建设，持续深化宽带网络覆盖，优化网络服务。其中，电信公司完成新建1.8G基站6个、扩容小区59个；无线指标及拉网测试梳理问题127条，整理无线网络信号优化事项368条、495条问题。完成质差用户光衰整治6190户，光衰达标27503户，达标率99.09%。解决州到省城域网出口带宽从40G扩容至双边80G，移动网络4G出口带宽由原有的双边20G扩容至40G。同步完成三县到州的城域网扩容，由20G扩容至40G。对现有的低带宽设备替换为千兆接入设备12台，建设千兆PON口384个，覆盖一市三县城区，同步对乡（镇）以下带宽不足500兆的11台设备进行优化升级。移动公司建设2.6G站点7个，700兆站点22个，交付902个宽带端口，敷设光缆83.55千米。现网运行GSM宏站243个、4G宏站595个、NR-5G基站107个、5G微站5个；在河南县、泽库县完成补点平安城市视频监控点位建设，完成视频监控点位建设，基本实现全州“全域覆盖、全网共享、全时可用、全程可控”的公共安全视频监控建设联网应用；推进“数字乡村”建设，完成56个村委接入数字乡村平台，满足政府、村委、村民三类客户安防综治、信息化管理、防疫防控、生活娱乐等需求，提供视频监控、智能喇叭等数字化服务。联通公司年内新建4G基站8处，投资104.75万元；新建2处IDC通信机房（尖扎、泽库各1处），投资299万元；共建共享5G基站41处，基站总数达330个，敷设光缆45千米，光缆总长度4341千米，本地光缆及传输接入投资389.6万元，宽带接入投资709.45万元；成功中标“黄南州信创项目”，对项目范围内的州、县级208个单位进行按期巡检、回访等工作，处理故障千余起；持续推进“智慧城市”“智慧政务”信息化建设工作，签约22个“数字乡（镇）”平台工作，搭建1.0平台198个；完成泽库县多禾茂乡数字乡村信息化建设项目帮扶，帮扶资金14万元。截至年底，全州信息服务业实现营业收入2.20亿元，为全州各部门单位提供技术服务、网络维护2万余次。

通信业

【概况】 2022年，黄南州通信行业围绕“网络强国”战略及“数字青海”建设，抓住数字时代发展机遇，加速提升光网通达水平、移动网络覆盖能力、网络质量以及服务水平，实现跨越发展。截至年底，全州电话用户总数361901户，同比增加43522户；电信运营企业完成电信主营业务收入2.20亿元，同比减少1%。全州固定电话用户29013户，同比减少5967户。其中，电信公司固定电话用户23961户、移动公司固定电话用户4191户、联通公司固定电话用户861户。全州移动电话用户331908户，同比增加48509户。其中，电信公司移动电话用户119517户，移动公司移动电话用户139020户，联通公司移动电话用户73268户，广电公司移动电话用户103户。全州互联网用户209784户。其中，电信公司互联网用户51371户，联通公司互联网用户13396户，移动公司互联网用户143211户，广电公司互联网用户1806户。

【5G通信网络建设】 推进5G通信技术向社会各个领域、各行各业深入渗透，持续丰富5G应用场景。根据省通信管理局《关于做好校园第五代移动通信网络（5G）建设工作的通知》《关于加快提升全省远程医疗网络能力建设的通知》，开展“5G校园，赋能无限”通信基础设施建设工作，主动对接州卫健委，并与其签订战略合作协议，确保全州远程医疗网络建设工作顺利进行。

【通信共建共享共维管理】 州通信办与州工信局、州住建局联合出台《黄南州住宅和商务建筑通信基础设施建设管理办法》，推进公共资源开放利用，实现通信基础设施建设有序发展。2022年与各电信基础运营企业联建管道11.39千米，联建管道人井106个，联建通信杆路26.5千米，节约成本300余万元。州通信办配合州电信普遍服务推进工作领导小组办公室完成第七批电信普遍服务项目验收工作，通过现场实地检查、资料验收等方式，率先在全省完成2个县5个试点行政村基站验收工作。截至年底，累计建设4G基站544座，全部投入使用。开通5G基站43座，5G基站数量达302座，全州5G信号初具覆盖规模。

【通信应急保障】 按照省通信管理局和当地政府疫情防控要求，

统筹各电信运营企业全力以赴做好疫情防控点通信保障工作，办理应急保障车辆通行证 20 余张，出动应急保障人员 100 余人、应急保障车辆 600 余辆次，确保疫情期间应急通信保障工作安全平稳运行。

【中国电信黄南分公司】 2022 年，中国电信黄南分公司拥有客户 154059 户，运营收入 7869 万元；年内基础设施建设投资 844.9 万元；新建 5G 基站 41 处，4G 基站 6 处，基站总数 645 处；敷设光缆 323.142 千米，光缆总长度 7611.485 千米。中国电信黄南分公司坚持创新发展体系，努力增运增收，以收入为主线，多方面开展业务工作。2022 年电信发展移动用户 43724 户，发展宽带用户 17465 户，发展天翼高清用户 7511 户，家庭信息化发展 15800 户。

全年新建 1.8G 基站 6 个、扩容小区 59 个；无线指标及拉网测试收集梳理问题 127 条，整理无线网络信号优化事项 368 条，共计 495 条问题。完成质差用户光衰整治 6190 户，光衰达标 27503 户，达标率 99.09%。解决州到省城域网出口带宽从 40G 扩容至双边 80G，移动网络 4G 出口带宽由原有的双边 20G 扩容至 40G，解决核心出口网络能力。同步完成三县到州的城域网扩容，由 20G 扩容至 40G。对现有的低带宽设备替换为千兆接入设备 12 台，建设千兆 PON 口 384 个，覆盖四县县城主要地区，同步对乡（镇）以下带宽不足 500M 的 11 台设备进行优化升级。同仁市中山路电信综合通信楼 IDC（互联网数据中心）机房，投资 520 万元。主要完成机房电源建设实现后备电源“1+N”模式，建设冷仓 1 个，有 32 个机架 1144U，冷仓空调采用平送风模式，机房 PUE（电能利用效率）低于 1.3。泽库县电信局云网机房，投资 238 万元。主要用于机房电源改造，空调制冷系统改造，机房设施改造等工作。整体提升机楼运行效能，保障政府单位托管的多台服务器设备安全运行。

【中国移动黄南分公司】 2022 年，移动黄南分公司电话用户总数 144191 户，同比增长 9191 户；电信运营企业完成电信业务总量 0.22 亿元，同比增长 7.8%。完成电信主营业务收入 0.84 亿元，同比增长 3.3%。全州移动公司固定电话用户 4191 户，同比减少 809 户；移动公司移动电话用户 139020 户，同比增长 9020 户；移动公司互联网用户 143211 户。全州铺设光纤总长 4539.74 千米，宽带网络接入 29259 户家庭，2022 年规划建设 2.6G 站点 7 个、700M 站点 22 个，交付 902 个宽带端口，敷设光缆 83.55 千米。现网运行 GSM 宏站 243 个、4G 宏站 595 个、NR-5G 基站 107 个、5G 微站 5 个。率先实现一市三县 33 个乡（镇）5G 网络全覆盖。

与河南县、泽库县公安部门合作，完成补点平安城市视频监控点位建设，完成视频监控点位建设，基本实现全州“全域覆盖、全网共享、全时可用、全程可控”的公共安全视频监控建设联网应用。通过消费券活动联合黄南州中石油、中石化、华联超市、客都超市、热贡超市、青百电器、尖扎县华联超市、尖扎县呈翔超市，泽库县万家乐超市、佳旺超市 10 家商户合作，打造权益服务专属通道，提升客户满意度。推进“数字乡村”建设，在黄南地区完成 56 个村委接入数字乡村平台，满足政府、村委、村民三类客户安防综治、信息化管理、防疫防控、生活娱乐等需求，提供视频监控、智能喇叭等数字化服务，数字乡村综治平台服务，助推政府基层治理现代化。

【中国联通黄南州分公司】 2022 年，国联通黄南州分公司客户达

2022 年 3 月 19 日，河南县柯生乡次汉苏村通信合作社开业现场（中国联通黄南州分公司供图）

87525户，运营收入6438万元，主营业务收入同比增长18.5%；属地缴纳相关税费计38.68万元，被黄南州委、州政府评选为2019—2021年度“文明单位”。全年基础设施建设总投资达1502.8万元，其中年内新建4G基站8处，投资104.75万元；新建2处IDC通信机房（尖扎、泽库各1处），投资299万元；共建共享5G基站41处，基站总数达到330处，敷设光缆45千米，光缆总长度4341千米，本地光缆及传输接入投资389.6万元，宽带接入投资709.45万元。

2022年9月13日，黄南移动—黄南铁塔开展防汛应急综合演练（中国铁塔黄南州分公司供图）

6月15日，州政府与青海联通签署“5G智慧城市暨高原美丽城镇”建设战略合作框架协议，加强信息基础设施建设，促进互联网和经济社会融合发展。持续推进“智慧城市”及“智慧政务”信息化建设工作，签约22个“数字乡镇”平台，搭建1.0平台198个；签订农村通信合作社16个；完成泽库县多禾茂乡数字乡村信息化建设项目帮扶，帮扶资金14万元。

【中国铁塔黄南州分公司】 2022年，中国铁塔黄南州分公司（州通信办）与州工信局、州住建局对接，联合制定并出台《黄南州住宅和商务建筑通信基础设施建设管理办法》，与电信、移动、联通公司联建管道11.39千米，联建管道人井106个，联建通信杆路26.5千米，节约成本300余万元。推进和完善农牧区通信基础设施建设，检查验收2个县5个试点行政村基站建设情况，在全省率先完成验收工作。完成网络安全、应急保障、公益宣传等10余项活动，解决共享通信机房线路混乱、西成铁路甘青隧道通信基础设施迁改赔补、黄乃亥乡通信网络覆盖等各类政府所需、企业所求的问题，制定黄南州通信行业“十四五”规划基站、机房、线路建设项目清单，并纳入国土空间规划“一张图”。

无线电管理

【概况】 2022年，黄南州有设台单位28家，各类无线电台（站）3228个，年内完成审核、审批新设台站359个，办理延期使用无线电台站168个，核发电台执照527个，指配频率6个，停用注销台站14个。检查辖区无线电设台单位1个、设备1台（套），未发现违规发射设备。

【无线电安全保障】 加强无线电监测，维护空中电波秩序。开展重点频段频谱监测分析统计，全年重点频段占用度累计监测时长达1900小时。持续保持对“黑广播”“伪基站”违法犯罪的高压严打态势，在全州范围内开展集中打击治理“黑广播”“伪基站”违法犯罪专项活动。专项行动期间，启用固定监测站1座，派出移动监测车辆累计53辆次，行程约4900千米，启用监测定位设备175台次，派出人员145人次，累计路测巡查监测时长400小时，未发现“黑广播”“伪基站”设备。联合海东监测站到尖扎县广播电视站排查一起民航干扰，保证民航飞行安全。在北京冬奥会、冬残奥会和两会、春节期间，加强值班值守，保障无线电用频安全。做好各类重要考试期间的无线电安全保障工作，完

2022年1月22日，州无线电管理局联合海东无线电监测站到尖扎县广播电视站排查民航干扰（州无线电管理局供图）

成高考、公务员、事业单位、会计资格等各类考试保障任务14次，出动人员34人次、设备52套次、车辆28辆次，保障天数28天，累计监测时长224小时。完成对各考点手机信号屏蔽器的检测工作，累计检测屏蔽器112个，并将检测结果和意见建议及时反馈考务部门，为考务部门决策部署提供依据。2022年，全州新购置无线电通信设备2台（套）。

【无线电宣传】 结合无线电宣传月、全州宪法宣传、安全生产宣传、民族团结宣传月等活动，组织人员宣传新修订的《中华人民共和国无线电管理条例》《中华人民共和国无线电频率划分规定》等法律法规。活动期间，展出无线电知识展板12幅，悬挂横幅4条，散发宣传手册5000余份，向农牧民群众发放印有无线电标语抽纸1200盒、纸杯5000个、手提袋100个、笔记本500本。

商贸服务业

黄南年鉴

2023

商贸流通

【概况】 2022年，黄南州统筹推进疫情防控和促进消费尽快回暖，利用春节、“五一”国际劳动节、端午节、中秋节等节日消费契机，周密安排部署，组织商贸领域企业开展系列促销活动，提振全州消费信心，推进消费品市场销售回升。全年社会消费品零售总额15.98亿元，同比增长2.2%，增速全省第二位。其中，城镇实现社会消费品零售额14.27亿元，同比增长2.8%；乡村实现社会消费品零售额1.7亿元，同比下降2.2%。从行业看，批发业销售额3.56亿元，同比增长1.3%；零售业销售额11.43亿元，同比增长0.1%；住宿业营业额0.45亿元，同比下降7.8%；餐饮业营业额2.7亿元，同比下降14%。

2022年黄南州分地区社会消费品零售总额情况统计表

表28

地区	目标任务		2022年完成数	
	绝对量（亿元）	增速（%）	绝对量（亿元）	增速（%）
同仁市	10.9	7.1	10.4	2.8
尖扎县	2.0	7.1	1.9	1.8
泽库县	1.9	7.1	1.8	0.7
河南县	1.9	7.1	1.8	1
合计	16.7	7.1	15.9	2.2

【落实消费政策】 为支持黄南扶贫产品省外销售，带动黄南州扶贫产品和服务融入国内大市场，根据《天路计划项目实施细则》及《关于下达天津市对口支援黄南州工业和信息化局2022年项目投资计划的通知》精神，按照“企业自愿申报、公平公开”的原则，采取“自下而上逐级申报、实地调研、查阅资料、审核项目补贴标准”等四个方面对各市场主体上报的2022年“天路计划”项目逐步进行审核及公示，对符合要求的9个项目进行资金支持，支持金额161.1万元。

2022年8月5日，2022年黄南州“神韵黄南·惠民暖企”促消费活动启动仪式在州政府视频会议室举行（州工信局供图）

【消费促进】 创新促消费举措，发挥财政资金杠杆作用，利用春节、元旦、“五一”国际劳动节、国庆节等节假日，通过政企合作组织开展“迎新春促消费”“神韵黄南·惠民暖企”“国庆盛典，惠民暖企”等活动。联合重点企业发放百万电子消费券，促进家电、大宗商品和实体零售、餐饮等领域消费，激活消费市场，实现以节带人气，以节促消费，促进消费增长。累计筹措资金912万元，举办活动16次，参与商户380户，累计发放消费券20万余张，拉动消费近3500万元。

【电商物流】 各市（县）建成4个县级电商服务中心，共建成乡

(镇)、村级服务站点181个，其中乡（镇）服务站点34个、村级服务站点147个，村级覆盖率达50%以上。全州网络零售额1.83亿元，同比增长814.4%；网络购物交易额4.2亿元，同比下降2.73%。为加快电商与快递业融合发展，构建城乡一体化快递物流配送网络，鼓励快递物流企业打通农畜产品进城“最后一公里”，对2021年全州10个快递物流企业、快递业务出口量502293件，按每件0.2元补贴，共补贴金额100458.6元。

【流通体系建设】 加快县域商业基础设施短板、健全县乡村三级物流配送体系，引导商贸流通企业转型升级，推动县域商业高质量发展，申报2022年县域商业体系建设项目7个，申请补助468万元。为支持新能源汽车产业高质量发展，做好新能源汽车推广应用工作，促进新能源汽车消费，根据《关于调整2021年新能源汽车推广应用购置补贴政策的通知》等有关文件要求，年内对2019年、2021年购置的71辆新能源汽车进行补贴，共补贴228.14万元。

【限额以上企业培育】 为进一步提升限额以上企业对社会消费品零售总额增长的贡献率，促进全州社会消费品零售总额平稳增长，多措并举，开展限额以上商贸企业培育工作。组织一市三县工信、统计等部门召开座谈会，了解掌握基本“家底”，对经营规模较大的企业进行实地走访，对符合限上条件的企业进行宣传，引导企业纳入限额以上企业统计范围。截至年底，黄南州限额以上商贸流通企业17家，同比增加4家。

【服务商贸企业】 疫情防控期间，帮助企业做好保供工作，解决企业因疫情影响出现的进货不便等问题。对各地本地蔬菜供应、拉运情况每日进行摸底统计，根据各市（县）鲜活农产品、生活必需品、配送货物等经营企业需要，及时协助其办理全国通用统一制式通行证396张，确保生活必需品保供车辆省际、州际通行顺畅。提升黄南州农产品标准化、品牌化水平，助力贫困地区农产品销售，根据省商务厅的统一安排部署，推荐2家重点企业泽库县叶堂高原有机产品开发有限公司、河南县青清海农牧科技商贸有限公司参加省商务厅举办的农产品“三品一标”培训班，帮扶企业“三品一标”认证工作。

【废旧金属与旧机动车辆回收】

全州有废旧金属收购站37家，均在辖区派出所备案，年内废旧金属实现交易额22万元，旧机动车实现交易额22万元；废旧机动车辆拆解220台（辆），同比减少341台（辆）。

【成品油市场“放管服”改革】

联合州市场监督管理局、消防、公安、气象、人力资源、自然资源等部门两级联动，对黄南州17座加油站开展成品油“双随机、一公开”联合检查工作，通过部门联动，实现对成品油市场多个检查事项“一次抽查、全面体检”，优化监管成本，提升监管效能，降低对市场主体正常经营活动的干扰。推行“互联网+监管”工作，组织各市（县）工信局参加成品油市场综合监管专区系统操作培训，并利用“互联网+监管”平台，全面、准确、及时了解成品油经营企业每月购销情况、变化趋势等，接受各行业

2022年6月27日，开展成品油市场综合监管改革试点工作。图为成品油市场综合监管改革试点现场会（州工信局供图）

2022 年 10 月 14 日，客都超市供保促消费（同仁市供图）

主管部门监管。印发《关于开展 2021 年度成品油经营企业年检工作的通知》，完成黄南州 44 座加油站年检工作，对到期的 5 座加油站办理成品油零售经营综合许可证换证手续。

【客都生活超市经营】 客都生活超市成立于 2018 年 9 月，总投资 1000 万元，位于黄南州同仁市德合隆北路鑫城国际广场地上一层，超市经营面积 3667.1 平方米，于 2020 年 1 月 12 日开业，至 2022 年底有员工 35 人。主营经营预包装食品、散装食品、乳制品、化妆品、洗浴用品、家杂百货、小家电、烟、酒、茶叶、蔬菜、水果等 3 万余种商品。商品品类齐全、品种丰富。所经营的蔬菜水果是西宁集散中心统一采购，新鲜且质量有保障。超市主要顾客为 3 年多以来积累的新老客户以及周边小区消费群众，业绩相对平稳，平均每天带来 550 单左右销售量，平均日营业额为 3.5 万元。

【第 23 届“青洽会”】 7 月 22—24 日，举办第 23 届中国·青海绿色发展投资贸易洽谈会暨第二届中国（青海）国际生态博览会在西宁市举办，黄南州组织 6 家特色重点企业参加产品展示。通过参与“云上青洽会、生态博览会”等活动，展现黄南州在全面贯彻“一优两高”、高质量推进“三区建设”、打造山水黄南方面所做的工作和取得的成果。展会期间，“阿米雪”“瀞度”“青清海”“三江源牧场”等健康绿色产品热销，得到广大参展人士的喜爱。

7 月 23 日，第 23 届中国·青海绿色发展投资贸易洽谈会暨第二届中国（青海）国际生态博览会黄南州专场签约仪式在西宁城南国际会展中心举行。省人大常委会副主任鸟成云，州委书记朱战民，州委副书记、州长扎西才让，州政协主席林华旦，省发展改革委副主任吴密森，省国资委副主任张海满，国家电投集团黄河上游水电开发有限责任公司副总经理董鹏，成都大陆新希望投资发展有限公司总经理张纹彬，四川省青海商会常务副会长贾承朋，州委常委、副州长肖顺琛，州委常委、秘书长何杰，州人大常委会副主任马进贤，副州长王岐岳及各市县委书记、市（县）长等领导和嘉宾出席本次签约仪式，副州长王桂莲主持。此次签约仪式围绕清洁能源、有机农畜产品加工、文化旅游、新型燃料、规模化养殖和房地产开发等重点项目与 25 家企业成功签约，签约额达 108 亿元，创历年新高。

【“神韵黄南·惠民暖企”促消费活动】 8 月 5 日，启动黄南州 2022 年“神韵黄南·惠民暖企”促消费活动。活动投入 600 万元促消费资金，分 20 期进行，全州超市、餐饮、酒店和家电等 74 家企业、83 个门店参与。活动期间，面向州内消费者发放近 12 万张惠民电子消费券，带动消费近 3000 万元，有效带动全州消费持续恢复和优化升级，助力零售业、住宿业和餐饮业恢复发展，促进本地消费增长。通过政企合作组织开展“神韵黄南·惠民暖企”等促消费活动，全州共筹措资金 912 万元，举办活动 16 次，参与商户 380 户，累计发放消费券 20 万余张，拉动消费近 3500 万元。

成品油销售

【概况】 2022年，黄南州新增加油站1座，全州44座加油站期末库存成品油8504吨（汽油4462吨、柴油4042吨），成品油销售量79034吨（汽油48408吨、柴油30626吨）。其中，中国石油青海黄南销售分公司13座加油站实现定编定员；牵头开展助企纾困政策，引入内外部促销资金215万元。完成成品油购进4万余吨，燃料油销售4.06万吨，同比下降2%。向黄南州贡献社会零售品总额3.76亿元，缴纳各类税费440万元。

2022年4月21日，中国石油青海黄南销售分公司机关组织党团员在保安西加油站开展植树活动（中石油黄南销售分公司供图）

【中国石油青海黄南销售分公司经营管理】 实施全员营销、修订升油分配、梳理承包方案等举措，实现成品油零售40628吨。首次实现河南县站、年都乎加油站等2座便利店突破百万元销售。对亏损站实施“一站一策”治理，通过促销、异价等方式，实现李家峡、康杨西2座站扭亏为盈。强化优质服务，实现全年客户零投诉。全年专项治理各类隐患243项、油品数质量合格率100%。强化散装油登记、做好值班值守，防范化解生产经营中各类风险，确保疫情阻击战和中共二十大期间平稳运行。不断强化培训教育，22人取得安全资格证。

2022年成品油零售企业存销情况统计表

表29 单位：吨

企业存销量	库存量			销售量		
	合计	汽油	柴油	合计	汽油	柴油
中石油黄南销售分公司	637	309	328	40628	21424	19204
中石化海东分公司黄南经销部	50	24	26	3900	550	3350
民营企业	7817	4129	3688	34506	26434	8072
合计	8504	4462	4042	79034	48408	30626

粮油储备与流通

【概况】 2022年，黄南州国有粮食企业6家，其中州级2家、一市三县各1家，按照全州粮食应急保障工作需求，建立粮食应急供应网点42个、粮油价格监测点3个、粮食应急加工网点2个，全州粮油加工流通企业6家，社会粮油购销总量19932吨，同比增长8%；实现销售收入6976.2万元，同比增长87%；利税总额124.9万元，同比下降18%。

【粮食收购】 全年收购小麦84吨，小麦质量为二等，收购均价为3.5元/千克。其中同仁市金增农产品加工专业合作社收购54吨，单价3.5元/千克；同仁市东格日粮油加工合作社收购30吨，单价3.4元/千克。

【粮油库存】 全州按照重新调整储备规模，全州储备原粮（小麦）4000吨，成品粮860吨（面粉750吨、大米110吨）、成品食用油60吨；全年轮换储备粮3457吨（原粮1000吨，成品粮折合原粮2457吨）。2022年，州发展改革委争取落实总投资560万元的黄南州军粮供应站库房和业务用房建设项目，并在当年建成完成。截至年底，全州各级储备库总仓容2.86万吨。2022年3月起，该库区粮食储备库乐都高店库区不再承担储备任务。

【粮油销售】 按照进一步强化粮食应急企业管理相关规定，州发展和改革委员会（粮食局）不断完善全州应急体系建设，为各粮食应急保障企业提供资金支持，累计拨付粮食应急保障工作经费5.4万元，发挥各网点及企业在保障黄南州粮食应急补助工作中的功能和作用。

【粮油监管】 结合各类涉粮问题整改工作，建立健全粮食安全定期监督检查机制，累计监督检查全州各级粮食储备企业32次，督促各级粮食储备企业建立完善粮食质量档案；州粮食安全质量检验检测中心抽样检测样品105份，检测结果均符合国家标准；发挥粮食流通环节的粮情粮价监测网络建设。全州累计建立粮食应急供应网点42个、粮油价格监测点3个、粮食应急加工网点2个。

2022年粮油购销主要企业基本情况一览表

表30　　单位：万元

序号	企业名称	资产总值	产值	利税	企业地址
1	黄南州粮食储备有限责任公司	6007	1274	0	同仁市保安镇互助滩工业园区同循公路3号
2	同仁市粮食储备有限责任公司	326	749	0	同仁市保安镇保安粮库
3	青海省尖扎县粮食收储有限公司	460	0	4	尖扎县康杨镇桥头西路
4	泽库县粮食购销有限责任公司	2095.45	120.63	0	泽库县国家现代农业产业园区
5	河南蒙古族自治县粮油购销公司	418.85	146	1.23	河南县优干宁镇东大街南侧61号

供销合作

【概况】 2022年，全州建制供销合作社5个、乡（镇）基层社25个、村级综合服务社（网点）117个。健全完善县、乡、村三级物流配送网络体系，建成25个乡（镇）基层社、27个专业合作社、17家社有企业。尖扎县供销社在全州率先完成乡（镇）基层服务社建设任务10个，标志着全县乡（镇）供销社服务网络覆盖率达100%，获全省供销合作社系统“流通服务强县”称号。全年全州供销系统营业总收入359万元，营业成本333万元，营业利润26万元，资产总计300万元，所有者权益235万元，供销社资本234万元，社会贡献43万元；购进总额22380万元，销售总额31734万元。

2022年黄南州供销系统购销情况统计表

表31　　单位：万元

指标	合计	同仁市	尖扎县	泽库县	河南县
一、购进总额	22380	9436	8184	3466	1294
二、销售总额	31734	11317	9753	5623	5041

续表31

指标	合计	同仁市	尖扎县	泽库县	河南县
1. 城镇	26245	9941	7910	4193	4201
2. 乡村	3527	1219	1323	145	840

【经营服务体系建设】 探索形成供销合作社“党建+电商+扶贫”模式，开展线上线下助农助牧增收系列活动，帮助农牧民销售特色产品，重点扶持脱贫户增收创收，电商扶贫、消费扶贫成效显著。全州建成“冷链、仓储、物流、商贸”为一体的为农服务中心1个，注册品牌1个，通过绿色无公害认证的产品1个，发展标准化生产基地4个，建设面积约666.67公顷。全年新建农资网点1处，供销合作社系统发展的规范农资网点1个。

【农副产品供销】 开展“青洽会”黄南参展项目推荐和对接，鼓励引导社有企业和专业合作社利用“青洽会”合作交流平台，搭建企业与市场之间良性互动桥梁，组织青海昆育农业开发有限公司参加第23届中国·青海绿色发展投资贸易洽谈会。全年全州供销合作社系统农副产品购进总额16005万元，同比增长8.28%；销售总额23450万元，同比增长6.77%。

【农业生产资料供销】 以社有企业为经营支撑，加大基层社建设力度，分类改造薄弱基层供销社，逐步消除无资产、无业务、无人员的“三无”基层供销社，采取农牧民出资、农牧民参与、农牧民受益的方式，夯实农牧民经营基础，探索形成具有供销合作社特色的“产业园区+合作社+种养基地+农牧户”合作模式，整合优势资源，成功引进2个农牧民专业合作社和1家社有企业入驻州级示范园区，累计为农牧民专业合作社和社有企业落实助企纾困资金1050万元。

【再生资源供销】 争取省供销联社、省财政厅再生资源回收利用项目资金2000万元，打造“山水黄南·绿色供销”特色品牌，深度融合生态文明高地建设，助推农村人居环境整治提升五年行动。

【疫情防控和流通服务“双保障”】 面对疫情防控严峻形势，做好战疫情、备春耕、保供给、防滞销、促增收、惠民生等工作，定期掌握系统内物资储备、流通保障等情况，衔接落实日用消费品货源，保障防疫物资和粮油果蔬、肉禽蛋奶等生活必需品供应，做到疫情期间不断货、不涨价。

2022年黄南州供销合作社建设情况一览表

表32 单位：万元

序号	项目名称	建设单位	建设地点	总投资	序号	项目名称	建设单位	建设地点	总投资
1	同仁市黄乃亥乡基层供销社恢复新建项目	同仁市供销合作社	同仁市黄乃亥乡日秀麻村	100	4	尖扎县能科乡拉沙村奥布尔养殖专业合作社示范社建设项目	尖扎县兴红绒山羊养殖专业合作社	尖扎县能科乡	38
2	尖扎尼源供销合作社有限公司	尖扎县供销合作社	尖扎县多加办事处	109	5	河南兰龙生态有机畜牧业牧民专业合作社	河南蒙古族自治县县供销合作社联合社	河南县土默特南路	25
3	尖扎县马克唐镇要其村村级综合服务社建设项目	尖扎县供销合作社	尖扎县马克唐镇	53.6	6	同仁市隆务镇冷链物流配送中心建设项目	同仁隆务庄仁青农畜产品有限公司	同仁市隆务镇	150

续表32

序号	项目名称	建设单位	建设地点	总投资	序号	项目名称	建设单位	建设地点	总投资
7	尖扎县乳制品生产线及冷链物流配送体系建设项目	青海昆育农业开发有限公司	尖扎县马克唐镇	165	10	尖扎县当顺乡草场托管建设项目	尖扎县当顺供销合作社有限公司	尖扎县当顺乡	200
8	牦牛藏羊产品精深加工及冷链配送项目	青海西北弘有机资源开发有限公司	泽库县泽曲镇	218	11	泽库县瑞泽有机生态农牧科技有限公司有机肥生产基地发酵车间建设及配套设施购置项目	泽库县瑞泽有机生态农牧科技有限公司	泽库县泽曲镇	66
9	尖扎坎布拉基层供销社庄家医院建设项目	尖扎县坎布拉旺农供销合作社有限公司	尖扎县坎布拉镇	58	12	泽库县供销合作社联合社为农服务中心建设项目	泽库县供销合作社联合社	泽库县泽曲镇	320

烟草专卖

【概况】 2022年，黄南州烟草专卖局（公司）辖同仁市局（营销部）、尖扎县局（营销部）、泽库县局（营销部）、河南县局（营销部）4个县级局（营销部），在岗职工60人，辖区有卷烟零售客户910户，其中城镇599户、农村311户。2022年，销售卷烟7193.75箱，同比增长0.57%，其中销售一类烟1711.59箱、二类烟1195.68箱；实现销售收入23690.05万元，同比增长5.95%；实现税利4487万元，同比增长6.4%。

【烟草专卖管理】 专卖市场监管　主动联系公安、市监等部门开展市场监管工作，打击各类涉烟违法活动，全年查处案件6起，查获假冒卷烟120条，异常流动卷烟466条，案值13.56万元。开展“茶烟”等类烟产品、“军字号卷烟”等专项治理活动，净化卷烟市场。落实电子烟监管法规政策，顺利实现电子烟从过渡期监管到常态化监管的对接。

行政许可监管　推进信用监管，完成全州系统零售客户信用监管评级建档工作，实现烟草市场信用监管数据与政府信用平台对接。依法实施行政许可，行政许可好评率保持100%。落实黄南州烟草制品零售点合理布局规定，办理行政许可事项373项，其中新办66户、延续196户、变更30户、停业25户、恢复营业8户、歇业48户。

【卷烟经营】 克服疫情等不利因素影响，制定实施“适当靠前、精准有效”营销策略，贯彻“总量控制、稍紧平衡，增速合理、贵在持续”方针，千方百计稳市场、稳状态、稳运营，保持稳中有进的良好态势。围绕行业品牌发展目标，突出品牌引领，做好品牌培育，重点品牌、创新品规、低焦油品牌销量占比分别达到97.15%、9.28%、27.22%，全州在销品牌规格保持在120个左右。加强终端建设，建成一般现代终端139家，占比15.50%，其中农牧区终端占比超过10.60%。开展“我与客户共成长”活动，提升零售户服务水平和零售客户盈利能力，客户毛利率稳定在11%以上。

【黄南烟草“昆仑先锋　奋进黄烟”党建子品牌】 以全省烟草“昆仑先锋”（精神内涵为“正义、敞亮、坚韧、精业”）党建品牌为引领，突出地域特色，创建黄南烟草“昆仑先锋　奋进黄烟”党建子品牌，树立“传承、革新，坚守、自强，规范、和谐”理念。成立“昆仑先锋”党员志愿者先锋队、“星火”青年志愿服务队，开展疫情防控、环境清理、助困济贫等方面的多次志愿服务和活动，多次被央媒报道。

旅游业

黄南年鉴

2023

综　述

【概况】　2022年，黄南州以打造青海国际生态旅游目的地东南片区“生态客厅”“文化展厅”“服务门厅”为发展思路，制定《黄南高质量打造青海国际生态旅游目的地“东南门户”实施方案（初稿）》，加强A级景区、乡村旅游重点村、星级乡村旅游接待点、文化产业双创基地等创建工作。全年全州接待国内外游客389.27万人次、实现旅游收入13亿元，同比分别下降48.7%、51.4%。

【景区评定】　全年完成7个国家AAA旅游景区评定工作，分别是同仁市热贡龙树画苑、河南县柯生乡双鱼胡景区、河南县黄河南蒙古历史文化博物馆、黄南州热贡艺术博物馆、泽库县泽区湿地景区、尖扎县能科景区。除隆务寺景区和尖扎县德吉景区门票价格分别为每人60元起、每人10元起外，其余景区均免费开放，开放时间为8：00—18：00。

2022年5月，“坐着地铁游黄南”活动（州文体旅游广电局供图）

【精品旅游线路】　结合黄南旅游资源分布实际，推出“尖扎黄河风情游”“同仁热贡探秘游”“泽库游牧生态游”“河南蒙旗草原游”4条黄南精品旅游线路，从景点简介、顺序车程、就餐住宿等方面进行详细介绍，为广大游客提供内容丰富、线路精确、要素俱全的黄南旅游攻略图。

【“坐着地铁游黄南”活动】　5月23日，由黄南州人民政府、天津援青指挥部主办的“坐着地铁游黄南”活动在天津地铁9号线直沽站“启程”。活动为期3个月，将黄南州绝美的自然风光、精绝的热贡艺术、浓郁的民族风情搬上天津地铁1号线和9号线。此次活动强化黄南州文旅资源对外宣传推介、打造“西域胜境、神韵黄南”品牌，促进文化旅游融合发展，提升“全国最具影响力的文化旅游目的地”形象。

【州文化旅游服务中心开业】　3月18日，州文化旅游服务中心开工典礼在热贡宾馆举行。该项目为黄南州2022年重点招商引资项目，在州发展改革委、同仁市、泽库县、河南县人民政府支持下落地黄南，项目由安徽省第一建筑工程有限公司青海分公司投资3亿元建设，总建筑面积3.2万平方米，拥有客房200间，可同时接待800人就餐，是集住宿、餐饮、会议于一体的综合性项目。

旅游规划与管理

【旅游规划】　围绕打造“服务门厅、生态客厅、文化展厅”战略目标，制定出台《黄南州全域旅游发展总体规划》《黄南州黄河文化保护传承弘扬专项规划》《黄南藏族自治州高质量打造国际生态旅游目的地“东南门户”实施方案》等指导性文件。

【旅游布局】　优化旅游空间和功能布局，培育和建设旅游景区、重点村、星级乡村接待点，加大旅游基础设施投入力度，尖扎县能科景区、泽库县泽曲国家湿地公园、河南县双鱼湖等7家景区成功创建国家AAA级旅游景区；尖扎县德吉村、同仁市扎毛村和吾屯村、泽库县和日村成功入选为国家级乡村旅游重点村，尖扎县能科德乾村、同仁市隆务镇吾屯村等13个村入选为省级乡村旅游重点村；同仁、尖扎、泽库成功创建省级全域旅游示范区。同仁市热贡龙树画苑等 14 家景区被青海省文化和旅游厅命名为青海省民族手工艺品加工生产扶贫基地名单；尖扎县德吉景区被确定为第一批青海省文化和旅游产业融合发展示范区创建单位；尖扎县藏家大院、河南县青海天堂草原农牧景区被确定为乡村旅游特色示范名单；青海黄南州热贡画院、同仁市热贡龙树画苑被评为青海省文化和旅游产业双创基地。坎布拉景区、德吉景区、黄河民宿来玉村、龙树画苑、嘎达庄园等成为广大游客和网红的打卡地。投资新建隆务河景观带、坎布拉运动休闲特色小镇、泽库县青藏生态文明博物馆、河南县商业步行街及察汗丹津大街风貌改造、黄河第一民宿村、能科帐篷家等一大批涉旅项目，不断提升生态旅游服务能力和标准。

【旅游外宣】 制定出台《黄南州支持旅行社输送游客六项举措》，组织举办"黄南藏族自治州成立 70 周年系列活动暨第四届青海热贡文化旅游节启动仪式"、黄南州非物质文化遗产精品旅游线路推介会、2023 黄南州支持旅行社输送游客六项举措暨全州非遗旅游线路推介活动、"坐着地铁游黄南"北京天津沉浸式体验活动、"5·18"国际博物馆日、"加强非遗系统性保护·促进可持续发展"黄南州 2023 年"文化和自然遗产日"非遗宣传活动暨全州首届非遗大集等宣传推介活动，同仁、尖扎、泽库旅游宣传推介活动等，组团参加深圳文博会、青海省生态博览会，挂牌成立天津市美术家协会副主席于小冬工作室，全方位宣传推介黄南优质文旅资源和旅游线路。

旅游资源

【概况】 全州旅游资源得天独厚，景点分布相当集中，且文化品位高，是青海省著名旅游胜地。2022 年，黄南州有 A 级景区 20 个（国家 AAAA 级旅游景区 1 个、国家 AAA 级旅游景区 14 个、国家 AA 级旅游景区 5 个）；培育国家级文化产业示范基地 2 家、省级文化和旅游产业示范基地 10 家；乡村旅游重点村 17 个，其中国家级 4 个（德吉村、扎毛村、和日村、吾屯村）、省级 13 个；省级旅游休闲街区 1 处，省级民族手工艺品加工扶贫基地 36 家、"青海 100"文化旅游体验点 19 家、省级"青绣"工坊和培育企业 14 家、非遗保护传承基地 8 家、非遗传习中心 126 家；有各类宾馆 260 余家（四星级宾馆 3 家、三星级宾馆 3 家）、星级乡村旅游接待点 90 家（其中四星级乡村旅游接待点 35 家）。全州有旅行社 1 家，即黄南胜景旅行社有限责任公司，位于同仁市隆务镇河东村东格尔路 1 号。全国重点文物保护单位 3 处，省级文物保护单位 42 处。有世界非物质文化遗产 2 项、国家级非物质文化遗产 6 项。境内旅游景点在州境自北向南分布，北部尖扎县境有典型的丹霞地貌坎布拉国家级森林地质公园、雄伟壮丽的黄河大型水利工程李家峡水电站和山水相映的高峡平湖库区风光、距今已有 330 余年历史的阿琼南宗寺，昂拉第七代千户长项谦东知的府邸是青海乃至安多地区保留比较完整的藏式贵族庄园，每两年举办的"五彩神箭"国际民族传统射箭邀请赛暨达顿文化节。中部有文化遗存众多的中国历史文化名城——同仁古城，有安多地区六大宗主寺之一、被列为全国重点文物保护单位的隆务寺，神秘主严的安多地区第一大佛塔——郭么日佛塔，享誉中外的"热贡艺术"之乡和热贡艺术画廊，滴翠泻绿的麦秀原始森林，独具民族民俗特色、神奇神秘的藏乡"六月会"、土乡"於菟节"，隆务寺一年一度的"正月祈愿大法会"，夏琼山一年一度的祭山神民俗活动。南部有被誉为"中华石书奇观"的泽库县和日石经墙，泽库县"八月草原盛会"，晶莹圣洁的河南县圣湖和神秘诱人、幽深奇特的仙女洞，雄伟壮观的黄河大峡谷，河南县蒙古族的"那达慕大会"、吉岗山祭山转山活动。还有白雪皑皑的山峰和百花盛开的广袤无垠的草原。这些旅游景点自北向南连为一线，形成特色的旅游线路，随着各景点的开发，黄南州将成为全省继青海湖、塔尔寺之后的第三大旅游区。

【热贡国家历史文化名城旅游区】

热贡国家历史文化名城旅游

区位于州东北部，2008 年被国家旅发委评为热贡国家历史文化名城 AAAA 级旅游区。境内有隆务寺、吾屯、年都乎、郭么日古堡等旅游胜地，景区规模较大，在“热贡艺术”的核心区上，热贡艺术、藏乡六月会、於菟舞、热贡藏戏等非物质文化遗产名录和重点文物保护单位较多，文化氛围十分浓厚，是青海省藏族文化留存比较完整的地区。有各类非物质文化遗产代表性项目传习中心 64 处、非遗宣传展示点 68 处；各类非遗项目 343 项，有地上地下遗存 229 处，文物保护单位 41 处，非遗代表性传承人 553 人，各级工艺美术大师、民间工艺大师、民间工艺师等 1728 人。

【隆务寺景区】 全国重点文物保护单位隆务寺，位于同仁市隆务镇西山坡下，依山傍水，气候宜人。它是安多地区仅次于塔尔寺、拉卜楞寺的一座格鲁派大寺，建于元大德五年（1301 年），早于青海塔尔寺、甘肃拉卜楞寺，距现在已有 700 多年的历史，藏语全称为“隆务德钦曲科尔朗”，意为“隆务大乐法轮洲”，下辖 35 座属寺和修行处。隆务寺一直为中央王朝所重视，历代高僧辈出、学者云集，明天启二年（1622 年），朝廷为隆务寺颁匾“西域胜境”。清乾隆三十三年（1768 年），第三世夏日仓活佛更登成列热吉被乾隆帝册封为“隆务呼图克图弘修妙悟国师”。1996 年，被国务院定为全国重点文物保护单位，2022 年有僧侣近 500 人。

2022 年 8 月，尖扎县德吉村（尖扎县供图）

【尖扎县德吉景区】 尖扎县德吉景区位于尖扎县东南部黄河沿岸，距县府马克唐镇约 8 千米，距省会西宁 110 千米，交通便捷，区位优势，气候宜人，自然环境优美。境内有旅游码头、文化广场、亲水广场、垂钓区、烧烤区、露天沙滩、自驾游营地、儿童游乐园，百亩花海及农事体验园、美食广场、农家乐改造提升、水上游乐区等旅游配套服务设施，水资源丰富，景色别致、视野开阔，人文景点与自然景观相互映衬，融为一体。2018 年，德吉村被农业农村部评为“中国美丽休闲乡村”；2019 年，被国家民委命名为“中国少数民族特色村寨”；2020 年被评为“全国乡村旅游重点村”；2020 年被青海省文化和旅游厅认定为国家 AAA 级旅游景区。

【麦秀国家森林公园景区】 森林公园东西长 37 千米，南北宽 40 余千米，总面积达 2 万公顷。隆务河自南向北贯穿其间。由于复杂的高原地理环境，形成地球第三极天然植物避难所，森林植物是在青藏高原隆升，植物大面积退却、消亡过程中适应高山峡谷中的小气候而残存下来的古老物种，植物区系分布极为典型，垂直分布明显。森林公园内植物资源达 800 余种，具有较高观赏价值的达 400 多种。森林公园茂密的森林和一望无际的各类灌木林为野生动物提供良好的栖息繁衍条件，有众多的珍禽异兽在此繁衍生息，其中国家保护动物有苏门羚、雪豹、马麝、马鹿以及雪鸡、蓝马鸡、水獭、獐子、岩羊、棕熊、猞猁等。森林公园更是天然药用植物园，有号称“软黄金”的冬虫夏草，雪莲、大黄、党参、羌活、秦艽、麻黄、冬葵、唐古特莨菪、藏茵陈等 200 多种药用植物按海拔高度和坡向坡位不同而规律分布，形成极富价值的植物群落。麦秀国家级森林公园现有景观景点 46 处，其中自然景观 35 处，占 76.09%；人文景观 11 处，占 23.91%。在自然景观中，地文景观 15 处，水文景观 8 处，生物景观 10 处，天象景观 2 处，分别占风景资源总数的 32.61%、17.39%、21.74%、4.35%。依据《旅游资源分类调查与评价》标准，将现有景观景点划分为三级，其中一级景点 17 处、二级景点 20 处、三级景点 9 处，分别占景点总数的 37%、43.5%、19.5%。

【泽库和日景区】 泽库和日景区位于泽库县西北 90 千米处，2020 年被青海省文化旅游厅评为国家 AAA 级旅游景区，景区总投资 3.6 亿元。景区以和日寺及石经墙远近闻名，被誉为“世界石书奇观”。和日石经墙位于泽库县和日寺，石经墙由 4 处构成。主墙长 165 米、高 3 米、宽 2.7 米，刻着经文的青绿色经石板整齐地堆叠在墙的上部，1 米多厚。经石主墙西段经过整修，东段老墙的形状不规则，东段墙侧有大量佛像、佛塔和六字真言单幅精美石刻作品，比西段更真实、丰富。主墙上刻著名佛教经典丛书《大藏经》两大部分之一的《甘珠尔》，其中收录各种著述 1008 种，约 3966 万字（两遍），主墙东面是一处独立存在的经石方墩，高 10 米，边长 9 米，上堆《大藏经》的另一部分经典《丹珠尔》，收录各种著述 4361 种，约 3870 万字。在《丹珠尔》经墩东 40 米处、主体石经墙西 120 米处，还各有一座规模较小的石经墙，前者所刻经文为佛教丛书《塔多》经，共刻 108 遍；后者所刻经文有 17 种。除此之外，和日石经墙还有近 2000 幅各种佛像、佛塔等绘画石刻作品。石经墙采用传统的藏族石雕技术，文字、佛像、图案、风情、人物等设计精巧，平刻线条优美，错落有致，浮雕刻艺奇特，有的浮雕凸出达 2 厘米，神态各异，形象逼真，大小规格不一，大的达一人多高，小的约巴掌大，具有较高的研究价值、艺术价值及文物价值。泽库和日寺石刻成功入选国家非物质文化遗产名录。

【河南洮河湿地公园景区】 青海洮河源国家湿地公园位于青海省黄南州河南蒙古族自治县赛尔龙乡中部，东邻甘肃省碌曲县，西接优干宁镇，南倚托叶玛乡、柯生乡，北靠甘肃省夏河县，总面积 383.93 平方千米，其中湿地面积 13820 公顷，占全区总面积的 36%。洮河源湿地可划分为 2 类、6 型，即河流湿地和沼泽湿地，河流湿地类包括永久性河流、季节性河流；沼泽湿地类包括沼泽化草甸、藓类沼泽、草本沼泽、灌丛沼泽。河流湿地（水域）面积 1500 公顷，占该区总面积的 3.91%；沼泽湿地面积 12320 公顷，占该区总面积的 32.09%。洮河在湿地公园境内流程 23.50 千米，河段落差 400 米。洮河源湿地是青藏高原高寒湿地生态系统的典型代表，野生动植物资源丰富。拥有高等植物 324 种，隶属 44 科、120 属。有野生动物 191 种，隶属 21 目、43 科。其中，国家一级保护野生动物有黑颈鹤、金雕 2 种，国家二级保护野生动物有大天鹅、鸢、雀鹰等 11 种；省级重点保护野生动物有艾虎、普通鸬鹚、灰雁等 15 种。李恰如天池坐落在石山环绕之中，池面约 1500 平方米，池水清澈碧绿，每年有大量的白鹤、鹭鸶等珍禽来此栖息，吸引无数游客回归自然，流连忘返。

旅游业态

【生态旅游】 黄南州深入普查和研究梳理生态文化旅游资源，邀请文化旅游规划专家反复修改论证，制定《青海打造国际生态旅游目的地黄南实施方案》《黄南一号风景大道项目实施规划》和《河南县创建省级国际生态旅游目的地示范区实施方案》等指导性文件，制定《黄南高质量打造青海国际生态旅游目的地“东南门户”实施方案》初稿。建立省内市（州）和甘川地区市州生态旅游协作机制，加强省内外生态旅游市场互联互通，联合开展生态旅游市场营销、产品开发、环境保护等活动，拓展旅游客源市场。以南北走向横穿全域的 213 国道为主线，编制《黄南一号风景大道修建性详规》，依托 7 个国家公园，打造“一线串点，一线带面”的 213 国道“黄南一号风景大道”，打造串联“一区七园四中心”的“黄南一号风景大道”，构建“带状串联”“点状辐射”“网状协同”的黄南文化生态旅游新格局。

【乡村旅游】 尖扎县藏家大院等 2 家被确定为乡村旅游特色示范画院名单；青海黄南州热贡画院等 2 家被评为青海省文化和旅游产业双创基地。截至年底，评

2022 年 12 月 14 日，同仁市扎毛风情园（同仁市供图）

定省级乡村旅游重点村 4 个、五星级乡村旅游接待点 1 个、星级乡村旅游接待点 35 家。

【民俗文化旅游】 持续打造具有热贡文化、神箭文化、蒙藏文化、游牧民俗文化等特色的精品剧目，重点做好大型藏戏《意卓拉姆》《松赞干布》《热贡音画》等特色文旅演艺产品推广，启动特色剧目《金城公主》申报国家艺术基金项目，完成剧目编排及国内巡演任务，展现优秀民族文化艺术魅力。鼓励支持文创产品研发与经营，拓宽文创产品展示和销售渠道，推动州县博物馆特色文创产品研发。鼓励举办黄南州民族服装设计大赛、热贡唐卡绘制大赛、黄南州文化创意和旅游纪念品设计大赛等赛事活动，推出一批具有地域文化内涵的创意产品。继续承办第四届青海·热贡文化旅游节系列活动，以及五彩神箭国际传统射箭邀请赛、那达慕传统耐力赛马大会、中国黄河“溯源之旅”铁人三项系列赛等重大体育活动。

【全季旅游】 结合黄南州四季文旅资源优势，组织四季旅游精品线路，打造区域夜间文旅消费街区，推动全季旅游发展。春季，以“黄河沿岸（隆务河沿岸）民俗风情”为主的踏青游；夏季，以“神韵黄南民俗文化”为主的探秘游；秋季，以“高原生态有机食品”为主的美食品尝游；冬季，以“热贡艺术和高原冰雪文化活动”为主的研学体验游。

坎布拉景区

【概况】 坎布拉景区位于青海省黄南藏族自治州尖扎县西北部黄河南岸，北依拉登山同海东市化隆回族自治县接壤，西邻海南藏族自治州贵德县，距省会西宁 131 千米，东距尖扎县城马克唐镇 50 千米。景区东西长 14 千米，南北 11 千米，总面积 152.47 平方千米。景区内各个景点主要分布在海拔 2000～3000 米，其中最低海拔 2082 米，最高海拔 4118 米。坎布拉的森林和山峰面积占景区总面积的 80%以上，年平均降水量 450～490 毫米，年平均气温-6℃～2.9℃，原始森林及其生态系统完整，是避暑、休闲、疗养、度假、旅游观光胜地。坎布拉景区以“原始森林、丹霞百态、高峡湖泊、密宗佛寺、藏族古村”五大主体景观，包括坎布拉国家森林公园、国家地质公园、天境十八宗、“安多珠穆朗玛”申宝山（是尖扎的最高峰，海拔 4614 米）、多麦四宗之首南宗寺庙群、总装机容量 200 万千瓦的宏大李家峡水电工程以及古老纯朴而农牧交错兼顾的安多藏族古村落等特色景点，以游览观赏、宗教朝觐、消夏避暑为主要功能的综合性旅游景区，千姿百态的丹霞群山，清澈碧绿的黄河水库，雄态秀美的原始森林完美融合成天然画卷，丹山碧水、原始森林、人文、宗教四美皆备，为青藏高原所罕见。该区为全国迄今发现的新第三系岩层中发育最典型的丹霞地貌区，不仅有很高的旅游观赏价值，而且有很高的科学研究价值。

2022 年，坎布拉景区树立全球视野和国际标杆，把握景区资源禀赋，凝聚共识、接续发力，推进联合国教科文组织世界地质公园申报创建等工作，推动景区高质量发展。全年完成固定资产投资 2617 万元；受新冠疫情影响，景区仅正常开园迎客 60 天，接待游客 5.37 万人，完成旅游收入 324.32 万元。

【景区保护管理】 开展绿盾行动，协调尖扎县相关职能部门，建立坎布拉景区生态保护联席会议制度，持续加大景区项目实施监管和审查，常态化开展巡察和管护，全年排查整治问题 3 类 6 项。不定期组织力量对景区环境卫生进行集中整治，确保景区各景点有专职保洁员，做到环境卫生清洁，视野内无垃圾，库区水面无漂浮物，景区停车场无垃圾、无积水。组织景区运营公司、俄家台社区、机关干部职工集中清理垃圾志愿活动，激发大家参与环保的积极性。以申报联合国教科文组织世界地质公园为契机，开展地质遗迹调查评价和数据库建设，编制完成公园文化遗产名录、非物质文化遗产名录、动植物多样性名录，形成坎布拉地质遗迹资源综合调查评价报告和坎布拉地质公园景观资源及保护研究书籍，为景区地址地貌遗迹、生态资源保护提供科学保障。

【景区重点项目建设】 启动坎布拉地区旅游发展总体规划和重要节点详细规划的编制工作，完成初稿审查。再次梳理“十三五”时期景区发展建设任务完成情况，列出坎布拉景区重点建设项目清单，与州发展改革委、州文旅等部门沟通和衔接，列入全州“十四五”规划盘子。争取落

2022 年 7 月，游客游览坎布拉景区小瑶池景点（坎布拉景区供图）

实坎布拉国家地质公园保护展示设施项目，总投资 1500 万元，完成所有项目前期。克服疫情影响，集中对景区续建项目进行开复工部署，倒排工期，保证续建项目按计划完成建设。坎布拉景区游客信息服务设施建设、坎布拉景区（三岔口）建设项目、俄家台旅游服务基地提升、沿黄不稳定斜坡治理工程等续建项目全部完工。成功引进青海喜旋生态移民民族文化有限公司，投资建设坎布拉生态主题帐篷项目，总投资 1450 万元。解决景区核心区无法提供住宿、餐饮的问题。组织协调省内商业协会来景区旅游服务基地参观，与商业街、文化街投资商达成合作协议，入驻开业商户 4 家，投资兴建的俄家台旅游服务基地逐步投入运营。与中铁资源集团达成基础合作运营的共识，投入近 1000 万元，购置 25 辆中巴车、10 艘快艇、1 艘电动客渡船，并建立信息化调度网络，给每台车、每艘船都加装定位系统，建立景区交通安全联席会议制度，常态化开展交通隐患和违法事件查处，加强对司助人员的培训，有效遏制景区各类交通违法违规行为。

【景区旅游监管】 落实常态化疫情防控制措施、保持优质、安全、文明、有序的旅游环境。精心筹备旅游运营事宜，健全完善森林防火、疫情防控、安全事故、文体活动等应急预案，强化应急演练，增强应急救援能力。定期组织排查景区安全隐患，加强对栈道、码头、车船的排查和检修，对存在安全隐患的滑坡地带进行除险加固，加挂安全警示标识，对游客集中，险要路段等区域组织专门力量值勤值守。成立坎布拉景区应急指挥部，适时召开分析研判会，通过推迟景区开园日期等措施，常态化做好疫情防控工作。全年开展联合整治 2 次，各类专项检查督导 3 次、应急演练 2 次、员工培训 6 次，联合大检查 1 次，并与一线 90 余名员工签订安全责任书。

【景区宣传推介】 从年初起，

2022年6月25日，坎布拉景区新购置快艇吊装下水现场（坎布拉景区供图）

在兰州、西宁等地召开推介会，与290余家旅行社恢复合作。结合世界地质公园申报创建，加强坎布拉地质公园融媒体建设，坎布拉地质公园“两微一端”全部开通，策划拍摄景区特色小视频、小短片在抖音、快手等短视频平台投放，扩展景区宣传营销渠道。开放景区自驾游，并在原有游览线路基础上新推出后弘文化游线等精品游线，满足广大游客多样化的需求，不断提升景区旅游品质。

【地质公园申报】 路线踏勘和选点　到坎布拉地质公园、夏琼雪山、隆务峡、麦秀史赫郎卡古火山群等区域进行选点，确定现场评估考察路线，对各遗迹点进行标注，完成《拟创建坎布拉世界地质公园评估考察路线方案》，并根据考察路线和遗迹点实际情况制定《标识标牌安装说明》《重要遗迹点修缮说明》《主要道路维修说明》等工作计划书。

A表建档评估　按照世界地质公园操作指南，对涉及的5个方面220项内容进行多轮次梳理对比，同时与第三方共同成立档案资料、外宣外联工作小组，与同仁市、尖扎县、泽库县和州直相关单位对接，建立健全A表档案，抓紧开展翻译等工作，建档工作基本成形。

考察路线道路整修及交通标识完善　摸底调查评估考察路线沿途交通标识牌，完成所有国道、省道及坎布拉景区内交通指示牌的更换和增设。道路整修及沿途环境卫生整治常态化开展，巡查总里程76千米，整治塌方、清理堆积物、整修路面若干。推进地质科普设施建设工作。坎布拉地质博物馆完成装修及亮化，与设计单位对接，开展博物馆展厅布展设计工作。拟创建世界地质公园标识标牌（包括解说牌、科普栏等）完成制作，施工单位已入场进行安装。地质特色学校全部完成校园科普长廊、宣传栏、学习栏、特色学习门牌等制作。

推进拟创建公园显示度建设　完成坎布拉世界地质公园申报视频（时长15分钟）和宣传视频（时长5分钟）编辑并投放。坎布拉地质公园网站、微信公众号、微博全部开通，开展坎布拉创建世界地质公园线上宣传，其中坎布拉地质公园公众号关注人数突破1.6万人。完成申报公园画册、导游手册、导游地图、科普读物（小学生版、中学生版、社区版）、宣传折页等的设计和编印。

2022年3月，联合国教科文组织官网公示，坎布拉地质公园成功入选2021—2022年度全球17个世界地质公园候选地之一，正式进入联合国教科文组织评估进程。

金融业

综　述

【概况】　2022年，黄南辖区有银行业保险业机构17家，其中银行业金融机构8家、保险业机构9家。截至年底，辖区银行业总资产183.92亿元，总负债179.25亿元，各项存款160.70亿元，各项贷款84.58亿元，不良贷款3.95亿元，不良率4.67%。保险业实现保费收入2.16亿元，赔付支出1.20亿元。截至12月底，国家乡村振兴重点帮扶县各项贷款余额达71.83亿元，辖内普惠型涉农贷款余额、农业保险保额实现持续增长，“双基联动”模式下当年累计发放贷款接近13亿元，普惠小微贷款余额4.69亿元，较年初增加0.71亿元，增长17.83%。

【金融服务实体经济】　通过专题安排部署、成立专项督导组、召开稳经济大盘督导座谈会，围绕金融助企纾困、普惠小微贷款、贷款利率、融资效率、重点领域等5个大项16个细项到企业、银行保险机构开展专项督导调研，引导各机构聚焦薄弱环节和关键领域，推动各项政策措施落地落实。做好“新市民”金融服务，推出新市民信贷产品5个，为1563户新市民发放贷款1.5亿元，引导保险公司主动对接全辖1310辆营运车辆，落实延保服务113笔，为消费者节省76.43万元，延期缴纳保费83笔33.32万元，指导新华人寿同仁支公司免费向同仁市363名环卫工人赠送意外伤害保险，保障金额3630万元。探索绿色金融“银行+保险”工作，制定《黄南银行业保险业绿色金融“银行+保险”融资试点方案》，在尖扎县试点“银行+保险”融资模式，辖区银行保险业机构与34家企业（合作社）开展绿色金融“银行+保险”业务，贷款余额8579.93万元，实现保费收入91.98万元，提供风险保障8857.38万元，推动实现银、企、保三方共赢。

2022年3月18日，黄南银保监分局组织召开2022年黄南银行业保险业普惠金融推进会、消费者权益保护工作联席会议（黄南银保监分局供图）

【乡村振兴金融服务】　持续加大国家乡村振兴重点帮扶县支持力度，3个重点帮扶市（县）各项贷款余额71.83亿元，较年初增长12.32%。普惠型涉农贷款余额34.45亿元，较年初增长10.42%。利用“双基联动”模式发放的贷款总额达到30.65亿元，其中2022年度累计发放贷款12.95亿元。制定《尖扎县金融服务乡村振兴创新示范区建设工作方案》，督促银行保险业机构落实落细创新示范区建设各项要求，推进示范区建设取得新成效。深化县域补短工程，同仁市、尖扎县域存贷比分别较年初增长7.11%、2.3%。巩固基础金融服务全覆盖工作成果，辖区设立惠农金融服务点576个，实现交易79799笔，交易金额8304.1万元。设立乡（镇）保险“三农”服务站35个，村级保险“三农”服务网点253个，持续保持农村基础金融服务全覆盖。

【小微企业金融服务】　加大小微企业支持力度，推动中、小微企业融资增量、扩面、降价。普惠型小微企业贷款余额10.05亿元，高于各项贷款，较年初增长5.41个百分点；有余额的贷款户数2060户，较年初增加389户，完成“两增”目标，面向小微企业推出“惠懂你”“商业云贷”“小微E贷”等信贷产品，通过“青信融”平台促成融资业务106笔，放款总金额1.47亿元，贷款投放率92.05%。累计为小微企业贷款客户减费让利1299.23万元，延期付息31.78万元，办理82笔延期还本贷款 9253.26 万元，优化服务流程，疫情期间线上办理贷款业务 6044 笔，贷款余额 2.33 亿元，通过“容缺机制”累计办理贷款 2423 笔 1.6 亿元。

2022 年 6 月 14 日，黄南银保监分局举行黄南银行业保险业绿色金融“银行+保险”签约仪式（黄南银保监分局供图）

【绿色金融“银行+保险”工作】 立足辖区发展实际，在双基联动+保险基础上拓展银行保险合作模式，制定《黄南银行业保险业绿色金融“银行+保险”试点方案》，指导尖扎农商行、人保财险黄南分公司率先试点，签订《绿色金融“银行+保险”合作协议》，组织尖扎农商行、人保财险黄南分公司召开黄南银行保险业绿色金融“银行+保险”签约仪式，辖区银行保险业机构与 34 家企业（合作社）开展绿色金融“银行+保险”业务，贷款余额 8579.93 万元，保险公司实现保费收入 91.98 万元，提供风险保障 8857.38 万元，完成赔付支出 214.56 万元。依托绿色金融“银行+保险”融资模式，签订全省首单马鹿养殖保险，填补冷水鱼养殖、马鹿养殖险服务空白，特色农险产品增加到 12 个，指导成立 2 家绿色专营支行。

【重点领域金融服务】 引导金融资源有力支持生态文明高地建设，农牧业、文旅业、清洁能源等产业贷款余额达 48.43 亿元。因地制宜制定《黄南银保监分局关于印发贯彻落实〈青海省银行业保险业服务生态文明高地建设方案〉的工作措施》及任务分解表，通过 17 条具体措施、细化 16 项任务引导辖区金融机构落实落细落地。引导银行保险机构加大“专精特新”、制造业、农林牧渔等重点领域金融支持。截至 12 月底，农林牧渔业贷款余额 31.24 亿元，较年初增长 39.28%；交通运输、仓储和邮政业贷款余额 3.97 亿元，较年初增长 5.8%。制造业企业贷款余额达 3.45 亿元。指导保险公司承保牦牛、藏兰 131.26 万头（只），承保农作物 4100 公顷，承保农房保险 28451 户，总计提供风险保障金 9.76 亿元。

银　行

【概况】 2022 年，全州 8 家银行业金融机构落实“疫情要防住、经济要稳住、发展要安全”总体要求，以“和谐、稳进、提质”总要求扎实履职，凝心聚力做好各项工作，持续推动地方经济发展。截至年底，全州各项贷款余额为 84.58 亿元，较年初增加 8.35 亿元，增长 10.95%。各项存款余额 179.05 亿元，比年初增加 9.58 亿元，增长 5.7%。

【中国农业发展银行】 2022 年底，中国农业发展银行黄南藏族自治州分行各项贷款余额 59966 万元，较年初减少 6206 万元。全年累计投放贷款 3624 万元，累计收回贷款 9830.56 万元，其中粮棉油贷款累放 2714.25 万元、普惠小微企业贷款投放 1385.25 万元、国家乡村振兴重点帮扶县各项贷款累放 3518.60 万元、绿色贷款余额 9457.24 万元。各项存款余额 16231 万元，对公存款日均余额 23554 万元；拨备后 FTP（数据传输协议）利润 -8752 万元，不良贷款率 27.29%；对公存款专项利润 486 万元。

全年支持地方粮油企业粮油轮换，向全州 5 户粮食企业投放 12 笔地方储备粮油贷款共 2714 万元；上报 95 万元粮油购销流动资

2022 年 9 月 21 日，中国农业发展银行黄南分行客户经理在夏琼北路街道开展“金融标准　为民利企”宣传活动（农发行黄南分行供图）

金贷款。支持普惠小微企业，投放 900 万元水利建设贷款。支持青海三江牧场农牧科技有限公司牛羊收购，获批贷款 900 万元，累计投放 410 万元。获批尖扎金能新能源有限公司尖扎县尖扎滩乡 400 兆瓦“牧光储”一体化建设项目 14 亿元。梳理建立梯级项目储备库，纳入项目储备库项目 6 个，金额 16.3 亿元。强化合规管理，防范风险，提前收回泽曲河河道治理工程项目基金 30 万元，收回坎布拉景区基础设施建设项目基金 599.83 万元，收回基金收益 74.08 万元，现金清收贷款 254.73 万元。

【农业银行】　2022 年，中国农业银行黄南分行有 4 个县支行营业室、4 个二级支行、2 个离行式自助网点共 10 个营业机构。年末各项存款余额 50.74 亿元，较年初增加 3.13 亿元；各项贷款余额（含贴现）25.65 亿元，较年初增加 6.08 亿元。年末不良贷款余额 2918 万元，不良贷款率 1.14%，较年初增加 0.14 亿元，增长 81.25%。实现中间业务收入 873.34 万元，同比减少 250.48 万元，下降 22.29%。实现网上银行交易额 14419.79 万元，同比减少 12073.71 万元，下降 45.57%。实现电子银行业务收入 141.78 万元，同比减少 14.61 万元，下降 9.34%。

截至 12 月底，黄南分行普惠领域贷款余额 2.57 亿元，较年初增加 5077 万元，年内累计发放 494 户 1.97 亿元，增长 24.62%。落实减费让利政策，为小微企业贷款客户及商户减费让利 216.47 万元。开展优惠活动，涉及民生类商家（包括商超、餐饮、洗车等）24 户，补贴金额 9.13 万元。全行涉农贷款余额 13.94 亿元，较年初增加 0.6 亿元；粮食重点领域贷款余额 0.86 亿元，较年初增加 0.48 亿元；乡村产业贷款余额 6.17 亿元，较年初增加 0.72 亿元，“惠农 e 贷”余额 5.71 亿元，较年初增加 0.89 亿元；“乡村振兴活畜贷”余额 2908.82 万元，较年初增加 2798 万元；“富民贷”余额 5509.45 万元，较年初增加 5341 万元；农户信息建档 5518 户，较年初净增 1170 户；“乡村智慧游”平台上线户数 159 户，较年初增加 53 户。截至 12 月底，银行不良贷款处置额为 3145.34 万元，其中法人贷款核销 644.19 万元、信用卡证券化 66.31 万元、信用卡核销 10.5 万元、现金清收 1604 万元、个人贷款核销 820.33 万元。召开资产处置委员会 6 次，审议核销 54 笔、1475.18 万元。全年清分完整券 6387 捆、金额 46672 万元，残损

2022 年 8 月 23 日，中国农业银行黄南分行开展新版人民币科普宣传活动（农行黄南分行供图）

币5740捆、金额19711万元，实现上缴人民银行现金差错明显下降。与州税务局合作成立“惠农通”代缴点，打造“社保缴费不出村”便民服务品牌。截至12月底，布放惠农通服务点212个，行政村覆盖率达到80.51%；乡（镇）覆盖率100%，有效服务点109个，有效率40.56%（完成手工交易笔数后有效率达74%）；交易47441笔3829.48万元；惠农通小程序上线35户，上线率达16.5%；全年全辖城乡居民养老、医疗缴费10774人次，交易金额350.15万元。

【建设银行】 2022年，建设银行黄南分行各项存款余额34.57亿元，比年初新减少0.04亿元，同比减少0.04亿元，下降0.11%；各项贷款余额5.4亿元，比年初新增长0.04亿元，同比增长0.04亿元，增长0.75%；年末不良贷款余额0.016亿元，不良贷款率0.3%，同比增长0.15%。实现中间业务收入588.02万元，同比减少0.01亿元，下降18.3%。连续21年保持“全国文明单位”荣誉称号。

年内对黄南地区中小微企业、个体工商户、个人住房贷款客户等市场主体落实各项减费让利119.54万元；累计投放小微企业贷款112笔5237.79万元；小微企业普惠贷款余额3803.96万元，较年初增加2418.31万元；支持大中型企业客户1户，办理授信业务2笔14900万元。住房租赁平台新增支付交易2380笔，平台新增支付交易金额1036万元。

2022年1月1日，建设银行黄南分行金色谷地自助银行开业（建行黄南分行供图）

【邮政储蓄银行】 2022年，中国邮政储蓄银行股份有限公司黄南藏族自治州支行辖二级支行（含直属营业部）2个、营业网点7个，有自动取款机4台、自动存取款一体机6台、智慧柜员机8台。金融服务范围覆盖4个县27个乡（镇）262个行政村，县域网点覆盖率100%。实现收入2682.85万元，增长53.97%，人均收入79万元；实现净利润1450万元，增长68%，人均利润43万元，收入利润率54%。截至年底，各项存款余额8.32亿元。其中，个人储蓄余额1.62亿元，较年初新增2364万元；公司存款6.70亿元，较年初下降5568万元；各项贷款余额15117.46万元，较年初增加4726.87万元，增长45.49%。“三农”贷款结余7571.39万元，当年净增3235.88万元；消费贷款余额6699.08万元，当年净增925.30万元；小企业贷款结余846.99万元，当年净增565.69万元。2020—2022年，“三农”贷款发放931笔12395.3万元。

截至12月底，建立信用户787户，涉及信用村41个，实现贷款发放信用村26个，其中纯信用类信用户贷款发放365户3096万元，信用户纯信用类贷款结余2510.56万元。累计通过移动展业（“农贷通”——保证贷款、线上信用户贷款、商贷通保证贷款）发放贷款467笔4026万元。小企业贷款结余846.99万元，净增565.69万元。普惠小微企业贷款结余98户，较年初增长5户；贷款余额4094.09万元，较年初增长995.73万元，增长32.13%，普惠小微企业贷款增速较各项贷款增速下降13.36个百分点。全年清收贷款345.64万元（其中已核销贷款清收9.39万元），清收完成率132.94%，清收完成率全省排名第五，清收完成率同比上升0.54%。

截至11月3日，全州退役军人、其他优抚对象建档立卡率为

99.90%，优待证申领率为 99.81%，优待证制发率为 84.99%，优待证建档立卡、申领发放工作排在全省前列。做好新市民卡发卡工作，4 月 1 日起，免工本费、年费、小额账户管理费、账户余额变动通知短信服务费，免收跨行转账手续费、免收境内跨行 ATM 取现手续费。持“U+卡”可享邮政国内普通包裹寄递费 8 折优惠。

2022 年 5 月 6 日，同仁市村集体经济组织“三资”管理服务中心揭牌仪式在同仁农商银行举行（同仁农商银行供图）

【同仁农商银行】 2022 年，同仁农商银行有营业网点 10 个，其中县城网点 6 个、乡（镇）网点 4 个。截至年底，各项存款余额 284092 万元，较年初增加 9709 万元，占全市金融机构存款总量的 31.06%。各项贷款余额 168937 万元，较年初增加 8897 万元，各项贷款同仁市场占比 42.7%。年内累计清收处置化解不良贷款 5799.86 万元。5 月 6 日，同仁市村集体经济组织“三资”管理服务中心揭牌仪式在同仁农商银行举行，服务市域 73 个村集体经济组织。

全年累计投放贷款 8.49 亿元，其中累计投放涉农贷款 4.08 亿元，涉农贷款余额达 8.66 亿元，较年初增加 2511 万元；累计投放小微企业贷款 8272 万元，小微企业贷款余额达 3.04 亿元，较年初增加 1900 万元。发放创业贷款余额 2622 万元。至年底白领贷客户 1430 户，白领贷授信达到 70007 万元，用信达到 39269 万元，年内新增 77 户。办理州、市个人住房公积金贷款 97 笔 5142 万元。支持困难行业和小微企业办理调整分期还款计划 15 笔 740 万元；办理展期 4 笔 1477 万元。累计建立“双基联动”合作贷款办公 80 个，覆盖全市 100%行政村，累计发放“双基联动”贷款 1235 笔 18490 万元，年末贷款余额 83894 万元，惠及农牧户 6788 户。截至年底，绿色贷款 50092 万元、普惠小微企业贷款 30374 万元、涉农贷款 8.66 亿元、扶贫贷款 0.17 亿元、创业贷款 0.26 亿元、其他各类贷款 0.86 亿元。在特色产业、“三农三牧”、小微企业等方面投放贷款总额达 13 亿元。扶贫小额贷款余额达 1313 万元；在 72 个行政村、8 个社区开展“双基联动”合作贷款业务。完成州、市 36 个单位三代社保卡转换。为信用户发放 1 万～20 万元低利息无担保信用贷款。截至年底，评定信用户 12939 户、信用村 59 个、信用乡 11 个，当年新增信用户 695 户、信用村 2 个、信用乡 1 个。年末累计发放小额信用贷款 7270 户 6.51 亿元，信用贷款余额 5502 户 4.87 亿元。

保险业

【概况】 2022 年，黄南州 9 家保险公司实现保费收入 2.16 亿元，赔付支出 1.20 亿元。全年承保牦牛、藏羊 70.37 万（头）只，承保农作物 6.15 万亩，承保农房保险 28451 户。保险公司主动对接全辖 1310 辆营运车辆，落实延保服务 113 笔，指导新华人寿同仁支公司免费向同仁市 363 名环卫工人赠送意外伤害保险，保障金额 3630 万元。在州银保监局牵头下，设立乡镇保险“三农”服务站 35 个、村级保险“三农”服务网点 253 个。

【人保财险】 2022 年，中国人民财产保险股份有限公司黄南州分公司设立 13 家乡（镇）“三农”保险服务站，协保协赔人员 174 人，保险服务覆盖全州各村

2022 年 6 月初，人保财险泽库支公司西卜沙乡牦牛保险理赔现场（人保财险黄南州分公司供图）

社。全年全险种保费收入 14771.66 万元，同比减少 9.07%，全险种赔款支出 8506 万元，同比下降 2.71%。上缴各类税款 2164.3 万元，其中代缴车船税 954.7 万元（车险保费收入 3624.38 万元，同比减少 1.71%，赔款支出 1009.73 万元）；商业非车险保费收入 1485.46 万元，同比减少 6.53%，赔款支出 362.83 万元；政策性农险保费收入 9675 万元，同比减少 8.9%；赔款支出 7133 万元，同比减少 1%。处理农业保险理赔案件 4.3 万件，受益 5.7 万户次。泽库支公司获集团“服务乡村振兴突出贡献集体”奖。得到省委、省政府、监管部门、社会各界和广大客户的一致认可和肯定。

公司开办的农险产品达到 14 个，农业保险参保达 3.5 万户次，赔付案件 4.3 万件，赔款金额 7133 万元，受益 5.7 万户次；引入互联网、空间信息技术和电子芯片等高科技手段，推进藏系牛羊电子耳标，藏系羊、牦牛耳标佩戴率 67.88%，同比提升 20%，耳标佩戴新增 14 万头（只）。其中泽库县覆盖率达到 90%。种植保险按图承保按图理赔、无人机查勘、人保 E 农险等高新技术应用，构建“天、空、地”一体化的农业保险立体服务体系。

应急管理特岗人员团体意外伤害保险覆盖全州，舌尖安全保、烟花爆竹企业安全生产责任保险、农业雇主责任保险、野生动物致害政府救助责任保险、地理标志被侵权损失保险、医师执业责任保险等 8 个险种实现破冰，其中尖扎支公司承保坎布拉景区国内水路客运承运人责任保险和风景名胜区责任保险，实现保费收入 8.34 万元。以“农险、综合保险、就业、融资、公益、联点”等内容为依托，构建“N+扶贫”模式。全辖实现综治险保费 80.26 万元、安责险保费收入 33.95 万元、农民工工资履约保证险保费 45.05 万元。创新开办商业性牦牛保险、青稞、油菜商业附加险等 5 个商业性产品，实现保费 13.06 万元。承保全州农房保险 21278 户，提供风险保障 6.38 亿元，承保同仁市、泽库县和尖扎县老年人意外险 10559 人，其中特困老人 5851 人，提供风险保障 31.67 亿元。在农网聘用当地青年担任农险协保联络员 205 人，仅河南、泽库聘用占全州总数的 87%，少数民族占 100%。为黄南宏丰得、水电公司等中小企业提供近 2700 万元的风险保障。

2022 年黄南州财产保险机构保费情况统计表

表 33

项目			合计	人保	大地	平安	阳光	大家	太保	人寿财
保费收入	全险业务	保费收入（万元）	17186.57	14771.66	1563.65	217.6	43.27	106.46	274.4	209.53
		同比增长（%）	1117.56	-9	—	-69.7	-7.8	120.76	29.95	1053.35
		份额（%）	384.73	84.12	100	100	—	0.61	100	—
	交强险	承保数量（万元）	37927	28052	1179	1711	2612	1168	1747	1458
		保费收入（万元）	2475.25	1819.74	83.03	109.9	172	82.98	115.5	92.1
		份额（%）	201.54	73.68	5.31	37.4	39.7	3.36	42.09	—

续表33

项目			合计	人保	大地	平安	阳光	大家	太保	人寿财
保费收入	商业车险	承保数量（万元）	15622	12022	186	803	1297	114	581	619
		保费收入（万元）	2399.60	1804.64	45.53	128.8	236.5	15	87.9	81.23
		同比增长（%）	829.17	2.24	0	-34.9	25.37	21.65	8.8	806.01
		份额（%）	209.24	75.38	2.91	43.80	54.59	0.63	32.03	—
	农业险	承保数量（万元）	417.60	333.6	82	—	—	—	0	2
		保费收入（万元）	11210.89	9783.06	1414.46	—	—	—	0	13.37
		同比增长（%）	-9.63	-9.63	0	—	—	—	0	—
		份额（%）	177.83	87.37	90.46	—	—	—	0	—
	责任险	承保数量（万元）	2558	1213	1170	74	4	—	68	29
		保费收入（万元）	609.87	510.04	20.64	16.1	0.22	—	52	10.87
		同比增长（%）	126.54	-16.2	—	-11.4	-21.43	—	175.57	—
		份额（%）	114.17	88.4	1.32	5.5	0.05	—	18.9	—
	一年期人身	保费收入（万元）	45.69	—	—	16.7	1.67	8.32	19	—
赔款额度	全险业务	赔款额（万元）	10002.31	8506.17	1063.47	169.36	130.42	20.14	77.47	35.28
		赔款件数（件）	62584	47169	14553	173	366	72	139	112
		赔付率（%）	280.5	64.64	68	62.3	21.75	18.92	28.23	16.84
	交强险	赔款额（万元）	419.69	316	0.91	40.47	39.23	1.36	15.3	6.42
		赔款件数（件）	1406	1016	8	83	161	43	79	16
		赔付率（%）	99.71	23.25	0.09	36.8	22.85	5.25	4.5	6.97
	商业车险	赔款额（万元）	1017.26	791.6	2.23	85.32	74.39	15.17	42.65	5.9
		赔款件数（件）	1541	1161	6	77	204	26	52	15
		赔付率（%）	298.16	64.15	0.21	66.2	28.48	101.13	8.95	29.04
	农业险	赔款额（万元）	8195.81	7133.6	1060.33	—	—	—	0	1.88
		赔款件数（件）	59146	44600	14539	—	—	—	0	7
		赔付率（%）	194.07	80.31	99.7	—	—	—	0	14.06
	责任险	赔款额（万元）	123.32	95.58	—	27	—	—	0.74	—
		赔款件数（件）	40	30	—	6	—	—	4	—
		赔付率（%）	206.75	16.55	—	168	—	—	22.2	—
	一年期人身	赔款额（万元）	35.91	—	—	16.57	—	0.55	18.79	—
		赔款件数（件）	13	—	—	7	—	2	4	—
		赔付率（%）	112.36	—	—	99.2	—	6.61	6.55	—

【中国人寿保险】 2022年，中国人寿同仁支公司开办业务主要有人身保险、意外保险、健康保险和城乡居民医疗保险4个板块，所售各类产品达2000种以上。其中人身保险所售的产品以健康保障类业务为主，代表性产品有国寿福重大疾病保险、康悦百万医疗保险。中国人寿同仁支公司各项保费累计收入2220.56万元，赔款支出158.01万元。

营销发展部首年期交保费完成290.1万元、标保完成93万元、10年期以上完成149万元、短期险保费完成34.46万元；机

2022 年 6 月 16 日，中国人寿同仁支公司开展反洗钱、非法集资宣传（中国人寿同仁支公司供图）

构业务部团险渠道全年完成短险业务 178.09 万元，完成代理年金保险 52 万元；机构业务部银保渠道期交达成 9.3 万元；运营渠道新契约 502 件，其中无纸化 502 件，短险汇交、团单、建工险 312 件。保全业务 1241 件，平台处理 265 件，“线上 E 柜”处理 976 件。平台处理理赔 456 件，核及理赔调查 51 件。

全州城乡居民医疗保险参保人数 22.66 万人，同比下降 0.36%。各项医保基金总收入 31638.91 万元，总支出 27455.44 万元，基金结余 4183.47 万元。其中，城乡居民基本医保基金收入 22874.24 万元，支出 18996.21 万元，基金结余 3878.03 万元；大病医保基金收入 2170.37 万元，支出 1946.54 万元，基金结余 223.83 万元；医疗救助基金收入 6594.30 万元，支出 6512.69 万元，基金结余 81.61 万元。

门诊就诊 33.16 万人次，医疗总费用 14624.83 万元，各项基金报付合计 8929.37 万元，报付比例 61.06%。其中，普通门诊就诊 28.50 万人次，医疗总费用 9541.25 万元，基本医保报付金额 4557.52 万元，医疗救助报付金额为 27.53 万元，各项基金合计报付比例 48.06%；门诊两病就诊 13 人次，医疗总费用 0.88 万元，基本医保报付金额 0.38 万元，报付比例 43.18%；门诊特殊病慢性病就诊人次 4.67 万人次，医疗总费用 5082.7 万元，基本医保报付金额 1255.06 万元，大病医保报付金额 108.78 万元，医疗救助报付金额 2980.1 万元，各项基金合计报付比例 85.47%。特殊购药就诊 1568 人次，医疗总费用 281.08 万元，基本医保报付金额 130.16 万元，大病报付金额 52.05 万元，医疗救助报付金额 32.09 万元，各项基金合计报付比例 76.24%。住院就诊 4.56 万人次，医疗总费用 32186.80 万元，基本医保报付金额 14298.03 万元；大病报付人次 0.35 万人次，大病报付金额 1928.11 万元；医疗救助报付人次 2.19 万人次，医疗救助报付金额 4471.29 万元，各项基金合计报付比例 64.30%。省外异地就医就诊人次 741 人次，占总住院人次的 1.62%。医疗总费用 1176.73 万元，基本医保报付金额 375.36 万元；大病医保报付金额 132.23 万元；医疗救助报付金额 178.67 万元，各项基金合计报付比例 58.32%。累计调查意外伤害病案 183 件，涉及总医疗费月金额 435.84 万元；核查省外就诊病案 86 件，涉及总医疗费用金额 192.93 万元，未发现不实案件。

2022 年黄南州人寿保险业务统计表

表 34

项目		国寿	新华	总计
金业务收入	总计（万元）	226.67	1833.94	4060.61
	同比增长（%）	11.64	-14.06	-2.42
	份额（%）	100	100	200

续表34

项目		国寿	新华	总计
个人业务收入	合计（万元）	2064. 51	1819. 68	3884. 19
	同比增长（%）	9. 03	-9	0. 03
	份额（%）	92. 72	99. 22	191. 94
	新单（万元）	145	126. 93	271. 93
	期交（万元）	299	1693. 38	1992. 38
团体业务收入	合计（万元）	151. 61	3. 73	155. 34
	同比增长（%）	-33. 89	-72. 75	-106. 64
	份额（%）	6. 8	0. 2	7
	新单（万元）	40. 77	376. 62	417. 39
	期交（万元）	—	3. 69	3. 69
银行邮政代理业务收入	合计（万元）	10. 55	1. 05	11. 6
	同比增长（%）	0. 48	-91. 26	-90. 78
	份额（%）	0. 48	0. 57	1. 05
赔款及给付	金额（万元）	183. 54	5. 4	188. 94
	件数（件）	210	—	210
期保险赔	金额（万元）	108. 58	5. 4	113. 98
	件数（件）	203	—	203
伤医疗给付	金额（万元）	74. 96	37. 19	12. 15
	件数	7	—	7
期满给付	金额（万元）	33. 19	—	33. 19
	件数（件）	7	—	7
年金给付	金额（万元）	86. 19	86. 61	172. 8
	件数（件）	88	—	88
退保	金额（万元）	83. 74	224. 58	308. 32
	件数（件）	167	331	498

城乡建设

黄南年鉴

2023

城市建设

【概况】 2022年，黄南州住建领域在建项目167项，全年完成城乡建设投资22.95亿元，城市用水普及率97.81%，城市建成区绿化覆盖面积294公顷，绿化覆盖率16.81%，人均城市道路面积30.89平方米，城市污水处理率88.54%，生活垃圾无害化处理率98.61%。新增住宅面积9.26万平方米、公共建筑面积2.1万平方米。

2022年黄南州住建领域项目统计表

表35

项目渠道	地区	项目数（个）	投资金额（亿元）	完成投资（亿元）	年底完成总投资占比（%）
发改口下达项目	同仁市	32	12.25	7.5	61.22
	尖扎县	37	6.49	4.5	69.34
	泽库县	25	4.05	1.5	37.04
	河南县	24	3.36	1.5	44.64
小计		118	26.15	15	57.36
招商引资房地产项目	—	7	5	4.2	84
住建口项目	高原美丽乡村	4	0.64	0.64	100
	农牧民居住条件改善	4	1.29	1.29	100
	老旧小区改造	2	0.25	0.25	100
	抗震和危房改造	1	0.04	0.02	39.80
	国家级传统村落保护利用示范州项目	30	1.5	1.4	93.33
	和日镇美丽城镇建设项目	1	0.55	0.16	30.00
小计		42	4.26	3.75	88.09
总计		167	35.41	22.95	64.81

【重点项目建设】 2022年，黄南州按照“121”的城镇发展总体要求，紧扣“以人为本、民生为先”的基本要求，实施泽库县和日镇高原美丽城镇项目，全力推进和日镇城镇市政基础设施、补齐城镇短板为示范引领，在美丽城镇建设资金支持下，和日镇完成美丽城镇专项5项，拟整合引导既有渠道及社会资金项目28项，总投资达3.6亿元，其中美丽城镇专项资金5470万元；整合地方政府债券资金3800万元；整合行业部门资金26701万元。

【森林城镇建设】 坚持“让人多的地方树多，生产生活的地方先绿”原则，依据项目城镇地形地貌和实际需求，加大景观林建设。建设完成省级森林城镇1个（尖扎县昂拉乡省级森林城镇）。

城市管理

【概况】 截至年底，黄南州城区道路总长度168.5千米，总面积296.9万平方米；路灯9627盏，雨污管线169.5千米，市政设施完好率和路灯亮灯率95%。全州日供水能力2.45万立方米，服务人口9.4万人。水源为扎毛水库、李家峡干渠等地，自来水水质均达到国家饮用水标准，全年供应自来水604万立方米。有15处区域供热锅炉房，总供热能力97兆瓦，供热管道长度98.86千米，供热面积261.65万平方米。有车用天然气加气站1座，全年供气40万立方米，加气3万车次。

2022年黄南州自来水供水情况统计表

表36

地区	水厂生产能力（万立方米/日）	供水管道长度（千米）	供水总量（万立方米）	售水总量（万立方米）	生活用水（万立方米）
总计	2.45	164.7	604	533.8	299
同仁市	1.4	70	301	262	175
尖扎县	0.5	46	119	106	50
泽库县	0.19	22	74	68	30
河南县	0.36	26.7	110	97.8	44

【市容环境】 全州城镇卫生清扫保洁面积253万平方米，日产垃圾235吨。全年清运生活垃圾3.49万立方米、建筑垃圾215立方米。截至年底，有环卫保洁人员708人，城镇管理人员75人，配备专用车辆120多辆，设置垃圾箱800多个。清理乱贴小广告7500余张，处理带泥上路事件22起，清理带泥上路污染路面11处。全年城区清理店外经营660户，取缔乱摆摊点、流动商贩1210个，规范拆除门头牌匾123块，清理卫生死角205处、各类垃圾710立方米。截至年底，全州有公共厕所93座，其中同仁市40座、尖扎县13座、泽库县10座、河南县30座；有生活垃圾收集箱591个，其中同仁市196个、尖扎县110个、泽库县120个、河南县165个。

【园林绿化】 全年新增城区绿地面积15万平方米，城区绿地总面积增至275万平方米，建成区绿地面积215万平方米，建成区绿化覆盖面积294万平方米，建成区公园绿地面积42.32万平方米，建成区绿地率、绿化覆盖率、人均公园绿地面积分别为14.27%、16.81%和4.52平方米。

2022年黄南州城市园林绿化情况统计表

表37

区域	城市园林绿地（公顷）	公园		绿化覆盖率（%）	人均公园绿地面积（平方米）
		个数（个）	面积（平方米）		
全州	42.32	4	4.8	16.81	4.52
同仁市	30	1	0.4	34.27	7.13
尖扎县	7.4	1	1.2	5.33	3.9
泽库县	2.5	0	0	3.28	1.85
河南县	2.42	2	3.2	1.39	1.4

【污水与垃圾处理】 全州有正式运行的城市污水处理厂4座、乡(镇)污水处理厂2座，日处理能力1.5万吨；在建2座，日处理能力0.5万吨。全州实际日均处理污水1.5万吨。COD（化学需氧量）消减量1621吨；产生脱水污泥133吨，采取填埋等方式处理。城市污水处理率88.54%，污水处理厂满负荷运转率95%。正在运行的生活垃圾处理厂22座，采用卫生填埋方式处理，生活垃圾无害化日处理能力465吨。

【城镇供水】 全州有供水厂6座，其中同仁2座、尖扎2座、河南1座、泽库1座。水源地9处，其中同仁2处、尖扎2处、河南3处、泽库2处。

同仁市有2座水厂，即江什加水厂和江龙水厂，其中江什加水厂建于2015年，水源取自扎毛水库，设计规模为每天2.5万立方米，处理工艺为絮凝—沉淀—过滤—消毒，日供水能力1.4万立方米。无水质在线监测仪表，无水质化验室。配套有基本的自控系统，运行基本正常。江龙水厂建于2015年，水源取自江龙河，设计规模为每天6000立方米，为县城备用水源，未运行。无水质在线监测仪表，无水质化验室。配套有基本的自控系统，运行基本正常。

尖扎县水源一处位于马克唐镇麦什扎村黄河水厂，另一处来源为三镇供水。黄河水厂水源就近从黄河水引入，始建于1972年，2005年由尖扎县发展改革委牵头对供水厂进行改扩建工程，设计规模为每天6000立方米，日供水能力为4000立方米，处理工艺为澄清池—移动罩反冲气浮滤池—消毒，无水质在线监测仪表，无水质化验室。配套有基本的自控系统，运行基本正常。三镇供水项目于2016年建设，2020年5月三镇供水项目完工，水厂供坎布拉镇、康杨镇及尖扎县城，水源引自李家峡水库，日供水能力约16000立方米。无水质在线监测仪表，无水质化验室。配套有基本的自控系统，运行基本正常。

河南县自来水厂工程建于2012年，水源取自擦玛沟河水，按照人畜饮水设计，设计规模为每天3000立方米，内建有500吨蓄水池2座、250吨的蓄水箱2座，处理工艺为擦玛沟河水—蓄水池—县城管网，无净化水工艺配置，自控仪表设备，无水质化验室。

泽库县有2处水源地，都是地下水。建有水厂1个，建设于2018年，水源取自泽曲河河水，设计规模为每天4000立方米，平均日供水量3500立方米，处理工艺为沉淀—过滤—消毒，备用水源为夏德河水。无水质在线监测仪表、水质化验室。配套有基本的自控系统，运行基本正常。

【城镇供暖】 全州有城镇集中供热站15处，其中同仁市4处、尖扎县4处、泽库县3处、河南县4处，供热管网长度为66千米，供热面积231.91万平方米，供热能力94兆瓦，集中供热覆盖人口10.4万人，供热总量为110万吉焦，其中电锅炉供热设施8台，供热面积为46.19万平方米，节能供热面积占比19.92%。

同仁市一期供暖供热能力为70兆瓦，供热面积54.8万平方米，户数4380户，主要供热区域为隆务镇德合隆北路；二期供暖供热能力为42兆瓦，供热面积38.4万平方米，户数3841户，主要供热区域为隆务镇康乐北路延伸段；三期供暖供热能力为14兆瓦，供热面积13.2万平方米，户数1448户，主要供热区域为隆务镇城南游牧民定居点；四期供暖供热能力为28兆瓦，供热面积13.7万平方米，户数2136户，主要供热区域为隆务镇霍尔甲片区。四期供热能力合计154兆瓦，供热面积120.1万平方米，11805户，全部为燃煤锅炉。

尖扎县全部为燃煤锅炉，一、二、四期在县城，供热能力70兆瓦，供热面积为70.5万平方米，7150户；三期位于坎布拉镇，供热能力20兆瓦，供热面积2.3万平方米，210户。

泽库县集中供热有三期，分别位于吉祥小区，县城西北角，西南角，均为煤改电清洁采暖锅炉。锅炉为直热式电极锅炉，共5台，总供热能力为19兆瓦，供暖面积为19.71万平方米，1533户。

河南县集中供暖一、二、三期均为煤改电清洁采暖锅炉，总供热能力34兆瓦。四期为燃煤锅炉，供热能力28兆瓦，供暖面积30.58万平方米，3058户。

房地产开发与管理

【概况】 2022年，黄南州实施房地产开发项目7项，总投资15.3亿元，建筑面积约66.4万平方米。年内全州累计完成各类房地产开发房屋施工面积5.2万平方米，同比增长63%，完成投资4.2亿元，出售房屋283套。印发《黄南州房地产开发项目建设程序》《黄南州房地产开发项目建设流程图》，要求四市（县）住建局及房地产开发企业严格执行，依法规范开发程序，强化对房地产项目的全过程监管。按照省住建厅安排，开展整顿和规范房地产市场秩序工作，加强资质审核管理、规范交易程序、强化“租购并举”。

【不动产登记】 截至年底，全州颁发城乡不动产权证70823本，不动产登记证明2957份；发放农村宅基地证32253本。完成5个不动产登记“问题小区”发证任务，同步化解345户其他城乡办证难问题。率先完成“不动产+电力”联动过户业务系统建设，实现农村居民办理宅基地登记线上预约功能。

2022年黄南州房地产竣工情况一览表

表38

企业名称	房地产开发项目	建筑总面积（万平方米）	总投资（亿元）	项目用途
尖扎县丹霞小区	青海丹霞商砼房地产有限公司	6.4	1.2	住宅
尖扎县海丹华府居住小区（一期建设项目1、2、4号楼）	青海海丹房地产开发有限公司	6.4	1.2	住宅
州县委家属院改造项目（鑫城国际广场）	青海隆和房地产开发有限公司	11	2.6	住宅
总计		23.8	5	—

【住房保障】 实施老旧小区改造1881户，农牧民居住条件改善工程4300户，抓好房屋建筑安全隐患专项排查整治工作，排查经营性自建房4065处，排查其他自建房63893处。发放租赁补贴336户101.48万元，免除切块单位空置房、困难人群等租金247.8万元。印发《关于开展黄南州州直公共租赁住房整治专项行动的通告》，加大各市（县）保障房管理督促检查力度，对不符合保障条件的住户予以坚决清退。清查公租房77次2417套，查处转租6户、转卖7户、转借3户，收缴租金447.6万元，清理公共租赁住房259户，租金312.26万元，完成保障房住户信息录入1831户，完成率95%。

【房地产市场管理与房产交易】 落实招商引资房地产项目7项，全州累计完成各类房地产开发房屋施工面积5.2万平方米，同比增长63%，完成投资4.2亿元。全年办理商品用房网上签约283套，签约面积3.8万平方米，金额1.56亿元。

2022年商品房屋销售情况统计表

表39

房地产企业名称	建筑总面积（万平方米）	总投资（亿元）	完成累计套数（套）	完成累计销售金额（亿元）	2022年计划完成投资（亿元）	均价（元/平方米）
滨河公园小区建设项目	6.8	2.3	75	0.792	0.86	5200
尖扎县丹霞小区	6.4	1.2	21	0.12	0.69	4900
喜玛拉雅小区	5.3	1.6	59	0.429	0.68	5200

续表39

房地产企业名称	建筑总面积（万平方米）	总投资（亿元）	完成累计套数（套）	完成累计销售金额（亿元）	2022年计划完成投资（亿元）	均价（元/平方米）
尖扎县海丹华府居住小区	6.4	1.2	32	0.221	0.68	5100
隆务水岸房地产开发项目	27	8.5	56	0.38	0.92	5400
州县委家属院改造项目（鑫城国际广场）	11	2.6	40	0	0.08	5000
泽雄佳苑开发建设项目	3.56	1.7	0	0	0.29	未开盘
合计	66.46	15.3	283	1.562	4.2	—

【物业管理】 全州现有物业企业31家（新增9家），从业人员418人，其中党员17人，建立党支部物业企业3家，管理住宅小区60个共146万平方米（新增管理小区13个），占比21%。采取党建引领、星级物业管理等措施做好物业管理工作，打造"红色物业"黄南模式。联合13个部门印发《关于加强和促进黄南州物业管理工作高质量发展的实施意见》，河南县蒙晟物业管理服务有限公司被列为青海省首个物业服务标准化试点企业，推荐确定青海景源物业管理有限公司等10家物业服务企业为全州"红色物业"试点单位，创建工作稳步推进。

【工程质量管理】 加大对城区基础设施、城市管理、供暖、供水、物业等的监管力度，累计召开座谈会2次，开展执法检查6次，处理各类矛盾纠纷10余次，不断为优化营商环境提供硬件支撑。全年监督工程167项，投资35亿元，办理竣工验收备案85项，建设工程验收合格率98%，竣工验收备案率92%。

城乡供电

【概况】 2022年，国网青海省电力公司黄化供电公司累计完成固定资产投资72641.34万元，其中电网投资61855.01万元；黄南一市三县售电量6.48亿千瓦时，同比增长值25.26%，综合线损率4.87%，低于计划0.03个百分点，综合供电可靠率99.79%，高于计划值0.04个百分点，综合供电电压合格率99.89%，高于计划值0.09个百分点。黄南境内现有110千伏变电站7座、35千伏变电站18座，输配电线路长度7071.71千米，变电总容量51.51万千伏安。

2022年黄南州用电量情况统计表

表40

项目	用电量（亿千瓦时）	比上年增长（%）
用电总量	6.48	22.17
工业用电	2.71	29.54
农业用电	0.11	12.25
城市居民生活用电	0.82	15.18
农村用电总量	0.72	27.63
其中：机电排灌	0.06	10.43

续表40

项目	用电量（亿千瓦时）	比上年增长（%）
农、副业加工	0.04	14.62
农村居民生活	0.61	30.82

【城乡电网建设】 黄化公司在黄南州建设电网项目68项，投资6.68亿元。同仁330千伏输变电工程及泽库措夫顿35千伏输变电工程全面竣工，进入系统调试投运阶段；河南察汗、泽库幸福山、尖扎昂拉等3项110千伏输变电工程全面开工建设。61项农网升级改造工程全部开工建设，新建及改造10千伏线路398千米、0.4千伏线路630千米，新建及改造配变257台，惠及用户10245户，有效解决同仁市兰采村、河南县周龙村60户173人大电网延伸供电问题。

2022年8月10日，同仁330千伏变电站110千伏配出工程建设现场（黄化公司供图）

2022年黄南州输配电线长度、配电站等情况统计表

表41

项目	10千伏	35千伏	110千伏
输配电线路（千米）	5453.07	748.86	869.78
变配电站（座）	—	18	7
变压器（台）	4167	29	14

【安全生产供电】 分类分层分级细化安全履职评价标准，开展月评价、季兑现、年评定。创新开展“学规程、提技能、夯基础、保安全”普学普考及“领导人员上讲台”活动，提升员工安全技能。开展电网隐患排查治理工作，年内累计治理各类安全隐患580处，提升电网设备健康水平，公司配电线路故障率同比下降40.85%，报修率同比下降21.28%，实现安全生产7190天，群众用电体验感、获得感持续提升。紧盯迎峰度夏、防汛等重要时间节点，开展设备巡视、值班值守、应急抢险等工作。防汛期间，出动应急抢险196人次，处置倒杆断线15处、治理杆塔倾斜99基、加固杆塔49基。高效处置8月21日同仁地区强降雨造成的局部停电问题，有效保障极端天气期间电网安全可靠运行。

【公共用电服务】 推动公共充电设施布局规划，黄化公司获得黄南州一市三县公共充电设施布局规划政府授权，建成投运同仁公交充电站，实现区域内自建充电站零的突破。深化转供加价排查，排查市场转供电主体161户，维护被转供客户利益。落实乡村振兴24项专项工作任务，解决同仁市兰采村、河南县周龙村60户173人大电网延伸供电问题。建设完成河南县农牧科技商贸有限公司乡村电气化项目，落实“央企消费帮扶兴农”资金30.07万元。

【线上办电服务】 “办电e助手”应用率95.79%，线上办电率99.9%，客户线上办电成为新常态。加强办电时限管理，客户平均办电时间5.65个工作日以内，客户办电更省时。坚持“三零”（零上门、零审批、零投资）、“三省”（省力、省时、省钱）服务，推进“一网通办”和“刷脸”办电，B级营业厅“三型一化”升级改造率达到66.67%，客户线上办电率高达99.9%。

【优化营商环境】 促进州、县两级政府建立电网建设协调机制和电力安全运行协作机制，推进“两个机制”发挥作用，同仁市市长现场协调解决电网建设难题，尖扎县公司通过公益诉讼、行政监察手段有效解决房障难题，政企共建共治共享电网建设和电力安全的局面逐步形成，政企联动的成效日益凸显。促成同赛高速投运负荷3万千伏安、欣昌新材料恢复负荷3.15万千伏安。发展电能替代负荷2.41万千瓦，替代电量0.42亿千瓦时。盘活基础资源，实现收益148万元。推进综合能源市场化业务，建成区域内首座自营充电站，实现营收33.75万元。推进物资利库利仓，利库物资458万元，处置废旧物资404件，处置回收金额204万元。

【新型电力系统建设】 编制形成黄化公司“12345+N”新型电力系统建设初步落地方案，研究编制“坎布拉沿黄河生态旅游特色小镇示范区”实施方案。服务地区新能源发展，黄化区域首座30兆瓦分散式风电场全容量并网发电，黄南州百万千瓦级新能源建设有序推进。挂牌成立电力负荷管理中心，获得需求响应管理政府授权，建立可控负荷6.27万千瓦、可调节负荷6.4万千瓦，智慧能源服务功能不断完善，负荷管控水平持续提升。

乡村建设

【概况】 2022年，黄南州乡村振兴局组织州内20家企业参加江苏对口支援协作合作地区特色商品展，累计销售额达1100万余元。州农牧局完成农牧业项目投资4.88亿元，完成项目资金支出4亿元。州工信局为全州民营企业累计落实专精特新等项目382个，下达各类专项扶持资金2165.34万元。州财政局拟定企业参与“百企兴百村”行动奖励机制办法，计划出资1200万元，切实解决民营企业的资金困难问题。州人社局实施阶段性降低工伤、失业保险缴费费率政策，累计为528户民营企业降费、发放稳岗返还资金等565.74万元。通过企业转移就业农牧区劳动力6526人次。州文旅局落实文化和旅游专项引导资金1886万元，为454家文旅企业发放助企纾困资金157.2万元。农行、农发行、同仁农商行相继推出专属信贷产品，为516家民营企业和个体工商户贷款4.02亿元，着力解决融资难、融资贵等问题。

2022年7月4日，黄南州乡村振兴“八大行动”科技支撑工作部署会在州政府会议中心召开（州乡村振兴局供图）

【美丽乡村建设】 完成全州262个行政村乡村建设评估工作，形成262个村级报告、4个市（县）级报告、1个州级报告。全州20

个高原美丽乡村建设、4300户农牧民居住条件改善工程、163户抗震和危房改造均完成年度计划目标。完成村镇建设投资3.1亿元，其中基础设施投资2.1亿元。乡村建设黄南经验在全省推广，并召开全省现场会。

【森林乡村建设】　依据项目乡村地形地貌和实际需求，加大护村林建设。建设完成省级森林乡村3个（同仁市保安镇东干木村、尖扎县措周乡俄什加村和康杨镇格曲村）。

【传统村落保护】　开工建设全国10个、青海唯一的国家级传统村落集中连片保护利用示范州项目。传统村落在乡村振兴中焕发出新的生机活力，传统村落保护规划编制、示范州项目报批、传统村落挂牌、测绘建档及数字展示馆建设等五项工作全省领先，24个村入选国家第六批传统村落名录。全州30个传统村落全部开工建设，总投资18.11亿元（国家专项资金1.5亿元，整合资金15.91亿元，撬动社会资本0.7亿元）。

【农村公路建设】　全州交通在建项目121项10.67亿元，其中：新建项目98项6.48亿元（交通项目81项3.08亿元，其他项目17项3.4亿元），续建项目23项4.19亿元（交通口项目8项1.84亿元，其他口项目15项2.35亿元）。完成年度投资任务3.22亿元。年内下达一市三县农村公路项目设计批复67份，总投资为45052.7万元。200千米民生路全部完成建设待验收，建设单位为一市三县交通运输局。

【乡村振兴“八大行动”】　贯彻落实乡村振兴“八大行动”安排部署，全州乡村建设实施美丽乡村、居住条件改善等8大类工程，投资6.7亿元，完成投资6.45亿元。其中同仁市围绕乡村建设行动建设示范村8个，跨部门统筹整合资金2.95亿元，乡村建设成果得到省政府、省住建厅主要领导一致认可，其经验做法在全省得到推广，争取到在黄南召开全省乡村建设观摩会的机会。在11月7日召开的全州乡村建设观摩学习会上，对同仁经验做法进行宣传推广。

【尖扎县来玉村开园】　6月14日，尖扎县“黄河民宿第一村”来玉村开园。来玉村是尖扎县多个易地搬迁安置点之一，搬迁安置后，该县以乡村振兴为契机，依托黄河风景、气候、海拔、区位等优势，创新探索易地搬迁、乡村振兴战略、新能源利用和文化旅游业相结合的新路子，依托“黄河民宿第一村”优势，发展民宿产业、旅游产业及农业采摘等，完善观光、餐饮、住宿、体验、康养、休闲等服务配套设施，实现农牧民群众就近就地就业。被成功认定为2022年中国美丽休闲乡村，成为游客吃、住、行、游、购、娱等需求的乡村旅游目的地和“网红打卡地”。

乡村振兴

【概况】　2022年，黄南州全州累计落实资金6.73亿元（中央资金4.75亿元、省级资金1.98亿元），主要用于实施基础设施、产业发展、易地扶贫搬迁后续扶持、金融贴息等216个项目。落实东西部协作项目资金1.92亿元，主要用于实施产业、绿色有机农产

2022年3月30日，黄南州乡村振兴工作推进会召开（州乡村振兴局供图）

品输出地打造、百美村宿、教育、卫生等50个项目。全州搬迁户中有劳动力的5845户13549人实现11547人就业，达到每户至少1人就业。投入7271.26万元实施易地扶贫搬迁后续扶持项目2个，全州55个安置点中建成乡村振兴帮扶车间24个、产业基地3个、乡村旅游产业9个。完善社区管理服务，全州配套建设党群服务中心49个、物业服务中心2个，配备社区干部49人。在43个安置点打造村史馆。印发《黄南州2021年度国家巩固拓展脱贫攻坚成果同乡村振兴有效衔接考核评估反馈问题整改工作方案》，完成国家反馈、审计、巡视和媒体暗访的13条问题整改销号，整改率100%。

【返贫监测】 落实“2411”防返贫动态监测和帮扶机制，紧盯农牧区低收入人口、边缘易致贫人口及脱贫不稳定户等重点监测对象，因人因户分类细化帮扶和救助举措，通过产业帮扶、兜底保障、就业、社会救助等保障措施，加强跟踪问效，有针对性地开展帮扶，确保各项举措落到实处，做到早发现、早干预、早帮扶。

【项目资产管理】 对2013—2020年脱贫攻坚以来投入的财政专项扶贫资金及产业扶贫项目进行“回头看”。按照项目效益发挥好的持续巩固，项目效益发挥较好的重点扶持提升，项目效益发挥不佳的及时调整优化的原则，确保扶贫产业长期发挥效益。各类财政扶贫资金累计投入56.37亿元，形成资产总数3104个，确权比例达到100%。

【乡村振兴试点村建设】 投资1.13亿元，完成19个乡村振兴试点村建设任务；投资6355.5万元，完成20个高原美丽乡村建设。打造一批在那东山顶上、黄河民宿第一村、红色旅游等叫得响的乡村旅游品牌。投资1486.04万元，完成2632座户厕和4座农村公厕建设，做到建一个成一个用一个、改一片成一片巩固一片。投入2.87亿元，实施种养业、民族手工业加工、活畜交易市场等96个项目，进一步提升村集体经济收入。截至年底，村集体经济收益超过10万元的村占比达到62.6%。

【产业发展】 立足资源禀赋，突出发展特色产业，在全省率先实现天然草场、牲畜有机认证和牦牛藏羊原产地质量追溯全覆盖，牦牛、藏羊等“四个万头”规模养殖基地加快建设，饲草、果蔬等“四个万亩”，累计认证地标产品21个、有机产品62个、绿色食品47个。依托高原山水自然风光和国家级热贡文化生态保护区，创建省级全域旅游示范县3个，打造德吉村等一批优质景区，全州文化旅游经营主体594家、从业人员4.2万人，越来越多的群众端起“生态碗”，吃上“文旅饭”。

【稳岗就业】 推进“雨露计划+”行动，做到持证上岗，紧贴实际需求，全州累计培训脱贫群众1131人。认定民族手工业、种养业等乡村振兴帮扶车间151家，发放产业发展补助资金807万元，带动2880人实现就业。灵活开发公益性岗位，全州灵活设置生态管护、服务保洁等公益性岗位9089个，全部安置脱贫户及边缘户劳动力稳定就业，年人均增收1.56万元。

【天津援青与东西部协作】 在天津市开设乡村振兴特色产品馆，

2022年7月4—10日，州委组织部、天津援青前方指挥部、州乡村振兴局联合在贵州省举办黄南州“追寻红色记忆 助力乡村振兴”培训班（州乡村振兴局供图）

集中展示销售牦牛酸奶、晶黄果饮品等黄南州特色农畜产品，以及藏香、藏族服饰等文创产品。组织州内20家企业参加江苏对口支援协作合作地区特色商品展，进一步拓展黄南州特色农畜产品、唐卡、藏香等特色产品在其他省市的知名度，并与江苏特色商品展馆和南京相关企业达成意向性协议3个。截至年底，省内外农畜产品直销店达171家，有效解决了产品滞销和“卖难”问题。

【同仁市举办全州乡村建设观摩会】 11月7日，州委、州政府在同仁市举办全州乡村建设观摩学习会，学习借鉴同仁市乡村建设的好经验好做法。州委副书记、政法委书记熊元来，州委常委、同仁市委书记旦增，副州长王岐岳、更智才让，州委、州政府相关副秘书长，州直相关部门主要负责人，各市县政府主要负责人，党政分管负责人，市县住房和城乡建设局、乡村振兴局主要负责人参加观摩学习会。观摩团一行到同仁市扎毛乡扎毛村，曲库乎乡江龙农业村，保安镇城内村、城外村进行实地考察，并结合当地文化和风土人情，从坚持规划引导、政策支持、整合资金、部门联动，乡村建设、乡村产业、乡村治理等方面取得的显著成效进行观摩，大家对同仁市的工作给予充分肯定，一致认为收获颇丰、深受启发，对推动下一步工作具有很好的借鉴和参考价值。

水利建设与管理

【概况】 2022年，黄南州新建、续建各类水利建设项目72项，落实资金10.26亿元，完成投资6.9亿元，资金投入与完成较往年相比实现历史性跨越。下达水利项目57项。其中，农田水利项目工程4项，下达投资7352万元，完成投资20852万元；人畜饮水建设项目40项，投资27279万元，完成投资16551万元；水土保持小流域综合治理工程项目4项，下达投资6068万元，完成投资2677万元；河道治理工程6项，下达投资13776万元，完成率100%。其他项目29项，下达投资6030.1万元，完成投资5701.1万元。

【农田水利工程建设】 抓农田水利基本建设，推进撂荒地复耕复种。截至年底，同仁市、尖扎县落实资金409万元，完成涝池除险加固12座、52处灌区、6处电灌站、52条灌渠，抢修损坏渠道6千米，维修渡槽7座，更换水泵4台，及时恢复渠道输水能力，保障农业灌溉和生态用水。稳步推进扎毛水库灌溉工程和纳浪寺水库灌溉维修改造工程，年内落实投资2.68亿元，分别完成总工程量的70%、66%，完成年度建设任务；浪加水库灌溉工程落实资金2500万元，并于10月底完成招投标，11月2日开工建设。

2022年12月24日，黄南州重点水利枢纽工程同仁市浪加水库正式下闸蓄水（州发展改革委供图）

【农村牧区人饮工程建设】 优先部署农村供水保障、水利基础设施建设等工作，抓好政策扶持、规划布局及项目储备，实现巩固拓展水利扶贫成果同乡村振兴水利保障有效衔接。依托已建、在建各类水源工程，采取新建、改扩建等形式，落实投资27279万元，实施36项农村饮水保障工程和4项人饮维修养护工程；新建11座村级净化水厂，提升改造人饮工程29项，维修问题工程91处，提升巩固12万人的饮水安全保障。

【水土保持工程建设】 实施水土保持重点工程4项，下达资金2677万元。水土流失治理面积59.83平方千米，分别是同仁市隆务镇牙浪沟、安中小流域水土保持综合治理工程，总投资为830.5万元，建成发挥效益，治理水土流失面积16.61平方千米；同仁市双朋西乡双朋西村周边小流域综合治理工程，总投资为1061万元，建成并发挥效益，治理水土流失面积21.22平方千米；尖扎县加让沟北片小流域水土保持综合治理工程，总投资为600万元，建成并发挥效益，治理水土流失面积12平方千米；河南县托叶玛乡宁赛沟小流域综合治理工程，总投资为500万元，建成并发挥效益，治理水土流失面积10平方千米。

【河道治理】 落实中小河流治理6项，下达资金1.36亿元，治理河道长度71.265千米。落实同仁市城北新区防洪综合治理工程、泽库县麦秀镇多龙沟沟道治理工程等5项工程，落实资金12177万元，完成总工程量的70%。通过工程建设，不断健全全州防洪网络，改善生态环境和人居环境。

2022年黄南州水利重点项目与投资情况一览表

表42 单位：万元

序号	项目名称	建设内容	建设性质	工程效益	下达投资	完成投资
1	同仁市浪加水库工程	由大坝、溢洪道和导流放水洞三部分组成，大坝为沥青心墙沙砾石坝，最大坝高52.5米，坝顶长度306.8米，坝顶高程2648.7米；圆形导流放水洞297米；开敞式正槽溢洪道362米	续建	建成后可保障库区下游八村1221公顷的灌溉用水和1.142万人和8.92万头（只）牲畜的生活用水	7600	7600
2	同仁市扎毛水库灌溉工程	建引水口1座，主干渠长23.2千米，西干渠长17.51千米，东干渠长6.03千米，东分干渠长2.94千米；隧洞13座，倒虹吸12座，压力钢管1座，渡槽28座，钢管陡坡10座，配建其他各类渠系建筑物254座。总控制灌溉面积0.36公顷，其中改善灌溉面积0.22公顷（农田0.21公顷、林地0.01公顷），新增灌溉面积0.14公顷（农田0.03公顷、林地0.11公顷）	续建	控制灌溉面积为3593.33公顷，工程建设的主要任务解决农业灌溉和改善项目区沿线生态环境	17252	11910
3	同仁市保安镇银扎木沟小流域水土保持综合治理工程	人工造林102.97公顷（其中乔木混交林102.97公顷），四旁造林1万株，封禁治理1786.33公顷，8条支毛沟布置混凝土谷坊48座，沟头防护工程1处，挡墙459米，潜坝11座，网围栏长度22千米，封禁警示牌5座，新建抚育管护道路（3.5米宽）3500米	续建	水土流失治理面积为18.89平方千米	383	283

续表42

序号	项目名称	建设内容	建设性质	工程效益	下达投资	完成投资
4	同仁市曲库乎乡古德沟小流域水土保持综合治理工程	人工造林97.39公顷，四旁造林4200株，封禁治理1759.61公顷，7条支毛沟布置混凝土谷坊19座、护岸墙200米，宾格网箱谷坊29座，宾格网箱潜坝10座，网围栏长度22000米，封禁警示牌5座，新建流域道路9580米	续建	水土流失治理面积18.57平方千米	313.26	278
5	同仁市羊智沟小流域综合水土保持治理工程	人工造林114.36公顷（其中乔木林38公顷、灌木林54.78公顷、经济林21.58公顷），四旁造林28789株，封禁治理3305.64公顷。网围栏封禁1043.48公顷，政策封禁2262.16公顷。布置浆砌石谷坊218座、潜坝10座，布设网围栏35705米，封禁警示牌20座，宣传牌4座，排水式沟头防护2座，排水渠502米。增加灌溉用渠道分水口27座，30立方米蓄水池6座，50立方米蓄水池6座，灌溉用管道9390米	续建	水土流失治理面积34.20平方千米	613	513
6	同仁市隆务古曲防洪工程	综合治理河长6.1千米，环曲乎村段、温泉村段和兰采林场段及3条支沟，新建护岸总长7033米（左岸2955米、右岸4078米），新建防洪堤2984米（左岸2138米、右岸846米），建混凝土挡墙基础加固512米，拆除恢复浆砌石防洪堤40米；新建过水路面2座；网箱潜坝7座，总长100米；钢筋混凝土退水渠修复10米；引水管和排水管7座、总长55米。治理支沟3条、治理长度为210米，修建护岸57米，修建防洪堤186米；修建网箱潜坝7座，总长64米	新建	工程可直接保护环曲乎村、温泉村、兰采林场及周边共437户2616人、1866头（只）牲畜、40公顷林地及13.33公顷耕地的防洪安全。为项目区旅游业的发展和乡村振兴提供防洪安全保障	2047	2047
7	同仁市多哇镇大夏河（大南曼河）综合治理工程（二期）	治理范围为大南曼河上游雄河尖德新村段、交隆务新村段、东维村段和中游多哇镇段至新建桥梁段，治理河道总长为6952米，两岸新建护岸总长12423.59米（左岸6850.83米、右岸5572.76米）；修建主堤踏步18座；牲畜饮水通道22座；排水管8座（污水、渠道退水），总长48米；潜坝4座，总长67米	新建		959	959

续表42

序号	项目名称	建设内容	建设性质	工程效益	下达投资	完成投资
8	同仁市隆务镇牙浪沟、安中沟小流域水土保持综合治理工程	计划治理水土流失面积16.61平方千米，人工造林97.6公顷（其中乔木97.6公顷），四旁植树1.7万株，封禁治理1563.53公顷，布置混凝土谷坊40座，挡墙555米，潜坝2座，拦沙坝1座，护岸墙515米，村内排水管道340米，网围栏长度22千米，封禁警示牌3座，新建抚育管护道路5000米	新建	新增治理面积1661.13公顷，新增水土流失治理度66.54%，累计治理度达到78.67%	756	756
9	同仁市双朋西乡双朋西村周边小流域综合治理工程	计划治理水土流失面积21.22平方千米（人工造林灌木混交林133.04公顷，四旁植树25000株，封禁治理1989.29公顷，4条支毛沟布置浆砌石谷坊22座，截排水工程3处，挡墙673米，挡水坝8座，浆砌石护岸墙1372米，网围栏长度24000米，钢制宣传牌3座，新建抚育管护道路（3.5米宽）5000米	新建	项目区现状林草植被覆盖度32.04%，通过实施本项目新增水土保持造林133.04公顷，到设计水平年，项目区林草植被覆盖度可达到82.51%。该流域各项水保措施全部生效后平均每年可拦蓄径流总量43.19万立方米，拦蓄泥沙7.13万吨，年可增产值34.3万元	966	966
10	2022年同仁市农村饮水工程维修养护	维修养护12处，覆盖服务人口1.8万人	新建		300	300
11	同仁市兰采乡兰采村供水保障工程	新建水厂1座，蓄水池1座，新建管道3.5千米，阀门井9座	新建		496.97	496.97
12	2021年同仁市扎毛乡和日村等四村人饮保障工程	新建水厂1座，截水廊道2座，蓄水池1座，管道11.03千米，阀门井31座	新建		633.7	633.7
13	同仁市扎毛乡牙什当、麻什当村人畜饮水保障工程	新建水厂1座，引水口1座，蓄水池1座，管道12.37千米，阀门井35座	新建		482.53	482.53
14	2022年同仁市瓜什则乡、曲库乎乡两乡五村人饮提质增效工程	修建各类管道37.59千米，各类阀门井226座，潜坝31米	新建		394.86	394.86

续表42

序号	项目名称	建设内容	建设性质	工程效益	下达投资	完成投资
15	城北新区防洪综合治理工程	一横五纵的治理方式，一横防洪工程中修建谷坊307座、排洪渠3186米、箱涵5795米、防洪堤左岸891米、右岸518米，挡墙784米、大理石混凝土护栏5386米、生态小溪5634米、生态置石55座、增加绿化面积55.51公顷；五纵沟道治理总长6686米，郭么日沟1110米、卓隆沟2048米、朝阳沟1036米、向阳沟1542米、热德合沟950米；灌溉工程中铺设干管13527.79米、支管9617.97米、软管699.09米	新建		8687	6000
16	浪加水库灌溉工程	修建输水干管与分干管总计23.94千米，其中主干管1条6.72千米，分干管2条17.218千米（东分干管11.41千米，西分干管5.808千米，）；新建隧洞1座，总长0.34千米；修建管桥66座，总长约7.72千米，设置减压阀58座，设置退水64座。灌区信息化系统1项	新建		3125	300
17	隆务河水生态治理二期		新建		6040	
18	浪加水库供水工程（一期）		新建		6720	
19	同仁市扎毛乡高原美丽乡村周边沟道治理工程	治理沟道长度3.51千米，累计修建排洪渠0.9千米；修建谷坊38座，修建护岸298米，修建浆砌石护底1座，修建网箱潜坝1座，溢水管110米，过水路面1座	新建		434.55	434.55
20	黄南州武警支队（后墙）防洪治理及团结渠州医院段渠道改线工程	黄南州武警支队（后墙）防洪治理工程拟修建渠道797米、谷坊11座、车便桥2座，浆砌石重力式导水墙73米，引渠155米，铺设混凝土道路1300米，渠道采用混凝土矩形结构形式。团结渠州医院段渠道改线工程拟修建122米矩形砼渠道，修建沉沙池4座，新建设清淤井11座，管道清淤564米	新建		540.08	540.08

续表42

序号	项目名称	建设内容	建设性质	工程效益	下达投资	完成投资
21	公伯峡库区尖扎县纳浪寺水库灌区干渠维修改造工程	拆除重建引水枢纽1座，包括溢流坝、冲沙闸、进水闸等；坝前清淤和新增沉沙池1座等	续建	控制灌溉夏藏滩耕地221.87公顷，改善沿途措周乡、马克唐镇365.87公顷耕地灌溉条件	3000	3000
22	尖扎县亚行贷款东部农村水资源综合利用		续建		2005	2005
23	尖扎县加让沟治理工程（四期）	综合治理河长9.411千米，其中新增治理河道5条、总长3.86千米，新建堤防和护岸6821米（左岸3455.36米、右岸3365.64米），新建排洪渠350米，各类建筑物32座；一期维修加固恢复治理长度5.551千米，加固修复堤防护岸2864米（左岸1323米、右岸1541米），潜坝18座	新建	可直接保护尖扎县城、智合滩移民社区、洛科村、要其村、加让村及措周乡乡政府驻地、如什其村段和四洋村共435户1969人、179.67公顷耕地，马措公路、4座公路桥、2处引水口及4条人饮管道、3处灌溉提灌站、2处灌溉引水口、1处沙石料场、2条人饮管道、乡村道路等防洪安全	3140	3140
24	尖扎县加让沟（北片区）小流域水土保持综合治理项目	计划治理面积水土流失12.02平方千米（水保造林27.35公顷、经济林21.65公顷，谷坊45座、护岸120米、封禁治理1154公顷）	新建	治理流域内水土流失面积1000公顷，新增水土保持综合治理程度达71.43%，累计治理程度达到71.43%，年减少土壤流失量3.97万吨，拦蓄径流总量18.57万立方米。林草覆盖率由63.76%增加到77.63%以上，受鼠害、过度放牧等影响产生的低覆盖度天然牧草地得到重新营造，中覆盖度天然牧草地得到休憩与恢复，有效改善流域生态环境。减少洪水对河岸冲刷造成的水土流失，巩固现有草场规模	534	534
25	2022年尖扎县农村饮水工程维修养护	维修养护14处，覆盖服务人口2万人	新建		320	320

续表42

序号	项目名称	建设内容	建设性质	工程效益	下达投资	完成投资
26	尖扎县昂拉乡净化水厂建设项目（昂拉乡河东拉毛等5个村）	新建集水井1座，集成一体化水厂1座，建设用地总面积816.73平方米（其中建筑物用地面积262.52平方米，绿化用地面积222.15平方米，厂内地坪用地面积192.46平方米，场内道路用地面积139.60平方米），卫生厕所1座，院落围墙111米，场外道路20米。新建150吨清水池1座，闸室1座，各类阀门井5座（其中分水井3座、检查井2座），铺设供水管道3651米、排水管道126米，管道防护3座（总长29米），恢复灌溉渠道62米，安装智慧水表643套	新建		779.73	779.73
27	尖扎县昂拉乡尖巴昂等四村净化水厂建设	新建引水口1座，集成一体化水厂1座，建设用地总面积676.8平方米（其中，建筑物用地面积221.8平方米、绿化用地面积159.2平方米、厂内地坪用地面积295.8平方米），院落围墙100米，院墙挡土墙41米，边坡防护墙59米，边坡排水沟73米，场外道路47米。新建150吨清水池1座，闸室2座，阀门井6座，铺设φ125PE100输水干管680米，φ63PE100供水管道580米，φ400钢带增强聚乙烯螺旋波纹排水管道49米，智能水表439套	新建		575.89	575.89
28	尖扎县多加办事处拉夫旦等四村净化水厂建设	新建300吨预沉池1座，集成一体化水厂1座，建设用地总面积676.8平方米（其中，建筑物用地面积221.8平方米，绿化用地面积199.4平方米，厂内地坪用地面积255.6平方米），院落外墙100米，院落挡土墙41米，场外道路230米。新建150吨清水池1座，闸室2座，阀门井8座，铺设φ63PE100供水管道3098米、φ160PE100溢流管360米，φ400钢带增强聚乙烯螺旋波纹排水管道290米，智能水表206套	新建		536.38	536.38

续表42

序号	项目名称	建设内容	建设性质	工程效益	下达投资	完成投资
29	青海省尖扎县尖扎滩乡净化水厂建设项目	新建150吨预沉池1座，集成一体化水厂1座，建设用地总面积751平方米（其中，建筑物用地面积221.8平方米，绿化用地面积207.5平方米、厂内地坪用地面积283平方米），院落围墙105.5米，场外道路420米（砼道路10米，沙砾石路面410米）。新建闸室1座，阀门井1座，铺设φ280PE100溢流管200米，φ400HDPE波纹排水管道768米	新建		511.46	511.46
30	尖扎县措周乡净化水厂建设项目	新建200吨预沉池1座，集成一体化水厂1座，建设用地总面积549.4平方米（其中，建筑物用地面积221.8平方米，绿化用地面积119.0平方米、厂内地坪用地面积208.6平方米），院落外墙95米，场外道路10米。新建150吨清水池1座，闸室1座，分水井2座，铺设φ225PE100引水管道199米、φ225PE100溢流管125米，φ400钢带增强聚乙烯螺旋波纹排水管道507米	新建		478.44	478.44
31	尖扎县2022年乡村振兴示范村入户工程	新建引水口3座，ф110PE100管及安装（1.25兆帕）1500米，ф75PE100管及安装（1.6兆帕）2100米，ф63PE100管及安装（1.6兆帕）3000米，ф50PE100管及安装（1.6兆帕）2200米，ф40PE管及安装（1.6兆帕）800米，ф32PE100（1.6兆帕）10000米，ф25PE100管及安装（1.6兆帕）2000米，新建阀门井6座，新建分户阀门井44座，新建入户阀门井433座	新建		325.89	325.89
32	尖扎县能科乡德欠村人饮机净化站工程	更换已建泵站潜水泵2套，新建机井4座，新建100吨蓄水池1座，新建150吨清水池1座，新建一体化净水站1座	新建		415.23	415.23

续表42

序号	项目名称	建设内容	建设性质	工程效益	下达投资	完成投资
33	尖扎县多加办事处农村供水保障工程	铺设供水干管6249米（浪哇、石毛、拉夫旦、满岗、坎加五村），管材为1.6兆帕φ110PE100塑料管，配水干管2186米（满岗村、浪哇村），管材为1.6兆帕φ63PE100塑料管，各村配水支管7254米，管材为1.6兆帕φ50PE100塑料管，各村配水分支管5240米，管材为1.6兆帕	新建		331.67	331.67
34	多加北片区水源工程	新建引水口1座，铺设上水压力钢管3916米（φ146无缝钢管，壁厚6.0米），供水管道1360米（φ110PE100管材324米、φ75PE100管材1036米，1.25兆帕）；新建泵站1座、1000吨蓄水池1座、各类阀门井5座，泵站防护墙31米，水源保护网围栏200米；另外配套水泵、机电及自动化设备1套（水泵功率185千瓦）	新建		319.78	319.78
35	坎布拉镇吉利村、俄加村两村山洪灾害综合治理工程	本工程治理坎布拉镇吉利村和俄加村两村3条沟道，修建浆砌石谷坊14座，钢筋砼矩形排洪渠4874米	新建		1694.95	1694.95
36	措周乡供水管网工程		新建		2478	
37	城北新区防洪工程		新建		5050	
38	泽库县直干木曲河防洪工程	河道治理长度为6.46千米，修建护岸总长9.68千米，其中左岸4717米，右岸4963米，车便桥2座	新建	对泽库县直干木河治理，可保护叶贡、智禾茂等村人口共计400人，大小牲畜2000头（只）、草场86.67公顷	1044	1044
39	泽库县泽曲镇夏德日十村人饮引水口改造工程	对原工程引水口滤料进行重新装填，改造廊道，新建大口渗井1座，新建管理房1间，新建人行便桥1座，上游0.2公顷内种草养护水源	新建		460	460
40	泽库县宁秀乡禾角日村保障性水源工程	新建引水口1座，100吨蓄水池1座，修建引水管道3.5千米，供水管道8.5千米，入户管道6.06千米，修建各类阀门井146座，供水井168座，修建水质净化设备管理房1间，配套净化设备及输电线路1套	新建		519.4	519.4

续表42

序号	项目名称	建设内容	建设性质	工程效益	下达投资	完成投资
41	泽库县边缘户机井供水工程	东部边缘户机井100眼，西部边缘户机井100眼	新建		910	910
42	泽库县和日、王家两乡七村提档升级及净化设施工程	工程由更换供水干支管20520米，改建引水口1座，修建蓄水池1座（100吨），修建各类阀门井30座，设集中供水点10个，布设水源地保护1处	新建		614.24	614.24
43	王家乡团结人畜饮水安全巩固提升工程	建设内容：此次改造项目由水源工程、管道建筑物等组成。主要建设内容为更换管道22701.5米，其中干支管22541米（干支管包括干管3596米、支管7831米、分支管11114米），渗管50.50米，采用φ200PE100管，管压为1.00兆帕；蓄水池溢流管110米，采用φ140PE100管，管压为1.00兆帕。改建引水口1座，蓄水池1座（100吨）蓄水池保护网围栏60米，修建各类阀门井41座（其中引水口阀门井1座、蓄水池阀门井1座、检查井14座、分水井12座、供水井13座），集中供水点13座，布设水源地保护1处（其中包括网围栏1000米，警示牌1块）	新建		312.38	312.38
44	人饮补针点睛		新建		409	409
45	泽库县农村安全饮水巩固提升项目	项目分5个独立的供水项目，分别是泽库县和日镇唐德村夏季牧场人畜饮水项目、泽库县王家乡旗龙村供水管网延伸项目、泽库县工业园区排水项目、泽库县麦秀镇多龙村易地搬迁供水抢修项目、泽库县多禾茂乡曲玛日村易地搬迁安置点抢修项目	新建		502.44	502.44
46	宁秀镇水源及输配水管网建设工程	新建水厂1座，集水廊道0.1千米，输水及主配水管线10.85千米，配水干、支线6.54千米，及相关平台附属设施	新建		1763	1763
47	麦秀镇多龙沟沟道治理工程		新建		450	450

续表42

序号	项目名称	建设内容	建设性质	工程效益	下达投资	完成投资
48	多禾茂乡供水改建工程		新建		1530	
49	河南县永曲河防洪工程	治理河道总长5.162千米，修建堤防总长7.66千米（其中左岸长3.73千米，右岸长3.93千米）	新建	可保护各河道沿线农牧民735人、草场1920公顷、灌木林273.33公顷、大小牲畜15200头的安全	1750	1750
50	河南县尕玛河防洪工程	治理河道37.18千米，修建护坡及护岸总长38.387千米，其中修建Ⅰ型护岸长9.3千米，Ⅱ型护岸长22.387千米，Ⅲ型护岸长6.702千米	新建	可保护各河道沿线农牧民0.03万人、草场240公顷	4836	4836
51	托叶玛乡宁赛沟小流域综合治理工程	新增人工种草166.94公顷，封育治理833.06公顷，封禁警示牌4座，谷坊19座（其中浆砌石谷坊14座、格宾网箱谷坊5座），挡土墙1196米，护岸1483米（其中浆砌石护岸800米、格宾网箱护岸683米），网围栏20千米	新建	治理面积水土流失10平方千米	421	421
52	河南县2021年季节性缺水牧户安全饮水巩固提升项目	新建机井120眼	新建		364	364
53	河南县2022年农村牧区人饮提升保障工程	新建5座引水口及5座蓄水池，维修2座引水口，维修蓄水池1座，管道41900米	新建		729.42	729.42
54	河南县人畜饮水补短板建设项目	新建机井162眼，配备发电机28台	新建		800.33	800.33
55	河南县塞尔龙乡尕科村工程		新建		413	413

注：只统计下达投资超300万元以上的项目。

【水利安全生产监管】 聚焦重点领域，州直水利部门组织56人次多批次到一线督查水利安全生产和质量监督工作，推动责任上肩、措施到位。加强宣传引导，开展安全生产主题教育，强化红线意识、安全第一。依法从严监管，对全州14项在建水利工程进行全面排查，发现问题104项，并督促及时整改完成，实现隐患排治、举报查处，有效遏制重特大安全事故发生。

【水利质量监管】 完善质量管理工作制度，规范工程质量监督管理程序，强化施工现场质量检查，公示质量举报投诉平台，落实质量监督责任。由州级承担质量监督工作的项目有6项，质量监督机构及时与各项目法人联系，按规定办理质量监督手续，并采取统一管理、分批次督导检查的工作方式，根据各市（县）水利工程建设进度、计划执行等情况，对在建水利工程采取全面质量现场巡查，下达质量监督检查结果通知书6份，及时通报质量监督检查情况，从严控制工程质量，规范全州水利项目建设管理行为，确保在建水利工程质量安全。开

2022年5月20日，州政府召开2022年全州水旱灾害防御工作会议（州政府办供图）

展工程建设领域专项治理，深化一体推进“三不腐”工作，梳理完成农牧区人饮、中小河流治理、小流域水土保持治理等项目37项，各市（县）排查问题16项，整改14项。

【水旱灾害防御】 发挥州、市（县）水旱灾害防御办公室统筹协调作用，落实“四预”措施、科学指挥调度、强化巡查排险、高效应急处突、及时宣传引导。加强与气象、水文、应急部门沟通，会商研判4次，召开专题会议13次，印发强降雨防范紧急通知53份，靶向做好水旱灾害防御工作。通过山洪灾害监测预警平台发布预警信息747次，向482名山洪灾害防汛责任人发送预警短信1094条。年内洪水、泥石流频发多发，造成水毁水利工程186项，损失约31045.05万元，其中4座小水电站损失15500万元。疫情防控期间，水利系统全体干部职工到岗备战，巡查检查河道、水库、水电站、在建水利工程等29次，投入人力337人，应急转移群众503户2274人。水利工程防汛抢修除险工作中投入机械73台次、人力374人次。未出现人员伤亡和灾民因受灾而无生产和生活来源的问题。

【水政执法】 开展河湖执法、安全生产、消防安全等排查整治工作，评估2项水利重大工程社会稳定风险，打击破坏水利工程基础设施、违规建设涉水工程等行为，防范和化解水利领域风险。建立健全水利法治建设要点和任务台账，编制行业通用目录，确立权责清单216项，制定首问负责、服务承诺、限时办结等制度6项，法治建设和依法行政工作实现提质进位。强化法治宣传，对学法篇目、内容、次数作出硬性规定，面向群众开展宣传活动8次，产生良好社会反响。制定全局性方案及规范性文件，提前备案审查，主动公开公示，行政执法持证亮明身份，记录全过程。依法履行水行政许可、申请、受理、审查和监督等职能，审理审批水土保持方案80份，验收报备23份，生产建设项目监督检查128次，征收水土保持补偿费1077万元。

交通　邮政

黄南年鉴

2023

交通运输

2022 年 11 月 14 日，新增开通同仁热贡桥头—双朋西乡—瓜什则乡—多哇镇公交线路，沿途群众送上哈达（州交通运输局供图）

【概况】 2022 年，黄南州交通运输行业坚持以“覆盖广泛、结构优化、能力充分、衔接顺畅、安全可靠、绿色环保”为目标，以落实《交通强国建设纲要》《国家综合立体交通网规划纲要》《黄河青海流域交通运输生态保护和高质量发展规划》等国家、省级重大战略为抓手，提升交通运输综合供给能力和综合服务水平。年末全州公路通车总里程达 5876.76 千米，公路密度为 32 千米/百平方千米。全年道路货运总量 446.8 万吨，货物周转量 160846.52 万吨千米，同比增长 5.1%；道路客运量 310.09 万人次，旅客周转量 18605.6 万人千米，同比下降 2%。船舶总数 19 艘（均为客船），开通航线 1 条，因新冠疫情影响全年未开航运营。全年查处非法营运车辆 42 辆；查处超限超载货车 162 辆，卸货 311.5 吨；查处各类其他违规油品运输车辆和货运车辆 2 辆。强化治理货运车辆超限超载，全年处理车辆及相关驾驶员 160 辆次 121 人次。

2022 年黄南州公共交通情况一览表

表 43

交通类型	交通指标	数量	交通类型	交通指标	数量
公共汽车	公交线路条数（条）	22	出租汽车	运营单位（个）	4
	公交线路长度（千米）	991.2		运营车辆（辆）	722
	运营公交车辆数（辆）	102		其中：小客车（辆）	722
	客运总量（万人次）	2590		载客车次（万次）	1545.3
轮渡	年末轮渡船数（艘）	19		运营里程（万千米）	3829.3
	乘客人数（人次）	—		运营收入（万元）	4840

【公路工作】 推进“四好农村路”建设和“路长制”工作，全州有公路 550 条。截至年底，全州公路通车总里程达 5876.76 千米，公路密度达到 32 千米/百平方千米。其中，国道（国高）6 条，里程 543.15 千米；省道 7 条，里程 532.94 千米；县道 23 条，里程 551.63 千米；乡道 143 条，里程 1978.79 千米；专用道 16 条，里程 120.98 千米；村道 355 条，里程 2149.28 千米。全州 33 个乡（镇）和 261 个行政村均实现通畅，其中 33 个乡（镇）中，30 个乡（镇）通沥青混凝土路、3 个乡（镇）通水泥混凝土路；通三级及以上公路乡（镇）27 个，占比为 81.8%，未通三级及以上公路乡（镇）6 个，分别为同仁市扎毛乡，尖扎县贾加乡、措周乡、能科乡、当顺乡、尖扎滩乡。262 个行政村中，124 个行政村通沥青混凝土路、104 个行政村通水泥混凝土路、34 个行政村通沙石路。851 个自然村组中，664 个自然村解决通达问题，187 个自然村还未通公路。

2022 年黄南州公路技术等级里程一览表

表 44

单位：千米

地区	总里程	按公路技术等级						等外
		合计	高速	一级	二级	三级	四级	
黄南州	5876.76	5361.04	39.61	0	592.56	314.58	4414.30	515.72
同仁市	1111.94	973.51	14.67	0	93.51	168.46	696.87	138.43
尖扎县	863.85	745.64	24.93	0	92.03	28.46	600.17	118.21
泽库县	2185.90	2030.84	0	0	207.07	74.06	1749.71	155.06
河南县	1715.07	1611.05	0	0	199.90	43.60	1367.55	104.02

2022 年黄南州公路行政等级里程一览表

表 45

单位：千米

地区	总里程	国道	省道	县道	乡道	专用道	村道
黄南州	5876.76	543.15	532.94	551.63	1978.79	120.98	2149.28
同仁市	1111.94	126.92	138.06	55.70	476.85	8.49	305.92
尖扎县	863.85	123.75	134.78	113.07	233.70	4.08	254.47
泽库县	2185.90	207.07	74.06	128.80	679.69	108.40	987.88
河南县	1715.07	85.41	186.03	254.06	588.55	0	601.03

【重点交通项目】 实施《黄南州综合交通“十四五”规划》《黄南州农村公路提质升级规划》等行业发展工作。巩固拓展脱贫攻坚成果同乡村振兴有效衔接。全州交通运输行业原定计划完成年度投资 47.92 亿元，取消同夏公路和麦什扎黄河大桥投资任务，年度计划完成投资调整为 44.22 亿元（省级交通投资完成 41 亿元、地方交通投资完成 3.22 亿元）。至年末，省级投资完成 65.45 亿元，完成率 160%；地方投资完成 3.22 亿元，完成率 100%。稳步推进张汶高速同仁至赛尔龙段、G310 尖扎至共和公路、G1816 河玛高速、G316 同夏一级公路等重大交通项目协调服务工作，加快推进麦什扎黄河大桥、州综合客运站、昂拉黄河大桥等地方重点项目建设。加快推进地方重点项目建设，麦什扎黄河大桥全长 1045.24 米，含大桥 294 米，总投资 2.26 亿元，完成招投标工作。建设单位为尖扎县交通运输局。黄南州综合客运站总占地 28773.33 平方米，总投资 7500 万元，完成项目施工、监理招投标工作。建设单位为黄南州交通运输局。昂拉黄河大桥全长 2127 米，含大桥 739 米，估算总投资 4.73 亿元，完成

2022 年 12 月 23 日，国道 310 线尖扎至共和公路南宗沟 1 号隧道双幅顺利贯通，标志着尖共公路项目坎布拉隧道群施工进入全面攻坚贯通阶段（州交通运输局供图）

可研编制并报省发展和改革委。

【公路建设项目】 高速公路建设 同赛高速全长204千米，总投资185亿元，全线开工。同仁市区过境段改线方案结果上报省交通运输厅，年度投资任务38亿元，年末完成投资54.25亿元，占全年投资目标的143%；累计完成投资87.03亿元，占总投资的51%。建设单位为青海省交通建设管理有限公司。12月29日，省交通运输厅在同仁市组织召开G0611同赛高速公路同仁市区过境段路线方案论证会议，经充分讨论，一致推荐将东线方案作为最终实施方案。G310尖共公路全长24千米，总投资46亿元，至年末6座隧道双向累计掘进32.23千米，占隧道全长的80.2%；完成年度投资11.2亿元，占全年投资目标任务的373%。G1816河玛高速全长187.5千米，估算总投资243.64亿元。省发展和改革委下达工可批复，省交控集团同步开展施工图设计。建设单位为青海省交通建设管理有限公司。G316同夏公路全长72.4千米，总投资92.5亿元。省交通运输厅、省交控集团正在进行线路比选和可研编制工作。建设单位为青海省交通建设管理有限公司。

农村公路建设 全州农村公路在建项目121项，总投资10.67亿元。其中，新建项目98项6.48亿元（交通口项目81项3.08亿元，其他口项目17项3.4亿元）、续建项目23项4.19亿元（交通口项目8项1.84亿元、其他口项目15项2.35亿元），完成年度投资任务3.22亿元。年内下达一市三县农村公路项目设计批复67份，总投资为45052.7万元。截至年底，200千米民生路全部完成建设待验收。

【公路养护】 年度落实公路养护补助资金2242.14万元（省级补助资金1681.6万元、地方配套资金560.54万元），实施养护大中修工程11项，2022年政府还贷二级公路取消收费后补助实施养护工程4项。年内农村公路列养里程4786.66千米，列养率达100%，优良路率达65%。公路管护开启新模式，与省交控集团、省高速公路养护公司签订战略合作框架协议和道路养护合作协议，在全省率先开了交通领域政企合作先河，为黄南州地养省道和县道专业化、市场化养护探索新路径和办法。编制《黄南州农村公路标准化养护手册》，成为全省首个地方性市州级农村公路养护规范。州政府承担132万元地方养护配套资金，保证全州公路养护工作高质量推进。

2022年3月31日，州交通运输局与青海省高速公路养护服务有限公司签订战略合作框架协议和道路养护合作战略协议（州政府办供图）

【路政管理】 汛期，全州地养国、省道和农村公路累计水毁受损131条，损毁长度207.45千米，桥梁、涵洞水毁受损153座，损毁长度757米，受损资金达7756.56万元。汛期累计投入抢修资金1095.91万元，出动应急保通人员2418人、机械设备890台班，清理泥石流和塌方27.33万立方米，确保国省道第一时间安全保通。开展排查路域环境整治工作，巡查区域内农村公路66条，巡查总里程1453.72千米，对路面破损等及时进行修复。完成坎布拉世界地质公园申报工作中高速及国、省道11块标识标牌设立任务。组织召开全州2022年度治理超载超限工作会议和第一次治超联席会议。推进全州26条重点管养公路路产路权建档规范工作。建立“一路三方”长效联勤联动工作机制。年内共开展全州公路巡查16次、企业巡查57次、联合治超专项整治行动5次。检查货运车辆7608辆，查处超限超载违法行为162起，卸载货物

311.5吨，抄告交警部门治超案件31起，反馈29起，累计罚款15.1万元，记分963分，罚款、扣分、立案查处数量较2021年分别增长82.1%、74.8%、72.8%，查处力度明显增强。开展治超、路政宣传月活动，通过加强组织领导，强化部门协调联动，创新治超手段，加大宣传力度，营造好的舆论氛围。截至年底，公路超限率严格控制在2%以内。

【道路运输】　全州现有等级客运站4个，其中二级站1个、三级站3个（三级以下站29个）。全州开通道路客运线路17条，其中，跨省线路5条，跨市线路5条，跨县线路7条；日发班次54班。全年公路客运量完成310.09万人次，旅客周转量18605.6万人千米，同比下降2%；货运量完成466.8万吨，货物周转量160846.52万吨千米，同比增长5.1%。完成春运工作。共组织投入营运车辆4010辆次，总发班6292班次，平安运送旅客149093人次，同比下降12.94%。未发生道路运输交通事故和旅客滞留及服务质量投诉事件。完成城乡交通运输一体化评价、道路运输行业质量信誉考核及2021年度出租汽车服务质量信誉考核工作。定制客运前期工作有序推进。加强驾驶员从业资格管理，年内资格证考试合格217人，通过年审1868人。全州有60辆班线客车、102辆公交车、724辆出租车全部安装动态监控设备，安装率达100%。全州客运车辆入网率、上线车辆连通率、轨迹完整率及数据合格率均达99.5%以上，位居全省前列。全面开通8条交邮融合线路，“快递进村”覆盖全州80.99%的行政村。印发《黄南州应急物资中转接驳站实施预案》，并将拟选接驳点相关情况报省发展和改革委（拟选站点占地2公顷，位于同仁治超站、同仁市境内213国道旁）。结合常态化扫黑除恶斗争，成立2022年全州打击非法营运专项整治领导小组，安排各市（县）交通运输部门在节假日组织实施打击非法营运专项行动。畅通举报投诉电话，对举报人员进行相应奖励。全年出动执法人员650余人次，上路检查车辆5600余辆，整治清理重要地段、聚集揽客固定点4处，查扣涉嫌非法营运车辆42辆，打击跨区域营运出租车6辆。按照交办线索，对相关车辆进行核查处理，严厉打击个别非法经营者以救护车、出租车、志愿者车队为掩护从事跨地区非法营运行为。

黄南州国道213线同仁过境段（州交通运输局供图）

【水路运输】　全州现有水路运输企业2家（青海凯诚旅游开发有限公司、青海热贡文化保护与开发有限公司），无普通货运企业，旅游船舶运输企业2家，水运企业总资产为6.74亿元（2022年7月，青海凯诚旅游开发有限公司将船舶转让给青海热贡文化保护与开发有限公司后无运营船舶，7月以前受疫情影响未开航运营），青海热贡文化保护与开发有限公司有从业人员59人，船舶19艘（2022年以来，青海热贡文化保护与开发有限公司收购青海凯诚旅游开发有限公司8艘客运船舶，新购10艘铝合金船舶，新建1艘新能源船舶），船舶总载重量88吨，船舶总功率1243.71千瓦。

【交通运输产业发展】　全州有汽车综合性能检测站3家，全州一、二类汽车维修企业3家，汽车维修工作量2770辆次，维修工作量以年均2%以上的速度增长。机动车驾驶员培训学校9家，年内培训机动车驾驶员3080人、从业资格人员3100人。农村客运市场乡（镇）通客车率100%，行政村通客车率100%。全州有出租车公司4家，出租车722辆，从业人员790余人。

2022年黄南州主要公交线路基本情况一览表

表46　　单位：元

城市	线路	发车站	终点站	发车时间	票价
同仁市	1路	唯哇	州民族高级中学（州民师）	7：03—18：58（每隔15分钟发一班）	1
	2路	加毛桥头	州民族高级中学（州民师）	7：00—20：06（每隔15分钟发一班）	1
	3路	唯哇	教育小区	7：00—19：28（每隔15分钟发一班）	1
	4路	热贡桥头	腾达驾校	6：50—19：00（每隔20分钟发一班）	3
	5路	热贡桥头	扎毛	7：00—17：00（每隔30分钟发一班）	3
	6路	热贡桥头	麻巴	6：40—18：40（每隔30分钟发一班）	3
	7路	热贡桥头	多哇镇	8：00/8：20	15
尖扎县	1路	马克唐镇	康杨镇	8：30	5
	2路	马克唐镇	昂拉乡	8：30	2
	3路	马克唐镇	坎布拉镇	8：30	2
	4路	马克唐镇	德吉村	8：30	2
	5路	马克唐镇	措周乡	8：30	3
泽库县	1路	牧民定居点	幸福山	7：00（每隔15分钟发一班）	1
	2路	牧民定居点	敬老院	7：10（每隔15分钟发一班）	1
	3路	藏药制剂中心	第二幼儿园	7：00（每隔15分钟发一班）	1
	4路	好运加油站	多禾茂乡	7：30（每隔40分钟发一班）	5
	5路	好运加油站	麦秀镇	7：30（每隔40分钟发一班）	5
	6路	老疾控中心	宁秀镇	7：30（每隔40分钟发一班）	10
河南县	1路	民族中学	泽雄村委会	6：30	1
	赛尔龙乡	河南县	赛尔龙乡	7：30	10
	宁木特镇	河南县	宁木特镇	8：00	5
	柯生乡	河南县	柯生乡	8：00	15
	泽库县	河南县	泽库县	8：00	5
	多松乡	河南县	多松乡	8：00	10

【交通运输企业】　黄南州山峰公交有限公司（同仁市）　2013年成立，主要业务是城乡公交运营汽车配件销售、公交车车体广告、候车亭广告发布、电动车充电桩充电服务。有5个科室、6个车队、1个保修厂，干部职工55人，营运车辆48辆，生产用地1处，占地面积2公顷，固定资产原值1307.86万元，净值589.03万元。拥有营运线路7条，线路里程373千米，全市线路日运行班次256个，日运送乘客量5200人次。2022年公交公司完成营运里程186.49万千米。

琼乾公交公司（尖扎县）　2015年成立，主要业务是公交运输。有2个科室、5个车队、3个保修厂，干部职工19人，营运车辆20辆，生产用地2处，占地面积0.4公顷，固定资产原值400万元，净值350万元。拥有营运线路5条，线路里程63.2千米，全县线路日运行班次70个，日运送乘客量297人次。2022年公交公司完成营运里程约13.8万千米。

河南县华泽城市公交服务有限公司（河南县） 2019年成立，主要业务是城乡公交。有1个科室、1个车队、1个保修厂，干部职工23人，营运车辆18辆，生产用地位于河南县优干路1号处，占地面积约2万平方米，固定资产原值800万元，净值700万元。拥有营运线路8条，线路里程323千米，全县线路日运行班次109个，日运送乘客量965人次。2022年公交公司完成营运里程143.71万千米。

加福城乡公交有限公司（泽库县） 于2019年成立，主要业务是城乡公共交通运输。有4个科室、1个车队，干部职工6人，营运车辆16辆，生产用地1处，占地面积0.33公顷，固定资产原值700万元，净值620万元。拥有营运线路6条，线路里程232千米，全县线路日运行班次58个，日运送乘客量732人次。2022年公交公司完成营运里程27.65万千米。

黄南州隆祥客运有限公司 2013年成立，公司资产总额2000万元，注册资本100万元，设职能部室6个，地区管理机构4个。主要经营县际、市际、省际班线客运、农村班线客运、包车客运（县内、县际、市际、省际）等业务，具有国家客运AAA级经营资质。有客运线路17条，客运班车59辆，日发班次54个，日均旅客发送量504人次，线路直达西宁、循化、兰州、临夏、夏河等省内外各地市，营运里程2000千米；货物运输通达全国各地。行驶总里程42万千米，发送旅客105804万人次，公司总收入420万元。

【州政府与省交通控股集团签订《战略合作框架协议》】 3月1日，黄南州人民政府与省交通控股集团有限公司就深化多层次、多渠道、多模式、多领域合作，本着发挥各自优势、互惠互利、合作共赢的原则，签订战略合作框架协议和道路养护合作战略协议。战略合作框架协议的签订，使黄南成为全省首家与交控集团运成战略合作的地方政府，对于黄南构建立体交通大通道、建设全域统筹大旅游、助力脱贫攻坚成果同乡村振兴有效衔接、推动交通运输更好地服务高质量发展、更加积极主动融入国家区域战略意义重大。

国省道路管养

【概况】 青海省黄南公路段始建于1959年10月，隶属于海东公路总段，2022年在册职工115人，有各类养护设备、机械72台（辆）。公路段承担管养里程307.67千米（其中，国道213线策磨线231.31千米，国道316线长同线13.51千米，国道573线泽兴线47千米，省道206线平隆公路15.85千米）、桥梁67座（3754.51米）、涵洞674道（8186.82米）、隧道4座（2417米）。段下设综合办公室、生产办公室、财务办公室、安全设备办公室4个业务办公室，古浪堤工区、保安工区、同仁工区、麦秀工区、泽库工区、河南工区6个公路养护工区，1个综合养护班，1个隧道监控所。

【公路养护】 完成对辖养全线的路况调查工作，不断强化公路日常性养护，全力保证排水设施畅通、路面路基平整、路容路貌美观、桥隧涵等重要设施状态良好，配合海东公路总段完成2022年度普通干线公路技术状况监测迎检工作。全年累计清理疏通边沟181.86千米、土石方8403.1立方米，开挖边沟36千米、土石方2140立方米，疏通涵洞185道、土石方3247.75立方米，清扫桥面（隧道路面）杂物75232.88平方米，清理桥梁伸缩缝137座256道，清理桥梁泄水孔140座1714处，清洁维护隧道灯具、风机等机电设施8次；填补路基缺口2520立方米，修补路面坑槽2175平方米，更换里程碑121块、百米柱657个，更换波形梁端头40个，储备防滑料593立方米、融雪剂60吨。

【应急保通】 在冬季保通和防汛工作中，提前谋划部署，完善和细化公路应急抢险预案，组建100人的应急保障队伍，组织开展应急抢险保通演练，加强人员培训，补充应急物资，检修机械设备，贯彻24小时值班和领导带班制度，在提升应急处置能力的基础上，进一步与地方政府各相关部门沟通协调，高效完成疫情防控期间和中共二十大期间道路保通保畅任务；成功应对8月汛期以来百余点位特大泥石流、山体滑坡，隆务峡河道改移、河道防护等突发事件应急处置工作，全力保障公路安全畅通。全年发生严重水毁5次，导致交通中断106处、泥石流104处，累计清理塌方落石6189.6立方米、泥石流14.78万立方米，片石混凝土修复水毁路肩墙202米、1169立方米，浆砌片石修补下挡墙194立方米，铅丝石笼修复水毁路段513米、1020立方米，出动机械569台班、人员2500余人次。完成1月至3月冬春季道路养护保通保畅工作，撒铺防滑料85立方米，处理路面积冰239.5立方米，处理路面积雪11299平方千米，撒铺融雪剂67.2吨，累计开展冬季保通19次。

2022年8月18日，黄南公路段职工在隆务峡清理落石（黄南公路段供图）

【路域环境整治】 开展路域环境整治常态化工作，建立“领导分工包线、职工分工包段”的工作机制，明确路段桩号，推动路域环境整治工作，重点清除和集中清理辖养公路沿线生活、建筑垃圾、堆积物和白色垃圾，提升公路沿线路容路貌。全年累计清扫路面35294平方千米，捡拾白色垃圾路段长4615.7千米，清理堆积物396立方米，修剪路肩、护坡及边沟内蒿草75856平方米，回收防滑料463.8立方米。

邮政运营与管理

【概况】 黄南州邮政运营与管理工作由黄南州邮政管理局、中国邮政集团有限公司黄南州分公司负责。2022年，全州有乡(镇)邮政局所28个，设置县级以上邮政服务网点5个，33个普服网点均按要求开办四项普服业务网点，覆盖一市三县33个乡(镇)，城市段道15个，乡邮农村段道84个，投递全程里程数4118千米。全州邮乐购站点110个、村邮站75家；全州33个乡(镇)、262个建制村均实现村村通邮。全州邮政行业寄递业务量累计完成491.1万件，同比增长5.85%，其中邮政寄递服务业务量累计完成460.9万件，同比增长6.21%。全州邮政行业业务收入（不包括邮政储蓄银行直接营业收入）累计完成3263.1万元，同比下降1.28%，其中邮政寄递服务业务收入累计完成430.5万元，同比下降4.76%。

2022年1月20日，全州邮政工作会议暨州分公司一届五次职工代表大会召开（州邮政管理局供图）

【邮政普遍服务】 实施普遍服务提质达标，围绕“一确保、两提升、三强化”目标，持续强化普服重点指标管控，平信和给据邮件断点率分别压降至千分之0.8和万分之1.2（剔除疫情因素后平均值），建制村综合打卡率为99.74%，年内实现营投合一网点数量全面清零；通过优化内部处理流程等措施，不断提升党报党刊及邮件投递质量；全州建制村投递频次达标率提升至98.85%，同比提升3%；按计划完成全年监督检查任务及对各类问题的整改工作，机要基础管理不断夯实。

【代理金融类业务】 黄南分公司代理金融储蓄余额新增7324万元，邮政代理市场占有率7.94%，新增额市场占有率9.77%。业务收入完成958万元，超绝对值91.67万元，增幅达21.5%，创历史新高。推进储蓄余额“大发展 大突破”和客户“精耕工程”，全州余额规模达到5.32亿元，突破5亿元大关，新增7324万元，增幅16%，列全省第二位，城区分公司余额规模超2.5亿元，泽库县、河南县分公司突破6000万元。销售保费771.7万元，实现收入138.31万元，同比增长196.41%，排名全省第三。加强县域内分片划区网格化管理、农村市场拓客力度，全年新增有效客户1936户，渗透率11.07%，同比增长1.07%；坚持以“增绑卡、促交易、提效益”为目标，围绕支付场景生态，持续抢占移动支付市场，全年净增快捷支付绑卡2328户；发展商户收单业务，全年布放邮驿付收款码1014户。

【寄递业务】 全年全州完成寄递业务收入537万元，实现同比正增长。重点发展特快专递业务，抢占市场份额。突破发展消费市场，全州实现消费收入341.48万元，同比增长16.53%，增幅全省第一。拓展“极速鲜”业务，寄递“极速鲜”牛羊肉5683件，完成率与增幅均列全省第一。加快拓展政务市场，提升身份证邮寄转化率，全州身份证邮寄转化率12.85%，列全省第二。规模发展快包业务，累计实现当地农特产品寄递收入19.94万元；拓展军包市场，实现寄递收入5.05万元，同比增长131.51%；实施一地一策、批量进驻、批量获客，推进“建档、蓄客、提升”三步走策略，高质量发展电商、唐卡、藏（蒙）药、民族服饰等特色快包业务，累计寄递12万件。聚焦“五客”，强化CRM（客户关系经理）系统应用。全州开展“客户开源，价值共享”寄递获客营销活动，共下发客户389户，走访率100%，转化客户11户。开发成功“旺季特快客户争夺战”目标竞品客户8户，并签订特快寄递协议；“集团战略客户深度挖掘”目标客户17户，走访17户，走访率100%。“数据驱动，价值提升”CRM协同营销活动目标客户73户，走访73户，走访率100%，开发客户数29户，排名全省第一。开展销售化转型工作，提升揽投能力和营揽人员揽收意识，城区揽投部揽收收入较同期增长52.06%，特快收入占比达52.55%，较转型前同期提升8.9个百分点。

【邮政基础性业务】 函件业务 累计实现函件媒体业务收入44.19万元。组织开展“约惠双十二”2022年新春文化产品营销爆点活动，实现产品要数51.71万元，完成率114.91%。

集邮业务 累计实现收入95.41万元。集邮网厅产品累计上架23款，强化“集邮上新日”营销，集邮线上业务实现收入22.87万元。组织开展2022年集邮旺季营销项目，累计实现收入101.7万元。其中集邮生肖项目实现收入61.92万元，完成率为176.92%；新邮预订实现收入39.81万元，完成率为98.84%。

报刊业务 累计实现收入206.92万元，完成率101.93%。2022年一次性报刊大收订流转额实现615.74万元，完成率102.6%；日常收订实现流转额60万元，累计完成报刊订阅流转额675万元。

增值业务 全州税务双代业务累计代开税务发票130张；开展中邮车务“春季特享·邮惠送不停”营销活动，累计注册会员589户；通过中邮车务会员、邮乐小店发展享安经纪等简易险20笔。交管业务全州累计办理97笔，完成率101.04%。

分销业务 通过开展“2022年全省重点客户年节福利”专项营销活动，实现收入19.87万元（税后）；开展“亲情粽”专项营销活动，实现收入17.23万元（税后）；开展“思乡月”专项营销活动，实现收入15.52万元。

【渠道建设】 推进站点建设，建成邮乐购站点110个，其中49个站点绑定代收自提业务。全年完成活跃站点92个，建设优质站点16个。提升邮乐小店分享及获客指标，日均活跃邮乐小店数127个，日均获客数1805人。推进农产品销售额，累计完成66.40万元。转变批销业务发展模式，采用撮合批销方式，通过大单品（饮料）价格优势，线上、线下销售累计产生批销额45.13万元。推进振兴馆建设，年内提报上新各县（镇）特色（农）产品20余款，通过“9·19”电商节宣传直播活动，打造万单产品，累计产生线上订单12863笔，寄递地方农产品电商包裹累计1.29万件。持续推进网点转型，新增12个转型网点，全州转型网点达到33个，其中乡（镇）网点22个、边远网点5个、商圈网点5个、社区网点1个；为站点叠加代收代投业务、提供优质大单品，打造“网点+站点”发展生态。

【项目协同发展】 *惠农合作项目* 累计实现农产品寄递收入65.73万元，发展农村会员5721户；成功办理融资E贷款业务6户，实现贷款发放163万元；农民合作社广覆盖业务实现目标163户，完成率108.67%。

会员发展项目 累计发展邮政会员11352户，完成率252.27%；发展“邮生活”平台客户6470户，完成率115%；累计积分会员数2136户，完成率36%。

汽车产业链项目 完成项目收入7.81万元，完成率156%，其中特快收入3.24万元，完成率324%；公安交管特快收入2.2万元，完成率108%；涉车传媒收入2.17万元，完成率108.5%。

【邮政服务乡村振兴】 推进农村邮路汽车化，全州投递段道86条，投递车辆39辆，现有摩托车2辆；鼓励邮政企业建设“邮乐购”农村电商服务生态圈，指导邮政企业建设村级站点92个；壮大邮政“一市一品”农特产品进城示范项目，以邮乐网扶贫馆项目为依托提升本地区农特产品销售额；根据州委、州政府民生实事重点工作要求，建成“交邮合作”线路8条，达到交邮融合协同发展，整合资源、节约成本的目的；鼓励邮政企业主动对接供销联社发掘黄南州农特色产品，支持企业通过电商平台直播带货，全年全州通过寄递渠道出口的农特色产品业务量14.1万件，收入25.9万元。

【邮政普遍服务与特殊服务监管】

在全州33个乡（镇）邮政营业场所中，监控设备实现全覆盖，营投合一单人邮政所实现清零；建制村直接通邮成果进一步巩固，完善建制村投递打卡监督机制，力争建制村应投必投。通过开展建制村直接通邮检查和多次核实认定，将建制村边远地区由原11个减少至3个，建制村一周三班以上投递比率上升为98.85%；及时受理网上政务服务并做好信息公示，依法依规向社会公开。

【邮政综合服务平台建设】 搭建邮政综合服务平台，促进一网通办，四市县邮政企业均入驻政府服务大厅，各网点均能提供交管便民服务。支持邮政企业做好邮政服务进校园和主题邮局建设工作。拓展政邮、警邮、税邮、医邮等合作范围，高质量开展政务便民服务。全年累计政邮寄递业务量5230件；警邮合作网点4个，累计寄递邮件1379件；税邮合作网点1个，累计代征税款1.11万元，累计寄递税票770件。

【服务质量管理】 持续强化重点指标跟踪管控，全年智能跟单快包异常发生率完成6.65%，同比下降2.1%；派揽订单散户揽收及时成功率93.15%，同比下降1.81%；揽投部特安邮件主动客服占比98.35%，同比上升7.6%。开展包裹快递丢损邮件专项整治，包裹快递邮件丢损同比压降18.5%。开展“六项禁止类服务问题”专项治理，有效遏制禁止类服务问题发生。开展特快邮件投递质量提升季活动，特快邮件投递投诉率完成万分之2.04，优于集团公司2.96个万分点。持续做好申投诉及理赔管理工作，客户投诉率万分之13.38（剔除后），同比下降6.22个万分点；各类邮件理赔累计131件，其中有责赔偿77件，占比58.8%，同比下降11.3%。

【社会监督员管理和指导】 发挥社会监督作用。开展社会监督115人次，走访用户106人次，监督网点累计105个，提交报告1份，下发邮政特邀监督员监督通报4份。同时为进一步提升监督员业务能力，在泽库、尖扎两县对特邀监督员采取“一对一”现场培训。

【机要通信安全运行管理】　制定2022年州邮政机要通信监督管理工作措施，要求各级邮政企业贯彻落实。开展机要通信全覆盖大检查，对全州一市三县机要通信安全管理工作开展监督检查，检查机要网点7家，出动检查人员14人次，下发机要通信责令改正通知书6份，下发检查通报2份，机要渠道安全平稳运行。

【纪特邮票发行销售监督检查】　按照《邮票发行监督管理办法》，组织开展《壬寅年》和《第一部〈中国共产党章程〉通过一百周年》等13套纪特邮票发行监督检查，对同仁市夏琼中路邮政支局营业网点《动画——黑猫警长》特种邮票未提前公布邮票发行信息和零售数量的行为下发责令改正通知书1份。

快递与物流业

【概况】　2022年，黄南州快递业务量累计完成30.1万件，同比增长0.57%；快递业务收入累计完成1488.6万元，同比下降10.74%。其中，同城快递业务量累计完成3.11万件，同比下降24.83%；异地业务量累计完成27.05万件，同比增长4.63%；国际与中国港澳台地区业务量累计完成5件。12月，快递业务量完成0.57万件，同比上涨42.39%。全州有主要快递品牌分支机构19家、末端网点14个。

【“快递进村”工程】　通过政府搭台、市场运作，加快打通“快递进村”工程“最后一公里”，全州快递服务覆盖的乡（镇）政府所在地达33个，覆盖率达100%，覆盖的建制村为221个，同仁市、泽库县、尖扎县“快递进村”覆盖率分别为100%、79.69%和78.16%，全州“快递进村”覆盖率为84.5%。

【违禁物品管理】　贯彻落实《平安寄递建设实施方案》，持续推进安全生产专项整治三年行动。强化末端监测，实施信息化管控，维护基层网点稳定。开展涉枪涉爆集中整治，打击整治寄递仿真枪违法行为。做好寄递渠道“扫黄打非”、禁毒、危化品整治、打击侵权假冒、野生动植物保护等专项工作，全力防止违禁物品通过寄递渠道传播。开展扫黄打非专项检查。全年检查邮政快递企业网点17处次，出动检查人员34人次，发现违法违规行为3起，下达责令改正通知书2份，约谈告诫1起，下发行业通报1份。网点检查中未发现寄递非法出版物和其他非法报刊图书的现象。

【快递渠道安全】　强化“绿盾”工程项目应用，修订完善《黄南州邮政管理局关于“绿盾”工程信息化应用管理办法》，利用绿盾系统进行快递业务量旺季监测，做好保通保畅工作，同时对青海省邮政管理局转发的违规事件进行全行业通报和约谈问责。专题研究安全生产工作4次。组织召开北京2022年冬奥会和冬残奥会期间黄南州寄递渠道安全服务保

2022年7月20日，泽库县邮政分公司营业网点工作人员对泽库县邮政快递企业疫情防控措施落实情况开展监督检查，并对邮政公司高考录取通知书按址投递进行督导（黄南州邮政分公司供图）

障工作部署联席会议，持续强化寄递安全“三项制度”落实和进京邮件快件的安全检查。成立黄南州邮政快递业安全生产协调领导小组，召开2次工作会议，对本年度安全生产重点工作进行集体讨论和安排部署。每月按时上报《安全生产信息》。成立专项检查组对全州一市三县邮政快递网点开展安全生产大检查，面对行业安全生产工作诸多问题，及时更新问题隐患清单梳理条目24条，明确整改措施和责任单位，下发行业检查通报，召开黄南州安全生产检查情况线上线下通报会，要求存在问题的企业思想上重视，行动上迅速，对通报中提到的问题隐患立行立改。结合中共二十大寄递安保工作开展安全生产大检查“回头看”，针对省局交叉检查发现的问题，要求企业报送整改报告并附整改凭证，并对整改成效进行复查。

【快递行业绿色发展】 实施生态环保“9917”工程，全州邮政快递企业行业采购使用符合标准的包装材料比例90%，规范包装操作比例91%，可循环快递箱（盒）保有量450个，回收复用瓦楞纸箱数量6.4万个。继续开展绿色网点建设，年内申报2家快递分支机构省级环保补贴资金0.4万元。

【快递网点标准化建设】 加强快递网点标准化建设，全州快递分支机构网点19个，标准化率达97%以上。引导快递企业优化快递服务站点布局，强化末端“一站点、多品牌”集约化服务，全

2022年3月18日，青海省邮政管理局在同仁市隆务镇、年都乎乡调研黄南州三级物流体系建设情况（黄南州邮政分公司供图）

州备案的快递服务站数量14个，布放的智能快件箱组达到22组。强化快递车辆号牌、标识等统一规范管理要求，并对车辆进行统一编号，核发车辆号牌59个。

【三级物流体系建设】 各市、县均参与当地三级物流体系建设工作，其中尖扎、河南、泽库均进驻当地政府专项工作小组，下发实施方案，明确各单位作为运营主体，政府给予设施设备支持开展建设工作。根据下发的市（县）相关方案，争取设施设备支持资金385万元，建成92个村级站点，覆盖262个建制村，全州建制村覆盖率100%。持续向好推进快递进村工作，累计“快递进村”下行邮件27.53万件，乡（镇）及以下上行邮件1.10万件。92个站点完成门头数据采集，配备村级站点货架，确保实现全州所有村级站点“统一样式、统一标准、统一服务”。完善“村镇公交+快递运输”一体化运营新模式，聚焦客货邮运力资源互补互用。

【快递员（投递员）权益保护】 联合多部门印发《黄南州新

2022年8月4日，泽库县邮政公司、州邮管局为河南、泽库两县邮政快递一线从业人员开展职业技能提升培训班（黄南州邮政分公司供图）

兴青年群体快递小哥面临困难和问题的办理工作方案》《关于举办黄南州快递从业人员提升服务效能培训方案》，争取培训经费3万元，举办快递从业人员提升服务效能培训班1次。印发《推进基层快递网点优先参加工伤保险的实施方案》，举办专项培训班1次，工伤参保率达到95%；开展快递小哥关心关爱，不断丰富“暖蜂行动”活动内涵。联合州总工会、团州委等部门开展“冬送温暖、夏送清凉”4次、“快递从业青年服务月”1次等各项慰问活动，发放慰问资金5.4万余元。注重文体活动，印发《关于加强新时代职工文化建设的实施方案》，建设职工书屋2处，争取工会职工疗养名额2人，开展快递从业青年联合月、“全民健身进企业”各类活动3次。

2022年黄南州快递企业分支机构情况一览表

表47

地区	序号	企业名称	经营品牌	性质	营业场所地址
同仁市	1	青海顺丰速运有限公司黄南州分公司	顺丰	民营	同仁市年都乎乡年都乎村康乐北路与河南路交会处
	2	青海圆必通速递有限公司同仁市分公司	圆通	民营	同仁市隆务镇东山路
	3	青海申通快递有限公司同仁分公司	申通	民营	黄南州同仁市隆务镇年都乎市场96号
	4	青海彪韵快递有限公司同仁分公司	韵达	民营	青海省黄南州同仁市铁吾村东山路10号
	5	西宁海都中通速递服务有限公司同仁市分公司	中通	民营	同仁市隆务镇康乐北路延伸段卫生小区门口
	6	青海德邦物流有限公司黄南州同仁市营业部	德邦	民营	同仁市迎宾大道年都乎新市场
	7	青海京邦达物流科技有限公司黄南分公司营业部	京东	民营	同仁市年都乎乡
	8	青海极兔供应链有限公司黄南同仁营业部	极兔	民营	同仁市迎宾大道年都乎新市场第71号
尖扎县	9	西宁海都中通速递服务有限公司尖扎县分公司	中通	民营	尖扎县唐马克镇铁岭路
	10	青海顺丰速运有限公司黄南州分公司尖扎营业部	顺丰	民营	尖扎县商业街苹果园小区第九幢11单元A-28商铺
	11	青海圆必通速递有限公司尖扎分公司	圆通	民营	尖扎县马克唐镇铁岭路
	12	青海申通快递有限公司尖扎分公司	申通	民营	尖扎县马克唐镇铁岭路
	13	青海京邦达物流科技有限公司尖扎分公司营业部	京东	民营	尖扎县马克唐镇马克唐村40号

续表47

地区	序号	企业名称	经营品牌	性质	营业场所地址
尖扎县	14	青海彪韵快递有限公司尖扎分公司	韵达	民营	尖扎县马克唐镇兴隆街延伸段商住楼北侧 5 号楼
	15	青海极兔供应链有限公司尖扎分公司	极兔	民营	尖扎县铁岭路木材加工厂隔壁
河南县	16	青海顺丰速运有限公司黄南州分公司河南营业部	顺丰	民营	河南县城
	17	青海极兔供应链有限公司河南分公司	极兔	民营	河南县雪莲路蒙旗佳苑小区斜对面商铺房
泽库县	18	青海极兔供应链有限公司泽库分公司	极兔	民营	泽库县泽曲镇迎宾路 93 号
	19	青海顺丰速运有限公司黄南州分公司河南营业部	顺丰	民营	泽库县泽曲镇交通运输

生态建设

黄南年鉴

2023

综　述

2022 年 6 月 5 日，同仁市生态环境局举办同仁市污水厂环保设施向公众开放活动（州生态环境局供图）

【生态文明规划与保护】 2022 年，黄南州编制黄河黄南流域生态保护和高质量发展等生态环保规划 13 项，制定生态文明高地建设行动等工作方案 4 项，颁布实施水资源保护条例、林木保护条例等法律规章 6 项，不可降解一次性塑料制品管理条例进入立法审议阶段，“河湖长制”“林草长制”持续巩固。全年投入 13.98 亿元，统筹实施林草保护、建设、修复等生态治理项目 116 项。偏远乡村垃圾实现无害化焚烧处理，同仁市、尖扎县通过水利部节水型社会达标建设复核验收。泽库县成功创建国家级生态文明建设示范区。

【生态文明体系建设】 成立由州委、州政府主要领导任组长的州委生态文明建设和生态环境保护委员会，加强对生态文明建设和生态环境保护的领导。牵头制定《黄南州环境执法与司法联动机制工作方案》《关于加强生态环境执法联动协作机制的实施方案》，构建公安、检察、法院、市监、城管、卫生、水利、文化、农牧、自然资源、交通多部门联动执法体系。《黄南藏族自治州不可降解塑料制品管理条例》立法完成前期工作，进入提请州人大及其常委会审议阶段，塑料污染治理工作始终走在全省前列。

【生态文明创建】 黄南州获第五批“国家级生态文明建设示范区”，河南县跻身第五批“绿水青山就是金山银山”实践创新基地，2022 年 11 月，泽库县成功创建第六批“国家级生态文明建设示范区”。

【水生态文明建设】 编制完成黄河、隆务河、洮河、泽曲河等 6 条主要河流水生态保护和建设规划，建成洮河国家级湿地公园、尖扎县滨河公园、泽曲河湿地公园，河湖流域总体环境基本实现整洁优美、水清岸绿。推动河湖长制与乡村振兴战略有效衔接，完成环境综合治理村（社）286 个，增配垃圾收集桶 1951 个、分类岗亭 16 个、专用车辆 39 辆，城镇生活垃圾无害化处理率达 90%。强化小型水利工程管护，对流经 38 个镇村的 11 条沟渠进行治理修缮，增添群众“生态就在身边”的获得感幸福感。统筹水资源条件、环境承载能力，加强各类专项规划与河流环境保护相关规划衔接融合，通过河道岸线划界，明确党政领导管理范围，以规划强制约束保障水生态环境安全。实施水生态治理、水环境修复、水安全保障、水源地保护等工程，高标准建成隆务河水生态治理一期工程及主要支流治理工程，持续推进扎毛水库灌溉工程、浪加水库工程、纳浪寺水库干渠维修改造等综合治理项目，累计完成投资 2.4 亿元，治理河流 48 千米、水土流失 134 平方千米，河湖湿地保护和水源涵养功能显著提升。

【生态环境宣传】 利用“六五”环境日、“生物多样性日”、“全国低碳日”等契机，面对社区群众、游客群体、干部职工开展环保设施向公众开放 27 次、环保法律环保知识送教 12 次，发放宣传资料 2 万余份。在省州电视台、“学习强国”学习平台、青海新闻网、青海生态之窗、黄南报等大众媒体平台宣传 50 余次；搭建微信公众号、新浪官方微博等网络平台，每日更新全州生态环境保护工作动态，打破以往发放宣传单的单一模式，群众参与度和积极性得到充分调动，群众满意度达 95%以上。

【黄南州生态环境损害赔偿磋商会议】 11月11日，黄南州召开生态环境损害赔偿磋商会议，4起生态环境损害赔偿案件完成一次性磋商。经磋商，赔偿权利人及赔偿义务人双方就破坏生态环境损害事实、程度、修复方式、修复处置费用等问题达成一致意见。根据鉴定评估意见，赔偿义务人共承担生态环境损害治理费用和评估费用合计540912元。此次办理的4起生态环境损害赔偿案件中，2起属破坏基本农田生态环境损害赔偿案件，案件采取行政处罚与生态环境损害赔偿同步追责方式，对违法者起到震慑作用。

林业生态

【概况】 2022年，黄南州林地面积451656.88公顷，其中乔木林地68698.46公顷、灌木林地373252.16公顷、其他林地9706.26公顷。分地区看，同仁市林地面积109519.86公顷、乔木林地23061.54公顷、灌木林地83794.11公顷、其他林地2664.21公顷；尖扎县林地面积55997.88公顷、乔木林地21704.56公顷、灌木林地27540.47公顷、其他林地6752.85公顷；泽库县林地面积103705.64公顷、乔木林地18344.34公顷、灌木林地85258.91公顷、其他林地102.39公顷；河南县林地面积182433.5公顷、乔木林地5588.02公顷、灌木林地176658.67公顷、其他林地186.81公顷。全州天然林面积30.5万公顷，国家公益林面积25.76万公顷。活立木蓄积814.95万立方米。森林覆盖率29.43%。

【国土绿化】 州委、州政府组织召开全州国土绿化动员大会，州委书记王耀春主持并讲话，州委副书记、州长扎西才让作动员讲话。会上贯彻落实全省国土绿化动员大会精神，通报2021年全州国土绿化情况，对科学推进国土绿化进行再动员、再部署。印发《2022年黄南州科学推进国土绿化工作方案》。全州造林绿化工作围绕黄河、隆务河流域两条绿色长廊这个重点，因地制宜科学实施国土绿化，增加绿色总量，开展国土绿化工作。全年完成国土绿化营造林面积28653公顷，其中人工造林3153公顷、封山育林17533公顷、退化林修复7167公顷、森林质量精准提升800公顷。截至年底，黄南州国土绿化成果巩固提升三年行动收官。该行动自2020年启动，目标任务119600公顷，其中营造林55267公顷。三年累计完成国土绿化262660公顷，其中营造林90877公顷。

【义务植树】 4月7日，州委、州政府主要领导，州四大班子及所有在家州级领导干部和州、市两级99家单位以及保安镇干部职工、宗教界人士、学生代表、公安、消防、民兵和当地群众等2200余人在同仁市保安镇互助滩开展全民义务植树活动，在全州范围内掀起一场“全民动员植绿增绿”义务植树大会战。全州完成义务植树95万株（其中同仁市47万株、尖扎县47万株、河南县0.5万株、泽库县0.5万株），参与17.08万人次，义务植树尽责率达到95%。建成投资20万元“互联网+义务植树基地”1处，为全州开展全民义务植树活动提供科学、便捷场所。

【防沙治沙】 黄南州主要沙化土地位于泽库县境内，沙化土地总面积4400公顷，占总土地面积的4.1%。沙化土地中流动沙地（丘）100公顷，占沙化土地总面积的2.2%；半固定沙地（丘）200公顷，占4.4%；固定沙地（丘）4100公顷，占93.3%，主要分布在和日镇、王家乡及周边地区。2022年省下达黄南州防沙治沙任务333.33公顷。年度通过在泽库县沙区周边实施青海省重点区域生态保护和修复专项（泽库县三江源生态保护和修复）项目，完成防沙治沙任务934公顷，其中在泽库县和日镇羊旗村完成人工造林20公顷、直干木村完成封山育林914公顷。修订《黄南州沙尘暴灾害应急处置工作方案》，推进防沙治沙工作，增强广大群众参与防沙治沙保护沙区生态的自觉意识和责任意识。开展宣传活动，全州悬挂横幅3条，设置展板6块，发放藏语和汉语宣传材料5000余份，宣传纸杯、抽纸400余套。

【林地管理】 颁布新修订的《黄南藏族自治州林木保护条例》，制定《黄南藏族自治州林木保护条例》宣传工作方案，在全州范围内采取各种措施进行宣传，动员社会各界力量，依法建设、保护、支持和爱护好森林草原资源，使全州森林资源保护工作迈入法治化管理轨道；2022年，向省林草局上报永久占用林地申请7项，申请拟征占用林地面积共45.75公顷，批复临时占用林地项目3项，临时占用林地面积21.15公顷。

【天然林与公益林管理】 按照青海省统一部署，编制2022年公益林（天然林）管护实施方案，与一市三县签订保护发展森林资源目标责任制森林管护任务责任书，实施2022年天然林保护和国家重点公益林管护项目，进一步确保25.76万公顷国家重点公益林和30.5万公顷天然林管护落实，合同签订率和管护率均达到100%。落实天然林财政补助资金4461万元；落实国家公益林补偿资金4440.6万元，其中国有2663.6万元、集体和个人1777万元。

2022年国家生态公益林、天然林面积和补偿资金分配情况统计表

表48

单位名称	公益林						天保工程国有林	
	补偿面积（公顷）			补偿资金（万元）			管护面积（公顷）	财政补助资金（万元）
	合计	国有	集体和个人	合计	国有	集体和个人		
黄南州	257560.01	182126.67	75433.34	4440.6	2663.6	1777	305033.33	4617
同仁市	47206.67	8146.67	39060	983.35	1042	923	73040	1113
尖扎县	23886.67	13980	9906.67	355	433	229	44346.67	707
泽库县	54306.67	27840	26466.67	993	1032	625	58700	890
河南县	131340	131340	—	1920	1921	—	94873.33	1401
麦秀林场	820	820	—	12	12	—	34073.33	506

【野生动植物保护】 *打击违法犯罪专项行动* 集中开展打击乱捕滥猎、非法经营候鸟等野生动物违法行为的“清风”“网监”等专项行动，成立工作专班，组织工作人员到一线巡山查林、宣传教育及设卡检查。并联合市场监管、公安等部门，加大野生动物社会稳定风险评估，对网络、市场、餐饮、野生动物人工繁育场所及重点路段设卡检查和疫源疫病排查，督导其做好日常消毒和防疫工作，严厉打击非法销售、购买、运输、携带、滥食等经营利用野生动物及其制品行为，努力把不稳定因素消除在萌芽中。全年出动执法人员300余人次、车辆28辆次，监督检查各类场所79处，其中野生动物栖息地21处、人工繁育场所3处、经营利用场所52处、交通运输站点3处；查办野生动物刑事案件1起。

野生动物疫源疫病监测防控 组织各市（县）发挥野生动物监测站点作用，调动生态护林员等优势力量，对辖区内21处陆生野生动物集中分布区、集群活动地、候鸟迁飞停歇地、迁飞通道及湖泊、湿地、黄河沿线库区等地进行监测，监测到白鹭、黑颈鹤、灰鹤、黑鹳、大天鹅等野生鸟类46种，数量达13000余只，未发现有野生动物异常死亡和疫病疫情发生现象。联合市场监管、公安等部门，对野生动物人工繁育、集贸市场、餐饮等场所进行疫源疫病排查，督导其做好日常消毒和防疫工作，加大对非法销售、购买、运输、携带、滥食等经营利用野生动物及其制品行为的打击力度。出动执法人员22人次，拉设横幅8条，发放宣传材料2500余份、宣传品2000余份，受教2500余人次。建立疫情监测工

作责任报告、应急制度，把责任落到实处，要求各国有林场、管护站和自然保护地密切关注野生动物异常和死亡等状况，发现情况及时报告、及时处置，严格区域内野生动物疫情防控管理工作，确保野外巡护和疫源疫病监测工作落实和责任到位。

野生动物收容救护　依托“野生动植物宣传保护月”“爱鸟周”“清风行动”等活动，落实野生动物巡护巡查制度，不断加大野生动物救助力度，坚决打击危害野生动物违法行为，提高群众对野生动物的保护意识，维护全州生态安全、生物安全，实现人与自然和谐共生。同仁市人民法院公开审理一起非法猎捕、杀害珍贵、濒危野生动物犯罪案件，抓获犯罪嫌疑人3人，经同仁市人民法院审理，3名犯罪嫌疑人犯危害珍贵、濒危野生动物罪，分别判处有期徒刑一年，缓刑两年，并处罚金5000元。5月初，尖扎县成功救助国家一级保护动物白唇鹿。开展“野生动物回归自然”活动，放飞救助的国家二级保护野生动物石鸡8只，销毁工具11件。

野生动物保护宣传　在全州范围内开展“世界野生动植物宣传月”“爱鸟周”湿地宣传月等多种主题活动，通过网络、媒体等途径宣传护林防火、乱采滥挖野生植物和乱捕滥猎野生动物危害及后果。特别是在尖扎县黄河流域拍摄到的苍鹭栖息画面在中央电视台科教频道《地理中国》栏目《草场下的迷宫》中进行展播。全州共出动宣传人员330余人次，发放各类宣传品、宣传资料1200份，设立制作展板50余块，受教育9000余人次。

【林业有害生物监测预报】　年初通过制定监测预报工作方案，落实测报站点测报任务的方式，加强3个国家级中心测报点、2个省级中心测报点和15个一般测报点的管理。监测踏查线路126条，设立标准样地23个、临时样地445个，完成年度林业有害生物发生情况报表，按期编发林业有害生物工作简报125期，“中国林草防治网”采用87期，发布网络直报虫情动态信息87期、短期预报22次。

【林木种苗检疫执法】　开展48个苗圃育苗面积316公顷、苗木1834.06万株、种子287千克种苗产地检疫，开具产地检疫合格证78份，产地检疫率达100%；检疫本州培育调运苗木181.27万株，开具检疫证书299份；复检州外调入境内各类苗木198.89万株、花卉2.14万株、种子0.75万千克；松木及其制品检疫全年复检17069立方米，光电缆盘及木质包装箱304个，全州松木及其制品调入复检率达100%，未发生松材线虫等重大林业有害生物传入情况。

开展“绿盾2022”林业植物检疫执法检查专项行动。将林业有害生物（松材线虫病）防控纳入各级政府重要议事日程，实行林草长网格化管理，发布《关于加强林业植物及其产品检疫调运检疫的通告》，与涉木涉林经营主体签订报检协议101份，其他部门间签订报检协议11份，与交通管理局、森林公安、市场监管局、县纪委、县农牧局、县自然资源局开展联合执法9次，对全州9个国有苗圃、39个集体及个体苗圃42家木材经营场所、26个家具店、9个花卉经营店、1个生态园，2个物流场所、3家通信公司、1家国家电网以及各市（县）工程造林现场等开展辖区年度林业植物检疫执法检查，依法查处辖区内植物检疫违规行为38次，跟踪复检187次，开具除害通知单38份，处理违法带病虫害苗木9.20万株，采取检疫剥皮除害处理木材市场带小蠹虫病疫木材32立方米。

【外来入侵物种普查防控】　按照《青海省森林、草原、湿地生态系统外来入侵物种普查技术规程》规定，组织专业技术人员和生态管护员67人开展外来入侵物种普查工作，巡护普查739次，踏查路线99条874.39千米，调查有害生物42种，其中病害11种、虫害26种、有害植物3种、鼠害2种；制作病虫害标本56个，生活史标本16套，病虫生态照片385张；普查到黄南州外来入侵物种丹巴腮扁叶蜂、黑龙江粒粉蚧、云杉大灰象、松皮小卷蛾、松梢螟5种虫类。完成《小蠹虫综合防控技术规程》地方标准修订。全年完成林业有害生物防治面积14753公顷，完成省下达任务9333.33公顷的158%，无公害防治率为99.9%，监测覆盖率为91.29%，种苗产地检疫率为

100%，松木及其制品调入复检率为100%，四率指标全部达标。

【林草长制】 机制建设 州、县两级总林草长围绕国土绿化、森林草原防火和年度林草重点工作发布总林草长令14个，州、县、乡三级召开林草长制工作会议76次，成立县级林草长办公室5个，组建乡（镇）级工作专班72个，制定州、县、乡、村、林场五级林草长制工作实施意见，基本构建起党政同责、属地负责、部门协同、全域覆盖的林草资源保护发展长效机制。

完善组织体系 设立林草长359人［其中州级总林草长2人、县级总林草长8人、乡（镇）级林草长72人，村级林草长262人，林场林草长15人］，确定林草网格生态管护员10286人，形成林草长网格化管理。州、县、乡三级林草长开展巡林巡草387次［其中州级总林草长13次、县级总林草长61次、乡（镇）级林草长313次］，基本实现党政领导引领，全社会齐抓共管的长效机制。

压实管护责任 州林草长办公室制定《黄南州森林草原防灭火区域联防联控工作机制》《小手牵大手、全家齐防林草火活动方案》《黄南州煨桑民俗野外用火管理制度》《黄南州林草系统森林草原防灭火分析研判工作机制》《黄南州推行林草长+检察长+警长协作机制》等7个方案、机制，出台《黄南州林草长制工作档案管理办法》，确保林草长制各项措施落实落细。

创新工作模式 尖扎县建立“林草长+维稳网格长”机制，县林草部门集中整合林草管护员，统一管理，统一调度，工作力量加强，管护成效显著。同仁市实行“林草、河湖、田、街、路五长合一”机制，双朋西村自发储备防火物资。泽库县实行“县、乡（镇）、村、社四级林草长制管理体系+生态管护员+牧户的六级联护”协作机制，多禾茂乡筹措资金，组织民兵开展防灭火演练和入户宣传。河南县实行总林草长管护区域“责任田”模式，组建马背上林草政策法规、资源保护工作宣传队。乡级总林草长工作作风明显转变，从被动接受造林任务转向主动造林，从以往对林草资源保护只是会议安排转向亲自带队开展巡林巡草工作。村级林草长组建防灭火队伍，为生态管护员发放统一工作服，亮明管护员身份，激发管护员积极性。

【林草碳汇】 州林草局编制《黄南州林草碳汇开发方案》，并报州人民政府常务会议研究同意实施，州林草局按州政府要求编制《黄南州林草碳汇开发招标方案》，研究确定并聘请林草碳汇开发工作法律顾问团队。经初步统计，全州符合黄南州林草碳汇开发面积为新造林面积17904公顷，森林经营管理项目面积226882公顷，其中“十三五”期间封山育林73047公顷，抚育、精准提升低效林49440公顷；2001—2015年造林9927公顷，封育84127公顷，抚育、精准提升低效林10342公顷；可持续草原管理面积122637公顷。

草原生态

【概况】 2022年，黄南州草原总面积1229733公顷，其中天然牧草地1226373公顷、人工牧草地1710公顷、其他草地1650公顷，草原综合植被盖度为69.1%。分地区看，同仁市草地面积188453公顷，其中天然牧草地186583公顷、人工牧草地1308公顷、其他草地562公顷；尖扎县草地面积83206公顷，其中天然牧草地82098公顷、人工牧草地50公顷、其他草地1058公顷；泽库县草地面积507539公顷，其中天然牧草地507171公顷、人工牧草地351公顷、其他草地16公顷；河南县草地面积450534公顷，其中天然牧草地450520公顷、其他草地14公顷。

【草原生态修复】 黄南州2021年度三江源保护和修复项目总投资13380万元。完成围栏封育100万米，退化草原改良4万公顷，黑土滩治理667公顷，人工种草4000公顷，毒害草综合治理20万公顷；2022年度省对州考核目标任务指标草原综合植被覆盖度为68.9%（其中河南县71.70%、泽库县70.92%、同仁市61%、尖扎县61.90%），年度全州草原平均植被覆盖度达到69.1%；2022年青海省下达治理退化草原任务25333公顷，完成退化草地治理面积44667公顷（其中河南县9333公顷、泽库县18667公顷、同仁市6667公顷、尖扎县10000公顷）。截至年底，黄南州国土绿化成果巩固提升三年行动收官，该行动自2020年启动，行动目标任务119600公顷，其中草原生态修复64333公顷。3年累计完成国土绿化面积262660公顷，其中草原生态修复面积171783公顷。

【草原资源管理】 制定《黄南藏族自治州草原保护条例》宣传工作方案，配合支持同赛高速穿越自然保护区、尖共高速隧道群、西成铁路、黄南机场等国家重点工程建设，协助配合建设单位上报办理林地草地征占用手续。加强对未批先建、未办理草原征占用手续等违法使用草原情况进行草原执法专项检查，推进草原征占用审核审批工作。全年办理草原征占用18起，其中长期草原征占用15起（其中河南县3起、泽库县5起、同仁市4起、尖扎县3起），临时草原征占用3起（其中同仁市2起、尖扎县1起）。落实草原生态保护补助奖励政策，有效促进畜牧业可持续发展，全州草原补奖政策实施面积为175.73万公顷，其中禁牧面积89.4万公顷、草畜平衡面积86.33万公顷。通过在全州天然草原开展生态监测，根据监测数据核定理论载畜量，逐级签订禁牧和草畜平衡责任书，加大草原鼠害防控力度，落实禁牧措施和草畜平衡制度，推动有机生态畜牧业高质量发展。

【草原有害生物监测预警】 对全州草原虫害常发区域进行调查，每周按时上报虫害周报；秋季开展草原鼠、虫、毒草发生及危害情况基数调查，及时掌握全州草原有害生物危害动态；完成对全州295个标准样地草原有害生物普查野外调查，获得鼠、虫、毒草数据1437条，全上传至全国草原有害生物普查系统。

【草地生态监测】 对全州72个典型观测样地和国家级固定监测点进行牧草返青期地面观测，及时了解和掌握春季牧草返青情况，为天然草原返青期牧草生长监测评价提供科学依据。开展草原生态综合监测评价和基况调查工作，详尽掌握草原资源的种类、数量、质量、结构和分布等，了解年度动态变化，分析评价草原生态状况，功能效益，演替阶段和发展趋势，构建草原生态综合监测评价体系，形成草原资源“一张图”。

自然保护地生态

【概况】 2022年，黄南州湿地面积60136公顷，其中沼泽草地55142公顷、内陆滩涂4723公顷、沼泽地270公顷。分地区看，同仁市湿地面积1974公顷，其中沼泽草地652公顷、内陆滩涂1321公顷；尖扎县湿地面积934公顷，其中沼泽湿地64公顷、内陆滩涂671公顷、沼泽地197公顷；泽库县湿地面积37675公顷，其中沼泽湿地36515公顷、内陆滩涂1087公顷、沼泽湿地73公顷；河南县湿地面积19552公顷，其中沼泽湿地17909公顷、内陆滩涂1642公顷。

2022年7月，泽曲国家湿地公园（泽库县供图）

【湿地管理】 落实泽曲国家湿地公园和洮河源国家湿地公园等6个湿地保护与恢复项目，总投资2163万元。申报2023年湿地项目2个，投资800万元，通过进一步实施湿地监测、退化湿地修复及湿地碳汇示范等建设，加强全州湿地生态保护工作。以国土“三调”为统一底板，整合森林、草原、湿地等生态资源，通过生态资源监测数据统一分析、统一处理、综合评价，统筹推进山水林田湖草沙一体化保护和系统治理，为完善“天空地”一体化综合监测评价体系和林草生态系统保护修复提供数据支撑。全州完成163个监测评价，其中林地28个、草地133个、湿地2个，完成率达到100%。

【自然保护地体系建设】 坎布拉世界地质公园申报 整理编制《黄南州国家一、二级保护野生动植物名录》，收录国家一级保护动物11种、二级保护动物29种；国家一级保护植物1种、二级保护植物11种；制定《黄南州创建坎布拉世界地质公园徽标授权与使用办法》《坎布拉地质公园地质遗迹保护管理办法》。

国家草原自然公园试点 完成各投资200万元的河南县蒙旗阿木赫、泽库县措日更国家草原自然公园试点建设项目，拉设围栏1.78万米、毒害草治理66.67公顷、公路两侧施工遗弃地治理33公顷，制作宣传牌8个、公园指示牌1个、风景石雕1座，完成县级自查验收。

融入国家公园示范省建设 对全州现有国家级和省级8类共13个自然保护地进行再优化，再次督促各市（县）梳理上报整合优化预案中仍存在的矛盾冲突和不合理问题，新申报的河南县吉岗山地质自然公园完成专家科研考察。

推进自然教育体系 依托在建和已建成的“坎布拉国家地质公园综合博物馆”“黄南州麦秀林场国家级生态教育基地”“国家湿地公园（泽曲、洮河源）自然教育基地”“州自然保护区自然教育科普宣传基地”，结合实际设立科普馆、宣教中心等教育场所，实施黄南州自然保护地自然教育、科普宣传工作，促进全州自然生态教育工作。

【自然保护地问题排查整改】

印发《黄南州2022年自然保护地问题排查整治工作方案》，成立领导小组到各市（县）进行督查，完成国家林草局第三批国家湿地公园卫片判读中涉及黄南州国家湿地公园疑似违建问题整改。联合州生态环境、自然资源、交通等6个部门印发《黄南州“绿盾2022”自然保护地强化监督工作实施方案》，持续开展“绿盾”自然保护地强化监督工作，对自然保护地内存在的未批先建、批建不符等各类违法行为严厉查处，坚决打击并制止偷采乱挖、乱捕滥猎、侵占林草湿地等各类破坏生态资源的违法行为。高度重视省挂牌督办第一、二、三批和国家湿地公园疑似违建及黄河流域生态环境全方位“体检”反馈问题整改，完成省挂牌督办的第一批68个、第二批39个、第三批103个违规使用林草湿地及5个国家湿地公园疑似违建问题和黄河流域生态环境全方位“体检”101个问题整改销号。

水生态

【概况】 2022年，落实双总河湖长制，州委、州政府主要负责人担任州级总河湖长，建立州、县、乡、村四级河湖长制，设置河湖长461名，实现河湖“一河一长”全覆盖。设立河湖长制公示牌409块，明确河湖长姓名、职务、职责、管护目标、水系图、二维码、监督电话等内容，接受群众监督。黄南州属黄河流域，境内黄河流经长度约253千米，占省内黄河领域总面积的14.51%。完成130条规模河湖、22座水利工程划线定界，划界总长度4120千米。2021—2022年，累计组织巡河湖1.82万次，基本实现河道内“六无”目标。

【水生态规划建设】 坚持规划与建设同步，编制完成黄河、隆务河、洮河、泽曲河等6条主要河流水生态保护和建设规划，建成洮河国家级湿地公园、尖扎县滨河公园、泽曲河湿地公园，河湖流域总体环境基本实现整洁优美、水清岸绿。推动河湖长制与乡村振兴战略有效衔接，完成环境综合治理村（社）286个，增配垃圾收集桶1951个、分类岗亭

16个、专用车辆39辆，城镇生活垃圾无害化处理率达90%。强化小型水利工程管护，对流经38个镇村的11条沟渠进行治理修缮，增添群众“生态就在身边”的获得感幸福感。持续推进扎毛水库灌溉工程、浪加水库工程、纳浪寺水库干渠维修改造等综合治理项目，累计完成投资2.4亿元，治理河流48千米、水土流失134平方千米，河湖湿地保护和水源涵养功能显著提升。

【河湖长制】 落细“一个体系、四长统管、九项制度”的“149”工作机制，定期下沉督导，落实问题整改“点对点、长对长”包干责任制。拧紧河湖长、河湖长办和责任单位的责任链、监管链、治理链，与州检察院建立“河湖长+检察长”机制，与州林草局探索“河湖林草”共建共管共治工作模式，形成水生态环境治理保护的整体合力。州、市（县）主要领导到黄河干流及主要支流督查指导、现场办公40余次，协调解决河湖岸线重难点问题22个。全州4个水功能区水质达标率100%，流域9个断面水质均稳定向好。动态修订“一河一策、一湖一策”实施方案，将全州125条河流、5座水库管理范围纳入“三区三线”专项工作，配合开展河湖确权工作，划界总长度4130千米，预设公告牌158块，彻底解决管理界限不清、权属不明、责任缺位等问题。加强长效管护，颁布实施《黄南州水资源保护条例》，明确河湖管护的范围、主体、标准和流程，长效化落实“三个一”巡河机制，组织461名河湖长、2827名管护员巡河湖1.8万余次，基本实现河道内“六无”目标。开展妨碍河道行洪突出问题排查整治行动，联动6个部门加大监管和执法力度，推动最严格水资源管理制度落地见效。全年开展联合执法、暗访暗查80余次，疏浚河道38千米，清理“四乱”问题12宗，约谈相关责任人1人，行政处罚2人。

【河湖生态保护】 科学编制黄河流域黄南段生态治理和保护、“十四五”水安全保障，以及饮水保障、岸线利用、河道采砂等规划，制定“一河一策”、建立“一河一档”，推行“州县级河湖长一月一巡查、乡级河湖长一旬一巡查、村级河湖长一周一巡查”“三个一”巡河机制，为维护河湖优美生态环境提供保障。全年完成130条规模河湖、22座水利工程划线定界，划界总长度4120千米，预埋界桩475个、公告牌87块。将巡河纳入生态管护员职责范围，2827名生态管护员成为专业巡河员，做到第一时间发现问题、交办问题、整改问题。聚焦重点水域、敏感河段常发多发问题，加强各级河湖长有效监管，部署防范整治措施，引导约束全社会涉河湖行为。制定河湖管护办法及细则，明确管护范围、主体、标准和流程，长效化落实“三个一”巡河机制，组织巡河湖1.82万次，基本实现河道内“六无”（河道无垃圾、河岸无违章、河中无障碍、河床无淤塞、污水无直排、生态无破坏）目标。建立河道采砂工作台账，重新规划、规范河湖区域内持证采砂场，严厉打击非法采砂行为，确保河道采砂工作有序开展。组织开展“清河洁水进行时”“清违整治回头看”“城乡环境洁净美”“携手推进大保护，共同治理母亲河”等攻坚行动，加大执法监管力度，水利、生态环境、自然资源等6个部门联合开展执法、暗访暗查46次，疏浚河道38千米，清理“四乱”问题11宗，约谈相关责任人6人，行政处罚4人。

【水土保持】 强化水土保持方案审批许可和自主验收报备工作，通过州、市（县）水土保持部门现场联合监督检查，下达水土保持检查通知单101份，征收水土保持补偿费1077万元，其中州本级征收895.13万元。查处图斑44项，其中河南县5项、尖扎县31项、同仁市5项、泽库县3项，违法违规图斑项目按市（县）为单位全部完成销号。安排专业骨干到泽库县，联合县水保站干部职工36人次，对县级12个行政事业单位、5个社区、13家企业进行水土保持基础性工作上门服务，提升州水保站形象，促进基层水保站工作。

【节水改造】 合理调整一市三县最严格水资源管理控制指标，实施计划用水和定额管理，实行用水总量和强度双控，将节水目标纳入地方政府年度目标责任考核。完成年度水资源各项指标，其中，用水总量为5814万立方米；万元国内生产总值用水量较2020年下降9.2%；万元工业增加值用水量较2020年下降5.1%；农田灌溉水有效利用系数达到0.51。加强州管取用水6个单位监督检查，组织力量收集、统计和复核节水数据，摸清查实全州灌区数量、实际灌溉面积、节水灌溉面积、计量设施安装以及农村牧区人饮计量设施安装、水费收缴等情况。州本级及一市三县水利局节水机关单位建设工作通过省级验收。同仁市、尖扎县县域节水型社会达标建设工作通过水利部复核。

2022年5月25日，州水利局联合发改、工信、机关事务、教育等10个部门，以第31个“全国城市节约用水宣传周”为契机，拉开以“公民节约用水行为规范”为主题的宣传活动帷幕（州水利局供图）

【节水型城市建设】 将水利建设项目审批压缩到60个工作日内，重大项目在线审批30日内完成，确立自行改革任务1项，即推行县域节水工作，强化用水总量和强度双控，落实农业节水增效、工业节水减排，推进节水型城市建设。年初，指导制定县域节水工作方案，强化部署11项指标，推行计划用水和定额管理，持续加大县域节水型社会达标创建力度，加快制度体系编制、定额用水和计划管理、计量设施完善、供排设施建设等工作，推动泽库、河南县域节水型社会达标创建。

【节水宣传】 利用“世界水日”“中国水周”“全国城市节约用水宣传周”“科普日”等契机，采取线上+线下宣传的形式，开展“推进地下水超采综合治理，复苏河湖生态环境”、践行公民节约用水规范等形式多样的宣传活动，不断让宣传范围“广”起来，宣传内容“亮”起来，宣传氛围“浓”起来，全年累计组织大型集中节水宣传活动5次，到社区、学校、党校、企业等开展宣传活动7次，发放《公民节约用水行为规范》倡议书5160余份、各类水法律法规文本2000多册、海报266张。省级及州级媒体发布相关报道7篇，同时活动发布在“节水中国”网站。

环境保护

黄南年鉴

2023

环境质量

【空气环境质量】 联合州工信、公安、交通、城管、市场监管等部门在同仁市主城区开展大气污染防治联合执法检查专项行动，开展工业企业大气污染防治、建筑工地施工现场扬尘污染、机动车尾气、燃煤销售经营点扬尘污染防治、道路扬尘控制等5个专项执法检查，定期跟进督查通报。实施黄南州大气环境监测能力提升建设项目，淘汰燃煤锅炉8台52蒸吨。推进州环境空气挥发性有机物自动监测站建设。2022年，全州环境空气质量达标天数比例为97%，同比上升0.7%。

【水环境质量】 实施水环境治理与生态修复工程，推进黄河、隆务河、洮河、泽曲河流域的水资源保护、水污染防治、水环境治理、水生态修复。加强城区河道治理，保护饮用水源地、保障群众用水安全。开展黄河流域生态环境问题全方位“体检”专项行动，推进反馈问题整改工作，确保黄河流域黄南段河湖面貌明显改善。加大农村生活污水治理力度，投资4742万元实施3个污水治理项目。全州9个地表水国、省控断面水质达到Ⅲ类及以上，无劣Ⅴ类水质断面；6个县级及以上集中式饮用水水源地水质达标率为100%；水功能区达标率为100%；四市（县）生活污水处理厂达标排放率100%。

【土壤环境质量】 开展废弃金矿“洗洞”生态环境问题排查整治专项检查，黄南州多确壳金矿、拉依沟金矿、多哇乡金矿、夏卜浪铅锌矿4处历史遗留废弃矿山均完成修复治理。协同自然资源、农业农村等部门开展黄南州矿区历史遗留固体废物排查工作，将存在环境污染问题的矿区历史遗留固体废物纳入整治计划，申报治理项目、编制治理方案，推进矿区历史遗留污染问题治理。加强固废危废监督管理，防范废弃医疗垃圾流向市场；加强辐射监管工作，防止辐射污染事故的发生。全州危险废物转移处置率、环境监管排污许可核发率、医疗废物收集率均达到100%。

环境治理

【污染防治项目投资】 生态环境领域开复工项目建设10个，总投资3.28亿元，累计支出1.86亿元。落实生态环境项目12个，总投资4.03亿元，其中水污染防治项目5个、大气污染防治项目1个、土壤污染防治项目2个、农村环境整治项目4个。组织一市三县编制生态环境领域项目24个，成熟达到入库标准项目10个，总投资6.69亿元，其中大气污染防治项目1个、水污染防治项目2个、土壤污染防治项目2个、农村生活污水项目5个。

【环境污染治理】 国家考核的四项主要污染物总量减排指标任务超额完成，化学需氧量完成目标任务的2026.5%，氨氮超额完成目标任务的912.4%，挥发性有机物超额完成目标任务的214.92%，氮氧化物超额完成目标任务的1961.4%。绿色发展指标显著提升，全省污染防治攻坚考核等次为优秀。

【入河排污口治理】 集中开展入河排污口普查登记和规范整治，解决城乡排污问题，提速城乡生活污水处理提质增效3年行动，同仁市污水处理厂原位提标新技术示范项目、隆务河沿线污水管道建设完成率75%，尖扎、泽库和河南县城区污水纳管率达85%，入河口污染防治进度超预期。新建主管网4.5千米，铺设配套管网11.2千米，疏通排水管道17.6千米，改造和封堵排污口22处，4个水功能区水质达标率100%，流域9个断面水质均稳定向好。

节能减排

【节能财政扶持】 坚持节能、减污、增长协同推进，构建有利于促进绿色低碳发展的财政政策体系，健全生态环保投入机制，发挥财政保障和政策助手作用。支持实施节能减排、污染治理、煤改电、煤改气等项目，2022年下达财政支持污染防治攻坚战（生态环境保护与治理）资金34911万元（其中下达地方债券资金16771万元用于煤改气项目），节能环保支出14093万元，农林水支出4047万元。

【建筑领域节能】 自2021年1月起，黄南州落实《中华人民共和国节约能源法》《民用建筑节能条例》《青海省促进绿色建筑发展办法》《青海省绿色建筑创建行动实施方案》，推进建设领域节能工作。健全完善施工图审查制度，所有新改扩建的公建或居住工程施工图设计必须有节能专项设计，施工图纸未通过专项节能审查的不颁发施工图审查合格证书，做到建筑节能在设计阶段达到100%。加强施工现场监督检查，要求施工单位必须编制绿色建筑施工方案，严格按照审查合格的设计文件和经审查批准的施工方案进行施工，监理单位必须编制绿色建筑监理方案，监理规划和细则中必须编制建筑节能专篇。根据《青海省促进绿色建筑条例》，明确要求建设单位在组织竣工验收前，须请第三方做能效测评，否则不予验收。通过专项治理，各建设主体设计和施工图审查阶段建筑节能标准执行较好，大部分设计文件都有建筑节能设计专篇、节能计算书和施工图审查意见，经过施工图节能专项审查，新建工程节能标准执行率达100%。州住房和城乡建设局联合州发展改革委、州自然资源局等部门联合发布《黄南州创建绿色建筑行动实施方案》，编制完成《绿色建筑和建筑节能专项规划（初稿）》。

【公共机构节能】 围绕节能宣传周等活动，通过制作节能宣传展板、发放“碳达峰、碳中和”知识宣传手册等方式，开展节能宣传教育活动。下发公共机构节约能源资源目标任务指标，核定人均综合能耗、单位建筑面积能耗、人均用水量、单位建筑面积碳排放等强度目标，对全州627家公共机构能源资源消费数据进行审核、收集、汇总，编制上报2021年黄南州能源资源消费统计分析报告和报表。持续开展节约型机关创建，推动党政机关厉行勤俭节约、反对铺张浪费，降低机关运行成本，推行绿色办公，州直党政机关节约型机关创建率达100%。落实党政机关食堂厉行节约反对食品浪费工作成效评估，联合州市场监督管理局对14家州直机关单位开展食堂反对食品浪费工作成效评估工作，制止单位食堂餐饮浪费。严格执行车辆管理及申请调度，落实《党政机关厉行节约反对浪费条例》，做好办公室公物、财务规范化管理。州政府办被国家机关事务管理局、中央直属机关事务管理局、国家发展改革委、财政部评为“节约型机关”。

【《黄南藏族自治州碳达峰实施方案》出台】 2022年12月30日，州政府印发《黄南藏族自治州碳达峰实施方案》，将碳达峰作为推动生态优先、绿色低碳、高质量发展的重要抓手，立足生态资源禀赋和绿色产业基础优势，科学制定碳达峰目标任务和时间表、路线图，实施重点领域碳达峰十大行动，加快形成节约资源和保护环境的生产方式、生活方式、空间格局。主要目标为，在“十四五”期间，非化石能源消费比重预期达到38.5%。到2025年，全州新能源装机规模达到548.6万千瓦，其中光伏、风电分别为444万、104.6万千瓦；建成全省生态有机农牧业示范区和文化旅游融合发展示范区，服务业增加值占生产总值比重达50%以上；森林覆盖率达25.3%以上，草原综合植被覆盖度达68%。到2030年，全州新能源装机规模达到948.6万千瓦，其中光伏、风电分别为764万千瓦、184.6万千瓦；服务业增加值占生产总值比重达53%以上；森林覆盖率达到25.8%以上，草原综合植被覆盖度达到68.5%。

黄南州碳达峰行动目标一览表

表49

指标分类	具体指标	2020年	2025年	2030年	指标性质
能源清洁低碳转型行动	电力装机规模（万千瓦）	236	830.6	1476.6	定量
	新能源装机规模（万千瓦）	14	548.6	948.6	定量
	其中：光伏装机（万千瓦）	14	444	764	定量

续表49

指标分类	具体指标	2020 年	2025 年	2030 年	指标性质
能源清洁低碳转型行动	风电装机（万千瓦）	0	104.6	184.6	定量
	水电装机（万千瓦）	222	282	528	定量
	煤炭消费量	—	达峰	降低	定性
	全州大电网覆盖率（%）	98	100	100	定量
绿色产业体系构建行动	服务业增加值占生产总值比重（%）	47	50	53	定量
城乡建设低碳发展行动	新建住宅绿色建筑比例（%）	100	100	100	定量
	城镇建筑可再生能源替代率（%）	—	8	—	定性
	新建厂房屋顶光伏覆盖率（%）	—	—	50	定性
交通运输低碳转型行动	公共交通分担率（%）	—	55	—	定量
循环经济助力降碳行动	城镇生活垃圾无害化处理率（%）	90	95	98	定量
	农牧区秸秆资源化比重（%）	85	90	92	定量
	农牧区畜禽粪污综合利用率（%）	83	85	95	定量
生态碳汇巩固提升行动	森林覆盖率（%）	24.8	25.3	25.8	定量
	草原综合植被覆盖度（%）	67.5	68	68.5	定量
	生态系统碳汇监测体系	—	建成	完善	定性
绿色低碳全民行动	校园低碳节能教育普及率（%）	60	80	100	定量
	党政领导干部参加生态文明培训人数比例（%）	8.50	10	10	定量

环境监管执法

2022 年 8 月 9 日，黄南州生态环境监测站揭牌运行（州生态环境局供图）

【生态环境监测】 8 月 9 日，黄南州生态环境监测站揭牌运行，具备地表水、地下水、环境空气和废气、生物和噪声五大类环境要素检测能力，打破以往委托第三方检测机构开展监测工作的局面，填补全州生态环境监测空白。累计出动 700 余人次，开展医疗卫生机构监测采样 21 家次、农村环境监测 54 次、国家重点生态功能区县域生态环境质量监测 60 次、重点排污单位监督性监测 15 家次、执法监测 19 次、声环境监测 214 次。发布环境质量简报 29 期，重点污染源监测公报 2 期、编制各类技术报告 1 份。

【生态环境执法】 全年累计出动执法人员 1483 人次，检查企业 467 家次，行政处罚案件 3 起，处罚金额 37 万元。完成生态损害赔偿案件 4 起。受理办结各类环境信访案件 92 件，办结率达 100%。指导帮扶企业 50 家次、重点建设项目 7 个。

【环保督察问题整改】 遵循“整改不到位不收兵，落实不到位不销号”原则，在州政府及州局层面召开 6 次专题会议，推动形成州、市（县）联动齐抓共治浓厚氛围。率先在全省实现两轮中央生态环保督察反馈的 12 项问题和群众举报的 68 件信访件整改清零。整改完成黄河流域生态环境警示片中全省都存在的 3 项 5 条共性问题。省第二生态环境保护督察组进驻黄南州开展例行督察交办 22 件问题，受理转办的 9 件群众举报问题及 13 件调查问卷群众反映问题全部办结。省政府向黄南州反馈的黄河流域生态环境全方位“体检”问题 176 条，整改 150 条，完成率 85.23%。

科学技术

黄南年鉴

2023

综　述

【概况】　2022年，黄南州围绕农牧业增效、农牧民增收目标，深化科技体制改革，大力培育科技创新主体，不断加强科技创新平台建设，着力强化科技人才培养，加大重大科技项目攻关，加快科技成果转化运用，科技支撑产业发展能力进一步增强。截至年底，全州争取中央、省级、天津市援建科技项目19项，落实项目资金799.4万元，其中科技资助经费640万元。建立科技特派员工作站12个，引进“三区”人才110人，新培育认定省级高新技术企业2家、科技型企业1家、众创空间企业1家，实现黄南州省级高新技术企业零的突破。取得国家知识产权局认定实用新型技术专利1项，省级科技成果认定4项。

【科学技术普及】　开展“科技活动周”、“全国科普日”、科技“三下乡”、“科普大篷车万里行”等大型活动，宣传科学生活意识，普及党的民族宗教政策、法律法规，科普知识、防灾减灾、消防安全、食品安全健康、疫情防控等科学知识，共开展“科普大篷车万里行”宣传活动65场，发放各类科普资料累计3.5万余份，受到广大农民群众欢迎。

【科技改革】　制定出台《黄南州科技体制改革三年攻坚实施方案》，制定出台《黄南州事业单位科技成果使用、处置、收益管理办法》，制定印发《黄南州贯彻落实青海省“科技政策落实年”任务清单》，在构建协同高效的技术创新体系、强化企业创新主体地位、加快科技成果转化机制改革、加快推进科技金融深度融合、推进知识产权能力建设、培育壮大科技人才队伍、加快科技人才评价激励机制改革、强化政策协同和部门联动、拓展深化科技合作交流、加强科技创新和科技政策落实落地等方面制定措施，激发全社会创新活力。加快构建以市场为导向的创新驱动新机制，调动各领域科技人员创新创业积极性，推进科技政策落实见效，促进更多科技成果落地转化，进一步提升全州科技创新能力和科技成果转化水平。

2023年1月13日，黄南州科技馆项目建设主体完工（州科学技术局供图）

【科技服务】　组织参与第五届“中国创翼”创业创新黄南大赛活动，组织企业开展经验交流，提高广大创业青年、大中院校毕业生参与创业创新的积极性，在全省第五届“中国创翼”创业创新大赛中3家企业获“双创之星”奖。推进科技特派团（员）科技服务制度，利用“津青帮扶”协作平台、“智汇三江源　助力新青海”人才引进平台，开展线上线下各类培训60期，培训科技骨干、科技管理人员、企业科技人员、基层专技人员等1381人次。

2022年9月，举行2022年“科普大篷车万里行”活动（州科学技术局供图）

科技项目与成果

【概况】　全年列入科技部、省级和天津市援建科技项目19项，其中中央引导地方科技发展资金科技成果转移转化类2项、省级基础研究项目计划类1项、重点研发与转化计划1项、天津援建项目5项、基层科普行动计划项目10项，项目总投资799.4万元(科技资助资金640万元)。实施的“河南县县域创新驱动建设项目”“高原地区无花果良种引进选育及设施栽培技术研究与示范项目”通过省级验收。

【重点科研项目】　本着“资源共享、优势互补、合作共赢、创新驱动、共同发展的”原则，结合黄南州科技项目申报设计短板，帮助指导全州各（市）县科技部门申报谋划国家、省级和援建重点科研项目。年内申报落实2023年国家、省级和援建项目10项，成功落实国家重点研发项目3个，尖扎县成功申报“乡村振兴示范县”项目。尖扎县“高效标准化种植养殖技术示范”，司仁市、泽库县“生态畜牧业产业提升与示范推广”、泽库县“牦牛舍饲高效养殖技术应用与示范”列入省级科技精准帮扶计划。

【科研成果】　组织开展的黄河源河曲退化高寒草甸水土流失生态阈值研究、黄南州草原科研能力提升建设、基于无人机的鼠虫害栖息地调查技术研究与试验示范、几种替代植物的抚育及其对黄帚橐吾的防控效果研究、一种高原鼠兔阻防装置等科技研究工作，取得国家知识产权局认定实用新型技术专利1项、省级科技成果4项。同仁市农牧科技局副局长马建军被推荐评为全国科技管理系统先进工作者。完成授权实用新型专利2个、授权发明专利1项、登记科技成果1个、发表论文1篇；新型专利授权1个，在成果转化、技术服务、人才资源等方面实现“产学研共赢”目标。

【科技成果转化应用】　“组团式”帮扶工作任务落实中，注重科技成果转化落地，水肥一体化智能灌溉施肥设施、信息识别技术、智慧农业等12个科技成果转化项目进一步熟化、集成、推广运用、转化落地实施。加大在欧拉羊、犏牛人工授精、良种选育、饲草种植、设施农业、冷水鱼养殖、关键繁育期补饲、消化道寄生虫病综合防控技术的应用；黄果梨饮品质量提升和包装改进；藏药材育苗技术示范；开展设施果蔬栽培机艺融合技术、设施土壤连作障碍填闲预防技术、设施果蔬光环境调控技术等集成示范和技术；牦牛高效养殖TMR日粮加工调制技术；果园土壤检测、植物形态调查，开展提升黄南州葡萄、蔬菜和芦笋产业种植技术和加工的技术培训和示范等一批科技成果，为全州农牧业发展注入科技支撑。

科技主体建设

【概况】　全年协助培育高新技术企业2家、科技型企业1家、众创空间2家，实现黄南州省级高新技术企业“零的突破”。建立科普示范基地3家，建立完成“津青现代农业创新培育中心”，帮扶推进“黄南州绿色有机农畜产品输出地研发中心”建设，建立黄果梨产品开发生产地基1个。

【科技平台建设】　由天津市科技局立项支持，天津农学院和黄南州科技局合作共建的集科研、教学、培训、科普于一体的现代农业创新培育中心建成。该中心完成实验室基本建设，购置超净工作台、鼓风干燥箱、土壤养分速测仪、土壤电导率仪、冰箱、糖度计、电子天平等10余台（套）实验仪器和设备，可满足本地区果园土壤检测、植物形态调查和葡萄、芦笋等产品的品质分析；建成培训教室1间，可开展提升黄南州葡萄、蔬菜和芦笋产业种植技术和加工的技术培训和示范。中心通过引进设施葡萄种植技术，填补黄南州葡萄种植栽培历史空白。截至年底，引进阳光玫瑰、夏黑、浪漫红颜、红宝石无核、宝光、蜜光、绍兴1号、紫甜无核、巨玫瑰、摩尔多瓦等11个葡萄新品种，初步筛选出适宜黄南州种植的葡萄新品种6个；通过对不同葡萄品种不同枝条节位花芽分化情况的研究，完成设施葡萄种植高光效省工架型整枝技术，葡萄园可连年稳产，能显著减少果园用工量，提高劳动效率。

2022年，州科学技术局与州人力资源和社会保障局联合举办创新创业大赛（州科学技术局供图）

【科技人才】 探索建立“组团式”科技服务，推进科技特派团（员）科技服务制度，利用“津青帮扶”协作平台、“智汇三江源 助力新青海”人才引进平台，项目式引进5个团队，同时引进省内外3个科技特派团、12个科技特派员工作站、153名“组团式”科技服务专家人才、在科技服务过程中对产业发展中存在的症结号脉准，技术攻克能力强，示范引领作用明显，培养本土科技人才成效显著。全年累计开展线上线下各类培训60期，培训科技骨干、科技管理人员、企业科技人员、基层专技人员等1381人次，主动邀请当地企业技术人员和乡土人才参与课题研究，共同完成学术论文3篇，发明专利2项，突破关键核心技术6个，解决技术难题5个，技术推广8个。全年落实“三区”人才112人。

教育　体育

黄南年鉴

2023

综　述

【概况】　2022年，黄南州有各级各类学校261所，其中幼儿园165所、小学77所、初中10所、高中7所、特殊教育学校1所、中等职业学校1所；在校生69656人；教职工5680人，其中专任老师4446人。完成学前教育毛入园率97.55%，义务教育巩固率97.04%，高中阶段毛入学率87.3%，残疾儿童少年义务教育阶段入学率95.93%，中职招生人数1438人。

2022年黄南州各级各类学校基本情况统计表

表50　　单位：人

类别	毕业生数	招生数	在校生	教职工情况	
				小计	其中：专任教师
幼儿园教育	6523	5862	15378	1517	1034
小学	4488	6028	30796	2491	2041
初中	4247	4398	12630	1157	874
高中	1903	2349	6399	464	447
特殊教育学校	21	31	107	10	10
普通中等专业教育	862	1438	4346	41	40

【教育投入】　全年全州教育经费总投入177754万元，全州教育经费总投入比上年的161935万元增长9.77%；各级各类学校教育经费总投入177754万元，比上年的174274万元增长2.0%。教育经费总支出193711万元，其中工资福利支出96456万元、对个人和家庭的补助支出18776万元、商品服务支出21341万元、资本性支出42308万元、基本建设支出14830万元。全州一般公共预算教育经费（包括事业费、基建经费和教育费附加）139054万元，同比增长3.12%。全州中等职业学校为29675.28元，比上年的24254.63元增长22.35%，因州职校新校区建设资金增加1944万元。全州普通高中为23891.56元，比上年的23691.37元增长0.84%，因州本级高中项目资金增加2600万元，同仁市校园文化

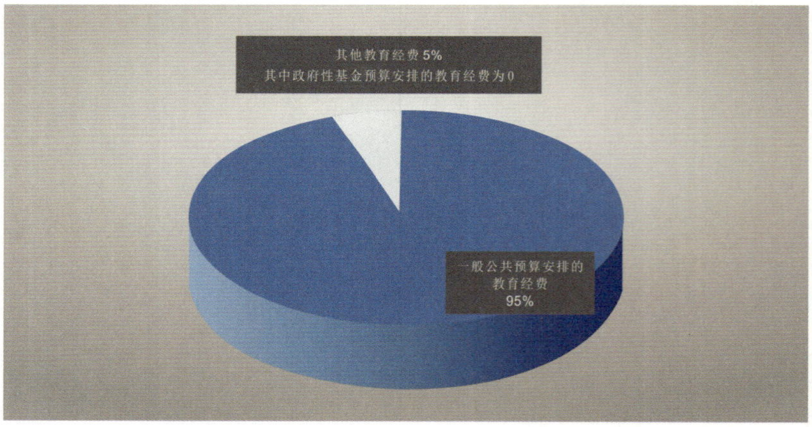

2022年黄南州教育经费总投入图（州教育局供图）

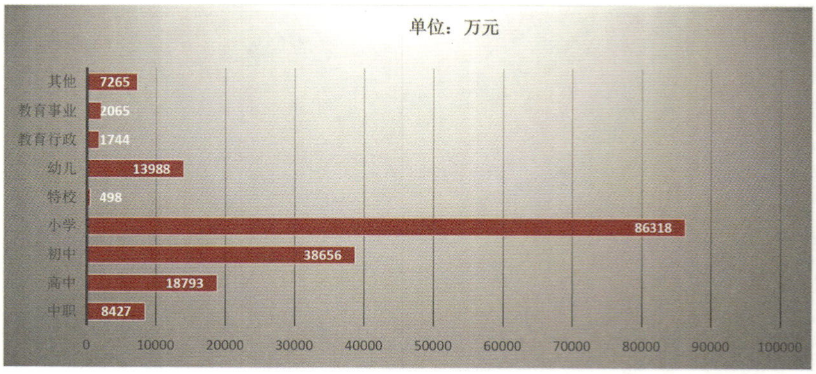

2022年黄南州各级各类学校教育经费投入图（州教育局供图）

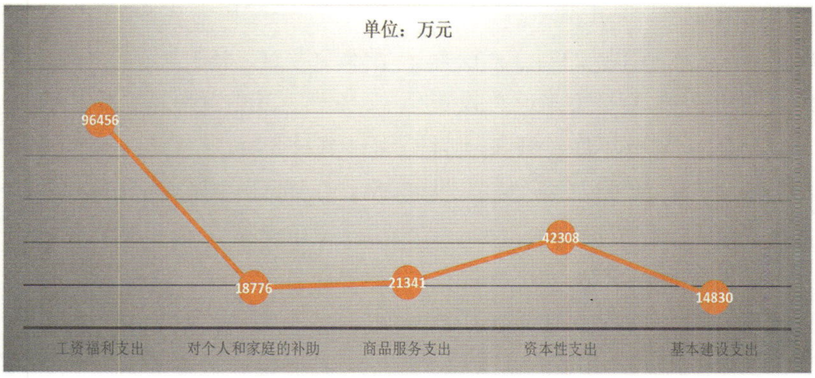

2022 年黄南州教育经费支出图（州教育局供图）

建设投入增加 343 万元，尖扎县校舍改造基建项目资金投入增加 60 万元，泽库县维修维护及设备购置，基本建设资金增加。全州普通初中为 22693.05 元，比上年的 22653.38 元增长 0.18%，因州本级项目资金增加 2800 万元，同仁市改扩建项目增加 515 万元，尖扎县用于校舍维修等项目的教育发展资金投入增加 150 万元，泽库县义务教育校舍安全保障补助资金增加。全州普通小学为 22005.46 元，比上年的 21994.76 元增长 0.05%，因同仁市附属设施道路硬化项目投入增加 570 万元，泽库县基本建设项目资金增加。全州幼儿园为 9159.59 元，比上年的 10543.35 元下降 13.12%，因同仁市 2022 年学前教育发展专项资金（城南幼儿园）增加 903 万元，尖扎 53 名政府购买服务学前教育保教人员工资的地方补助投入增加 83 万元，泽库县设备购置项目支出增加。

【教育资助】 健全完善各学段贫困学生资助体系，继续落实教育惠民政策。全年落实各类教育资助资金 1.92 亿元，惠及学生 6.76 万人。各学段贫困家庭学生资助覆盖率 100%，无因贫失学辍学的义务教育阶段适龄人口。

【教师队伍建设】 全州 4917 人次教师参加 81 期各级各类培训（包括国培、省培、州级、对口支援培训 54 期 4346 人次，校级 28 期 571 人次），组织普通话能力提升行动试点县（泽库县）学前教育阶段幼儿教师普通话能力提升培训班。57 名省内定向公费师范毕业生纳编入岗，新招聘 6 名学前教育教师，接收省内东部地区支教教师 161 人、天津支教教师 41 人、顶岗实习大学生 120 人，选派 16 名城镇教师到乡村学校支教。为 1100 余名教师发放各类补助近 622 万元。在教育部教师工作司、中国教师发展基金会联合组织实施的 2022 年乡村优秀青年教师培养奖励计划人选活动中，黄南州遴选 2 名教师进行推荐申报，最终，泽库县多禾茂乡万青宁寄宿制完全小学教师白玛拉毛获得此项荣誉。根据 2022 年中央专项彩票公益金教育助学项目励耕计划的通知，在全州范围内遴选审核 56 名幼儿园、小学、初中、普通高中和中职学校家庭经济特困教师，推荐其接受资助，资助分为一般资助和重点资助，一般资助标准 49 人，每人 1 万元；重点资助标准 7 人，每人 2 万～3 万元（2 人 3 万元、5 人 2 万元），合计 65 万元。

【教育科研】 组织全州中小学作业设计大赛，分学段学科对各市（县）和州直学校分配 370 个推荐名额。经过校级初评、县级复评、州级邀请第三方专家终评等逐级推荐方式，向省级推荐 198 篇优秀作品。省级评审中黄南州共有 113 篇优秀作品。同时根据前期作业设计大赛评审结果，经州教育局党委会研究通过，对 115 篇作品评为州级优秀奖。组织 2022 年普通高中新课程新教材新高考专题培训、政策宣传解读专题讲座，召开高考综合改革学校基础设施条件保障推进会议，指导高中学校提前谋划新高考新课程新教材重点任务，引导各高中学校适应高考改革形势，探索新高考路径，落实新课程要求，推动黄南州普通高中教育教学质量整体提升。州教育局教研室借支教教研力量到校园指导一线教师开展课题研究，帮助 2021 年省级课题研究中已立项的 7 个课题顺利实施；立项 2022 年省级重点课题 2 个、一般课题 9 个。组织开展 2022 年黄南州中小学教育教学研究课题立项工作，各单位（学校）申报 48 项课题，经专家评审，准予 15 项立项。选拔 11 科优秀教师组成高考备考辅导小组，到州直学校高三年级开展高考备考专题辅导。为高三学生备考复习提供方向性指导，并帮助老师统一思想，理清备考思路。采取线上+线下培训模式，重点对“三科”教师和2022年秋季高一年级学科教师进行培训。全年组织8场900余人次。

【教育推普工程】 年内组织各级教师及社会人员234人进行普通话水平测试，完成413人次普通话强化培训。围绕“推广普通话，喜迎二十大”主题，重点以学校为主阵地开展内容丰富、形式多样、特色鲜明的推普系列活动。活动期间，给各成员单位及各级各类学校发放宣传海报2400余份。推进“大思政课”建设，鼓励各学科充分挖掘学科思政教育资源和元素融入教学，10月，组织开展“黄南州课程思政论文大赛”，全州教师投稿102篇，经专业评审，评出31篇优秀论文，其中一等奖4篇、二等奖13篇、三等奖14篇。

【教育基础项目】 续建项目 2021年争取落实教育项目64个（其中州直3个、同仁市9个、尖扎县13个、泽库县20个、河南县19个），校舍建筑面积3.76万平方米。总投资2.27亿元，截至2022年底，开工项目64个，开工率100%，完工59个，完工率92.2%。完成投资1.67亿元，完成投资率74%。

新建项目 2022年争取落实教育项目179个（其中州直4个、同仁市45个、尖扎县61个、泽库县46个、河南县23个），校舍建筑面积6.97万平方米。总投资2.67亿元。截至年底，开工项目167个，开工率93.3%。完成投资1.1亿元，完成投资率50%。

黄南州职业技术学校新校区建设项目 2018年9月完成征地工作，建设用地面积24.67公顷，总建筑面积11.09万平方米；计划学生规模5300人（其中对外培训学生1300人），规划总投入4.51亿元，校舍建设面积11万平方米，新校区建设项目含24个子工程。截至2022年底，完工16个子工程，落实资金3.73亿元，大部分单体项目建设完成，基本具备教学条件。完成新校区整体搬迁工作并交付给州职校。

【招生考试】 普通高考 全州实际参考2559人，按参考人数及考场分配要求，设3个考点、89个考场，其中文史类1368人（汉语文科考生321人、藏语文科考生1047人）、理工类1191人（汉语理科考生188人、藏语理科考生1003人），藏语文理科考生占全州考生的80%。不符合“两五一三”政策而限报的考生3人。建档立卡贫困考生506人。高考上线率99.7%。普通高考单考单招考试报名人数1096人，录取考生657人，录取率59.9%。

初中毕业暨升学考试 全州报名人数4399人（其中普通考生574人、民考民考生3825人），共设5个考点、153个考场。招生学校13所，其中黄南州7所、省内3所、省外3所。招收高一新生2727人，占全州初中毕业生62%。

自学考试 全年举行2次高等教育自学考试，全州设2个考点、29个考场，报考755人。

高中学业水平考试 全年分2次进行，全州设10个考点、150个考场，参考人数4195人，总报名24978科次（其中上半年8934科次、下半年16044科次）。

教师资格证考试 全年举行1次教师资格考试，全州设1个考点、31个考场。参加考试1088人，其中幼儿园166人、小学645人、初级中学174人、高级中学86人、中职17人。

成人高考 全州设1个标准化考点、22个考场。参加考试619人，其中免试生8人［免试生指参加“选聘高校毕业生到村任职”、“三支一扶”（支教、支农、支医和扶贫）、“大学生志愿服务西部计划”、“农村义务教育阶段学校教师特设岗位计划”等项目服务期满并考核合格，以及应征入伍服义务兵役退役的普通高职（专科）毕业生，凭身份证、普通高职（专科）毕业证、士兵退役证或相关项目考核合格证，可申请免试就读青海省成人高校专升本］。考生中免考生8人，专升本469人，高起专142人（文科74人、理科68人）。

教育阶段

【学前教育】 以实施学前教育三年行动计划为契机，推进学前教育改革稳步发展，提高普及普惠水平，呈现出以公办园为骨干和示范，以民办园为主体、公办和民办齐头并进共同推动学前教育快速发展的良好局面。截至年底，全州有幼儿园165所，其中公办幼儿园155所、普惠性民办幼儿园10所，普惠性幼儿园占幼儿园总数的100%。全州在园幼儿15378人，普惠性幼儿园覆盖率（公办园和普惠性民办园在园幼儿占比）100%，学前三年儿童毛入园率97.55%。

2022年市（县）学前教育基本情况统计表

表51

市县名称	园所总数（处）	在园幼儿数（人）	教职工数（人）	园长（人）	教师（人）
同仁市	57	5325	521	16	404
尖扎县	57	3036	308	10	228
泽库县	38	4668	464	14	258
河南县	13	2349	224	13	144
合计	165	15378	1517	53	1034

【义务教育】 全州有小学77所，同比减少1所；招生6028人，同比增加535人；毕业4488人，同比增加182人；在校生30796人，同比增加1274人；男女生51.51∶48.49；适龄儿童入学率100%；巩固率97.04%；教职工2491人，其中专任教师2041人，专任教师学历达标率100%；师生比1∶15.09。全州有初中10所，其中九年一贯制学校5所，招生4398人，同比增加204人；毕业4247人，同比增加181人；在校生12630人，同比增加20人；男女生比49.98∶50.02；专任教师874人，专任教师学历达标率100%；师生比1∶14.45。义务段学生均享受资助政策。严格执行义务教育法关于“适龄儿童、少年免试入学”的规定，严格按划片、就近、免试原则招生。不采取任何形式的考试、测试（包括面试）选拔学生，不招收特长生，不办理尖子班等。严格要求各中小学按划分区域招生，根据适龄学生人数、学校分布、学校规模、交通状况等因素，按照免试就近入学原则，为每一所学校划定招生区域。父母或法定监护人在县城或其他乡（镇）务工的，可以随迁免试入学。严格要求各中小学按照区域划分招生，不允许拒绝或变相拒绝符合招生条件的学生，并优先保证外来务工人员随迁子女和军人子女就近入学。严格执行义务教育阶段无正当理由不能转学的规定，规范转学条件和程序，禁止随意转学插班，对达到班额上限的中小学校或班级，原则上不得再接收转学学生，杜绝以转学为借口变相择校行为，防止人为造成大班额。对县域内的残疾适龄儿童，首先由专家委员会进行鉴定，并出具鉴定结果。适合随班就读的，就近入学，学校不得拒收；不适合随班就读的通过特校、送教上门等形式接受义务教育。

2022年黄南州各市（县）小学、初中基本情况统计表

表52

县区名称	学校种类	学校数（所）	在校生数（人）	毕业生数（人）	教职工数（人）	专任教师数（人）
同仁市	小学	28	10810	1585	732	716
	初中	3	3795	1210	341	270

续表52

县区名称	学校种类	学校数（所）	在校生数（人）	毕业生数（人）	教职工数（人）	专任教师数（人）
尖扎县	小学	17	6221	857	485	415
	初中	3	2267	751	216	169
泽库县	小学	23	9595	1536	850	615
	初中	2	4129	1278	363	254
河南县	小学	9	4170	510	424	295
	初中	2	1646	592	175	128
合计	小学	77	30796	4488	2491	2041
	初中	10	12630	4247	1157	874

【高中教育】 全州有高中7所，其中完全中学5所；招生2349人，同比增加249人；毕业1903人，同比增加89人；其中男女生比43.21∶56.79；专任教师447人，学历达标率100%，与上年持平；师生比1∶14.32。全年全州义务教育段初中毕业生为4247人。升入高中阶段3787人，其中普通高中在校生2349人、中等职业教育在校生1438人。高中阶段毛入学率达87.30%。通过学校布局调整，整合优质资源，缩小城乡间的差距，确保农牧区孩子“有学上”“上好学”。

2022年黄南州高中基本情况一览表

表53　　单位：人

学校名称	在校生数	毕业生数	教职工数	专任教师数	地址
同仁市民族中学	1091	351	73	73	同仁市河东路
尖扎县第一民族中学	707	245	52	52	尖扎县黄河路
尖扎县第二民族中学	734	229	55	55	尖扎县申宝路72号
泽库县民族中学	981	300	74	74	泽库县平安路4号
黄南州民族高级中学	1158	327	86	79	年都乎乡郭么日村
黄南州民族中学	1229	342	101	91	同仁市夏琼北路17号
黄南州中学	499	109	23	23	同仁市夏琼南路12号

【特殊教育】 黄南州特殊教育学校现有在籍学生107人，其中包括送教上门学生15人、在校学生92人。核定中小学教师编制10人，有正式在编教职工10人，临聘教职工26人，共计36人。教师学历合格率100%。师生比1∶10.7。学校根据学生残疾类型分智力障碍、听力障碍、言语障碍、小儿麻痹症等特殊儿童，开设11个班级，其中听障2个班、培智9个班。在教学中使用康复功能室，对残疾儿童进行针对性的康复训练，个别学生在身体机能恢复方面取得成效。全州适龄残疾儿童少年591人，入学567人。其中，随班就读299人、特校就读92人、送教上门168人、异地就读8人，全州适龄残疾儿童少年入学率达到95.93%。送教上门残疾儿童少年采取“一对一”送教方式，每学期不少于8次，有计划、分阶段地对每一名残疾生进行运动、感知、语言交往能力的训练，直到他们能较为熟练地掌握相关技能。

【职业教育】 重视学生毕业就业和终身发展所需的能力养成教育，从开展职业生涯规划、就业指导、创新创业等方面为毕业生提供后续管理服务和技术支撑。州职校新校区建设进展顺利，省卫院在州职校开设护理、藏医药专业高职班，招收大专生326人。天津4所职业院校推进打造州职校生态、旅游、电商、计算机 4 个专业项目。截至年底，州职校在校学生 4672 人，其中中职学历在册学生 4346 人、五年一贯制和大专学生 326 人；教职员工总数 166 人，其中专兼职教师 124 人，专任教师学历为大学本科及研究生以上学历（含在读）的教师达 91 人，“双师”素质专任专业教师 49 人，双师型教师占专任教师比为 39%。师生比为 1∶35。2022 年招生录取 1438 人，毕业 862 人，就业率达 94.66%，未就业人数 36 人，毕业生对口单独招生升学人数 164 人，升学率达到 24%。

重要学校简介

【州民族中学】 学校始建于 1990 年 9 月，占地面积 32196 平方米，总建筑面积 21217.6 平方米。2022 年，有高中学生 1171 人，25 个教学班。有教职工 131 人，其中专任教师 102 人（在编教师 93 人、同工同酬教师 4 人、地方特岗教师 5 人）；高级教师 26 人、一级教师 31 人、二级教师 37 人；研究生学历 11 人、本科 82 人。

【州民族高级中学】 学校始建于 1957 年 9 月，前身为黄南州民族中等师范学校，2007 年 9 月更名为黄南州第二民族中学，成为普通高中教育学校。2016 年 10 月，学校实施整体搬迁，将校名更改为黄南州民族高级中学。学校占地面积达 10.53 公顷，校舍建筑面积 3.7 万余平方米，各类功能室和设施设备齐全。2022 年，有教职员工 126 人，其中在编 87 人（地方特岗和同工同酬教师 7 人）、公益性岗位及聘用教职工 32 人。另外，有天津市支教 6 人、西宁市支教 12 人。有 23 个教学班，在校生总数达 1166 人，均为寄宿生。

【州特殊教育学校】 学校始建于 2014 年 10 月，占地面积 0.8 公顷，建筑面积 7000 平方米，位于同仁市隆务北街 32 号。2022 年，全校教职工 36 人。其中，在编教师 10 人、聘用人员 21 人。在校学生 92 人，送教上门学生 15 名。

【州职业技术学校】 2004 年成立，新校区于 2022 年 3 月建成投用，总投资 4.5 亿元，集职业教育、成人教育、就业培训于一体，为全省规模最大、设施最完善的中等职业院校之一。学校占地面积 24.67 公顷，分教学实训、对外培训、生活、活动、预留五大功能区，建有工艺楼、宇妥楼、护馨楼、信技楼、育启楼、郁青楼、电商楼等教学功能楼（汽修楼在筹建中），风雨操场、综合楼、宿舍楼、食堂等生活活动场馆，总建筑面积 11 万平方米。截至年底，有教职工 161 人，其中双师型教师 49 人；在册学生 4346 人（在校全日制学生 2280 人、大专班 326 人）。学校设藏医藏药、民间工艺、生态环境保护等特色优质专业，护理、汽修、计算机、电子商务、幼儿保育、旅游管理、中餐烹饪、保安等现代职业技术专业集群基本成形。护理、藏医藏药、汽修等专业毕业升学率达 70%以上，民间工艺就业率常年保持在 95%以上，与 30 多家企业建立校企合作关系，生源覆盖省内六州及甘、川、滇、藏。

【黄南州中学】 创办于 1958 年 9 月，几经更名，至 1978 年 10 月正式改名为黄南藏族自治州中学。位于同仁市隆务镇夏琼南路 12 号，

2022 年 4 月，州职业技术学校新校区完成搬迁，投入使用。图为新校区唐卡画授课现场（州教育局供图）

是全州唯一的完全普通中学，青海省首批确定的重点中学之一。学校占地面积43596平方米，建筑面积21671平方米。2022年，有26个教学班，其中初中部16个、高中部10个。有学生1188人（初中部773人、高中部415人）。全校少数民族学生1013人，占学生总数的85%；藏族学生337人，占学生总数的28%。全校在编教职工85人，另招用后勤临时工17人。其中少数民族教职工51人，占教职工总数的42%。男女教职工比例为4∶6。另有天津援青教师18名，西宁支教教师3名。

体　育

【群众体育活动】　2月11日，开展尖扎滩乡萨尕尼哈2022年乡村振兴杯春季文体活动。8月8日，开展黄南州“全民健身日”夏日广场锅庄舞大赛，此次大赛由州文体旅游广电局主办，州群众体育指导服务中心、州文化馆承办，州热贡锅庄舞协会协办，隆务地区12支代表队360多名选手参加比赛。

【青少年体育】　主动联合教育部门，抓好体育后备人才培养工作，重点开展青少年足球、篮球以及田径人才培训和选拔，组织参加青海省第十八届省运会青少年篮球赛获第二名。组队参加青海省第十八届省运会田径项目获青年组个人金牌4枚、银牌5枚、铜牌5枚。在全州选拔31名青少年运动员参加2022年青海省竞技体育耐力项目“大心脏计划”训练营，经过半年参训和层层选拔，黄南州2名运动员入选国家队，到国家训练中心学习深造。全州10人（青少年组篮球5人、青少年组足球乙组3人、青少年田径2人）获得国家二级运动员资格等级证书。

【学校体育】　联合教育部门落实《学校体育工作条例》，开展足球、篮球、射箭等体育运动进校园，培养儿童青少年体育运动与习惯。州、县两级开设足球、篮球和中长跑青少年培训班6期，培训250人，年内向上级体育学校输送运动员7人，新增单项体育协会3个，全州各类体育社团组织达57个，长期会员达4000余人。

【体育赛事与竞技体育】　开展青海省第十八届省运会黄南州代表团选拔、集训工作，选拔确定青少年、成人、残疾人运动员338人，参加22个比赛项目，最终黄南州获得11枚金牌、21枚银牌、16枚铜牌，创黄南州省运会历史上的“参赛人数、参赛项目、奖牌总数”3个历史之最。其中，成人乒乓球获第一名，残疾人乒乓球获个人第二名2人；武术套路获青年组个人第一名1人、第二名5人，武术散打获青年组个人第一名1人、第二名1人；青少年篮球赛获第二名；青少年11制足球赛获乙组第三名、甲组第六名；成人三人制篮球赛获第一名；田径项目获青年组个人第一名4人、第二名5人、第三名5人，残疾人组第一名2人、第二名2人、第三名1人；青少年乒乓球比赛获第三名。

【体育产业】　推进体育与文化旅游以及相关行业的融合发展，推进尖扎县坎布拉镇体育休闲特色小镇建设，制定“五彩神箭”寻根之旅、黄河廊道精品游、草原风情游等体育旅游精品线路。通过品牌赛事拉动旅游消费，持续办好河南县那达慕、尖扎黄河国际“铁人三项”挑战赛等品牌赛事，吸引省内外10万人现场观赛，网络直播浏览量达1200万人次，进一步提升黄南州知名度。鼓励和引导社会力量参与体育产业发展，年内成立黄南州摔跤柔道俱乐部、尖扎县民族体育用品开发有限公司等体育产业企业7家，全州共有各类体育用品经营户41家。

【体育运动设施建设】　按照把握机遇、补齐短板，充分释放体育发展潜力和动能要求，多渠道争取体育基础设施项目，组织实施黄南州体育场升级改造项目和黄南州隆务河体育公园建设项目。争取落实7个体育场馆的大型体育场馆免费开放资金补助，并完成享受补助资金场馆的信息化建设任务。

文 化

黄南年鉴

2023

文化场馆

【州文化馆】 黄南州文化馆开展“文化进万家”“戏曲进乡村”“三区文艺演出”等公益性文化惠民演出活动63场次。组织举办“深学力行省第十四次党代会精神，喜迎中共二十大胜利召开”为主题的庆祝中国共产党成立101周年文艺会演、“喜迎二十大，唱响新时代”为主题的农牧民歌手大赛、黄南州庆祝“三八”国际劳动妇女节文艺演出、举办“传学古今 喜迎二十大 儿童心向党”为主题的2022年庆“六一”传统文化进校园活动、2022年“全民健身日”夏日广场锅庄舞大赛等群众文化活动9场次，组织举办“瞬间影像·神韵黄南”摄影培训班、全州文化馆（站）公共文化服务能力提升培训班等活动3次，参与3万余人次。

【州新华书店】 青海省新华发行（集团）黄南州有限公司是青海省新华发行集团有限公司的下属子公司，在黄南州区域内有4家所属县分公司，分别为青海省新华发行（集团）黄南州有限公司、青海省新华发行（集团）黄南州有限公司尖扎分公司、青海省新华发行（集团）黄南州有限公司泽库分公司、青海省新华发行（集团）黄南州有限公司河南分公司。2022年，州新华书店完成销售收入1776万元，，同比增长18%。其中，教材、教辅实际完成销售1536万元，一般图书（含杂志）完成销售240万元（同比增加272万元）。加大政治类读物和有关活动用书的宣传征订力度，全年销售有关文件及活动用书4700余册，销售额15万元。

2022年5月5日，同仁市新华书店开展“劳动最光荣”五一回馈季活动（州文体旅游广电局供图）

2022年黄南州新华书店网点基本情况一览表

表54

序号	网点名称	地址	规模面积（平方米）	开业时间	经营种类	年销售量（万册）	销售额（万元）	同比增长（%）
1	黄南州新华书店	同仁市隆务镇中山路15号	200	1998年3月5日	图书、文化用品	89	812	10
2	尖扎县新华书店	尖扎县马克唐镇人民街5号	110	1978年6月2日	图书、文化用品	38	353	2
3	泽库县新华书店	泽库县幸福路160号	100	2006年7月17日	图书、文化用品	48	457	5
4	河南县新华书店	河南县优干宁镇东大街西侧（文化馆大楼）	70	2008年4月30日	图书、文化用品	45	153	1

【州图书馆】 黄南州图书馆有纸质馆藏图书 12 万余册，电子图书 15 万册。年内，新购纸质图书馆藏 5000 册，价值 18.44 万元；订购报纸期刊 213 种，价值 4 万元。馆内数字资源本地存储量 10TB，歌德电子借阅机、超星读书、博看书苑、QQ 阅读平台读者下载总量 3461 册次。全年新购数字资源 2TB，价值 8 万元。接待读者 12566 人次；书刊外借人次 2860 人次，书刊借阅 9908 册次；书刊归还 9908 册次；办理读者证 559 个。节假日照常开馆，每周开馆 63 小时。

州图书馆全年以线上线下结合的方式，在传统节日、重大时间节点（春节、元宵、清明、端午、中秋、国庆、重阳等）开展“展中华之风·品阅读之美”线上打卡活动、“虎岁妙趣阅新春·喜气盈门过大年”答题活动、“书香青海 奋进新时代”、“4·23”系列活动、公共图书馆服务宣传周主题阅读推广宣传活动、“龙吟端午”知识答题活动、“书香庆国庆 礼赞二十大”打卡活动、民族团结进步月宣传等主题宣传活动。通过参与活动，培养激发阅读兴趣，让公众从阅读中享受生活、愉快工作、分享快乐。截至年底，开展线上、线下专项活动 20 余场，1.6 万余人参与和观看。组织开展送图书、文化下乡活动，在同仁市德庆寺、武警青海总队机动二支队建立图书流动点，配送图书 1 万余册。带领专家到乡村开展专题讲座，把农业光盘和科技资料送到田间地头。

2022 年黄南州图书馆馆藏与服务情况统计表

表 55

序号	名称	类别（等级）	规模面积（平方米）	拥有阅览座位（个）	书刊馆藏量（册）	新增馆藏量（册）	办证量（或持证人数）	年借阅流量（册次）	年借阅人员流量（册次）
1	黄南藏族自治州图书馆	地市级（无等级）	4500	420	145253	5000	559	9908	12566
2	同仁市图书馆	县级（三级馆）	1200	110	54630	2120	534	12000	10000
3	泽库县文化图书馆	县级（无等级）	3000	120	22383	2883	803	2000	2000
4	尖扎县文化图书馆	县级（三级馆）	774	86	40433	678	101	1260	820
5	河南县文化图书馆	县级（三级馆）	3500	68	47433	2036	231	14963	12072
合计			12974	804	310132	12717	2228	40131	37458

【热贡艺术博物馆】 热贡艺术博物馆为国家三级博物馆，馆内有藏品总数 2791 件（套），其中一级文物 2 件、二级文物 14 件、三级文物 66 件、一般文物 306 件（套），在展厅对外展示的有 1197 件，入库保存的 1504 件，其中 2022 年度新征集藏品 13 件。馆藏文物藏品按种类可分为碑帖拓本、标本化石、雕塑造像、度量衡器、古籍图书、家居类、金银器、乐器法器、皮革、钱币类、石器石刻、书法绘画、陶器、铁器、铜器、文件宣传品、武器、牙骨角器、织绣、竹木雕等。2022 年，博物馆升级更新文创明星产品叠雕系列共 400 套（包括“时轮金刚”坛城、十相自在、圣僧图、十字金刚杵），研发新产品和睦四瑞系列、金翅鸟系列、摩羯鱼系列 7000 件（包括抱枕、丝带、胸针、遮阳伞、环保袋、冰箱贴、书签），文创研发投资达 75.5 万元，并

开展博物馆非遗品牌标识设计，结合地域特色及博物馆馆藏文物特点，设计出一款博物馆品牌标识。实施博物馆可移动馆藏文物预防性保护项目，尽可能阻止或延缓珍贵文物的物理和化学性质改变乃至最终劣化，达到长久保存文物和档案的目的。

2022 年热贡艺术博物馆馆藏展览情况一览表

表 56

序号	博物展	展品数量（件）	规模面积（平方米）	年服务量（万人次）
1	敬畏与欢庆——热贡民俗与节日	94	300	1680
2	四部医典——四部医典挂图系列	156	150	1680
3	热贡艺术传承	46	150	1680
4	国家及省级大师厅	53	150	1680
5	一见如故观世音	180	400	1680
6	神奇的密宗世界	279	400	1680
7	莲花诞生的香巴拉佛国	217	500	1680
8	实相非相见如来	174	400	1680

2022 年黄南州文博类馆舍基本情况一览表

表 57

序号	馆舍名称	地址	规模面积（平方米）	投资（万元）	建成时间（年）	类别等级	主要展品	年观众（万人次）
1	黄南州热贡艺术博物馆	同仁市	14995	7000	2013	国家三级	唐卡、泥塑、佛像等	12
2	河南蒙古历史文化博物馆	察汗丹津大街成吉思汗文化广场	15000	8980	2013	无	民族民俗文物、宗教、历史、民俗、铜器、银器、铁器、石器、骨器、书法、绘画等	2. 2
3	尖扎县博物馆	马克唐镇铁林路 13 号	2088	4531. 16	2014	无	民俗、现代铜器，五彩神箭的见证物	0. 3

公共文化

【概况】 2022 年，州文体旅游广电局围绕举旗帜、聚民心、育新人、兴文化、展形象的任务使命，推动各项文旅工作。截至年底，全州文化旅游经营主体达到 618 家，文化旅游从业人员达到 4. 17 万余人，文化产业营业收入达到 8. 89 亿元。全年组织实施文旅行业新续建项目 47 项，总投资 6. 46 亿元，累计完成投资 4. 41 亿元。黄南剧院、州博物馆一期项目建设进入全面收尾阶段，二期建设工作全面启动。州图书馆、文化馆装饰装修及室内配套设施提升项目顺利推进。

【群众文化活动】 组织全州文艺演出队伍和文化人才到各市（县）乡（镇）、村（社区）、学校等基层共开展“文艺轻骑兵下基层演出”“戏曲进乡村”“文化进万家”等公益性文化惠民演出活动达 280 场次。组织举办“深学力行省第十四次党代会精神，喜迎中共二十大胜利召开”为主题的庆祝中国共产党成立 101 周年文艺会演、“喜迎二十大，唱响新时代”为主题的农牧民歌手大赛、黄南州庆祝“三八”国际劳动妇女节文艺演出，举办“传学古今 喜迎二十大 儿童心向党”为主题的2022年庆“六一”传统文化进校园活动、2022年“全民健身日”夏日广场锅庄舞大赛等群众文化活动9场次，举办青海“农行杯”农（牧）家乐美食体验和农家特色产品展示活动。全年为全州村级文化活动中心（社区）配备55套音响。

【文化产业】 受新冠疫情影响，全州文化产业和旅游业遭受严重冲击。州文体旅游广电局通过统筹疫情防控和文旅发展，号召企业积极自救，落实助企纾困政策，推荐同仁市热贡文化产业园区、尖扎县三江源产业园区和泽库县国家现代农业产业园区3家为青海省文化产业园区，对454家文旅企业发放补助资金达157.2万元，127家文旅企业参与全省文旅消费券活动，兑现优惠券3810张，推动文化和旅游行业提振信心，恢复发展。

【文化市场与监管】 州文化市场综合行政执法局以科学发展为统领，按照“统筹兼顾、标本兼治、形成合力、全面推进”的工作思路，在全州文化、旅游、出版、广播电视、文物、电影六大领域全方位开展文化市场执法工作。结合年内各大重要节点在全州开展文化市场专项督查整治、“双随机、一公开”执法检查，统筹开展“扫黄打非”，推进扫黑除恶和社会综合治理，开展行政执法不公、选择性执法、随意性执法等突出问题专项整治。组织全州部分娱乐场所负责人开展安全生产专题培训，与文化经营单位签订文化市场经营场所安全生产责任书，压实安全责任意识，并在全年节假日期间开展文化市场安全隐患排查专项整治行动。贯彻落实“谁执法谁普法”的普法责任制，开展“文化法治我来讲”以案释法活动，提高黄南州文化执法人员的依法行政意识。持续加强广播电视市场执法检查，联合公安等相关部门组成联合执法组，多次在全州范围内开展清理打击非法安装和使用卫星电视广播地面接收设施行为的专项行动，促进文化市场健康有序发展。全年开展文化经营场所检查2678家次。其中，当场处罚8家，责令改正8家次，立案调查9家，办结案件17家；警告11家次，责令停业整顿2家，没收非法出版物392本，没收非法印刷品212册，非法卫星电视地面接收器65套，罚款金额3.85万元，没收违法所得11700.63元，处理完全省文化市场综合行政执法监督局举报处理转办通知书6个。

【文化队伍建设】 为加强文化人才队伍建设，通过招募、选派等方式，争取落实文化人才135人，到基层各村社开展文化和旅游行业志愿服务活动近520场次。并持续加大乡村文化事业和旅游培训力度，举办乡村旅游从业人员业务能力提升、导游和讲解员现场解说、酒店服务能力提升等各类培训活动共10场次，参与1800余人次，极大地促进乡村旅游人才队伍的综合服务能力和整体水平。

【文化旅游交流宣传】 举办“坐着地铁游黄南”“神韵黄南·魅力非遗”宣传片发布仪式、黄南旅游摄影作品大赛、热贡藏乡六月会青甘旅游推介会及万人共赏热贡六月会等系列宣传推介活动，形成同仁历史文化名城、坎布拉国家地质公园、青海最美草原与青海湖、塔尔寺三角旅游精品带，策划推出以乡村旅游、非遗展演、传统民俗、草原盛会等为主题的28条乡村旅游精品线路，不断提升“西域胜境·神韵黄南”文旅品牌的影响力和知名度。

【州民族歌舞剧团】 州民族歌舞剧团以思想精深、艺术精湛、制作精良为标准，创作优秀文艺作品。全年歌舞类演出63场、藏戏演出156场，创作藏戏3场、舞蹈6支、曲艺2支，申报国、省级艺术创作和人才项目12项（其中歌舞项目4项、藏戏项目8项），获批国家级项目1项，实施非遗项目2项，获省级奖项1项，网络宣传作品141个（浏览总量达193.7万人次），举办或参加大型活动11场。现有藏戏表演队伍15支。州民族歌舞剧团演出63场，其中线上演出17场（观众服务人次达51万人次），创作6支舞蹈、2支曲艺；既男女群舞《泥光》《金黄果熟了》《老八盘随想》《艾萨央恰》、男子群舞《幸福的脚步》、女子群舞《蒙绣》；曲艺表演唱《青稞情》《阿玛莱》。其中，《重生》《金黄果熟了》《春天的脚步》申报2022年全国民族民间舞创作作品会演节目，《吉祥岭国》《金色的桥梁》申报2022年“喜迎二十大说唱新时代”全国优秀曲艺节目推选节目，《金黄果熟了》《幸福的脚步》申报举办中共二十大青海省优秀舞台剧目节目，7个歌曲舞作品申报全国舞台艺术优秀节目创作扶持计划项目。

文化遗产保护

【概况】 2022年，黄南州文体旅游广电局（州文物局）强化文物安全管理、加大文物保护工程建设、推进革命文物保护利用，稳步提升文物基础工作水平和文物宣传影响力、传播力。截至年底，全州查明地上地下文化遗存409处，其中古遗址244处、古建筑100处、古墓葬27处、石窟寺及石刻4处、近现代重要史迹及代表性建筑27处、其他7处。全州有各级文物保护单位136处。其中，全国重点文物保护单位4处，占全省总数的7.84%；省级文物保护单位41处，占全省总数的9%；县级文物保护单位91处，占全省总数的7.13%。认定的可移动文物9154件，其中一级文物2件、二级文物32件、三级文物66件。

【文物安全及管理】 按照“谁主管谁负责、谁所有谁负责、谁使用谁负责”要求，实施文物安全直接责任人公示公告制度，文物、博物馆单位建立和落实逐级消防安全责任制和岗位消防安全责任制，明确各级各岗位消防安全责任人员和职责任务。推进实施“文物平安工程”，加大文物消防设施设备投入力度，结合文物建筑修缮工程同步增设消防设施。开展文物火灾隐患整治和消防能力提升三年行动，州县级文物行政部门和消防救援机构联合对州内文物、博物馆单位监督检查，重点督促整改电气隐患、生产生活用火、违规燃香烧纸、施工操作违规用火、易燃易爆物品管理不善和消防设施设备不完善、安全管理松懈等突出隐患和问题，提升文物、博物馆单位火灾防控能力和水平。年内一市三县及州文物部门对全国重点文物保护单位及省级、县级文物保护单位检查50余次，对文物点巡查19次、督查23次，出勤人员120余人次。黄南州未发生重大文物安全事故。强化文物安全宣传工作，通过各类宣传媒介，结合文化和自然遗产日、国际博物馆日等重大节日，利用宣传挂图、宣传展板、《中华人民共和国文物保护法》和《博物馆条例》宣传资料等方式，向群众宣传文物保护法律法规，解答群众咨询，提高广大干部群众对文物保护工作认识，营造“保护文物，人人有责”的社会风气。加大文物保护工程项目建设，续建州博物馆、州非遗博物馆项目。实施黄南州民族博物馆可移动文物预防性保护项目。实施黄南州热贡艺术博物馆维修改造工程。推动州博物馆重大火灾隐患消防工程建设项目，实施同仁市保安古屯田寨堡古建筑群防雷工程，实施同仁市保安古屯田寨堡古建筑群郭么日古堡消防工程。实施革命文物囊拉千户院文化保护提升工程项目。实施囊拉千户院文物保护修缮项目。

【藏戏】 以保护藏戏艺术，弘扬民族文化的工作思路创排藏戏歌舞《梨园风韵》、格萨尔说唱剧《如梦》，撰写完成大型历史藏戏《金城公主》剧本。其中，藏戏《意卓拉姆》成功入选国家艺术基金2023年传播交流推广资助项目和青海省第十二届精神文明建设“五个一工程”优秀作品奖，并在北京冬奥会期间，作为入选“相约北京”奥林匹克文化节暨第22届“相约北京”国际艺术节“青海文化周”网络展演活动6个优秀剧目之一进行展演；《金城公主》通过国家艺术基金评定，获得2022年舞台艺术创作项目立项资助；藏戏《最美格桑花》片段首次在中央电视台正月初一“春节戏曲晚会”演出；出版《黄南藏戏剧本集》；实施《黄南藏戏集锦》影像资料保护项目。年内完成156场藏戏剧目演出，其中春节民间藏戏展演24场次、濒危剧种演出项目100场次、黄南藏戏精品剧目展演22场次、非遗保护宣传月线上展播10场次。

2022年黄南州藏戏演出队伍统计一览表

表58

序号	隶属	队伍名称	地域	演职人员数	演出场次
1	州级	黄南州民族歌舞剧团	黄南	86人/场	22场
2	县级	泽库县格萨尔艺术团	泽库	45人/场	15场
3	民间	同仁市热贡江什加民间藏戏团	同仁	45人/场	15场
4	民间	同仁市浪加民间藏戏团	同仁	40人/场	10场
5	民间	同仁市扎毛牙什当民间藏戏团	同仁	45人/场	15场
6	民间	同仁雪拉南木特藏戏团	同仁	40人/场	12场
7	民间	同仁市热贡娘加民间藏戏团	同仁	40人/场	10场
8	民间	同仁市全都民间藏戏有限公司	同仁	40人/场	5场
9	民间	同仁市双处民间藏戏团	同仁	40人/场	7场
10	民间	同仁瓜什则寺民间藏戏团	同仁	40人/场	1场
11	民间	尖扎县坎布拉镇尖藏民间藏戏团	尖扎	40人/场	12场
12	民间	河南县西顿乌兰牧骑民间藏戏团	河南	45人/场	14场
13	民间	泽库县和日寺民间藏戏团	泽库	40人/场	8场
14	民间	泽库县果改寺藏戏团	泽库	40人/场	8场
15	民间	尖扎县拉姆德钦寺民间藏戏团	尖扎	40人/场	2场

【非物质文化遗产保护】 争取第六批省级非遗项目领先全省各地，申报省级非遗项目30个，其中18个非遗项目通过省级评审。截至年底，全州有四级非遗名录701项，占全省非遗项目2361项的29.69%。其中，黄南州有联合国教科文组织人类非物质文化遗产代表作名录2项（热贡艺术、黄南藏戏），国家级非遗名录8项，省级非遗名录24项，州级非遗项目242项，县级非遗项目425项。推荐的5名工艺美术大师中扎西尖措、当周加在第八届中国工艺美术大师评选中成为青海省新晋升的2名中国工艺美术大师。推荐"昆仑英才·文化名家"青海省工艺美术大师26人，推荐青海省工艺美术大师示范工作室14家。推荐申报第五届青海省民间工艺师529名，其中331名推荐为青海省一级民间工艺师，198名推荐为青海省二级民间工艺师。加大刺绣类非遗就业工坊建设力度，申报8家省级青绣就业工坊及培育企业，认定11家州级青绣工坊和10家培育企业；组织18家州级青绣工坊和培育企业申报2022年文化和旅游专项青绣引导资金120万元，完成9家省级非物质文化遗产传承基地复核工作。

培育传统文化产业，截至年底，全州文化产业营业收入达8.89亿元，文化企业618家，从业人数达4.17人（其中工艺美术行业从业人数达70%以上），其中唐卡企业291家，从业人员21630人，培养学徒5000余名。加大"非遗"传播普及力度，开展2022年"文化进万家——视频直播家乡年"、2022年新春非遗展演"新春非遗大集"线上活动、"文化和自然遗产日"、"非遗购物节"等宣传展示活动。发布《神韵黄南·魅力非遗》宣传片，入选国家文旅部中国非物质文化遗产网、中国非物质文化遗产数字博物馆评选的"文化和自然遗产日全国25部优秀非遗宣传短视频展播"名录视频；组织开展2022年"文化和自然遗产日""非遗购物节"等宣传展示活动。在黄南文旅、黄南非遗、州电视台微信公众号和各县市宣传平台，以及在抖音、快手、视频号、腾讯视频、爱奇艺、优酷、哔哩哔哩等网络平台集中展播各类优质非遗资源。

2022 年黄南州国家非物质文化遗产名录项目一览表

表 59

序号	遗产名称	类别	级别	属地	公布时间
1	热贡艺术	传统美术	国家级	同仁市	2006 年 5 月
2	藏戏（黄南藏戏）	传统戏剧	国家级	黄南州	2006 年 5 月
3	土族於菟	传统舞蹈	国家级	同仁市	2006 年 5 月
4	热贡六月会	民俗	国家级	同仁市	2006 年 5 月
5	石雕（泽库和日寺石刻）	传统技艺	国家级	泽库县	2008 年 6 月
6	同仁刻版印刷技艺	传统技艺	国家级	同仁市	2011 年 5 月
7	尖扎达顿宴	民俗	国家级	尖扎县	2021 年 5 月
8	蒙古包制作技艺	传统技艺	国家级	河南县	2021 年 5 月

热贡文化生态保护

【概况】 2022 年，黄南州热贡文化生态保护区管委会开展非遗名录保护传承、传承人群培育、非遗传习场所建设、非遗宣传推广以及整体性保护等重点工作，保护区传承人群不断壮大，代表性传承人、非遗名录项目不断增多，热贡文化的知名度也不断提升。截至年底，保护区有各级非遗名录项目 701 项，其中联合国教科文组织非物质文化遗产项目名录 2 项、国家级非物质文化遗产项目名录 8 项、省级 42 项、州级 219 项、县级 470 项；有各级代表性传承人 593 人，其中国家级 15 人、省级 43 人、州级 299 人、县级 236 人；有各级工艺美术大师、民间工艺大师、民间工艺师 1039 人，其中国家级工艺美术大师 10 人、省级工艺美术大师 34 人、省级民间工艺大师 20 人、省级民间工艺师 222 人、州级工艺美术大师 110 人、州级民间工艺大师 378 人、州级工艺美术师 62 人、州级民间工艺师 203 人；有非遗传习中心 153 个、非遗宣传展示点 103 个、非遗示范户 158 个。

【非遗代表性项目保护】 强化非遗资源挖掘、健全完善四级非遗名录体系。开展田野调查，走访民间贤者，在同仁市发掘扎毛传统藏鼓、四合吉传统青稞酒酿酒、热贡熏香、曲麻桐油、夯土墙、藏餐、唐卡画笔、羌姆服装制作 8 项非物质文化遗产，及时搜集整理相关图片和视频、文字资料等，并申报市级非遗项目名录，纳入非遗名录体系进行系统保护传承。申报省级非遗名录项目，第六批省级非遗名录项目领先全省各地，实现保护区项目数量新突破。组织 30 项州级非遗名录项目申报省级非遗名录项目，其中斯协（民间调解词）、同仁保安花儿会、蒙古族刺绣（河南县蒙古族刺绣）、藏式石灼羊肉制作技艺、传统帐篷编制技艺（泽库黑帐篷制作技艺）、热贡牛角雕刻技艺、热贡靛蓝纸制作技艺、传统藏香制作技艺（尖扎藏香制作技艺）、河南县牛羊毛手工编织技艺、河南县蒙古族擀毡技艺、尖扎藏族氆氇纺织技艺、藏医“建么兹”疗法、藏医蒸浴疗法、藏医能秀推拿疗法等 18 项非遗名录项目通过省级评审和公示，通过数量与西宁市并列第一。

【非遗代表性传承人保护】 开展第八届中国工艺美术大师评选工作，公平公正评选 5 名候选人参与全国评选工作，最终扎西尖措、当周加 2 人获“第八届中国工艺美术大师”殊荣，黄南州中国工艺美术大师人数继续稳居全省第一位。推荐夏吾李加、才旦加 2 名优秀省级非遗代表性传承人成为国家级非遗代表性传承人候选人。开展传承人传承评估工作。按照传承人的权利与义务要求，从传承人的技艺掌握、带徒授艺、项目资料保护保存整理、开展传习活动、开展展示展演活动、创新性开展工作等 6 个方面对每位传承人进行逐项考核，完成 11 名国家级、43 名省级非遗项目代表性传承人传承发展评估工作。加强非遗传承人群技艺培训，与省文旅厅、南京旅游职业学院协商，落实继续在南京旅游学院举办藏餐项目研修培训，持续提升藏餐项目传承人群的专业技术能力和保护传承水平。组织举办州级非遗名录项目“尖扎五谷画”制作传承培训、组织举办国家级非遗名录项目“尖扎达顿宴”培训排练活动、组织举办以外斯方言、蒙古族擀毡技艺、蒙古族刺绣、安代舞、萨吾尔登舞为主要内容的非遗技能培训、组织举办“热贡唐卡”矿物质配制技艺培训班、“藏式建筑彩绘艺术”培训班，累计培训 9 次，培训 500 余人次。

【非遗传习场所建设】 通过准确制定非遗传习中心申报条件、规范审批程序，合理布局非遗传习场所建设，通过以点带面的方式辐射带动更多的艺人参与到非遗保护传承工作之中，帮助非遗传承人更好地开展非遗保护传承工作。同时从传习场所面积、学员数量、师资力量等方面进行全面评分，择优设置非遗传习中心和非遗宣传展示点。全年新设立非遗传习中心 27 个、非遗宣传展示点 25 个。组织新建的非遗传习中心、非遗宣传展示点开展非遗项目技艺传习、培训工作，提高非遗传承人群技艺水平。修缮非遗传习中心，对场馆设施受损的德吉措牛羊毛手工编织技艺传习中心、民间长调传习中心、乌兰牧骑藏戏传习中心等 8 个传习中心的水、电、暖等方面进行修缮，不断完善传习场所传习能力。

2022 年 7—11 月，更登唐卡传习中心在同仁市吾屯村举办藏式建筑彩绘艺术培训班（州热贡文化生态保护区管委会供图）

【热贡文化宣传推广】 组织开展“非遗过大年 文化进万家”活动，通过短视频、直播等方式，重点围绕黄南丰富独特的非遗年俗文化，宣传展示黄南非遗保护成果；热贡年俗、保安社火、尖扎达顿宴等视频，让非遗保护成果融入群众生活；黄南藏戏——《最美格桑花》在 2022 年中央电视台戏曲晚会演出。举办以“连接现代生活 绽放迷人光彩”为主题的 2022 年文化和自然遗产日宣传推广活动，以线上、线下相结合的方式组织策划开展人民群众喜闻乐见、便于参与的非遗宣传展示活动。通过设立以国家级、省级非遗项目和传承人为主的展示展板 50 个，展出《黄南州非遗

2022 年 9 月 29 日至 11 月 26 日，热贡画院传习中心在波士顿佩拉斯画廊举办热贡艺术展（州热贡文化生态保护区管委会供图）

名录图典》《热贡文化访谈录》《热贡文化论文集》等30余种非遗书籍和光盘。组织线上非遗展。发布《神韵黄南·魅力非遗》宣传片，以“我眼中的非遗”为切入点，宣传展示黄南各地优秀非遗资源和保护成果，让人民群众足不出户线上感受黄南非物质文化遗产的独特魅力。在黄南文旅、黄南非遗、州电视台微信公众号，以及各县市宣传平台播放非遗短视频和尖扎五谷画“云游非遗·影像展”，让更多社会公众关注、了解生活中丰富多彩的非遗和生动的非遗保护实践。组织热贡画院唐卡传习中心于9—11月在美国波士顿举办《娘本：失落的唐卡艺术》热贡艺术展览，不断提升热贡文化的知名度，进一步展示中国非物质文化遗产保护传承成果，传播中国非物质文化遗产丰富多彩和精湛的技艺，弘扬中华优秀传统文化。

【非遗理论研究】 邀请研究当地文化历史的国家级专家学者多杰加编撰《热贡地区非遗项目解说汇编》《非遗传承人事迹》，以图文并茂的形式介绍非遗名录项目的历史渊源、表现形式等内容，以及传承人的保护传承事例，更好地呈现保护区非物质文化遗产的独特魅力和展现非遗传承人的时代风貌。邀请专家学者撰写热贡文化保护传承文章，编辑出版《热贡艺术研究》杂志4期。举办藏戏传承与发展学术研讨会。组织青海省藏剧团与中国戏曲学院、中国少数民族戏剧学会共同在线上举办藏戏传承与发展学术研讨会。文化和旅游部非物质文化遗产司原一级巡视员马盛德，中国艺术研究院戏曲研究所所长王馗等24名专家学者分别从文化学、传播学、生态学、戏剧人类学、藏戏的海外研究、研究方法、谱系化研究、藏戏批评、藏戏流派、人才培养、藏戏创作、历史沿革、剧团现状等不同角度各抒己见，提出诸多对藏戏研究，促进各地区藏戏演出团体、研究机构的相互交流，对黄南藏戏的理论研究工作起到良好推动作用。

【州热贡艺术研究院】 2022年，州热贡艺术研究院投入《热贡艺术研究》专刊征稿、编辑、审稿、出版工作，不断完善编辑部审稿工作程序及责任分工，细化工作流程，发送征稿启事，并对个别专家专门约稿，保证刊物的质量。全年收到稿件189篇，其中中文稿件98篇、藏文稿件91篇，经多次与作者沟通、反复修改，最终采用75篇文章，其中中文稿件43篇、藏文稿件32篇，出版4期《热贡艺术研究》专刊，含藏文版、汉文版各2期，栏目内容涉及思想政治、民风民俗、宗教艺术、人文历史、文学天地、绘画艺术、藏戏艺术、文化产业与生态旅游、图片解读（包括绘画、书法、摄影），并于出版后全部赠予省、州、一市三县相关机关事业单位，以及广大农牧区喜爱和关注黄南文化艺术事业的读者。到一市三县，通过调研、搜集、整理图片资料等方式，及时研究掌握黄南州古建筑历史及现状、建筑风格、宗教派别、壁画、唐卡等状况；组织人员到同仁市年都乎古堡、郭么日古堡、吾屯古堡、保安古堡、隆务古城、花儿沟、仁增热培林寺、江龙琼贡不变金刚洲、雅玛扎西琪寺、古德寺、贡拉卡邬坚解脱大乐法论洲、木合沙寺持明莲花解脱洲等热贡名寺古刹采点、取证、收集文化、历史和古迹资料，夯实黄南州名胜古迹历史和现状简介。

民族语言文字工作

【概况】 2022年，黄南州民族语文工作中心贯彻落实国家语言文字方针政策、法律法规及《黄南藏族自治州藏语文工作条例》，开展民族语文翻译、民族古籍保护、社会市面用文管理等工作，促进民族语文工作持续健康发展。全年各类翻译字数累计90余万字。

【民族语文翻译】 完成州第十六届人民代表大会第二次会议、州政协第十四届委员会第二次会议的文字材料翻译和大会现场翻译、同声传译、口头翻译、译文审核等工作，及时完成大会秘书处临时交办的各项翻译任务。州民族语文工作中心翻译部负责人被中国共产党青海省第十四次代表大会秘书处抽调参加并完成民族语文翻译工作。协助州直部门完成

《习近平关于注重家庭家教家风建设论述摘编》一书和《青海省防震减灾条例》《黄南藏族自治州城乡社区治理条例》《黄南藏族自治州林木管护条例》《黄南藏族自治州犬只管理办法》《黄南州教育经费保障办法（试行）》《黄南州区域智慧医疗工作方案》《黄南州加快发展现代职业教育的实施方案》《黄南州全面做好“路长制”工作实施方案》《黄南州开展“证照分离”改革全覆盖工作方案》《土地管理应知应会手册》《打击整治养老诈骗专项行动的通告》等大型材料翻译任务。疫情防控期间，协助州疫情防控处置工作指挥部办公室翻译《黄南州新型冠状病毒肺炎疫情防控处置工作指挥部通告》和《黄南州疾病预防控制中心紧急提示》《新型冠状病毒预防措施》《公共交通工具如何做好预防工作》《居家医学观察》《新型冠状病毒肺炎疫情期间健康出行须知》《新型冠状病毒科普小知识》《因其他疾病就医时如何做好防护》《致全州各级党组织和广大党员干部的一封信》等相关文件资料。及时翻译中共十九届六中、七中全会决议，中共二十大、省第十四次党代会报告、知识百问等，同步推动“在翻译中加深学习、在学习中精准翻译”的良好氛围，并利用单位公众号每日推送藏语和汉语合璧的学习要点，用群众语言推动大会精神“飞入寻常百姓家”。

【社会市面用文督导】 年初，成立两会翻译督导组，到河南县、同仁市进行检查指导。对“一府两院”工作报告及决议，主持词、讲话、证件、名单、标语、简报等两会期间的所有藏文材料进行全面检查。指出译文和排版、审稿等方面存在的突出问题，并提出整改措施和目标要求，确保代表委员们正确理解两会精神和报告内容。在迎接中共二十大召开之际，查看各地区各部门、市（县）城主街道、服务窗口及大厅等所有文字表示的藏语和汉语使用情况，督促整改各类错误；执行翻译前置审核制度，专项审核各部门中共二十大宣传标语及口号的藏文版本，及时反馈错译漏译等问题，跟踪督促整改工作，从源头上管控市面用文不规范问题。编印《藏语术语公报汇编》《汉藏对照新词术语》合订本，宣传推广藏文规范译文；抓好全州乡村公路沿线标识牌藏文不规范问题整改工作，成立工作专班，制定具体整改措施，按属地管理原则，对辖区内的市面用文工作特别是乡村公路沿线的各类标识牌进行全面自查自纠，深入现场督促整改，持续加大对各类指示牌和巨幅广告牌的双文规范和指导、翻译及审核工作。通过电视、广播、微信、宣传栏、横幅、标语等形式，加大党对民族语文政策和《黄南州藏语言文字工作条例》《黄南州社会市面用文藏汉两种文字并用管理办法》的宣传力度，促进市面用文规范化。

【民族语文两刊出版】 推进2022年《青海·热贡》年刊的编辑出版、《黄南公报》（藏文版）季刊的翻译出版任务。2022年《青海·热贡》重点宣传热贡文化生态及地方民生实事、地区名人名著等为主线，全方位展示黄南地区灿烂的历史文化和民族文化，内容涵盖历史、文化、民俗、人物、山水、访谈等多领域，反映黄南深厚的文化底蕴，独具学

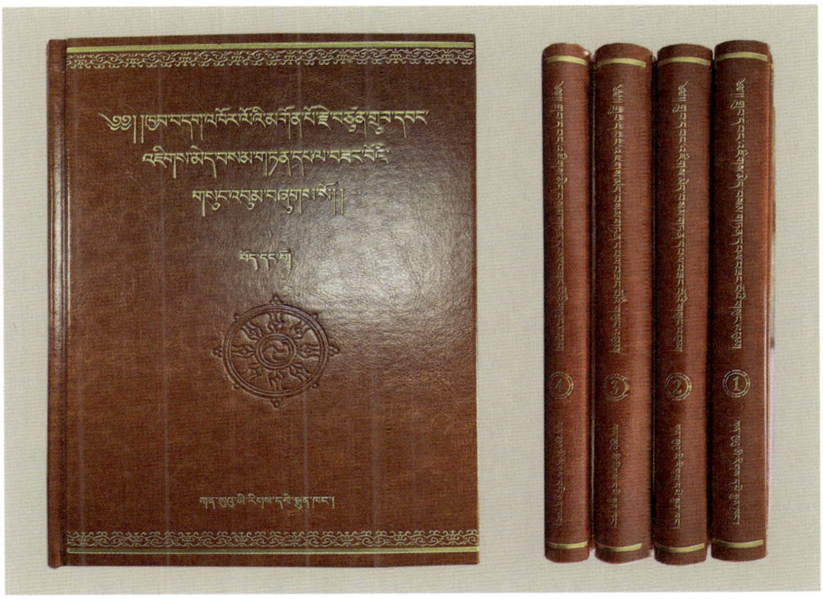

2022年12月，出版《智旺久美叁旦文集》（藏文版）（共四卷）（州民族语文工作中心供图）

术性和可读性，为打造“西域胜境　神韵黄南”品牌发挥极其重要的作用。2022年《黄南公报》（藏文版）宣传党的政策、法律法规，全方位、多角度传递黄南各领域重大发展成果，及时反映州委、州政府新的工作举措，自治州各项建设以及亮点。

【民族古籍抢救保护】　坚持“保护为主、抢救第一、合理利用、加强管理”工作原则，详细掌握全州民族古籍现状及分布情况。搜集珍贵手抄及木刻版民族古籍113卷，出版黄南民族古籍系列丛书之《智旺久美叁旦文集（藏文版）》（共四卷）。在黄南州重点古籍文物保护单位夏卜浪寺搜集到近代著名佛学大师叶雄堪钦确吉杰布（1882—1954）遗作。据考证，叶雄堪钦确吉杰布在我国安多藏族文化发展史上曾有举足轻重的地位，其遗作的发掘，是黄南州藏文古籍抢救保护工作上的一次重大发现，内容涉及佛学、人物传记、诗学、医学、道歌、戒律学等多个学科领域，具有很高的抢救、保护和研究价值，中心集中力量整理《叶雄堪钦确吉杰布文集》（上、下卷）。打造古籍资料室和职工书屋为一体的阅览室，购置中华大藏经《甘珠尔》、《丹珠尔》（精装版）、《伯东班钦全集》等古籍珍本，党和国家领导及伟人文集、政治理论读本、世界名著、汉藏翻译工具书等6000余册，将所有图书建立卡片式目录，健全图书借阅制度。完成《历代德钦洛智合仓文集》出版任务。在出版《菩提道次第要义》《西饶扎西文选》的基础上，经过近两年搜集、整理、编辑，年初出版黄南民族古籍丛书《历代德钦洛智合仓文集》（共8卷10册），并召开发行座谈会。

【修订《黄南藏族自治州藏语文工作条例》】　完成修订《黄南州藏语文工作条例》的前期准备、学习检索、调研考察、意见征求、起草修改、审查论证等工作，经州政府常务会、州委常委会审议后，提请州人大常委会会议审议。在《黄南州藏语文工作条例》修订工作中，坚持以习近平新时代中国特色社会主义思想为指导，坚决落实新时代党的治藏方略，始终坚守稳定底线、突出发展主线，立足新发展阶段、贯彻新发展理念、构建新发展格局，奋力打造共同富裕的黄南样板为总目标，进一步加强全州各民族交往交流交融，铸牢中华民族共同体意识，遵循“不抵触、有特色、切实际、可操作”立法原则，梳理总结当前藏语文工作中存在的主要问题，为修订《条例》提出有效的工作措施，按照“任务、时间、组织、责任”四落实的要求，做好修订各阶段各环节的相关工作，确保修订后的《黄南藏族自治州藏语言文字工作条例》接地气、有特色、易操作，符合黄南州藏语文工作的实际需要。

党史研究

【概况】　2022年，黄南州党史研究室继续推进《中国共产党黄南历史（1949—1978）》编纂工作，截至年底，完成《中国共产党黄南历史（1949—1978）》初稿，正在进一步修改完善。四市（县）党史编纂工作有序推进。完成《黄南州委、州政府执政纪事2021》编纂出版任务，继续开展《黄南月志》编纂工作，编辑《党史资政参考》。

【党史编纂】　成立以州委书记为组长的编纂委员会；以突出政治性、地方性、全面性、准确性和规范性为要求，编写并下发《中国共产党黄南历史（1949—1978）》编纂方案和编纂大纲；聘请州委党校5名了解本地情况、业务精、能力强、文字功底扎实的教师组成编纂组。组织人员到省、州及各市（县）档案馆、图书馆，征集有关档案史料，采访多位黄南州老领导、老干部以及重要历史经历者、知情人，整理口述史资料，并与已有的历史文献比对，全面了解和掌握历史始末，真实还原历史真相。截至年底，完成初稿。

【党史宣传教育】　《黄南月志》每月一期，详细记述州委、州政府重要会议及全州重大活动、重大项目、民生举措、疫情防控、生态环保等方面内容，发至全州各级党组织，为全州党员学习党史提供资料，履行党史部门职责。通过网络、报刊等平台收集中国共产党历史故事，编辑《党史资政参考》，发送至州委各部门、州直各单位及四市（县）委，发挥党史工作“以史鉴今、资政育人”的作用。

档案工作

【概况】 2022年，黄南州档案局以推进实施“十四五”青海省档案事业发展规划为主线，坚持“为党管档、为国守史、为民服务”的职责使命，为黄南经济政治各项事业发展提供档案支撑和服务。截至年底，州档案馆建筑面积6912平方米，馆藏量7万余卷（册），接收入馆资料文书15263件、会计档案530卷。全年全州档案馆接收各类档案41973件，接待查档利用736人次，提供档案2489卷（件）。

【档案学习培训】 采取“请进来、走出去”等方式，州、市（县）举办不同层次、不同规模的业务轮训、岗位练兵等档案业务及党性教育培训班6期。6月，邀请省档案局业务专家对州及一市三县部分立档单位146名档案管理人员进行档案业务及党性教育培训；组织州、市（县）档案局馆及州直立档单位档案管理人员230余人次参加“十四五”全国档案事业发展规划公益大讲堂等在线培训；9月，州档案局联合同仁市档案局（馆）举办《中华人民共和国档案法》及档案基础业务培训，68人参训；11月28—30日，组织局馆干部职工集中观看学习由国家档案局培训中心举办的在线交通建设项目档案培训。选派业务骨干对州市（县）立档单位档案管理人员进行档案业务专题培训3期，430余人参训。利用“学习强国”“黄南先锋”“法宣在线”等平台持续加强党员干部学习，发挥黄南报社、黄南电视台等媒介作用，开展新修订《中华人民共和国档案法》、档案知识的学习宣传、竞答活动。把党性教育与档案业务能力提升结合，争取州委组织部、援青指挥部、州委宣传部等部门支持，加强州、市（县）档案管理人员教育培训力度。

【档案管理】 坚持“补短板、强弱项”工作理念，开展提升档案行政执法能力、加大档案收集整理力度、拓展档案馆公共服务功能、创新档案利用服务形式、扩大档案利用服务范围，巩固档案实体安全、持续推进新修订《中华人民共和国档案法》贯彻实施力度，对标《〈全省档案工作规范化建设三年行动方案〉（2022—2024）的通知》《黄南州贯彻落实〈“十四五”青海省档案事业发展规划〉实施方案》要求，围绕青海“三个最大”的省情定位，推进档案治理效能。加大全州档案馆库室规范化建设力度，完善档案馆（室）“八防”设施，落实《省委办公厅档案行政执法检查反馈意见》整改要求，争取173.68万元对州档案馆消防设施进行改造。全州持续推进档案资源体系建设，各类档案应收尽收、应归尽归。州、市（县）档案馆对馆藏各类档案进行逐全宗、逐卷、逐件清查、登记，做到底数清、情况明，全年州档案馆接收文书档案15263件、会计档案530卷；同仁市档案馆完成整理文书档案6329件，接收涉改档案2617件；河南县档案馆接收进馆文书档案14708件；尖扎县档案馆接收文书档案62卷、8855件。

【档案利用服务】 开展州、市（县）档案工作自查，规范健全档案管理制度，着眼“历史欠账”清零，加大立档单位档案业务指导力度。对州委办公室、州法院、州交通局等5家立档单位档案室规范化建设进行现场指导，加强宣传指导和强化监管并重、跟踪问效力度，推进全州档案事业高质量发展，帮助立档单位解决档案管理工作中的难题。按照年初工作计划，全州档案局馆开展党史学习教育、“天保”工程等重大活动、重大建设项目档案的收集、整理和归档工作。州档案局采取“带教模式”、主动介入，上门服务和集中统一指导等方式重点对27家立档单位进行业务指导，全州档案局馆不断强化档案开发利用“两服务”意识，开展查阅利用服务。全年州档案馆接待查档利用 326 人次，提供档案 1246 卷（件）；同仁市档案馆接待查档利用 270 人次，查阅档案资料 47 卷、760 余件；尖扎县档案馆接待档案利用者 140 人次，查阅档案资料 483 卷次。

【档案挖掘】 州、市（县）档案局馆着眼州域档案资源，开展红色档案资源挖掘、开发利用工作。州档案局争取专项资金 4 万元，对抗美援朝老战士、尖扎县教育局退休干部梁洪泉个人毕生珍藏的 1943 年中共陕甘宁中央局制定的《中国共产党入党誓词》，中共七大至九大时期的《中国共产党章程》、1952 年版《共同纲领》、1954 年《中华人民共和国宪法》等部分文献资料进行仿真复制，交付入馆收藏、利用。以照片档案为载体，发挥馆藏资源禀赋，征集、整理建政以来的珍贵照片档案资料，制作《奋进黄南——档案话辉煌》书册，补充完善《奋进黄南》15 个篇章内容。

【档案宣传】 6 月 8 日，黄南州“喜迎二十大·档案颂辉煌”第 15 个“6·9”国际档案日红色档案宣讲活动启动仪式在尖扎县马克唐第二完全小学举办。州委常委、秘书长何杰出席并讲话。宣讲活动以走进黄南红色档案资源的保护利用为主线，依托由州、市（县）档案局精选提供的 198 件文献、影像、实物等红色档案及反映黄南建政以来政治、经济、文化、生态等事业发展历程为主的

2022 年 6 月 8 日，“喜迎二十大·档案颂辉煌”第十五个国际档案日红色档案宣讲活动在中国工农红军青海尖扎习仲勋民族团结小学举办（州档案局供图）

图片展，赠送《风帆高扬》“口述”档案编研资料，向广大干部群众及师生普及红色档案资源保护利用工作的重要意义和社会价值。通过组织观看《忠魂颂歌》等 3 部红色“口述”档案短片，微直播和红色档案知识的抢答、红色文艺演出，全方位阐释档案作为重要信息资源和独特红色档案文化遗产的深刻内涵，让党员干部、师生、群众真正感受到档案就在自己身边，档案工作很重要，红色档案资源的保护利用需要全社会的共同参与和支持。州委组织部、宣传部、州党史研究室相关负责人，州档案局（馆）全体干部，一市三县档案局（馆）负责人和尖扎县部分立档单位代表及中国工农红军青海尖扎习仲勋民族团结红军小学部分师生 1500 余人参加活动。6 月 8 日下午，在尖扎县档案馆召开黄南州红色档案，保护利用工作研讨会，州委常委、秘书长何杰参加。

9 月 5 日，州档案局联合同仁市档案（局）馆举办“9·5”《中华人民共和国档案法》颁布纪念日主题宣传暨专题讲座活动。活动采用线上线下同步的方式进行，州直及同仁市档案局馆全体干部职工，州、市部分立档单位档案管理人员代表 28 人参加讲座，同仁市档案馆馆长主持。尖扎、泽库、河南三县档案局（局）通过视频连线方式进行学习。在专题讲座中，州档案局局长以《学习贯彻档案法　构建新发展格局》为题，从《中华人民共和国档案法》的制定颁布、修订的历史背景及意义；准确理解和把握新修订的《中华人民共和国档案法》，提升档案依法治理效能；对标黄南档案工作全局，准确把握和加快构建档案新发展格局三个方面进行讲解。在热贡文化广场开展“纪念‘9·5’档案法颁布纪念日”“迎接中共二十大”等系列主题宣传活动。尖扎、泽库、河南县档案局馆同步开展主题宣传活动。

12月4日，州档案局馆紧扣“12·4”国家宪法日开展主题学习宣传活动，持续开展“八五”普法、档案法治宣传教育，发挥“存史、资政、育人”的档案社会服务功能，宣传档案工作中的典型做法，以普法和《中华人民共和国档案法》并重，突出档案法治宣传教育实效营造全社会共同关注档案、参与支持档案工作的良好氛围，吸引社会公众关注“八五”普法，增强社会各界档案法治意识。

【档案监督检查】 4月13—15日，州档案局、林草局组成专项督查组到麦秀林场及四市（县）天保办检查督促“天保”工程二期（2011—2020年）档案资料验收工作进展情况。督查组按照《青海省天然林资源保护工程档案管理办法实施细则》及相关验收执行标准，重点对各单位主要负责人对“天保”二期档案验收工作的重视程度，工程实施期间所产生的科技、会计、声像等各门类档案资料的收集、分类整理、组卷编目及档案完整性、准确性、系统性进行全面检查，现场指出“天保”二期工程档案整理方面存在的问题，提出整改意见和建议。通过督查，有效推进全州天然林保护工程二期档案验收工作的规范化、科学化、系统化进程，为加快天保档案验收工作步伐，发挥档案管理在“天保”工程建设中应有的作用奠定基础。

4月，州档案局开展档案行政监督执法检查，应尖扎县档案馆邀请，对李家峡南干渠项目档整理工作进行了指导。

5—12月，州档案局开展对全州各级立档单位2022年度档案行政监督执法检查问题整改复检工作，分别从档案日常工作管理、档案室管理工作、档案管理人员岗位设置、档案工作经费投入、档案管理设施设备等情况开展检查督导。对63家各级机关、企事业单位和乡（镇）、村（社区）查出问题整改情况及时跟踪指导、督促检查，规范和掌握全州各立档单位档案管理工作的实际情况，促进档案业务监管提档升级。

2022年，州市（县）档案局对155家立档单位进行档案行政执法监督检查，对59家立档单位进行复检。

地方志编纂

【概况】 2022年，黄南州党史研究室按照“一年一鉴，公开出版”工作要求，州及四市（县）2022年鉴全部完成终审，进入印刷出版程序。名镇名村志及扶贫志编纂工作全面启动。

【综合年鉴编纂】 采用“三提前”（提前完成、提前部署、提前审核）、“三六九”（即3月启动组稿、6月开始编纂修改、9月进入出版）工作方法，严把编纂、审改、出版等各节点工作流程，围绕打造一流年鉴的目标，借助全省地方志办公室主任会议、交流会时机，加强与省志办的沟通交流，通过汇报工作、反映问题、争取支持等方式，对《黄南年鉴（2022）》实施品牌管理，优化流程、规范要求、调整改版编纂格式，使之更具史料性、可读性、指导性。采取交叉验收方法，促进一市三县相互交流学习，补齐短板。截至12月底，

2022年12月，《黄南年鉴（2022）》《河南蒙古族自治县年鉴（2022）》入选青海省首批综合年鉴精品工程“青海省精品年鉴”（州党史研究室供图）

《黄南年鉴（2022）》编纂完成进入出版发行程序，四市（县）年鉴全部编纂完成。是年，《黄南年鉴（2022）》《河南蒙古族自治县年鉴（2022）》入选青海省首批综合年鉴精品工程“青海省精品年鉴”。

【扶贫志编纂】 根据中国地方志指导小组及省委、省政府关于认真做好扶贫志编纂相关工作要求，10月中旬召开扶贫志编纂工作启动会议，对全州扶贫志编纂工作进行动员部署。《黄南州扶贫志》内容起于1978年，下限至2022年，囊括40余年的历史，计划在2023年3月完成组稿任务，2025年完成编纂出版。

【名镇名村志编纂】 根据省地方志办公室关于开展名镇志、名村志编纂工作相关要求，大力传承和弘扬优秀传统文化，发挥地方志在传承文明、资政育人、服务新时代中的作用，召开会议进行安排部署，鼓励有条件的镇村应编尽编。截至年底，同仁市、河南县、泽库县相继启动编纂试点工作，尖扎县进入前期筹备阶段。名镇名村志的编纂出版将弥补黄南无镇村志的空白。

黄南报社

【概况】 2022年，黄南报社推动传统媒体深度报道、新型媒体实时报道，党报的导向性、权威性不断增强，党媒的传播力、影响力进一步深化，党的新闻舆论质量水平得到不断提升。全年《黄南报》出版47期，刊发各类稿件1400余篇，专栏120余次，文学副刊15版，图片300余张，公益海报30余次。《黄南藏文报》出版48期，刊发各类稿件700余篇，图片300余张，海报20余次。两报微信2100余条。制发黄南报视频号、抖音短视频新闻40余条。汉藏文微信活跃用户约1万人。报纸发行征订平稳有序，汉文2800余份、藏文7700余份。黄南报数字报挂靠黄南政务网，由州政府电子政务办统一维护、管理，全年出版47期，由专人负责于每周一上传上期《黄南报》。

【重点栏目宣传】 开辟专栏、专版组织全体人员集中收看省第十四次党代会、中共二十大开幕会盛况，重点做好中央政治局常委、全国政协主席汪洋在青海调研对口援青工作时的讲话精神和原省委书记、省长调研黄南时的讲话精神的宣传报道。做好全州党史学习教育总结大会、州委党史学习教育专题民主生活会、省两会信长星参加黄南代表团审议时的讲话、州两会系列报道、青藏川滇甘交界地区州（市）长第七次联席会议、州委农村牧区工作会议、州委全面深化改革会议、疫情防控、防汛救灾、国土绿化、重大项目集中开复工、总林草长令、州党政领导看望慰问劳模、保供稳价助企纾困、州党政领导看望慰问伊斯兰教信教群众、天津援青、传统村落保护利用等重点工作和重大新闻的宣传报道。

【黄南报社被省新闻工作者协会、省新闻学会首次列入“2021年度媒体社会责任报告单位”】

2022年，黄南报社被省新闻工作者协会、省新闻学会首次列入“2021年度媒体社会责任报告单位”。社委会高度重视，安排专人按照《媒体社会责任报告制度实施办法》《媒体社会责任报告制度评价指标》要求，规范撰写《黄南报社2021年度媒体社会责任报告》，并经州委宣传部主管领导签审后在“黄南报微信公众号”全文刊发，并由省记协上传“中国记协网”。在中央宣传部（国家新闻出版署）、中国报业协会主办的新时代党报成就展（线上展）启动仪式上，黄南报社党支部书记、总编辑郭广智入选优秀报人，入选全国100余位优秀“党报人风采展区”。按照省新闻出版局要求，完成2022年度社会效益自评、不规范使用汉字自查、报纸年检和新闻记者证年审、报纸及其所办媒体专项编校质量自查任务。

广播电视

【概况】 2022年，黄南州广播电视台以“新闻立台、栏目兴台”发展理念，聚焦主题主线，坚持线上线下一体，形成舆论强势，深化广播电视媒体“头条”建设和网络视听媒体“首页首屏首条”建设，发挥广电主流媒体强信心、暖人心、聚民心的舆论引导作用，做好习近平新时代中国特色社会主义思想大众化、通俗化传播表达，做好习近平总书记重要思想、重要活动、重要会议的宣传阐释，完成2022年北京冬奥会、残奥会、全国两会、省两会和党代会、中共二十大等年度重要保障期的安全播出工作，播出黄南新闻4582条，实现安全播出零事故。专题《我在德吉陪您过大年》《同仁市非遗过大年》获2022年省委宣传部、新闻工作者协会“新春走基层”活动优秀作品。

【新闻播报】 全年播放汉语新闻2312条、藏语新闻2269条，藏汉公众号推送2736条，其中向云端黄南、黄南新闻网、青海省广播电视台长云网、青海藏语广播电视新闻网发稿371条次。播出生态、科技、卫生、文明、廉洁、疫情防控、扫黑除恶斗争、安全生产等各类公益广告、标语245条次。省台播出各类黄南新闻131条，安多卫视《藏语新闻联播》播出30条。其中，电视专题《同仁市非遗过大年》于3月2日和3日相继在CCTV-1《新闻联播》和CCTV-17《中国三农》节目上播出。

【新闻节目】 深化广播电视媒体“头条”建设和网络视听媒体“首页首屏首条”建设，用心用情用功做好习近平总书记重要思想、重要活动、重要会议的宣传阐释，坚持线上线下一体，做好习近平新时代中国特色社会主义思想大众化、通俗化传播表达。全年围绕庆祝中国共产党第二十次全国代表大会、青海省第十四次党代会、青藏川甘滇州市长联席会议等重要时间节点、重大主题宣传任务，精心组织、统筹谋划专栏专题、系列报道，打造重点节目栏目、专题片，有步骤、有重点开展系列宣传，狠抓新闻宣传质量和数量，全力提升主流媒体的权威性、影响力和凝聚力。推出《时政新闻》《新春走基层》《奋进新征程 建功新时代 我们这十年》《走进城乡看变化》《喜迎二十大特别报道》《二十大精神在基层》《聚焦川藏青甘滇州市长联席会议》《黄南两会》《两会特别报道》《党代表在一线》《新时代、新作为、新篇章》《法治黄南我来讲》《疫情防控》《抗灾抢险》等专题专栏，对重点工作进行深入报道，营造干事创业、奋力赶超的浓厚舆论氛围。与黄南州司法局共同合作开设《法治黄南我来讲》以案释法专项法治栏目，填补黄南地区广播电视台没有法治栏目的空白。

2022年黄南州广播电台自办节目在省级以上电视台播放情况一览表

表60

序号	级别	台（套）	播放时间	节目名称	制作单位（或个人）
1	青海新闻联播	青海卫视	2022年1月21日	青海省两会反响	黄南州广播电视台
2	青海新闻联播	青海卫视	2022年1月30日	藏乡德吉过大年　笑语欢歌迎新年	黄南州广播电视台
3	青海新闻联播	青海卫视	2022年1月30日	黄南州藏族群众欢度新春暨藏历新年	黄南州广播电视台
4	青海新闻联播	青海卫视	2022年3月24日	古浪提杏花开	尖扎县融媒体中心
5	青海新闻联播	青海卫视	2022年3月24日	省委宣讲团宣讲报告在黄南州举行	黄南州广播电视台

续表60

序号	级别	台（套）	播放时间	节目名称	制作单位（或个人）
6	央广网		2022年4月14日	同仁市2022年第一轮形式政策大宣讲落幕	黄南州广播电视台
7	青海新闻联播	青海卫视	2022年3月24日	黄南州全面吹响项目集中开复工集结号	黄南州广播电视台
8	青海新闻联播	青海卫视	2022年4月20日	黄南州调运价值320余万元抗疫物资支援西宁	黄南州广播电视台
9	青海新闻联播	青海卫视	2022年5月11日	推进土地流转撂荒地变良田	黄南州广播电视台
10	青海新闻联播	青海卫视	2022年5月23日	省第十四次党代会反响	黄南州广播电视台
11	青海新闻联播	青海卫视	2022年5月23日	把党代会精神送到群众心坎上	同仁市融媒体中心
12	青海新闻联播	青海卫视	2022年6月28日	青海坎布拉国家地质公园成功入选世界地质公园候选地	黄南州广播电视台
13	青海新闻联播	青海卫视	2022年7月28日	省政协副主席来黄南州调研	黄南州广播电视台
14	青海新闻联播	青海卫视	2022年9月15日	黄南：聚力产业发展助推乡村振兴	黄南州广播电视台
15	青海新闻联播	青海卫视	2022年9月13日	停课不停学　黄南州各中小学有序开展线上教学	黄南州广播电视台
16	青海新闻联播	青海卫视	2022年9月19日	黄南州全力保障群众物资供应	黄南州广播电视台
17	青海新闻联播	青海卫视	2022年7月21日	坎布拉风景	黄南州广播电视台
18	青海新闻联播	青海卫视	2022年7月24日	青洽会专项签约	黄南州广播电视台
19	青海新闻联播	青海卫视	2022年8月10日	一地秋收小麦　黄河谷迎来丰收忙	黄南州广播电视台
20	青海新闻联播	青海卫视	2022年8月9日	青甘滇川藏州市长联席会在黄南举行	黄南州广播电视台
21	青海新闻联播	青海卫视	2022年8月19日	黄南州全力保障群众物资供应	黄南州广播电视台
22	青海新闻联播	青海卫视	2022年9月26日	最美丰收节　金秋遍地香	黄南州广播电视台
23	青海新闻联播	青海卫视	2022年9月23日	改善农村人居环境　建设美丽宜居乡村	同仁市融媒体中心
24	青海新闻联播	青海卫视	2022年9月28日	乡村旅游打造乡村振兴新引擎	同仁市融媒体中心
25	青海新闻联播	青海卫视	2022年9月28日	依托乡村振兴帮扶车间　打造农牧民群众增收	同仁市融媒体中心
26	青海新闻联播	青海卫视	2022年10月10日	集中供热加速度　确保居民如期采暖	同仁市融媒体中心

续表60

序号	级别	台（套）	播放时间	节目名称	制作单位（或个人）
27	青海新闻联播	青海卫视	2022年3月9日	省委常委政法委书记到黄南州调研	黄南州广播电视台
28	青海新闻联播	青海卫视	2022年4月26日	刘涛副省长到黄南州调研	黄南州广播电视台
29	青海新闻联播	青海卫视	2022年6月15日	杨逢春副省长到黄南州调研	黄南州广播电视台
30	青海新闻联播	青海卫视	2022年6月16日	省委宣讲团到黄南州开展宣讲党代会精神	黄南州广播电视台
31	青海新闻联播	青海卫视	2022年6月29日	黄南州学习贯彻党代会精神（中心组学习会）	黄南州广播电视台
32	青海新闻联播	青海卫视	2022年6月21日	“青海榜样”先进事迹报告会	黄南州广播电视台
33	青海新闻联播	青海卫视	2022年8月11日	副省长刘涛调研	黄南州广播电视台
34	青海新闻联播	青海卫视	2022年7月19日	省政协王振昌副主席一行调研	黄南州广播电视台
35	青海新闻联播	青海卫视	2022年10月9日	十四届省委第一轮巡视视频反馈会	黄南州广播电视台
36	央广网		2022年5月7日	乡村振兴看青海：让草原儿女搭上了“小康车”	黄南州广播电视台
37	青海新闻联播	青海卫视	2022年10月10日	秋季麦秀　五彩斑斓	黄南州广播电视台
38	青海新闻联播	青海卫视	2022年10月12日	杨逢春副省长调研乡村振兴工作	黄南州广播电视台
39	青海新闻联播	青海卫视	2022年10月14日	刘超副省长调研督导工业稳增长工作	黄南州广播电视台
40	青海新闻联播	青海卫视	2022年10月16日	黄南州干部职工收看中共二十大开幕盛况	黄南州广播电视台
41	青海新闻联播	青海卫视	2022年10月18日	黄南秋韵（坎布拉秋景）视频	黄南州广播电视台
42	青海新闻联播	青海卫视	2022年10月22日	踔厉奋发　勇毅前行　习近平总书记在二十大闭幕上的讲话反响	黄南州广播电视台
43	青海新闻联播	青海卫视	2022年10月30日	吴晓军在同仁市下访接访	黄南州广播电视台
44	青海新闻联播	青海卫视	2022年11月1日	黄南州召开常委会扩大会议传达学习中共二十大精神	黄南州广播电视台
45	青海新闻联播	青海卫视	2022年10月23日	迅速兴起学习宣传中共二十大精神热潮　坚定文化自信　讲好青海故事	黄南州广播电视台
46	青海新闻联播	青海卫视	2022年11月11日	省委十四届二次全会精神在全省干部群众中引发强烈反响	黄南州广播电视台
47	青海新闻联播	青海卫视	2022年11月25日	用手中的画笔绘就乡村振兴路	同仁市融媒体中心

续表60

序号	级别	台（套）	播放时间	节目名称	制作单位（或个人）
48	青海新闻联播	青海卫视	2022年11月23日	坚定信心跟党走　乡村振兴干劲足	同仁市融媒体中心
49	百姓一时间	青海广播电视台生活频道	2022年11月21日	全域旅游助力乡村振兴	黄南州广播电视台
50	百姓一时间	青海广播电视台生活频道	2022年11月20日	做强特色产业链　奔向幸福好日子	黄南州广播电视台
51	百姓一时间	青海广播电视台生活频道	2022年11月20日	青贮燕麦收割忙　备足牲畜越冬忙	黄南州广播电视台
52	百姓一时间	青海广播电视台生活频道	2022年11月20日	改善农村人居环境　建设美丽宜居乡村	黄南州广播电视台
53	百姓一时间	青海广播电视台生活频道	2022年11月19日	借助乡村振兴东风　助牧民增收致富	黄南州广播电视台
54	百姓一时间	青海广播电视台生活频道	2022年11月18日	乡村振兴打造乡村振兴引擎	黄南州广播电视台
55	青海新闻联播	青海卫视	2022年12月7日	青贮燕麦收割忙　备足牲畜越冬忙	同仁市融媒体中心
56	青海新闻联播	青海卫视	2022年12月7日	【新时代　新征程　新伟业】青海：援青工作向纵深发展	黄南州广播电视台
57	百姓一时间	青海广播电视台生活频道	2022年12月1日	用手中的画笔绘就乡村振兴路	黄南州广播电视台
58	青海新闻联播	青海卫视	2022年12月6日	黄南州收看江泽民同志追悼大会及鸣笛致哀	黄南州广播电视台
59	青海新闻联播	青海卫视	2022年11月15日	黄南州乡村振兴产品馆在天津正式开馆	黄南州广播电视台
60	青海新闻联播	青海卫视	2022年12月27日	锚定目标　铆足干劲　加快建设农业强国　习近平总书记在中央农村工作会议上的重要讲话引发热烈反响	黄南州广播电视台
61	青海新闻联播	青海卫视	2022年12月27日	天津10万盒退烧镇痛药援助青海	黄南州广播电视台
62	青海新闻联播	青海卫视	2022年12月16日	学习开展中共二十大精神省委宣讲团在黄南州宣讲	黄南州广播电视台
63	青海新闻联播	青海卫视	2022年12月30日	【迅速兴起学习贯彻中共二十大精神热潮】利用农闲时间　开展党员冬训	同仁市融媒体中心

卫生健康

黄南年鉴

2023

综　述

【概况】　2022年，黄南州有各级各类医疗机构471个（所），其中医院8所、卫生院37所、村卫生室283个、妇幼保健机构5个、疾病预防控制机构5个、卫生监督机构5个、采供血机构1个、专科疾病防治机构1个、个体诊所113家、民营医院13家。医疗卫生机构有床位1869张，同比增加85张。有卫生人员2400人，其中卫生技术人员2276人，包括执业医师705人、注册护士582人；全年门诊、急诊636299人次，出院28392人次。全州医疗卫生机构固定资产总值87132.5万元，年业务总收入129959.6万元。

围绕“一老一小”，构建“预防、医疗、照护”三位一体的老年健康服务模式，与37家基层医疗机构开展家庭医生签约服务，8所公立医院为老年人开通就医绿色通道，开设老年病科（呼吸科），设立老年病床45张。落实三孩生育政策及配套措施，建成托育机构1家，在10家公立医疗机构和2家公共场所配置母婴室。围绕“母婴安全”，不断夯实妇幼健康网底，规范化管理孕产妇3117人，管理率94.7%，产后访视率94%；管理高危孕产妇342人，管理率100%。累计培训基层医护人员4.9万人，组织卫生下乡活动336次，服务群众18万人次。

州卫健委获全国节约型机关称号，在国家基本公共卫生服务项目省级评价中，泽库县、河南县分别获全省第七名、第八名。州卫生健康委和泽库县疾控中心被青海省重大疾病和地方病防治工作领导小组授予“青海省鼠疫（地方病）防治工作先进集体”荣誉称号。泽库县被国家中医药管理局命名为全国基层中医药工作先进单位。州藏医院藏医“建么兹”疗法、藏医蒸浴疗法、藏医“能秀”推拿疗法三种藏医疗法被纳入青海省第六批省级非物质文化遗产代表性项目目录。在65岁及以上老年人健康体检项目省级评价中，泽库县获全省第二名。尖扎县马克唐镇申宝路社区被国家卫生健康委、全国老龄办命名为2022年全国示范性老年友好型社区。

【公共卫生】　整合优化医疗资源，促进优质资源下沉，不断提升整体医疗水平，全州基层医疗机构诊疗人次数占全州总诊疗人次数的32.55%，县域内就诊率87%，有效解决群众“看病难”问题。启动实施DRG（疾病诊断相关分组）付费改革工作，全州公立医院省级集中平台中标、挂网药品和医用耗材采购率均达到100%，降低药品价格，缓解群众“看病贵”问题。加大对存在问题的整改力度。制定分片包干责任制度，坚持“分片包干、职责明确、督查到位”原则，包工作，包责任，明确每名工作人员的工作范围与工作目标，压实工作任务。成立工作督导组，通过定期检查，随机抽查等方式，及时对各市（县）基本公共卫生服务项目工作进行督导检查，跟踪问效。

加强基本公共卫生服务项目宣传动员，提高城乡居民对基本公共卫生服务项目知晓率。及时向社会公布基本公共卫生服务项目承接机构、服务内容、联系方式等，州县卫生健康部门、各医疗卫生机构利用广播电视、微信公众信息平台等新兴媒体播放公卫宣传公益短片、微视频等，各机构在宣传栏、电子屏不定期更新和滚动播放公卫服务项目，以家庭医生签约日、签约服务季、结核病防治宣传日、预防接种宣传日、碘缺乏病宣传日等健康主题宣传日和下乡免费义诊为活动载体，以发放宣传折页、面对面宣传等向群众宣传服务项目和有关优惠政策，进一步促进居民广泛参与，提高居民健康意识，引导居民自觉自愿参与建档工作。

【卫生专项监督】　开展“双随机、一公开”监督抽查任务，完成国家“双随机”监督抽检任务29家，由于疫情防控原因，2家公共场所检测任务无法顺利开展，完成率93.55%。完成省级“双随机、一公开”监督检查工作，制定事项清单，按50%比例从4家被监督单位中随机抽取2家医疗机构，并按照专业抽取2名执法检查人员开展工作，完成率100%。

开展蓝盾护航系列专项行动，监督检查公共场所278家，监督覆盖率100%；检查集中供水单位3家、二次供水单位25家、农村百吨水厂27家，检查学校131

所，监督覆盖率100%；检查存在职业病危害因素的企业70家，项目申报率100%，监督检查率100%。检查医疗机构297家。抽查178家医疗卫生机构开展传染病防治分类监督综合评价，其中优秀单位16家；对8家放射诊疗机构放射工作人员均佩戴个人计量监测计并定期进行职业健康检查，个人防护用品配备齐全；检查母婴保健、计划生育技术服务机构45家，未发现违反法律法规的其他情况。在医疗乱象专项治理中共检查各类医疗机构103家；对2021年被行政处罚单位整改落实情况进行"回头看"及跟踪监督，均全部整改。

全州巡回督导检查医疗机构387家次、公共场所577户次、汽车站7家次，核酸采样点163个次，下达《卫生监督意见书》156份，限期整改48家，停业整顿8家，立案5件。对某社区卫生服务站使用非卫生技术人员和医师超范围执业给予行政处罚，对2家无公共卫生许可证的公共场所停业。累计行政处罚12件，其中公共场所5件、传染病防治3件、医疗卫生3件、无证行医1家，罚款8.1万元，没收违法所得0.9万元。

【计划免疫工作】 及时为辖区内所有居住满3个月以上的儿童建立预防接种证和预防接种卡等儿童预防接种档案（含电子档案），并做好预防接种资料管理。采取预约、通知单、电话、手机短信、网络、口头、公众号通知等适宜方式，通知儿童监护人，告知接种疫苗的种类、时间、地点和相关要求。交通不便或儿童及家长存在特殊情况的，采取入户接种。定期对县级免疫规划人员和预防接种门诊人员及专干、村医进行督导考核。全年常规疫苗报告接种率分别为卡介苗99.73%，脊髓灰质炎疫苗98.04%、百白破三联疫苗97.97%、乙肝疫苗98.58%，乙肝首针及时接种率83.31%、A群疫苗98.66%、A+C群疫苗98.26%、甲肝疫苗98.52%、麻腮风疫苗98.36%、白破二联疫苗98.46%。

【爱国卫生运动】 将爱国卫生工作纳入重要议事日程，结合疫情常态化防控，开展城乡环境卫生综合整治，把爱国卫生运动与精神文明创建活动有机结合，开展卫生乡（镇）、卫生村、卫生单位创建活动。全州累计创建省级卫生县城（城市）2个、卫生乡镇16个、卫生村22个、卫生单位23家，改善城乡"脏、乱、差"状况。泽库、河南两县正在申报创建省级卫生县城，同仁市、尖扎县为创建国家级卫生县城做准备。

【医政管理】 完善公立医院达标建设，优化群众就医环境。通过坚持医疗、医药和医保"五医联动"，推进以按病种付费为主的多元复合式医保支付方式改革。探索开展新型医疗付费方式，优化药品采购方式，降低相关成本，最大限度地减轻群众就医经济负担。同时，持续深化公立医院综合改革，健全医疗卫生机构和医务人员绩效考核机制，推进薪酬制度和编制管理改革，引育医疗卫生人才。

全年派160余名医护人员学习培训，结合二、三级公立医院院前急救、核酸检测，院感等弱项，各级医疗单位8名骨干医护人员到省临检中心实训核酸检测培训，7名医护人员到第四医院实训参与新冠病人救治工作；开

2022年9月13日，天津市援青指挥部组织两地卫健委在尖扎县共同举办以"喜迎二十大 津青共携手 建设健康黄南"为主题的名医进黄南义诊活动启动仪式（州卫健委供图）

2022 年 6 月 14 日，黄南州卫生健康委员会青年英才培训班在州人民医院培训基地正式开班（州卫健委供图）

展全省血液质量安全及临床输血技术培训 60 人，医疗机构高质量发展院长培训班 9 人，执业医师考前培训 35 人，眼科培训 4 人，全省公立医院院长能力提升培训 11 人，执业医师考前培训 43 人。组织举办全州卫生健康系统 92 人在州委党校"全州卫生健康系统医护人员能力提升培训班"。开展"继续教育"和申报"医疗卫生机构专业技术人员职称考试和评审"工作，加强"双定向"工作和"定点定向"工作，协调配合"基层卫生人才队伍建设和援青对口帮扶"工作。坚持"输血+造血"相结合，加强功能科室和人员技术能力建设。依托省内外对口支援"组团式"帮扶、坚持"输血+造血"相结合为更好地满足黄南州各族群众对医疗服务需求，巩固青南支医工作，提升县域内医疗资源整合共享。

抽样检测 64 份食品样中的微生物及其有害因子、142 份食品样中的化学污染物及有害因素，抽检冷链食品中新冠病毒核酸 1163 份。全州医疗机构上报食源性疾病病例 131 例，4 家公立医院都有上报信息，其中哨点医院州人民医院上报病例数 106 例。

妇幼保健

【概况】 2022 年，黄南州 5 家妇幼保健机构，宣传新修订的《青海省人口与计划生育条例》，推动三孩生育政策及配套支持措施落地。加强妇幼健康服务能力建设，落实母婴安全五项制度，强化出生缺陷综合防治体系建设，推进新一轮妇女儿童发展纲要卫生健康领域各项工作，提高妇女儿童健康水平。落实妇幼健康各项重点工作任务，有效实施妇幼惠民政策。截至年底，全州活产数 4491 人，孕产妇死亡 1 人，死亡率 22/10 万；新生儿死亡 23 人，死亡率 5.1‰；婴儿死亡 32 人，死亡率 7.1‰。5 岁以下儿童死亡 38 人，死亡率 8.4‰。开展"国家免费孕前优生健康检查项目"，完成 2353 对，完成率 108%；婚前医学检查 1417 对，完成率 103%。

【妇女保健】 全年孕产妇系统管理 4293 人，管理率 95.6%；产后访视 4064 人，产后访视率 90.5%。高危孕产妇 471 人，管理 471 人，管理率 100%。孕早期及时办理《母子保健手册》并定期进行产前检查。发放母子保健手册 6872 人。继续实施增补叶酸预防神经管缺陷项目工作，叶酸任务数 2526 人，发放 3519 人，服用率 139%。

【儿童保健】 支持社会力量开展普惠托育服务，持续做好 3 岁以下婴幼儿照护服务工作，按期完成千人托位数分年度指标任务。做好 0~6 岁儿童健康管理，提升危重孕产妇和新生儿救治能力。推进儿童营养改善项目，营养包发放 5594 人，覆盖率 95%。开展新生儿疾病筛查工作，完成血片采集 4018 份，筛查率 89%。推动 0~6 岁儿童眼保健及视力检查工作，全州 0~6 岁儿童 27706 人，0~6 岁儿童视力检查 25481 人，0~6 岁儿童眼保健和视力检查覆盖率 91%，视力不良检出人数 720 人，视力不良检出率 2.71%。

【妇女疾病筛查治疗】 正常推进"两癌"筛查项目工作，完成宫颈癌筛查 4065 人，完成率 101%，乳腺癌筛查 4031 人，完成率 100%。实施预防艾滋病、梅毒、乙肝母婴传播项目工作，孕产妇艾滋病、梅毒、乙肝检测 3001 人，其中梅毒阳性 120 人，梅毒干预 120 人。发现乙肝表面抗原阳性产妇 229 人，新生儿乙肝免疫球蛋白注射 229 人。

疾病预防控制

【概况】 2022 年，加强重大传染病和慢性病防治，规范管理包虫病患者 358 人，管理率达 96.9%，区域内医疗机构重大传染病网络直报率达 100%；实施一市三县重大传染病监测哨点建设项目，提升全州鼠疫监测和防治能力；随访管理重性精神病病例 882 例，管理率、随访率均达到国家要求。实施新一轮包虫病、地方病防治行动计划，落实鼠疫、包虫病、结核病、乙肝、艾滋病以及慢性病、精神病综合防治措施，努力控制并逐步消除各种重大传染病地方病危害。建立健全疾病预防控制体系，创新医防协同机制，疾病监测系统不断完善，鼠疫、新冠肺炎等重大传染病、地方病综合防治措施落实，全州连续 41 年实现鼠疫零发生。完成盐碘及尿碘、茶氟实验室质量控制考核工作，并将考核结果录入全省碘缺乏病防治信息系统，全部通过省、州、国家级审核，考核均为合格。持续巩固“三位一体”结核病防治服务模式，艾滋病保持在低流行水平。高度重视预防接种工作，以乡（镇）为单位疫苗报告接种率均达 95%以上，继续巩固和维持无脊灰状态。严重精神障碍综合管理省级试点工作稳步推进。突发事件上报率、处置率以及紧急救援率均达 100%。全年全州报告甲乙类法定传染病 16 种 2086 列，发病率 755.21/10 万，下降 30.19%。其中，肝炎 966 例，下降 28.12%；肺结核 333 例，下降 34.06%；痢疾 32 例，上升 23.08%。甲、乙类传染病分别 11 种 1745 例，发病率 631.75/10 万，下降 28.98%。丙类传染病 5 种 341 例，发病率 123.45/10 万，下降 35.78%。其中，手足口病 41 例，下降 75.88%；其他感染性腹泻 160 例，下降 14.44%；流行性腮腺炎 71 例，下降 21.98%；流行性感冒 24 例，上升 71.42%。包虫病患者规范管理 322 例，规范管理率 100%。卡介苗 3696 人次，接种率 99.73%；脊灰 17271 人次，接种率 998.04%；百白破 16615 人次，接种率 97.97%；麻腮风 8384 人次，接种率 98.36%；乙肝 11137 人次，接种率 98.58%，A 群流脑 8277 人次，接种率 98.66%；A+C 群流脑 9256 人次，接种率 98.26%。完成在押人员 HIV 抗体检测 67 人，自愿咨询检测 2356 人；开展居民户食用盐监测 1200 份，合格 1159 份，合格碘盐食用率 95.95%；调查 8~12 岁在校儿童 927 人、16 岁以上成人 5615 人，未发现氟骨症病例。

【抗击新冠疫情】 充实调整工作领导小组、完善疫情防控专项工作组和专班力量，形成“上下联动、扁平运行、精密智控”的疫情防控专业团队。制定《黄南州突发公共卫生事件应急医疗救援处置工作方案》等，建立健全各项应急制度，举办新冠疫情防控处置能力提升培训班等。全州疫情防控工作从防感染到防重症实现“平稳转段”。结合疫情形势和病毒变异特点，逐步建立健全应急响应机制，配齐配强专班力量，持续提升患者救治水平，坚决筑牢、守牢人民群众生命安全和身体健康坚实防线。针对三轮突发疫情，最短时间扑灭疫情传播。全州规范设置定点救治医院 1 家，配备床位 500 张，设置亚（准）定点救治医院 1 家，配备床位 486 张，设置方舱医院 5 个，配备床位 1450 张，设置发热门诊 17 个、发热诊室 20 个。

【手足口病防治】 根据《青海省 2022 年手足口防治项目实施方案》要求，对辖区内手足口病发病情况开展监测、疫情处置及病原性检测工作。对疫情发展做出趋势评估，科学指导疫情防控工作，一旦发现疫情暴发苗头或手足口病暴发疫情，采取有效的措施，降低疫情风险危害发生。全年报告手足口病 33 例，发病率为 11.9/10 万，未发生手足口病暴发疫情，实验室对散发病例进行病原性检测。

【包虫病防治】 按《青海省新一轮包虫病防治行动计划（2021—2025年）》《包虫病防治工作重点安排》等文件精神开展病人规范管理、疫情监测和常规监测等工作，做到早发现、早诊断、早治疗，减少误诊、漏诊、漏报，逐步降低包虫病发生率。以村、寺庙、学校为单位，以牧民群众、寺庙僧侣、中小学生为重点，协调各相关部门制定宣传工作方案、编印宣传材料，应用各种传播媒体，通过多种形式持续开展包虫病防治知识进牧户、进村社、进校园、进寺庙、进机关活动，做到村（社区）、寺庙、中小学校乃至行政机关宣传教育全覆盖，提高人群包虫病防治知识知晓率，促进健康卫生文明的行为方式形成，全民动员、主动参与、自我预防。全年开展人群B超筛查12978人次，完成率105.4%。学生等重点人群筛查6021人，完成率99.5%。新发现包虫病患者3人（同仁2人、尖扎1人），药物治疗34人，手术治疗6人，规范管理患者322人，管理率100%。包虫病监测点完成人群查病5331人，犬棘球绦虫感染调查2730份，家畜感染完成调查牛400头、羊200只。开展包虫病防治培训4期共计71人参训。进寺庙、学校、社区开展宣传46次，接受教育27650人次。开展布病防治工作，筛查高危人群502人，干预重点人群600人，新发病17人，均住院规范管理，规范管理率100%，开展宣传26期，受教育1.27万余人次。

【结核病防治】 截至年底，全州报告肺结核365例，追踪到位348例，到位率为95.34%，登记管理288例，其中重点人群56例、病原学阳性患者119例；2021年同期应治疗375例，成功治疗356例，成功治疗率94.93%。截至第三季度末，全州筛查疑似和重点人群肺结核1595例，其中门诊筛查571人次，筛查学生、密切接触者533人次，糖尿病患者中筛查肺结核491人次。

【慢性病防治】 同仁慢性病防治院现管理的2例麻风病现症患者均属完成治疗后检测期的人员，按照WHO MDT治疗（世界卫生组织麻风病多药疗法）后监测管理要求，每季度做一次回访检查，经临床检查皮肤皮损、外周神经改变，皮肤组织液涂片细菌检查，皮肤组织病学检查，均呈渐进好转状态。

【严重精神障碍管理】 按照《严重精神障碍管理治疗规范》和省项目办要求，加强多部门联动机制，成立关爱帮扶小组（患者家属、村干部、精防医生、公安民警），确保严重精神障碍患者管理工作高效推进。加强专科医师的转岗培训工作，充实黄南州精神卫生工作队伍，强化宣传引导，普及精神卫生知识，促进公众心理健康。加强部门协作，实现信息共享，加大培训督导力度，提高精防人员的工作能力。截至年底，全州在册严重精神病患者1007人，报告患病率3.65‰，同比增长15.87%。全州严重精神障碍患者管理率99.60%，规范管理率61.87%、面访率95.53%、体检率63.36%、服药率68.22%、精神分裂症患者服药率71.95%。全州均实施以奖代补政策，享受以奖代补政策的患者609人，以奖代补补助每人（户）每年2400元。

民族医药工作

【概况】 2022年，全州有蒙藏医医疗机构4家，占全州医疗机构的1.13%，蒙藏医医院4家；有蒙藏医执业医师（含助理执业医师）175人，占全州执业医师的27.3%；有蒙藏医医疗机构床位680张，占全州床位数的30%；病床使用率65%，同比增长2.5%。全州蒙藏医门诊工作量83824人次，同比下降1.25%；门急诊诊疗77313人次，占全州门急诊诊疗人数的20%；出院人数8569人次，占全州出院人数的30%；住院工作量8569人次，同比下降3.9%。蒙藏医门诊平均费用441.27元，同比增长22.5%；每个住院平均费用4863.79元，其中蒙藏医日住院费用646.84元。每个出院者费用480元，同比下降2%。

【民族医药工作研究创新】 贯彻落实《青海省扶持和促进中藏医药

发展若干措施》和《黄南州促进中藏医药事业发展的实施意见》，持续推进全州藏医药高质量发展。强力推动藏医药“守正创新”。建成省级藏医流派传承工作室2个、全国基层名老中医药专家传承工作室2个，选定全省老藏医药专家学术经验继承人1人；研制开发“若杂元旦尖措”“慢阿仁青念协丸”“热胶杰巴丸”3个新制剂品种；全州乡（镇）卫生院平均能提供藏医药适宜技术7~24项，藏医药服务收入占比达56%以上，同比提高40%。举办3期藏医药玛洛大讲堂，推动藏医药传承创新。

2022年3月22日，黄南州卫健委组织相关人员到海南州观摩学习藏医药、公立医院改革（州卫健委供图）

主要医疗机构

【黄南州人民医院】 2013年8月整体搬迁到新址，医院建筑面积45000平方米，固定资产2.82亿元，在职职工152人，其中，正高级职称6人，副高级职称24人，中级职称45人，实际开放床位300张，年门诊量69843人次，住院病人7362人次。拥有大型医疗设备64排螺旋CT设备、1.5T核磁共振设备、彩超设备、DR机（数字X线摄影）设备、腹腔镜、电子胃镜等，开展新业务15项。

【黄南州藏医院】 位于同仁市隆务镇德合隆中路2号，始建于1959年，医院建筑面积6170.47平方米，固定资产1126.19万元。在职职工52人。其中，正高级职称2人，副高级职称13人，中级职称18人。实际开放床位143张，年门诊量36762人次，住院病人2917人次。拥有大型医疗设备X射线计算机体层摄影设备uCT780等，开展新业务6项。

【尖扎县人民医院】 始建于1952年。2022年，医院建筑面积9600平方米，固定资产7953.19万元。在职职工87人。其中，正高级职称2人，副高级职称1人，中级职称30人。实际开放床位130张，年门诊量7.3万人次，住院病人4572人次。拥有大型医疗设备螺旋CT机，磁共振机，CR（计算机X摄影）、DR医学数字化影像处理设备、500毫安X光机、100An数字化X光-C型壁、

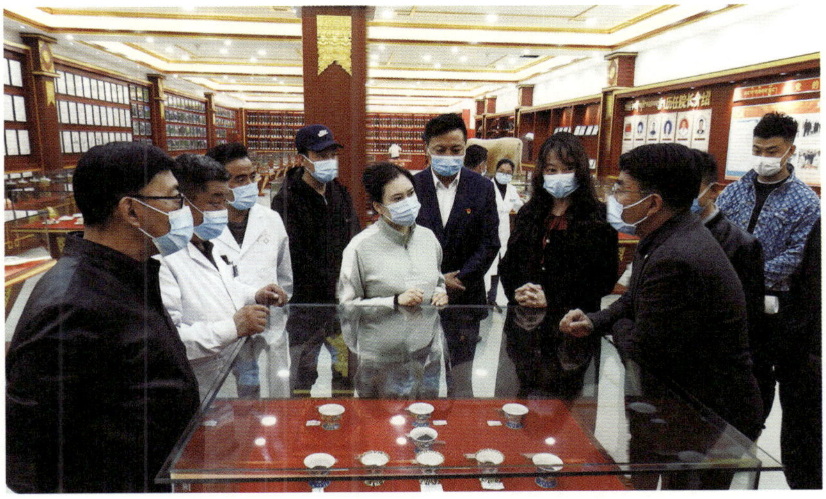

2022年3月15日，州卫健委组织相关人员对全州藏医药发展情况进行调研（州卫健委供图）

腹腔镜、奥林巴斯阴道镜、富士能250系列电子胃镜、奥林巴斯170系列电子肠镜、飞利浦Ei5系列彩色超声诊断仪、800速全自动生化分析仪、中医科深层肌肉按摩仪、熏蒸仪等。

【尖扎县藏医院】 始建于1990年10月。2022年，医院建筑面积10018平方米，固定资产7172.27万元，在职职工37人。其中，正高级职称1人，副高级职称7人，中级职称15人。实际开放床位125张，年门诊量5219人次，住院病人2078人次。

【泽库县人民医院】 位于泽库县泽曲镇王家路延伸段，始建于1953年。2022年，医院建筑面积13300平方米，固定资产6660.45万元，在职职工91人。其中，正高级职称2人，副高级职称2人，中级职称10人。实际开放床位175张，年门诊量35372人次，住院病人2880人次。有医疗设备数100台。

【泽库县藏医院】 始建于1975年。医院总面积26000平方米。2022年有在编正式职工37人。其中，高级职称（副高）藏医专业5人，中级职称5人，初级职称16人。医院开放床位135张，编制床位150张，自制藏药品种为180种，其中121种已经备案并开始临床使用，自制药品年产量达到4吨左右。

【河南县人民医院】 始建于1952年，医院建筑面积1.8万平方米，在职职工75人。其中，副高级职称4人，中级职称6人。实际开放床位95张，年门诊量37897人次，住院病人1395人次。医疗卫生机构固定资产总值4783.89万元，万元以上设备92台（件），医疗基础设施建设9500平方米。

【河南县蒙藏医院】 始建于1983年，2022年医院建筑面积41780.9平方米，在职职工54人。其中，正高级职称1人，副高级职称11人，中级职称8人。实际开放床位93张，年门诊量35080人次，住院病人1740人次。拥有大型医疗设备64台。全县医疗卫生机构固定资产总值7925.97万元，万元以上设备64台（件），医疗基础设施建设0.64万平方米。

安全应急管理

黄南年鉴

2023

安全生产管理

【概况】 2022年，黄南州应急管理局贯彻落实新发展理念，围绕总体国家安全观，持续构建“管行业必须管安全、管业务必须管安全、管生产经营必须管安全”的安全生产责任体系，抓实安全生产整治三年专项行动，防范化解各类事故和灾害风险。全年发生生产安全事故1起，死亡1人（为道路交通生产安全事故），事故起数同比减少3起，下降75%；死亡人数同比减少3人，下降75%。检查相关单位、企业295家次，查出安全隐患485条（处），整改321条（处），责令限期整改164条（处），约谈企业8家；成功应对多轮强降雨及雨雪灾害天气，实现灾害天气零伤亡。安全生产形势保持总体平稳有序。

【安全机制建设】 落实国务院安全生产“十五条硬措施”，结合黄南实际细化为48条具体措施，研究制定《黄南州关于落实国务院安全生产15条硬措施的贯彻意见》形成5个阶段、3张清单、48项任务的“5348”的工作机制。并通过“政府督查、行业检查、企业自查”三个全覆盖的工作要求，层层健全完善以“两单四表”（安全风险管控清单、安全隐患整治清单，通报情况统计表、约谈情况统计表、举报情况统计表、处罚情况统计表）工作机制，提升隐患排查、整改、处罚、约谈、举报各环节。

【安全隐患排查及专项整治】 持续构建完善“管行业必须管安全、管业务必须管安全、管生产经营必须管安全”的安全生产责任体系，召开全州应急管理暨安全生产工作部署会、上半年安全生产分析研判会、季度分析研判会、汛前会商研判会、防汛抗旱推进会、森林草原防灭火部署等会议及重要节点安排部署会等会议，层层签订《2022年度安全生产工作目标责任书》《二十大期间安全生产工作责任承诺书》《2022年防汛责任书》《2022年森林草原防灭火责任书》等，进一步压实工作责任。研究制定《黄南州“防风险、除隐患、遏事故、保稳定”安全生产集中整治综合大督查工作实施方案》《黄南州加强节假日期间安全生产工作的通知》《黄南州2022年防汛抗旱分片责任区及开展防汛抗旱汛前检查的通知》等文件。

按照“包片督导、重点盯守、责任到人、守住底线”工作思路，成立州级督查组常态化对一市三县和州直重点行业监管部门实行联点包片综合督导检查。年内召开各级各类视频调度会、工作座谈会、分析研判会等196次，印发各类工作方案30份，下发通报13份，派出工作组883次（队），派出暗访组43次（队），检查市（县）、乡（镇）446次，检查企业2441家次，排查出问题隐患1044条，整改1002条，整改率达96%。下达执法文书311份，停产整顿企业8家，行政处罚97.64万元，约谈企业76家，建立风险管控清单32条。

配合省安委会第八综合督导组到一市三县林场、矿山、建筑施工、高层建筑、自建房、油（气）站、商贸市场、宗教寺庙和酒店餐饮等企业和单位开展“全方位、立体式、无死角”的深度排查。对督导组驻州期间累计交办的246条问题隐患（其中较大隐患1条、重大隐患2条、一般隐患243条），按照“边查边改、

2022年5月18日，州委副书记、州长扎西才让（左三）带队开展安全生产隐患大排查大整治行动（州应急管理局供图）

立查立改”和分级负责的原则，实行重大隐患由各市（县）人民政府督办，一般隐患由属地应急局督促企业整改落实的整改模式。全年各地各部门完成整改230条，长期整改16条，整改率为93.5%。

【电气火灾综合治理】 州消防救援支队联合州发展和改革委员会、住房和城乡建设局、应急局、市场监管局、电力公司印发《黄南州电气消防安全联合监管机制》，消防救援支队与黄化供电公司联合建立《黄南州电气消防安全管理协作机制》，印发《黄南州电动车全链条管控工作方案》。全年组织开展联合检查123次，检查各类场所238家次，发现并督促整改火灾隐患342条，责令关停单位4家，处罚款2.3万元。

【危险物品专项治理】 州公安局开展“防除降保”“百日行动”“鹰隼行动”“缉枪治爆”等专项行动，开展全州治安系统风险隐患排查自查工作，加强散装汽油安全监管，实现散装汽油实名登记系统安装“全覆盖”。排查剧毒、易制爆化学品及放射性物品安全隐患，逐项检查储存使用等各个环节的安全隐患，督促易制爆、剧毒危险化学品从业单位严格执行《易制爆危险化学品存放场所治安防范要求》，指导使用易制爆、剧毒化学品单位建立健全有关购买、使用、储存等安全制度，严格实行双人收发、双人保管、出入库核查等安全管理制度，推行视频全覆盖工作，严防剧毒化学品泄漏、丢失、被盗事故的发生。

【道路交通安全监管】 每季度和重要节假日前对全州道路运输领域开展安全隐患督导检查，年内出动执法人员1469人次，开展执法检查347次，检查各道路运输企业310家次，发现安全生产问题隐患142起，下发安全生产隐患整改通知书38份，整改38起，行政处罚1起，行政处罚8.07万元。制定印发《黄南州交通运输行业安全生产专项整治三年行动巩固提升实施方案》等文件。落实中共二十大和国庆期间交通安全保障工作，派出工作组83个次，检查企业129家次，排查隐患78条，整改74条，整改率为94.8%。统筹抓好交通运输领域燃气安全排查整治，设置检查卡点4个，出动执法人员65人次，检查过境运输车辆130余辆，发现安全隐患5起，并整改完毕。召开新《中华人民共和国安全生产法》学习培训会、安全生产宣传及“六进”、应急演练、安全研讨交流和安全知识讲座等开展安全生产宣传活动。利用微信公众号、公交车、出租车LED显示屏等媒介开展交通安全宣传，预防和减少公共安全事故发生，提升全社会安全生产意识。

【特种设备安全监管】 开展特种设备超期未检“清红行动”。全州注册在用特种设备761台，由于前期受疫情影响，超期未检111台，后经协调中国特检院青海技术中心4名检验人员于9月进驻黄南州开展检验工作，对11月和12月即将到期设备一并进行检验，检验各类设备219台，全州特种设备定检率达100%。坚持日常监察、重点检查和专项整治相结合，以学校、医院、商场、宾馆、酒店等人员密集场所的电梯、压力容器、旅游景区非公路观光旅游车以及冬季采暖锅炉等为重点，开展特种设备隐患集中排查和整治工作。全年累计检查各类特种设备生产、使用、检验和气瓶充装等使用单位487家，检查各类特种设备1500余台次，检查气瓶500余只，监督检查发现的问题和隐患82个，整改问题和隐患75个，下达安全监察指令书45份，遏制特种设备安全事故发生，并消除安全隐患。加强重点时期、重点领域特种设备安全监管，完成17台集中供暖锅炉的定期检查工作。针对西成高铁、同赛高速公路工地进驻黄南州，摸排检查西成高铁、同赛高速等重点领域特种设备，排查出特种设备45台，对排查出的特种设备的定期检验报告、作业人员证件、设备档案等情况进行监督检查，除个别使用单位存在档案建立不规范以外未发现使用超期未检和不合格特种设备的情况。完成第一期57名特种设备行业安全操作人员培训工作，向45名成绩合格者颁发特种设备作业人员证。组织开展液化气站安全应急救援演练活动。为进一步提升突发事故应急处置能力，保障特种设备安全运行，州市场监管局联合应急管理、住建、消防大队、公安、工信及3家危化品经营户30名参演单位代表及群众，在同仁市年都乎村君兰液化气站开展液化气充装安全事故应急救援演练活动。

全州出动执法人员211人次，检查特种设备使用单位487家次，检查各类特种设备1500余台次。发现隐患和问题82个，下发特种设备安全监察指令书45份。

【安全宣传教育培训】 结合州委组织部培训计划，举办“全州党政领导干部应急管理能力专题培训班”，制定下发《黄南州2022年安全生产宣传教育“七进”活动工作方案》《2022年黄南州“安全生产月”和“安全生产万里行”活动方案》，通过组织观看《生命重于泰山——学习习近平总书记关于安全生产重要论述》电视专题片、安全生产宣传月活动、新闻媒体宣传等方式做好安全生产宣传教育，营造安全发展理念大氛围，凝聚全社会安全发展共识。

制定《黄南州安全生产举报奖励办法》，印发《举报奖励通告》5000份，动员广大基层群众争当安全监督“守门员、吹哨人”，其间收到群众举报建筑行业领域企业2家，查实2家，责令整改2家。通过州、市（县）政府门户网站、电视台，向社会公布安全生产隐患问题举报电话和邮箱，明确专人受理举报信息，接到投诉举报3起，对涉及燃气和危化品经营运输的2起安全生产举报，第一时间进行现场核查并向举报人反馈。

组建马背宣讲团、摩托宣传队入户宣讲安全生产和森林草原防灭火法律法规及事故紧急避险小常识，发放藏汉宣传资料2.7万余份，签订家庭防火责任书5万余份，悬挂横幅567条，张贴标语4900余张，重点林区防灭火宣传率达100%。共发放宣传册1.2万份，制作宣传展板40余块，宣传横幅300余条，累计转载转发宣传信息4105条。

【安全整治三年专项行动】 按照“党政同责、一岗双责、齐抓共管、失职追责”的要求，围绕“从根本上消除事故隐患、从根本上解决问题”的目标，对标对表《黄南州安全生产专项整治三年行动总体方案》《黄南州安全生产专项整治三年行动计划》《重点工作任务及责任清单》，建立责任倒逼机制和任务时限清单，将责任分工细化到人，完成时限精确到月，并形成《黄南州安全生产专项整治三年行动总结评估的报告》。针对危险化学品、非煤矿山、烟花爆竹等重点领域，通过州、县两级应急管理局加安全专家形式，开展全域内综合督导检查，年内共检查相关单位、企业295家次，查出安全隐患485条（处），整改321条（处），责令限期整改164条（处），约谈企业8家。

应急管理

【概况】 2022年，黄南州因灾受损乡（镇）32个4153户19301人，因灾倒塌房屋1户4间、严重损坏房屋47户181间。农作物成灾面积322.01公顷。草场受灾面积2973.97公顷，死亡牲畜2486头。造成直接经济损失4051.78万元。成功应对汛期“8·13”“8·18”“8·21”等多轮强降雨灾害天气，实现黄南州汛期零伤亡。全年未发生较大自然灾害及森林草原亡人火灾事故，总体形势平稳有序。

【防汛抗旱】 组织召开汛前防汛工作部署会、调度会、会商研判会10余次，印发《关于进一步加强防汛抗旱工作的通知》《2022年黄南州防汛抗旱包片责任区划分及开展汛前督查的通知》《关于开展全州汛期洪涝和地质灾害专项检查工作的通知》《关于做好新一轮强降雨过程应对处置工作的紧急通知》等文件，成立由州级领导带队，州纪委、州委组织部和防汛重点单位组成专项检查组，对全州防汛工作开展情况进行督察。开展督导检查7次，防汛应急演练12次，梳理防汛安全隐患1000余条，督促整改率达90%以上，排查地质灾害监测隐患点201处（2022年在册隐患点188处，新增13处）。在大通、互助和化隆等地因强降水引发灾害亡人事件的重要节点和黄南州汛期罕见强降雨灾害天气降水时间间隔近，落区高度重叠，破坏性致灾性极强双重压力下，州委、州政府启动防汛Ⅳ级响应，召开州委常委会、州政府党组会、州政府常务会专题研究部署防汛减灾工作，实地勘查、道路保通、电力保供、通信保畅、河道疏浚、灾后重建，成功应对汛期灾害天气。其间，累计召开防汛视频调度会110余次，气象会商研判会12次，累计造成损失4.6亿元，转移受威胁群众2164户7705人，转移牛、羊等牲畜20046头（只），转移夏季放牧点281个。组织干部下沉4089人、公益性岗位人员1300余人，成立应急小分队262个。组织防汛抗旱物资储备和更新，储备各类物资44类、20.8万余件，折价4156万元。

【自然灾害救助】　争取2022年中央自然灾害救助资金400万元，农村住房保险省级补助资金77万元用于灾害救助及资金补助。同时，完成全国综合减灾示范社区创建推选工作，推选的同仁市霍尔加社区、河南蒙古族自治县延巴社区成功被国家减灾委评为“全国综合减灾示范社区”。完成全国自然灾害综合风险普查工作中全州8269条数据（承灾体515条、减灾能力4224条、历史灾害3530条）的人工及系统质检工作。

【应急演练】　坚持以总体应急预案为统领，专项应急预案为支撑，应急预案演练为检验的方式，不断完善应急预案同演练实践的系统性、针对性、操作性的匹配度，备策施为，提高应对突发事件时应急处置体系和能力水平。成立黄南州“青海·2022”地震灾害综合实战演练领导小组，召开“青海·2022”地震灾害综合实战演练工作安排部署会，对演练筹备工作进行全面安排部署，完成“青海·2022”地震灾害综合实战演练筹备任务和参演科目，得到省委、省政府及州委、州政府的肯定，并以此次实战演练为契机，指导督促各地区、各部门，开展地震、防汛、森林草原、地质灾害、消防、疫情防控等各类应急演练120场，有效提高防灾减灾救灾能力。

【应急储备】　全州应急系统储备有18类省级救灾物资，折价850万元，储备有32类州市（县）级救灾物资，折价3100万元，做到应急救灾物资“备得足、调得动、运得出、用得上”。全州疫情防控期间调拨11类3771件（顶、张、条、套、个）应急物资（其中20平方米帐篷45顶，12平方米帐篷285顶，折叠床、行军床625张，棉被1666条，棉褥449条，毛毯133条，防潮垫339条，防寒服58件，军大衣168件，折叠桌椅3套，手电筒300个）。

【疫情应急】　印发《黄南州应急管理系统做好当前新冠肺炎疫情防控期间做好安全生产工作的通知》等文件，从“提升当前安全防范工作的政治站位、强化涉疫场所安全隐患排查整治、坚决防范各类生产安全事故发生”等方面对全州应急系统疫情防控和安全生产工作进行安排部署。全州应急管理枕戈待旦，参与秩序管控、物资调配等工作，建立应急管理系统及行业内疫情防控监测机制，落实“日报告”“零报告”制度，确保队伍不出问题、人员不出纰漏。结合“我为群众办实事”活动，州应急管理局多方筹措资金1万元，到防疫一线及联点村发放口罩、消毒水、医用酒精等防疫物资6650件。此外，针对泽库县抗疫关键时刻，由局党委书记带队，抢时间、赶进度、保落实，装卸物资400余次（件），协调运输车辆6辆，紧急向泽库县调拨帐篷200顶。

【卫生应急管理】　州卫生健康委员会成立突发公共卫生事件应急工作小组，修订完善《黄南州群体性不明原因疾病卫生应急预案》《黄南州食物中毒事件卫生应急预案》《黄南州急性职业重点事件卫生应急预案》等卫生应急预案，加强24小时应急值班值守，确保信息及时传递报送，组织开展地震灾害应急演练1次、鼠疫疫情应急演练4次、新冠疫情应急处置联合演练3次。全年全州报告突发公共卫生事件5起，按规定流程处置完成，处置率100%。全州累计开展卫生应急演练13次，出动急救车辆37次、医务人员148人次，出动卫生监督执法车350辆次、疾病防控和卫生监督员1125人次。

【邮政应急供保】　制定《黄南州邮政管理局关于印发黄南州邮政快递业营业处理场所消防安全综合治理工作方案的通知》，做好年度消防工作，与属地企业签订消防责任书。组织企业开展2次以上突发事件应急演练活动，提升风险防范能力。开展“119”消防宣传月活动，联合开展消防宣传主题活动；制定印发《2021年黄南州邮政快递业今冬明春火灾防控工作方案》，开展辖区内邮政快递企业火灾隐患排查，针对检查中存在的问题下发行业检查通报1份。做好全国两会、中共二十大、省第十四次党代会、成都大运会、杭州亚运会等重大节会、重要时段和旺季寄递安保工作。组织邮政快递企业召开9次线上视频会安排部署疫情防控工作，开展4轮以上疫情防控措施落实大排查。组织邮政快递企业签订疫情防控工作承诺书，要求各企业提高疫情防控主体责任意识，落实各项防控措施。在黄南州政务服务热线业务系统“12345”上妥善处理客户投诉事件25件，化解社会矛盾和风险隐患。

消防救援

【概况】 2022年，黄南州消防救援支队接警出动151起，出动消防车303次，执勤力量1567人次，抢救群众76人，保护财产价值439.80万元。全年开展大型救援演练4次，实施大型应急救援3次，累计开展宣传教育培训112次。全省首次进行事业编制人员调整用于消防岗位，完成8个消防事业编制与25名消防专干人员调整。

2022年黄南州火灾发生情况统计表

表61

地区	火灾“四项指数”				火灾“四项指数”同比增长率（%）			
	起数（起）	死人（人）	伤人（人）	损失（万元）	起数（起）	死人（人）	伤人（人）	损失（万元）
全州	57	0	0	1117.58	-10	0	0	-11.1
同仁市	27	0	0	515.8	-4.14	0	0	-9
尖扎县	5	0	0	71.23	-8.33	0	0	-0.6
泽库县	9	0	0	214.79	8.57	0	0	-2.9
河南县	16	0	0	315.76	5.45	0	0	-6.28

【消防战训】 落实党委议战议训制度，分级制定支队和大队、站及专业队练兵任务分解表，明确训练内容和任务指标。持续规范月、周训练计划内容和标准，实行训练计划逐级审核备案制度，建立个人和单位训练档案，开展视频核查、电话抽问、实地考核等作战训练专项督导，推行“专人+专岗”指挥中心值守机制，跟踪提示安全风险。围绕黄南州区域功能定位，持续固化“支队统筹规划、片区联合比训”练兵模式，将全州4个市（县）科学划分为南北比训交流协作区，每两个月开展1次比训交流，以片区比训推动整体战斗力提升。结合全州灾害特点和战备任务转换，定期组织开展支队级建筑火灾、交通事故、地质灾害等实战演练，结合全区震情形势，按照“逢震必动”原则，指导各级队伍开展地震救援集结拉动，在实战实训中锤炼队伍、提升能力。针对重点地震监测区，优化重构“1轻型3机动”地震灾害救援力量体系，修订地震救援应急救援及战勤保障预案，分级编制支、大队子预案，健全应急救援实战力量体系。

【消防救援演练】 3月7日，开展全国“安全生产月”活动，州消防救援支队联合中交集团二公局三公司、同赛高速公路建设指挥部、州应急管理局、州人民医院在同仁市同赛1标扎毛水库2#隧道开展隧道坍塌应急救援演练活动。

3月8日，州消防救援支队参与反恐应急维稳联合演练，州委

2022年7月5日，"青海·2022"地震灾害综合实战演练现场（州应急管理局供图）

副书记、州长扎西才让，州委常委、常务副州长肖顺琛全程参与并指导演练活动。

7月5日，"青海·2022"地震灾害综合实战演练在黄南州坎布拉镇落下帷幕。州消防救援支队各参战力量完成地震区域综合搜救、高层建筑火灾、宗教寺庙火灾扑救等救援科目实战。

10月1日，为贯彻落实"防风险、保安全、迎二十大"消防安全集中攻坚行动要求，提升队伍快速反应和应急救援作战能力，筑牢中共二十大消防安保防线，开展黄南州"护航2022 喜迎二十大"全灾种应急救援综合实战演练。

【消防应急救援】 3月6日，黄南州河南县发生3.6级地震，州消防救援支队第一时间启动地震灾害应急救援预案，调派河南县消防救援大队前突小队2辆车7人赶到震中核查灾情，集结支队轻型地震救援队5辆车30人、尖扎大队地震救援机动力量3辆车12人、泽库大队地震救援机动力量3辆车12人，携带72小时保障物资以及生命探测、破拆起重、顶撑支撑等物资装备4463件套整装待发。

3月中旬，组织"蓝朋友"志愿服务队"出征"疫情防控一线，坚决打赢疫情防控阻击战。

8月18日，西宁市大通县发生山洪，州消防救援支队迅速启动洪涝灾害应急响应预案，调集1个全勤指挥部，1支战勤保障分队，同仁、尖扎、河南、泽库4个抗洪抢险救援专业队，17辆车105名指战员携带搜救、探测、保障等装备器材1675件（套），高质量完成跨区域增援西宁大通"8·18"山洪灾害救援工作。

【社会面火灾防控】 推动州委、州政府将消防安全责任制纳入年度党委政府领导班子考核内容，编制发布《黄南州"十四五"消防救援事业发展规划》，4次召开常务会议、专题工作会议研究落实消防重大事项。对接政法、公安村警整合网格管理力量，制定《黄南州四级综治中心网络员管理办法》《农牧村微型消防站建设实施方案》，推动构建网络化基层消防管理体系。全州33个乡（镇）消安委全部实体化运行，分析研判基层重点治理场所165家，发动基层工作人员708人次，查改各类隐患1259处，基层监管群防共治作用发挥明显。联合州发改、民宗、工信、公安、住建、市监、交警等职能部门对重点监管场所建立8项工作机制，消除各类隐患2000余处，开展隐患治理22次，联合执法办理移交案件45起，消除隐患300余处，办理消防车道案件45起。州消安委下发任务清单及安全提示7份，推动教育、民宗、文体等部门开展消防安全隐患自查自改，累计查改单位271家次，消除火灾隐患426处。提请发改、文物等部门，打牢"智慧消防"建设基础，明确全州寺庙2900万余元消防改造专项资金，全州86个宗教活动场所完成消防安全标准化管理评估，重点领域火灾风险防控水平得到提升。针对高层建筑、自建房、人员密集场所等专项治理任务，在全省整治工作中首次按照画院、宾馆、农家乐、餐饮场所四类自建房，打造自建房消防安全管理样板，从根本上建立自建房消防管理标准。购买石油化工智能消防监督检查辅助系统及智能火灾预警系统2项科研成果，强化推广应用，实现科技赋能与工作实际的成果转化。

【消防基础建设】 首次落实装备经费1243万元，采购51种653件套装备器材和1辆运兵车、1辆51米举高喷射消防车、1辆32米曲臂云梯消防车，推进装备转型升级。科学审阅《黄南消防救援队伍支队2023年基础设施建设规划》报告，推进基础设施建设。投入6.8万元，采购部分指挥部物资，利用新配备的140个模块箱将应急物资和装备器材进行分类存放，推进战勤物资储备向“集约化、快捷化、模块化”发展。强化联勤联动信息共享机制，及时与16家社会单位签订补充战勤保障联勤联动协议，按照实战化需求，组织联勤单位适时开展联动演练，明确任务分工，协同作战的良好局面，建立应急物资联储调用机制，采用自我保障和社会保障相结合模式，提高物资储备和保障水平。

【消防宣传教育】 推动消防法律法规纳入黄南州“八五”普法范畴，联合州委宣传部、州教育局、州委党校等部门下发文件，将消防宣传教育纳入公务员培训体系、文化科技卫生“三下乡”、乡村振兴建设、文明城市创建内容。各级深化消防宣传“五进”工作，借助“四支力量”、消防志愿者，采用“检查培训”方式，对7类重点人群进行培训，培养消防安全“明白人”。利用“防灾减灾日”开展宣传活动，累计发放宣传资料12万余份，实地培训40余场，培训人员3000余人次。在《跟我学消防》及《藏语汉语微课堂》原创栏目基础上，推出《跟我学消防之消防实验室》《藏语汉语消防安全情景剧》，累计拍摄40期，在电视台、新媒体等各类媒体平台广泛发布，浏览量达11万人次。线下实地举办2022年“119”消防宣传月启动仪式，结合民族特色创新制作一批以消防安全为主题的唐卡、刺绣、剪纸、泥塑工艺品普及消防安全知识。

【森林草原防灭火】 黄南州建立县级以上森林草原防火指挥部4个成员137人，成立群众联防组织217个5833人，建成防火视频监测点56个。

防火宣教 开展“森林草原防火宣传教育五进”活动1130余场次，入户宣讲4.6万余户，在林区公路沿线和村庄集中区悬挂横幅643条，张贴宣传标语1.2万余张，发放宣传资料5.7万余份，为电力、交通、教育等部门及西城铁路、同赛高速各施工标段分别发放防火提醒函10余份，重点林牧区宣传率达100%；推行“小手牵大手、全家齐防林草火”活动，加强中小学生森林草原防火知识、火源管理注意事项、森林草原防火相关法律法规的宣传教育，把森林草原防火的重要性和责任通过老师教育学生、学生提醒家长的方式宣传到家长，形成由全家联手到全民参与预防森林草原火灾的良好局面；州、县两级电视台在防火期内每天定时播放藏语和汉语版《关于森林防火期禁止林区一切野外用火的通告》，发挥微信、抖音、黄南先锋等微平台作用开展线上森林草原防火宣传600余次。

应急物资储备 及时修改完善森林草原火灾扑救预案州级1个、市（县）级4个、林场级31个；各市（县）、各林场分别组织半专业扑火队伍进行实地演练30场次。储备灭火水袋308个，铁扫把403把，手投式干粉灭火器6493个，防火组合工具包5919个，背负式喷雾灭火机49个，手提式干粉灭火器1053个，雨鞋/消防鞋802双，塑料桶300个，发动机39台，防火服2736套，油锯78个，过滤式消防自救呼吸器100个，多功能水壶1820个，消防头盔1365顶，单兵装备1402套，帐篷60顶，四轮摩托59辆，风力灭火器394台，高压灭火器5台，推车式灭火器3台，灭火弹13768个，灭火毯503个，铁水桶315个，水泵32台，消防铁锹2108个，割灌机45台，灭火水枪190个，2号扑火工具3528个，3号灭火工具1563个等共5700余件。

火灾隐患排查 各市（县）及各国有林场将实行《黄南州煨桑民俗野外用火管理制度》，通过明确煨桑地点、节点、范围及防范措施，清楚掌握周边煨桑村户人基本情况，严格实行定人、定点、定责、定时制度，全程管控，并配备封闭式煨桑炉，建立煨桑群众用火联系微信群，严格实行报批制度，使煨桑民俗野外用火引发火灾的现象得到有效遏制；实行《黄南州森林草原火灾安全隐患排查整治工作方案》《黄南州林草系统森林草原防灭火分析研判工作机制》，通过实行分类分项排查火灾隐患，建立问题台账，使火灾隐患问题排查更精准，在此基础上，实行林场一周召开一次分析研判会，县林草长办两周召开一次分析研判会，州林草长办一月召开一次分析研判会，使森林草原防火工作体现了更实、更有效。年度排查各类隐患总计678个，建立各类隐患台账35个，及时对路边、林缘等重点地段林下腐殖物进行清除并建立隔离带，把火源堵在山下、林外。全州设置禁火区303处，防火隔离带422.5千米，拆除优化经幡和煨桑台492个，割除道路旁杂草477.1千米，协同各地电力部门整改输配电线路火灾隐患58个。

防火督导检查　落实“五查五促”相关规定，采取州林草局党组成员包联市（县）重点工作和重点项目蹲点督促指导落实工作的方式，开展包片蹲点督导工作，召开现场协调会17场次，下发问题清单15份，下发整改告知书4份，协调解决问题28件；实行《黄南州森林草原防灭火区域联防联控工作机制》，在县与县之间、场与场之间全部签订森林草原防灭火管控责任书，消除边界间防火漏洞和死角。

可燃风险地调查　完成全州森林和草原火灾风险普查184个样地外业调查，包括138个森林可燃物标准地、15个森林可燃物大样地和31个草原可燃物标准地；野外火源、历史火灾、减灾能力等社会调查部分均完成并上报，完成率100%。

防震减灾

【概况】　2022年，黄南州地震局推进防震减灾事业现代化建设，提升地震监测预报预警、地震灾害防御、地震应急响应、防震减灾公共服务能力，各项工作取得显著成效。全年监测到州内地震28次，其中河南24次、泽库4次。监测到黄南州3级以上地震1次，为2月20日9时14分发生在河南县（北纬34.36°、东经101.25°）3.6级地震。全州建立州、县、乡三级物资储备库7个，设立应急避难场所422处。参与完成“青海·2022”地震灾害综合实战演练等地震应急演练20余场次。获全省工作目标综合考评二等奖和“地震灾害风险防治先进单位”等荣誉称号。

【地震监测】　州地震局管辖的同仁地震监测站有7套仪器，包括测震1套、加速度计1套、形变2套、流体1套、辅助观测1套；同仁GNSS（陆态网络）基准站接收机1套。共有68个地震烈度速报与预警台站，包括4个基准站、9个基本站和55个一般站。全年对同仁地震监测站、同仁GNSS基准站基础设施和监测环境巡检12次，完成同仁地震监测站地震预警与烈度速报设备的安装。

制定印发《黄南州2022年度震情跟踪与应急准备工作方案》，增强震情监视跟踪工作的针对性、指导性和操作性，细化工作措施。做好重要时段地震安全服务保障工作，印发《2022年端午及高考期间地震安全保障服务实施方案》《黄南州地震局党的二十大期间地震安全保障服务实施方案》，开展紧急会商2次，台站巡查4次，加强值班值守，确保与省局、西宁中心站的联络和通信畅通，密切关注监测站点各观测仪器数据变化，有序开展震情月会商、紧急会商、年度会商工作。全年向州委、州政府、州应急局报送《地震监测信息》12期，地震趋势意见2期。在州内或周边区域发生有感地震时，严密监视跟踪震情，及时编写震情信息。组织专家到一市三县开展“三网一员”培训班并配备应急包，提高全州“三网一员”队伍的业务能力。对全州7处地震宏观观测点重新更换观测点标牌、对宏观观测员配备专业装备并印发《黄南州地震宏观观测员指导手册》进行工作指导，年内未接到州内有关地震宏观异常现象的报告。全年同仁地震监测站各类监测仪器运行率均达99%以上，获2022年度全省地震监测资料评比测震项目地方台站第一名。

【地震应急救援体系建设】　制定《黄南州地震灾害应急预案》，细化各市（县）及各相关行业部门专项预案，明确各级政府、各有关部门工作职责。强化应急交通指挥调控能力，建立地震应急交通管控和抗震救灾专用通道的专项应对方案。应急、交通、水利、住建、自然资源、卫健、消防等部门对州内主要救援道路、桥梁、涵洞、水利设施、农牧区老旧房屋、地质灾害、应急医疗药品药械及应急救援队伍建设进行全面隐患排查，并对排查出的问题进行及时整改。妥善处置2月20日河南县3.6级地震。地震发生后，州地震局密切监视震情变化，加强震情值班，关注震情趋势，及时向州委、州政府、州应急局报送《震情》4期，为州委、州政府决策提供参考。

【地震灾害预防】 加强抗震设防管理，将抗震设防要求纳入工程建设项目审批管理系统，行政审批事项通过青海省政务服务网、工程建设项目审批管理系统办件，实现“一门进入”“一窗受理”“一网通办”。按照全州自然灾害综合风险普查工作要求，完成黄南地震危险性分析计算，黄南州地震灾害风险普查房屋抽样调查报告，黄南州境内年度时段为1978—2020年历史地震灾害灾情调查及州境内重大地震灾害事件调查，形成地震目录及有关境内重大地震灾害事件的文字资料。制作完成黄南州地震灾害综合风险普查视频宣传片。持续开展地震易发区房屋设施加固工程工作，采集地震易发区房屋设施抗震设防信息，通过校核、管理，形成信息数据收集核查利用全链条体系。年内召开培训会4次，注册信息管理员及信息采集员56人，规范录入加固工程信息采集265项。

【防震减灾科普宣传】 做好防震减灾宣传周、防灾减灾日、唐山地震纪念日等重点时段防震减灾科普宣传活动，联合州科协结合《全民科学素质纲要行动计划实施方案（2021—2025）》，到全州各市（县）乡（镇）、学校、社区、寺庙开展防震减灾科普宣传“八进”活动。全年开展各类宣传30余次，召开防震减灾知识讲座8场次，拉设横幅40余条，向农牧区少数民族发放藏文版《青海省防震减灾条例》，发放各类防震减灾宣传资料和宣传品2万余份，直接受益群众3万人。开展示范学校“回头看”工作，成功推送3所学校参加全国防震减灾科普示范学校创建评选活动。探索建立黄南州防震减灾科普传播师队伍，全州申报科普传播师14名。动员参与全省防震减灾科普大赛，州地震局1名科普传播师成功入围全省防震减灾科普讲解大赛暨第六届全国防震减灾科普讲解大赛青海选拔赛，获优秀奖荣誉称号。

【“青海·2022”地震灾害综合实战演练】 7月5日，“青海·2022”地震灾害综合实战演练在尖扎县坎布拉镇等地联合举行。演练采取“1+2+5”模式，结合西北地区灾害特点和高原环境，开展寺庙火灾扑救、峡谷游客被困救援、油品泄漏、车辆埋压救援处置等30多个实战化演练科目，除在“震中”尖扎县坎布拉镇设主演练场外，在尖扎县马克唐镇、同仁市隆务镇2个地区设分演练场，并按照地震、水域、山岳、高层建筑、宗教寺庙设5个外景场地，投入主战参演力量1200余人。

气象保障服务

【概况】 2022年，黄南州共建设区域自动站、交通站、土壤水分站等各类天气监测站达111个，监测站网密度达61个/平方千米。建有区域自动气象站的乡（镇）数为100%，气象观测自动化率达到100%，地面观测设备稳定运行率99.97%；观测资料到报率99.99%，数据可用率99.97%。国家级自动站业务可用性达到99.57%，区域自动站业务可用性达到99.83%，天气雷达站数据可用率99.37%，GNS/MET水汽站数据传输率99.76%。年内完成尖扎县措周乡多让村、同仁市保安镇政府、泽库麦秀林场等6个单雨量升级六要素自动气象站和在四市（县）区内新建4套六要素自动气象站任务。完成同仁X波段新一代天气雷达选址、征地和方案编制等工作。开展全州国家级气象台站气象探测环境调查评估工作，年内未发生探测环境破坏事

2022 年 10 月 28 日，同仁市扎毛乡六要素自动站建成运行（州气象局供图）

件，国家站气象探测环境综合评分总分 349.6 分，平均 87.4 分。

【气象预报】 2022 年气象预报 24 小时晴雨准确率 84.2%，最高气温准确率 75.7%，最低气温准确率 72.9%。发布暴雪、雷电、暴雨、道路结冰、寒潮、森林草原火险等预警信号 369 期，其中暴雨准确率 85.2%，平均时间提前量 36 分钟，冰雹准确率 40.6%，平均时间提前量 34 分钟，准确预警 8 月 21 日隆务镇 25 毫米最大冰雹，时间提前量 91 分钟，8 月 9 日泽库王家乡提前量 141 分钟；雷电预警信号平均时间提前量 74 分钟。与州自然资源局联合发布地质灾害风险预警 20 期，与州水利局联合发布山洪灾害气象风险预警 17 期，与州应急管理局联合发布应急预警提醒 25 期。

2022 年汛期，黄南州气温异常偏高，降水北多南少，短时强降水密集，极端性强、致灾性强。全州共出现 8 次大到暴雨天气过程，65 站次出现≥20 毫米短时强降水，多站小时雨强超历史极值，最大过程降水量 94.8 毫米位于尖扎县古浪堤电站，为历年最多。发布的暴雨红色预警信号共 9 条，是近四年总和的 2.3 倍。汛期内州气象台密切关注天气变化，加强灾害性天气的联防联报和会商机制，利用青海省突发事件预警发布系统和手机短信平台，做好短时临近预报和预警服务，有效减少灾害损失。

【气象服务】 上级决策服务 全年为州委、州政府等党政机关提供决策服务产品有气候趋势预测专题服务、重要天气报告、决策服务信息以及灾害预警信息等各类气象服务产品 365 期，决策服务产品预测准确、针对性强、服务及时有效。入汛以来，全州出现的每一次大降水天气过程和雨情影响，均通过纸质版、电子邮件、气象短信“121”发布平台、微信等多种形式向决策部门及社会公众及时发布，决策服务材料多次获得州政府相关部门的认可，其中制作发布的 12 期服务材料得到州委书记、副书记和主管州长的肯定批示，2 期材料被州政府办公室引用发布紧急通知。

农牧业气象服务 密切监测各类气象要素及天气演变，关注北部农业区墒情动态，年内针对北部农业区春季干旱制作发布《北部农业区春季干旱气候趋势预测》《2022 年黄南农业区春播期干旱评价及后期干旱预测》《5 月 1—2 日北部农业区霜冻灾害影响预估》决策类服务材料。分作物、分地区在关键农时制作《农用天气预报》12 期、《春耕春播专题

2022 年 7 月 13 日，州气象局联合州农牧局召开农牧业气象服务研讨会（州气象局供图）

气象服务》10期、《农牧业干旱监测信息》2期、《农业气象情报》3期、《秋收秋种专报》4期，制作《保障粮食安全专题材料》2期。完成高温天气对夏收工作的服务保障，制作《夏收气象服务专报》1期，发布干热风农业灾害预警1期。与州农牧局联合发布农牧业灾害气象风险预警、黄南州马铃薯病虫害风险预警各1期。制作《黄南州北部农业区冬油菜种植气候适宜性分析报告》，为当地农业部门了解冬油菜生长气候条件、合理选择适宜播种期及科学制定播种方案等方面提供重要科学依据。

生态气象服务　开展南部高寒草地返青、黄枯进行实时遥感监测，结合前期气候特征及智能网格精细化预报产品完成牧草返青期、黄枯期等关键期的预测产品，年内制作草地返青状况遥感监测、转场期预报、牧草产量遥感监测等种类的《生态气象服务专报》14期，为南部牧区草场合理利用与保护提供技术支持、数据基础。

公共气象服务　每日发布12小时城镇精细化天气预报，年内制作发布《节假日气象服务专报》6期、《春运专题服务信息》5期、《疫情防控气象服务专报》26期。全力做好高考气象服务保障，考前与州教育局召开对接会，对接服务需求，制作《高考气象服务专报》5期，与黄南报联合发布高考温馨提示，与交警部门联合发布降雪天气出行提示。开展电力及能源保供专题服务，制作专题服务产品3期。

【人影作业管理】　加强各级人影工作组织和管理力度，明确各单位工作职责，从组织机构、制度建设、人员培训、作业管理和指挥等方面进行安排和部署，人影工作稳步有序开展。制定实施《2022年黄南州人工影响天气工作计划》，尖扎、同仁、泽库三个市（县）顺利开展年度人影作业，作业效果良好，未发生重大安全事故。全州共布设8个人工增雨点和7个人工防雹作业点，开展夏季人工增雨和夏秋季人工防雹工作。年内，尖扎、同仁在防雹期内共实施防雹作业39次，总耗弹量763发，两县炮控农耕区11666.67公顷，作业期间未遭受冰雹灾害；6—9月全州各人影作业点共实施人工增雨作业21次，发射火箭弹17枚、烟条72根，增雨作业成效明显。

【气象灾害调查】　黄南州出现的主要气象灾害有风灾、雪灾、暴雨洪涝、低温冷害、高温热害、雹灾和寒潮。

风灾　3月17—20日，受大风天气影响，同仁市隆务镇、保安镇、瓜什则乡、年都乎乡、扎毛乡等5个乡（镇）24户129人受灾。其中隆务镇1户7人房屋封闭损毁，彩钢顶受损；瓜什则乡9户50人畜棚、简易房屋屋顶、外墙不同程度受损；年都乎乡4户25人畜棚及房屋彩钢顶受损，个别畜牧业合作社外墙及彩钢防水顶棚不同程度受灾。大风天气造成河南县优干宁镇、宁木特镇、多松乡及赛尔龙乡、柯生乡20户46间房屋受到不同程度的损坏；6月30日，河南县优干宁镇、托叶玛乡遭受大风灾害，造成60户251人受灾，52户52顶帐篷受损，8户彩钢屋顶损坏，直接经济损失达18.46万元；7月3日15时30分左右河南县优干宁镇、托叶玛乡、赛尔龙乡遭受大风灾害，据河南县应急管理局调查，此次气象灾害造成106户433人受灾，93户93顶帐篷受损、2户2间房屋受损、10户彩钢屋顶受损、1户封闭玻璃房顶受损，直接经济损失达32.06万元；12月26日18时左右，河南县多松乡遭受大风灾害，经初步统计，多松乡2户10人受灾，1户封闭玻璃房顶（2间）被大风吹落损坏，1户因受大风影响封闭玻璃房破损（3间），经济损失0.9万元。

雪灾　3月25日大雪天气导致河南赛尔龙乡尕克村1户牧民遭受雪灾，造成10只小羊、26只大羊死亡。

暴雨洪涝　7月9日16—18时，同仁市瓜什则乡3小时降水量22.1毫米，致使瓜什则乡四个自然村、加吾乡协治村不同程度受灾，据不完全统计，灾害造成瓜什则乡、加吾乡27户121人受灾，8户房屋一般受损29间、2户严重受损19间、0.92公顷草场和0.08公顷燕麦被冲毁，直接经济损失36.15万元；8月连续强降雨以及冰雹天气对交通运输、水利、农牧、自然资源、市政、生态环境、文体旅游、宗教活动场所等领域造成严重损失。强降水致使尖扎县马克唐镇、昂拉乡、当顺乡、尖扎滩乡、贾家乡、康杨镇，同仁市隆务镇、扎毛乡、年都乎乡、双朋西乡、加吾乡、兰采乡、瓜什则乡、曲库乎乡，泽库县泽曲镇等地出现洪涝及泥石流灾害，致使居民住房、宗教活动点房屋、农作物、耕地、道路设施等冲毁或冲走，古浪提、当顺等多处电站因洪水倒灌造成电站瘫痪，尖扎至同仁国道多处泥石流堵塞而停运，无人员伤亡。此外，强降水致使黄南州基础设施、民生及其他领域也造成了一定的经济损失。8月受灾人口达907户4618人，房屋受损597间，死亡牛羊452头（只），农作物受灾面积166.7公顷，损毁蔬菜温棚8个、畜棚11个。据应急管理局统计，强降雨造成经济损失约40025.37万元。根据青海省《气象灾害分级指标》（DB63/T 372—2018），8月尖扎县当顺乡、马克唐镇、昂拉乡、尖扎滩乡、隆务峡，泽库县泽曲镇出现特重度暴雨灾害，同仁市兰采乡、保安镇、黄乃亥乡、隆务镇古城区现重度暴雨灾害，北部地区其余乡（镇）出现轻度暴雨灾害；9月25日18时15分宁木特镇受强降水影响，造成3户16人受灾，9间房屋损坏，直接经济损失3.5万元，无人员伤亡。

低温冷害　4月30日22时左右有一股强冷空气影响黄南州大部，至5月2日影响结束。强冷空气造成同仁市隆务镇、扎毛乡受不同程度低温冷害，据不完全统计，灾害造成2个乡（镇）4户19人受灾，死亡大羊128只、小羊10只，直接经济损失15.66万元。7月21日，受极端天气影响，致使瓜什则乡23户126人不同程度遭受低温冷冻灾害，据不完全统计，灾害造成瓜什则乡冻死大羊57只、小羊37只、小牛1头，造成直接经济损失12.04万元。

雹灾　7月16日17时5分至17时15分，河南县多松乡遭受直径为11毫米的冰雹、雷电及强降雨袭击。据河南县应急管理局调查得到，此次灾害造成25户99人受灾，冰雹导致18户19顶帐篷受损，2户彩钢房顶受损，1户封闭玻璃房顶受损；8月同仁市隆务镇、年都乎乡，河南县多松乡出现特重度冰雹灾害，河南县托叶玛乡出现中度冰雹灾害，河南县优干宁镇、宁木特镇，泽库县泽曲镇、王家乡出现轻度冰雹灾害；9月15日23时30分宁木特镇出现冰雹，造成1户4人受灾，1顶帐篷受损，直接经济损失0.3万元。

【气象防灾减灾】　开展基层气象灾害预警服务能力建设，建立基层气象防灾减灾数据更新机制，完成4个市（县）气象灾害防御作战图更新工作。加强基层防灾减灾应急管理体系建设，推动气象信息员与灾害信息员、地质灾害群测群防员的共建共用。年内更新全州368名气象灾害信息员、838名应急责任人、496家新型农牧业合作经营主体并全部在青海省气象局备案，每月更新全州快递工作人员信息并分4批次224人录入青海省市（县）一体化气象服务业务平台（121短信平台）。持续推进全州自然灾害综合风险普查工作，补充2021年气象灾害风险普查数据汇交并通过审核，完成各气象灾种灾害危险性评估报告，上传完成率100%。依托灾害风险普查成果，开展雪灾、干旱、暴雨、雷电等气象灾害风险评估工作。聚焦重大灾害、重点流域、重点地区，提高强对流、暴雨等灾害性天气监测预警服务能力，印发《黄南州“13131”气象预报工作机制》《黄南州气象局开展重大灾害性天气“叫应”服务标准和工作流程》《黄南州气象局面向党委政府主要领导的直通式报告制度》《黄南州短临监测预警业务制度和流程》等规定，汛期内对各部门叫应次数达50次以上，多次获州委、州政府和相关单位肯定表扬。开展黄南新一代天气雷达应用等培训4次、重大灾害性天气复盘总结9次。汛期前，邀请州应急管理局、自然资源局、水利局开展汛期气象服务应急演练、全州网络安全视频应急演练以及黄河流域气象服务应急保障演练，实现多部门联合会商、联合制作工作流程。

利用世界气象日、防灾减灾日、法制宣传日和科技活动周，采用“进学校、进社区、进乡村、进军营、进寺庙”等方式，通过科普展板、播放科普视频、现场答疑、手机短信平台、电视天气预报、LED显示屏、“两微一端”等方式开展气象科普宣传，发布气象宣传短信405条，制作微信公众号16期，不断提高广大人民群众防灾减灾意识和能力。开展气象科普进农村、进学校、进寺庙、进军营等活动15次，发放科普宣传材料2600余份，在各类媒体刊登宣传信息40余条。

【气象现代化建设】 贯彻落实国务院全州各级气象部门向地方党政领导专题汇报《气象高质量发展纲要（2022—2035年）》有关情况及气象发展规划和重点项目建设情况等20余次。州政府成立以分管副州长为组长的气象高质量发展领导小组，9月27日组织召开全州推进气象高质量发展电视电话会议，各级政府分别印发《全面推进气象高质量发展任务分工》，州气象局印发实施《气象高质量发展黄南三年行动方案（2023—2025）》。

州政府落实解决气象事业费和区域站维持经费27万元，将其纳入年度财政预算，大力支持防灾减灾补短板工程项目建设。州委考核办将气象现代化建设和气象防灾减灾工作纳入州对县的目标考核序列，印发气象现代化增量方案和“短板”台账。州局连续12年被州委、州政府评为“支持地方经济社会发展先进单位”。印发《气象科技工作计划》，自筹5.75万元立项8个科研项目，省气象局通过1项科技成果认证，申报州科技局8项科技成果取得认定，并颁发科技成果证书。省气象学会交流11篇，其中1名获得一等奖，2名获得三等奖，8名获得优秀奖。有1人被授予青海省“百人计划”科技骨干人才称号，1人被授予青年英才称号；2人获国家局汛期预报服务通报表扬和重大气象服务先进个人；7人获省局重大气象服务优秀通报表扬。

社会生活

黄南年鉴

2023

劳动就业

【概况】 2022年，黄南州市（县）城镇新增就业1446人，其中失业再就业621人，城镇就业困难人员实现就业111人。城镇登记失业率为1.75%，始终在省定目标下保持低位运行。开展城乡劳动力技能培训6855人次。脱贫劳动力转移就业19621人次。安置困难群体就业111人，新增农村劳动力转移2.18万人次。

【就业安置】 召开全州稳就业工作会议、全州促进就业和根治欠薪工作领导小组会议，落实落细惠民政策。开展线上线下“12+N”招聘活动72场次，发布岗位信息10416条，发放资料3.8万份，提供服务1.4万余人次，实现就业241人。公益性岗位、农牧区劳动力转移就业、就业失业登记、就业援助帮扶等实现实名制动态管理。零就业家庭保持动态清零。疫情期间及时组建复工复产工作专班，实行专员服务，“专班专人专车”点对点帮助629名务工人员实现返岗复工。推进州级实训基地建设，完成总工程量的53%，力争2023年6月建成。建成州县公共服务载体5个，基层就业服务载体38个。培育就业帮扶车间124个，吸纳就业1538人。培育劳务经纪人156人，人力资源服务机构8家，向省内外转移就业1000人。建立3个孵化基地和2个实训基地，孵化企业100家，孵化成功50家，市场存活率100%。以“2+1+N”劳务品牌发展模式累计带动就业7万余人次，被人社部作为典型向全国推广。

【创业就业】 召开全州高校毕业生就业创业工作会议，印发《黄南州促进高校毕业生就业创业具体政策措施》《关于进一步做好农牧区劳动力就业创业工作的通知》《黄南州促进农牧区劳动力转移就业具体措施》《关于积极发展和培育劳务品牌的通知》等。农牧区劳动力转移就业21757人次，实现劳务收入24716.8万元。实名登记应届高校毕业生906人，就业805人，总体就业率为88.85%。开展创业孵化基地提档升级行动，建立创业孵化基地3个，累计孵化企业100个，带动就业100人。发放创业担保贷款个人贷款78人1362万元，带动就业120人。全州市（县）为就业困难人员和灵活就业人员3268人发放社会保险补贴3415.56万元，为3192人发放岗位补贴4543.88万元，为1369人发放职业培训补贴84.65万元。发放城镇失业人员和高校毕业生创业担保贷款个人贷款78人1362万元。

【劳动执法监察】 加强劳动用工管理，落实落细《保障农民工工资支付条例》，建立工程建设项目、重大欠薪隐患、重点工作任务“三张清单”。集中开展整治拖欠农民工工资专项行动，组织完成根治欠薪夏季专项行动。联合市场监管部门按照“双随机、一公开”制度要求对人力资源服务机构开展综合执法检查，配合完成17家成品油经营企业抽查检查。完成核定80家样本企业薪酬分配制度改革调查工作。加强农民工工资保证金缴存规范管理，99个新建项目缴存保证金1553.9万元，45个项目以保险形式缴存保证金，实现保证金缴存全覆盖。严格按规定执行工资保证金阶段性缓缴政策，缓缴期内对127个建设项目暂缓缴存保证金1960.07万元，为企业减轻资金占用压力。稳妥解决近几年工程建筑领域未结清工程款导致拖欠农民工工资的历史遗留问题，全州总体欠薪形势平稳可控。劳动保障监察举报投诉案件结案率、拖欠农民工工资举报投诉案件结案率均达100%。欠薪投诉案件办结率全省第一，农民工工资清欠率100%，受理欠薪案件320件1662人，清欠1442万元。全年检查各类用人单位259户次，涉及职工6242人，全州市（县）立案查处劳动违法案件2起，结案2起，下达劳动保障监察责令改正书2份。通过执法检查，解决拖欠工资和补偿金2026.9万元。

【劳动争议仲裁】 全州劳动人事争议处理工作坚持“预防为主、调解为主、深入为主”原则，依据《劳动人事争议仲裁办案规则》《劳动人事争议仲裁组织规则》等法律法规，制定适用于本州的劳动人事争议办案流程等6项制度，建立完善工作台账、档案管理等9项工作制度，以制度上墙让干部上心。将依法调解、热情服务等5项要求编制成册，政策问答编印成册，指导一市三县政策宣讲10次，“两册”以标准促规范、以规范促提升，提高劳动仲裁知晓度和人社工作公信力。劳动关系协调机制实现“一站式”服务，受理劳动人事争议案件11起，结案率100%，劳动人事争议调解成功率90%，为劳动者挽回经济损失171.54万元。全州劳动人事争议案件结案率100%。全年受理劳动争议案件18起，其中调解结案18起，调解率100%。

【劳动技能培训】　整合培训资源，坚持以就业为关键环、增收为落脚点，紧密围绕劳动者就业需求、企业用人需求，引导职业培训学校、企业和职业培训机构开展订单、定向、定岗培训，增强技能培训的针对性和实效性。2022年，组织开展各类技能培训7300人次。培训后就业率达70%以上。黄南州综合型公共实训基地项目按计划时间节点有序推进，完成总工程量的50%，支付费用1309.89万元，为项目总投资3000万元的43.66%。力争早日建成并投入运营，有针对性地为农牧区劳动力、退役军人、残疾人、劳务经纪人、企业职工等各类有就业意愿的劳动力群体提供免费就业实训服务，为全州稳就业促就业发挥重要作用。泽库县实训基地全面启用，开展劳动力技能培训25期、1250人。按照每人280~2000元的培训补贴标准，培训203名失业人员。全年培训城乡劳动力7300人，涉及汽车维修、唐卡、家政服务、厨师等30余个专业。

居民收入与消费

【概况】　2022年，黄南州居民人均可支配收入21119元，同比增长5.6%。分城乡看，城镇居民人均可支配收入37997元，增长2.4%；农村居民人均可支配收入12408元，增长6.2%。消费市场受疫情影响较大，特别是聚集性、接触性消费受限，居民消费支出明显下降，黄南州全体居民人均生活消费支出12736元，同比减少724元，下降5.4%，增幅同比回落17.8个百分点。其中，城镇居民人均消费支出17503元，下降7.4%；农村居民人均消费支出10276元，下降5.0%。

【居民收入】　工资收入　全州人均工资性收入11308元，同比增加692元，增长6.5%，占人均可支配收入比重为53.5%，对收入增长的贡献率为61.4%。分城乡看，城镇居民人均工资性收入24626元，增长2.6%；农村居民人均工资性收入4434元，增长7.9%。

经营净收入　从内部结构来看，第一产业中农业和林业同比分别增长549.2%和24.2%，但后劲乏力，增长幅度受阻。全州全体居民人均经营净收入5420元，同比增加57元，增长1.1%，占人均可支配收入比重为25.6%，对收入增长的贡献率为5.1%。分城乡看，城镇居民人均经营净收入6737元，下降0.9%；农村居民人均经营净收入4741元，增长1.6%。

财产净收入　黄南州全体居民人均财产净收入787元，同比增加84元，增长11.9%，占人均可支配收入比重为3.7%，对收入增长的贡献率为7.5%。分城乡看，城镇居民人均财产净收入1288元，增长1.3%；农村居民人均财产净收入528元，增长23.6%。全州全体居民集体分配的红利收入和储蓄性保险净收益净收入分别增长74.7%、56.8%。

转移净收入　黄南州全体居民人均转移净收入3604元，同比增加295元，增长8.9%，占人均可支配收入比重为17.1%，对收入增长的贡献率为26.2%。分城乡看，城镇居民人均转移性净收入5346元，增长6.4%；农村居民人均转移性净收入2705元，增长9.3%。

【居民消费】　按消费对象来看，全州居民人均食品烟酒消费支出4936元，上涨2.7%，占人均消费支出的比重为38.8%；人均衣着消费支出1158元，下降14.1%，占人均消费支出的比重为9.1%；人均居住消费支出1843元，下降9.3%，占人均消费支出的比重为14.5%；人均生活用品及服务消费支出886元，下降11.6%，占人均消费支出的比重为7%；人均交通通信消费支出1875元，下降3.2%，占人均消费支出的比重为14.7%；人均教育文化和娱乐消费支出678元，下降25.1%，占人均消费支出的比重为5.3%；人均医疗保健消费支出792元，上涨1.8%，占人均消费支出的比重为6.2%；人均其他用品及服务消费支出568元，下降12.7%，占人均消费支出的比重为4.4%。

2022年黄南州居民收支调查主要数据一览表

表62

指标名称	全体居民		城镇居民		农村居民	
	绝对量（元）	增长率（%）	绝对量（元）	增长率（%）	绝对量（元）	增长率（%）
一、人均可支配收入	21119	5.6	37997	2.4	12408	6.2
1. 工资收入	11308	6.5	24626	2.6	4434	7.9
2. 经营净收入	5420	1.1	6737	-0.9	4741	1.6
3. 财产净收入	787	11.9	1288	1.3	528	23.6
4. 转移净收入	3604	8.9	5346	6.4	2705	9.3
二、人均生活消费支出	12736	-5.4	17503	-7.4	10276	-5.0
1. 食品烟酒	4936	2.7	6422	1.3	4170	2.7
2. 衣着	1158	-14.1	1598	-13.9	931	-15.5
3. 居住	1843	-9.3	2698	-15.3	1401	-4.8
4. 生活用品及服务	886	-11.6	1510	-11.1	564	-14.9
5. 交通通信	1875	-3.2	2163	-10.1	1726	1.0
6. 教育文化和娱乐	678	-25.1	1183	-17.5	417	-35.6
7. 医疗保健	792	1.8	1029	5.9	670	-2.0
8. 其他用品及服务	568	-12.7	900	-10.2	397	-17.3

社会保险

【概况】 2022年，黄南州企业职工养老保险、失业保险、工伤保险参保人数分别达到21822人、16040人、39684人。全州机关养老保险、城乡居民养老保险人数达到17533人、129950人。新开工工程建设项目工伤保险参保率达100%。“暖心社保”服务行动协助认证1246名高龄老人。社会保障卡持卡人数达27.53万人，民生业务实现一卡应用。精准落实助企纾困政策，累计为全州参保企业减负836万元，发放稳岗返还资金117.45万元，惠及职工1500人，同比增长4倍，发放一次性留工培训帮助资金67.7万元，帮助企业留岗1315个，补贴发放额度同比下降扩增400%以上，为稳住全州经济大盘作出贡献。全年各项社会保险总收入6.47亿元，总支出7.86亿元，社会保险基金累计结余2.46亿元。全年企业退休人员纳入社区管理3824人，社区化管理率100%。全年为企业拨付稳岗返还、留工补助资金、护岗补助和技能培训补贴272.19万元。全年审阅退休人员档案537份，为符合条件的537名人员办理退休手续。全年受理劳动能力鉴定39人次；工伤认定受理62件，做出认定60起；受理行政诉讼2起，维持1起。发放社会保障卡27.5万张。

【全民参保】 实施全民参保计划，各项社保待遇保持应发尽发，可持续的社会保障体系基本覆盖。快递企业人员工伤保险参保率达

100%。完成年度基本养老工伤保险待遇调整工作，社保待遇全面应用社银平台发放，累计发放待遇 7.86 亿元，发放率 100%，征缴社保费 6.47 亿元。认定工伤 36 人、工亡 5 人，劳动能力鉴定 36 人。疫情防控期间，在全省率先制定发放应急预案，待遇发放保持“零延迟零差错”。

【社保经办机构整改】 开展基金管理提升年活动，印发工作方案，成立领导小组，制定《经办风控任务清单》，各级经办机构全面进行自查整改。开展常态化“三项指标”核查，疑点数据筛查范围从城乡拓展到所有险种，深入清理存量问题成效显著。

2022 年黄南州社会保险参保情况统计表

表 63

保险类别	参保人数（人）	目标任务完成率（%）	净增参保人数（人）	征缴基金（万元）	全年支出（万元）	发放及时率（%）
企业职工基本养老保险	21822	105.8	1344	15013.91	16246.16	100
失业保险	16040	119.6	2625	1586.91	668.43	100
工伤保险	39684	112.8	6804	1092.62	940.19	100
机关事业养老保险	17533	100	—	26996.33	56214.69	100
城乡居民养老保险	129950	100	—	6398.26	4560.26	100

医疗保障

【概况】 2022 年，黄南州基本医疗保险实际参保 25.42 万人，其中城镇职工基本医疗保险实际参保 2.77 万人、生育保险实际参保 1.67 万人，城乡居民基本医疗保险实际参保 22.65 万人。全州城镇职工医疗保险费收入 39401.18 万元（其中州本级 10299.8 万元、同仁市 8756.16 万元、尖扎县 7370.29 万元、泽库县 7611.13 万元、河南县 5363.8 万元），基金支出 26024.04 万元（其中州本级 11982.62 万元、同仁市 8719.26 万元、尖扎县 2772 万元、泽库县 1025.72 万元、河南县 1524.44 万元），当期结余 13377.13 万元，累计结余 82149.28 万元（其中州本级 74968.69 万元、同仁市 1383.05 万元、尖扎县 2285.18 万元、泽库县 2503.44 万元、河南县 1008.92 万元）。全州城乡居民基本医疗保险门诊就诊（含门诊特慢病、门诊“两病”）33.16 万人次，各项基金支付合计 8979.37 万元；特殊购药就诊 489 人次，基本医保报付 130.16 万元，大病报付 52.05 万元，医疗救助报付 32.09 万元；住院就诊 4.56 万人次，基本医保报付 14298.03 万元，大病报付 0.35 万人次 1928.11 万元，医疗救助报付 2.19 万人次 4471.29 万元。

【省定目标任务】 推进全民参保扩面计划，按时向税银平台推送城乡居民缴费基础数据，城乡居民基本医疗保险参保缴费在全州区域内推行线上（微信、支付宝、手机银行扫码）和线下（农商银行代征）缴费方式，实现黄南州城乡居民个人通过多渠道进行参保缴费。全年全州基本医疗保险实际参保人数 254290 人，完成省定参保扩面目标任务的 100.64%；其中，城镇职工基本医疗保险实际参保人数为 27702 人目标任务的 103.62%；生育保险 16706 人，完成目标任务的 101.81%；城乡居民基本医疗保险实际参保人数为 226588 人，完成目标任务的 100.29%。全州城镇职工和城乡居民跨省异地就医直接结算 882 人次，发生医疗总费用 2084.89 万元，医保基金支付 1498.26 万元，异地就医直接结算报销比例71.86%，异地就医手工报销236人次，住院业务异地就医直接结算率78.89%，完成省定跨省异地就医住院费用直接结算率达50%以上的目标要求。

【医保改革】 有序开展DRG支付方式改革各项工作任务，选定州域内3家综合医疗机构（黄南州人民医院、尖扎县人民医院、泽库县人民医院）作为2022年度黄南州DRG付费方式改革试点医院，明确时间节点和任务目标，按照国家DRG支付方式改革分组测算标准，采集州域内10家和西宁地区14家定点医疗机构历史病案数据64534条，通过2次质控成功入组62305条（入组率96.55%）、DRG细分组339组；遵循数据和贴近临床，动态调整2次病组权重和支付标准并结合黄南州实际不断完善管理和动态调整机制；10月底，3家试点医疗机构全面进入DRG实际付费阶段，为实现“群众得实惠、医院受鼓舞、医保能承受”的改革目标打下基础。

【打击欺诈骗保】 持续巩固打击欺诈骗保专项行动，全州医疗保障部门现场检查州域内定点医药机构232家，约谈、处理27家，追回2021年度省级飞行检查及各类违规金额148.26万元；追回2019年至2021年城镇职工已故人员个人账户问题费用266人115.42万元；调查核实黄南州参保职工涉嫌省外异地刷卡套现违法违规线索17条，追回确认刷卡套现违规费用7人9.65万元；推动医保费用结算从人工抽查审核向全面智能化审核转变，通过医保智能监管分析系统监管审查对违规定点医疗机构扣款1.32万元。

【定点医药机构准入】 通过加大定点医药机构准入、互认工作力度，截至年底，全州定点医药机构达到1435家（定点医疗机构762家、定点零售药店673家），其中同仁市153家（医院25家、药店35家、诊所93家）、尖扎县123家（医院14家、药店15家、诊所94家）、泽库县126家（医院13家、药店11家、诊所102家）、河南县71家（医院10家、药店10家、诊所951家），西宁地区702家（医院54家、药店476家、诊所172家）、海东市118家（医院18家、药店94家、诊所6家）、海南州60家（医院27家、药店17家、诊所16家）、海西州24家（医院20家、药店4家）、海北州14家（医院8家、药店6家）、果洛州10家（医院8家、药店2家）、玉树州16家（医院13家、药店3家）、甘肃省医院15家、天津市医院3家；全州定点医药机构范围覆盖至全省各市（州）、县及邻近省份和天津市。

【医保政策宣传】 梳理城乡居民基本医保最新政策和措施，投入19万元制作藏语和汉语医保宣传资料和宣传品，进村入户宣讲解读医疗保障惠民政策和措施，在开展以“织密基金监管网、共筑医保防护线”为主题的医疗保障政策集中宣传月活动期间，悬挂横幅283条、展板277块、海报2180张，发放宣传册11.5万余册，纸杯、抽纸盒等1.2万余提（盒）；利用网络新媒体优势，通过开通“抖音”“今日头条”推送30余条政策“小视频”，微信公众号发布50余条政策宣传信息，“线上（‘抖音’‘今日头条’、微信公众号）+线下（主题宣传月、服务大厅、基层宣讲）”同频共振，多种形式提升群众政策知晓率、覆盖面，营造全社会

2022年5月7日，州医疗保障局组织各市县医疗保障局、医保经办机构和州内各有关定点医疗机构召开黄南州DRG支付方式改革工作推进会（州医疗保障局供图）

2022 年 4 月 1 日，黄南州全面启动以“织密基金监管网 共筑医保防护线”为主题的 2022 年度医疗保障政策集中宣传月活动（州医疗保障局供图）

关注并自觉维护医保基金安全的良好氛围。

【医保助力疫情防控】 拨付 8 家公立医院疫情防控周转资金 800 万元，减轻垫支压力和资金周转困难；改进业务办理流程，减少经办手续，进一步方便群众业务办理；针对药品短缺问题，协调药品配送企业配送紧急、短缺药品和防控物资 747 件；加强防控储备物资保障，协助州疫情防控前方指挥部疫情物资保障组采购 3 批次连花清瘟胶囊（颗粒）等药品 159 件 29040 盒，采购价格 50.58 万元。

【药品医用耗材使用管理】 持续扩大药品医用耗材集中采购范围和品种，按照国家、省级集中带量采购政策和省医疗保障局总体部署要求，做好药品耗材集中采购使用和季度考核工作，依托药采平台强化数据监测，在“强监管”上下功夫，在“抓落实”上见成效，全州 30 家公立医疗机构全部参与集中带量采购，带量采购品种达到 294 种，胰岛素专项集采中选结果全面落地，口腔种植体带量采购在州内 1 家民营医疗机构（同仁雅皓口腔专科）有序推进，2022 年集中带量采购总金额达到 3971.23 万元，通过以量换价让老百姓用得起质优价廉的合格药品，减轻老百姓就医负担。

【医保助力乡村振兴】 实施医疗救助省级统筹，持续巩固大病保险保障水平，夯实医疗救助托底保障，全面实现参保人员基本医疗保险、大病保险、医疗救助“一站式”服务，落实过渡期内分类资助参保政策和各类医保倾斜帮扶性政策，建立健全“双监测”数据台账，按月与乡村振兴部门对接脱贫人口信息，对新增人员及时在医保信息系统内进行认定，确保重点人群和脱贫人口医疗保障待遇享受，全州 6.64 万名重点人群 100%参加城乡居民基本医疗保险；做好 2022 年度城乡居民医疗救助资助参保数据核查比对工作，对全州核实确认的 4819 名符合条件的城乡参保人员退回分类资助参保差额费用 83.99 万元；对特困人员、农村低保对象、监测范围内易返贫致贫等重点人群和稳定脱贫人口身份存续期间住院医疗费实际报销比例分别未达到 90%和 80%的及时进行补报，补报 6160 人次 478.42 万元，补报率 100%，最大限度地防止“因病致贫、因病返贫”现象发生。

【支持藏（蒙）医药事业发展】

在 2021 年将全州 186 种医疗机构自制制剂纳入全省医保目录政策支付范围的基础上，2022 年继续加大申报工作力度，将州内 689 种取得省级医药制剂备案号自制制剂上报省医疗保障局列入“待定目录库”并上报国家局进行审批，尽全力争取纳入全省医保目录政策支付范围，全力支持藏医药传承创新发展。

【医保治理现代化服务】 对近年来医疗保障制度改革出台的一系列政策性文件进行梳理、归纳、统一和规范，出台《黄南州城镇职工基本医疗保险实施细则》，经州十六届人民政府第十一次常务会议审议通过，州政府办公室于 12 月 29 日印发《黄南州城镇职工基本医疗保险实施细则》。城镇职工医保基金实行单基数缴费筹集后，经测算可节省全州财政需缴纳医保资金为 3510.91 万元。促推医保机制体制建设，针对现阶段医保机制体制不顺产生的一系列问题，通过州委常规巡察、乡村振兴问题整改督导、人大调研、政协专题协商议政等反映实际情况，州委、州政府领导高度重视，州委书记朱战民针对州政协调研报告作出“调研报告符合实际，工作建议具有针对性。各市（县）和相关部门认真研究落实，进一步提高民生工作的实效性”的批示，全州各级医保部门尽全力推进市（县）级医保工作机制体制建设，确保黄南州医疗保障事业改革健康发展。发展“互联网+医保”线上业务，发挥医保电子凭证方便快捷、应用丰富、安全可靠等优势作用，全州医保电子凭证激活率达95%以上，州域内66家零售药店开通人脸识别直接结算。推动医疗保障公共服务标准化规范化建设，州域内448家定点医药机构医保标识牌统一“换新装”，进一步增强辨识度；通过在全州开展以“政策大学习、岗位大练兵、医保大课堂”为主题的专题集中培训等，持续加强医保从业人员理论和业务服务能力，年度州、市（县）医保办事大厅办件量达8.38万件。

民政事务

【最低生活保障】 黄南州落实社会救助政策，兜牢兜稳民生底线，按月社会化及时足额发放各类困难群众保障资金，畅通急难社会救助申请渠道，简化审批程序，发挥临时救助救急难作用，及时足额发放各类困难群众保障资金，累计发放低保资金3.25亿元，其中城市低保资金4316.17万元、农村低保资金2.82亿元。发挥临时救助救急难作用，临时救助28025人次，发放资金4714.18万元。做好乡村振兴有效衔接工作，健全防止返贫动态监测和精准帮扶机制，对易贫返贫致贫人口实施常态化监测，全州纳入城市低保3648户5612人；农村低保15100户55744人，做到动态管理下的应保尽保和应退尽退，农村低保新增601户1708人，退出760户3723人；城市低保新增164户287人，退出285户505人。年初争取的困难群众救助补助资金4.2亿元全部发放完成。

【儿童慈善】 未成年人保护及儿童福利工作有序推进，投资10万元在同仁市热贡路社区打造儿童之家示范点1个，加强儿童生活保障，为各类孤残儿童、事实无人抚养儿童等困境儿童发放供养金411.70万元，其中，为22名集中养育孤儿发放生活供养金125.50万元；为27名社会散居孤儿发放生活保障金33.60万元；为89名事实无人抚养儿童发放生活保障金86.40万元；为其他741名困境儿童发放保障金166.20万元。开展孤儿摸底排查专项行动，对116名集中供养孤儿重新认定身份，解除94名年满18周岁超龄儿童和不符合集中供养条件儿童的供养关系。规范管理福利彩票销售点，全州有19个福利彩票销售网点，全年销售福利彩票3767.21万元。

【社会组织管理】 加强党对社会组织的领导，持续开展“党的建设和社会主义核心价值观”入章工作，确保社会组织始终坚持正确发展方向，简化社会组织登记审批流程，印发社会组织办事指南，方便群众办事，加大社会组织监管力度，持续开展“僵尸”社会组织清理整治，打击整治非法社会组织和社会组织违法活动，依法依规完成2022年度全州社会组织年检工作，年检合格率80%，2022年累计有社会团体287个，民办非企业单位94个。年内，全州（县）新登记社会团体25个，民办非企业单位8个，举办民间组织负责人培训班1次，培训56人次。社会组织参与社会事务作用充分发挥，疫情防控期间州爱心搬运工志愿者协会、州热贡民族文化宫职业培训学校、州文化旅游协会、州热贡上德诚培训学校等社会组织为一线工作人员等捐赠价值49.73万元的防疫物资和生活用品。

2022 年黄南州新增社会团体、民办非企业单位情况一览表

表 64

序号	名称	成立时间	地址	序号	名称	成立时间	地址
1	宁秀镇宁秀路社区卫生服务站（民办非企业单位）	2 月 21 日	泽库县宁秀镇	11	黄南州警察协会（社会团体）	12 月 28 日	同仁市隆务镇
2	同仁德桑养老服务中心（民办非企业单位）	2 月 22 日	同仁市隆务镇	12	黄南州公安文学艺术联合会（社会团体）	12 月 28 日	同仁市隆务镇
3	黄南州社会救助福利中心（民办非企业单位）	2 月 23 日	同仁市隆务镇	13	同仁市福瑞社会工作服务中心（民办非企业单位）	12 月 9 日	同仁市隆务镇
4	黄南州上德诚职业培训学校（民办非企业单位）	3 月 17 日	同仁市隆务镇	14	西卜沙乡水管协会（社会团体）	10 月 25 日	泽库县西卜沙乡
5	黄南州殊像画院职业培训学校（民办非企业单位）	3 月 17 日	同仁市隆务镇	15	泽库县恰科日乡水管协会（社会团体）	10 月 21 日	泽库县恰科日乡
6	河南县白鹿社区社会工作服务中心（行业性）	3 月 24 日	河南县优干宁镇	16	尖扎县文化产业发展协会（行业性）	9 月 29 日	尖扎县马克唐镇
7	黄南州退役军人射箭协会（社会团体）	4 月 8 日	同仁市隆务镇	17	河南县柯生乡毛曲村扶贫互助协会（行业性）	9 月 23 日	河南县柯生乡
8	黄南州热贡高原陨石协会（社会团体）	4 月 27 日	同仁市隆务镇	18	王家乡水管协会（社会团体）	8 月 29 日	泽库县王家乡
9	泽库县职业技术学校（民办非企业单位）	4 月 27 日	泽库县泽曲镇	19	黄南州马术运动协会（社会团体）	8 月 11 日	河南县优干宁镇
10	河南蒙旗朝鲁蒙益点爱慈善帮扶协会（联合性）	6 月 21 日	河南县优干宁镇	20	河南县柯生乡尖克村扶贫互助协会（行业性）	6 月 23 日	河南县柯生乡

【区划调整申报】 科学规范开展行政区划调整审核申报，开展同仁市隆务镇设立街道办事处、瓜什则乡、尖扎县昂拉乡、尖扎滩乡、泽库县多禾茂乡、河南县赛尔龙乡五乡撤乡建镇申报等工作。

【基层政权建设】 全州有行政村 262 个，自然村 884 个，社区 30 个。全州 292 个村（社区）全部成立公共卫生委员会，实施全覆盖。6 月 1 日，省十三届人大常委会第三十三次会议通过《黄南藏族自治州城乡社区治理促进条例》，该条例是青海省通过的首部基层社会治理方面的地方性法规。同仁市隆务镇四合吉社区书记拉加才让获得“全国优秀城乡社区工作者”荣誉称号。隆务镇城南社区选定为“全国示范性老年友好型社区”创建试点单位。推广使用城乡社区综合治理服务信息平台，完成全国基层政权建设和社区治理信息系统数据录入工作。

【地名管理】 继续稳妥审慎开展不规范地名清理整治，持续更新和完善国家地名信息库建设，加强全国地名信息政务管理系统数据录入，提交信息 4976 条。健全完善城乡社区协商制度，开展村级民主议事协商试点，申报泽库县泽曲镇夏德日村为全省村级议事协商创新实验点。

【婚姻登记】 取消全州所有乡（镇）的婚姻登记职能，收回各乡（镇）婚姻登记处相关婚姻资料、印章，结束乡（镇）办理婚姻登记的历史。落实离婚冷静期规定，开展离婚调解服务，成功化解各类家庭矛盾，避免冲动型离婚25起。全年全州办理结婚登记2343对、离婚登记329对。其中，同仁市办理结婚登记807对、离婚登记95对；尖扎县办理结婚登记568对、离婚登记92对；泽库县办理结婚登记524对、离婚登记87对；河南县办理结婚登记444对、离婚登记55对。持续完善全省婚姻历史档案信息补录工作，推动婚姻登记实现省内通办。推动婚俗改革试点工作，确定尖扎县尖扎滩乡为婚俗改革试点地区。

【殡葬服务】 将节地生态安葬奖补资金纳入州、县财政预算，2021年选择节地生态安葬166人，发放节地生态安葬奖补资金49.8万元。加强殡葬服务设施建设，黄南州无殡葬服务场所是社会各界和人民群众近年来高度关注的问题，协调地方政府及自然资源部门落实地块问题，顺利开工建设黄南州殡仪馆，该项目主体完工，完成后将彻底解决同仁地区无殡葬服务场所的困境。

2022年6月28日，州民政局举办黄南藏族自治州儿童主任示范培训班（州民政局供图）

【黄南州“十四五”老龄事业和养老服务发展规划】 围绕黄南特色，从养老机构照护能力的提升和布局优化、养老服务人才队伍建设、构建农牧区养老服务格局等5个方面明确黄南州未来5年养老服务工作目标任务，为黄南州开展养老服务工作提供基本思路和科学可行的工作指南。

老龄事务

【概况】 2022年，黄南州应对人口老龄国家战略，构建“预防、医疗、照护”三位一体的老年健康服务模式。贯彻落实全国和全省老龄工作会议精神，制定《黄南州加强新时代老龄工作的实施方案》，推进老年健康服务和医养结合工作，开展医养结合机构服务质量提升行动，努力增加医养结合服务供给。根据《黄南州开展建设老年友善医疗机构工作的实施方案》的工作要求，评估全州7家二级及以上医疗机构、1家三级医疗机构，创建5家老年友善医疗机构。在二级以上医院开设老年病科（呼吸科），现设有3家老年医学科，在此基础上继续设立老年病床，收治老年病患。全州有工作人员10人，其中管理人员5人。开展助老、养老服务活动15次，受益老人500人次。

【养老保障】 全州城镇职工基本养老保险参保人21822人，企业离退休人员养老金社会化发放率100%，准确率100%。农村养老保险累计参保人129950人。五保供养人员有37236人，供养标准为每年每人2220元。年内发放养老补贴金380.40万元。

【居家养老服务】 州民政局推进居家养老服务工作，投入资金60万元，对6440名经济困难、轻度失能、中度失能、重度失能4个等级的重点老年群体和80周岁以上高龄老年人开展困难老年人能力综合评估。有9家社会组织承接居家养老服务，为居家的7183名失能、半失能老年人提供血压血氧测量、健康咨询、理发等生活照料和居室卫生清洁等家政服务。

【老年人维权】 集中开展打击整治养老诈骗专项行动，将其列入重要议事日程，推进各项环节，确保专项行动取得实效。利用卫生健康系统微信公众号，集中开展卫生健康领域打击整治养老诈骗的宣传教育活动，提升宣传热度，掀起宣传热潮，宣传打击整治养老诈骗重要意义。广泛收集群众关于养老机构内设的无资质医疗机构、无行医资质相关人员擅自为老年人开展诊疗活动等违法行为的问题线索，及时回应群众关切问题。

【医养结合】 按照《黄南州推进医疗卫生与养老服务相结合实施方案》，整合优势资源，促进医养融合对接。全州有养老机构14家，其中10家开放运营，每千名老年人床位数37.5个，护理型床位占比达到20%。组织各市（县）及州医院，州藏医院参加全国医养结合机构服务质量提升行动网络培训班，按期完成全国医养结合机构季度及年报的填报。

【老年人社会福利】 开展老年人能力综合评估，充分掌握老人评估对象人员生活自理能力及身体健康状况，为照料护理服务提供依据，提升特困供养人员供养服务机构集中供养和失能照护能力，全州运营的12所敬老院，可容纳老人688人，入住老人228人，使老年人有了活动、交流的场所，让老年人真正实现老有所养、老有所医、老有所为、老有所学、老有所乐。有城市特困人员261人、农村特困人员878人，其中集中供养228人、散居供养911人。

【老年健康照护服务体系建设】

依托基本公共卫生服务项目，加强签约合作，基层医疗机构开展家庭医生签约服务，乡（镇）卫生院（村卫生室）与居家养老的老年人家庭签订《家庭医生与老年人签约服务协议》，实行家庭医生签约服务，按照一年一签原则，签约的各卫生医疗机构定期不定期为居家养老老年人开展健康养身、常见多发病和慢性疾病的预防保健知识教育，推进养老服务，定期为入住养老机构的老年人提供健康服务，开通就医、转诊绿色通道，为养老机构老人提供就医便利；为65岁以上老年人提供健康管理，安排开展免费健康体检，完成2022年老年人健康体检任务数；为老年人开通就医绿色通道，开展各种形式的健康养老服务，为老年人提供就医便利；发挥藏医药服务在预防保健养生特色优势，为老年人开展医疗、护理、养生、康复服务，推进全州乡（镇）卫生院藏医馆建设。

人口和计划生育

【概况】 2022年，黄南州出生4152人，年初全州总人口278515人，全州人口出生率、死亡率、自然增长率分别为14.9‰、2.9‰、9.08‰，出生婴儿性别比109（女性为100）。

【人口老龄化工程和托育建设项目】 申报4项应对人口老龄化工程和托育建设（托育领域）2023年中央预算内投资计划建议方案。其中，同仁市报送1家公办及1家私立服务能力建设项目，总建筑面积4000平方米，新增托位150个；泽库县报送1家公办服务能力建设项目，总建筑面积5000平方米，新增托位200个；河南县报送1家公办托育服务项目，总建筑面积4000平方米，新增托位160个。尖扎县卫健局向县发改局申请中央预算内投资1500万元的尖扎县幼儿托育中心建设项目，总建筑面积3000平方米，托位150个，计划项目审批后与麦什扎村幼儿园建设项目合建，以公办民营方式开展尖扎县托育服务工作。

全州11家二级医疗机构建成母婴室，建设率达到100%，并在同仁市区中心、郊区建设的4座公厕内建设母婴室，配备相关设备，协调推进全州各医疗单位母婴设施建设，做好日常管理维护，普及母婴设施安全使用知识，推广母婴设施服务，提高设施利用率和服务可及性，满足群众对母婴设施建设的需要。依托黄南州人民医院，建立州级危重孕产妇救治中心和危重新生儿救治中心，提高危重孕产妇和新生儿救治能力。

【生育登记服务】 全面三孩政策实施后，黄南州对人口监测数据分析研究，调整完善现有奖励扶助相关政策措施，探索建立3岁以下婴幼儿托育服务体系的实施方案，营造生育友好的社会环境，在“幼有所育”上取得新进展。贯彻落实三孩生育政策。自全面取消社会抚养费后，部分市（县）、乡（镇）卫计办均开展三孩生育登记服务工作。落实产假、陪产假等政策，按规定落实哺乳假等工作。各用人单位为孕期和哺乳期妇女提供灵活的工作时间、必要的升职和加薪等便利条件。

【基层人口计生工作】 立足乡（镇）、村实际，完善计划生育村规民约和人口计生服务管理制度，运用各项惠农与福利政策和公共管理服务手段，提高乡（镇）、村人口计生工作水平。搭建基层计生优质服务平台，不断提升服务档次、简化办证程序、强化送政策和送证上门、免费孕前优生健康检查、生殖健康普查和入户随访等服务工作，提高育龄群众满意度。注重全员人口基础信息的采集和运用，加强与公安、卫生等部门的信息沟通，形成信息共享、部门合作的立体管理架构，从源头上保证信息的真实性、准确性、完整性，不断提高全员人口信息质量。

【人口计生宣传教育】 健全和调整协会网络组织，形成市（县）、乡、村三级网络体系，进行“5·15”国际家庭日等系列宣传活动。通过悬挂横幅、展板展示、设立专家义诊服务台等形式，为群众深入宣传健康理念、健康的生活习惯和方式等。在中秋节、国庆节、重阳节“三节”期间，为11户计划生育特殊家庭送上节日的问候和每人300元的慰问金。

【计划生育协会工作】 持续推进深化计生协改革，以市（县）为重点，推动计生协改革向基层延伸。发挥计生协组织网络和群众工作优势，组织动员各级计生协投身城乡社区（村）防控一线，发挥计生协工作者、骨干会员、志愿者作用，持续当好疫情防控守门员、信息员和服务员。发挥“5·29”会员活动日宣传品牌作用，运用“会员之家”等阵地，打造新环境宣传载体，注重运用网络和新媒体等青年群体喜爱的方式，在潜移默化中培育新型婚育观念。推动各地计生协加入本地健康黄南行动议事协调机构，构建多部门协作的家庭健康促进行动实施推进机制，开展“健康知识进万家”活动，倡导文明健康绿色环保的生活方式，推动健康成为新时代的家风。实施生殖健康促进行动，重点解决青少年、育龄人群及其他特定人群生殖健康的突出问题，减少青少年意外怀孕和人工流产，提高群众生殖健康水平。发挥网络平台作用，推进青春健康线上课程发行，促进线上与线下工作有机结合，深化青春健康教育服务。加强基层组织和能力建设，夯实乡（镇）、村居（社区）计生协建设，发挥计生协理事会、会员小组等作用。

以“倡新型婚育文化促人口均衡发展——喜迎中共二十大”为主题，组织广大计生协工作者、会员单位和个人集中开展纪念中国计生协成立42周年暨中国计生协第24个“5·29”会员活动日活动。各地计生协组织医院专家开展送医送药活动，免费为群众进行义诊，提供超声检查、抽血化验等检查服务，帮助群众登记健康信息。相关工作人员现场为群众普及生育政策、健康保健知识等宣传咨询活动，并为群众发放避孕药具和宣传小礼品。进村入户慰问计生困难家庭，主要以失独家庭、独生子女伤残家庭、患重大疾病困难家庭为主，为他们送上慰问品和慰问金，体现党和人民政府的关心。

住房公积金管理

2022 年 10 月 11 日，黄南州住房公积金管理中心召开与委托银行业务工作座谈会议（州住房公积金管理中心供图）

【概况】 2022 年，黄南州新开住房公积金账户单位 332 家；新开户职工 8.44 万人，净增职工 0.16 万人；实缴单位 1189 家，实缴职工 1.94 万人，缴存额 5.17 亿元，同比分别增长 80.70%、29.63%、18.31%。截至年底，缴存总额 39.28 亿元，同比增长 17.64%；缴存余额 15.94 亿元，同比增长 17.64%。受委托办理住房公积金缴存业务的银行 2 家。1.15 万名缴存职工提取住房公积金，提取额 2.78 亿元，同比下降 21.25%；提取额占当年缴存额的 53.77%，比上年减少 27.01 个百分点。2022 年末，提取总额 23.34 亿元，同比增长 13.52%。全年发放个人住房公积金贷款 389 笔 2.03 亿元，同比分别下降 44.19%、47.55%。当年回收住房公积金贷款 1.66 亿元。累计发放住房公积金贷款 1.47 万笔，放贷总额 29.82 亿元，贷款余额 11.86 亿元，比上年末分别增长 2.80%、7.27%、3.13%。个人住房贷款余额占缴存余额的 74.40%，比上年末减少 10.52 个百分点。受委托办理住房公积金个人住房贷款业务的银行 4 家。公积金业务收入 4790.36 万元，业务支出 3550.4 万元，实现增值收益 1239.96 万元。提取贷款风险准备金 744 万元，累计提取贷款风险准备金余额 9705.93 万元。提取城市廉租住房（公共租赁住房）建设补充资金 45.96 万元。累计提取廉租房（公共租赁住房）建设补充资金 478.09 万元。公积金中心与农业银行黄南各分行开展住房公积金和商业组合贷款业务，2022 年共发放组合贷款 17 笔，金额 1646 万元（其中住房公积金 1138 万元、商业贷款 508 万元）。

【公积金缴存扩面】 贯彻落实《青海省人民政府办公厅关于扩大住房公积金制度覆盖面的指导意见》精神，出台《黄南藏族自治州人民政府办公室关于黄南州机关事业单位聘用、劳务派遣从业人员缴纳住房公积金的通知》，将黄南州机关事业单位签订劳动合同中聘用、劳务派遣从业人员纳入住房公积金覆盖范围。截至 12 月底，为黄南州 429 家单位 5700 名财政聘用人员和公益性岗位人员缴存公积金 3609.17 万元。

【公积金跨省通办】 以“聚焦高质量发展，推动服务便利化”为主题，结合“惠民公积金 服务暖人心”服务提升三年文明行业创建行动，加快推进公共服务事项办理，开展“跨省通办”“省内通办”等便民服务，单位和个人各项公积金高频事项全部实现由“跑腿办”向“指尖办”的转变，发挥住房公积金在优化营商环境中的作用；以“不断提升信息化建设水平和便民服务意识”为主旨，关注群众普遍关心的精简公积金业务材料需求等问题，创新工作理念和制度机制，精简压缩申请材料和审批时限，进一步完善黄南州住房公积金贷款网上审批业务。

【公积金信息化建设】 在推进黄南州缴存单位及职工可不受地域限制在线上办理查询个人住房公积金缴存、贷款信息，出具贷款职工住房公积金缴存使用证明、正常退休提取住房公积金、住房公积金单位登记开户、住房公积金单位及个人缴存信息变更、购房提取住房公积金、开具住房公积金个人住房贷款全部还清证明、提前还清住房公积金贷款等业务的基础上，推进住房公积金系统建设工作。新系统于 10 月 10 日全面上线，各项业务新系统上线运行安全、平稳。截至年底，完成黄南州自成立以来所有公积金贷款档案的录入工作。

【公积金阶段性支持政策】 根据《住房城乡建设部财政部人民银行关于实施住房公积金阶段性支持政策的通知》精神，第一时间出台企业阶段性缓缴住房公积金、受疫情影响不能正常归还住房公积金贷款的借款人不作逾期处理、租购房并举、将购买首套住房首付比例调整为20%，夫妻正常足额缴存住房公积金的职工住房公积金贷款额度暂提高到70万元等阶段性支持政策，并通过微信、服务网点张贴通知等多种渠道宣传住房公积金支持政策。

【逾期公积金贷款催收催缴】

严控个人住房公积金贷款逾期率，按照切实有效、严控风险的工作思路，强化个人住房公积金贷款的风险管理，组织开展逾期贷款催收工作。年内通过采取电话催收、短信催收、上门追访、单位协调、联系担保人等措施，逾期贷款得到有效的控制。

【公积金政策宣传】 利用青海住房公积金“12329”公众号发布消息、在各受托银行营业网点设立住房公积金集中宣传咨询台、国家信访日集中宣传等方式，讲解住房公积金提取、贷款的政策和办理程序，并主动为前来咨询的干部职工现场答疑解惑。年内对外发放各类宣传资料1000余份，悬挂横幅2条，摆放展板8块，现场解答各类咨询100余条，有效宣传公积金缴存、使用等政策，提高住房公积金提取、贷款的知晓率。

退役军人事务

2022年6月7日，黄南州举行退役军人、其他优抚对象优待证申领启动仪式（州退役军人事务局供图）

【概况】 2022年，黄南州统筹疫情防控和政策落实、移交安置、优待抚恤、就业创业、军休服务、双拥共建等重点工作，全州重点优抚对象年度确认、退役军人和优抚对象优待证申领发放等工作走在全省前列，得到省厅通报表扬。截至年底，全州建立州、市（县）、乡（镇）、社区退役军人服务中心（站）50个，其中州级退役军人服务中心1个、市（县）级退役军人服务中心4个、乡（镇）级退役军人服务站33个、社区级退役军人服务站12个，实现服务保障机构全覆盖。

【优抚优待】 年内发放军休干部补助资金、自主择业军转干部退役金和住房补贴、企业军转干部解困资金、自主就业退役士兵一次性经济补助金等各类优待抚恤资金。完成全州优抚对象信息年度确认、退役军人和其他优抚对象优待证申领工作，按时完成由政府安排工作退役军人养老保险关系转移接续工作，完成因公伤残人员评定、残疾军人辅助器具申报发放工作。筹集资金，组织93名重点优抚对象开展免费健康体检、短期疗养。开展“喜迎中共二十大——为退役军人排忧解难”专项行动，申请发放18名困难退役军人关爱帮扶基金，为优抚对象发放临时补贴。州、市（县）党政军领导和退役军人事务部门走访慰问退役军人、其他优抚对象，并发放慰问金。年内为28名立功受奖军人家庭送喜报，为入伍新兵举行欢送活动。组织举办“老兵喜迎中共二十大”系列文体活动。

【双拥工作】 制定印发《黄南州关于健全完善军地互办实事

2022 年 9 月 30 日，黄南州开展“9·30”烈士纪念日公祭活动（州退役军人事务局供图）

“双清单”制度机制实施方案》《关于进一步加强新时代黄南州党管武装工作的若干措施》，协调解决驻州部队建设资金。投入资金打造泽库县“双拥一条街”。完成向州级退役军人事务工作机构派驻军队人员工作。常态化开展双拥、国防教育、文化科技、法律知识“六进”活动，年内组织青少年开展国防教育 3 万人次。

【烈士公祭】 制定州级《关于加强新时代烈士褒扬工作的若干措施》，按时完成市（县）级烈士纪念设施更新、审定工作。组织党政军、机关企事业单位、烈士亲属和师生、干部群众代表开展“清明”祭扫和“9·30”烈士纪念日公祭活动。

【服务保障体系建设】 对标省厅“十四五”规划，草拟制定《黄南州“十四五”退役军人服务和保障规划》。配合州人大组织开展《中华人民共和国退役军人保障法》贯彻实施和服务保障体系建设情况专项执法检查，大力推动全州退役军人服务保障体系建设。投入 29.6 万元，对部分乡（镇）、社区退役军人服务站老兵活动室等功能室进行改造提升，创建乡（镇）“退役军人之家”3 个，打造“星级”服务保障机构 11 个。落实资金 45 万元，建成州、市（县）两级视频会议系统。

【思想政治引领】 年内筹集资金，组织军转干部到江西井冈山开展党性能力提升培训，组织开展省十四次党代会、中共二十大精神宣讲和“最美退役军人”宣传活动。建立“百名”退役军人先进典型资源库。开展“送教上门”活动，投入资金为全州军休、军转干部购买中共二十大精神学习资料，征订《中国退役军人》杂志。协调工会、文化部门为驻地部队、基层“退役军人之家”配发学习读物 3 万余册。组织退役军人无偿献血，多名退役军人参加疫情防控、抗洪抢险、维稳安保等急难险重任务。

【就业创业扶持】 通过线下专场招聘会和线上直播带岗的形式，举办退役军人、随军家属专场招聘会 14 场次，招录、招聘退役军人。按时完成 2022 年度军转干部、逐月领取退役金人员、军休干部和政府安排工作退役士兵安置任务。退役士兵适应性培训全覆盖，年度退役士兵技能培训完成率达 150%。按时完成跨军地改革集体转制部队退役军人落户工作。组建州级就业创业导师团队，在州创业孵化基地开设退役军人

2022 年 7 月 10—16 日，黄南州组织自主择业军转干部党员到江西井冈山举办“传基因　铭初心　担使命　创辉煌”党性教育专题培训班（州退役军人事务局供图）

专区。落实《金融拥军优抚协议》，累计发放退役军人低利率贷款59笔。一家军创企业受展参加“全国退役军人创业创新成果展陈”交流活动。开展退役军人“个体工商户服务月”活动，为多家军创企业发放纾困补助3万元，为8家中小微企业、个体户争取银行贷款贴息12.14万元，为部分军创企业争取银行担保贴费。

【退役军人党员教育管理】 州委退役军人事务工作领导小组办公室制定印发《黄南州退役军人党员教育管理若干措施》，从加强退役军人党员信息核查登记、分类管理退役军人党员组织关系、加强退役军人党员常态化教育管理等9个方面对退役军人党员教育管理提出具体要求，此项制度的出台填补了黄南州无退役军人党员教育管理专项制度的“空白”。

【黄南州开展烈军属、困难退役军人、重点优抚对象和军转干部走访慰问活动】 8月，黄南州开展烈军属、困难退役军人、重点优抚对象和军转干部走访慰问活动。活动共慰问烈军属、困难企业军转干部、农村籍60周岁以上困难退役军人、重点优抚对象、军休干部、受疫情影响较严重地区军转干部，并发放5.2万元慰问金。

民族宗教事务

【概况】 2022年，黄南州有藏族、汉族、蒙古族、回族、土族等23个民族，其中藏族人口占68.6%。全州有佛教、伊斯兰教等宗教，信教人数25.2万人，其中佛教信教人数18.4万人、伊斯兰教信教人数6.8万人。全州批准开放宗教活动场所114处，有宗教教职人员4839人；民间信仰活动场所263处，民间宗教人员3210人。年内州委统战部获“全省藏传佛教和谐寺庙”称号。

【宗教规范化建设】 启动“百寺千讲”法治宣讲活动，宣传全国、全省宗教工作会议精神，组织宗教界人士收听收看省第十四次党代会、中共二十大开幕盛况，组织召开新时代中国特色社会主义宗教理论暨全国宗教工作会议精神专题学习会。常态化开展“爱国感恩团结法治”宣传教育和“三月法治宣传月”活动，受教育1万余人，发放各类宣传资料9000余份。强化宗教活动场所安全生产和防疫防汛工作，摸排114处宗教活动场所，及时转移安置易引发地质灾害隐患的宗教活动场所6处288人，实现宗教领域“零事故”。依法依规推进寺庙财税监管工作，实现“八个全覆盖”目标。组织召开现场办公会，加快推进河南县达参寺和泽库县西卜沙寺省级“敬老院”试点项目后续建设工作。将114座寺庙“智慧消防”项目纳入全州“十四五”发展规划。制定专项工作方案和督导方案，组织开展宗教领域自建房安全隐患排查整治工作和安全生产工作。

【佛教协会工作】 州佛教协会发布《关于减轻藏传佛教信教群众宗教负担的倡议书》，倡导佛教界争做宗教减负的宣传者、践行者和推动者。结合州宗教活动场所“六进”活动，召开“教风建设年”活动动员大会36场次，参加5948人次，召开座谈会92场次，参加1752人次，上门走访346人次，谈心谈话278人次，发放“教风建设年”倡议书3890份。以“坚持佛教中国化方向、喜迎中共二十大召开”为主题，举办第八届佛教论坛。在疫情期间，全州佛教界自发组织“送温暖献爱心”活动，累计捐款捐物30万余元。

【伊斯兰教协会工作】 集中培训17座清真寺管理人员，提升宗教界人士爱党、爱国、爱教的思想自觉和行动自觉。落实省伊协《关于开展“善行斋月·爱心行动”慈善活动》的工作要求，全州17座伊斯兰教清真寺和12处固定宗教活动处所开展捐助慰问活动，累计募捐善款72265元，走访慰问困难群众200余人。开展全州665家清真食品餐饮企业食品安全专项检查，保障全州清真食品生产经营活动规范有序。

精神文明建设

【概况】 2022年，黄南州推进文明创建，规范村规民约、健全行业规范和学校规章，成立红白理事会412个，建立“红黑榜”制度和门前“三包”约束规定、试行积分制，县级以上文明村、镇、五星级文明户创评率均在60%以上。深化文明实践，开展新时代文明实践中心建设现场观摩活动，在警务和城管工作站、矛盾调解中心（室）、窗口单位设新时代文明实践岗点，建成实践中心（所站）333个，统一实行挂牌管理，实现州域内各市（县）新时代文明实践中心建设全覆盖。建立理论宣讲、交通文明、教育关爱、文化惠民、科技助农、法律维权、医疗卫生、生态环保等8类志愿服务队815支，开展活动1100余次，形成纵向覆盖县乡村、横向涵盖党政群团的实践网络，致力打造思想传播、民生服务和文明引领阵地。“河南县采取阵地规范化、项目精准化、服务大众化、队伍素质化、宣讲分众化、载体多样化‘六化’建设推动文明实践”案例被中宣部《宣传工作》刊载。注重培树典型，获评中国好人榜3人、第七批全国岗位学雷锋标兵1人、第四届青海省道德模范及提名奖3人，举办第二届黄南州道德模范颁奖仪式，评选出道德模范20人、道德模范提名奖21人。泽库县人民医院马文义入选中宣部、国家卫生健康委向全社会公开发布2022年“最美医生”。推荐的多杰、桑杰加入选第二季度“中国好人榜”，张斌斌获第七批全国岗位学雷锋标兵、黄南州总工会获得“青海省岗位学雷锋示范点”称号。第八届全国道德模范完德尖措受邀参加央视春节联欢晚会。推荐申报新一届省级文明城市、文明村镇、文明单位、文明校园、文明家庭共101个、精神文明先进工作者2名。组织全州宣传系统及乡（镇）干部等参加“志愿服务与新时代文明实践中心建设”专题讲座培训会。

【社会主义核心价值观普及】 贯彻落实《新时代爱国主义教育实施纲要》，强化《新时代公民道德建设实施纲要》学习宣传，推进社会公德、职业道德、家庭美德、个人品德建设。牢牢抓住培育和践行社会主义核心价值观这一主线，以公民道德宣传日、民族团结进步宣传月、普法宣传等活动为契机，开展社会主义核心价值观“九进”活动。利用各类电子显示屏、车载电视、橱窗展板、建筑围挡、道旗、灯箱等大众媒介宣传社会主义核心价值观，扩大宣传受众面和影响力。深入挖掘昂拉千户纪念馆爱国主义教育基地革命精神、红色基因的丰富内涵和时代价值，推动爱国主义教育基地提档升级。学习贯彻习近平新时代中国特色社会主义思想和社会主义核心价值观融入党组织学习、干部培训、学校思政课教育及群众日常行为规范，有力推动政治文化和主流价值相融合。开展“我们的节日”主题活动，丰富社会主义核心价值观的内涵，让社会主义核心价值观深入人心。

【文明创建】 州文明办印发《关于推荐评选青海省2019—2021年度文明城市、文明村镇、文明单位、文明家庭、文明校园和精神文明建设先进工作者的通知》，组织开展新一届省级文明县城、文明村镇、文明单位、文明校园和文明家庭推荐评选工作。推荐申报省级文明城市2个、文明村镇24个、文明单位标兵19个（街道、社区2个，非公有制组织1个，其他16个）、文明单位47个（街道、社区3个，非公有制组织2个，其他42个）、文明家庭4个、文明校园5个、精神文明建设先进工作者2人。

【文明家风建设】 组织开展“好家风好家训”宣传活动，通过丰富多彩的家风文化活动，引导广大干部群众带头遵守公序良俗，做家庭美德的践行者。深化“书香黄南”全民阅读、农（牧）家书屋、“三下乡”等活动，开展农牧区电影放映、文化进万家等公益行品牌文化惠民工程。组织开展诚信建设、婚丧嫁娶服务、邻里互助和道德评议等行动，实现乡村德治与自治的良性互动。组织开展身边好人、好婆婆、好媳妇、好青年、好少年等先进典型评选活动，以身边典型引领文明乡风。各市（县）新时代文明实践中心（所、站）组织广大志愿者开展疫情防控、政策宣讲、救助帮扶等志愿服务活动，提升广大干部群众参与疫情防控、互帮互助、文明素养的积极性、主动性，用听党话、感党恩、跟党走的思想觉悟、道德水平、文明行动来践行社会主义核心价值观。发动道德模范、先进个人、劳动模范等代表人物参与宣传中共二十大精神宣讲活动，用爱心帮扶、政策解读、分享感受等教育引导广大干部群众学习领会中共二十大精神，受众群众反响热烈，真正让树立的榜样、先进典型发挥自身优势，用自身的发亮点引领广大农牧民群众崇尚文明。

【文明新风倡导与树立】 坚持以文化人、以文育人，结合移风易俗开展群众乐于参与、便于参与的文化活动，用“群众语言”讲述“群众故事”，拉近与群众的距离，满足群众多样化精神文化需求，形成摒弃陋习、共树新风的良好氛围。全州以抵制天价彩礼、厚葬薄养、大操大办、铺张浪费为着力点，开展移风易俗、弘扬时代新风行动。从教育、制度、监督等方面继续探索常态长效的措施和途径，倡导婚事新办、丧事简办，减轻群众经济和精神负担。各驻村干部、各市（县）文明办等着眼立规矩，指导全州各村、社区修订村规民约、居民公约，发挥红白理事会、村民议事会、道德评议会、禁毒禁赌会等自治组织作用，常态化开展监督检查、相互评议评价、给予激励惩戒等，有效治理高价彩礼、薄养厚葬、封建迷信等陈规陋习，较好地形成系统化自我约束机制。

【举办“庆祝七一　喜迎二十大”主题活动暨第二届黄南州道德模范颁奖仪式】 7月1日，黄南州举办“庆祝七一　喜迎二十大”主题活动暨第二届黄南州道德模范颁奖仪式。活动为助人为乐、见义勇为、敬业奉献、诚实守信、孝老爱亲五大类道德模范及提名奖获得者进行颁奖。现场通过观看道德模范先进事迹微视频、歌曲舞蹈等文艺演出、采访互动和颁奖等形式，了解道德模范感人故事、先进事迹，感受他们信仰之坚定、对党之忠诚、为民之赤诚、干事之笃行。通过此次活动，弘扬模范精神、讲好黄南故事，用道德模范教育、激励、引导干部群众向上向善、担当实干。

【2022年新时代文明实践中心建设工作推进会】 8月2日，黄南州2022年新时代文明实践中心建设工作推进会在河南县召开。会议深入学习贯彻中央和省关于拓展新时代文明实践中心建设工作推进会和相关文件精神，对标省委和州委工作要求，对深化拓展新时代文明实践中心工作进行再安排、再部署、再推进。省委宣传部文明办主任张继瑜，州委常委、宣传部部长宋辉出席并讲话。州委宣传部常务副部长马青云主持。会议通报全州2022年新时代文明实践中心建设工作开展情况。各市（县）围绕新时代文明实践中心、所、站建设和深化拓展、提档升级等工作成效和亮点工作经验交流。会议强调，要以高度的政治担当、行动自觉，围绕“全员大学习、能力大提升、业务大比拼、作风大转变”四大专项行动，用心、用力、用情抓实工作，突出新时代文明实践中心建设工作重点，开展文明实践评估自查，认真查漏补缺，推进工作再上新台阶。

市（县）概览

黄南年鉴

2023

同仁市

【概况】 同仁，藏语称为“热贡”，意为“梦想成真的金色谷地”，位于九曲黄河第一弯，青藏高原和黄土高原的交错地带。地处青海省东南部，北纬35°01′~35°47、东经101°38~102°27′，东西宽75千米，南北长85千米。东邻甘肃省夏河县，西连青海省贵德县，南接泽库县，北与循化县、尖扎县接壤，距省会西宁市160千米，是甘、青、川三省交会的枢纽地带和黄南藏族自治州州府所在地。总面积3275平方千米，占全州面积的17.96%，占全省面积的0.45%。辖隆务、保安、多哇3个镇，兰采、双朋西、扎毛、黄乃亥、曲库乎、年都乎、瓜什则、加吾8个乡，其中3个纯牧业乡，72个行政村、8个社区、362个农牧业生产合作社。总人口29648户103283人。其中，城镇人口52752人、农村人口50531人；藏族占74.33%、汉族占9.77%、其他少数民族占15.9%。全市有依法登记寺庙38座。境内最高（尕玛日岗）海拔4971米，最低海拔（麻巴峡口）2160米，相对高差2811米。属大陆性高原凉温、冷温半干旱气候。气候温润，雨量充沛，是宜居的天然避暑胜地。2022年全年平均气温7.8℃，与历年同期平均值6.6℃相比高1.2℃。年总降水量为347.5毫米，与历年同期平均值419.6毫米相比降低17%。年日照总时数2337.7小时，年日照百分率为53%，全年光照适中。

全市有耕地面积7506.67公顷；天然草地31.8万公顷，其中可利用草地面积30万公顷；林地面积213729.6公顷、非林地面积113770.4公顷，林木覆盖率35.37%，林木绿化率39.8%。各类牲畜存栏44.51万头（只），能繁母畜24.51万头（只），母畜比例55.06%；出栏各类牲畜18.57万头（只），奶类产量1.01吨，肉类产量5835吨。已定名野生动物150余种，野生药用植物200余种，已探明发现金属矿10余种，其中开发利用5种。是“热贡艺术”发祥地，素有“西域胜境”、世界唐卡之都、安多藏文化的原生地、藏族画家之乡、中国民族民间艺术之乡之称，被省文化和旅游厅公布为国家AAAA级旅游景区。境内有全国重点文物保护单位隆务寺、历史文化和地方特色突出的民族聚居地隆务古城、有着中国边疆屯兵史上活化石之称的保安古屯田寨堡群等。2022年获“省级卫生城市”荣誉称号。

2022年，全市完成地区生产总值410320.47万元，同比增长1.4%。其中，第一产业增加值68862.33万元，同比增长4.4%；第二产业增加值64560.5万元，同比增长34.4%；第三产业增加值276897.64万元，同比下降4.5%。社会消费品零售总额104325.4万元，同比增长2.7%；市属固定资产投资同比下降31.41%；全体居民人均可支配收入23238元，同比增长5.3%。居民消费价格呈稳中略涨的态势，累计上涨2.4%，涨幅比上年高1.1个百分点，与全省平均水平持平。2022年，同仁市一般公共预案收入完成12450万元，同比增长5.4%；一般公共预算支出完成232667万元，同比下降18.64%。

【农牧业发展】 出台全市农牧业高质量发展指导意见和绿色有机农畜产品输出地专项规划等“一揽子”政策措施，构建“一地两创三促四园五带”发展思路和产业布局，地方财政支农资金从100万元增加到1000万元，助推农牧业蓬勃发展。立足特色资源禀赋优势，打造油菜、黑青稞、马铃薯、饲草、黄果梨、豌豆“六个万亩”绿色生产基地。挖掘农业多元价值，建立“村集体经济+农户”“休闲农业+农户”利益联结机制，建成6个休闲农业基地和3个色彩农业基地。实施“3545”万头犏牛规模化养殖基地建设，建成“热贡尕玛顿丹”扩繁基地、“佳加哇娄”藏羊保种基地和7个千头标准化牦犏牛养殖基地，申报国家级“农村产业融合发展示范园”和省级“万头标准化犏牛基地（产业园）”，不断提升本地绿色特色畜产品输出能力。加快推进州市共建绿色有机农畜产品输出地和瓜什则牦牛酸奶产业园建设，集中打造一批富民产业，形成富民效应。

【特色产业】 利用半农半牧区撂荒地等土地资源，培育荷兰豆千亩示范田，建成“六个万亩”绿色种植基地，实施化肥农药减量增效0.55万公顷。打造形成以耕作机械化为主的黄乃亥乡日秀玛饲草产业“六化”经营模式，饲草年产量达2.1万吨，并与本地犏牛养殖合作社等实行订单式合作，首次实现本市饲草自产自给。全市首座兽医实验室和多哇活畜交易市场建成运行，实施“3545”万头犏牛规模化养殖基地建设，打造州市共建绿色有机农畜产品输出地和瓜什则牦牛酸奶产业园，建成“热贡佳加哇娄”保种基地、“热贡尕玛顿丹”藏羊扩繁基地，市现代农业产业园（犏牛）被评定为省级特色现代农业产业园。发展色彩农业，打造3个色彩农业基地，建成“在那东山顶上”、芊桑别院、云端热贡民宿露营地等6个休闲农业基地。吾屯村、立仓村入选全国乡村旅游重点村。

【乡村振兴】 落实“2411”防返贫动态监测和帮扶机制，消除返贫致贫风险123户477人，风险消除率80%以上。完成“三区三线”划定，守牢耕地保护红线，撂荒地复垦复种0.07公顷，粮食总产量达到1.45万吨。启动乡村振兴“八大行动”，储备衔接项目82个，投入衔接资金1.64亿元，整合涉农资金2.37亿元，实施衔接项目47项。投入东西部协作资金6000万元，实施50万羽金黄果蛋禽养殖及有机肥加工基地建设等5个固强补弱项目。推进乡村建设，编制完成18个行政村村庄规划，实施基础设施建设、人居环境整治、公共服务提升、乡村治理，改善3485户农牧民居住条件，新建水改厕1264座，升级改造农村供水管网54.22千米，实现8个村村道“柏油化”，建成4个乡村振兴试点村和8个乡村建设示范村。

【生态文明】 统筹山水林田湖草一体化保护和系统治理，健全林（草）长制巡查、督办等制度，完成国土绿化8520公顷，义务植树57.8万株，森林覆盖率达33.74%。实施曲麻沟水生态和双朋西村周边小流域治理等工程，治理水土流失36.14平方千米。常态化开展“清河行动”，主要流域2个断面水质均达到Ⅱ类水质标准，2个集中式饮用水水源地水质达标率100%。推进黄河流域生态环境警示片和全方位“体检”反馈问题整改，立案处理生态环境损害赔偿案件2件，办结群众环境信访举报案件89起。补齐建立乡村垃圾和生活污水收集处理体系短板，建设12个乡村垃圾环保焚烧炉，第二垃圾填埋厂、污水处理厂一期提标项目完成处于试运行阶段，城镇污水和垃圾无害化处理率分别达到92%、94%，空气质量优良天数比例为96.9%。“天更蓝、山更绿、水更清”正成为人人可及、天天有感的最普惠民生。

【项目建设】 开展“项目落地攻坚年”专项行动，坚持清单化调度监管、节点化督查通报，全力对冲疫情影响。全年实现开复工项目94个，争取各项债券项目资金2.53亿元，完成固定资产投资16.22亿元，一批事关基础设施、乡村振兴、产业培育、生态环保的重大项目落地实施。同仁330千伏变电站竣工投用，浪加水库下闸蓄水。城北新区防洪综合治理、200兆瓦“牧光储”等重大项目开工建设，郭么日大桥、北区综合管廊（二期）、400兆瓦“牧光储”等项目高效推进，天然气市政管网、集中供热煤改气、浪加水库灌溉和供水等项目开工建设。

【文化旅游】 坚持以文塑旅、以旅彰文，不断融入国际生态旅游目的地建设，编制实施全域旅游“1+5”规划，打造“古色”“绿色”2条精品旅游线路，申报2022年国家级旅游消费集聚区、青海省乡村旅游特色示范点、星级乡村旅游接待点，成功创建省级全域旅游示范区，吾屯村入选全国乡村旅游重点村。多渠道、多层次宣传推介热贡艺术、藏乡“六月会”、土族“於菟”节等民俗品牌，进一步提高旅游知名度。创新“文旅+”多元业态，打造完成“在那东山顶上”“芊桑别苑”“丹霞地貌奇峰园”等乡村文旅产业。挖掘文化产业优势，热贡文化园区、唐卡风情小镇、非遗传习中心等基础设施建设日趋完备。

【深化改革】 “放管服”改革不断深化，行政审批事项大幅压减、取消下放行政许可事项15项，136项政务服务事项实现全流程网上办理，85项高频事项实现“跨省通办”，企业登记注册、开办时间均压缩至3个工作日以内。优化营商环境，发放“多证合一”营业执照270份，“二证合一”营业执照1020份，全程电子化登记系统自主申请营业执照855

份，新增市场主体874户，市场主体达9765户。精准施策助企纾困，累计留抵退税1751.56万元，缓缴社会保险费28.08万元。持续加强与天津经开区、启东市和央行交流合作，对口援建帮扶取得新成效。参与“青洽会”等招商平台，成功签约清洁能源等项目9项，签约金额34.4亿元，到位资金9.37亿元，为全市发展增添了强劲动力。确定“完善督考一体工作机制”和“深化大规模国土绿化巩固提升行动”2项自行改革任务，地区自行改革事项得到省、州部门肯定。

【社会治理】 贯彻落实“八五”普法规划，健全完善社会治安防控体系，处置重点信访积案，严厉打击电信网络诈骗犯罪，刑事案件、治安案件同比实现双下降。依法加强宗教事务管理，开展“爱国、感恩、团结、法治”教育，铸牢中华民族共同体意识，各族群众听党话、感党恩、跟党走的信心和决心更加坚定。推进双拥共建，国防动员和后备力量“三项基础”建设成效显著。压紧压实安全生产责任，推进建筑施工、道路交通、特种设备、危化品等重点领域专项整治，全年未发生较大以上安全事故。

【城乡建设】 坚持建管并重、内外兼修，西成铁路、同赛高速同仁段和天然气入州等强基固本的重大项目进展顺利。新改扩建高标准公厕23座，城区内高标准公厕增加到47座。推进市体育场停车场建设项目建设，中山路、热贡路等4座人行过街天桥投入使用，开通优化7条绿色公交线路，打通城市堵点、痛点，群众出行更便捷更安全。27个国家级传统村落集中连片保护利用和6个高原美丽乡村建设完工，14个小区618户老旧小区综合整治和9个老旧小区基础设施改造完成，发放贫困家庭住房租赁补贴41万元。撤县设市后，城市功能提升项目征地拆迁及城市违章建筑整治顺利推进，征拆涉及8个片区、面积达4万余平方米，完成拆迁65.6%，提升城市基础功能范围和征地拆迁面积最大纪录。霍尔加南北路道路整治、迎宾大道两侧生态绿地建设项目完成工程量的80%，宜居宜游、绿亮净美的“城市客厅”焕然一新。

【社会民生】 *教育发展* 推进州委“1+5”和市委“八大工程”，出台《关于进一步规范全市中小学管理体制更好聚焦教学工作的意见（试行）》等9个配套文件，规范学校党建、校园文化、教研教学、考核评价，探索推进专职督学、“互联网+教育”、财务第三方代理记账管理，设立同仁市教育发展基金专户，启动教育布局再调整，强化师德师风建设，合理配置教师资源，补齐后勤及保教人员，教育发展实现新突破、取得新成效。

医疗服务 持续深化医药卫生体制改革，完善分级诊疗制度，基层医疗机构远程会诊实现全覆盖。统筹资金整合市人民医院、市中医院、隆务镇卫生院医疗资源，组建同仁市人民医院并投入使用。加快基层藏医馆建设，开设隆务镇卫生院中医皮肤专科，打造藏医药宣传一条街。开展爱国卫生运动，同仁市再度荣膺“省级卫生城市”荣誉称号。

社会保障 深入实施全民参保计划，城乡居民医疗保险、基本养老保险、失业保险等参保人数均完成预定目标。提高最低生活保障、特困人员保障标准，最大限度地保障困难群众基本生活。加快实施老旧小区改造，开展农村房屋安全隐患排查整治，改善群众居住条件。发展医养结合等

2022年1月19日，同仁市在热贡广场举行“迎新春促消费”惠民消费券发放活动启动仪式（同仁市供图）

多样化养老服务，社会福利中心和隆务镇敬老院建立集“医疗+康复+养老”的复合型康复养老服务，措玉村互助幸福院和2个社区居家养老服务网络建设项目全力推进。

就业创业　落实落细就业优先政策，开展“春风行动”、就业援助月等专场招聘，城镇新增就业452人，高校毕业生就业率87.8%，城镇登记失业率严格控制在规定指标内。深入实施农牧民技能培训，开发光伏电站维护员等村级公益性岗位，选树培育劳务品牌，辐射带动更多劳动力实现就近就地就业。落实创业担保贷款和贴息政策，发放创业补贴，以创业带动就业。

2022年11月1日，在同仁市第三完小举办学习宣传贯彻中共二十大精神“十进”大宣讲“进学校”活动（同仁市供图）

【党的建设】　巩固提升“组织体系建设三年行动”成果，推行“清单制”“积分制”新模式，形成学理论有清单、抓活动有主题、干工作有重点的局面。常态化开展软弱涣散村党组织排查整顿工作，村党组织实现晋位升级。打造“‘两新’·红色驿家”党建服务新品牌，创设“小个专”党建工作指导站，设立“1+1+N”红色物业。发挥党员先锋模范作用，在虫草采挖、防疫抗汛、乡村振兴等工作中，动员组织力量、发挥组织优势、筑牢“红色屏障”。推进抓党建促乡村振兴，多元化打造11个村集体经济示范村，进一步推广黄乃亥乡“饲草种植日秀玛模式”。推进党建引领“快递进村”工作，解决农牧区快件投递梗阻问题。

队伍建设　坚持选优配强，线上线下同步，举办各类学习培训班，全市科级领导干部轮训实现全覆盖。树立正确选人用人导向，累计选拔任用科级领导干部55人，落实职级待遇103人。打造政治型、学习型、服务型机关，隆务镇人民政府被评选为第四届青海省“人民满意的公务员集体”。建立引才聚智人才体系，召开市委人才工作会及人才工作座谈会，申报生态有机畜牧业、乡村建设等7个项目引才计划，引进各类人才32人。

从严治党　深化“市委主抓、纪委协助”党风廉政建设和反腐败工作格局，把党风廉政建设列入重要议事日程，健全市委全会听取党委（党组）主体责任落实情况报告、廉政谈话制度，确保责任传导到位。运用“四种形态”批评教育帮助和处理33人次，有效纠正思想苗头问题。保持反腐败斗争高压态势，开展生态环保、乡村振兴、工程建设、粮食购销等专项治理监督，纠治身边不正之风和民生领域腐败问题。高质量推进巡视巡察工作，启动10个党组织两轮常规巡察和乡村振兴政策落实专项巡察，监察监督工作走深走实。

尖扎县

【概况】　尖扎县位于青海省东南部，黄南藏族自治州北部。东北与化隆回族自治县相望，东南与循化撒拉族自治县接壤，南与同仁市毗邻，西与贵德县相连。地理坐标为北纬35°39′20″～36°10′00″、东经101°37′43″～102°08′40″。县境南北长约87千米，东西宽约48千米，总面积1714平方千米，占黄南藏族自治州总面积的9.57%，占青海省总面积的0.24%。县境南北长约87千米，东西宽约48千米，山川河流，纵横交错，山峦迭起，地势高峻，沟脊相间，地形支离破碎，地貌复杂多样。最低海拔1960米，最高海拔4614米，相对高差为2651米，河谷、低山丘陵和中高山地地域的垂直差异明显。县人民政府驻地马克店镇地处县境东北缘的黄河之滨，海拔1990米。自然环境优越，交通四通八达，是高原生态宜居城镇。全县辖马克唐、康杨、坎布拉3个镇，尖扎滩、当顺、昂拉、能科、措周、贾加6个乡，87个行政村、10个社区居民委员会，总人口59188人，人口出生率15.89‰，死亡率7.45‰，人口自然增长率8.46‰。是多民族聚居区，主要民族有藏族、回族、汉族等。2022年，尖扎县德吉景区成功入选第一批青海省文化和旅游产业融合发展示范区创建单位名单；藏家大院被评为青海省五星级乡村旅游接待点和2022年青海省乡村旅游特色示范点，康杨民俗风情园、加洛农家院、荣千央群农家院、豆哥家宴、项尖农家院5个乡村旅游接待点通过州级三星级评审。坎布拉地质公园成功入围“联合国教科文组织世界地质公园2021—2022年度候选地”。

全年全县完成地区生产总值28.5亿元，同比下降3.2%；完成农林牧渔业总产值4.54亿元，同比增长4.61%，完成农作物播种面积4078.67公顷，全年存栏牛5.62万头、羊11.67万只、其他大牲畜存栏0.13万头（只）。全县规模以上工业企业实现增加值11.91亿元，同比下降14.1%。全县实现建筑业总产值2.66亿元，同比下降0.36亿元。全县500万元以上固定资产投资同比下降8.1%。其中，第一产业投资同比下降20.2%；第二产业投资同比增长70.2%；第三产业投资同比下降38.8%。三次产业占固定资产投资的比重为9.61：48.61：41.78。地方财政一般预算收入19967万元，同比增长5.18%。实现社会消费品零售总额19239.7万元，同比增长1.8%。全体居民人均可支配收入21922元，同比增长6.5%。其中，城镇常住居民人均可支配收入36248元，同比增长2.5%；农村常住居民人均可支配收入12921元，同比增长6.4%。

【农牧业发展】 实施农牧业发展项目36项，总投资12236万元。其中，乡村振兴衔接资金项目24项，总投资6532万元，支付5872万元，支付率达90%，7个项目完成竣工验收，剩余16个项目计划年内完工。实施农牧业常规项目12个，总投资4004.71万元，10个项目完工，剩余2个正在实施，计划11月底前完工。东西部协作资金产业项目5个，当顺乡古浪河生态畜牧业合作社总投资60万元，措周乡俄什家生态畜牧业合作社总投资50万元，完成实施并通过县级验收；尖扎县城关牛羊肉定点屠宰场建设项目总投资1000万元，完成前期工作，于2022年11月23日开工建设；尖扎县果蔬交易市场建设项目总投资1200万元，于2022年12月8日完成招标后，可开工建设；尖扎县乳制品建设项目总投资700万元，于12月10日完成招标后，可开工建设；尖扎县牦牛藏羊肉深加工项目总投资300万元，处于实施方案审查阶段。谋划储备2023年乡村振兴衔接资金产业项目34项，金额达1.4亿元。以青海恒泽农业有限公司、青海圣航农牧科技开发有限公司、青海高原祥农牧科技有限公司为首的种植企业，依靠新品种引进、绿色标准化栽培与绿色防控技术的广泛应用，使全县种植品种呈现出多样化，所生产的果蔬产品健康绿色，娃娃菜、辣椒、番茄、草莓、桃、葡萄等12个果蔬产品获“国家A级”绿色食品认证。每年生产的绿色有机农产品销售量达620吨，销售额达1120万元；带动周边群众务工2060人次，带动农户增收198.8万元。全年尖扎县复种面积800公顷，其中复种蔬菜面积266.67公顷，复种绿肥面积533.33公顷；川水地区主要种植大白菜、大葱、萝卜、胡萝卜等蔬菜作物，康杨、坎布拉镇等地区主要种植粗蛋白含量高的饲用型玉米、毛苕子、燕麦等绿肥饲草作物，种养结合，以农促牧，发展农区畜牧业。

【乡村振兴】 选定昂拉乡拉毛村、康杨镇格曲村、马克唐镇加让村、多加办事处哈玉村为乡村振兴试点村，坎布拉镇古日羊麻村为乡村振兴旅游试点村。在完成《尖扎县昂拉乡拉毛村、康杨镇格曲村、马克唐镇加让村、多加办事处哈玉村振兴示范村规划（2021—2025年）》等试点规划编制工作的基础上，投资4399.12万元，实施产业发展、基础设施提升等18个项目。所有项目都开工建设，支出 3722.43 万元，下达资金 4399.12 万元，资金支出率达 85%。投入 40 万元，脱贫户和边缘易致贫户劳动力开展烹饪、堆绣、麦秆画制作、舞蹈等 4 个工种短期技能培训，完成 5 期培训，参加培训人员合格率 100%。对 9 个乡镇、1 个办事处脱贫家庭大学生 406 人发放“雨露计划”教育补助 363.5 万元。在三江源扶贫产业园优先吸纳产业园区周边脱贫户实现就近务工。产业园区就业达 300 余人。投资 1.42 亿余元，建设实施乡村生活污水治理、黄河流域干流生态保护与修复工程、农村污水管网、农村环境整治环卫设备购置等项目；投资 1760 万元，实施马克唐镇如什其村、解放村，当顺乡才龙村，多加办事处哈玉村、香哇东村，能科乡拉沙村高原美丽乡村建设项目；投资 1950 万元，实施 15 个农村生活垃圾焚烧炉项目，加快建设生态宜居乡村。围绕“巩固提升社会治理‘黄南模式’奋力打造党建引领地方治理创新样板”的决策部署，深化“一核三治”乡村社会治理体系建设，将移风易俗，公序良俗、精神文明和治理“高价彩礼”等内容纳入《村规民约》，修改完善村级事务议事规则，持续规范村务管理秩序。推进“文明村（社）”“五星级文明户”创建，创建文明村（社）59 个，创评“五星级文明户”9804 户。

【文化旅游】 编制完成《尖扎县全域旅游发展规划》《尖扎县民宿产业发展规划》并经过省级评审。受疫情影响，全县重大活动较往年减少，仅举办青海省首届青少年高原“小拳王”金腰带争霸赛和尖扎县第四届“民族团结·农商杯”职工篮球赛 2 个赛事。围绕全民健身，加大体育场地免费开放力度，县域内五彩神箭体育场、射箭场参加体育活动日均达到 1200 余人次。全年全县旅游业总收入 4.3 亿元，同比下降 37.56%。旅游 145.56 万人次，同比下降 44.44%。截至年底，全县有国家 AAA 级旅游景区 2 个（德吉景区、能科景区）、全国乡村旅游重点村 1 个（德吉村）、省级乡村旅游重点村 6 个（德吉村、直岗拉卡村、德乾村、城上村、古日羊马村、来玉村）、乡村旅游接待点 61 个（四星级乡村接待点 19 个）。

【项目建设】 深入贯彻落实“疫情要防住、经济要稳住、发展要安全”的重大要求，高效统筹疫情防控和经济社会发展，坚持稳字当头、稳中求进，强化县级领导联系重点项目、“旬分析、月调度、季通报”等工作制度，加快项目进度。全年实施重点项目 19 项，总投资 44.41 亿元。新建项目 8 项，其中尖扎县麦什扎黄河大桥引道工程、尖扎县生态修复综合治理工程、尖扎县囊拉千户院建设项目、尖扎县光伏产业项目、尖扎县万头牛场建设项目、李家峡水电站扩机（5 号机组）均开工建设；尖扎县昂拉乡基础道路建设项目、尖扎县人民北路道路工程建设项目正在开展前期工作。续建项目 4 项。其中，尖扎县五位一体大型环保节能建材+绿色装配式建筑基地项目、坎布拉运动休闲特色小镇建设项目完工；尖扎县城北区城镇基础设施建设项目、公伯峡库区尖扎县纳浪寺水库灌区二渠维修改造工程均完成总工程量的 90%。前期推进项目 7 项，县城老城区城镇管网改造建设项目，完成可研审查；黄河干流尖扎段岸线环境综合整治工程、尖扎县城污水处理厂升级改扩建（三期）建设项目，尖扎县昂拉黄河大桥工程完成可研并报省发展和改革委审批；尖扎县昂拉高铁新区规划、尖扎县城市更新规划、尖扎县坎布拉景区规划修编，正在编制当中。

【招商引资】 第 23 届中国·青海绿色发展投资贸易洽谈会上签约 4 个项目，总投资 6.35 亿元，分别为投资 5.6 亿元的尖扎滩乡 400 兆瓦“牧光储”一体化建设项目（第一期）；总投资 0.4 亿元的青海鼎晟生物科技有限公司生物质燃料加工项目；投资 0.2 亿元的康杨崖湾村陆地工厂化水产养殖项目；投资 0.15 亿元的能科乡德乾村“百美村庄”乡村旅游示范项目。以上 4 个项目均落地开工。

制定《尖扎县落实稳住经济一揽子政策措施实施方案》12 个方面具体补助措施，其中为全县 87 户工业商贸企业发放各类补助资金 287 万元；为 3 家企业争取中小微企业发展专项资金 60 万元；为 23 家企业争取贷款贴息 21 万元；为坎布拉俄家台特色小镇服务基地 6 家企业争取开发运营补助资金 83 万元；为全县 6 家中小微企业争取天津市援建资金300万元。

【城乡建设】 加大县城主次干道、商业街区、公园广场、市场等重点区域清扫力度，做好县城建成区绿化带内、建筑工地周边、背街小巷等区域死角盲区生活垃圾的清理工作。采取不定时与错时整治相结合，整治流动摊点、占道经营、乱堆乱放等不文明现象。清理破损陈旧广告40余处，新装井盖45套，维修塌陷井盖30套、沉陷路面20余处、护栏10余处、人行道大理石地面200平方米。在城区主要街道、幸福安居小区、惠安小区增设有害垃圾、其他垃圾、可回收物、厨余垃圾等垃圾分类箱，并安装有汉文、藏文、英文的垃圾分类标识牌，便于指导市民、居民将垃圾分类投放。按照“高标准、精细化、常态化”工作原则，开展园林绿化工作，持续提升城镇绿化水平、园林景观效果。栽植城区绿地、街道两侧、街心广场、滨河公园及城北新区道路两侧苗木，种植补栽乔木200余株、小乔木及散植灌木419株，片植灌木及地被苗木10.8万余株、时令花卉4.3万余株。

【生态文明】 印发《尖扎县打造全省农村生活污水治理示范县实施方案》《尖扎县全国生态文明示范区创建规划》，有序开展农村生活污水治理示范县和生态文明示范区创建。组织召开2022年度环保工作会议、生态环境问题整改工作推进会、黄河流域生态环境全方位体检反馈问题整改工作推进会等，配合完成省级督查1次、州级督查2次，开展县级自查5次，印发《尖扎县黄河流域生态环境全方位反馈问题整改方案》《尖扎县生态环境问题整改责任清单》《尖扎县城镇生活污水垃圾处理设施建设运行情况生态环境保护专项督察反馈问题整改方案》等方案。逐一向责任单位印发《关于加快推进生态环境领域各类督察反馈问题整改工作的函》，签订问题交办单13份，以月调度季总结、挂图作战、印发督办等形式强化工作措施，以警示教育、现场办公、分片包干等形式，压实整改责任，联合县纪委监委开展护航生态文明高地专项监督检查，对生态环保领域各类督察反馈及自查发现问题整改情况进行“回头看”，截至年底，各类督察反馈的106个问题，完成整改87个，整改率82%。

【社会民生】 完成2022年义务教育薄弱环节改善与能力提升项目，投资315万元，为17所学校建设校园文化；投资513万元，为18所学校采购及安装智慧黑板114套；投资187.7万元，为19所学校采购及安装饮水设备，为2所学校安装浴室设备；投资320万元，为9所学校安装护眼灯、5所学校采购厨房设备。高标准打造习仲勋民族团结红军小学。投资915万元，以“政治素质过硬、教学质量出色、人民群众满意”为标准，以“红色文化、民族团结、校园文化”为出发点，将民族团结红军小学（原马克唐镇二完小）打造成全省乃至全国一流的红军小学。全年开展“春风行动”“百日千万网络招聘专项行动”“民营企业招聘月”等各类线上线下招聘会14场（其中易地搬迁安置区开展专场招聘会7场），参加的用人单位和企业684家，其中天津企业189家，为高校毕业生、退役军人、脱贫劳动力、城镇失业人员等就业困难人员精准推送2270个岗位，招聘6712人，初步达成就业意向人数39人。全年实名登记高校毕业生208人，实名求职登记168人；高校毕业生录入金保系统208人，录入率达

2022年9月12日，尖扎县社保局职工上门为行动不便老人办理业务（尖扎县供图）

100%。实现就业 190 人，未就业 16 人，高校毕业生总体就业率达 91%。就业创业证办理 203 人。对 3 名高校毕业生中符合条件的 1 名高校毕业生发放首次创业补贴及创业一次性奖励 1 万元，办理就业创业登记证 203 本。2022 年招录事业单位工作人员 31 人、“三支一扶”60 人、“雏鹰计划”志愿服务人员 8 人，年内补录财政临聘 18 人、辞职 7 人，公益性岗位安置 126 人、辞职退休 114 人。办理 48 人流动调配手续。开展全县 889 名干部人事档案整理，整理 809 卷。工勤及专业技术人员转岗 93 人、专业技术人员晋级聘用 130 人。

【社会治理】 召开市域社会治理现代化试点工作推进会，通报全县市域社会治理工作进展情况，安排部署市域社会治理工作。按照全国市域社会治理现代化试点工作指引，督导评估全县平安建设各成员单位工作开展情况，及时反馈整改发现的问题，为省、州验收工作打下基础。开展基层社会治理“智治”信息化基础建设，在全县各行政村党群服务中心、人口密集区及河道沿岸等重点部位安装可视视频保障服务系统终端，在滨河小区等 3 个小区内开展“智慧小区”试点工作，完成小区大型宣传屏、监控设备、智能识别门禁等智慧建设项目。加强县、乡、村三级综治中心工作，全覆盖监测排查全县三级综治中心问题故障，及时维修 14 个综治中心故障设备，保障县、乡、村三级综治中心+网格员工作设备 100%正常运行。组织县直 30 家成员单位在街心广场宣传综治维稳、扫黑除恶斗争、矛盾纠纷排查和反邪教等内容，发放各类宣传资料、宣传手册 1800 余份，解答群众法律咨询 60 余次，受教育群众达 900 余人次。组织重点乡镇、部门负责人到果洛州玛沁县学习党建引领基层社会治理工作经验，并在康杨、能科率先试点推行基层社会治理新思路，在乡村两级成立 11 个专项工作组，在发展生产、环境保护、疫情防控、防汛减灾等方面发挥作用。开展打击整治养老诈骗专项行动，组织现场宣传活动 74 次，发放宣传册 8500 份，制作电子宣传片 25 个，在全县范围内张贴养老诈骗线索搜集公告。

【党的建设】 组织开展走进班子、走进干部、走进一线“三走”活动，组建 5 个工作专班，走访调研 26 个县直部门和 9 个乡镇及多加办事处领导班子，发现 6 个方面突出问题并完成整改。调整人岗不匹配、同一岗位任职时间较长的 7 名干部职务，提出并定向反馈整改意见 108 条，制定发放“一把手”亲启件 36 份，表扬实际突出班子 20 个，约谈提醒干部 12 人。贯彻落实《青海省干部政治素质考察办法》，构建学习教育、专题培训、谈心谈话“三位一体”的干部思想政治教育工作新模式。选派干部参加省、州、县各类专题培训班 27 期，参加人数 427 人次。加大对基层一线干部的选拔任用和交流力度，完成 309 名干部职级晋升工作，全年有 2 名正科级干部因健康原因免职，1 名副科级干部受到违纪处分免职，10 名科级干部到龄后改任职级公务员，5 名在疫情防控一线、综治维稳、急难险重岗位的干部走向重要领导岗位。常态化排查处置不合格党员 14 人，排查整顿软弱涣散基层党组织 4 个。利用“黄南先锋”智慧党建云平台预警机制，通报、约谈提醒和整改组织生活不规范党支部 5 个，撤销“空壳”党支部 2 个。在疫情防控期间，划拨县管党费 5 万元，慰问全县 10 个社区冲在“疫”

2022 年 6 月 15 日，尖扎县开展“抓党建、筑根基、强治理、促发展”主题党日活动

线的党员。推行青海省驻村第一书记和工作队信息管理系统，实现全县114名驻村干部全流程信息化管理，及时调整退休、调离的5名驻村干部。落实“双帮”工作机制，68家帮扶单位1275名党员干部结对认亲38个重点村1253户4554人脱贫户、监测户，全年开展党建共联帮扶活动300余次，发放各类帮扶慰问物资约18万元。在马克唐镇李加村等10个行政村实施中央财政扶持壮大村集体经济项目，各村扶持资金50万元，发展特色种植养殖、乡村文化旅游等村集体经济产业。加强驻村干部保障激励，落实38支驻村工作队各2万元工作经费，并为县、乡两级选派的82名驻村干部统一购买人身意外伤害保险，每人每年1600元，合计13.12万元；选拔任用驻村干部，年内提拔任用3人，职级晋升22人。全县县级领导干部结对54名专家人才，推动向人才问候、问情、问需、问策“四问”工作实现常态化制度化。截至年底，全县有党组29个、党委12个、工委4个、党总支3个、党支部191个，党员4432人，其中新发展党员280人。全县党员中少数民族党员3607人，女党员1119人。

泽库县

【概况】 泽库，藏语意为“泽曲谷地”因黄河一级支流泽曲河及其多条支脉流经县域而得县名。泽库县位于青海省的东南部，东与甘肃省夏河县毗邻，南与河南县蒙古族自治县相连，西靠青海省同德县，东北与同仁接壤，地理坐标为北纬34°45′~35°32′、东经100°34′~102°08′，总面积6550平方千米。辖泽曲、麦秀、和日、宁秀4个镇，多禾茂、王家、西卜沙3个乡，1个牧场（巴滩牧场），有64个行政村、10个社区、130个牧业合作社。年末全县总人口82394人，有11个少数民族，其中藏族人口81484人，占总人口的98.9%。全年出生人口1398人，出生率为17.73‰；全年死亡人口176人，死亡率2.23‰；人口自然增长率15.5‰。有批准登记的藏传佛教寺庙7座、宗教活动场所16处。境内地貌可分为高山带、亚高山带、滩地、河谷阶地和底山丘陵5个地带，大部分地区在海拔3500米以上，最高点海拔4971米，最低点海拔在2800米，平均海拔3700米。气候属高原亚寒带湿润气候，垂直分布明显，日较差大，太阳辐射强，光照足，冷季漫长而寒冷，暖季短促而温凉。2022年平均气温0.1℃，极端最高气温24.7℃，极端最低气温-27.8℃，年平均降水量40.21毫米，年降水总量482.5毫米，年日照2490.5小时，最大积雪深度2厘米，最大风速15.7米/秒，常年主导风向为西北风。植被以生长矮草草甸为主，有8个土类，19个亚类，29个土属，33个土种。境内共有大小河流30余条，分属泽曲河、巴河、隆务河3个水系，流域面积65806平方千米。全县有丰富的地下水资源，径流量可达4124万立方米，年开采量达5.9万立方米/日，且饮用水水源较为稳定，水质良好；泽库县土地总面积65.5万公顷，草场面积59.67万公顷，占县域总面积的98.6%，其中湿地面积3.92万公顷，占湿地公园总面积的54.24%。耕地0.68万公顷，其中，永久基本农田0.32万公顷，有3个总面积为3185.3平方千米自然保护地，红线面积占全域的48.46%。泽库县有丰富的矿产资源，已发现有金、砷、银、铅、锌、铜、钼、锑等20个矿种，探明储量矿产14种。

全年完成地区生产总值20.86亿元，同比增长1.3%。其中，第一产业增加值11.51亿元，增长4.5%；第二产业增加值2.64亿元，增长10.8%；第三产业增加值6.71亿元，下降6.7%。农林牧渔业总产值13.54亿元，同比增长4.61%。规模工业增加值0.21亿元，同比增长7%。地方一般公共预算收入3312万元；地方一般公共预算支出17.59亿元。实现社会消费品零售总额1.81亿元，同比增长0.7%。全体居民人均可支配收入达16388元，同比增长4.7%。其中，城镇、农村居民人均可支配收入分别达37558元和10374元，分别增长2.8%和6.1%。全县金融机构各项存款余额14亿元，同比下降13.36%；各项贷款余额为12.16亿元，同比下降10.05%。农作物总播种面积5385公顷。牲畜存栏53.5万头（只），牲畜出栏

23.9万头（只）。招商引资4项，总投资金额62.62亿元。全县500万元及以上固定资产投资同比下降33.6%。开复工项目149项，总投资24.1亿元。其中续建项目63项、新建项目87项，实际完成固定资产投资8.35亿元，同比下降33.6%。实施藏区重点项目共132项，总投资约3.6亿元。

【农牧产业发展】 编制完成《泽库现代农业产业园区高质量发展规划（2023—2030）》《泽库县"十四五"牦牛产业发展规划》，国家级现代农业产业园建设加快推进，产业园区升级改造、农畜产品检验检测服务中心全面完工，智能化交易市场进入试运营阶段，园区冷链集散中心、牦牛乳制品加工园进入收尾阶段，入选全国首批农耕文化实践基地。打造多禾茂乡、西卜沙乡、巴滩管委会股份经济合作联合社，探索形成"一乡一业"产业联合体发展新模式。打造"三个千头"牦牛、"四个千只"藏羊基地和"一个万亩"饲草基地，持续提升推广"拉格日"模式，全面启动乡镇生态畜牧业合作社资源整合，加快推进生态畜牧业合作社股份制改造，不断扩大绿色有机农畜产品输出能力。实施稳粮保供行动，种植油菜0.24万公顷、青稞2066.67公顷、燕麦0.13万公顷，农作物总产量达到2.43万吨。依托"互联网+"高原特色智慧农牧业大数据平台，推进牦牛藏羊追溯体系建设，编制完成《泽库羊保护管理办法》，严格食用农畜产品合格证制度，强化农畜产品质量监管，"泽优牧品"香格里拉直营店、叶堂高原产品黄南体验馆相继开业，江苏海门泽库直营店完成门店选址，搭建农畜产品"优质优价"平台。

【文旅融合发展】 深化文旅融合，编制《泽库县全域旅游发展规划（2022—2035）》，成功创建省级全域旅游示范县。斯协、黑帐篷制作技艺、藏式石灼羊肉技艺入选省级非遗名录，才旦加获评国家级非遗代表性传承人。举办青海省第四届藏族谚语演说邀请赛、首届网络春晚、牧民冬季篮球赛和干部职工运动会，乡镇文化旅游节丰富多彩。制作《泽库县旅游指南》，邀请网红推介旅游资源，拍摄《美丽新泽库》《泽库之歌》《聆听泽库》《牧·歌》文旅宣传片，申报3家州级旅游接待点，中小学生研学旅游+非遗体验+爱国教育活动旅游线路推介效果明显，热旭日村生态旅游、生态牧场观光一体综合性休闲度假乐园项目有序推进，青藏生态文明博物馆、综合性非遗馆即将投用，"高天圣境·生态泽库"知名度持续提升。在省第十八届运动会暨省第四届全民健身大会中，泽库县运动员斩获三金三银四铜，体育事业蓬勃发展。接待游客32万人次；实现旅游收入7861万元，同比下降27%。

【项目建设】 高质量编制《泽库县国家生态文明建设示范区规划（2021—2030年）》，出台《泽库县打造生态文明高地建设生态文明示范区的决定》，成功创建第六批全国生态文明建设示范区。跻身全国草原畜牧业转型升级试点县，入选全省绿色有机农畜产品输出地先行示范区辐射带动县，落实转型升级试点项目资金3.2亿元。编制完成《泽库县牧光储一体化新能源专项规划》，76兆瓦屋顶分布式光伏项目开工建设，提升推广"街长制""路长制"，探索建立"所长制"，城镇管理水平和服务能力得到有效提升。同赛高速泽库段进展顺利，黄南机场前期有序推进。2022年"青洽会"专场签约金额达62.62亿元，创历史新高。投资建设1650兆瓦牧光储一体化光伏项目和1000兆瓦风力发电项目前期全面开展。

【城乡建设】 编制《泽曲镇中心城市更新规划》，幸福山生态人文湿地修复及周边环境整治项目、泽曲镇污水管网改扩建、团结路改扩建、迎宾大道环境整治、南片区环境综合整治、民族体育活动场全面完工，以县城为重要载体的新型城镇化加快推进。王家乡风貌改造、停车场、生态广场、牧民路、南环路、西环路、纬一路、城镇绿地、供水管网改造等一批市政项目竣工投用，西部门户王家乡成为西久公路沿途一张亮丽的名片。和日高原美丽城镇全面开工，德吉路、无名路、和日路投入使用，污水处理厂基本建成，和日高原美丽城镇建设获评全省优秀等次，获得奖励资金453万元。宁秀镇南环路、西卜沙乡西环路、措达公路至西卜沙乡连接线全面完工，泽曲镇至泽雄完小公路进入尾声，多禾茂乡体育路、多优公路集镇段、三江北路加快推进，城乡路网提质增效。宁秀镇水源及输配水管网全面完成，“泽雄佳苑”一期顺利封顶，完成10座旧公厕升级改造。推进环境卫生整治“洁净美”专项行动，启动自建房安全隐患排查整治，加大环卫基础设施投入，集中整治城中村脏乱差问题。启动乡村振兴“八大行动”，落实财政衔接及东西部协作资金，实施监测帮扶、产业发展、就业培训、试点村打造等56个项目，乡村产业扶持类项目占比达57%以上，完成农牧民培训400人。打造省级乡村振兴试点村4个，实施高原美丽乡村4个、农牧民居住条件改善工程1000户，新建农牧区卫生户厕229座。实施农村公路29项234.72千米养护。

【生态保护】 加快编制《泽库县国土空间总体规划（2020—2035年）》，统筹划定落实永久基本农田、生态保护红线、城镇开发边界三条控制线，推动形成主体功能明显、优势互补、高质量发展的国土空间开发保护新格局。担好支流责任，展现支流作为，编制完成《黄河泽库流域生态保护和高质量发展规划（初稿）》《泽库县推动黄河流域生态保护和高质量发展水安全保障规划》，修订“一河一策”“一湖一策”，完成48条规模以下河湖画线定界，科学确定“中华水塔”保护范围和空间布局。实施山水林田湖草沙一体化保护和系统治理项目15个，完成封山育林0.53万公顷、退化草原治理1.67万公顷、高原鼢鼠防治3.33万公顷、草原毛虫防控1.33万公顷，稳步推进措日更国家草原自然公园试点工作，加快构建以国家公园为主体的自然保护地体系。持续打好蓝天、碧水、净土保卫战，有序淘汰30台51.5蒸吨燃煤小锅炉，乡镇派出所清洁能源改造全面完成，人居环境整治持续深化，“六个100%”防尘措施全面落实，全县空气质量优良天数比例达97.5%。基本完成泽曲河流域生态保护与修复工程、东格尔金银滩安置点污水管网工程，有序展开巴曲河流域生态保护和修复工程前期工作，基本实现河道“六无”目标，泽曲河、巴河断面达标率达100%，集中式饮用水水源地水质优良率达100%，城镇生活垃圾无害化处理率达96.3%，城镇生活污水处理率达93.18%。完成化肥农药减量增效0.3万公顷，发放生态奖补资金1.2亿元，持续深化全域无垃圾示范县创建，“白色污染”问题得到根本解决，永久基本农田得到有效保护，土壤生态更加稳定。开展黄河流域生态环境全方位“体检”反馈问题整改，完成整改71条，正在整改4条。落实河湖长制、林草长制，推进生态环境损害赔偿制度和综合行政执法改革。

【社会民生】 全年财政用于民生支出18.81亿元，占一般公共预算支出的96.9%。

劳动就业 城镇累计新增就业317人。城镇失业人员再就业77人，农牧民富余劳动力转移就业2546人，发放社会救助资金1.82亿元，惠及14619户59971人，为182名学生发放助学金29万元。城镇登记失业率控制在3.5%以内。高校毕业生总体就业率89%以上。全县学前教育入园率96.57%，九年义务教育巩固率97.17%，高中阶段入学率89.42%。

卫生健康事业 坚持科学精准防控，健全指挥体系、优化防控措施、规范处置流程，动员1740名干部职工抗击疫情，568名医护人员冲锋在疫情一线。成功入选全国基层中医药工作先进单位，在全州率先建成县人民医院传染病区，总投资9000万元县医院医技综合楼、急救中心项目完成主体建设，不断提升医疗服务水平。开展“健康泽库行”大型宣讲义诊活动，全面提升群众疾病预防能力。

社会保障 坚持巩固拓展脱贫攻坚成果同乡村振兴有效衔接，落实“2411”防止返贫动态监测和帮扶机制，监测易返贫致贫户194户775人，152户622人消除致贫返贫风险。深化易地搬迁后续帮扶，落实389万元专项扶持产业发展，支持以工代赈优先吸纳边缘易致贫劳动力就业，建立县乡村资产管理台账，村集体经济收益10万~20万元达到27个、20万~50万元达到31个、50万~100万元达到6个，和日吉龙村上榜全国“一村一品”示范村。完成民生支出118.81亿元，占财政总支出的86.90%。突出抓好重点人群就业创业工作，委托第三方运营城乡劳动力技能实训基地，城镇新增就业317人，城镇失业人员再就业77人，农牧区富余劳

动力转移就业 2546 人，4 家就业见习基地提供就业岗位 56 个，高校毕业生总体就业率达到 89%，城镇登记失业率控制在 3.5%以内。全县学前教育入园率 96.57%，九年义务教育巩固率 97.17%，高中阶段入学率 89.42%。召开教育高质量发展大会，制定下发“1+9”配套文件，开工建设黄南州第四民族高级中学，从全县财政临聘、公益性岗位中解决校园后勤人员 554 人，中考上线率达到 71.20%，高考本科上线率达到 69.30%，全州民考民中考状元花落泽库，举行 2022 年大学新生集中欢送仪式暨助学奖励大会，为 182 名学生发放助学金 29 万元，全年投资 1.72 亿元实施教育项目 66 个。总投资 600 万元，民主路社区嵌入式敬老院项目完成主体建设；投入资金 845 万元，提升县城敬老院、麦秀镇敬老院、西部敬老院养老服务水平，抓好敬老院运营管理。投入 107 万元，为 534 名财政临聘和社区工作人员缴纳住房公积金。开展城乡低保、临时救助、高龄老人、特困供养、残疾人、罹患癌症患者、困境儿童社会救助工作，发放社会救助资金 1.82 亿元，惠及 14619 户次 59971 人次，各类困难群众实现应保尽保、应救尽救。完成武警营房提标升级改造，打造双拥模范示范街，拓展全国双拥模范县成果。依法处置拖欠农民工工资违法行为，保障农民工合法权益。

【社会治理】 巩固提升“一核三治”社会治理模式，加快智能化视频前端建设，组织开展跨区域警务协作联合演练和反恐处突对抗演练，不断加强和创新社会管理，织牢织密社会综合管控网络，社会综合治理水平明显提升。持续深化建设平安泽库，加强社会面管控，探索社会治理现代化管理方式，集中开展社会治理专项整治，强化区域治安巡防，区域治安状况明显好转。成立乡镇消防安全委员会，麦秀镇、和日镇义务专职消防站挂牌运行，基层消防力量建设走在全州前列。地质灾害、防汛排涝、自建房等重点领域安全风险隐患排查整治成效明显，交通事故同比下降 36.76%，全县未发生重特大安全生产事故。开展铸牢中华民族共同体意识宣传教育、民族团结进步创建“十一进”活动，全国民族团结进步示范区创建取得阶段性成效。落实维护稳定各项措施，建立矛盾纠纷排查责任体系和乡镇信访工作联席会议机制，强化县级领导干部接访，集中开展矛盾纠纷排查，民生领域信访问题有效化解，排查各类矛盾纠纷 215 件，调处率达 92.09%。重拳打击电信网络诈骗，筑牢全民反诈防线。

【乡村振兴】 全年新识别贫困监测对象 10 户 48 人，全县累计有易返贫致贫监测对象 195 户 776 人，通过动态调整，剩余 42 户 152 人。投入资金 1526.73 万元，实施农村安全饮水巩固提升项目，解决 2694 户 16316 人、80054 头（只）牲畜安全饮水问题。对 9 个乡镇（社区、管委会）64 个行政村 14264 户住房安全进行认定，农村人口基本住房安全保障率 100%。加强建档立卡贫困人口“双签约”工作，“双签约”履约率 100%。全县 3 年学前教育毛入园率 96.57%，义务教育适龄儿童少年入学率 100%，适龄残疾儿童少年入学率 95.63%，九年义务教育巩固率 97.19%，高中阶段毛入学率 87.1%，义务教育阶段无失学辍学适龄人口。落实“十五年”教育资助资金 5339.88 万元，困难学生资助覆盖率 100%；发放“雨露计划”贫困大学生 928 人助学补助资金 733.5 万元；发放社会救助资金 29013 户 37705 人 1.75 亿元，实现应保尽保、应救尽救。为困难群体代缴城乡居民养老保险个人缴费部分 14521 人，

2022 年 8 月 2 日，泽库县召开乡村振兴领导小组第七次会议（泽库县供图）

代缴率100%。投入资金8359.78万元，用于产业扶持和发展。64个村集体经济收益2191.4万元，村均收益达到34.2万元，其中年收入50万元以上的村10个。年内光伏实现收益1578.75万元，为208名光伏扶贫公益性岗位人员发放工资187.2万元。完成39个易地扶贫搬迁安置点规范化命名和社区组建工作，发放4394户搬迁户不动产权证登记书，7937名搬迁群众实现就业增收。全年城镇新增就业330人，高校毕业生总体就业率89%，城镇登记失业率控制在3.5%以内。完成“雨露计划”脱贫劳动力技能培训212人，资金54万元，培训合格率90%，就业率60%。认定就业帮扶车间29个，就地就近吸纳贫困劳动力569人，脱贫人口、边缘易致贫人口就业252人。累计发放“530”扶贫小额信贷资金5871笔24989.99万元，落实贴息资金476.55万元。启动“富民贷”，完成42笔829.5万元贷款发放工作。落实草原禁牧33.01万公顷，草畜平衡31.88万公顷，发放草原补奖资金12002.44万元，惠及13725户7.58万人，户均增收8744.94元，人均增收1583.43元。为3484名生态管护员发放资金6829.35万元，人均增收19602.03元。落实2022年东西部协作项目6个大类19项，总投资5500万元，完工项目10个；落实乡村振兴财政衔接资金19988.32万元，安排项目39个。

2022年7月7日，泽库县召开领袖思想学习班（第四期）（泽库县供图）

全年衔接资金累计支出18239.29万元，支付率91.24%。投入资金2955.35万元，打造完成麦秀镇贡青村牲畜购置及畜棚建设，恰科日乡果什则村合作社牲畜改良，泽曲镇热旭日村生态旅游、生态牧场观光一体综合性休闲度假乐园，宁秀镇智赛日村千头牦牛养殖基地及牲畜改良建设项目。推进高原美丽乡村建设，泽曲镇羊玛日村、和日镇智合茂村高原美丽乡村建设项目全面完成，415户农牧民分配入住。总投资5573万元农村公路稳步推进，8所乡村幼儿园建成投用，标准化卫生室、公共服务场所等一体化、均等化配套基础设施和公共服务体系不断健全。

【党的建设】 持续完善“一核三治”村级治理体系，在64个行政村实现党建引领基层治理11个专项组全覆盖。做实换届“后半篇文章”，实行村干部到乡镇机关“上挂”机制，村干部到乡镇“上挂”30人。制定村级组织小微权力清单，规范完善治村理事。研究制定软弱涣散村综合整治方案，县级干部蹲点落实治乱治弱治贫机制，强化基层组织政治引领功能。建立常态化联组学习机制，优化10个联组。做实发展党员工作，重点发展青年牧民、学校教师、专技人才、企业员工等党员199人。实施乡村振兴“1246”工程，在西卜沙乡、王家乡、巴滩管委会成立乡级股份经济联合社，探索产业发展新路子，推广支部领办、股份合作等模式，扶持壮大村集体经济，年收入10万元以上的村集体有37个。启动“三资”清查工作，规范村集体经济管理。加强驻村队伍管理考核，召回工作队员2人，通报抗疫防汛期间履职不力的第一书记和工作队员13人。做实服务平台，普遍推行党员驿站、爱心超市、“四点半课堂”等，在公路沿线设立党员志愿服务标识牌17个，落实“有事找党员”要求。

河南蒙古族自治县

2022年10月26日，《河南蒙古族自治县扶贫志》编纂工作启动会召开（河南县供图）

【概况】　河南蒙古族自治县是青海省唯一的蒙古族自治县，位于青海省东南部、青藏高原东北隅、九曲黄河第一右旋大弯曲的弦部南端，地理坐标为北纬34°05′～34°56′、东经100°53′～102°16′，是三江源国家级自然保护区重要组成部分。大部分地区海拔在3600米以上，其中海拔4000米以上的山就有40多座。辖2个镇（优干宁镇、宁木特镇），4个乡（赛尔龙乡、柯生乡、多松乡、托叶玛乡），39个村（牧）民委员会、4个社区居民委员会，135个牧业社。年末户籍人口41931人。其中，城镇人口6563人、乡村人口35368人；蒙古族39401人，占总人口的93.97%。年平均气温1.1℃，较历年平均值高0.2℃；年降水量为510.8毫米，较历年平均值少10%。一年中最长连续降水日数10天，累计降水量为35.2毫米，出现在7月10—19日。县东西长127.67千米，南北宽94.36千米，土地总面积6700.32平方千米，占全省总面积的0.89%。县域内天然草原面积为66.15万公顷，占全县总面积的98.72%，其中可利用草场64.5万公顷，占天然草原总面积的97.5%。林地面积3.57万公顷，占全县土地总面积的5.10%，是典型贫林县。矿产资源缺乏，已发现有黄铁、黑铁、辉锑、石膏、芒硝、泥炭、金、锰、铜、汞等十余种。河南县三大畜种分别为河曲马、欧拉羊、雪多牦牛，被誉为“河曲马的故乡，欧拉羊的家园”。全县水资源总量14.25亿平方米，流域面积100平方千米以上的河流有22条23段，河流总数69条，纳入河湖长制的49条。有水电站5座，其中正常运行1座，理论水能蕴藏量129.64万千瓦，可装机容量83.70万千瓦。县境内野生动植物种类较多，其中野生植物在300种以上。境内旅游资源三富，白螺湖于2020年12月被评为国家AAA级旅游景区。另有圣湖、仙女洞景点、吉岗山风景区、双鱼湖风景区、洮河源湿地公园、李恰如山风景区等自然景点，曲格亲王府、曲格寺等人文景观。

全年完成生产总值20.49亿元，按可比价格计算，同比增长1.3%。其中，第一产业增加值10.47亿元，按可比价计算（下同），增长4.4%；第二产业增加值3.5亿元，增长5%；第三产业增加值6.52亿元，下降5.1%。农林牧渔业总产值13.39亿元，同比增长4.61%。全县规模以上工业企业完成工业产值26912.93万元，同比下降50.5%，实现工业增加值5611.14万元，按可比价计算，同比下降46.1%；规模以下工业企业增加值同比下降8.7%。完成地方公共财政预算收入5682万元，同比增长33.66%；地方公共财政支出171175万元，下降1.98%；用于民生支出14.08亿元，占财政总支出的79%。固定资产投资9.1亿元，全县500万元以上固定资产投资同比下降30.27%，民间投资同比下降80.8%。实现社会消费品零售总额18104.5万元，同比增长1%。全年全县常住居民人均可支配收入23230.7元，同比增长6.5%。城镇常住居民人均可支配收入38040.3元，增长2.2%；农村常住居民人均可支配收入14723.3元，增长6.2%。全县金融机构各项存款余额为14.14亿元，下降13.39%；各项贷款余额为12.75亿元，增长3.79%。全县各类牲畜存栏55.54万头（只），同比增加1.26万头（只），增长2%。出栏各类牲畜26.48万头（只），增加0.25万头（只），增长1%。投资27.56亿元，整合城乡建设项目177个。城镇新增就业285人，农牧民劳动力转移就业1806人，城镇登记失业率为3.12%。九年义务教育巩固率达100%。

【产业发展】 有机畜牧业 聚焦打造绿色有机农畜产品输出地，推进乡村振兴“八大行动”，出台七项促销保障措施实现牧业增产、牧民增收，完成发放2022年度草原生态保护补助，奖励6395户牧户14953万元，发放率99.60%。新建飞地饲草种植基地533.33公顷、防灾饲草储备库699.98平方米。创建完成省级示范社2家、州级示范社6家，建成有机畜产品生产基地5家，优良畜种繁育标准化有机养殖示范牧场19家，合作社升级改造30家。投资8266万元，开展河南县牛羊屠宰加工仓储物流基地项目，建成河南县牛羊活畜交易集散中心、奶粉塔建设项目，实现“建一处市场、活一片产业、富八方群众”的目标和“奶源基地—生产加工—市场销售”一体化经营。全县存栏各类牲畜72.3万头（只），牛羊出栏26.6万头（只）。

文化旅游业 推进蒙古大营建设项目、蒙藏医药康养中心建设项目等城市文化内涵提升项目。在全面做好疫情防控的前提下，22个行政村成功举办村级那达慕活动。申报国家AAA级旅游景区、省级乡村旅游重点村2个，打造三星级乡村旅游接待点3家，培育形成乐乐玛、阿米雪、宝英塔拉、阿玫沃、雅克酷乐等文旅支柱性产业。截至11月底，旅游总收入累计完成14757.45万元，同比下降8.9%；旅游总人次92.677万人，同比增长1.8%。文化产业经营收入2327.5万元，同比增长3.1%。

蒙藏医药业 建成县蒙藏医院高原医学博士研究生工作站、蒙藏药实验室、蒙藏医药现代化示范中心、蒙藏药制剂质检中心，研发新制剂品种3个，完成3种新制剂品种及3种保健型产品研制工作，204种制剂被列入青海省医保遴选目录，211种蒙藏药在省药品监督管理局注册备案。建成全国名老中医药专家传承工作室2个，选定老藏医药专家学术经验继承人8人。与内蒙古伊金霍洛旗和海西州德令哈市达成开设分院初步意向，蒙藏医药业在传承中迸发出新的活力。

生态水产业 紧抓黄河流域生态保护和高质量发展战略机遇，持续加大水产业基础设施建设投入力度，县供水厂提标改造、瀞度景区游客集散中心、水生态主题公园、扎西青稞啤酒厂等项目逐步落地生效，打造出矿泉水、气泡水、饮用水等高品质新品，生态水产业成为推动经济发展、促进群众就业的重要支撑。与天津科技大学协商开展市场调研，推进产品研发工作。对接娃哈哈、农夫山泉两家企业，着力借助企业渠道打响河南蒙古族自治县生态水品牌。

现代服务业 以现代物流、商贸服务、社区服务、新兴服务业4个微产业为抓手，培育服务业新产业、新技术、新业态、新模式。培育出“蒙旗草源”县域公共品牌，搭建完成“蒙旗电商”平台，县、乡、村三级物流统一配送体系逐步形成。牦牦语牦牛肉连锁饺子馆相继在河南蒙古族自治县、西宁市、同仁市落户开业。与青海报业发行物流有限公司合作，投资650万元组建河南县青清海农牧科技商贸有限公司，建设3000平方米标准化厂房，研发产品通过食品生产许可认证。线上线下销售额达2652万元，实现绿色有机畜产品从草原“深闺”走向京都大城市的全新突破。

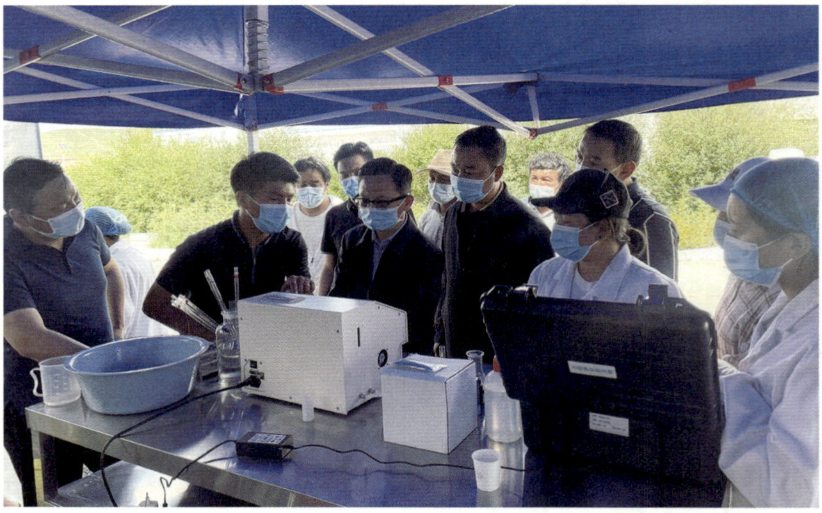

2022年8月16日，在河南县启龙牧场实地检查奶制品生产流通环节食品安全工作（河南县供图）

【项目建设】 推进乡村振兴“八大行动”，实施衔接项目35项，落实资金1.18亿元，推进5个乡村振兴试点村、4个高原美丽乡村和600户牧民居住条件改善工程。全面启动39个行政村村庄建设规划编制工作，优干宁镇给水管网提标改造、宁木特镇特色小街、柯生乡生态美丽乡镇、县城基础设施补短板等项目加快建设，持续补齐全县饮水安全和乡村道路短板。推进“厕所革命”，完善“一厕一档”清单化机制，城乡融合更具品质，人民生活更加美好。实施供水厂提标改造、蒙藏医药康养中心、那达慕宾馆、汽车站、县人民医院整体搬迁等各类项目177项，农网改造、宁木特镇至黄河沿旅游扶贫公路、乡镇清洁能源供热等项目完工，高效协调同赛高速建设，得到州政府和省相关部门肯定。

【乡村振兴】 坚持把乡村振兴作为第一民生工程来抓，2021—2022年累计投资2.46亿元，实施项目68项。严格落实“2411”防止返贫致贫动态监测帮扶机制，有监测户125户437人，其中110户396人消除风险。加快实施高原美丽乡村建设，争取专项资金640万元，有4个村实施美丽乡村建设，完成工程量的80%；争取专项资金900万元，实施牧民居住条件改善工程600户，全部建设完工。

【企业发展】 全面贯彻稳住经济“一揽子”政策措施，落实留抵退税836.74万元，对12家企业助企纾困158.9万元，投入30万元开展惠民暖企促消费活动，促进消费持续恢复和升级，稳住经济运行基本盘。推进重点领域改革，基本完成各类改革任务，“互联网+政务服务”“多证合一、证照分离”成效显著，行政服务中心搬迁入驻，受理审批事项19155件，办结率达100%。全面落实并联审批机制，信用信息“双公示”持续推进。在全州率先完成党政事务辅助人员定岗定编。参加“青洽会”，签约招商引资项目6项，签约金额4.61亿元。持续加大与农业农村部、天津市对口援建单位交流合作力度，落实天津对口支援项目13项。

【深化改革】 把全面深化改革作为推动全县经济社会高质量的必然选择，摆在全局工作的突出位置，全面贯彻中央全面深化改革委员会、省委全面深化改革委员会和州委全面深化改革委员会会议精神，坚持把承接中央和省委、州委重大改革部署作为头等任务，扛牢改革主体责任，理顺改革体制机制，州委部署的6项重点改革任务和9项自行改革事项基本完成。

【社会治理】 推进“枫桥式”星级司法所和乡镇金牌调解室创建，建成“一站式”多元解纷中心，信访事项按期办结率达92.6%，群众满意度达95%。开展“防风险、除隐患、降发案、保平安”、缉枪治爆等专项行动，破获刑事案件25起，办理行政治安案件93起。开展民族团结“十二进”活动，“铸牢中华民族共同体意识”体验馆有序推进，托叶玛乡曲海村获“全国民主法治示范村”称号。推进安全生产隐患大排查大整治专项行动，未发生重大安全事故，全县社会大局持续和谐稳定。

【社会民生】 就业创业 全面落实就业创业政策，实现企业用工信息以及创业就业相关政策向未就业高校毕业生和待业青年的精准推送；线下组织开展“春风行动”“就业援助月”专项招聘活动6场，招聘岗位150余个；开展城乡技能培训27期，培训1375人。为8名高校毕业生和2名城镇失业人员申请创业担保贷款112万元。全县城镇新增就业285人，就业困难人员就业17人，城镇失业人员再就业46人，城镇登记失业率3.12%，农牧区劳动力转移就业1806人，公益性岗位空岗补录42人。

教育与卫生健康 坚持教育优先发展，义务教育“双减”政策全面落实，“三科”教材改革工作全面推进，完成10所中小学一、二年级统编“三科”教材任务和其他5个年级语文统编教材任务。严格“党建+思政教育”工作责任制，继续引进《中小学德育学堂》视频节目，健全每周三下午各中小学校统一开授思政课的制度机制。异地办班工作稳步有效，天津、内蒙古高中班本科上线率分别为92.5%和80%。坚持医疗惠民，医疗机构重大传染病网络直报率达100%，常规疫苗接种率95%以上，各类传染病稳定控制在低水平。35种大病专项救治人数32人，救治率100%。重型精神病患者、高血压、糖尿病随访率均为100%，签约重点人群履约率达98%。家庭医生签约服务履约率达95%。

社会保障　加强重点对象动态监测、风险预警、主动救助，确保“应保尽保、应兜尽兜”。年内，为271户509人城镇低保发放保障金448.18万元，为2111户6702人农村低保发放保障金3262.3万元，为259人特困供养人员发放救助金467.32万元；临时救助4018户12710人，发放救助金2022.63万元。创新社区养老服务工作，通过政府购买服务为6个乡（镇）782名老人提供助医、助餐、助洁及精神慰藉等居家养老服务。投资1920万元在4个社区建设嵌入式养老服务设施项目，主体建设完工。持续深化医药体制改革，形成藏医专科联盟和县域紧密型医共体，年内门诊患者6.07万人次，住院2205人次，县域内就诊率达到95%，全县公立医院省级集中平台中标、挂网药品和医用耗材采购率均达到100%。机关、城镇企业职工城乡居民养老保险参保21888人，参保率100%；失业保险参保单位99家，参保2434人，参保率100%。

【党的建设】　思想政治建设　深入学习习近平新时代中国特色社会主义思想和习近平总书记对青海工作的重要讲话及指示批示精神，把学习宣传贯彻中共二十大、省第十四次党代会、省州全会精神作为政治必修课，在全县党组织中开展“六个一”系列活动，借助牧民党员冬春训、“主题党日+”、“党课开讲啦”、“党史学习教育”等载体，推动党的创新理论家喻户晓、深入人心。

基层组织建设　坚持以巩固提升“组织体系建设三年行动”成果为重点，统筹加强各层级各领域党组织建设，制定印发《河南县2022年度党建工作要点》。健全县乡村党组织书记“三级联述联评联考”机制，把村（社区）年度考核纳入乡镇班子考核工作。全县28名县级干部带头包乡镇联系43个村社，506名乡镇干部与9437户牧户建立直接联系。创新推行“三抓三保障”工作措施，设立村级考核“村集体经济发展优秀奖”，全县村集体经济拥有固定资产5850万元，实现28个村集体经济收益突破10万元，3个村收益突破100万元。推行包乡（镇）联村联户机制，28名县级干部带头包6个乡镇联系43个村（社区），506名乡镇干部与9437户牧户建立直接联系。探寻“微治理”新途径，规范打造“两新”组织“红色驿站”4个，实现“两新”组织党建工作从有形覆盖到有效覆盖。健全完善排查整顿发展党员违规违纪长效机制。常态化开展软弱涣散村党组织排查整顿，排查出软弱涣散村党组织2个，实时掌握软弱涣散村党组织整顿进度，全力破解基层党组织建设中存在的突出问题。

干部队伍建设　坚持优中选优、讲求质量，实施年轻干部精准选任“123计划”。调整任用干部25人，其中提拔提任13人、调整交流12人。严格落实职务与职级并行制度，晋升公务员职级48人、事业单位职级34人。开展村级换届“回头看”，建立健全监督管理制度机制13项。持续推进“一村一名大学生”全覆盖，深化村党支部书记、村干部和入党积极分子“2+2+3”储备计划，畅通村干部晋升渠道，选拔1名优秀村党支部书记进入乡镇事业编队伍。

民主政治建设　加强党对各项工作的全面领导，发挥县委总揽全局、协调各方作用，全力支持人大、政府、政协开展工作。年内组织召开县委全委会4次、县委常委会会议24次，研究全县经济社会发展中的问题，推动党中央、省委和州委决策部署在河南落实落地。定期听取县人大、县政府、县政协、县法院、县检察院党组工作汇报，支持“一府一委两院”依法依章程开展工作。群团工作深入推进，工会、共青团、妇联等群团组织的职能进一步发挥。民族团结工作扎实推进，爱国统一战线不断壮大。县委对深化改革、依法治县、国家安全、财经审计等工作的全面领导力度空前。

附录

黄南年鉴

2023

组织机构和负责人名录

注：1. 行政单位和企事业单位负责人名录只记录行政领导职务，未记录党委（党组）领导职务。

2. 机构名称后括号内的机构为挂牌机构。如州委组织部挂州公务员局、州非公有制经济组织和社会组织工作委员会牌子，写作：州委组织部（州公务员局、州非公有制经济组织和社会组织工作委员会）。

3. 若部门领导兼有其他职务的，在括号内注明。一般在第一（主要）职务后注明兼任的重要职务；在兼任的职务后不另作说明。

4. 名录统计时限止于2022年12月31日，机构（职务）名称以时限截止时间为准，中途因机构改革撤销（变更）的机构不体现在名录中。

中共黄南州委

书　记：王耀春（4月止）
　　　　朱战民（4月任）
副书记：扎西才让（藏族）
　　　　李晓燕（女，2月止，兼州委教育工委书记）
　　　　熊元来（4月任，兼州委政法委书记）
　　　　力本嘉（藏族，1月止）
　　　　宋　建（7月任）
州委常委：
　　　　肖顺琛（兼州行政学院院长）
　　　　刘　强（4月止，州纪委书记、监委主任）
　　　　郑洪华（4月任，州纪委书记、监委副主任、代理主任）
　　　　宋　辉（州委宣传部部长、总工会主席）
　　　　余华勇
　　　　吴树荣（土族，州委统战部部长）
　　　　旦　增（藏族，同仁市委书记）
　　　　刘建昱（州委组织部部长、州委党校校长、州委教育工委副书记）
　　　　何　杰（州委秘书长，兼州委国家安全委员会办公室主任，12月任）

州委办公室及管理单位

州委办公室

主　任：王晓虎（回族，州委副秘书长兼）
副主任：刘　栋（州委副秘书长兼）
　　　　张　猛（州委副秘书长兼）

州委政策研究室

主　任：郭守君（8月止，州委副秘书长兼）
副主任：王启强（藏族）

州委机要和保密局（州国家保密局、州密码管理局）

局　长：李桂珍（女，州国家保密局局长）
副局长：李　斌（州密码管理局局长）

州档案局

局　长：朱宇莹（女）
副局长：吴玉琴（女，蒙古族，9月止）

州委各部门

州委组织部（州公务员局、非公经济组织和社会组织工作委员会）
部　长：刘建昱
常务副部长：空缺
副部长：姜乐兵（兼州委编办主任）
　　梁晓园（藏族，兼州直属机关工委书记）
　　陈德伟（兼州委老干部局局长）
　　陈　宇（援青）
　　姜　勇（回族）
　　王继东
部务委员：
　　陈生顺（9 月任，兼州纪委监委第一派驻纪检监察组组长）
　　郑　芳（女，满族，3 月任）

州直属机关工作委员会（与州委组织部合署办公）
州直属机关工委书记：
　　梁晓园（藏族，州委组织部副部长兼）

州委老干部局
局　长：陈德伟（兼州委组织部副部长）
副局长：张宏科

州委宣传部（州精神文明建设指导委员会办公室）
部　长：宋　辉
常务副部长：马青云（回族）
副部长：丁永平（藏族）
　　旦正多杰（藏族，兼州文明办主任）

黄南报社
总编辑：郭广智（女）

州委统战部（州民宗委）
部　长：吴树荣（土族）
常务副部长：拉龙当周（藏族，兼民宗委主任）
副部长：夏吾才让（藏族）
　　毛兴林（兼州工商联党组书记）
　　纪福庭（土族，兼民宗委副主任）

州委政法委员会
书　记：熊元来（4 月任）
副书记：李　勇（满族，兼州公安局局长）
　　华　本（藏族）
　　周　海
　　完么才让（藏族）
州委国安办专职副主任：
　　马家俊（回族，州委副秘书长兼 12 月任）

州委党校
常务副校长：王国栋（藏族）
副校长：马文英（撒拉族）
　　童兰兰（女，土族，正高级讲师）

州党史研究室（州地方志办公室）
主　任：贾明安
副主任：旦正才让（藏族）

黄南州人大常委会

主　任：蒋树成
副主任：张文生
　　杜会锋
　　赛赤·确吉洛智嘉措（藏族）
　　索南达吉（藏族）
　　辛海萍（女，藏族）
　　马进贤（撒拉族）
秘书长：汪　智
副秘书长：桑林青（土族，12 月止）
　　马祥成（撒拉族，12 月任）

专门委员会
法制和监察司法委员会主任委员：杜　俊
城乡发展和农业农村环境保护委员会主任委员：
　　郭启龙
财政经济委员会主任委员：辛晓震（2 月任，藏族）
民族宗教教科文卫委员会主任委员：
　　马继志（撒拉族）

社会建设委员会主任委员：加　多（蒙古族）

办公室

主　任：桑林青（土族，12月止）
副主任：马祥成（撒拉族，12月任）
　　　　张　峰
州人大常委会法制工作委员会主任：
　　　　陆来海（3月止）
　　　　桑林青（土族，12月任）

黄南州人民政府

州　长：扎西才让（藏族）
常务副州长：肖顺琛
副州长：宋　建（援青）
　　　　韩海宏（藏族，2月赴天津挂职）
　　　　王岐岳
　　　　李　鑫
　　　　王桂莲（女，藏族）
　　　　李　勇（满族）
　　　　哇　多（藏族，6月止）
　　　　更智才让（藏族）
　　　　赵兴荣（10月任）
州政府一级巡视员：杨志军
　　　　　　　　　先　巴（藏族）
二级巡视员：更　太（藏族）
秘书长：敏通宫（回族）
副秘书长：郭建华（挂职，4月止）
　　　　　张　捷（挂职，1月任）
　　　　　郭大汀（挂职，5月任）
　　　　　郭文兵（援青，7月任）
　　　　　丁永红
　　　　　巨克敦
　　　　　绽　森（回族）
　　　　　黄建芬（女）
　　　　　仁青加（藏族）
　　　　　唐建福（土族）
　　　　　吴万营
　　　　　呼双庆（蒙古族）

州政府办公室及管理单位

州政府办公室

主　任：敏通宫（回族）
副主任：丁永红
　　　　巨克敦
　　　　绽　森（回族）
　　　　黄建芬（女）
　　　　仁青加（藏族）
　　　　唐建福（土族）
　　　　吴万营
　　　　呼双庆（蒙古族）
　　　　郭建华（挂职，4月止）

州热贡文化生态保护实验区管委会

主　任：乔得林（藏族，9月止）
副主任：赵显祥
　　　　苏　旭（挂职）

坎布拉景区管理委员会

主　任：付伟卫
副主任：索南达杰（藏族）
　　　　陈赟章（藏族）

州住房公积金管理中心

主　任：楼悦诚（9月止）
　　　　华　庆（藏族，12月任）
副主任：王青明（藏族）
　　　　郭　建

州民族语文工作中心

主　任：岁　多（藏族）
副主任：完德先（藏族）
　　　　万玛昂庆（蒙古族）

州地震局

局　长：辛　莉（女，藏族）

州供销合作社联合社

理事会主任：陈继勤（藏族，9 月止）

监事会主任：才让东周（藏族）

州直各单位

州发展和改革委员会（**州粮食局**）

主 任：张 浩

副主任：孟生奇

陕镇海（回族）

全青华（女，兼州粮食局局长，4 月止）

蒋 宁（援青，7 月止）

邵大为（援青，7 月任）

州教育局（**州委教育工作委员会**）

局 长：万玛尖措（藏族）

副局长：刘玉华（女，兼州教育工委专职副书记）

多拉太（藏族）

张全寿（12 月任）

汪 翔（援青，7 月止）

路 明（援青，7 月任）

州科学技术局

局 长：俄 周（女，藏族）

副局长：祁正林（藏族，兼科协主席，9 月止）

朱海亭（土族）

何万义

州工业商务和信息化局（**州招商局、数字经济发展局**）

局 长：郑立新（蒙古族）

副局长：扎 西（藏族）

刘润来（7 月止）

盛广永（援青，7 月任）

王宏伟（藏族，数字经济发展局局长，9 月止）

席红栋（数字经济发展局局长，12 月任）

州国有资产监督管理委员会（**与州工业商务和信息化局合署办公**）

主 任：王歧岳（副州长兼，2 月止）

王桂莲（副州长兼，藏族，2 月任）

副主任：郑立新（蒙古族，州工信局局长兼）

黄南州水电开发有限责任公司

董事长、经理：李严学

副经理：李祖林

马成友

州公安局

局 长：李 勇（满族，副州长兼）

政 委：严金源（藏族）

政治部主任：安韶红（女，藏族）

副局长：苟廷强（藏族）

拉马项加（藏族）

杨卫武（土族）

州民政局

局 长：杨 坤（女）

副局长：李 刚

更登多杰（藏族）

州司法局

局 长：松太加（藏族）

副局长：王岩海

三旦卓玛（女，藏族）

政治部主任：斗文俊（土族）

州财政局（**州金融工作办公室**）

局 长：李海波（兼州金融工作办公室主任）

副局长：华 庆（藏族，12 月止）

白亚玲（女，藏族）

王尔沙（回族）

张万军（12 月任）

州人力资源和社会保障局

局 长：芦光辉

副局长：张志杰

赛 虎（藏族）

州就业服务局局长：阿当周（藏族，4 月止）

王建锋（4 月任）

州社会保险服务局局长：祁芳英（女）
州劳动保障监察队队长：史海军

州自然资源局（州移民安置局）

局　长：华　志（藏族，兼州移民安置局局长）
副局长：达哇东周（蒙古族）
　　　　才让东智（藏族）
　　　　拉龙东智（藏族）
　　　　秦　珺（援青，7月止）
州自然资源综合执法监督局局长：阿才排（藏族）

州生态环境局

局　长：林占兴（土族）
副局长：史春燕（女）
　　　　王凤炜（援青，7月任）
　　　　普华尖参（藏族）
　　　　王　平（藏族）
　　　　秦建军
　　　　丁玲玲（女，挂职，1月任）

州住房和城乡建设局

局　长：阚广宏
副局长：马启云（回族）
　　　　刘文明（藏族）
州城市管理综合行政执法监督局局长：
　　　　扎本加（藏族）

州交通运输局

局　长：仓尼么才让（藏族）
副局长：崔玉英（女）
　　　　张永生
　　　　马晓明（挂职，撒拉族）
州交通运输综合行政执法监督局局长：
　　　　冶　成（回族）

州水利局（州河湖长制办公室）

局　长：诺布尖措（藏族）
副局长：赵　凯（藏族）
　　　　吴　俊（藏族）
州水利综合行政执法监督局局长：王国栋

州农牧局

局　长：张海渊（藏族）
副局长：扎　西（藏族）
　　　　桑德合（蒙古族）
　　　　夏吾乃旦（藏族，9月任）
　　　　郭庆振（援青，7月止）
　　　　杨青松（援青，7月任）
州农牧综合行政执法监督局局长：王江力

州文体旅游广电局（州热贡艺术传承保护管理局、州文物局）

局　长：昂　智（藏族，兼州委宣传部副部长、州热贡艺术传承保护管理局局长、州文物局局长）
副局长：张　莉（女，援青，7月止）
　　　　斗格杰（蒙古族）
　　　　李　俊（土族）
　　　　阮园成（藏族）
　　　　黄文颖（援青，7月任）
　　　　祁　鑫（挂职，1月任）
州文化市场综合行政执法监督局局长：
　　　　德吉央宗（女，藏族）
州热贡艺术研究院院长：仁青加（藏族）
州热贡艺术博物馆馆长：多杰冷智（藏族）
州广播电视台台长：夏吾扎西（藏族）

州卫生健康委员会

主　任：史冬芸（女）
副主任：田长建（9月止）
　　　　张庆杰（援青，7月止）
　　　　戴建华（女）
　　　　马峻青（回族）
　　　　仁青才郎（藏族）
　　　　陈为波（援青，7月任）

州医院

院　长：孙　铭（援青，7月止）
　　　　孟　纬（援青，7月任）
副院长：田　瀚（藏族）
　　　　苏北海（藏族）

仁青措（女，藏族）
马 洪（回族）
副书记、纪委书记：康 颖（藏族）

同仁慢性病防治院
副院长：白瑞平
王如成（回族）

州藏医院
院 长：久 先（藏族）

州退役军人事务局
局 长：华旦嘉措（藏族）
副局长：李鸿波（回族）
党 飞（3月任）
州退役军人服务中心主任：张永宏（藏族）

州应急管理局
局 长：王子广（回族）
副局长：索南智华（藏族）
李永祥（土族）
曹保生（蒙古族）
李雪柱（援青，7月任）

州审计局
局 长：谭 涛
副局长：张万军（12月止）
王四海
总审计师：杜长征

州林业和草原局（三江源自然保护地黄南州管理局）
局 长：拉却加（藏族，兼三江源自然保护地黄南州管理局局长）
副局长：彭元宁（藏族）
华太加（藏族）
李力科

州市场监督管理局
局 长：郭 代（蒙古族）
副局长：彭毛才让（藏族）
翟捍卫

才华加（藏族）

州统计局
局 长：胡伟东
副局长：周 靖

州乡村振兴局
局 长：扎西才让（藏族）
副局长：赵德龙（蒙古族）
白守泰（藏族）
赵松雄（援青，朝鲜族，7月任）
秦 芬（女，藏族，8月任）

州医疗保障局
局 长：向 阳（蒙古族）
副局长：张 敏（藏族）

州直机关事务管理局
局 长：吴永燕（女）
副局长：李建龙（土族）

州政务服务监督管理局
局 长：张庆龙
副局长：吴毛萍（女，藏族，9月止）

政协黄南州委员会

主 席：林华旦（藏族）
副主席：关却加（蒙古族，9月止）
张海渊（藏族，9月人选）
夏日仓·旦增久美（藏族）
多杰才让（藏族）
张仕清
白 萍（女，藏族）
张剑利（12月止）
秘书长：张春生
副秘书长：王 东

办公室
主 任：王 东
副主任：蔡邦昶

专门委员会

提案委员会主任：尚朝清
经济委员会主任：喻宝敏
人口资源环境委员会主任：南　加（藏族）
教科文卫和学习文史委员会主任：
　　韩　智（撒拉族，2月止）
民族宗教侨眷和社会法制委员会主任：
　　才　旦（藏族）

中共黄南州纪委、州监察委员会

中共黄南州纪律检查委员会

书　记：刘　强（4月止）
　　郑洪华（4月任）
副书记：杨本加（藏族）
　　李义起
　　樊景恒
常　委：郭　辉（3月任）
　　夏吾多杰（藏族，3月止）
　　徐新齐
　　王建军（援青，7月止）
　　董　瀚（援青，7月任）
　　钱安加（藏族）
　　马海珍（女，撒拉族，3月任）
　　郑　芳（女，满族，3月止）
　　秦敢栋（土族）

黄南州监察委员会

主　任：刘　强（4月止）
　　郑洪华（6月任）
副主任：杨本加（藏族）
　　李义起
　　樊景恒
委　员：徐新齐
　　王建军（援青，7月止）
　　董　瀚（援青，8月任）
　　钱安加（藏族）
　　马海珍（女，撒拉族，8月止）
　　秦敢栋（土族）
　　海永寿（藏族）

州委巡察工作领导小组办公室

主　任：郭　辉

州纪委监委派驻纪检监察组

第一派驻纪检监察组组长：陈生顺
第二派驻纪检监察组组长：蒋　虹（女）
第三派驻纪检监察组组长：辛　飞（藏族）
第四派驻纪检监察组组长：黄燕清
第五派驻纪检监察组组长：王晓迎（女）
第六派驻纪检监察组组长：吴兆海（3月止）
　　项尖加（藏族，3月任）

中共黄南州直属机关纪检监察工作委员会

书　记：杨维平（3月止）
　　夏吾多杰（藏族，3月任）
副书记：梁亚文（藏族，3月止）

法　治

州中级人民法院

院　长：杨海云
副院长：孙瑞杰
　　晓　明（女，藏族）
　　马忠志（回族）
政治部主任：王桂英（女）

州人民检察院

检察长：马晓军（回族）
副检察长：王树平（藏族，12月止）
　　扎西措毛（女，藏族，7月止）
　　吴润泽（女，蒙古族）
政治部主任：马源林（回族）

群众团体

州总工会

主　席：宋　辉
常务副主席：申丽玲（女）
副主席：贺翠红（女，藏族）

团州委
书　记：仁青卓玛（女，藏族）
副书记：蒙措吉（女，蒙古族）

州妇联
主　席：德吉卓玛（女，蒙古族）
副主席：李春燕（女，土族）

州科协
主　席：祁正林（藏族，州科学技术局副局长兼，8月止）

州文联
主　席：唐建隆（土族）

州残联
理事长：张桂兰（女，藏族）
副理事长：韩英俊（撒拉族）

州红十字会
会　长：王桂莲（女，藏族，州政府副州长兼）
常务副会长：万玛昂杰（蒙古族）
副会长：仁青卓玛（女，土族）

州工商联
主　席：王桂莲（女，藏族）
党组书记：毛兴林
专职副主席：秦三治（藏族）

省驻州单位

国家税务总局黄南州税务局
局　长：彭　坤
副局长：马成勇（8月任）
　　　　耿常炜
　　　　辛东泉（土族）

州委机构编制委员会
主　任：姜乐兵（兼州委组织部副部长）
副主任：洛赛才让（藏族）
　　　　陶旺德

州气象局
局　长：苟日多杰（藏族）
副局长：洪卓华（5月任）
　　　　王存林（4月止）
　　　　魏国财（12月止）

州邮政管理局
局　长：李培武
副局长、纪检组组长：樊雪艳（女，10月止）
　　　　　　　　　　刘　刚（10月任）

国家统计局黄南调查队
队　长：张维炜（10月任）
副队长：马　林
　　　　张劲青

黄南公路段
段　长：刘　耀

州烟草专卖局、青海省烟草公司黄南州公司
副局长：窦海宁
　　　　李应勇

国网黄化供电公司
总经理：王国强
副总经理：张　宇（9月止）
　　　　　刘国平（9月任）
　　　　　张延华（2月任）
　　　　　陈　伟（8月止）
　　　　　杨洪双

中国石油青海黄南销售分公司
总经理：王down虹（1月任）
副总经理：刘丽丽（女）
　　　　　王继中（4月止）
　　　　　赵维斌（4月任）
总会计师：郭彦丽（女）

中国邮政集团公司黄南州分公司
总经理：张省文
副总经理：黄昌哲

何亚林

中国电信股份有限公司黄南分公司
总经理：夏军平
副总经理：沈延祥
刘　刚
金方明
刘　伟

中国移动通信集团青海有限公司黄南分公司
总经理：解婷婷（女）
副总经理：刘　娟（女）
宋辉林

中国联通通信集团青海有限公司黄南分公司
总经理：鄯项青
副总经理：马晓旭（4月止）
刘世彦
张　玺（4月任）

州铁塔公司
总经理：步德建
副总经理：马建斌

金融机构

人民银行黄南州中心支行
行　长：朱智毅
副行长：韩喜宏
王秀清（女，蒙古族）
谢　芳（女，汉，6月任）
易传礼（援青，12月止）
纪委书记：胡清武

青海银保监局黄南银保监分局
局　长：顾焕军
副局长：史　忠
杨春喜（月止）
张宝金
纪委书记：尹占萍

中国农业银行股份有限公司黄南分行
行　长：马宏伟（7月止）
吴大庆（11月任）
副行长：杨景海
郭贵林（6月止）
郭大汀（7月任）
盛红卫
韩　敏
纪委书记：黄长青（1月任）

建设银行黄南州分行
行　长：韩保峰
副行长：马　莹（女）
雷富韬
赵福中

中国邮政储蓄银行黄南州支行
行　长：陈　洁（3月止）
党海峰（3月任）
副行长：彭玉华
蒋永琴

中国农业发展银行黄南州分行
行　长：韩　晶（女，3月止）
张　东（3月任）
副行长：陈　泓
蔡敏山

青海同仁农村商业银行股份有限公司
董事长：李海东
行　长：张宏发
监事长：韩　玲（6月止）
赵存俊（10月任）
副行长：仁青昂无
完玛本（11月任）

中国人民财产保险股份有限公司黄南州分公司
总经理：杨　斌
副总经理：辛雨山
总经理助理：张宗延

中国人寿保险股份有限公司同仁支公司

总经理：熊登平（1月止）

安启文（1月任）

经理助理：张　昭

州属一市三县

同仁市

市委书记：旦　增（藏族，州委常委）

市委副书记：

赵建国（市政府市长，8月任一级调研员）

陈　峻（8月任二级调研员）

夏吾闹日（藏族，8月任三级调研员）

吴　浩（援青，7月任市委委员、常委，副书记，市政府副市长人选）

市委常委：

李建强（援青，市政府副市长，7月止）

王旭龄（藏族，市政府副市长）

王　凯（援青，市政府副市长，7月止）

韩　俊（市纪律检查委员会书记、监察委员会主任，8月任三级调研员）

李加东智（藏族，市委统战部部长）

李秀加（藏族，市政法委书记）

刘莉丽（女，市委宣传部部长、市群团党组书记）

王文东（市委组织部部长、公务员局局长）

赵琪虎（8月止）

陈国著（8月任）

市人大常委会主任：蔡有年

副主任：华泽先（藏族，8月任三级调研员）

马祥成（撒拉族，12月止）

韩志远（撒拉族，12月提名市人常委会副主任人选）

血日然智（藏族）

市人民政府市长：

赵建国（市委副书记，8月任一级调研员）

副市长：吴　浩（援青，7月任市委委员、常委，副书记，市政府副市长人选）

李建强（援青，7月止）

王旭龄（藏族）

王　凯（援青，7月止）

马永孝（回族，挂职，1月任市政府副市长人选，12月止）

才让东智（藏族，8月任三级调研员）

仁增多杰（藏族，市公安局局长）

华　周（藏族，3月止）

南吉才旺（藏族，3月任市政府副市长人选）

马忠海（回族，挂职）

朱晓龙

才旦卓玛（女，藏族，天津挂职）

张　伟（援青，7月市政府副市长人选）

市政协主席：尕藏卡（藏族）

副主席：才　巴（藏族，12月提名市政协副主席人选）

崔生林（藏族）

隆务贡·久美更登尖措（藏族）

市人民法院院长：郭振海

市人民检察院检察长：

刘慧泉（8月任三级高级检察官）

瓜什则寺院管理委员会主任：郝仲旭（藏族）

隆务寺寺院管理委员会主任：华　太（藏族）

尖扎县

县委书记：才科杰（女，藏族）

县委副书记：

祜　宁（县人民政府县长）（4月任二级巡视员）

何春德

付韦卫

马金龙（回族，3月任）

蔺　通（援青，7月任）

杨志高（援青，7月任）

县委常委：

多杰多旦（藏族，统战部部长）（8月任二级调研员）

王四成（纪委书记、监察委员会主任）（8月任二级调研员）

曹生辉（汉族，组织部部长）

盛国德（藏族，县委常委、副县长）（8月任三级调研员）

银吉卓玛（女，藏族，宣传部部长）

夏吾完代（藏族，政法委书记）

金源胜

王　鑫（援青，7月离任）
靳晓勇（援青，7月离任）
蔺　通（援青，县委副书记，县政府副县长，7月任）
杨志高（援青，县委副书记，县政府副县长，7月任）
县政府县长：陆　宁（4月任二级巡视员）
县政府副县长：
盛国德（藏族）
蔺　通（援青，7月任，兼县委副书记）
杨志高（援青，7月任，兼县委副书记）
王文彦（兼县公安局局长）（8月任二级高级警长）
卓玛吉（女，藏族）
多巴加（男，藏族）
尕藏东知（男，藏族）
更　藏（男，藏族，挂职）
桑恒敏（挂职，1月任）
县人大常委会主任：才让端智（藏族）
县人大常委会副主任：
李军山（男，汉族）
卓果吉（女，藏族）
夏茸尕布·洛藏旦增切吉坚赞（藏族）
县政协主席：王　征（回族）（8月任一级调研员）
县政协副主席：
李秀春（男，藏族）
申大安（12月人选）
拉日仓·久美切智尖措（藏族）
县法院院长：才让南杰（藏族）
县检察院检察长：刘　洪（藏族）
拉茂德钦寺管理委员会主任：东　升（藏族）
南宗尼姑寺管理委员会主任：拉关太（藏族）

泽库县

县委书记：王吉德（土族，8月任一级调研员）
县委副书记：尼玛才仁（藏族，县长）
赵维凯
桑杰卡（藏族，8月任二级调研员）
梁　鹏（挂职）
刘　泉（援青，7月任）
李　云（挂职，7月任）
县委常委：
冶　勇（回族，县委组织部部长）
才　多（藏族，县委统战部部长，8月任三级调研员）
才让杰（藏族，县人民政府党组副书记、副县长，8月任三级调研员）
南吉才旺（藏族，3月止）
华　周（藏族，3月任）
李晓东（县纪委书记，监委主任）
李银刚
公保才让（藏族，县委政法委书记）
王　姣（女，藏族，县委宣传部部长）
县人大常委会主任：夏吾扎西（藏族）
县人大常委会副主任：先巴多杰（藏族）
谢红芹（女）
周先加（藏族）
县人民政府县长：
尼玛才仁（藏族，县人民政府党组书记）
县人民政府副县长：
才让杰（藏族，8月任三级调研员）
刘　泉（援青，9月任）
李　云（援青，9月任）
席红栋（12月止）
贺世瀛（挂职，1月人选，3月任）
刘岩波（苗族，12月人选）
吴述东
万玛才让（藏族，县委政法委副书记，县公安局党委书记、局长）
索太本（藏族）
李　菁（女，土族）
杨　洛（藏族）
县政协委员会主席：华多加（藏族）
县政协委员会副主席：
王晓发
斗合叶·洛藏旦增李智（藏族）
隆务贡仓·洛藏族旦白尖参（藏族）
县人民检察院检察长：力布才让（藏族）
县人民法院院长：乔国胜（藏族）
泽库县现代农业产业园区管理委员会主任：
李宏涛（回族，管理六级）

泽库县夏德日寺寺院管理委员会主任：
才让三智（藏族）

河南蒙古族自治县

中国共产党河南蒙古族自治县委员会书记：
司吉昇（9月止）
车向贤（9月任）
中国共产党河南蒙古族自治县委员会副书记：
钢　夫（蒙古族，县长）
刘武兵（援青，7月任）
孙　晋（援青，7月任）
秦增多杰（藏族，县委党校校长、县委教育工委书记）
拉玛杰（蒙古族）
中国共产党河南蒙古族自治县委员会常委：
扎德加（藏族，县委统战部部长）
杨燕峰（援青，县政府副县长，7月止）
刘武兵（援青，县委副书记、县政府副县长人选，7月任）
孙　晋（援青，县委副书记、县政府副县长人选，7月任）
白贵龙（6月止）
张　辉（常委，6月任职，8月止）
赵其虎（8月任）
仁　青（藏族，县委宣传部部长，8月任三级调研员）
祁乐荣（女，蒙古族，县总工会主席）
万玛本（藏族，县委政法委书记）
多杰仁增（藏族，纪委书记、监委主任，8月任三级调研员）
唐建珍（土族，县政府副县长）
刘国强（县委组织部部长）
河南蒙古族自治县人大常委会主任：
索南才让（蒙古族）
河南蒙古族自治县人大常委会副主任：
赵生满
曺得仓・尕桑克智嘉措（蒙古族）
李득栋
河南蒙古族自治县人民政府县长：
钢　夫（蒙古族，县委副书记）
河南蒙古族自治县人民政府副县长：
唐建珍（土族，县委常委）
杨燕峰（援青，县委常委，7月止）
孙　辉（援青，县政府副县长，8月离任）
刘武兵（援青，7月任县委副书记、9月任县政府副县长）
孙　晋（援青，7月任县委副书记、9月任县政府副县长）
娘吉才让（藏族）
德　却（藏族）
海　洋（藏族）
罗藏卓玛（女，蒙古族）
朱文辉（12月离任）
旦正才让（蒙古族）
汤建军（12月人选）
魏亚斌（1月人选，2月当选）
政协河南蒙古族自治县委员会主席：
当　毛（女，蒙古族）
政协河南蒙古族自治县委员会副主席：
王龙武
公保杰（蒙古族）
拉卡・旦增更登尖措（藏族）
县拉卡寺寺庙管理委员会主任：
尼玛才让（蒙古族）
县法院院长：华青太（藏族）
县检察院检察长：
多杰卓玛（女，藏族，8月任三级高级检察官）

荣誉表彰

2022 年获国家、省级荣誉表彰先进个人一览表

表 65

序号	个人姓名	荣誉称号	表彰奖励时间	授予部门	个人职务/职级
1	州应急管理局才多加	全国五一劳动奖章	2022 年	中华全国总工会	州应急管理局应急管理科科长
2	格日加布	最美基层民警	2022 年 3 月	公安部	泽库县公安局宁秀派出所所长
3	吉毛先	2022 年度全国“最美家庭”	2022 年 5 月	中华全国妇女联合会	同仁市人民法院立案庭庭长
4	切毛措	全国科研成果评选一等奖	2022 年 7 月	中国教育学会	同仁市第一完全小学教师
5	马文义	最美医生	2022 年 8 月	中央宣传部、国家卫生健康委	泽库县人民医院院长
6	多杰	中国好人	2022 年 8 月	中央文明办	泽库县群众、中共党员
7	索南措	全国统计系统先进工作者	2022 年 8 月	人力资源社会保障部、国家统计局	泽库县统计局原四级调研员
8	姚新克	嘉奖	2022 年 9 月	中共中央纪委、国家监察委员会	县纪委副书记，监委副主任（四级调研员）
9	斗尕杰布	草业科学技术奖	2022 年 9 月	中国草学会	泽库县草原工作站站长
10	万玛东智	全国农村集体产权制度改革工作先进个人	2022 年 11 月	农业农村部	泽库县泽曲镇党委副书记
11	卡罗加	全国文化和旅游系统先进工作者	2021 年 11 月	人力资源社会保障部、文化和旅游部	泽库县文化图书馆馆长
12	拉加才让	全国优秀城乡社区工作者	2022 年 11 月	民政部	同仁市隆务镇四合吉社区书记
13	斗格吉	全国住房和城乡建设系统劳动模范	2022 年 12 月	人力资源和社会保障部、住房和城乡建设部	河南县环卫工人

续表66

序号	个人姓名	荣誉称号	表彰 奖励时间	授予部门	个人职务/职级
14	牛生旺	人民法院政治工作先进个人	2022 年 12 月	最高人民法院	泽库县人民法院政治部主任
15	马建军	全国科技管理系统先进工作者	2022 年 12 月	人力资源社会保障部、科学技术部	同仁市农牧和科技局党组成员、副局长
16	杨　忠	全国优秀论文一等奖	2022 年 12 月	《少年时代报・教学教研》编辑部	同仁市第一完全小学教师
17	王鸿峰	全国优秀少先队辅导员	2022 年	共青团中央、教育部、全国少工委	同仁市第三完全小学大队辅导员
18	陈敏	人民满意的公务员	2022 年 11 月	省委、省政府	人口资源和社会保障局局长

2022 年获国家、省级荣誉表彰先进集体一览表

表 66

序号	单位	荣誉称号	表彰奖励时间	授予部门
1	泽库县公安局泽曲派出所	全国优秀基层单位	2022 年 3 月	公安部
2	泽库县公安局	全国节约型机构称号	2022 年 3 月	国家机关事务管理局
3	国家税务总局同仁市税务局	全国五一劳动奖状	2022 年 5 月	中华全国总工会
4	泽库县自然资源和林业草原局	2021—2022 年度中国草业科学技术奖三等奖	2023 年 5 月	中国草学会
5	泽库县公安局	全国优秀公安基层单位	2022 年 5 月	公安部
6	州人力资源社会保障局	节约型机关	2022 年 10 月	国家机关事务管理局、中央直属机关事务管理局、国家发展和改革委员会、财政部
7	同仁市委办公室	国家节约型机关	2022 年 10 月	国家机关事务管理局、中央直属机关事务管理局、国家发展和改革委员会、财政部
8	同仁市发展和改革局	国家节约型机关	2022 年 10 月	国家机关事务管理局、中央直属机关事务管理局、国家发展和改革委员会、财政部
9	同仁市住房和城乡建设局	国家节约型机关	2022 年 10 月	国家机关事务管理局、中央直属机关事务管理局、国家发展和改革委员会、财政部
10	同仁市工业商务和信息化局	国家节约型机关	2022 年 10 月	国家机关事务管理局、中央直属机关事务管理局、国家发展和改革委员会、财政部

续表67

序号	单位	荣誉称号	表彰奖励时间	授予部门
11	同仁市司法局	国家节约型机关	2022 年 10 月	国家机关事务管理局、中央直属机关事务管理局、国家发展和改革委员会、财政部
12	州社保服务局业务经办大厅	全国巾帼文明岗	2023 年 3 月	中华全国妇女联合会
13	河南县托叶玛乡曲海村	第九批“全国民族法治示范村（社区）”	2022 年 10 月	司法部、民政部
14	同仁市水利局	节水型社会建设达标县	2022 年 12 月	水利部
15	州社保服务局	全国人力资源社会保障系统先进集体	2023 年 1 月	人力资源和社会保障部

政策法规

黄南藏族自治州城乡社区治理促进条例

（2022年2月22日黄南藏族自治州第十六届人民代表大会第二次会议审议通过 2022年6月1日青海省第十三届人民代表大会常务委员会第三十三次会议批准）

第一章 总 则

第一条 为了提升城乡社区治理水平，健全完善城乡社区治理体系，促进城乡社区治理能力现代化，根据《中华人民共和国城市居民委员会组织法》《中华人民共和国村民委员会组织法》等有关法律法规，结合本州实际，制定本条例。

第二条 本州行政区域内城乡社区的治理、服务、保障和建设等活动，适用本条例。

本条例所称城乡社区是指本州行政区域内城镇设立的社区、农牧区的自然村和易地搬迁集中居住点。

本条例所称城乡社区治理，是指以城乡社区为基本单元，坚持以城乡社区党组织为核心和自治、法治、德治相结合，坚持以人民为中心的发展思想，组织发动村（居）民和其他各类主体广泛参与，建设人人有责、人人尽责、人人享有的城乡社区治理共同体，协调推进高效能治理、高质量发展、高品质生活的活动。

第三条 城乡社区治理应当坚持党建引领、以人为本、改革创新、城乡统筹、因地制宜、突出特色和共建共治共享的原则。

第四条 州、县（市）人民政府应当将城乡社区治理纳入国民经济和社会发展规划、乡村振兴规划和高原美丽城镇建设规划。所需经费纳入本级财政预算并及时拨付，保障社区治理工作正常开展。

第五条 州、县（市）人民政府负责本行政区域内城乡社区治理工作的组织实施和监督检查，协调解决城乡社区治理中的重大问题。

乡（镇）人民政府、街道办事处应当坚持党组织对城乡社区各类组织和各项工作的领导，整合城乡社区治理资源，组织实施城乡社区综合治理、公共服务、平安建设及其检查考核等具体工作，指导和帮助村（居）民委员会开展工作，确保党的路线方针政策得到全面贯彻落实。

第六条 州、县（市）人民政府发展改革、财政、民政、卫生健康、教育、民族宗教、公安、应急、司法行政、自然资源、生态环境、住房和城乡建设、文体旅游广电、市场监督管理、农业农村、乡村振兴、林业和草原、信访等部门，应当按照各自职责和本条例规定做好城乡社区治理相关工作。

第七条 工会、共青团、妇联、残联、红十字会等群团组织应当在各自职责范围内协同做好城乡社区治理工作。

鼓励公民、法人及其分支机构和其他组织参与住所地城乡社区治理活动。

第八条 城乡社区应当以服务村（居）民为宗旨，发挥基层群众性自治组织作用，履行法定职责，协助县（市）、乡（镇）人民政府、街道办事处做好与村（居）民利益相关的城乡社区公共服务、公共管理、公共安全等工作。

第九条 报刊、广播、电视、网络等媒体应当加强城乡社区治理宣传工作，营造全社会关心、支持、参与城乡社区治理的良好氛围。

第十条 州、县（市）人民政府应当对在城乡社区治理中做出突出贡献的单位和个人给予表彰和奖励。

第二章 城乡社区治理

第十一条 州、县（市）人民政府应当建立健全城乡社区治理体制机制，推动政府治理同社会调节、居民自治良性互动，提高城乡社区治理规范化、社会化、法治化、智能化、专业化水平。

第十二条 州人民政府应当制定县（市）人民政府工作部门、乡（镇）人民政府、街道办事处在城乡社区治理方面的权责清单，政府及其工作部门依据权责清单指导和安排城乡社区工作。

州人民政府应当规范城乡社区公共服务和代办政务服务事项，制定基层群众性自治组织承担城乡社区工作事项清单、协助政府的城乡社区工作事项清单，明确城乡社区治理工作范围和职责任务，并建立动态调整机制。

第十三条 县（市）人民政府清单规定的城乡社区协助事项，应当由所在地乡（镇）人民政府、街道办事处以书面形式安排。

县（市）人民政府及其工作部门不得将各自职责范围内的职责事项派交村（居）民委员会承担，不得直接向村（居）民委员会派交工作任务。

在城乡社区工作事项清单之外的其他事项，乡（镇）人民政府、街道办事处可以通过向村（居）民委员会或者第三方机构购买服务方式提供。

第十四条 村（居）民委员会应当在党组织领导下推进城乡社区工作制度化、规范化，组织村（居）民依法制定和完善村规民约、居民公约，并报县（市）、乡（镇）人民政府或者街道办事处备案。

第十五条 城乡社区应当建立健全议事决策、村（居）务公开和民主监督制度，规范议事决策流程，公开办事程序，公布村（居）务公开清单，定期公开事关村（居）民切身利益的重要事项和收支情况，保障村（居）民的知情权、参与权、选择权，接受村（居）民监督。

第十六条 县（市）人民政府应当健全完善信访、调解、仲裁、行政裁决、行政复议、诉讼等有机衔接、相互协调的矛盾纠纷多元化预防调处化解机制，指导支持乡（镇）人民政府、街道办事处整合各类调解资源，建立乡镇（街道）一站式矛盾纠纷调解中心，实现乡镇（街道）一站式接收、一揽子调处、全链条解决。

县级司法行政部门应当指导城乡社区健全调解组织网络，及时开展矛盾纠纷排查，并协同基层人民法院对城乡社区调解组织调解家事、邻里、物业、土地承包经营、草场、信访投诉等纠纷进行业务指导。

第十七条 县（市）、乡（镇）人民政府、街道办事处应当指导城乡社区建立村（居）民议事协商机制，引导村（居）民养成协商意识、掌握协商方法、提高协商能力。

涉及城乡社区居民公共利益的矛盾纠纷，可以由村（居）民委员会组织先行协商。

第十八条 县（市）、乡（镇）人民政府、街道办事处应当引导村（居）民理性表达诉求、依法开展活动和维护权益。

城乡社区应当了解社情民意，开展人文关怀、心理疏导和跟踪帮扶，形成化解矛盾、解决问题、防范风险工作机制。

第十九条 城乡社区应当组织开展平安村庄、平安社区创建活动，加强治安防控网建设，建立治安联防队伍，推行治安联防、平安联创工作机制，建设平安和谐幸福城乡社区。

第二十条 城乡社区应当协助公安、司法行政、民政、卫生健康等部门开展禁毒戒毒、社区矫正、安置帮教和易肇事肇祸精神障碍患者、流动人口、出租房屋管理等工作。

第二十一条 县（市）人民政府及其工作部门应当加强城乡社区依法治理工作，推进覆盖城乡社区的公共法律服务体系建设，组织开展法治宣传教育和法律服务进社区活动，规范城乡社区法律顾问工作。

鼓励法官、检察官、人民警察、律师、公证员、基层法律服务工作者在城乡社区开展法制宣传，提升依法治理水平。

第二十二条 城乡社区应当教育引导村（居）民不得以“赔命价、赔血价”等方式自行化解矛盾纠纷，阻碍司法机关执行公务。

第二十三条 州、县（市）、乡（镇）人民政府和街道办事处应当将践行社会主义核心价值观、弘扬优秀中华传统文化、铸牢中华民族共同体意识融入城乡社区建设和村（居）民生活，推进民族团结进步示范社区建设，促进各民族互信互敬，广泛交往交流交融，营造各民族共居共学共事共乐的社会氛围。

第二十四条 城乡社区应当建立道德评议和诚信激励机制，倡导家庭家教家风建设，引导村（居）民崇德向善、助人为乐、诚实守信、孝老爱亲，形成与邻为善、以邻为伴、守望相助的社会新风尚。

城乡社区应当开展星级文明户和好婆婆、好媳妇、好邻居等评选活动，树立移风易俗、勤俭节约、文明健康的社会风尚，摒弃大操大办、高价彩礼、奢侈浪费等陈规陋习。

第二十五条 县（市）、乡（镇）人民政府应当指导城乡社区依法处理与所在地宗教活动场所的关系，确保宗教活动场所依法开展宗教活动，促进城乡社区和谐稳定。

第二十六条 城乡社区应当协助乡（镇）人民政府、街道办事处依法管理宗教事务，教育引导村（居）民依法参与宗教活动，自觉抵制利用宗教进行危害国家安全、破坏民族团结、扰乱社会秩序、宣扬宗教极端思想以及损害国家利益、公共利益和公民合法权益等违法犯罪活动。

第三章 城乡社区服务

第二十七条 城乡社区服务应当坚持政府主导、鼓励社会参与、加强市场运作，采取公建民营、民办公助、政府购买服务、政府和社会资本合作、志愿服务等多种方式开展村（居）民服务活动。

鼓励和支持各类公益组织为村（居）民提供服务。

第二十八条 州、县（市）人民政府应当编制城乡社区公共服务指导目录，做好劳动就业、社会保障、卫生健康、教育事业、社会服务、住房保障、文化体育、公共安全、公共法律服务、调解仲裁等公共服务事项。

州、县（市）人民政府应当设立不同层次的公共服务综合办事机构，推行首问负责、一窗受理、全程代办、服务承诺的联动便捷式服务，促进城乡社区服务项目、标准相衔接和公共服务均等化，推进城乡社区基本公共服务体系建设。

第二十九条 州、县（市）人民政府应当建立公共服务提升机制，促进治理与服务融合，落实党和国家各项惠民富民安民政策。

第三十条 乡（镇）人民政府、街道办事处应当按照有关规定，科学划分城乡社区服务管理网格，构建网格化管理、精细化服务、信息化支撑、开放共享的基层管理服务平台。

支持鼓励村（居）民委员会、物业服务人、城乡社区社会组织开展集生活家政、医疗健康、养老托幼、文化健身、生态环境、自助服务等于一体的城乡社区网格便民服务，鼓励和引导各类市场主体参与城乡社区服务，支持供销合作社经营服务网点向社区延伸。

第三十一条 县（市）、乡（镇）人民政府、街道办事处应当指导村（居）民委员会开展以生产互助、养老互助、救济互助等为主要形式的互助活动，帮助季节性空巢老人、留守儿童、残疾人和高龄僧尼等群体解决生产生活方面存在的困难和问题。

第三十二条 城乡社区应当加强社会救助对象、贫困家庭、重度残疾人和留守儿童、妇女、老年人等群体的精神慰藉和心理疏导，做好人文关怀。

第三十三条 村（居）民委员会应当按照人民政府的决定、命令，进行宣传动员，组织居民开展防治、救助活动，协助维护社会秩序，做好城乡社区疫情防控相关工作。

第三十四条 乡镇人民政府、街道办事处应当指导业主委员会、物业管理委员会和物业服务企业参与社区治理活动。业主委员会或者物业服务人应当协助、配合做好城乡社区治理工作。

物业管理、家政服务、保安

机构等经营服务单位应当依照法律、法规规定及合同约定，履行城乡社区服务义务和安全职责，保障村（居）民合法权益。

第三十五条 城乡社区可以依托社区综合服务设施建立志愿者服务站点，搭建志愿者、服务对象和服务项目对接平台，引导社会力量开展以家政服务、文体活动、心理疏导、医疗保健、法律服务、安全宣传教育等内容的社区志愿服务。

第四章 城乡社区建设

第三十六条 州人民政府应当编制全州城乡社区建设规划，依法制定本州城乡社区、综合服务和设施设备配置标准。

第三十七条 县（市）人民政府应当根据村（居）民居住状况、人口数量，按照便于村（居）民自治、有利于经济发展和社会管理的原则设立社区；按照保护生态环境、推进乡村振兴、便于集中治理、公共服务均等化等要求，规划和建设易地搬迁集中居住点。

城乡社区的规模应当与村（居）民委员会服务区域相当。

第三十八条 州、县（市）人民政府应当统筹推进城乡社区养老、托幼、医疗、购物、文体、警务等生活设施改造，建设功能设施完备、资源配置有效、生活便捷的生活服务圈，突出城乡社区特色，提升城乡社区功能，满足村（居）民生活需求。

规划建设部门应当根据国土空间规划、控制性详细规划，审查批准和验收城乡社区生活设施建设，确保城乡社区设施建设符合要求。

第三十九条 州、县（市）人民政府应当加大城乡社区基础设施建设投资，推进城乡社区办公用房、活动场所以及文化、教育、科技、体育、卫生、环境、交通、邮政、通信、法律、安全等公共服务设施建设，提供运行中的维护维修费用，保障设施正常使用。

第四十条 城乡社区综合服务设施用房按照下列标准规划建设：

（一）城镇的社区和易地搬迁集中居住点的综合服务设施用房，按照国家标准，可以采取新建、改造、购买、租赁、项目配套和整合共享等方式解决。

（二）新建住宅小区、旧城连片改造居民区的社区综合服务设施用房，应当按照每百户居民不低于建筑面积三十平方米的标准纳入建设工程规划，与建设项目同步设计、同步施工、同步验收、同步交付使用。

（三）其他社区综合服务设施用房，按照国家标准建设。

第四十一条 州、县（市）人民政府有关部门、乡（镇）人民政府、街道办事处、村（居）民委员会、驻社区单位和物业服务人应当共建互补，加强城乡社区环境综合治理，做好公共绿地、卫生保洁、防止污染和垃圾分类处理等工作，美化城乡社区人居环境。

第四十二条 鼓励支持社会资本投资建设城乡社区综合服务设施。

鼓励支持农村集体经济组织利用集体财产建设社区综合服务设施。

第五章 保障措施

第四十三条 州、县（市）人民政府应当按照城乡社区规模、人口密度、服务半径、服务结构、居民结构和辖区单位数量等因素合理配置社区工作者数量，建立健全社区工作者岗位开发、统一管理、薪酬待遇、培训培养、考核评价、晋升辞退等制度，保障城乡社区工作者的合法权益，建设高素质社区工作者队伍。

第四十四条 州、县（市）人民政府应当运用现代信息技术，整合城乡社区信息资源，建立统一的城乡社区公共服务信息平台，信息共享，促进基层群众自治与网格化服务管理有效衔接，提升基层治理功能。

第四十五条 州、县（市）人民政府应当加强对城乡社区治理工作的管理和工作成效评估，完善考核评价体系和激励办法。评估结果作为州、县（市）人民政府领导班子和领导干部综合考核的内容，并纳入高质量发展综合考核。

第四十六条 州、县（市）人民政府应当加强对城乡社区治理工作的督促检查，对治理工作不力、群众反映强烈、存在重大安全风险隐患的，可以约谈所在地人民政府及其工作部门主要负责人，并实行挂牌督办。

被约谈的人员或者被挂牌督办的政府及其工作部门应当立即

采取整改措施。约谈、挂牌督办、整改情况应当纳入工作评议和考核记录。

第四十七条 驻城乡社区单位、宗教活动场所等应当利用自身条件，发挥各自特点和优势，支持配合所在城乡社区开展工作并主动接受监督，教育、引导所属人员积极参与城乡社区治理。

第四十八条 县（市）、乡（镇）人民政府、街道办事处应当加强相邻城乡社区间睦邻友好创建工作，指导城乡社区开展议事协商，依法解决矛盾纠纷。

第六章 法律责任

第四十九条 违反本条例规定，法律法规已规定法律责任的，从其规定。

第五十条 州、县（市）人民政府工作部门、国家机关及其工作人员违反本条例规定，在城乡社区治理工作中有下列行为之一的，由同级人民政府通报批评，予以纠正；情节较重的，由监察机关依法对直接负责的主管人员和其他直接责任人员给予处分：

（一）不履行本条例规定的城乡社区治理职责的；

（二）未及时履行服务职责或者落实国家惠民政策、支持项目不力，引起城乡社区重大群体性上访或者重大不稳定事件的；

（三）擅自将本部门工作职责范围内的事项派交给村（居）民委员会承担或者直接给城乡社区安排工作任务的；

（四）未经政府购买服务方式，强行将城乡社区工作事项清单之外的其他事项派交城乡社区办理的。

第五十一条 城乡社区负责人违反本条例规定，不履行城乡社区治理职责的，由村（居）民会议予以纠正；必要时，由县（市）、乡（镇）人民政府、街道办事处责令改正。

第七章 附 则

第五十二条 本条例自2022年10月1日起施行。

黄南藏族自治州水资源保护条例

（2022年2月18日黄南藏族自治州第十六届人民代表大会常务委员会第四次会议审议通过　2022年6月1日青海省第十三届人民代表大会常务委员会第三十三次会议批准）

第一章　总　则

第一条　为了加强水资源的保护，实现水资源的可持续利用，打造生态文明高地，推进山水黄南建设，根据《中华人民共和国水法》《中华人民共和国水污染防治法》和有关法律、行政法规，结合本州实际，制定本条例。

第二条　本州行政区域内水资源的开发、利用、节约、保护及其监督管理，适用本条例。

本条例所称水资源，包括地表水和地下水。

第三条　水资源保护应当遵循生态优先、以人为本、科学规划、统一管理、标本兼治、节约利用的原则，以水定城、以水定地、以水定人、以水定产，统筹优化生产生活生态用水结构。

第四条　州、县（市）人民政府应当加强水资源保护工作，将其纳入国民经济和社会发展规划，建立和完善水资源保护机制，实施水资源保护目标绩效考核，加大对水资源保护的财政投入。

第五条　州、县（市）人民政府水行政主管部门负责本行政区域内水资源保护的组织实施和监督管理工作。

州、县（市）人民政府发展改革、生态环境、自然资源、林业草原、住房城乡建设、农牧、卫生健康、市场监管、工业和信息化等有关部门应当按照各自职责，负责本行政区域内水资源保护、节约、开发、利用和监督管理工作。

乡（镇）人民政府、街道办事处根据上级人民政府的工作安排，履行本行政区域内水资源保护的具体职责。

村（居）民委员会协助当地人民政府做好水资源的保护工作。鼓励在村规民约或者居民公约中规定村民、居民保护水资源的责任和义务，落实保护措施。

人民团体、企事业单位等应当配合相关部门做好水资源的保护工作。

第六条　州、县（市）、乡（镇）设立总河长湖长，各河湖分级分段分片设立责任河长湖长，负责组织领导和统筹协调水资源保护、水域岸线管理保护、水污染防治、水环境治理、水生态修复和执法监管等工作。

第七条　广播、电视、报刊、网络等新闻媒体，应当宣传水资源保护工作，增强全社会的水资源保护意识。

第八条　任何单位和个人都有保护水资源的义务，并有权对破坏水资源保护的行为进行制止和举报。

鼓励社会各界参与水资源保护和监督工作。

第二章　水资源保护规划

第九条　州、县（市）人民政府水行政主管部门编制本行政区域水资源保护规划，征求有关部门意见后，报本级人民政府批准，并报上一级水行政主管部门备案。

本州境内的泽曲河、洮河、巴曲河、扎毛河、羊智河、大夏河等重要河流的水资源保护规划，由州人民政府水行政主管部门会同有关部门编制，经州人民政府批准，报省人民政府水行政主管部门备案。

第十条　水资源保护规划应当与国土空间规划、生态环境保护规划、农牧业及其他产业发展规划相协调，明确规划水域水量、水质和水生态保护目标，制定污染物限制排放总量控制方案，提出水量保障、水质保护和水生态保护与修复措施等。

经批准的水资源保护规划不得擅自变更或者调整，确需变更或者调整的，应当按照原批准程序重新报批。

第十一条　州人民政府生态环境主管部门应当会同同级水行政主管部门以及其他有关部门，

根据水资源保护规划和经济社会发展要求，按照管辖权限对本行政区域内河道、湖泊等水域拟定水功能区划，报本级人民政府批准。经批准的水功能区划应当向社会公告。

水功能区划一经批准，不得擅自调整。确需调整的，由原拟定机关按照规定程序报请批准。

第十二条 州、县（市）人民政府水行政主管部门应当会同生态环境主管部门制定保障生态流量的水量调度方案，确定河流的合理流量和湖泊、水库的合理水位。

水库、水电站等蓄水工程的管理单位应当按照前款规定的调度方案下泄生态流量，保障生态用水基本需求。

第十三条 州、县（市）人民政府应当按照相关法律法规规定，加强对本行政区域入河（湖）排污口设置的监督管理。

第三章 水资源保护与管理

第十四条 州、县（市）人民政府应当严守生态保护红线，加强对重要水资源地的保护和监督管理。

第十五条 州、县（市）人民政府水行政主管部门依法实施取水以及河道、湖泊管理范围内建设项目等行政许可事项，应当符合水功能区划。

第十六条 县级以上人民政府生态环境主管部门应当在水功能区边界设立明显标志，明确水质保护目标。

任何单位和个人不得破坏、擅自移动水功能区标志。

第十七条 在水功能区依法从事工程建设以及养殖、旅游、水上运动等开发利用活动的，不得影响本水功能区及相邻水功能区的水域使用功能，不得降低水功能区相应的水环境质量标准，确保水生态安全。

第十八条 在河道、湖泊管理范围内从事工程建设项目，应当制定工程建设施工方案，明确施工作业、弃置施工废弃物的位置和方式，并经水行政主管部门批准。需要改变工程建设施工方案的，应当报经原批准机关同意。

第十九条 除法律法规已有规定外，在河流、湖泊、水库、渠道等保护范围内，禁止下列行为：

（一）非法排放生产和生活污水；

（二）倾倒生产生活和建筑垃圾；

（三）养殖家禽牲畜；

（四）违法耕种、盗采砂石；

（五）损毁河道堤岸护栏等河道防护设施。

第二十条 州、县（市）人民政府应当对本行政区域内的用水实行总量控制。全州用水总量不得超过省人民政府确定的用水总量控制目标，县（市）用水总量不得超过州人民政府确定的用水总量控制目标。

第二十一条 州、县（市）人民政府应当加快城乡供水工程建设，推进城乡一体化供水，保障城乡居民饮用水水质和水量。

在公共供水管网覆盖能够满足用水需求的地区，禁止新建、改建、扩建分散式取水和供水设施。

第二十二条 在河流、湖泊、水库上建设取水工程，由州、县（市）人民政府水行政主管部门按照管理权限对取水工程建设方案进行审查。

在河流、湖泊、水库岸线界定范围内建设项目，相关部门在办理审批手续时，应当征求水行政主管部门的意见。

第二十三条 本州行政区域内直接从河流、湖泊、水库等水域取水的单位和个人，除依据法律法规规定不需要申请取水许可的以外，应当依法向水行政主管部门申请办理取水许可证，并按规定缴纳水资源费。

本州取水许可实行分级审批。具体权限由州人民政府依法确定、公布。

第二十四条 取水工程或设施应当安装符合国家技术标准的取水计量设施，并按规定进行定期检验，保证其正常运行。

未安装计量设施或者计量设施不能正常运行的，取水量按照取水设施最大取水能力计算。

第二十五条 有下列情形之一的，禁止新建、扩建、改建地下水取水工程或者设施：

（一）地表水能够满足用水需要的；

（二）公共供水管网覆盖范围内能够满足用水需要的；

（三）地下水开采达到或者超过年度取水计划可采总量控制的；

（四）因开采地下水引起严重的地面沉降、地表裂缝的；

（五）地下水水位低于规定控制水位的。

第二十六条 州、县（市）人民政府应当依法控制开采矿泉水、地热水以及与其相关的普通地下水资源。需要取用矿泉水、地热水的单位和个人，应当在依法取得取水许可证并办理相关手续后，按照取水许可规定取水。

第二十七条 任何单位和个人不得向废井排放或者倾倒污水、垃圾、废渣以及其他废弃物。

报废、闲置或者未完成施工的水井所属单位或者施工单位应当制定封填方案，按照规定采取封填处理措施，防止污染地下水。

州、县（市）人民政府水行政主管部门应当加强对废弃水井实施封填处理措施的监督。

第二十八条 建设项目的建设和生产运行，应当按照取水许可取用水资源，不得挤占生活和生态环境用水。

第二十九条 州、县（市）人民政府应当依法加强黄河流域水源涵养区的保护，开展生态脆弱地区水生态修复工程建设，建立生态保护与修复维护管理机制，维护生态环境安全。

第三十条 入河（湖）排污口设置单位应当每年向县级人民政府生态环境主管部门报告入河（湖）排污情况，不得拒报、瞒报或者谎报。

第四章 饮用水水源地保护

第三十一条 州、县（市）人民政府水行政主管部门应当会同生态环境等主管部门提出饮用水水源地名录和管理单位名录，报本级人民政府核准后向社会公布。

集中式饮用水水源地应当依法划定保护区。县级人民政府应当在饮用水水源地保护区设立保护界标和警示标志。

农牧区分散式饮用水水源地应当由县级人民政府划定保护范围，并报州人民政府生态环境主管部门备案。

第三十二条 州、县（市）人民政府水行政主管部门对同仁市扎毛水库水源地、尖扎县李家峡水库水源地、泽库县第一水源地、河南县大雪朵水源地以及县（市）备用水源地、乡（镇）集中式饮用水水源地实行分级保护。

除法律法规已有规定外，在水源地保护区内禁止下列行为：

（一）向水体倾倒垃圾、废渣、粪便等废弃物、污染物以及其他有毒有害物；

（二）放牧、屠宰畜禽，丢弃动物尸体；

（三）水葬或者以其他形式丧葬；

（四）投放对生态有影响的水生物种。

第三十三条 州、县（市）人民政府应当加强水源地保护区水源涵养林和护岸林的保护，并纳入当地林业发展规划和公益林保护管理，建立公益林补偿机制。

州、县（市）人民政府林业和草原主管部门应当优化林种，加强水源地保护区水源涵养林和水土保持林的营造和管护。

在水源地保护区水源涵养林范围内禁止砍伐、毁坏林木、擅自移植树木和破坏草场。

第三十四条 州、县（市）人民政府应当建立饮用水水源地安全评估制度，开展饮用水水源地安全保障建设，加强饮用水水源应急管理，制定饮用水水源地突发事件应急预案，建立备用饮用水水源，并纳入管理保护范围。

饮用水水源地管理单位、取水单位应当按照各自职责建立、健全巡查制度，对饮用水水源地及相关设施进行巡查，并做好巡查记录。对巡查中发现可能造成饮用水水源污染的行为应当劝阻和制止，劝阻和制止无效的，及时向有关执法机关报告，由有关执法机关依法处置。

第五章 水资源节约利用

第三十五条 州、县（市）人民政府应当坚持厉行节约、合理开发，降低水资源消耗和损失，实施全社会节水行动。

第三十六条 州、县（市）人民政府应当采取有效措施，鼓励收集利用雨水、雪水，补充生产和生活用水。

各项引水、调水、取水、供用水工程建设应当符合节约用水要求。在水资源严重不足、生态恶化的地区，禁止新建高耗水建设项目和限制高耗水服务业发展。已建成使用的高耗水用水单位，应当进行节水改造。

第三十七条 州、县（市）人民政府水行政主管部门应当建立用水档案，建立健全统计资料管理制度。

第三十八条 新建、扩建、

改建建设项目建设单位应当配套建设节水设施。已建成项目未配套节水设施的，应当建设节水设施。

第三十九条　州、县（市）人民政府及有关部门应当采取措施，降低供水管网漏失率，鼓励和支持节水技术的开发，推广节水技术、工艺、设备和产品，提高节水水平和效能。

工业用水应当推广循环用水，降低耗水量，提高水的重复利用率；农业用水应当推广节水灌溉方法，合理调整种植业结构；生活用水应当推广节水型器具。

第四十条　鼓励、支持水资源节约利用的先进科学技术研究、推广和应用，培养技术人才，推进节水型社会建设。

第六章　监督管理

第四十一条　州、县（市）人民政府水行政主管部门以及生态环境、自然资源、卫生健康等主管部门应当严格执行水质监测国家技术规范和标准，建立水资源、水环境监测体系和水资源监测档案，共享有关水质、水量监测数据、资料，监测结果由州人民政府组织有关部门定期向社会公布。

水资源的监督性监测不得收费。

第四十二条　排污口设置单位负责监测入河（湖）排污口的水量和水质，并定期向生态环境主管部门报告。

重点入河（湖）排污口应当安装水污染物排放自动计量、监测设备和视频监控装置，并与州、县（市）人民政府水行政主管部门和生态环境主管部门的监控设备联网。

第四十三条　取用地下水或者建设地下水工程的单位或者个人应当对其取水点的水位、水质进行动态监测，定期向州、县（市）人民政府水行政主管部门报告监测结果。涉及地热水和矿泉水的，同时向自然资源主管部门报告。

第四十四条　州、县（市）人民政府水行政主管部门监测发现水功能区重点污染物排放总量超标、水质不达标，或者出现区域地下水水位明显下降等问题，应当及时报告本级人民政府，并向同级生态环境等主管部门通报。

州、县（市）人民政府及其有关部门应当制定相关应急预案，并在发生突发水污染事件时，立即启动应急预案，采取相应的防范和处置措施，同时向同级行业主管部门通报。

第四十五条　州、县（市）人民政府水行政主管部门以及生态环境、卫生健康、自然资源等有关行政执法部门应当及时受理投诉、举报，依法查处破坏或者污染水资源的违法行为。发现涉及其他部门执法管辖范围的违法行为时，应当及时通报有关部门，有关部门应当及时进行查处并反馈处理情况。

第七章　法律责任

第四十六条　违反本条例的行为，法律法规已规定法律责任的，从其规定。

第四十七条　违反本条例第二十五条第（四）项规定，引起严重的地面沉降、地表裂缝的，由州、县（市）人民政府水行政主管部门责令停止违法行为，采取补救措施；对他人生活和生产造成损失的，依法给予补偿。

第四十八条　州、县（市）人民政府水行政主管部门和其他有关主管部门及其工作人员，违反本条例规定，有下列行为之一的，由其上级行政机关责令改正；情节严重的，对直接负责的主管人员和其他直接责任人员依法给予处分；构成犯罪的，依法追究刑事责任：

（一）违法办理有关行政许可事项的；

（二）未按照批准程序擅自调整水功能区划的；

（三）未按照规定进行水质、水量、水位监测的，或者对监督性监测收取费用的；

（四）发现破坏或者污染水资源的违法行为，或者接到对违法行为的举报后不予查处的；

（五）在监督检查中发现重大水污染事故或者隐患，未依法履行报告、通报或者通知职责，并造成严重后果的；

（六）其他玩忽职守、滥用职权、徇私舞弊的行为。

第八章　附　则

第四十九条　本条例自2022年10月1日起施行。

黄南藏族自治州林木保护条例

（1997年4月27日黄南藏族自治州第十一届人民代表大会第二次会议通过　1998年9月25日青海省第九届人民代表大会常务委员会第四次会议批准　根据2002年4月27日黄南藏族自治州第十二届人民代表大会第三次会议通过　2002年7月29日青海省第九届人民代表大会常务委员会第三十一次会议批准《黄南藏族自治州人民代表大会关于修改〈黄南藏族自治州林木管护条例〉的决定》修正　2022年2月22日黄南藏族自治州第十六届人民代表大会第二次会议修订　2022年7月27日青海省第十三届人民代表大会常务委员会第三十四次会议批准）

第一章　总　则

第一条　为了践行绿水青山就是金山银山理念，保护、培育和合理利用森林资源，保障森林生态安全，建设生态文明，实现人与自然和谐共生，根据《中华人民共和国森林法》《青海省实施〈中华人民共和国森林法〉办法》等法律法规，结合本州实际，制定本条例。

第二条　在本州行政区域内从事森林、林木的保护、培育、利用和森林、林木、林地的经营管理活动，适用本条例。

第三条　州、县（市）人民政府应当结合本地实际，科学制定林地保护利用、造林绿化、森林经营、天然林保护等相关专项规划，实行森林资源保护、林业发展目标责任和考核评价制度，保障护林、造林、育林等森林生态保护修复的资金投入，促进林业发展。

第四条　州、县（市）人民政府应当根据本行政区域内森林资源保护发展的需要，实行林草长制。建立林草长责任体系和工作制度，科学划定林草长责任区域，明确各级林草长保护和发展森林、林木资源的职责。

各级林草长负责组织领导责任区域森林资源保护工作，落实保护和发展森林资源目标责任。

州、县（市）林业和草原主管部门承担林草长制组织实施的具体工作。

第五条　州、县（市）、乡（镇）人民政府应当加强森林资源保护宣传教育和知识普及工作，鼓励和支持基层群众性自治组织、新闻媒体、企事业单位、志愿者等组织利用多种形式开展森林资源保护宣传活动。

教育主管部门、各类学校应当将森林资源保护教育纳入教育计划，对学生进行森林资源保护教育。

第六条　州、县（市）人民政府应当按照国家有关规定，对在造林绿化、林业发展和森林资源保护工作中成绩显著的组织和个人给予表彰、奖励。

第二章　保护责任

第七条　州、县（市）人民政府林业和草原主管部门主管本行政区域内的林业工作。主要职责是：

（一）宣传和贯彻党和国家关于保护森林资源、维护森林生态安全、生态文明建设的方针、政策；

（二）贯彻实施有关法律、法规和规章，负责林业工作的协调、指导、服务、管理和监督；

（三）组织森林资源监测，建立森林资源档案；

（四）编制并组织实施植树造林、天然林保护和修复、自然保护地林业保护和建设方案；

（五）组织开展林业生态环境建设，指导编制林木林地经营方案，对林木林地资源实施动态监测；

（六）划分本行政区域内不同区域的主要林种，开展技术推广、技术指导等工作；

（七）指导森林防火、林业有害生物防控和野生动植物保护管理工作，依法查处违法行为；

（八）组织科学技术研究和促进林业科技成果转化；

（九）法律、法规规定的其他职责。

第八条　州、县（市）人民政府发展改革、财政、生态环境、自然资源、农业农村、水利、住房和城乡建设、市场监管、交通运输、文体旅游广电、人力资源和社会保障、公安、教育等部门，按照各自职责开展相关工作。

第九条　乡（镇）人民政府应当根据工作需要，设立林业工作站或者配备专（兼）职人员负责管理森林、林木、林地，指导和组织农村集体经济组织、林地承包经营者保护森林、林木、林地和发展林业生产。

第十条　机关、团体、企事业单位、驻军（警）部队、农村集体经济组织、农牧户以及宗教活动场所营造的林木，由营造单位、营造者负责管护。

第十一条　因林权制度改革承包到户的国有公益林，由承包经营者负责管护，县（市）人民政府林业和草原主管部门予以指导，并与承包者签订林木承包保护责任书。

集体经济组织、林地承包者应当履行林木管护义务，承担林地保护责任。

农牧区集体经济组织营造的林木，由集体经济组织与管护者签订林木保护责任书。

第十二条　县（市）、乡（镇）人民政府应当组织建立林木管护队伍，根据实际需要配备护林员，明确护林职责，加强培训和管理，提升护林员管理水平，保障护林员劳动报酬，改善护林员工作条件。

国有林场和有成片林的单位、村（居）民委员会、农牧区集体经济组织、宗教活动场所民主管理委员会应当建立护林制度，实行林木保护责任制，订立护林公约，划分护林责任区，开展护林联防工作。

第十三条　护林员的主要职责是：

（一）巡护森林、林地；

（二）宣传林业法律法规，进行爱林护林教育；

（三）发现火情、林业有害生物及时处理，并向当地林业和草原等有关部门报告；

（四）劝阻和制止破坏森林资源的行为，并向当地林业和草原等部门报告，配合有关部门查处违法案件；

（五）协助林业管理机构巡查林业保护设施。

第三章　植树造林

第十四条　每年春季和秋季为本州植树造林季节，县（市）人民政府应当根据本行政区域内实际情况安排植树造林活动。

州、县（市）绿化委员会、林业和草原主管部门应当组织开展国土绿化和义务植树活动，安排各单位义务植树的地点和任务，并对植树活动进行指导、检查和验收。

第十五条　本州各机关、单位应当依法承担和完成造林绿化任务，将本单位人数据实统计报送当地绿化委员会及林业和草原主管部门，作为分配具体任务的依据，并按照绿化委员会划定的区域，负责植树造林并保证成活率。

第十六条　乡（镇）人民政府、街道办事处负责驻所地的造林绿化，依法指导村（社区）开展农田防护林建设和居住环境绿化活动。

村（居）民委员会应当组织和引导村（居）民在村旁、水旁、路旁和宅旁、自有房屋庭院内种植林木。

第十七条　宜植树造林地区年满十八周岁至六十周岁的男性公民，年满十八周岁至五十五周岁的女性公民，除丧失劳动能力者外，每人每年应当义务植树三至五株。

对十一周岁至十七周岁的青少年，应当根据其实际情况，就近安排力所能及的绿化劳动。

第十八条　州、县（市）人民政府应当鼓励个人、企业和社会组织承包荒山荒地荒滩开展植树造林，并在政策、资金等方面给予支持。

第四章　林木保护

第十九条　州、县（市）人民政府应当对下列区域重点保护：

（一）水源涵养林区：宁木特林区、官秀林区、麦秀林区、兰采林区、西卜沙林区、双朋西林区、冬果林区、洛哇林区、坎布拉林区和集体公益林区域；

（二）植树造林区：本州境内黄河及一级支流沿岸和一级山脊以内的适宜造林区、干旱浅山区；

（三）封山育林育草区：国有林区、天然林区、新造林区、退耕还林区、幼林区、林草混生的灌木林区。

第二十条 实施退耕还林的土地，遵循谁退耕，谁造林，谁管护，谁受益的原则。在退耕地上种植的林木及其收益由营造者依法所有，允许依法继承、转让；合同另有约定的从其约定。

第二十一条 单位、个人植树造林应当注重保护本地树种，因地制宜优化林种、树种结构，优先使用本地乡土树种和林木良种营造林，提高造林绿化质量。

禁止任何单位和个人使用带有林业有害生物的林木种苗进行育苗或者造林。

县（市）人民政府林业和草原主管部门应当开展适宜本地林木种苗、树种知识的宣传教育和培训工作，加强对林木种苗选用的指导和监督。

第二十二条 依法在国有和集体所有的宜林荒山荒地荒滩上植树造林的，林地所有权不变，林地使用权和营造的林木归造林者所有，可以依法继承、转让、出租、入股、抵押和拍卖；合同另有约定的从其约定。

依法取得宜林荒山荒地荒滩使用权后，连续两年未植树造林或者未进行林业有关设施建设的，发包方有权终止其宜林荒山荒地荒滩的使用权。

第二十三条 州、县（市）人民政府应当加强对林业有害生物防控的领导，坚持预防为主、科学防控、依法治理，提高林木抵御自然灾害和林业有害生物的能力。

州、县（市）人民政府林业和草原主管部门应当加强林业有害生物监测、检疫和防治，制定林业有害生物防控实施计划，组织交界地区联防联治。

发现林业有害生物时，州、县（市）人民政府林业和草原主管部门应当采取防控和防治措施进行灭治，并采取生物、化学和物理防治相结合的防控方式，控制和防止林木有害生物扩散和蔓延。

第二十四条 禁止在林地非法采集、猎捕国家和省重点保护的野生动植物以及法律法规规定保护的其他野生动植物。

第二十五条 州、县（市）人民政府应当在符合植树条件的地区推进村庄绿化工作。

村庄绿化项目实施期间的除草、浇水、防火、林业有害生物防控等抚育管护职责由项目承建单位负责。村庄绿化项目完成竣工验收并移交后，由接收的单位或者村集体经济组织负责管护。

第二十六条 禁止以营利为目的采集、运输、收购、贩卖、经营柏树枝叶的行为。

禁止在林场、林区砍伐树枝、剥树皮和挖掘腐殖土、苔藓等行为。

禁止在林地砍伐和采挖杜鹃（香柴）、金银露梅（鞭麻）、柳枝等行为。

第二十七条 禁止毁林开垦、采石、采矿、采砂、取土、挖树根等毁坏林木、林地的行为。

封山育林区、天然林区、退耕还林区、未成林地实行封育措施。在封育期限内，禁止放牧及其他毁坏林木的行为。

禁止在城镇绿化带和其他区域新造林地放牧、砍柴。

第二十八条 采伐需要更新的林木，应当依法办理相关手续。禁止超限额超范围采伐，禁止乱批清林或者以清林为名盗伐、滥伐林木。

第二十九条 从国有林场运出木材，应当持有该林场的检尺单、发票、出境证及县（市）级以上人民政府林业和草原主管部门核发的林木检疫证。

第三十条 州、县（市）人民政府应当加强森林防火通道和林区供水、供电等设施建设。林场原有的采伐通道、运材道、集材道和林草混生草原的牧道，可以根据实际需要改造为兼顾护林、巡护、应急、消防的通道。

电力、通信等部门在林区架设电缆、电线，应当与林木保持安全距离，不得依托树木穿行架设电缆、电线、电话线等。

第三十一条 州、县（市）人民政府及其林业和草原主管部门应当运用无人机、视频监控、遥感技术等科技手段，提高林木管护智能化水平，加强森林防火、防盗、有害生物监测设施建设，建立森林资源安全报告制度。发生重大的盗伐、滥伐、火灾、林业有害生物灾害以及其他毁林事件，应当立即采取防范措施，并报告上级人民政府及其林业和草原主管部门。

任何单位和个人不得毁损或者擅自移动林业网围栏、界桩、宣传标牌和防火、防盗及有害生物防控等设施。

第三十二条 本州行政区域内森林防火期为每年十月一日至翌年五月三十一日。在森林防火期内，禁止林区野外用火。

州、县（市）人民政府应当加强森林火灾预防工作，建立本地护林防火组织和毗邻护林防火联防组织，制定扑救预案，落实防火责任。

第五章 法律责任

第三十三条 违反本条例规定的行为，法律法规已规定法律责任的，从其规定。

第三十四条 违反本条例第十一条第二款规定，集体经济组织、林地承包者不承担林地保护责任或者不履行林木管护义务的，由县（市）人民政府林业和草原主管部门责令限期改正；造成林木、林地损毁的，责令补种和修复，可以处以毁坏林木价值等值的罚款；拒不补种和修复的，由县（市）人民政府林业和草原主管部门安排代为补种，所需费用由违法者支付。

第三十五条 违反本条例第十七条第一款规定，公民无故不履行植树义务的，责令限期履行；超过期限仍不履行的，由县（市）林业和草原主管部门责令在下一年度完成双倍的义务植树任务。

第三十六条 违反本条例第二十一条第二款规定，单位和个人使用带有林业有害生物的林木种苗进行育苗或者造林的，由县（市）人民政府林业和草原主管部门责令限期除治、赔偿损失，可以并处二百元以上二千元以下的罚款。

第三十七条 违反本条例第二十六条第一款规定，以营利为目的采集、运输、收购、贩卖或者经营柏树枝叶的，由县（市）人民政府市场监管部门予以没收，并处每公斤柏树枝叶二百元以上二千元以下的罚款。

违反本条例第二十六条第二款、第三款规定，在林场、林区砍伐树枝、剥树皮和挖掘腐殖土、苔藓，或者在林地砍伐和采挖杜鹃（香柴）、金银露梅（鞭麻）、柳枝等的，由县（市）人民政府林业和草原主管部门责令停止违法行为，并处以二百元以上一千元以下的罚款。

第三十八条 林业主管部门及林场管理人员违反本条例第二十八条规定，违法审批清林作业，超限额超范围采伐，或者以清林为名盗伐、滥伐林木的，对直接负责的主管人员和其他直接责任人员依法给予处分；构成犯罪的，依法追究刑事责任。

第三十九条 违反本条例第三十一条第二款规定，毁损或者擅自移动林业网围栏、界桩、宣传标牌和防火、防盗及有害生物防控等设施的，由县（市）人民政府林业和草原主管部门责令赔偿损失，并处以一千元以下的罚款。

第六章 附 则

第四十条 本条例自 2022 年 10 月 1 日起施行。

统计资料

2022年黄南州生产总值统计表

表67

	按当年价格（万元）		按可比价格计算（万元）		
	本年	上年	本年	上年	较上年（%）
生产总值	1108942	1104494	1108156	1106496	0.2
第一产业	321743	308276	330625	316536	4.5
第二产业	275200	258591	260393	246284	5.7
工业	147368	157766	132467	149714	-11.5
建筑业	127832	100824	127926	96570	32.5
第三产业	511999	537627	517139	543676	-4.9

注：以上数据为初步核算数。

2022年黄南州一市三县地区生产总值统计表

表68

	按当年价格（万元）		按可比价格计算（万元）		
	本年	上年	本年	上年	较上年（%）
生产总值	1108941	1104494	1108157	1106496	0.2
同仁	410320	402644	407052	401464	1.4
尖扎	284971	289254	276955	286243	-3.2
泽库	208656	207387	212935	210297	1.3
河南	204994	205209	211215	208492	1.3

注：以上数据为初步核算数。

2015—2022 年黄南州分地区规上工业增加值完成情况统计表

表 69　　　　单位：万元

地区	2015 年	2016 年	2017 年	2018 年	2019 年	2020 年	2021 年	2022 年
全州合计	115086	93016	82431	123814	144527	174195	142563	130220
同仁	—	—	—	1139	1293	2308	2365	3244
尖扎	102053	75597	67720	106636	129402	156833	124809	119098
泽库	—	—	—	1877	1472	1142	1772	2129
河南	13033	17419	14711	14162	12360	13913	13617	5748

2015—2022 年黄南州分地区财政收支统计表

表 70　　　　单位：万元

	2015 年		2016 年		2017 年		2018 年		2019 年		2020 年		2021 年		2022 年	
	收入	支出	收入	支出	收入	支出	收入	支出	收入	支出	收入	支出	收入	支出	收入	支出
合计	34811	689902	39343	717495	35101	734929	31609	860416	34822	1090294	47429	1196192	48573	1102147	52766	993396
其中：同仁	9341	180307	10232	181204	8945	186273	6918	240537	7488	318683	11303	329818	11898	285984	12540	232667
尖扎	11060	136708	11458	142130	10617	157730	9387	163759	10374	215338	19084	265995	18983	252267	19967	225984
泽库	3813	148334	4211	154461	2627	161307	3114	195372	3385	239022	3905	211837	3048	220127	3361	216516
河南	4394	118966	5264	134685	3865	129315	3066	146204	3282	163337	3903	191555	4251	167849	5682	171176
州属	6203	105587	8178	105015	9047	100304	9124	114544	10293	143914	9234	196987	10393	175920	11216	147053

2015—2022 年黄南州一市三县总户数、总人口统计表

表 71

地区		合计	同仁市	尖扎县	泽库县	河南县
2015 年	总户数（户）	91124	32485	23043	23278	12318
	总人口（人）	268822	97132	57666	72787	41237
2016 年	总户数（户）	89168	32950	22459	22068	11691
	总人口（人）	271460	98100	58061	73542	41757
2017 年	总户数（户）	89629	33350	22271	22262	11746
	总人口（人）	274204	99095	58647	74284	42178

续表71

地区		合计	同仁市	尖扎县	泽库县	河南县
2018 年	总户数（户）	89428	33379	22121	22225	11703
	总人口（人）	276825	100042	59208	74994	42581
2019 年	总户数（户）	85735	29986	21905	22186	11658
	总人口（人）	280229	101172	60136	75816	43105
2020 年	总户数（户）	86864	30232	18553	24019	14060
	总人口（人）	276215	101519	58173	75659	40864
2021 年	总户数（户）	86132	29782	21625	22763	11962
	总人口（人）	278515	102354	58655	76285	41221
2022 年	总户数（户）	86027	29648	21625	22770	11984
	总人口（人）	281044	103283	59188	76978	41595

黄南州全体居民可支配收入和消费支出统计表

表 72

指标名称	单位	2022 年	2021 年	增幅（%）
一、可支配收入	元	21119	19992	5.6
（一）工资性收入	元	11308	10616	6.5
（二）经营净收入	元	5420	5363	1.1
（三）财产净收入	元	787	703	11.9
（四）转移净收入	元	3604	3309	8.9
二、消费支出	元	12736	13460	-5.4
（一）食品烟酒	元	4936	4807	2.7
（二）衣着	元	1158	1349	-14.1
（三）居住	元	1843	2032	-9.3
（四）生活用品及服务	元	886	1002	-11.6
（五）交通通信	元	1875	1937	-3.2
（六）教育文化娱乐	元	678	905	-25.1
（七）医疗保健	元	792	778	1.8
（八）其他用品和服务	元	568	651	-12.7

2015—2022 年黄南州社会消费品零售总额统计表

表 73

年份＼指标	社会消费品零售总额（万元）	比上年增长（%）
2015	100945.0	12.4
2016	113430.3	12.4
2017	125736.6	10.8
2018	135450.0	7.7
2019	143505.0	6.0
2020	144985.7	1.0
2021	156330.3	7.8
2022	159769.6	2.2
年均增速（%）	7.5	

2015—2022 年社会消费品零售总额（同仁市）统计表

表 74

年份＼指标	社会消费品零售总额（万元）	比上年增长（%）
2015	34451.4	11.8
2016	39234.8	13.9
2017	43785.0	11.6
2018	62883.6	43.6
2019	66577.9	5.9
2020	69957.2	5.1
2021	73161.2	4.6
2022	69250.5	-5.3
年均增速（%）	10.7	

注：同仁以上数据均不含州本级。

2015—2022年社会消费品零售总额（尖扎县）统计表

表75

指标 年份	社会消费品零售总额（万元）	比上年增长（%）
2015	12603.1	11.7
2016	14209.4	12.7
2017	15825.0	11.4
2018	16389.7	3.6
2019	17356.7	5.9
2020	17536.7	1.0
2021	18904.7	7.8
2022	19239.7	1.8
年均增速（%）	6.9	

2015—2022年社会消费品零售总额（泽库县）统计表

表76

指标 年份	社会消费品零售总额（万元）	比上年增长（%）
2015	12102.2	12.5
2016	13480.3	11.4
2017	15023.7	11.4
2018	15584.9	3.7
2019	16504.4	5.9
2020	16675.8	1.0
2021	17976.6	7.8
2022	18100.0	0.7
年均增速（%）	6.9	

2015—2022 年社会消费品零售总额（河南县）统计表

表 77

指标 年份	社会消费品零售总额（万元）	比上年增长（%）
2015	12109. 8	11. 7
2016	13475. 9	11. 3
2017	15006. 4	11. 4
2018	15539. 5	3. 6
2019	16456. 3	5. 9
2020	16627. 2	1. 0
2021	17924. 3	7. 8
2022	18104. 5	1. 0
年均增速（%）	6. 7	

2015—2022 年社会消费品零售总额（州本级）统计表

表 78

指标 年份	社会消费品零售总额（万元）	比上年增长（%）
2015	29678. 5	13. 5
2016	33029. 9	11. 3
2017	36096. 5	9. 3
2018	25052. 3	-30. 6
2019	26609. 8	6. 2
2020	24188. 8	-9. 1
2021	28363. 5	17. 3
2022	35074. 9	23. 7
年均增速（%）	3. 8	

2015—2022 年黄南州主要农产品产量统计表

表 79 单位：吨

		全州	同仁市	尖扎县	泽库县
一、粮食总产量	2015 年	29410	15151	14259	
	2016 年	29751	14949	13849	953
	2017 年	44596	25267	18090	1239
	2018 年	29841	14593	14546	702
	2019 年	30694	16211	12683	1800
	2020 年	31911	15114	14597	2200
	2021 年	28964	13360	12646	2658
	2022 年	28419	13890	11868	2661
年均增速（%）		-0. 49	-1. 23	-2. 59	
1. 小麦	2015 年	18782	8585	10197	
	2016 年	18178	8116	10062	
	2017 年	16493	7148	9345	
	2018 年	17146	6888	10258	
	2019 年	16428	8576	7852	
	2020 年	17228	8133	9095	
	2021 年	15505	7505	8000	
	2022 年	14644	7307	7337	
年均增速（%）		-3. 49	-1. 73	-5. 13	
2. 青稞	2015 年	3236	2511	725	
	2016 年	4079	2334	792	
	2017 年	3226	1208	779	1239
	2018 年	4007	2500	811	696
	2019 年	5490	2360	1330	1800
	2020 年	8321	4206	1915	2200
	2021 年	9377	3869	2550	2958
	2022 年	8144	3587	1896	2661
年均增速（%）		14. 09	5. 23	14. 72	
豆类	2015 年	1293	516	777	
	2016 年	908	228	680	
	2017 年	1173	183	990	

续表79

		全州	同仁市	尖扎县	泽库县
豆类	2018年	1168	71	1097	
	2019年	774	18	756	
	2020年	992	324	668	
	2021年	722	346	376	
	2022年	903	494	409	
年均增速（%）		-5.00	-0.62	-8.76	
马铃薯	2015年	5165	3083	2082	
	2016年	5525	3665	1860	
	2017年	22051	15737	6314	
	2018年	5847	4313	1534	
	2019年	5641	4206	1435	
	2020年	4149	2381	1768	
	2021年	2920	1552	1368	
	2022年	3500	2192	1308	
年均增速（%）		-5.41	-4.76	-6.42	
二、油料作物	2015年	5928	3171	822	1935
	2016年	5656	2922	799	1935
	2017年	5366	2787	895	1684
	2018年	6389	3016	993	2380
	2019年	5084	2861	863	1360
	2020年	5847	2871	726	2250
	2021年	7177	3055	1000	3122
	2022年	6899	2874	771	3254
年均增速（%）		2.19	-1.40	-0.91	7.71
三、蔬菜	2015年	13012	7000	6000	12
	2016年	12808	6696	6100	12
	2017年	14545	7246	7284	15
	2018年	13421	6472	6931	18
	2019年	11849	5100	6730	19
	2020年	16060	7813	8247	
	2021年	16944	8192	8752	
	2022年	14087	7141	6946	
年均增速（%）		1.14	0.29	2.11	-100.00

2015—2022年黄南州牲畜存栏头数统计表

表80

		全州	同仁市	尖扎县	泽库县	河南县
牲畜存栏头数（万头、万只）	2015年	195.36	38.99	19.44	65.95	70.98
	2016年	188.29	39.21	16.95	60.7	71.43
	2017年	176.13	39.43	16.78	56.54	63.38
	2018年	167.52	41.22	16.62	53.96	55.72
	2019年	163.7	41.2	16.6	54.96	50.94
	2020年	168.52	44.41	15.32	54.23	54.56
	2021年	169.47	45.63	16.58	52.99	54.28
	2022年	168.82	42.97	17.29	53.02	55.54
年均增速（%）		-2.06	1.40	-1.66	-3.07	-3.44
其中：牛（万头）	2015年	59.1	6.04	3.62	17.1	32.34
	2016年	60.1	5.53	3.36	19.49	31.72
	2017年	58.03	4.83	3.29	21.69	28.22
	2018年	57.17	4.72	2.81	23.42	26.22
	2019年	61.14	4.16	5.8	27.19	26.99
	2020年	80.45	7.59	4.48	38.08	30.3
	2021年	83.02	10.26	4.5	37.46	30.8
	2022年	83.4	9.24	5.62	37.23	31.31
年均增速（%）		5.04	6.26	6.49	11.76	-0.46
羊（万只）	2015年	136.26	32.95	15.82	48.85	38.64
	2016年	128.19	33.68	13.59	41.21	39.71
	2017年	118.1	34.6	13.49	34.85	35.16
	2018年	110.35	36.5	13.81	30.54	29.5
	2019年	102.56	37.04	13.8	27.77	23.95
	2020年	88.07	36.81	10.85	16.15	24.26
	2021年	86.45	35.37	12.08	15.53	23.48
	2022年	85.42	33.73	11.67	15.8	24.23
年均增速（%）		-6.45	0.33	-4.25	-14.89	-6.45

索　引

使用说明

一、本索引采用内容分析索引法，按索引数字、汉语拼音字母顺序排列。

二、索引词条后的数字表示内容所在的页码。

数字

A

B

C

D

E

F

G

H

J

K

L

M

N

T

W

X

Y

Z